Puentes

THIRD EDITION

INSTRUCTOR'S ANNOTATED EDITION

Spanish
for
Intensive
and High-
Beginner
Courses

Patti J. Marinelli
University of South Carolina

Lizette Mujica Laughlin
University of South Carolina

with contributions from
Mirta Oramas

HEINLE & HEINLE
THOMSON LEARNING ™

United States ◆ Australia ◆ Canada ◆ Mexico ◆ Singapore ◆ Spain ◆ United Kingdom

Puentes, Third Edition
Marinelli • Mujica Laughlin

Publisher: Wendy Nelson
Senior Developmental Editor: Glenn A. Wilson
Senior Production & Development Editor Supervisor: Esther Marshall
Marketing Manager: Jill Garrett
Associate Marketing Manager: Kristen Murphy-LoJacono
Manufacturing Manager: Marcia Locke
Editorial/Production Assistant: Diana Baczynskyj
Compositor: Pre-Press Company, Inc.
Project Manager: Angela Castro
Interior Illustrator: Dave Sullivan
Cover Illustration: Nicholas Wilton / SIS©
Text Designer: Versal Group & Sue Gerould
Cover Designer: Diane Levy
Printer: Courier Kendallville, Inc.

For permission to use material from this text or product contact us:
Tel   1-800-730-2214
Fax   1-800-730-2215
Web   www.thomsonrights.com

Library of Congress Cataloging-in-Publication Data

Marinelli, Patti J.
    Puentes: Spanish for intensive and high-beginner courses / Patti J. Marinelli, Lizette
  Mujica Laughlin.--3rd ed.
        p.   cm.
    English and Spanish.
    Includes index.
    ISBN 0-8384-2306-X (student ed.) -- ISBN 0-8384-2441-4 (instructor's annotated ed.)
      1. Spanish language--Textbooks for foreign speakers--English. I. Mujica Laughlin,
  Lizette. II. Title.

PC4129.E5 M37 2001
468.2'421--dc21   2001024998

Contents

Preface

Puentes, Third Edition, is a one-semester program designed to meet the special challenges of intensive or high-beginner courses. It was the first program to offer appropriate materials, built-in power pacing, and flexibility for high-beginning courses. Through its power pacing, ***Puentes*** reinforces and consolidates familiar concepts while motivating students to grow from receptive knowledge to active and accurate use of Spanish.

The new, third edition of ***Puentes*** has a companion text, ***Avenidas,*** designed for use with true beginners. ***Avenidas*** has the same philosophy, approach, and format as ***Puentes,*** but moves at a more appropriate pace for true beginners and is designed for a regular introductory Spanish sequence. The shared content and identical format make ***Puentes*** and ***Avenidas*** the ideal, fully integrated beginning Spanish program for institutions with a dual-track curriculum, and the perfect solution for those considering one.

Why *Puentes* was written

The ***Puentes*** program was designed to meet the needs of students who have studied two or three years of Spanish in high school, or for whatever reasons have linguistic and cultural knowledge that true beginners do not. These students, oftentimes, are not fully prepared to begin their college Spanish study at the intermediate level, despite their prior experience with the language.

The authors of ***Puentes,*** after realizing that many of their own students were "high-beginners" or students who had previously studied Spanish but were not prepared to move into intermediate courses, designed a program intended to build upon the strengths of these students, to help them reinforce and consolidate familiar concepts, and to challenge them to grow from receptive knowledge about the language to productive use of it. For more information about meeting the needs of high-beginners, see the Note to Instructors on page IG-19 and the all-new *Instructor's Resource Manual.*

Philosophy and approach

Puentes reflects the authors' extensive experience in teaching high-beginning students as well as their work in proficiency-oriented instruction and course design. The authors have developed the ***Puentes*** program to accomplish the following:

- bridge the gap between receptive and productive use of the language;
- allow sufficient time and practice for students to master the essential structures needed to function at the intermediate level of proficiency;
- interweave vocabulary, functions, and grammar into activities that practice language in natural, authentic tasks;
- and focus upon communicative activities while at the same time integrating reading, writing, and culture into a balanced program of study.

Hallmark features of the *Puentes* program

Power pacing. The first half of ***Puentes,*** which contains material more familiar to the high-beginner student, presents the major vocabulary, functions, and grammar in a concentrated and condensed fashion. Activities in the first half focus on getting students to use the language they already know and are reviewing. The second half, which presents less familiar material, features smaller chunks of information and more extensive practice activities.

Learning strategies. *Puentes* systematically presents explicit instruction and practice for learning how to read, write, and communicate conversationally in Spanish, as well as tips on how to approach language study and interact with native speakers. These tips appear in *Estrategias* boxes throughout the text and with all reading and writing activities in the *Un paso más* section of both the text and the *Cuaderno de actividades*. Many strategies make use of knowledge that students at the high-beginner level bring to the course.

Balance of everyday topics and transactional situations. Odd numbered chapters are slightly longer (with three *Pasos*) and focus on everyday topics such as family, university life, and pastimes. Even-numbered chapters are shorter (with two *Pasos*) and focus on using Spanish in a variety of situations such as making travel arrangements, eating out in a restaurant, dealing with minor medical problems, and shopping for clothing or souvenirs.

Natural language in context. In *Puentes,* students can see immediately how the language is used, because all the vocabulary is organized thematically and presented in sentences that reflect everyday spoken language. The study of grammar is a logical extension of the linguistic structures already modeled in these lexical/functional presentations.

Selective grammar presentations. *Puentes* emphasizes those grammatical structures that students need to master in order to reach the intermediate level of proficiency. At the same time, it introduces and practices additional structures that lay the groundwork for achieving higher levels of proficiency. For those who prefer a more complete grammatical presentation, the *Gramática suplemental* section of the *Cuaderno de actividades* provides additional instruction and practice.

Instructor's annotations. Teaching tips, help with time management, suggested follow-up activities, answers to activities, additional practice items, and informational annotations provide rich support for both novice and experienced teachers.

Authentic reading texts. *Puentes* draws on many native sources for its abundant reading practice—realia, newspapers, magazines, brief literary selections, etc. Much of the realia has been updated for this new edition, and shows how Spanish is being used today.

Extensive listening program. Two separate audio programs provide a wealth of listening practice. The *Text Audio CDs,* packaged with the text, contain recordings of all in-text listening activities. Annotations provide an instant correlation between listening activities in the text and their corresponding audio tracks on the CDs. The *Lab Audio CD* provides substantial additional audio input for activities in the *Cuaderno de actividades* that practice listening comprehension and pronunciation.

Integrated study of culture. Cultural information is woven into all thematic presentations and accompanying activies. In addition, brief *Comentario cultural* boxes discuss cultural phenomena relevant to surrounding activities throughout each chapter. In the Third Edition, chapters end with an in-depth cultural exploration of a particular Spanish-speaking country.

Testing program on CD-ROM. The *Puentes,* Third Edition test bank offers you, the instructor, a broad selection of test items. The program contains eighteen completely contextualized chapter tests (two alternate versions per chapter), optional cultural questions for each test, mid term and final exams, an answer key, and aural comprehension scripts. The testing program is easy to customize to suit your own particular needs.

Placement exam. The placement exam is designed to evaluate whether or not a student should be placed in the type of high-beginner course for which *Puentes* is intended. The exam tests students on listening comprehension, vocabulary recognition, grammar usage in context, reading comprehension, and writing ability. Each package of twenty-five exams comes with guidelines for the instructor.

NEW for the Third Edition

Systematic integration of culture. As in previous editions of *Puentes*, culture is woven throughout the text in presentations and activities, as well as in the *Comentario cultural* boxes. Each chapter of the Third Edition, however, offers three distinct new sections with a cultural focus.

- *A primera vista.* This new chapter-opening section introduces students to the chapter theme through a piece of fine art by a Hispanic artist. The variety of artists and styles represented helps students gain an appreciation for the diversity of Spanish-speaking cultures.

- *Puente cultural.* The *Puente cultural* brings culture to life and bridges the gap between students' own culture and that of the people they meet in this new section. Drawn from authentic interviews with real Spanish-speakers of all ages, *Puente cultural* highlights cultures and comparisons as addressed by ACTFL's National Standards for Foreign Language Learning. Activities are designed to help students learn about and appreciate facets of day-to-day culture.

- *Panorama cultural.* The all new *Panorama cultural* replaces the *Perspectivas culturales* section of previous editions. This new chapter-ending spread introduces students to a particular Spanish-speaking country through a brief timeline of important historical events that have shaped the country's culture, carefully captioned photos, and special *Notas de interés*. A new segment in the accompanying *Puentes* Video provides further exploration of each chapter's country of focus.

Un paso más. A successful feature of the main text in previous editions, *Un paso más* is expanded into the *Cuaderno de actividades* in this new edition. *Un paso más* in the main text focuses on reading *(¡Vamos a leer!)* and speaking *(¡Vamos a hablar!),* while the new, corresponding section in the *Cuaderno de actividades* focuses on writing development *(¡Vamos a escribir!)* and comprehension and expansion activities for use with the *Puentes* Video *(¡Vamos a mirar!).*

New, expanded video. The first segment of each chapter's corresponding video material focuses on language use in context, as in previous editions. In addition, the Video has been expanded for the third edition to include a new segment that explores the country of focus in the chapter's *Panorama cultural*. Extensive footage from each country visited offers students more than a glimpse at what the Spanish-speaking world looks like.

Instructor's Resource Manual. A new component in the program, the *Instructor's Resource Manual* provides additional activities, teaching suggestions, sample syllabi and lesson plans, as well as audio scripts and video scripts. The *Instructor's Resource Manual* covers both *Puentes* and its companion text, *Avenidas.*

New technologies. In its third edition, the *Puentes* program offers the best in new technologies for language instruction and learning.

- *http://puentes.heinle.com.* An all-new web site for the third edition offers self-scoring practice activities in vocabulary and grammar, a contextualized *Síntesis* feature, and an on-line *Puente cultural* for each chapter. Students follow a story as it develops from one chapter to the next, moving them through countries, chapter themes, and cultures.

- **QUIA® Online Workbook/Lab Manual.** This electronic version of the *Cuaderno de actividades* allows for automatic grading of activities and automatic tracking through an electronic grade book. A variety of activity types and incorporated audio material make this online component an attractive alternative to the traditional paper workbook/lab manual.

Components of the *Puentes*, Third Edition, program

For the student

- *Puentes,* Third Edition, student text, packaged with Text Audio CDs
- *Cuaderno de actividades* and *Gramática suplemental,* packaged with Lab Audio CD

The *Cuaderno* consists of nine chapters with exercises to practice, integrate, and expand on material presented in the corresponding chapter of the student text. Each *Cuaderno* chapter includes the following:

En blanco y negro. This section features authentic readings that are thematically tied to the corresponding chapter in the student text. The two readings per chapter are drawn from newspapers, magazines, and brochures, as well as from short literary works. Accompanying exercises may be completed by the student outside of class at any point while working in the chapter. Exercises include *Antes de leer* pre-reading and *Comprensión* activities. The wealth of post-reading activities *(Después de leer)* may be used for in-class follow-up or additional at-home writing practice.

Escribamos un poco. As students proceed through the chapter in the student text, they may turn to this section of the *Cuaderno* for two written practice activities per *Paso.* One exercise focuses more closely on the points introduced in the chapter, while the other is more open-ended and fosters more creative use of the language. Open-ended exercises are cross-referenced to Heinle & Heinle's *Atajo: Writing Assistant for Spanish* software.

Todo oídos. In this section, students practice aural comprehension through listening strands and activities that integrate material from all *Pasos* in the chapter into two short exercises presented in a radio show format. *Todo oídos* also contains pronunciation practice.

Repasemos. This section of the *Cuaderno* includes mechanical activities for grammar points that require memorization and/or form manipulation practice. *Repasemos* is for students who may need additional practice of a given grammar point, and may be completed at any time.

Un paso más. This section, new to the *Cuaderno de actividades* in the third edition, contains the *Vamos a mirar* activities for use with the *Puentes* Video, and the *Vamos a escribir* process writing activities correlated to *Atajo: Writing Assistant for Spanish.*

Gramática suplemental is an optional section found at the end of the *Cuaderno de actividades* for students who want more in-depth coverage of a given grammar topic or for instructors who wish to expand upon grammar points presented in the main text. *Gramática suplemental* contains both grammar explanations and practice activities.

- **Puentes,** Third Edition, web site at http://puentes.heinle.com
- QUIA® Online Workbook/Lab Manual

For the instructor

- **Puentes,** Third Edition, Instructor's Annotated Edition (IAE), packaged with Text Audio CDs—The Instructor's Guide at the beginning of the IAE provides the Audio Script for in-class listening activities on the Text Audio CDs.

- Answer Key to the *Cuaderno de actividades* and *Gramática suplemental,* which can be made available to students—this answer key also contains the Audio Script for the Workbook/Lab Audio CD.

- **Puentes** and **Avenidas** Instructor's Resource Manual.

- Customizable Testing Program on CD-ROM.

- Placement Exam Package—each package contains a guide for instructors and twenty-five copies of the placement exam, along with an Audio Cassette with recordings of the listening comprehension strands used in the Placement Test.

- New, expanded Third-Edition **Puentes** Video.

- QUIA® Online Workbook/Lab Manual with electronic grade book.

Puentes
THIRD EDITION

...The first book written specifically for high-beginning and intensive courses

Power pacing organization

The uniquely designed scope and sequence allows students to cover the basics and move quickly through the first half of the program, using the Spanish they already know. Students can focus on less familiar topics in the second half of the program at a more controlled pace.

Puentes
THIRD EDITION

Patti J. Marinelli

Lizette Mujica Laughlin

Spanish for Intensive and High-Beginner Courses

Learning strategies

PUENTES systematically presents instruction and practice for learning how to read, write, and communicate conversationally in Spanish, as well as tips on how to approach language study and interact with native speakers.

Balance of everyday topics and transactional situations

Odd-numbered chapters are slightly longer (with three *Pasos*) and focus on everyday topics such as family, university life, and pastimes. Even-numbered chapters are shorter (with two *Pasos*) and focus on using Spanish in a variety of situations such as making travel arrangements, eating out in a restaurant, dealing with minor medical problems, and shopping for clothing or souvenirs.

Paso 1

The English equivalents of the *Vocabulario temático* sections are found in Appendix E.

Students often feel overwhelmed by the amount of memory work involved in learning a language. Be sure to make your expectations clear to students, and create quizzes and tests that reflect the emphasis that you have placed on the material in class.

In this *Paso* you will practice:
* Talking about your family, close friends, and pets
* Describing people
* Making comparisons

Grammar:
* Descriptive adjectives
* Comparatives and superlatives

Estrategia: Managing your learning

Learning another language requires much memorization and recall. Here are some ways to make this task more manageable.

Prioritize Decide which words and structures are the most essential for you to use actively in your speaking and writing, and devote more time to these points of study. Using the present tense with accuracy, for example, should be one of the objectives at the top of your list.

Paso 2

In this *Paso* you will practice:
* Talking about a house
* Describing the rooms and furniture of a house
* Reporting the condition of things
* Giving the location of things

Grammar:
* Adverbs of location
* Some uses of **ser** and **estar**

Vocabulario temático
LA CASA

Los cuartos y los muebles

Acabo de *mudarme* a una nueva casa.

Transparency Bank
C-1, C-2, C-4, C-5

Introduce the vocabulary by using a transparency or by drawing a sample

Paso 3

In this *Paso* you will practice:
* Describing the activities of family members
* Describing pastimes

Grammar:
* Some irregular verbs in the present tense
* Stem-changing verbs in the present tense: e → **ie**, o → **ue**, e → **i**
* Affirmative and negative expressions

Vocabulario temático
LAS ACTIVIDADES DE MI FAMILIA

Los quehaceres domésticos

Normalmente papá cocina y sirve *la cena*.
el desayuno

Transparency Bank
C-6, M-1

Puentes brings culture to life!

A primera vista

Giving your students something to talk about right from the start, the chapter-opening *A primera vista* establishes the theme through a piece of fine art by a Hispanic artist. As students start talking about the image, they will begin using thematic chapter vocabulary that they already know.

A primera vista

Suggested pace of presentation and study: about 1½ class hours per Paso and 1 class hour for *Un paso más.*

This *A primera vista* introduces the chapter theme of extended family and descriptions.

For the activity, have students decide which cognates best describe this famous Goya painting. As a follow-up, have each pair of students write a descriptive sentence using some of the words marked. Encourage as many volunteers as time permits to share their descriptions with the class.

After reading the information and studying this family portrait, you can ask the class some questions to further describe the painting: **¿Quién es esta familia? ¿Cuántos hijos tienen? ¿Cuántos(as) niños(as)? ¿Está jugando o posando los niños? ¿Es una escena natural familiar? En tu opinión, ¿es una familia grande? ¿Por qué están vestidos tan elegantemente? ¿Dónde crees que vive esta familia? ¿Qué te parece lo más interesante del retrato** *(portrait)*? **¿A qué etapa** *(stage)* **de Goya crees que pertenece este cuadro** *(painting)*?

Goya's production was abundant and varied. He created etchings, lithographs, portraits, frescoes, designs for tapestries, etc. With his great predecessors, Velázquez and El Greco, he forms the triumvirate of Spanish old masters. He is said to have painted the soul of Spain, whether he was painting royal subjects or common folk. Goya had a long and profitable career, launched principally by the commission of the portrait of the *Infante don Luis*, brother of King Charles III. Charles IV named Goya "First Painter of the King" in 1799.

Trabaja con un(a) compañero(a). Estudien el cuadro del famoso pintor español Goya. Marquen en cada lista las palabras que, en su opinión, describen el cuadro.

Sustantivos

☐ familia ☐ hijos
☐ niñas ☐ amigo
☐ padre ☐ perro
☐ duquesa ☐ nobles
☐ caricatura ☐ grupo
☐ hermano ☐ carácter

Adjetivos

☐ elegante ☐ brillante
☐ oscuro ☐ simple
☐ informal ☐ imaginativo
☐ vulgar ☐ serio
☐ plácido ☐ familiar
☐ controversial ☐ contradictorio

Francisco de Goya y Lucientes (1746–1828)

Nacionalidad: español

Otras obras: *La maja vestida y la maja desnuda, Los caprichos, El tres de mayo, Saturno devorando a su hijo, El parasol*

Estilo: Versátil y apasionado, con una gran sensibilidad sicológica. Pasó por varias etapas: entre ellas, del período de escenas folklóricas de la vida diaria y paisajes españoles, la de los retratos de la familia real y su "etapa negra" de imágenes fantasmagóricas y monstruosamente distorsionadas.

Los Duques de Osuna con sus hijos
Francisco de Goya y Lucientes

Entre familia ochenta y uno **81**

80 ochenta Capítulo 3

Comentario cultural

These special sections highlight aspects of day-to-day culture, with questions that encourage students to make comparisons with lives of Spanish-speakers.

Comentario cultural: LAS CASAS HISPANAS

¿Cómo es tu casa? ¿Cuál es el centro de las actividades familiares en tu casa? En tu comunidad, ¿son las casas modernas o tradicionales?

El concepto tradicional de una casa cambia según el país, el clima, la situación económica y el gusto *(taste)* personal de los dueños.

Las casas en los países hispanos representan una gran variedad de estilos arquitectónicos. Las casas más antiguas y tradicionales normalmente son de estilo colonial (del estilo de las casas en España durante la colonización del Nuevo Mundo). Casi siempre tienen un patio interior *(an interior courtyard)* que se usa para plantas y flores. Todos los cuartos dan al *(open to)* patio, que es el centro de muchas actividades familiares.

En las zonas urbanas, sin embargo, muchas personas prefieren vivir en apartamentos. Los apartamentos, que se llaman **pisos** en España y **departamentos** en México, son más obtenibles y convenientes para personas de escasos *(limited)* recursos económicos.

Puente cultural

The *Puente cultural* sections introduce students to real people from real places! Through authentic interviews, students come to understand and appreciate the diversity within the Spanish-speaking world.

Panorama cultural

New video segments, and a new *Panorama cultural* section, introduce students to a different Spanish-speaking region in each chapter. Key cultural and historical information and photos work with activities to familiarize students with a given country.

Puente cultural
¿Qué puedes decirnos sobre las relaciones y la vida familiar?

Alicia Josefina Lewis
panameña; 47 años; profesora

Las familias se reúnen *(get together)* en casa de los abuelos el domingo. Van los padres, hermanos, primos y compadres. Pasamos un buen rato todos juntos *(We have a good time together)*. En general, los jóvenes *(young people)* participan de la vida y reuniones familiares. Las muchachas *(girls)* tienen más obligaciones con los quehaceres domésticos *(chores)* que sus hermanos. Por lo general, la mamá y las hijas se encargan *(are in charge)* de la casa. También, los varones *(boys)* tienen más libertad *(freedom)* que sus hermanas para salir con frecuencia por la noche.

John Martínez
dominicano-americano; 24 años;
estudiante de postgrado

Mi familia se reúne los fines de semana. Las hijas normalmente cocinan, lavan la ropa, mantienen la casa limpia, pero todos compartimos *(we share)*. Admito que, aunque sea una mentalidad machista, los hijos tienen más libertades que las hijas. Las hijas son más delicadas y hay que protegerlas *(it is necessary to protect them)*.

Juan Eduardo Vargas Ortega
mexicano; 47 años; profesor
asociado universitario

La familia—padres, hijos, primos, tíos, etc.— se reúne semanalmente *(weekly)*. Mantener este contacto familiar es importante. Los papeles *(roles)* en la familia son bastante tradicionales: La madre cocina, lava ropa, limpia la casa, cuida a los niños... y el padre provee y guía. Todavía los hijos tienen más libertades que las hijas, salen de casa sin necesidad de explicar adónde o con quién van, ni a qué hora piensan regresar.

Entre familia noventa y tres **93**

Panorama cultural

Venezuela

Transparency Bank
A–12

The history of Venezuela has been marked by many dictatorships, military coups, and political and economic instability. A member of OPEC, Venezuela has an economy that is dependent on fluctuations of the oil market. It has enjoyed periods of prosperity, and has especially benefited from high oil prices in the world market. It is highly urbanized; agriculture employs only 10% of the population. With recent inflation, its standard of living has dropped and its poverty level increased.

Caracas became the capital because of its strategic position: easy access to fertile lands and ports for the export of agricultural products.

When the French Emperor Napoleon Bonaparte invaded Spain in 1808, the Spanish throne was in internal turmoil. The incompetent King Charles IV had been forced to abdicate the throne to his son Ferdinand VII. Ferdinand was then deposed by Joseph Bonaparte, brother of Napoleon. These events caused the Caracas City Council, or **cabildo**, to take a stand—first, in 1810, by refusing alliance to the French and governing in the name of Ferdinand, and later, in 1811, by severing all ties with the Old World and declaring itself an independent republic. This first republic was called **La Patria Boba**, as Venezuela was never united in its ideals or leadership. The white **criollo** elite in charge of the new government never empowered or trusted their military leader. In addition, some **cabildos** preferred to be governed by Joseph Bonaparte while the popular masses remained loyal to the Spanish throne. Civil war followed, and the first republic ended in 1812. In 1813 Simón Bolívar, **El Libertador**, established the second republic. Again, the nonwhite masses sided with the Spanish crown and fought against Bolívar, ending the second republic in 1814. Bolívar continued his fight for

Datos esenciales

- **Nombre oficial:** República de Venezuela
- **Capital:** Caracas
- **Población:** 22.777.000 habitantes
- **Unidad monetaria:** El bolívar
- **Principales industrias:** Refinerías de petróleo, metales, manufactura de automóviles
- **De especial interés:** Venezuela tiene más de 70 islas. La más conocida es la isla Margarita. El Salto del Ángel, la cascada más alta del mundo, se encuentra en el sureste.

Personajes de ayer y de hoy

Simón Bolívar Palacios fue *El Libertador* de Venezuela y de otros países de Latinoamérica. Bolívar tenía un sueño *(had a dream)*: una América independiente y unificada. Bolívar participó en la independencia de Venezuela, Colombia, Ecuador, Bolivia y Perú. Fue *(He was)* el primer presidente de la República de la Gran Colombia y de la República de Venezuela.

Rómulo Gallegos es uno de los venezolanos más famosos de nuestro siglo *(century)*. Entre su extensa obra literaria se destaca *(stands out)* su novela *Doña Bárbara*. Además, fue nombrado presidente de la República de Venezuela en 1947. En 1958 recibió el Premio Nacional de Literatura.

Irene Sáez Conde fue ganadora *(winner)* del concurso de belleza Miss Universo en 1981. De 1981 a 1991 fue representante diplomática de Venezuela ante la Organización de las Naciones Unidas (ONU). De 1992 a 1998 fue alcaldesa *(mayor)* del municipio de Chacao por dos períodos consecutivos.

Notas culturales de interés

En 1499 una expedición española, a cargo de Alfonso de Ojeda y el italiano Americo Vespucci, explora la costa noroeste del nuevo continente. En el lago Maracaibo, encuentran casas rústicas de madera construidas por los indígenas. Estas casas construidas en pilotes *(piles)* parecen suspendidas sobre el lago. Cuando Vespucci ve estas construcciones sobre el agua, llamadas palafitos, recuerda la ciudad de Venecia, en Italia. Llamó *(He called)* al nuevo país Venezuela, que significa "pequeña Venecia".

independence and gained more popular support. In 1819 the third republic was established; with Bolívar as president. In June 1821 the Constitution for the Republic of Great Colombia was signed and Bolívar named president. In 1929 General Páez led the separation of Venezuela from the joint republic.

In 1964 a prestigious literary distinction was created for authors: **El Premio Internacional de Novela Rómulo Gallegos**.

Venezuelans are very proud of the international acclaim of their beauty queens. Winners and runners-up of many international pageants, the Venezuelan beauties hold 5 Miss World and 4 Miss Universe crowns. Among the most well-known are the politician Irene Sáez Conde, presidential candidate in the 1998 elections, and the current soap opera actress Alicia Machado.

Un **vistazo**
a la historia

1498 Los españoles llegan a las costas y encuentran *(find)* más de veinte diferentes tribus indígenas. Estas tribus se resisten a la colonización y hay guerras *(wars)* continuas.

1567 Finalmente los españoles ganan territorio y establecen la ciudad de Santiago de León de Caracas.

1821 Venezuela, Ecuador y Colombia se independizan de España y forman la República de la Gran Colombia.

1830 Venezuela se declara una nación independiente de la República de la Gran Colombia.

1958 El país tiene su primera elección democrática de un presidente.

1960 Se funda la Corporación Venezolana de Petróleo y se crea la Organización de Países Exportadores de Petróleo (OPEP).

124 ciento veinticuatro Capítulo 3

Entre familia ciento veinticinco 125

New features of the third edition!

New Technologies

- **http://puentes.heinle.com.** An all-new web site offers self-scoring practice activities in vocabulary and grammar, a contextualized *Síntesis* feature, and an on-line *Puente cultural* for each chapter. Students follow a story as it develops from one chapter to the next, moving them through countries, chapter themes, and cultures.

- **QUIA® Online Workbook/Lab Manual.** This electronic version of the *Cuaderno de actividades* allows for automatic grading of activities and automatic tracking through an electronic grade book. A variety of activity types and incorporated audio material make this online component an attractive supplement to the traditional paper workbook/lab manual.

Expanded video

The first segment of each chapter's corresponding video material focuses on language use in context, as in previous editions. In addition, the Video has been expanded for the third edition to include a new segment that explores the country of focus in the chapter's *Panorama cultural*. Extensive footage from each country visited offers students more than a glimpse at what the Spanish-speaking world looks like.

Instructor's Resource Manual

A new component in the program, the *Instructor's Resource Manual* provides additional activities, teaching suggestions, sample syllabi and lesson plans, as well as audio scripts and video scripts. The *Instructor's Resource Manual* covers both **PUENTES** and its companion text, **AVENIDAS**.

Un paso más

Un paso más in the main text focuses on reading **(¡Vamos a leer!)** and speaking **(¡Vamos a hablar!)**, while the new, corresponding section in the **Cuaderno de actividades** focuses on writing development **(¡Vamos a escribir!)** and comprehension and expansion activities for use with the **PUENTES** Video **(¡Vamos a mirar!)**.

4. La fiesta

ALICIA: ¡La fiesta es en dos horas! ¿Cómo lo arreglamos?

LIDIA: Yo _____ las camas y tú _____ los platos en la mesa.

ALICIA: ¿Y Marta? ¿Dónde está?

LIDIA: Ahora ella _____ a casa y _____ las bebidas.

Un paso más

¡Vamos a escribir!

Estrategia: Writing descriptions

When writing a description, your main objective is to create in words an image that the reader can see and feel. You can achieve this objective more easily if you employ the organizational techniques described and practiced in the exercises that follow.

CA3-24 Mi tía. Read about the three basic parts of a description and find the corresponding sections in the sample description that follows. Circle and label the three parts of **Mi tía Elena**; describe how the main body of the description is organized.

- The *introduction* presents the subject to the reader and provides an overview of this subject.
- The *main body* presents a detailed description of the subject. This description may be organized from the general to the specific, from the outside to the inside, from head to toe, etc.
- The *conclusion* recaps the description and explains why this particular subject was chosen by the author.

Mi tía Elena

Mi tía Elena nació en Cuba, pero llegó a los Estados Unidos hace más de trienta y cinco años. Ahora vive con su esposo en un pueblo de Pennsylvania, muy cerca de sus hijos y sus nietos. Aunque *(Although)* no puedo visitarla con mucha frecuencia, mi tía Elena es una de mis parientes preferidas.

Mi tía Elena es bajita de estatura y bastante delgada. Tiene el pelo completamente blanco ahora, pero sus ojos son muy azules y brillantes. Para muchas personas, mi tía Elena es una señora "típica" de sesenta y cinco años. Pero para mí, ella es una señora extraordinaria. Es una persona que siempre está lista a ayudar. Además, es paciente y generosa con todo el mundo. Ella siempre escucha con compasión y no crítica a nadie.

Mi tía Elena y yo nos escribimos o hablamos por teléfono todos los meses. Es más que una tía—es mi mejor amiga.

_____

_____

_____

¡Vamos a hablar! | Estudiante A

Contexto: In this activity, you and your partner will practice describing the location of furniture in some rooms of a house. Your partner, **Estudiante B,** has a complete floor plan with all the furniture in place. You have only the outline of the rooms and must draw in the furniture in the correct places as your partner describes each piece to you. Before you begin, copy your floor plan onto a sheet of paper. Your partner will begin.

---Vocabulario útil---

¿Dónde está... ?	Where is . . . ?
¿Dónde pongo... ?	Where do I put . . . ?
¿A la derecha o a la izquierda?	To the right or to the left?

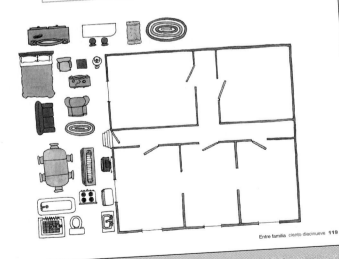

Components of the *Puentes, Third Edition,* program

For the student

- *PUENTES*, Third Edition, student text, packaged with Text Audio CDs
- ***Cuaderno de actividades*** and ***Gramática suplemental***, packaged with Lab Audio CD

Cuaderno de actividades
y Gramática suplemental

Each Cuaderno
de actividades
packaged with lab
audio material

Patti J.
Marinelli

Lizette
Mujica
Laughlin

The perfect solution for ALL your students at every level

AVENIDAS has the same philosophy, approach and format as **PUENTES**, but moves at an appropriate pace for **true beginners**. Shared content and an identical format make **PUENTES** and **AVENIDAS** the ideal, fully integrated beginning Spanish program for institutions with a dual-track curriculum, and the perfect solution for those considering establishing one!

Avenidas

Patti J. Marinelli

Mirta Oramas

Beginning a Journey in Spanish

Chapter Organization Chart

Section	Description	In / Out of Class
Objetivos	Summary of chapter objectives and points of study	Both
A primera vista	Thematic introduction through fine art	In
Pasos (odd-numbered chapters have three *Pasos*; even-numbered have two); each *Paso* contains three presentations that may be any combination of the following:		
Vocabulario temático	Vocabulary and language functions in context with accompanying notes on usage *(¿Sabías que...?)*	Both
Gramática	Grammar explanations	Both
Ponerlo a prueba (after each presentation)	Listening, writing, reading, and speaking activities that reinforce and practice the presentation	Either
Puente cultural (usually at the end of *Paso 1*)	Real-life survey of Spanish speakers from a variety of backgrounds and countries with cross-cultural comparison activities	Both
Síntesis (at the end of each *Paso*)	Listening, writing, reading, and speaking activities that integrate and expand upon the three presentations	In
Interspersed throughout each chapter appear the following sections:		
Estructuras esenciales	Explanations of minor grammar points or previews of more complex structures	Out
Estrategia	Learning and communicative strategies	Either
Comentario cultural	Cultural information	Both
Un paso más appears towards the end of each chapter. It contains:		
¡Vamos a hablar!	Information gap, pair-work speaking activity	In
¡Vamos a leer!	Reading strategies and practice	Out
Cuaderno de actividades Reference	Advance organizer to preview *Vamos a escribir* and *Vamos a mirar* activities in the *Cuaderno de actividades*	Either
Panorama cultural	Introduction to a different Spanish-speaking country in each chapter.	Both
Vocabulario	End-of-chapter vocabulary list	Both

How Puentes Works

A mutually supportive network of learning components

Component	Description	Usage	Skills: Developed/Practiced	More Information
Student Text	9 chapters; packaged with two Text Audio CDs	Daily, in class and at home	Real-life listening and speaking tasks; process-approach to writing; reading strategies applied to all authentic readings; integrated culture; selective grammar syllabus	Chapters are divided into manageable study units called *Pasos*; unique alternating chapter structure
Text Audio CDs	Natural conversations model the vocabulary and linguistic functions; 4 to 5 activities provided per chapter	Use daily at home or in the language laboratory; may be used in class at the instructor's discretion	Listening comprehension based on real-life situations: face-to-face conversations, radio advertisements, telephone messages, etc.	Script available to instructors; answers provided in *Instructor's Annotated Edition*. Packaged with Student Text
Workbook: *Cuaderno de actividades y Gramática suplemental*	Features additional practice in all skills as well as optional, supplementary grammar explanations and practice, *¡Vamos a mirar!* video activities, and *¡Vamos a escribir!* process writing activities	Use daily or as needed, depending on number of contact hours	**Reading:** all authentic readings from periodical and literary sources; **Writing:** integrative, real-life writing tasks as well as grammar review practices; **Listening:** simulated radio broadcasts and pronunciation; **Grammar:** optional, supplementary explanations and practices correlated to chapter theme	Writing activities correlated with *Atajo: Writing Assistant for Spanish* software. Separate answer key available for purchase and/or packaged with *Cuaderno de actividades*
Lab Audio CD	A series of simulated radio broadcasts correlated to the chapter theme; pronunciation practice	Use once per chapter at home or in the language laboratory; may be used in class at instructor's discretion	Listening comprehension and pronunciation practice	Packaged with Student Text
Internet Activities	Meaningful, task-based activities help students explore the riches of the World Wide Web	Use once per chapter with *Un paso más*	Real-life tasks; reading comprehension; cultural understanding	Located on the *Puentes 2/e* home page
QUIA® Online Workbook/ Lab Manual	Engaging, fun activities to supplement the *Cuaderno de actividades*	Use as needed to complement the *Cuaderno de de actividades*	Reading, writing, listening, grammar, and vocabulary	QUIA® offers instant scoring and an electronic grade book

Component	Description	Usage	Skills: Developed/Practiced	More Information
Instructor's Annotated Edition	Contains margin notes on pace, implementation of activities, additional practices, answers to listening activities	Optional usage by instructor	Provides helpful suggestions on how to implement and expand activities throughout text	An icon in the margin shows where **Puentes** addresses ACTFL's five "Cs".
Placement Exam	Tests students on listening comprehension, vocabulary recognition, grammar usage, reading comprehension, and writing ability	Before the course begins, in order to evaluate whether or not a student should be placed into a high-beginner course	Listening, reading, writing, vocabulary, grammar	Available in shrink-wrapped packages of 25 tests; accompanied by a placement guide and a placement tape
Test Bank on CD-ROM	Electronic tests: two tests per chapter for a total of 18 chapter tests; mid-term and final exams; optional culture questions; provides selection of contextualized test items, answer key and listening comprehension scripts	Optional, at the end of each chapter	Tests focus on core information; tests assess vocabulary, grammar, reading, writing, and listening comprehension	Answer key provided Optional culture questions provided
Software: *Atajo Writing Assistant for Spanish*	Word processing program; bilingual Spanish-English dictionary; reference grammar with 250,000 conjugated verb forms; hard-to-define idiomatic expressions	Use with writing activities in the *Cuaderno de actividades* and with *¡Vamos a escribir!* in the *Un paso más* section; optional	Develops writing skills through task-based writing activities	Runs on most networks Correlations to appropriate activities provided in the *Cuaderno de actividades* and *¡Vamos a escribir!*
Text-tied Video Program	Eighteen thematically correlated video segments Two segments per chapter; one focused on language use, the other on the country featured in *Panorama cultural*	Use with the *¡Vamos a mirar!* activity in the *Un paso más* section of the *Cuaderno de actividades*	All in Spanish; listening comprehension and cultural enrichment	Video specific comprehension activities featured in the *Un paso más* section of the *Cuaderno de actividades* under the header *¡Vamos a mirar!*

Note to Instructors

As instructors of courses for high beginners, we have shared the special challenge of teaching these students as well as the frustration of trying to find appropriate materials for them. We, the authors of *Puentes,* believe that you will find that this program can be adapted to meet the diverse needs of your students and to a wide variety of curricular options open to them. Please consult the *Instructor's Resource Manual* for suggestions on adapting this program to your needs.

Who are high beginners?

Although first-year Spanish courses are intended for students just beginning to learn the language, they are often filled with many students who have already had some experience—formal or informal—with Spanish. Some students could probably succeed in more advanced classes; others, however, are in need of a good review and more extensive practice in Spanish before continuing with their studies at the intermediate level. It is for this latter group of "high beginners" that *Puentes* has been written.

Having taught thousands of high beginners at the University of South Carolina, we recognize that they are a diverse group with varying levels of proficiency with basic structures and vocabulary. In general, high beginners have some conceptual knowledge about fundamental grammar points such as verb conjugations in the present tense, or noun-adjective agreement. Usually, they are also familiar with core vocabulary, such as colors, days of the week, clothing, and food. Some high beginners may be able to function very simply with memorized phrases or expressions, or even to reply to basic questions about personal information with fractured syntax. As a rule, high beginners can recognize quite a bit, but produce very little with precision.

Given the current practices in teaching languages in the United States, most high beginners will come to us with two years of high school Spanish, although some may have studied for three or even four years, and yet others may have had significant exposure to the language with no formal study. The skill level they demonstrate upon entering our classes will vary according to many factors, such as the number of years passed since they studied Spanish, the quality of their high school experience, their unique learning styles, and their motivation for studying the language. In general, however, high beginners are ready for a class that puts less emphasis on explanations about the language and more emphasis on practicing and using the language in real-life contexts.

Capítulo 1

Paso 1

1-8 Gregorio [CD1-1]

G = GEGORIO; N = NAOMI LÓPEZ

G: Hello?

N: Eh... el Sr. Nolan, por favor.

G: Yo soy Gregorio Nolan.

N: Ah, Sr. Nolan, buenos días. Soy Naomi López del Banco Unión. Lo llamo porque necesito información sobre Ud. ¿Podría contestar algunas preguntas?

G: Sí, cómo no.

N: Muchas gracias. Bueno, primero, por favor dígame cómo se escribe su nombre y apellido.

G: Muy bien. Mi nombre de pila es Greogorio, o "Gregory" en inglés: se escribe ge-ere-e-ge-o-ere-y griega. Mi apellido se escribe ene-o-ele-a-ene.

N: Ud. tiene un sólo apellido, ¿verdad?

G: Sí, Nolan.

N: Bien, así me lo imaginaba. Por favor, ¿cuál es su dirección?

G: Bueno, soy de Arlington, estado de Virginia, en los Estados Unidos. Mi dirección es Calle Maple, número 6892, Arlington, Virginia 22203.

N: Calle Maple, número 6892 Arlington, Virginia 22203. Bien, ¿y su número de teléfono, por favor?

G: Es el 703-555-9648.

N: 703-555-9648. Eh... ahora, por favor, necesito unos datos sobre su esposa.

G: ¿¿Mi esposa??

N: Sí, Ud. está casado, ¿no es así?

G: No, no, no estoy casado, soy soltero.

N: Ah, bueno, perdone... mm... a ver... Me parece que por el momento eso es todo. Muchas gracias por su ayuda.

G: De nada. Adiós.

N: Adiós. Hasta pronto.

1-10 La foto [CD1-2]

MODELO: (You hear:) Mira, ésta es mi madre, Carmen.
(You write:) a. Carmen, la madre de Mercedes.

Mira esta foto. La sacamos el año pasado cuando fuimos de picnic con mis vecinos.

Mira, ésta es mi madre; Carmen.

Y ésta es mi hermana, Ana, tiene catorce años.

Ésta es Elena, una amiga de mi hermana.

Y éste, pues éste es Paco, mi hermano. Tiene solamente ocho años.

Éste es mi padre, Francisco.

Y ésta es nuestra tía Luisa, la hermana de mi padre.

Éste señor es nuestro vecino, Alberto Guzmán.

Ésta es Ana, la esposa de Alberto.

Ésta es María, la hija de los vecinos. Es una buena amiga también.

Y ésta, pues, soy yo.

Paso 2

1-12 Te presento a mi amigo, Ignacio. [CD1-3]

R: Ester, ¿por qué no me acompañas a casa de mis abuelos esta noche?

E: No sé, Roberto. Mañana tengo un examen de...

I: Roberto, ¡qué sorpresa!

R: ¡Hombre! Ignacio ¡qué casualidad! Mira, quiero presentarte a mi novia. Ester, éste es Ignacio Saldívar, un buen amigo y compañero de la escuela elemental.

E: Mucho gusto, Ignacio.

I: Iqualmente.

R: Ester, Ignacio es un jugador de fútbol fenomenal. También toca la guitarra como tú.

I: ¡¿Te gusta tocar la guitarra?! ¿Qué tipo de música te gusta tocar? A mí me gusta la clásica.

E: Pues, yo toco todo tipo de música con la guitarra—clásica. Folklórica, popular...

R: Ester, la verdad es que yo no sé cómo Ignacio puede participar en tantas actividades porque estudia para doctor y, además, tiene una novia preciosa que se llama Sofía. Y, de colmo, vive en su propio apartamento porque su familia ya no vive aquí.

I: Bueno, es importante tener las prioridades bien claras, ¿no?

R: ¡Claro que sí! Eres un buen ejemplo para todos. Mira, debemos despedirnos porque tenemos mucho que hacer. Nos vemos más tarde.

I: ¡Cómo no! Mucho gusto, Ester. Hasta luego, Roberto.

E: Fue un placer, Ignacio.

R: ¡Chao, Ignacio!

Paso 3

1-19 La vida de Bárbara [CD1-4]

Bárbara: Aló.

Lucía: Hola ¿Bárbara? Soy Lucía.

Bárbara: ¡Lucía! ¡Qué gusto oír tu voz! ¿Cómo estás?

Lucía: Yo, pues muy bien. Pero cuéntame, mujer. Quiero saber todo sobre la universidad.

Bárbara: Lucía, la verdad es que me gusta mucho. Vivo en una residencia que está muy cerca de mis clases. Tengo una compañera de cuarto super simpática. Se llama Marilú y pasamos mucho tiempo juntas.

Lucía: Y las clases, ¿son tan difíciles como todos dicen?

Bárbara: Sí, tomo cinco asignaturas y tengo que estudiar mucho. Marilú y yo estudiamos en la biblioteca todos los días.

Lucía: ¿Así que no tienes mucho tiempo libre?

Bárbara: En realidad, no. Asisto a mis clases por la mañana. Luego, Marilú y yo comemos en la cafetería y, como te dije, estudiamos en la biblioteca por la tarde. También trabajo en una tienda tres días por semana.

Lucía: ¡Dios mío! ¡Sí que estás muy ocupada!

Bárbara: Sí, es cierto... pero los fines de semana tenemos más tiempo libre. Muchas veces vamos al cine o a fiestas. Y ahora cuéntame algo. ¿Cómo te va con todo?

Lucía: Bastante bien, sigo trabajando en el hospital y...

1-25 Greg Nolan [CD1-5]

Primera parte

Arturo: Tengo una sorpresa para Uds. Les presento a Greg —Gregorio— Nolan.
Gregorio va a vivir con nosotros y trabajar conmigo en el banco.

Beatriz: ¡Bienvenido!

Arturo: Beatriz, te presento a Gregorio. Gregorio, ésta es mi esposa, Beatriz.

Beatriz: Encantada, Gregorio.

Gregorio: Mucho gusto, señora Martínez.

Arturo: Gregorio, éste es Carlos, el mayor de nuestros hijos.

Carlos: ¡Hola, Gregorio! ¿Qué tal?

Arturo: Y ésta es mi hija mayor, Dulce.

Dulce:	Mucho gusto, Gregorio. ¡Bienvenido!
Arturo:	Felicia, te presento a Gregorio. Gregorio, ésta es mi hermana, Felicia Martínez.
Gregorio:	¡Encantado, señora!
Tía Felicia:	¡El gusto es mío! Y... soy señorita.
Arturo:	Gregorio, ésta es mi hija menor, Elisa.
Elisa:	¡Hola, Gregorio!
Gregorio:	¡Hola, Elisa!

Segunda parte

Arturo:	Gregorio es de Virgina, pero estudia en la Universidad de Carolina del Sur.
Beatriz:	¿De qué ciudad eres en Virginia?
Gregorio:	Soy de Arlington; está cerca de la capital, Washington, D.C.
Tía Felicia:	Entonces, ¿no vives con tu familia?
Gregorio:	No señora. No vivo con mi familia, pero los visito con frecuencia.
Elisa:	¿Tienes hermanos, Gregorio?
Gregorio:	Sí, Elisa. Tengo una hermana que se llama Hillary y un hermano que se llama Ian.
Elisa:	¿Cuántos años tienes?
Arturo:	Elisa, no seas impertinente.
Gregorio:	No importa, Sr. Martínez. Tengo 22 años.
Dulce:	Oye, Gregorio. ¿Cuáles son tus pasatiempos?
Gregorio:	Bueno, tengo muchos intereses. Me gusta practicar el tenis y tocar la guitarra, aunque no lo hago muy

	bien, pero mi pasión es el fútbol.
Carlos:	¿El fútbol europeo o el americano?
Gregorio:	No, el europeo, el *soccer*.
Carlos:	¡Qué bien! Puedes jugar con mis amigos.
Gregorio:	Con gusto.
Beatriz:	Bueno, ya basta. Vamos a llevar a Gregorio a su cuarto para que descanse un poco.
Gregorio:	Gracias, señora.

Panorama cultural

1-29 La influencia africana [CD1-6]

Canto negro, por Nicolás Guillén

¡Yambambó, yambambé!
Repica el congo solongo,
repica el negro bien negro;
congo solongo del Songo
baila yambó sobre un pie.
Mamatomba,
serembe cuserembá.
El negro canta y se ajuma,
el negro se ajuma y canta,
el negro canta y se va.
Acuememe serembó,
　　　　aé;
　　yambó,
　　　　aé.

Tamba, tamba, tamba, tamba,
tamba del negro que tumba;
tumba del negro, caramba,
caramba, que el negro tumba:
¡yamba, yambó, yambambé!

Capítulo 2

Paso 1

2-1 La estación de autobuses [CD1-7]

MODELO: (You hear:) Señores pasajeros. El autobús para Cuernavaca sale a las veintidós horas, de la plataforma número 3.
(You write:) 22 hundred hours, or 10 p.m.

1. Señores pasajeros, el autobús para Puebla sale a las 22 horas 45 minutos de la plataforma 5.
2. El autobús para Acapulco sale a las 14 horas 3 minutos, de la plataforma 4.
3. El autobús para Veracruz sale a las 15 horas 36 minutos de la plataforma 1.
4. El autobús para Mérida sale a las 18 horas, 15 minutos de la plataforma 8.
5. El autobús para Guadalajara sale a las 19 horas de la plataforma 7.

2-4 El conserje [CD1-8]

La primera reservación es la de la señora Adela Acosta, para tres personas. Prefiere una habitación doble y llega el viernes, veintiséis de agosto a las cuatro de la tarde. La segunda reservación es la del señor Ramón Cordero, para una persona. Prefiere una habitación sencilla y llega el domingo, treinta y uno de julio a la una y media de la tarde. La tercera reservación es la del señor César Romero, para cuatro personas. Prefiere una habitación doble y llega el jueves, primero de septiembre, a las seis menos cuarto de la tarde.

2-6 El viaje de Daniel [CD1-9]

G = SRA. GARRETÓN; D = DANIEL VARGAS, ESTUDIANTE

G: Agencia Turinam, María Teresa Garretón, a sus órdenes.
D: Sí, señora. Quisiera ir de Guadalajara a Miami.
G: ¿Cuándo desea salir?
D: Prefiero salir el jueves, cinco de agosto.

G: ¿Quiere Ud. un boleto sólo de ida, o de ida y vuelta?
D: Deseo un boleto de ida y vuelta.
G: ¿Cuándo desea regresar?
D: Creo que para el quince de diciembre. Es que... voy a estudiar en los Estados Unidos y el semestre termina en diciembre, pero no estoy seguro.
G: Bueno, no se preocupe. Voy a poner el 15 de diciembre, pero Ud. lo puede cambiar en cualquier momento.
D: Muy bien.
G: ¿Prefiere Ud. viajar de noche o de día?
D: Eh... , me gusta más de día.
G: Bien. Aquí tengo su reservación. Ud. sale el jueves, cinco de agosto, a las diez y cuarto de la mañana en el vuelo número ciento dieciocho de la aerolínea norteamericana Delta. Y su vuelo de regreso el quince de diciembre es a la una menos veinte de la tarde en el vuelo doscientos ochenta. ¿Cómo desea pagar?
D: Voy a pagar con la tarjeta de crédito Visa.
G: Muy bien. Ud. va a recibir los boletos dentro de una semana.
D: Muchas gracias.
G: No hay de qué.

Paso 2

2-13 Un viaje a México [CD1-10]

MODELO: (You hear:) Quiero hacer una reservación para un hotel en el Distrito Federal. ¿Qué hotel me recomienda? El hotel Misión Zona Rosa. Es de cinco estrellas y tiene un precio muy razonable. Un cuarto sencillo cuesta ochocientos treinta pesos por noche.
(You write:) Hotel Misión: 830 pesos

P = SRA. PALA; A = AGENTE DE VIAJE

Número 1
P: Me gustaría un hotel más económico.

A: El Hotel Regente, en el centro histórico, cuesta sólo 52 pesos por noche.

Número 2
P: También quiero pasar unos días en Cancún. ¿Son caros los vuelos?

A: Un boleto de ida a Cancún cuesta 3.178 pesos.

Número 3
P: Pienso regresar a la capital. ¿Cuánto es el boleto de ida y vuelta?

A: Es menos caro. Cuesta 2.580 pesos.

Número 4
P: Quiero visitar la ciudad de Taxco. ¿Hay excursiones de día completo?

A: Sí, Señora. Tenemos una excursión en autobús que incluye una visita al Estadio Olímpico en ruta a la ciudad. Cuesta 360 pesos.

Número 5
P: También me interesa mucho el ecoturismo. ¿Cuánto cuestan los viajes a la Barranca del Cobre?

A: Una excursión de 8 días y 7 noches cuesta aproximadamente 14.400 pesos. Este precio incluye el hotel, las comidas, y el viaje en tren por la Barranca.

2-15 Una reservación [CD1-11]

E = EMPLEADA; T = TURISTA

E: Hotel Carlton. Buenos días.

T: Buenos días. Quisiera hacer una reservación, por favor.

E: Muy bien, señor. ¿Para cuándo?

T: Bueno, llegamos el próximo jueves; creo que es el día 4 de octubre.

E: Jueves, 4 de octubre. ¿Sabe Ud. más o menos a qué hora va a llegar?

T: Pues sí, creo que vamos a llegar como a las seis de la tarde.

E: A las seis de la tarde. Bueno, y... ¿esta reservación es para Ud. sólo, o sea para una persona?

T: No, somos dos, mi esposa y yo. Quisiéramos una habitación con cama doble.

E: Muy bien. Una habitación con cama doble.

T: Sí, perfecto... eh, ¿cuánto cuesta, por favor?

E: La tarifa es de 158 dólares por día. ¿Piensa pagar con tarjeta de crédito?

T: Sí, con Visa.

E: Muy bien, su nombre y apellidos por favor.

T: Sí... Víctor Fuentes López.

E: Víctor Fuentes López. Muy bien, Sr. Fuentes, entonces confirmamos su reservación para el día 4 de octubre, eh... en una habitación con cama doble.

T: Perfecto. Muchas gracias.

E: A la orden.

2-19 El viaje de Gregorio [CD1-12]

G = GREGORIO; M = SRA. MARTÍNEZ

Primera Parte

G: ¿Sra. Martínez? ¿Sra. Martínez?

M: Sí, Gregorio. Estoy aquí en la sala.

G: Ah... allí está. ¡Tengo buenas noticias!

M: Ah... sí... dime...

G: Voy a Caracas la semana próxima. Mis amigos de la universidad van a estar allí y yo voy a visitarlos.

M: ¡Qué bueno! Caracas es una ciudad muy bonita. ¿Cuántos días vas a estar allí?

G: Solamente tres. Sra. Martínez, Ud. trabaja en la agencia de viajes de su familia, ¿verdad? ¿Qué hotel me recomienda Ud.?

M: Bueno, Gregorio, eso depende de tus preferencias. ¿Qué comodidades prefieres en un hotel?

G: Pues, prefiero un hotel de lujo si no cuesta mucho. Es conveniente si está en un lugar central... cerca de centros comerciales. Me gusta nadar y practicar el tenis con mis amigos, así que me gusta tener piscina y cancha de tenis. También, es bueno si el hotel tiene restaurante, así no tenemos que salir para comer.

Segunda Parte

M: No sé... déjame ver esta guía... Mira, aquí hay varios que son buenos. "El Cóndor" es muy bueno pero no tiene ni piscina ni cancha de tenis; el "Grand Galaxie" es económico pero es más para familias. Para ti es mejor el "Hotel CCT". Está bien ubicado y es de lujo pero económico. Creo que te va a gustar; tiene piscina y cancha de tenis.

G: Sí, ése mismo. ¿Es posible hacer la reservación ahora?

M: ¡Cómo no!

Capítulo 3

Paso 1

3-1 La familia Martínez [CD1-13]
MODELO: (You hear:) [A:] Esa señora es muy guapa. ¿Quién es?
[D:] Es nuestra tía Ginette. Es la esposa del hermano de mi padre.
[A:] Ah. ¿Viven tus tíos aquí en Maracaibo?
[D:] No, ahora viven en isla Margarita. ¿No ves qué playa más bonita?
(You write. "tía" in the blank, and select b. isla Margarita.)

A = AMIGA; D = DULCE

Número 1
A: Entonces... éste es el hermano de tu padre.

D: Sí, ése es nuestro tío Enrique. Se parece mucho a papá, ¿no? Trabaja en un hotel cerca de la playa. Es mi tío favorito, ¿sabes? Siempre tiene tiempo para hablar conmigo, para escuchar mis problemas.

Número 2
A: ¡Qué suerte tienes! Hmm... así que éstos son tus tres primos.

D: Bueno, ya te lo explico. Ésa es mi prima Claudia. Ella está casada y su esposo se llama Alejandro. Ése es el hermano de Claudio, mi primo Felipe. Felipe es estudiante de primer año en la universidad, donde estudia matemáticas.

Número 3
A: Entonces, esta niña, ¿quién es? ¿la hija de Claudia?

D: Sí, es la hija de Claudia y Alejandro; se llama Aurora. Tiene sólo 3 añitos. En esta foto la ves con su gato, Tigre.

A: Es una niña preciosa.

Número 4
A: Bueno: esta última foto parece muy, muy vieja. ¿Quién es este señor tan guapo?

D: Es mi abuelo Francisco, el padre de mi padre. Y esa señora es mi abuela Sofía. Esa niña es Felicia, su hija mayor, en el día de su bautismo.

Número 5

A: Y los otros dos señores, ¿quiénes son?

D: Son los padrinos de Felicia, pero no recuerdo sus nombres. Creo que eran unos buenos amigos de mis abuelos.

A: ¡Qué fotos más interesantes!

3-3 ¿Quién es... ? [CD1-14]

D = DANIELA; I = IGNACIO

D: Oye, Ignacio, ¿quién es ese chico alto y rubio?

I: ¿El chico que lleva anteojos?

D: Sí, ése es, alto y delgado...

I: Ah, sí, ese chico se llama Antonio. Es estudiante de farmacia en la universidad.

D: Bueno... y ¿quién es esa señora alta?

I: ¿Quién? ¿la chica rubia del pelo largo?

D: No, la señora bien alta y morena, no sé, la que tiene 40 años más o menos.

I: Ésa es Carolina Romero. Es una íntima amiga de mi mamá.

D: ¿Quién es el hombre alto de pelo castaño?

I: ¿Ese hombre guapo que lleva barba?

D: Sí, ése.

I: Ése es mi tío Alejandro. Es de Costa Rica, pero está aquí de vacaciones.

D: ¡Qué lindo! Y ¿quién es esa chica baja, la rubia?

I: ¿La rubia bajita?

D: Sí, es baja y delgada y tiene el pelo corto.

I: Ésa es mi novia, Rosaura. Vamos, te la presento.

3-7 La amiga de Gregorio [CD1-15]

C = CARLOS; G = GREGORIO

C: Hola, Gregorio. ¿Qué tal tu trabajo en el banco hoy?

G: Fenomenal. El trabajo es muy interesante y además hay tantas personas amables que trabajan allí. Y a tí, ¿cómo te va?

C: Bien, bien. Pero, hombre, parece que estás muy contento hoy. ¿Qué te ha pasado?

G: Bueno, para decirte la verdad, acabo de conocer a una chica estudpenda. Se llama Carmen y trabaja en el banco también.

C: Hmmmm... Carmen... No sé si la conozco, ¿cómo es?

G: Ah, mira, es muy guapa. Creo que tiene 20 o 21 años, más o menos. Es de estatura mediana, tiene el pelo negro... Y es muy simpática y amable con todos.

C: Hmmm... Creo que sí la conozco. ¿Es una chica un poco baja que tiene el pelo corto y lleva anteojos?

G: No, no lleva anteojos. Y tiene el pelo más bien largo.

C: Entonces, no la conozco. A lo mejor es una empelada nueva. Bueno, ¿qué piensas hacer? ¿La vas a invitar a salir?

G: Claro. Vamos a salir el sábado por la tarde. Vamos a jugar al tenis. A propósito, ¿por qué no vamos a jugar tú y yo esta tarde? Quiero practicar un poco antes del sábado.

C: ¡Vamos!

Paso 2

3-12 De venta [CD1-16]

Acabo de encontrar la casa perfecta para Ud. ¡Es fabulosa! Tiene dos pisos con tres dormitorios; uno está en la planta baja y hay dos en el primer piso. Hay dos baños; uno está en la habitación matrimonial y sólo tiene ducha, pero en el otro hay ducha y bañera. La cocina es tan grande que hay espacio para una mesa con sillas, pero, desafortunadamente, no tiene nevera. Sin embargo, hay un garaje enorme... hasta para dos carros. Por suerte, ahora acaban de rebajar el precio de la casa y está casi regalada por $98.000,00 pesos. Debe ir a ver esta casa cuanto antes porque a ese precio se va a vender como pan caliente. ¿Cuándo quiere ir a verla?

3-14 El cuarto de Mayra [CD1-17]

¡Rodolfo! El apartamento de Mayra es fabuloso; es tan amplio y tan limpio. Es azul como su cuarto aquí en casa. Lo mejor es que tiene un clóset enorme. El cuarto tiene una ventana con una vista muy bonita. Mayra tiene la cama debajo de la ventana con la mesita de noche a la derecha. Entre la mesita de noche y el clóset, tiene un estante con todos sus libros. A la izquierda de la puerta, Mayra tiene un sillón muy cómodo para estudiar. Delante del sillón, hay una mesita. El televisor está encima de la mesita. A la derecha de la puerta, hay una cómoda muy pequeña, pero como el clóset es tan grande, no importa. ¡Es fantástico! ¿Cuándo vas a ir conmigo a visitarla?

Paso 3

3-21 El día más ajetreado [CD1-18]

E = ENTREVISTADORA; S = SR. SILVA; S2 = SRA. SILVA;
D = DIANA

E: Bueno, Sr. Silva, ¿cómo pasa Ud. su día más ocupado?

S: Bueno, señorita, para mí todos los días son ocupados. Sin embargo, el lunes es el peor de todos porque salgo de casa más temprano y vengo a casa más tarde que de costumbre. Eso se debe a que siempre hay una reunión los lunes por la mañana. Tengo que hacer varias cosas durante el día y, por la tarde, paso por un club donde veo a mis colegas en un ambiente más informal. Cuando llego a casa, termino el trabajo que traigo,
ceno y miro las noticias a las 10:00.

E: ¿Y Ud., Sra. Silva?

S2: Desgraciadamente, para mí todos los días son ocupados. No obstante, el jueves es insoportable porque ése es el día en que la empleada y yo hacemos la limpieza general. Ella hace las camas, lava la ropa, limpia los baños mientras que yo cocino, lavo los platos, salgo a comprar comestibles y no descanso nada. ¡Es terrible!

E: ¿Y para Ud., señorita? ¿Cuál es su día más ocupado?

S: Diana nunca está ocupada.

D: Eso no es verdad, papá. Tú sabes que los miércoles son fatales para mí porque cuando salgo del colegio voy al gimnasio y hago ejercicios aeróbicos hasta las seis. Me gusta mucho, y además, conozco a muchas personas interesantes allí. Luego, en cuanto regreso a casa, hago la tarea porque ése es el día que más trabajo traigo a casa. ¡No tengo más remedio! Hay que hacerlo!

3-27 Los quehaceres [CD1-19]

M = MAMA; A = ADALBERTO; S = SAMUEL; P = PILAR

M: Hoy es día de limpieza general. Todos tenemos responsabilidades. Vamos a dividir los quehaceres. Adalberto, ¿qué prefieres hacer, cortar el césped o limpiar el garage?

A: Bueno, mi amor, es que hay un partido de fútbol entre Real Madrid y Valencia. No puedo limpiar el garage ahora, pero te lo prometo que manana lo limpio.

M: Samuel, ¿piensas limpiar tu cuarto hoy?

S: Ah... Mami, quiero limpiar el cuarto, pero tú sabes que todos los sábados yo siempre juego al tenis con Manuel.

M: Pilar, recuerda que tienes que lavar la ropa.

P: Sí, mami. Es que tengo planes. Voy a salir con mis amigas. Si vuelvo temprano, te prometo que la lavo esta tarde. ¿Está bien?

M: No. No está nada bien. Si nadie quiere hacer nada, entonces en vez de cocinar, voy a dormir la siesta.

Capítulo 4

Paso 1

4-1 En el restaurante La Estancia [CD1-20]

A = ADRIANA; H = HUGO; C = CAMARERO;
O = OMAR

C: ¿Qué desea señora?

A: Para mí, por favor, una sopa de pollo, una tortilla y una ensalada de lechuga y tomate. También, para beber quiero agua mineral y de postre, flan.

C: ¿Y Ud. Señor?

O: Por favor, yo quiero biftec... arroz con frijoles y maíz. Para tomar, cerveza, y de postre, helado de chocolate.

C: Muy bien. ¿Y Ud.?

H: Para mí pollo con papas, brócoli y una copa de vino blanco. De postre, quisiera torta, por favor.

C: ¿Algo más?

A, O, H: No, gracias.

4-3 ¿Qué quieren los clientes? [CD1-21]

C = CAMARERO(A); M = CLIENTE (MASCULINO);
F = CLIENTE (FEMENINO)

Conversación 1

C: A sus órdenes, señora.

F: Sí, ¿me puede decir qué ingredientes hay en la ropa vieja?

C: ¡Cómo no! Es un plato delicioso. Tiene carne, cebolla, salsa de tomate, ajo. ¿Quiere probar un poquito?

Conversación 2

M: Camarero, la cuenta por favor.

C: Aquí la tiene.

M: Señor, ¿está incluida la propina en la cuenta?

C: Sí, aquí se incluye automáticamente.

Conversación 3

F: Camarero, por favor.

C: Mande Ud., señora.

F: Mire, esta sopa de pollo está fría.

C: Perdone, señora. Le traigo otro plato en seguida.

Conversación 4

C: ¿Qué desean comer?

F: Quiero el biftec a la parrilla con ensalada y pan. Y para beber quisiera una copa de vino tinto.

M: Yo voy a probar el pollo asado con arroz amarillo y platanitos fritos. También quiero una cerveza.

4-8 La cita de Gregorio [CD1-22]

G = GREGORIO; C = CARMEN; C2 = CAMARERO

Primera parte

C: Aló.

G: Hola, ¿eres tú, Carmen?

C: Sí, ¿quién habla, por favor?

G: Soy yo, Gregorio.

C: Ah, Gregorio. ¿Qué tal?

G: De lo más bien, gracias. ¿Y tú?

C: Bien, bien. Estoy aquí con mi hermanita Rosa, mirando una película en la tele.

G: Ah, pues, perdona, no quiero interrumpir, pero... eh... ¿quieres salir a comer el sábado?

C: ¿Salir a comer el sábado? Ah, sí, me encantaría. ¿Adónde quieres ir?

G: Bueno, eso depende. ¿Te gusta la comida italiana?

C: Sí, me gusta muchísimo.

G: Perfecto. Mira, mi amigo Carlos dice que hay un restaurante que tiene comida italiana fenomenal; se llama Pizzería Napolitana.

C: Ah, sí, mi familia y yo comemos allí con frecuencia y es fabuloso. ¿A qué hora pasas por mi casa?

G: ¿Te va bien a las ocho?

C: Sí, entonces nos vemos el sábado a las ocho.

G: Sí, hasta el sábado. Chao.

C: Adiós. Hasta pronto.

Segunda parte

G: Mira, Carmen, ¡cuántos platos hay en el menú! Bueno, como tú ya conoces este restaurante, ¿qué me recomiendas?

C: Es que todos los platos son fenomenales aquí... pero... ¿por qué no pedimos una pizza grande para comer entre los dos?

C2: Bueno, señores, ¿están listos para pedir?

G: Creo que sí... ¿Podría traernos una pizza margarita grande?

C2: ¿Desean nuestra ensalada también?

G: Sí, cómo no... Y para beber una botella de vino tinto y otra de agua mineral.

C2: ¿Algo más?

G: De momento, no.

C2: Bueno, vuelvo en seguida.

Paso 2

4-14 Servicio a domicilio [CD1-23]

S = SRA. SANTANA; R = ROBERTO

R: Supermercado Sánchez. ¿En qué puedo servirle?

E: Eh, Roberto, ¿eres tú? Soy Amalia Santana.

R: Ah, sí, Sra. Santana. ¿Cómo está Ud. hoy?

S: Muy bien, gracias. ¿Y tú?

R: Yo, muy bien, gracias a Dios. ¿En qué puedo servirle hoy?

S: Necesito algunas cosas y quiero que me las entreguen a mi casa.

R: Perfecto, un momento mientras escribo su nombre aquí. Sra. Amalia Santana. Bueno, Ud. vive en la calle Luna, ¿verdad?

S: Sí, calle Luna, número 58.

R: Número 58. Muy bien, y ¿su número de teléfono, por favor?

S: Es el 29-78-03.

E: 29-78-03... Muy bien. ¿Qué desea Ud. hoy?

S: Bueno, primero un pollo, bien grande.

R: Un pollo, que sea grande.

S: Sí, y también, dos kilos de biftec, y lo quiero muy bueno, sin mucha grasa.

R: Claro, dos kilos de biftec.

S: Bueno, vamos a ver... de fruta... necesito un kilo de melocotones.

R: Un kilo de melocotones.

S: Una lechuga, y que sea fresca.

R: Sí, una lechuga... tan fresca como la primavera.

S: Déjame pensar, eh... Necesito un frasco de mayonesa también.

R: Un frasco de mayonesa. ¿Quiere algo más?

S: ¿Tienen pan fresco?

R: Sí, por supuesto.

S: Entonces, una barra de pan. Creo que eso es todo.

R: Muy bien, Sra. Santana. Ahora más tarde le pongo los precios al pedido. ¿Está bien si entregamos todo esto a las once?

S: Sí, a las once está bien. Y muchas gracias, Roberto.

R: A Ud., señora. Hasta pronto.

R: Adiós, Roberto. Hasta pronto.

4-20 Rosita hace la compra [CD1-24]

R = Rosita; P = Papá; E = empleada

R: Oye, papi, ¿adónde vamos?

R: Al supermercado, tesoro. Vamos a ayudar a mami y hacer la compra.

R: Pero siempre hacemos la compra mami y yo. ¿Por qué no viene ella con nosotros hoy?

P: Bueno, ya sabes que tu hermanito siempre tiene mucho sueño por la tarde y duerme la siesta. Mami tiene que quedarse en casa con él. Bueno, aquí estamos.

R: Mira, papá, ¡qué supermercado más grande! Es enorme.

P: Sí, hijita, y por eso tienes que quedarte aquí a mi lado. Vamos por aquí primero.

R: Papi, mira los melones. Mmm... y los plátanos... mmm... Papi, tengo hambre...

P: ¿Que tienes hambre? Pero, ¿cómo puede ser, Rosita, si acabamos de almorzar?

R: Sí, papi, tengo hambre, por favor una banana, nada más.

P: Bueno, hija, una banana, pero no pidas nada más.

R: Gracias, papi.

P: Bueno, vamos por aquí ahora. A ver... qué tenemos que comprar... dos pollos, un kilo de biftec, una bolsa de arroz...

R: Papi...

P: Un momentito, Rosita... una bolsa de arroz, un paquete de azúcar...

R: Papá, tengo sed. Quiero tomar algo. Mira, allí tienen una máquina de Coca-Cola.

P: Rosita, no te voy a comprar una Coca-Cola. Tienes que esperar hasta que volvamos a casa.

E: Sí, señor. ¿Qué desea Ud.?

P: Ah... pues. Dos pollos por favor y... un kilo de este biftec.

E: Dos pollos... un kilo de biftec. ¿Algo más, señor?

P: No, eso es todo, gracias. Bueno, Rosita, ahora vamos a... ¿Rosita? ¡Qué diablos! ¿Dónde está mi hija? Rosita...

Capítulo 5

Paso 1

5-1 Un estudiante de primer año [CD1-25]

G = Gustavo; M = Madre

M: Hijo, estoy tan contenta de verte. Estas cuatro semanas han sido tan largas para mí. Cuéntame todo. ¿Cómo van tus clases?

G: Pues, todo va bastante bien. Como te puedes imaginar, la vida universitaria es bien diferente de la vida en la escuela secundaria. Pero me gusta muchísimo.

M: ¡Cuánto me alegro! Bueno, cuéntame más. ¿Cómo pasas los días?

G: Primero, me despierto bien temprano, como a las seis y media, y me levanto a las siete menos cuarto.

M: ¡A las seis y media! ¡Tú que fuiste siempre tan dormilón! Bueno, y ¿después qué?

G: Bueno... me levanto y voy a la cafetería donde nos sirven el desayuno. Luego tengo tres clases. La primera empieza a las ocho.... Es una clase de filosofía y el profesor es fascinante. Después tengo mis clases de inglés y de sicología.

M: Dios mío... Tienes tres clases seguiditas. ¿Así que no te da tiempo para almorzar?

G: Sí, mami, almuerzo, pero un poquito más tarde, como a la una, o a la una y media. Y después de almorzar, regreso a mi cuarto o voy a la biblioteca para estudiar. Los lunes y miércoles también asisto a un laboratorio de química que termina a las cuatro y media.

M: ¡Qué día más largo!

G: En realidad, no es tan malo. A veces mis amigos y yo nos divertimos un rato; vamos al gimnasio y jugamos al básquetbol por una hora, y después vamos a cenar en la cafetería.

M: Veo que estás muy ocupado. Pero, recuerda una cosa, hijo. Tienes que dormir lo suficiente si quieres salir bien en los exámenes y sacar buenas notas.

G: Ya lo sé, mamá, no te preocupes. No me acuesto muy tarde, a las once y media, o a veces a la medianoche.

5-7 ¿Cuándo? [CD1-26]

A = Antonio; N = Nieves

Conversación 1

A: Oye, Nieves, ¿quieres ir a cenar conmigo esta noche?

N: Sí, Antonio, con mucho gusto. Pero primero tengo que estudiar por un par de horas. Mañana tengo un examen en mi clase de geometría.

A: Mira, si quieres, te ayudo con tu geometría y después podemos ir a comer.

N: ¡Fenomenal! Y después de comer, te invito a un helado.

A: ¡De acuerdo!

Conversación 2

A: Bueno, Nieves, ¿estás lista para ir al partido de fútbol?

N: Sí... eh,... en un momento, Antonio. Antes de salir me gustaría llamar a mi mamá por teléfono. Sabes que mi tía Eulalia está en el hospital y quiero saber cómo está.

A: Mira, Nieves, el partido empieza en 30 minutos. ¿No puedes llamarla después? Estarás en casa ya para las nueve y media.

N: Es que mami se acuesta muy temprano y prefiero llamarla ahora.

A: Bueno, llámala entonces.

N: Gracias, amor, verás que en cinco minutos estoy lista.

Conversación 3

N: Antonio, ¿quieres ir a jugar al tenis este sábado?

A: Claro, ¿a qué hora nos reunimos?

N: ¿Qué te parece a las nueve y media? Y luego, si quieres, podemos almorzar en ese nuevo café al lado de las canchas de tenis.

A: Déjame pensar... mmm... no, no puedo a esa hora. Por la mañana, tengo que trabajar.

N: ¿Pero no trabajas siempre por la tarde?

A: Sí, por lo general, pero este sábado mi horario es diferente. Voy a trabajar en lugar de mi amigo Julio y tengo que estar allí de 8 a 12.

N: Bueno, entonces juguemos por la tarde.

A: Perfecto. Nos vemos a las dos entonces.

Paso 2

5-14 Las clases de Tomás [CD1-27]

T = Tomás; P = Patricia

P: Bueno, Tomás, ¿qué tal tu primer día de clases?

T: ¡Estupendo, Patricia! Los lunes solamente tengo tres clases. ¿Qué tal el tuyo?

P: De lo mejor. ¿Eh... a propósito, ¿en qué año de estudios estás, Tomás?

T: Estoy en mi segundo año. ¿Y tú?

P: Estoy en segundo también. ¿Cuál es tu carrera?

T: Ahora estudio biología.

P: ¡Qué casualidad! Yo también estudio biología. Y, ¿cómo son tus clases los lunes?

T: Hasta ahora, bien. La clase de biología II me fascina pero el profesor es muy aburrido. La clase de álgebra es difícil aunque el profesor es interesante. Y la clase de inglés es fácil. Bueno, no me puedo entusiasmar mucho porque es el primer día, nada más.

5-17 ¿Cómo van tus clases? [CD1-28]

E = Elsa; A = Andrés

Número 1

E: Hola, Andrés.

A: Ah, ¡Hola, Elsa! ¿Cómo estás?

E: Bien, gracias. ¿Adónde vas con tanta prisa?

A: A la clase de química. Estoy tomando una clase con el profesor Vázques. Es un tipo muy exigente y quisquilloso, ¿sabes? No quiero llegar tarde.

E: Comprendo perfectamente. Tomé una clase con él el semestre pasado y fue pésimo.

Número 2

E: ¿Cómo van tus otras clases?

A: Me encanta mi clase de filosofía. Siempre hablamos de temas muy interesantes en clase.

E: Es mi clase favorita también.

Número 3

E: Oye ¿no estás tomando historia este semestre?

A: Sí, historia medieval. ¡Es fatal! El profesor da unas conferencias muy largas y aburridas. ¿Y tú? ¿Estás tomando historia?

E: No, este semestre no.

Número 4

A: ¿Qué otra clase tienes?

E: Tengo una clase de sociología que me interesa mucho. La profesora no es muy dinámica pero es organizada y muy amable.

A: Mira, Elsa, tengo que irme ahora, pero ¿por qué no nos vemos en el café esta tarde, a eso de las 4:00?

E: ¡De acuerdo! ¡Nos vemos a las 4:00!

A: ¡Hasta entonces!

5-19 Adivina la carrera [CD1-29]

V = Dr. Vega; J = Josefina; H = Humberto; A = Ada

Número 1

V: ¡Adelante, Josefina! ¿Qué tal? ¿Cómo te va en tus estudios este semestre?

J: ¡Buenos días Dr. Vega! Bueno, mis estudios andan bien, pero estoy un poco preocupada porque no tengo la menor idea de lo que me espera el semestre próximo.

V: Vamos a ver... estás en el tercer año así que tienes que tomar Gerencia de producciones 304, Administración de empresas 440, y Planificación y control de operaciones 421.

J: ¡Ay, Dios mío! Lo que me espera no es de juegos.

Número 2

H: ¿Está ocupado?

V: No, pasa, Humberto, pasa, que te estoy esperando. ¿Qué hay de nuevo?

H: Bueno, de nuevo no mucho. Todo está de mil maravillas porque como Ud. sabe, me gradúo el semestre que viene. Sólo necesito su firma para comprobar que todo está en orden y que solamente me faltan los cursos anotados.

V: Sí, sí... Déjame ver, parece que todo está bien. Solamente necesitas Sicología social 402, Laboratorio en sicología experimental y dos electivas libres. ¡Perfecto! Aquí todo está en orden.

Número 3

A: ¡Dr. Vega! ¡Dr. Vega!

V: Pero, ¿qué te pasa, Ada?

A: ¡Perdone la molestia! Yo sé que Ud. está ocupadísimo y que no tengo cita, pero le agradecería muchísimo un minutico.

V: Tranquila, Ada. Dime lo que necesitas.

A: Mire, es que fui a matricularme para el próximo semestre y no encuentro el papelito con la lista de cursos que debo tomar. No sé donde está y como Ud. ya sabe, sin su autorización no me permiten matricularme.

V: Mira, aquí tengo una copia de lo que debes tomar. Necesitas Derechos empresariales I, Derecho internacional público II y Derecho constitucional de los Estados Unidos III.

A: ¡Ay, un millón de gracias! Ud. sabe que sin este papelito no me atrevo a dar un paso. ¡Ud. es mi única salvación!

V: Bueno, tranquila, aquí lo tienes.

5-22 Los planes de Dulce [CD1-30]

A = Arturo; D = Dulce; B = Beatriz

A: Bueno, Dulce. ¿Qué tal tus asignaturas este año?

D: Ay, papi, me gustan mucho mis asignaturas, sobre todo la de inglés. Nuestro profesor es tan guapo y... además, siempre saco muy buenas notas. Ah.... ¿sabes una cosa? Gregorio va a visitar nuestra clase la semana próxima. Nos va a hablar sobre la vida en los Estados Unidos.

B: ¡Qué simpático es ese chico! Él te está ayudando con tu inglés, ¿verdad?

D: Sí, mami, practicamos todos los días. Eh, y papi, mi clase de literatura inglesa es fascinante. El profesor es maravilloso y ¿sabes una cosa? Usamos computadoras para escribir nuestras composiciones e informes.

A: ¡Cuánto me alegro, Dulce! Y tu clase de historia, ¿qué te parece?

D: Bueno, en realidad, no me gusta nada la historia. Es tan aburrida, y el profesor Sánchez es horrible. No hacemos más que hablar de fechas y guerras.

A: Bueno, hija... hablemos de otra cosa entonces. ¿Has pensado en tus planes para el futuro?

D: Bueno, papi, no estoy segura, pero como me interesan mucho la literatura y la composición, creo que voy a estudiar periodismo.

A: ¿Periodismo? ¿No te parece más lógico estudiar negocios? Podrías trabajar conmigo en el banco.

D: Pero, papi, es que no me interesan nada los negocios. Yo quiero escribir para un periódico, o quizás para una revista o trabajar en la televisión.

A: Mira, hija, ahora tienes 16 años y claro, te parece más interesante el periodismo. Pero también hay que ser práctico. Con los negocios, tu familia te puede ayudar a conseguir un buen empleo. Quiero que lo pienses un poco más, Dulce.

D: Bueno, papi, lo voy a pensar.

Paso 3

5-25 Una reunión [CD1-31]

Número 1

J = Javier; M = Miguel; C = Cristina

J: Bueno, mira aquí viene el Sr. Presidente.

M: Hola, Javier, qué gusto verte... y... Cristina, estás tan guapa como siempre.

C: Hola, Miguel. Así que es cierto, ¿te hicieron presidente de la compañía por fin?

M: Sí, es cierto y casi no lo puedo creer. Por fin he realizado mis sueños. Recibí la noticia la semana pasada.

C: Pues, felicitaciones.

J: Sí, hombre, enhorabuena. A propósito, ¿cuándo empezaste a trabajar para la compañía?

M: Hace 12 años.

J: Pues, ya era hora.

M: Gracias, gracias.

Número 2

P = PABLO; A = ANA

P: Ya sabes todo de mi vida. Ahora cuéntame, ¿qué hiciste tú después de graduarte de nuestro alma mater? Si recuerdo bien, querías hacer estudios de post-grado.

A: Sí, efectivamente. Hice mis estudios de post-grado en la Universidad de Arizona y obtuve mi doctorado en 1995. Después, trabajé para el gobierno en Washington por varios años y ahora vivo en California.

P: Y... ¿eres todavía soltera?

A: No, ya estoy casada. Conocí a Eric cuando trabajaba en Washington y nos casamos el año pasado. Espera, ya te lo presento.

¡Eric! Ven, por favor...

5-33 La vida estudiantil de la señora Martínez [CD1-32]

E = ELISA; B = BEATRIZ

E: Oye, mami, tengo que entrevistar a alguien de la familia sobre su vida universitaria para un proyecto en mi clase. ¿Puedes ayudarme?

B: Ay, Elisa, mira, es que estoy ocupada.

E: Te prometo que solamente va a tomar un segundito.

B: Bueno. Pero quince minutos, ni un minuto más.

E: Gracias, mami. Para empezar, dime dónde estudiaste.

B: Bueno, como tú sabes, tus abuelos me mandaron a los Estados Unidos a estudiar. Estudié en William and Mary porque estaba cerca de Washington, D.C., donde vivían mis tíos.

E: ¿Qué asignaturas te gustaban más?

B: Me encantaba el arte porque tenía un profesor muy joven, guapo e inteligente. Pero como el arte no me parecía muy práctico, por fin, decidí estudiar negocios. Quería prepararme para administrar la agencia de viajes de mis padres. Me fue bastante difícil al principio porque mi peor asignatura era el cálculo y tuve que tomar varias clases de matemáticas.

E: Mami, ¿eras una estudiante muy aplicada?

B: Elisa, basta ya. No tengo más tiempo.

E: Está bien, mamacita. ¡Gracias! Voy a llamar a abuela por teléfono y se lo voy a preguntar.

Capítulo 6

Paso 1

6-1 ¿Para ir a... ? [CD2-1]

P = POLICÍA; T = TURISTA

MODELO: (You hear:) No está lejos de aquí. Siga por esta calle, la calle Montalvo, por una cuadra. En la primera esquina, doble a la derecha. Siga por la calle Roca por una cuadra, y doble a la izquierda en la próxima esquina. Está a la derecha.
(You write:) *Transportes Otavalo*

Número 1

Siga derecho por la calle Montalvo. En la primera esquina, doble a la izquierda. Camine una cuadra por la calle Roca. Está en la esquina, a la derecha.

Número 2

Pues... está un poco lejos de aquí. Tome la calle Montalvo y siga todo derecho por unas cinco cuadras. Está a la izquierda.

Número 3

Mire Ud... Vaya tres cuadras por la calle Montalvo y doble a la izquierda en la calle Sucre. Camine una cuadra. Está en la esquina, a la izquierda.

Número 4

Tome Ud. La calle Montalvo. Vaya dos cuadras y doble a la derecha en la calle Bolívar. Siga derecho por una o dos cuadras y está a la izquierda.

Número 5

Está bastante cerca de aquí. Siga todo derecho por la calle Montalvo. Camine dos cuadras y media. Está allí mismo, a mano derecha, al lado del restaurante.

6-14 ¿Qué médico me recomienda? [CD1-2-2]

Número 1

Sí, por favor, mi esposa se lastimó la espalda cuando se cayó en el hotel. También se queja de que le duele la pierna derecha. Creo que se torció el tobillo. Estoy preocupado porque estamos de vacaciones y ahora ella no puede caminar.

Número 2

Sí, mi hija menor, que tiene doce años, dice que tiene dolor de estómago. Somos turistas. Estamos aquí por dos semanas. Pero, mi hija se enfermó el día que llegamos y hoy es el tercer día que no come nada.

Número 3

Por favor, ésta es una emergencia. Tengo un diente que me duele muchísimo. Ya hace años que me viene molestando, pero yo no me lo quería sacar. Ahora, no puedo soportar el dolor.

6-17 ¿Qué le pasa? [CD2-3]

D = DOCTORA; E = EMILIA; M = MIGUEL; P = PABLO

Conversación 1

E: ¡Ay, doctora! ¡Qué mal me siento!

D: ¿Qué tienes?

E: ¡Es que no puedo comer nada! Estoy aquí de vacaciones. Desde que comí arroz con pollo el primer día, estoy enferma. No tengo fiebre pero me duele el estómago y tengo náuseas.

D: Me parece que tiene una intoxicación. Tome bastantes líquidos durante las próximas 24 horas. Te voy a recetar unas pastillas también. Toma una pastilla cada día y muy pronto se sentirá mejor.

E: ¡Ojalá, doctora!

Conversación 2

M: ¡Doctora, por favor! Hace tres días que estoy enfermo y hoy me siento peor.

D: ¿Qué le pasa?

M: No sé. Tengo una tos muy mala. Creo que tengo un poco de fiebre y me siento mareado.

D: ¿Y qué día se enfermó?

M: El lunes empecé con la tos, el martes con el mareo y hoy que es miércoles con la fiebre.

D: Bueno, tiene la gripe. He tenido muchos pacientes hoy con los mismos síntomas que Ud. Me parece que tiene también una infección en la garganta. Le voy a mandar un antibiótico muy bueno y un jarabe para la tos.

M: Sí, doctora. Muchas gracias.

Conversación 3

P: Hola, doctora.

D: ¿Cómo estás hoy?

P: Bueno, no me siento muy mal, pero estoy un poco preocupado porque pienso ir de vacaciones a la playa este fin de semana y ahora tengo un dolor de cabeza terrible y un poco de dolor de garganta.

D: Bueno, no es nada serio. Toma dos aspirinas con té caliente cada cuatro horas, tres veces al día, y descansa bastante por un par de días para ver si te mejoras. Si no te mejoras o si tienes fiebre, regresa a verme. Si te sientes mejor para el viernes, ve a la playa de vacaciones, pero cuídate.

P: Un millón de gracias, doctora.

6-22 La enfermedad de Gregorio [CD2-4]

G = GREGORIO; F = FELICIA

G: Tía Felcia, no sé qué hacer. Hace varios días que me siento bastante mal.

F: ¿Qué te pasa, Gregorio?

G: Es que tengo dolor de garganta y un poco de tos. Y siempre estoy cansado. Yo sé que estoy muy ocupado con mis clases y mi trabajo, pero no es para tanto.

F: ¿Será la gripe? La vecina de enfrente tiene una gripe terrible.

G: No, creo que no, porque no tengo fiebre. Es posible que sea una alergia.

F: Pues es mejor que vayas a la farmacia lo más pronto posible.

G: ¿A una farmacia? ¿Pero no es mejor que yo vea a un médico primero?

F: Si no tienes fiebre, no. Aquí acostumbramos ir a la farmacia. Es que el farmacéutico está preparado para recetar medicinas para enfermedades poco serias.

G: Bueno, ¿y qué farmacia me recomienda?

F: Mira, ve a la farmacia Véritas que está cerca. Don Alfonso, el farmacéutico, es íntimo amigo nuestro. Dile que yo te mando.

G: ¿Dónde queda?

F: Al salir de la casa, dobla a la izquerda, sigue derecho por la calle Bella Vista. Después de caminar unas cuatro cuadras, dobla a la derecha en la Avenida 3. La farmacia Véritas está a la derecha.

G: Ya son las siete. ¿No es muy tarde?

F: ¡Olvídalo! La farmacia no cierra hasta las nueve de la noche.

G: Pues, ahora mismo me voy. ¡Gracias!

Capítulo 7

Paso 1

7-1 ¿Quieres ir a... ? [CD2-5]

L = LOCUTOR; P = PATRICIA; C = CARMEN

L: Radio Latino, la mejor emisora de esta región, tiene el placer de anunciar y patrocinar un concierto en el Palacio de Bellas Artes, el domingo 10 de noviembre, a las ocho de la noche, por el fenomenal Ricky Martin. Compre su boleto en la taquilla del Palacio de Bellas Artes entre las nueve y las cinco. Los boletos cuestan 42, 40 y 38 dólares. ¡No se olviden, el 10 de noviembre, Ricky Martin en concierto!

P: Carmen, ¿oíste lo que acaba de anunciar el locutor? Un concierto de Ricky Martin, el guapísimo cantante puertorriqueño.

C: ¡Tranquila, Patricia! Pues, ¿cuándo es?

P: A las ocho de la noche el 10 de noviembre. ¡Vamos, chica!

C: No sé, los boletos están un poco caros. Quiero ahorrar dinero para mis vacaciones.

P: ¡Ay, Carmen! Yo te voy a regalar el boleto. Vamos a comprarlos ahora mismo.

C: ¡Paciencia, Patricia! Ya son las seis y la taquilla del Palacio de Bellas Artes se cierra a las cinco.

P: ¡Ay, pero qué mala suerte la mía!

7-4 ¿Qué tal el fin de semana? [CD2-6]

P = PILAR; M = MARCOS; G = GUILLERMO

P: ¡Hola, Marcos!

M: ¡Hola, Pilar!

P: ¿Qué tal, Guillermo?

G: ¡Qué bueno verte, Pilar!

M: Oye, Pilar, ¿cómo pasaste el fin de semana?

P: Regular. No me puedo quejar. Fue tranquilo. El viernes por la noche fui al gimanasio y levanté pesas; el sábado estudié y el domingo fui al cine con unos amigos

G: ¡Qué bien! ¿Qué película viste?

P: Una italiana que se llama *La familia*. No me gustó mucho porque hubo mucha tragedia. Y tú, ¿qué tal tu fin de semana, Marcos?

M: ¡Fue fenomenal! Fui a la casa de campo de Teresa para conocer a sus padres. ¡Qué buena gente! Allí monté a caballo y fui a pescar. Y tú, Guillermo, ¿qué hiciste?

G: Mi fin de semana fue fatal. El viernes por la noche, fui a la fiesta de Virginia. ¡Qué aburrida! No había nadie y lo peor fue la comida. Tenía hambre y comí mucho. Pero la comida me cayó mal, me enfermé y no hice nada el resto del fin de semana. Solamente descansé y miré un poco de televisión.

P: ¡Qué lástima! Entonces, ¿no estudiaste para el examen que tenemos ahora en historia?

G: ¿Qué examen? ¡Ay, ahora me siento peor!

Paso 2

7-9 El dilema de Dulce [CD2-7]

T = TOMÁS; D = DULCE; A = ARTURO; B = BEATRIZ

T: Dulce,... mira, este sábado voy a dar una fiesta en la casa de campo de mis padres. ¿Te gustaría ir conmigo?

D: No sé... ¿Dónde queda la casa de campo? ¿Está lejos de aquí?

T: A unos 30 kilómetros. Si te conviene, nuestro chofer puede pasar por ti a eso de las nueve de la mañana.

D: Y ¿quiénes van a estar?

T: Solamente nosotros y unos amigos. Mis padres están de vacaciones en Italia ahora. Va a ser muy divertido. Primero, vamos a montar a caballo. ¿Sabes montar?

D: Bueno, un poco.

T: No te preocupes. Te podemos enseñar. Después de montar a caballo, vamos de picnic cerca de un lago que hay por allí. Luego, vamos a nadar en el lago y a esquiar, y por la tarde, vamos a jugar al tenis.

D: No sé. Tengo que pedirles permiso a mis padres. ¿Por qué no me llamas más tarde?

T: Está bien. Chao.

D: Mamá, papá, tengo algo super importante que pedirles. Por favor, digan que sí. ¿De acuerdo? ¿Me lo prometen?

A: Pero, ¿qué te pasa?

D: ¿Recuerdan a Tomás, el hijo del director del banco donde trabaja papá?

A: ¿Tomacito Soler?

B: Sí, recuerdo que me lo mencionaste el otro día.

D: Bueno, me acaba de invitar a pasar el sábado en la casa de campo de su familia.

B: Y, ¿quiénes van a estar allí?

D: Bueno, es que... no sé... pero creo que sus padres están en Italia... quizás los empleados...

B: De ninguna manera. ¡Olvídate de eso! Una hija mía no va a ir sola al campo por todo un día.

D: Pero, mami, es el hijo del director del banco. Hace tiempo que yo quiero salir con él. No vamos a estar solos. Van otros invitados también.

A: Bueno, Beatriz, a lo mejor...

B: ¡Arturo!

D: Ése es Tomás que me está llamando para saber si puedo ir. Si no me dan permiso, yo no sé lo que va a ser de mí.

7-14 El pronóstico para los Estados Unidos [CD2-8]

El pronóstico para los Estados Unidos hoy, lunes, 25 de noviembre, a las nueve y media de la mañana es el siguiente. Para el Noreste del país, va a hacer sol y frío. Actualmente la temperatura en la Ciudad de Nueva York es de 48 grados. En el Sureste, hay lluvia y viento. En la bella ciudad de Miami la temperatura está a 81 grados. En el norte de la zona central se espera frío con lluvia y nieve. La temperatura hoy en Chicago va a llegar a unos 42 grados. En el sur de la zona central, va a hacer sol y buen tiempo con 74 grados en la ciudad de Houston, Texas. En la costa del Pacífico se espera mucho viento y sol. En la ciudad de Los Ángeles va a hacer viento con 63 grados.

7-16 Días festivos [CD2-9]

Número 1

Marisa: Me encanta esta época del año, porque me parece que todo el mundo está de buen humor. En mi casa, es motivo para una gran celebración. El día 24, o sea la Nochebuena, nos reunimos en casa de los abuelos y se hace una gran cena; a la medianoche, vamos a la misa de gallo. Luego, al día siguiente, todos vienen a nuestra casa para almorzar y después abrimos nuestros regalos. Lo de los regalos, en realidad, no tiene tanta importancia como antes. Cuando era niña, claro que me gustaba recibir regalos de Papá Noel, pero ahora, para mí, lo esencial es estar entre familia.

Número 2

Rolando: Por lo general, es un día normal, como cualquier otro, y no hago nada en especial para celebrarlo, pero el año pasado, mi novia Maritere me hizo una fiesta de sorpresa, y para decir la verdad, lo pasé muy bien. Vinieron todos mis amigos, los compañeros de trabajo y bailamos y cantamos toda la noche. Claro, cuando era niño era otra cosa. Siempre había una fiesta para los amiguitos, teníamos una piñata y—lo mejor de todo—yo apagaba las velas del pastel.

Número 3

Miriam: Como vivo en un pueblo cerca de una base militar, es un día que se celebra en grande. Vamos a la base por la tarde y allí hacen un gran desfile con soldados y ban-

das de los diferentes cuerpos militares. Luego, todos hacen un picnic mientras la banda del ejército toca música patriótica. Por la noche, siempre tienen muchos fuegos artificiales; es algo realmente impresionante. No recuerdo muy bien cómo celebrábamos ese día cuando era niña, porque mi familia inmigró a este país cuando tenía 8 años. En realidad creo que no hacíamos nada de particular porque no conocíamos las costumbres de los Estados Unidos.

Paso 3

7-25 Y luego, ¿qué? [CD2-10]

E = ELISA; M = MAMÁ (BEATRIZ)

E: ¡Mamá, mamá!

M: Elisa, ahora voy, no chilles tanto.

E: ¡Mamá, no lo vas a creer! Es horrible... pobre Carlos...

M: Cálmate, Elisa, tranquila. Ahora dime. ¿Qué le pasó a Carlos?

E: Ay, mamá. ¡A Carlos se le partió una pierna!

M: ¡No me digas! ¿Se le partió una pierna? Pero, ¿cómo? ¿Cuándo ocurrió?

E: Hace una hora. Ya sabes que Carlos siempre juega al fútbol los sábados por la mañana. Bueno, esta mañana, mientras jugaba, chocó con un jugador del otro equipo y se le rompió la pierna.

M: Ay, no... el pobre. Pero, ¿cómo está? ¿Dónde está ahora?

E: Pues todavía está en el hospital.

M: ¿En el hospital? ¿En qué hospital? ¿Quién lo llevó allí?

E: Bueno, por suerte, había un médico allí en el campo de fútbol. Era el padre de uno de los otros chicos del equipo. Entonces, ese señor, el médico, examinó a Carlos y dijo que tenía la pierna rota. Luego llegó la ambulancia y lo llevaron a la Clínica de la Merced. Creo que le van a sacar radiografías.

M: Pero, ¿estás segura, hija? ¿Tiene la pierna rota de verdad?

E: Sí, mami. Primero nadie se dio cuenta. Pero cuando Carlos intentó levantarse, el dolor era muy fuerte y se cayó. Es la pierna izquierda.

M: Bueno, Elisa, yo voy al hospital. Tú espera aquí y te llamaré desde el hospital.

E: Ay, mami, por favor, quiero ir contigo. Por favor, déjame ir contigo.

M: Bueno, está bien, puedes venir conmigo. Pero vamos ya.

7-34 Anécdotas [CD2-11]

Número 1

A = ANITA; D = DIANA

A: ¿Qué tal pasaste tus vacaciones, Diana?

D: Ah, pues regular.

A: Pero, ¿qué pasó? ¿No me dijiste que ibas a las montañas para esquiar?

D: Sí, sí, fuimos a las montañas, pero no pudimos esquiar porque no nevó.

A: Ah...¡qué lástima! ¿Pero no pudiste acampar por lo menos?

D: No, con el frío que hacía tuvimos que abandonar el camping e ir a un hotel.

A: ¡Qué mala suerte!

Número 2

C = CARMEN; A = ALFREDO

A: ¿Qué tal tu fin de semana, Carmen?

C: Pues, muy tranquilo. Como Daniel estaba cansado, decidimos quedarnos en casa. El sábado alquilamos un par de películas y el domingo fuimos a la casa de mi madre para almorzar. Y tú, Alfredo, ¿qué hiciste?

A: Pues nosotros también nos quedamos en casa. Mi esposa estaba enferma y yo tuve que terminar un informe para el trabajo, así que no hicimos nada en particular.

Número 3

L = Lorenzo; D = David

L: Oye David, cuéntame de tu cita con Marilú. ¿Cómo fue?

D: Pues, primero fuimos al teatro, donde vimos una obra de Tennessee Williams. Después la llevé a un restaurante romántico donde había velas en las mesas, tocaban música suave, en fin, un sitio muy bueno con mucha clase.

L: Hombre, sí que estás enamorado.

D: Sí, sí, bueno, entonces pedimos una cena exquisita: una sopa de champiñones, langosta, ensalada mixta, helado, vino blanco... y después...

L: Sí, ¿y después?

D: Entonces descubrí que no tenía mi tarjeta de crédito.

L: Huy, ¡qué mala suerte!

Capítulo 8

Paso 1

8-1 Una orden por catálogo [CD2-12]

O = Operadora; C = Cliente

O: Gracias por llamar al servicio de catálogo de JCPenny. ¿En qué puedo servirle?

C: Buenos días, señorita. Me gustaría hacer un pedido.

O: Muy bien. Primero, por favor, ¿cuál es su código de área de teléfono.

C: Es el 216.

O: Dos dieciséis. ¿Y su teléfono?

C: Es el 555-4884.

O: Cinco-cincuenta y cinco-cuarenta y ocho-ochenta y cuatro. Su apellido, por favor.

C: Davis.

O: Y su nombre...

C: Margarita.

O: Su dirección, por favor.

C: Calle Correne, número 1743.

O: En Canton, Ohio, código postal 44718, ¿verdad?

C: Sí, efectivamente.

O: Muy bien, Sra. Davis. El número de su primer artículo.

C: Bien, es... el... R508–1922.

O: Gracias.... una chaqueta. ¿Qué talla quiere?

C: Talla 44.

O: ¿Y el color?

C: Número 35, azul marino.

O: ¿Cuántas quiere?

C: Una.

O: Bien. Para confirmar: una chaqueta, talla 44, en azul marino... por $75,00. Su siguiente selección...

C: Bueno, también quiero pedir una falda... es el número... R484-0641 D.

O: Una falda... ¿en qué talla?

C: En talla 10... y el color número 03, rojo.

O: Talla 10... color 03, rojo, eh... por $58,00. ¿Cuántas quiere?

C: Una.

O: Una... Bien... Su siguiente selección.

C: Bueno, quiero calcetines... R503-0028 C.

O: Calcetines. ¿De qué color?

C: En negro, número 82.

O: Calcetines de hombre, en negro... éstos se venden en paquetes de dos pares y cuestan $15,00 por los dos paquetes. ¿Cuántos quiere?

C: Pues, dos paquetes.

O: Muy bien, dos paquetes por $15,00. Su siguiente selección.

C: Nada más, eso es todo.

O: ¿Mandamos la mercancía a su casa o quiere recogerla en la tienda?

C: Quiero recogerla en la tienda, aquí en Canton.

O: Recoger en Canton, muy bien... ¿Qué tarjeta de crédito quiere usar?

C: Eh... prefiero pagar al contado.

O: Al contado. Muy bien. Este pedido estará en la tienda en Canton el próximo lunes. Gracias por su orden.

C: De nada. Adiós.

8-4 En Shopping Norte [CD2-13]

C = Carla; D = Dependiente (MALE) 1; D2 = Dependiente (FEMALE); N = Narrador

D: Buenos días, señorita. ¿La atienden?

C: Buenos días. Estoy buscando un vestido, uno muy elegante, que sirva para una boda. Es que se casa una de mis amigas...

D: Ah... para una boda... pues tenemos un surtido muy amplio ahora. ¿Qué talla lleva Ud.?

C: Llevo la talla 38.

D: Venga conmigo, señorita, y le enseño los vestidos que tenemos. ¿Buscaba algún color en particular?

C: No, aunque creo que me favorecen más los tonos claros, un azul celeste o un rosado claro, por ejemplo.

D: El azul está muy de moda este año. ¿Qué le parece este modelo en azul celeste? Es de seda.

C: ¡Qué elegante! Esto es exactamente lo que buscaba. Me encanta.

D: ¿Por qué no se lo prueba? El probador está allí, a la izquierda.

N: Unos minutos más tarde...

D: Bueno, ¿cómo le queda?

C: No sé. Creo que me queda grande. ¿Qué le parece a Ud.?

D: Mm... bueno quizás es un poquito... Vamos a consultar con mi colega... Hortensia, por favor, ¿podría ayudarnos?

D2: Sí, voy... Ah, señorita, ¡pero qué guapa está en ese vestido! ¡El color le queda fenomenal!

D: Sí, pero, ¿qué te parece? ¿No le queda grande?

D2: Bueno... quizás un poquito por aquí, pero nuestra modista puede arreglárselo fácilmente.

C: Bueno... Me encanta de verdad. Entonces, si la modista puede arreglármelo, me lo llevo. ¿Cuánto cuesta?

D: 1.200 bolivianos.

C: Muy bien. Me lo llevo. Aquí tiene mi tarjeta de crédito.

Paso 2

8-14 Muchos regalos [CD2-14]

L = Liliana; C = Cristina

L: ¡Hola!

C: ¡Hola, Liliana! Oye, ¡cuántos paquetes tienes!

L: Sí, acabo de volver del mercado. Mira todos los regalos que compré, y todos a muy buen precio.

C: Uy, me gusta ese suéter. ¡Qué bonito!

L: Es para mi abuelo; yo sé que le va a encantar. Es de alpaca y sólo costó 120 bolivianos.

C: ¡Qué bien! Casi te lo regalaron. ¿Qué más compraste?

L: Mira, para mi mamá...

C: Ah ¡qué aretes más bonitos!

L: Y son de plata de ley, de Potosí. Imagínate que pagué solo 60 bolivianos.

C: ¡Magnífico! Son preciosos de verdad.

L: Y esta billetera se la compré a mi papá por 45 bolivianos.

C: Se ve que es de piel, de buena calidad. ¿Y esa pequeña guitarra? ¿Para quién es?

L: Es para mi sobrino. Pero no es una guitarra. Es un charango, un instrumento típico de Bolivia. Lo compré por sólo 175 bolivianos.

C: Tú sí que sabes regatear.

L: Luego a mi hermana le compré este cinturón por 32 bolivianos.

C: ¡Increíble! Pero, ¿no te compraste nada a ti?

L : Bueno, no iba a comprarme nada, pero entonces vi este bolso y no pude resistir. Es de piel y me costó sólo 80 bolivianos.

C: Y está muy de moda ese estilo... Ay, mira ese brazalete más bonito y fino. ¿Para quién es?

L: Es para ti, porque eres muy buena amiga.

C: ¿Para mí? Un millón de gracias, Liliana. Me encanta. ¿Y cuánto costó?

L: ¡Qué descarada eres! ¡No te lo voy a decir!

8-17 En el mercado de artesanías [CD2-15]

C = CLIENTE; D = DEPENDIENTE

Número 1

C: ¿Cuánto valen las camisetas?

D: Las tengo de diferentes precios. ¿Cuál le gusta más?

C: La roja de manga corta.

D: Ésa vale doce mil pesos.

C: ¡Qué cara! Le doy ocho mil.

D: No, ocho mil es muy poco. Diez mil.

C: ¡Muy bien! Diez mil.

Número 2

C: ¿Qué precio tienen los sarapes?

D: ¿Cuáles?

C: Ésos con flores rojas y amarillas.

D: Ésos cuestan veinte mil pesos.

C: ¡Veinte mil pesos! ¡Qué horror! ¿Me puede hacer un descuento?

D: Bueno. Son de muy buena calidad. Se los vendo por dieciocho mil pesos.

C: No le doy más de diecisiete mil pesos. Eso es mucho dinero.

D: Bueno, diecisiete mil sí.

Número 3

C: ¿Cuánto cuesta esa piñata?

D: A ver... ¿Cuál?

C: Ésa... la vaca.

D: No, ésta es un toro. Cuesta nueve mil pesos.

C: Mira, yo solamente tengo cuatro mil pesos que me dio mi abuelo.

D: No, cuatro mil pesos no es suficente. Por lo menos necesito seis mil pesos.

C: Bueno, le doy seis mil pesos pero primero tengo que pedirle dos mil pesos a mi papá.

8-22 Greg va de compras [CD2-16]

G = GREGORIO; D = DEPENDIENTE

D: ¿Qué desea?

G: Busco un regalo de cumpleaños para una señora ya mayor que aprecio mucho; es pariente de la familia con la que vivo.

D: ¿Qué le parece este perfume?

G: No, es que no sé cuál prefiere ella.

D: Tenemos unos relojes bonitos. ¿Quiere ver alguno?

G: Sí, es una buena idea. ¿Me puede mostrar ése de oro?

D: Aquí lo tiene. Es precioso, ¿verdad?

G: Sí, me gusta mucho. ¿Cuánto cuesta?

D: Ése cuesta 200 bolívares.

G: ¡Ay, qué caro! Y ¿no está rebajado?

D: No, lo siento, ése no está rebajado.

G: ¿No me puede hacer un descuento?

D: Lo siento, pero aquí tenemos precios fijos, señor.

G: La verdad es que es una señora muy especial, pero yo no tengo tanto dinero.

D: Déjeme pensar... ¿Qué pasatiempos tiene esta señora?

G: Bueno, le encanta la música, los tangos en particular. Y creo que también colecciona cuadros de paisajes.

D: Tenemos un gran surtido de discos compactos de tangos; sólo tiene que ir a la planta baja, a la sección de electrónica. Pero si quiere comprar un cuadro, le recomiendo que vaya al mercado de artesanía. Allí se venden cuadros muy bonitos.

G: Buena idea, voy al mercado donde puedo regatear un poco. Gracias por su tiempo, señorita.

D: No hay de qué.

Capítulo 9

Paso 1

9-1 ¡Pobre Selena! [CD2-17]

S = SELENA; C = CARMEN

C: ¿Qué te pasa? Tienes mala cara.

S: Ay, Carmen, estoy agotada. No puedo más.

C: Pero, ¿qué te pasa, mujer? ¿Estás enferma?

S: No, no, no estoy enferma. Es que tengo tanto estrés en mi trabajo ahora.

C: ¿Por qué no te tomas unos días libres? Así puedes descansar.

S: Ay, es imposible. Mi jefe está de vacaciones y por eso tengo que trabajar horas extras. Salgo de casa a las siete de la mañana y vuelvo a las ocho de la noche.

C: Pues, eso sí es mucho trabajo. Deberías tomar más vitaminas. Yo las tomo todos los días y me dan más energía.

S: Bueno, quizás, pero en realidad me alimento muy bien. No creo que me hagan falta más vitaminas.

C: Bueno, en este caso, quizás no. Y, ¿el ejercicio? ¿Haces algún tipo de ejercicio?

S: ¿Ejercicio? No, no tengo tiempo.

C: Mira, yo tengo una clase de ejercicios aeróbicos los sábados por la mañana. ¿Por qué no vas conmigo el próximo sábado?

S: Me parece una idea buenísima. ¿Quieres llamarme el jueves por la noche? Así podemos arreglar dónde encontrarnos.

C: De acuerdo. Te llamo el jueves.

Paso 2

9-14 ¿Qué hay de nuevo? [CD2-18]

A = AURORA; G = GLORIA

A: ¡Hola, Gloria! ¿Qué hay de nuevo?

G: Aurora, ¿te enteraste?

A: Pero, ¿de qué, Gloria?

G: Mira, ¿tú conoces a Alejandro, verdad?

A: ¿El hermano de Luisa? ¿El que estudia medicina?

G: Sí, ese chico guapísimo que nos tiene locas a todas.

A: Bueno, ¿qué le pasó?

G: Pues, nada menos que se enamoró de una enfermera y se casó.

A: ¡Qué sorpresa! Yo creía que quería terminar su carrera antes de casarse. Bueno, ¡ojalá que sean felices!

Conversación 2

M = MARIANA; R = RODOLFO

R: Oigo.

M: Rodolfo, Mariana aquí. ¿Qué hay de nuevo, cariño?

R: Por aquí no hay mucho que contar. Y a ti, mi amor, ¿cómo te va hoy?

M: Bueno, estoy contentísima. Me acaban de llamar del consultorio del Dr. Ideliso y el análisis es positivo.

R: Mariana, ¡no me digas que vamos a tener un bebé! ¿Cuándo va a nacer? No es una broma, ¿verdad?

M: No, vamos a ser padres en enero. ¿Qué te parece?

R: Es que estoy tan emocionado que no sé qué decir.

9-23 La sorpresa de Carlos [CD2-19]

C = CARLOS; A = ARTURO; B = BEATRIZ; F = FELICIA;
D = DULCE.

C: Bueno, me alegro de que todos estén aquí juntos porque tengo una gran sorpresa para Uds.

F: ¡Por fin! Alguien en la familia se ganó la lotería.

C: No, no es eso, tía. ¿Recuerdan a la chica que conocí en la fiesta de los Prado?

D: ¿Una tal... Estelita?

C: Sí, la misma. Bueno, no quería alarmarlos a Uds., hace varios meses que salimos juntos y la verdad es que la quiero mucho. Anoche le pedí que se casara conmigo y ella aceptó.

A: ¿Qué cosa?

C: Sí, papá. Vamos a casarnos. La boda va a ser este verano.

B: Carlos, según mis cálculos solamente has salido con ella durante tres meses. ¿No te parece un poco rápido todo esto?

C: Quizás, pero yo sé que la quiero y que me voy a casar con ella.

A: Y ¿de qué piensan vivir Uds.? Todavía te falta un año para graduarte.

C: Bueno, los padres de Estelita nos han ofrecido un cuarto en su casa. Vamos a vivir allí hasta que yo me gradúe.

B: Carlos, ¿por qué no se comprometen Uds. ahora y luego esperan un poco antes de casarse? Piénsalo bien, hijo. No vas a tener mucha privacidad, ni con Estelita, ni para estudiar. Además, si no terminas tu carrera, no vas a poder manterner a nadie.

C: Tal vez tengas razón, mami. Voy a pensarlo un poco más y hablar con Estelita. Creo que sería mejor esperar un año más.

Paso 3

9-25 Las vicisitudes de los estudiantes [CD2-20]

R = RAQUEL; S = SOFÍA; D = DIEGO

R: Oigan, yo no sé si puedo aguantar más. Esta vida universitaria es terrible. Me pasé la noche entera estudiando para un examen de inglés, y para colmo, salí mal.

S: Yo también, pero en estadística.

D: Y yo en psicología. Y ahora acabo de ir al correo y me ha llegado una carta de la compañía de electricidad. Me dicen que si no pago la cuenta, me van a cortar la luz. ¡No voy a tener electricidad!

S: ¿Por qué no les pides un préstamo a tus padres? Es posible que te den el dinero.

D: No, no es posible. Me dieron suficiente dinero para mis gastos, pero lo tuve que usar para pagar una multa de tránsito por exceso de velocidad.

R: Lo siento, pero yo no te puedo ayudar. Tampoco tengo un centavo. Todo mi dinero va para pagar también, pero en mi caso es por el estacionamiento. Esta universidad no tiene suficiente espacio para que los estudiantes estacionen los carros.

D: Lo sé. Mi única esperanza es que mis abuelos me presten el dinero que necesito.

9-34 Entre amigas [CD2-21]

E = ELVIRA; M = MARGARITA

Número 1- Modelo:

E: Margarita, estoy tan preocupada hoy.

M: Cálmate, Elvira. Cuéntame qué te pasa.

E: Bueno, es mi hermano. Se separó de su esposa hace unas semanas y tengo miedo de que se divorcien.

M: Pero, Elvira, tu hermano es una persona responsable. Y como su esposa está embarazada, es imposible que la deje ahora. Así que no tengas miedo.

Número 2

E: También estoy preocupada por mi hija. Su novio le dio un anillo de compromiso hace dos años, pero desde entonces no hemos sabido nada sobre la boda.

M: No sé cómo decirte esto, Elvira, pero... creo que vi al novio de tu hija en el cine el otro día. Él estaba con otra chica. Yo dudo que él tenga intenciones de casarse con tu hija.

Número 3

E: A propósito, mi hijo Antonio ha decidido por fin que quiere asistir a la universidad en el otoño. Ha solicitado una beca. ¿Piensas que se la darán?

M: Creo que sí. Antonio es tan inteligente y siempre saca buenas notas. Estoy segura de que se la dan.

Puentes

THIRD EDITION

Spanish
for
Intensive
and High-
Beginner
Courses

Patti J. Marinelli
University of South Carolina

Lizette Mujica Laughlin
University of South Carolina

with contributions from
Mirta Oramas

HEINLE & HEINLE
™
THOMSON LEARNING

United States ◆ Australia ◆ Canada ◆ Mexico ◆ Singapore ◆ Spain ◆ United Kingdom

HEINLE & HEINLE

THOMSON LEARNING

Puentes, Third Edition
Marinelli • Mujica Laughlin

Publisher: Wendy Nelson
Senior Developmental Editor: Glenn A. Wilson
Senior Production & Development Editor Supervisor: Esther Marshall
Marketing Manager: Jill Garrett
Associate Marketing Manager: Kristen Murphy-LoJacono
Manufacturing Manager: Marcia Locke
Editorial/Production Assistant: Diana Baczynskyj
Compositor: Pre-Press Company, Inc.
Project Manager: Angela Castro
Interior Illustrator: Dave Sullivan
Cover Illustration: Nicholas Wilton / SIS©
Text Designer: Versal Group & Sue Gerould
Cover Designer: Diane Levy
Printer: Courier Kendallville, Inc.

For permission to use material from this text or product contact us:
Tel   1-800-730-2214
Fax   1-800-730-2215
Web   www.thomsonrights.com

Library of Congress Cataloging-in-Publication Data

Marinelli, Patti J.
    Puentes: Spanish for intensive and high-beginner courses / Patti J. Marinelli, Lizette
    Mujica Laughlin.--3rd ed.
       p.   cm.
    English and Spanish.
    Includes index.
    ISBN 0-8384-2306-X (student ed.) -- ISBN 0-8384-2441-4 (instructor's annotated ed.)
    1. Spanish language--Textbooks for foreign speakers--English. I. Mujica Laughlin,
    Lizette. II. Title.

    PC4129.E5 M37 2001
    468.2'421--dc21   2001024998

To my husband, Stephen R. Fitzer, with love.

P.J.M.

To Carolyn R. Elrod,

With your kindness, patience and understanding, you eased

my transition into a new country, a difficult language, and a

different culture and, in the process, you inspired me to

follow in your professional footsteps. Thank you.

L.M.L.

Contents

1 ¡Así somos!

2 ¡De viaje!

9 ¡Así es la vida!

Note to Students

Suggestions for Success

Here are some suggestions to help you make the most of your previous language learning experience and be successful in your course as you continue your study of Spanish with the third edition of *Puentes.*

Since you have already studied Spanish, you will probably discover that you are familiar with many of the grammatical structures and vocabulary in this textbook.

It is important to remember, however, that in order to speak or write a language, you must be able to do more than just recognize words or grammar! To communicate, you will have to select the appropriate words and structures and assemble these parts into particular patterns, all from memory, with the book closed! While this is a complex task, it can be done. Think about some of the other skills you acquired when you were younger, like learning how to drive a car, play a musical instrument, or play a sport. In order to be successful at any of those tasks, it wasn't enough to read a manual or book about the topic. While reading, studying, or observing were important preliminary steps, ultimately you had to put in many hours of intense practice to finally learn how to parallel park or play a song on the guitar, or swim across the pool. The same is true for learning Spanish.

In order to prepare for class, you will first need to review the materials in the text thoroughly and spend sufficient time practicing the individual words, expressions, or verb conjugations. And just as importantly, in order to communicate your thoughts, you will need to be ready to concentrate and practice extensively—both in and out of class—on tasks that call for you to put all those parts together.

Here are some tips to help you on your way to success:

- Set aside a time each day to study and practice Spanish; it is important to study regularly and not get behind, because much memory work is needed.

- Choose a place that is free of distractions, so that you can concentrate.

- During your practice, focus more on active tasks: write out sentences, answer questions in the book orally, focus on listening to the tapes with a purpose in mind.

- Whenever possible, work or practice with a classmate to improve your ability to speak.

- Remember that recognizing a point of information does not imply that you have mastered it; you must be able to use it to communicate an idea in writing or speech.

Unique Features of *Puentes*

- **Power Pacing:** The first half of *Puentes,* which contains material more familiar to you, presents the major vocabulary, functions, and grammar in a concentrated and condensed fashion. The second half, which contains less familiar material, features smaller chunks of information and more extensive practice activities.

- **Learning Strategies:** *Puentes* systematically presents explicit instruction and practice for learning how to read, write, and communicate in Spanish as well as tips on how to approach language study and interact with native speakers. These tips are incorporated into the *Estrategia* sections as well as into the reading section of *Un paso más* in the text and the writing section of *Un paso más* in the *Cuaderno de actividades.*

- **Balance of Social and Transactional Topics:** Odd-numbered chapters are slightly longer (with three *Pasos*) and focus upon everyday topics of conversation, such as family, university life, and pastimes. Even-numbered chapters are slightly shorter (with two *Pasos*) and focus upon routine transactions in the target culture—handling travel arrangements, eating out in a restaurant, dealing with minor medical problems, and shopping for clothing and souvenirs.

- **Natural Language in Context:** In *Puentes,* you can see immediately how the language is used, because all the vocabulary is organized thematically and presented in sentences that reflect everyday spoken language. The study of grammar is a logical extension of the linguistic structures already modeled in these lexical / functional presentations.

- **Selective Grammar Presentations:** *Puentes* emphasizes those grammatical structures that you need to master in order to reach the intermediate level of proficiency. At the same time, it introduces and practices additional structures that lay the groundwork for achieving higher levels of proficiency. For those who prefer a more complete grammatical presentation, the *Gramática suplemental* sections of the *Cuaderno de actividades* provide additional instruction and practice in this area.

- **Authentic Reading Texts:** *Puentes* draws upon many native sources for its abundant reading practices—realia, newspapers, magazines, brief literary selections, etc.

- **Extensive Listening Program:** There are three Audio CDs in the listening program for *Puentes.* The two Text Audio CDs are for use with listening activities throughout each chapter of the *Puentes* text, and the Lab Audio CD is for use with the *Cuaderno de actividades.*

- **Integrated Study of Culture:** Cultural information is woven into thematic presentations and activities throughout the text. Some special features are designed to bring you into direct content with Spanish-speaking cultures—*A primera vista* opens each chapter with a piece of fine art by a Hispanic artist; *Comentario cultural* boxes present interesting pieces of information about daily life in the Spanish-speaking world; the *Puente cultural* section of each chapter introduces you to real people from real places, and gives you their perspectives on issues related to the chapter topic; and finally, the chapter ending *Panorama cultural* gives you an in-depth introduction to a particular country.

Components of the *Puentes,* Third Edition, Program

Student materials include:

- *Puentes,* Third Edition, the student text.

- Text Audio CDs. These are packaged with the text and contain the listening tracks for use with in-text activities.

- *Cuaderno de actividades* y *Gramática suplemental.* The nine chapters of the *Cuaderno* provide exercises that integrate, practice, and expand on the material presented in the corresponding chapters of the text. *Gramática suplemental* expands on and presents new information on a variety of grammatical structures.

- Lab Audio CD. This is packaged with the *Cuaderno de actividades* and contains the listening tracks for use with activities in the *Todo oídos* section of each chapter in the *Cuaderno.*

- On-line activities on the *Puentes,* Third Edition, Web Site at http://puentes.heinle.com. Self-scoring practice activities, an on-going story, and links to cultural information are available anytime, anywhere, from any computer.

- QUIA® On-line Workbook/Lab Manual. This on-line supplement to the *Cuaderno de actividades* uses a variety of engaging, interactive activities including games and instant scoring.

Acknowledgments

We would like to thank the many people who have cooperated in the creation of this edition of *Puentes.* We are grateful to each of them for their unique and valuable contributions.

This third edition would not exist if it were not for the loyal following of professors and students who used the first and second editions. We are grateful for your continued support and hope that you find this new edition even more helpful than the previous ones.

We are delighted to welcome a new contributor to the program, Mirta Oramas. Mirta's creative work is found in *A primera vista, Puente cultural,* and *Panorama cultural.* We deeply appreciate her sharing this exciting work with us.

The following persons are also deserving of special recognition and thanks for their roles in the development of this edition: Lourdes Manyé-Cox, for preparing the surveys that formed the basis of the *Puente cultural* sections; Elvira Swender, for authoring a number of exercises for the *Cuaderno de actividades*; Kerry Driscoll, for writing a testing program that conforms so well to the spirit of the book.

We would like to thank everyone who helped us in our research: Brette Barclay, Raquel Blázquez, Lucile Charlebois, Puri Crowe, Darrell Dernoshek, Patricia Estrada, Rosalind Ford, Carolyn L. Hansen, D. Eric Holt, Beatriz Kellogg, Judith Liskin-Gasparro, María Mabrey, Lourdes Manyé-Cox, Oscar Montero, Noris and Osvaldo Mujica, Mariana S. Muñiz, Carl Shirley, Andrea Shull and Graciela Tissera. The reference librarians at the Richland County Public Library offered their expertise and assistance at every turn, and we appreciate their prompt and knowledgeable responses to our requests for information. Special thanks also go to María Alvarez for her assistance with the Ecuador videos.

The unique *Puente cultural* feature of the text would not have been possible without the willing assistance of all those who completed a lengthy survey and shared their insights with us. We wish to thank and recognize Raquel Blázquez-Domingo, Eduardo Guízar Álvarez, María de Lourdes Álvarez, Victoria Eugenia Duque Montoya, Yensy Marcela Archer, Cecilia Carro, Alicia Josefina Lewis, John Martínez, Juan Eduardo Vargas Ortega, Lucía Vega Alfaro, Gabriela Marchesin Vergara, Iván Claudio Tapia Bravo, Manel Lirola Hernández.

Several exercises in this program feature real-life profiles of friends and colleagues. Thank you for sharing your lives with us and bringing this personal touch to our students: María Alvarez, Raquel Blázquez, Eduardo Guízar, and Adrián Pinasco.

We are indebted to everyone who collected realia for us during their travels, especially María Alvarez, Mary Denis Cauthen, Janine Davidson, Michele Decker, Darrell Dernoshek, Patricia Dernoshek, Rosalind Ford, Dimichell González, Susan Kovac, Nancy Layman, Karen J. Loew, Gillian Mabrey, Melanie Mabrey, Stacy Marinelli, Emilio Oramas, Tatiana Oramas, Bill Prince and Roxanne Salisbury.

We are most thankful for the support of our colleagues in the Department of Spanish, Italian, and Portuguese at the University of South Carolina. In particular, we would like to recognize and thank Graciela Tissera for her enthusiastic support of our book in *Textos.* We are also grateful for the assistance offered by our staff: Laura Shull, Dee Dee Coleman, and Mary Lou Sonefeld. Thanks also go to Heather Hauck, Catherine Smith, and María Alvarez for helping with manuscript preparation.

We wish to thank the team at Heinle & Heinle for their continued commitment to the *Puentes* program. The creation of a text book requires a concerted effort, and we thank each of them for their part in that effort: Wendy Nelson, Glenn Wilson, Esther Marshall, Diana Baczynskyj, Helen Richardson, Jill Garrett. Several others contributed in the early stages of development, and we would also like to recognize them: thanks go to Jennifer Aquino and Rebecca Ortman.

We are grateful to everyone in production for transforming our manuscript into a dazzling new edition. Our sincere thanks go to Angela Castro, Susan Lake, Luz Galante, Patrice Titterington, Marcela Renna, Margaret Hines, Dave Sullivan, and Sue Gerould.

We are indebted to the many reviewers who spent hours poring over early versions of the manuscript, of this and previous editions, and offered their candid, insightful observations and suggestions.

Gail Bulman, Syracuse University
Estelita Calderón-Young, Collin County Community College
Rosario Caminero, Millersville State University of
    Pennsylvania
Christine Cotton, University of North Carolina, Chapel Hill
Richard Curry, Texas A&M University
Harry J. Dennis, California State University, Sacramento
Emilio de Torre, Queens College / CUNY

Martin Favata, University of Tampa
Lina Lee, University of New Hampshire
Judith E. Liskin-Gasparro, University of Iowa
William Maisch, University of North Carolina-Chapel Hill
Annabelle McGee, Trinity University
Sean McNeal, Columbia University
Robert J. Morris, Lander University
Gustavo Oropeza, University of Iowa
Eneida Pugh, Valdosta State University
Robert Shannon, St. Joseph's University
Janie Spencer, Birmingham Southern University
Brian Stiegler, Pennsylvania State University
Carmen Vigo-Acosta, Mesa Community College

And last, but not least, for their constant encouragement and support, we send our love and thanks to our families.

España

MAR CANTÁBRICO

FRANCIA

La Coruña
Avilés Gijón
Santander
Bilbao San Sebastián
tiago de
npostela
Oviedo
PRINCIPADO
DE ASTURIAS
CANTABRIA
PIRINEOS
Lugo
PAÍS
VASCO
Pamplona
ANDORRA
GALICIA
Cordillera Cantábrica
León
COM. FORAL
DE NAVARRA
Pontevedra
Palencia
Burgos
LA RIOJA
ARAGÓN
CATALUÑA
Vigo
CASTILLA Y LEÓN
Zamora
R. Due Valladolid
R. Ebro Zaragoza
Lérida
Sistema Ibérico
Barcelona
Braga
Salamanca
Tarragona
Oporto
Segovia
COMUNIDAD DE
MADRID
MAR
MEDITERRÁNEO
Sierra de Guadarrama
Ávila
Madrid
PORTUGAL
MENORCA
Coimbra
R. Tajo
Toledo
MALLORCA
ISLAS
BALEARES
Palma de
Mallorca
Cáceres
Valencia
EXTREMADURA
CASTILLA-LA MANCHA
Mérida
R. Guadian
Júcar
COMUNIDAD
VALENCIANA
EIVISSA (IBIZA)
Badajoz
Almadén Ciudad Real
Albacete
FORMENTERA
Sierra Morena
Alicante
R. Guadalquivir
Linares
Córdoba
Jaén
REGIÓN
DE MURCIA
Murcia
Sevilla
ANDALUCÍA
Cartagena
Huelva
Granada
Jerez de la
Frontera
Sierra Nevada
Almería
Málaga

OCÉANO
ATLÁNTICO

Cádiz

Algeciras.
Estrecho de Gibraltar
Tánger Ceuta (Esp.)

Melilla (Esp.)

MARRUECOS

ISLAS CANARIAS	LANZAROTE
	Arrecife
Santa Cruz	
de la Palma	FUERTEVENTURA
LA PALMA	Tenerife	Puerto
	SANTA	del
GOMERA	CRUZ	Las Palmas	Rosario
	GRAN CANARIA	

Malabo

CAMERÚN

ÁFRICA

GUINEA
ECUATORIAL

GABÓN

0	50	100	150 millas
0	50	100	150	250 kilómetros

México, América Central y el Caribe

Los Ángeles
San Diego
Tijuana · Mexicali
Tucson
Nogales
Ciudad Juárez

ESTADOS UNIDOS

R. Grande
R. Bravo del Norte
R. Mississippi

Austin
Houston
San Antonio

BAJA CALIFORNIA
GOLFO DE CALIFORNIA
SIERRA MADRE OCCIDENTAL

MÉXICO

SIERRA MADRE ORIENTAL

Nuevo Laredo
Monterrey

GOLFO DE MÉXICO

Guadalajara
★ **México**
Veracruz
Taxco
Acapulco · Oaxaca

OCÉANO PACÍFICO

Ti...

GUATEMAL
Quezaltenanç
Guatemala

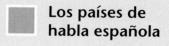

Los países de habla española

0   200   400   600   800 millas
0   200   400   600   800 kilómetros

xiv

OCÉANO ATLÁNTICO

LAS BAHAMAS

Miami •

Estrecho de Florida

Canal de Yucatán

La Habana ★ • Matanzas
• Pinar del Río • Cienfuegos
CUBA • Camagüey
Santiago de Cuba • • Guantánamo

REPÚBLICA
DOMINICANA

HAITÍ
Port-au-Prince ★   Santo Domingo •   San Juan ★   PUERTO RICO
                                         Mayagüez •   • Ponce   ISLAS VÍRGENES

★ Kingston
JAMAICA

ANTIGUA

GUADALUPE

DOMINICA

MARTINICA

SANTA LUCÍA
SAN VICENTE

MAR DEL CARIBE

ANTILLAS MENORES

BARBADOS

HONDURAS
ucigalpa

dor

NICARAGUA

ón

Managua
L. de Nicaragua

ARUBA   CURAÇAO
         BONAIRE
              ISLA DE MARGARITA

GRANADA

TRINIDAD
Y
TOBAGO
Port of Spain ★

COSTA RICA
Puntarenas •   ★ San José

Canal de Panamá
Colón •
★ Panamá

PANAMÁ

GOLFO
DE
PANAMÁ

Caracas ★

VENEZUELA

R. Orinoco

R. Magdalena

COLOMBIA

★ Bogotá

GUYANA

BRASIL

América del Sur

MAR CARIBE

Barranquilla
Cartagena
Maracaibo
Port of Spain
Caracas
TRINIDAD Y TOBAGO
R. Orinoco
Medellín
Manizales
Bogotá
Cali
VENEZUELA
GUYANA
Georgetown
Paramaribo
Cayenne
SURINAM
GUAYANA FRANCESA
COLOMBIA

OCÉANO ATLÁNTICO

ECUADOR

Quito
Guayaquil
ECUADOR
Iquitos
PERÚ
R. Amazo
Manaus
R. Madeira
Belem

Cajamarca
Machu Picchu
Lima
Ayacucho
Cuzco
L. Titicaca
Arequipa
BRASIL
Recife

BOLIVIA
La Paz
Sucre
Arica
Iquique
Potosí
Brasilia
Salvador

Belo Horizonte

OCÉANO PACÍFICO

Antofagasta
Salta
PARAGUAY
Asunción
São Paulo
Santos
Rio de Janeiro

Tucumán
CHILE
R. Paraná
R. Uruguay
Porto Alegre

Córdoba
Mendoza
Valparaíso
Rosario
URUGUAY
Santiago
Buenos Aires
Montevideo
Concepción
La Plata
Río de la Plata
ARGENTINA

Bahía Blanca

TRÓPICO DE CAPRICORNIO

Puerto Montt

CORDILLERA DE LOS ANDES

Los países de
habla española

Punta Arenas
ISLAS MALVINAS

TIERRA DEL FUEGO
Cabo de Hornos
Estrecho de Magallanes

| 0 | 200 | 400 | 600 | 800 millas |
| 0 | 200 | 400 | 600 | 800 kilómetros |

Paso preliminar

Objetivos

Speaking and Listening

- Describing a classroom
- Talking with your professor about class routines
- Working with a classmate

Grammar

- Nouns
- Definite and indefinite articles

Vocabulario temático
LA CLASE DE ESPAÑOL

In Spain, both CDs and CD players are referred to colloquially as **compacts,** pronounced **compacs;** computers are known as **ordenadores** and **casete** may be spelled as in English, **cassette.** You may wish to introduce additional vocabulary: **un sacapuntas** (a pencil sharpener), **un papelero** (a wastepaper basket), **un estante** (a shelf).

En la sala de clase

¿Qué hay en la sala de clase?

Hay... un reloj, una computadora, una puerta, etcétera.
También hay... un calendario, un mapa, etcétera.

Expresiones para la clase de español

You may wish to introduce this section by saying an expression and then miming the activity. Gesture to students that they should join you in acting out the instructions. Begin with just 2 or 3 instructions, and add more as the students respond correctly. If you prefer, introduce these phrases as needed; that is, as you teach the class and have need to give instructions.

Abran los libros.
Cierren los libros.
Repitan.
Contesten en español. *Respondan*
Escuchen.
Lean la explicación
   en la página 4 (cuatro).

Escriban el ejercicio B en la
   página 5 (cinco).
¿Comprenden?
¿Hay preguntas?
Vayan a la pizarra.
Pregúntenle a su compañero(a)...
Trabajen con un(a) compañero(a).

Cómo hablar con tu profesor(a)

Más despacio, por favor.
Tengo una pregunta.
Repita, por favor.
¿En qué página estamos?
¿Qué dijo usted?
Sí. / No.
No comprendo.

No sé.
¿Cómo se dice... ?
¿Qué quiere decir... ?
Gracias.
De nada.
Perdón.
Con permiso.

Cómo hablar con tus compañeros de clase

In this presentation, the left-hand column represents one speaker, and the right-hand column represents a second speaker. The italicized phrases and the phrases underneath them represent alternative ways of building sentences or of responding. Have your students copy them onto note cards for quick reference during classroom activities.

¿Tienes compañero(a)?

Todavía no.
Sí, ya tengo. Gracias de todas formas.

**¿Quieres trabajar *conmigo?*
                    *con nosotros***

¡Sí, cómo no!

¿Quién empieza?

Empieza tú. / Empiezo yo.

¿A quién le toca?

Te toca a ti. / Me toca a mí.

¿ Sabías que...

- The words for people, places, and things—such as **profesor, sala,** and **libro**—are known as *nouns*. In Spanish, all nouns are classified as masculine or feminine. In general, a noun is masculine if it ends in **-o** or if it refers to a man, regardless of its ending. A noun is feminine if it ends in **-a** or refers to a woman. Many nouns end in **-e** or a consonant; you must learn the gender of these nouns on a case-by-case basis.

- A noun that refers to just one person or thing is *singular*; one that refers to two or more is *plural*. To make a noun plural in Spanish, add **-s** to nouns ending in a vowel, and **-es** to those ending in a consonant.

- The English definite article *the* has four equivalents in Spanish; you must choose the one that matches the noun in gender (masculine or feminine) and in number (singular or plural).

	masculino	femenino
singular	**el** cuaderno	**la** silla
plural	**los** cuadernos	**las** sillas

- The English indefinite articles *a/an* and their plural *some* also have four equivalents in Spanish; once again, you must choose the indefinite article that matches the noun in gender and number.

	masculino	femenino
singular	**un** diccionario	**una** mesa
plural	**unos** diccionarios	**unas** mesas

- Although both **Perdón** and **Con permiso** mean *Excuse me,* they are used in different situations. Say **Perdón** after you've accidentally bumped into someone, or when when you need to interrupt a conversation. Use **Con permiso** when you are trying to get through a crowd or need to reach in front of someone for something.

- Teachers often give instructions to *groups* of students with expressions such as **Repitan** or **Contesten en español.** When talking to an *individual*, however, the final **-n** of the command is not used: **Repita. Conteste en español.**

Ponerlo a prueba

P-1 ¿Qué hay? Mira las fotos y describe qué hay en cada una. Sigue el modelo.

MODELO: *En la sala de clase hay un estudiante... También hay...*
En el cuarto hay libros, ...

This ***Sabías que...*** section provides additional linguistic and/or cultural information about the vocabulary presentation. Oftentimes, grammar is previewed in this section and treated more thoroughly later in the chapter. Be sure to assign students to read it for homework. You may wish to briefly review selected points in class.

Before completing Exercise P-1, you may wish to do a quick drill with students to practice the singular and plural of nouns. State one of the nouns from the ***Vocabulario temático*** in the singular, and have students repeat the word in the plural; after practicing 5–10 words, reverse the procedure.

Model the activity for students by pointing to a photograph and mentioning a few of the items seen there. Then have students choose a partner and complete the activity orally, in Spanish. Students often feel less intimidated when invited to complete activities in this way. As the groups work together, walk among the class to monitor their progress. After 2–3 minutes of pair work, quickly review the activity by calling on individuals, asking for volunteers, or seeking input from the whole class. At this stage, focus first on acknowledging correct "labels" for the items pictured. Afterwards, correct any errors in singular-plural formation by modeling the correct form. If your class has many students who have studied Spanish previously, you may wish to proceed directly to a follow-up activity rather than checking the exercise for accuracy.

Follow-up to Exercise P-1: After pair work, it is helpful to bring the whole class together for a related or summative activity. For follow-up after Exercise P-1, have students state what is or isn't in their own Spanish classroom. Provide models on the board: **En nuestra sala hay una puerta, ... En nuestra sala *no* hay computadora...**

In Exercise P-3, the focus is on practice of classroom management expressions. In most classes, your students will be familiar with the expressions in this activity. When students ask you about unfamiliar expressions, this will provide an opportunity to use expressions such as **Más despacio, por favor.**, **Repita.**, **No comprendo.**, etc. You may wish to make posters of these basic expressions and hang them in the classroom for easy reference during class.

P-2 **En clase.** Lee los mini-diálogos. Complétalos con una expresión lógica. Trabaja con un(a) compañero(a).

1. Ana María: ¿_En qué página está_?
   La profesora: Estamos en la página 9 (nueve).
2. El profesor: ¿Hay preguntas?
   Luis: Sí, _tengo una pregunta_
3. Alberto: ¿Cómo se dice *backpack* en español?
   La profesora: _Se dice mochila_
4. El profesor: ¿_Comprenden_?
   María Luisa: No, no comprendo. Repita, por favor.
5. La profesora: Y mañana vamos a tener un examen sobre el capítulo preliminar.
   Marcos: _Repita, por favor / Qué dijo Ud._
   La profesora: Mañana hay un examen.
6. Elena: ¿_Qué quiere decir ventana_?
   El profesor: Quiere decir *window* en inglés.

P-3 **Con mi compañero(a).** Trabaja con un(a) compañero(a) de clase para completar estas actividades.

Primera parte: Busca a un(a) compañero(a) de clase.

MODELO: —¿*Tienes compañero(a)?*
           —*No, todavía no.*
           —¿*Quieres trabajar conmigo?*
           —*Sí. ¡Cómo no!*

Segunda parte: Pregúntale a tu compañero(a) cómo se dicen estas expresiones. Si tu compañero(a) no sabe la respuesta, él/ella puede consultar con su profesor(a).

MODELO: You ask: ¿*Cómo se dice* Good morning *en español?*
               Your partner says: *Se dice Buenos días.*

           OR He/She asks the professor: *Profesor(a), ¿cómo se dice* Good morning *en español?*

1. Good afternoon.   a. Adiós.
2. Hi.   b. Hola.
3. Good-bye.   c. Buenos días.
                               d. Buenas tardes.

Tercera parte: Pregúntale a tu compañero(a) qué quieren decir estas frases. Si tu compañero(a) no sabe la respuesta, él/ella puede consultar con su profesor(a).

MODELO: You ask: ¿*Qué quiere decir Encantado(a)?*
               Your partner says: *Quiere decir* Pleased to meet you.

4. ¿Cómo estás?   e. Okay/Alright.
5. ¿Cómo te llamas?   f. How are you?
6. Está bien.   g. Pleased to meet you.
                               h. What's your name?

Capítulo 1

¡Así somos!

Objetivos

Speaking and Listening

- Greeting others and saying good-bye
- Introducing yourself
- Providing basic personal information about yourself, your family, friends, and classmates
- Asking questions
- Spelling with the Spanish alphabet
- Expressing some physical and emotional conditions
- The numbers from 0 to 199
- Expressing likes and dislikes
- Talking about some of your daily activities at work, home, and school

Reading

- Guessing words in context
- Recognizing cognates
- Identifying format cues, skimming, and scanning

Writing *(Cuaderno de actividades)*

- Generating ideas
- Organizing your ideas into a paragraph

Culture

- Introduction to the Spanish-speaking world

Grammar

- Subject pronouns
- **Estar, ser,** and **tener** in the present tense
- Possessive adjectives
- Present tense of **-ar, -er,** and **-ir** verbs
- Sentence and question formation

A primera vista

Estudien el cuadro *(painting)* de Fernando Botero y lean *(read)* la información sobre este famoso pintor hispanoamericano. Decidan si las frases son ciertas *(true)* o falsas.

	Cierto	Falso
1. Fernando Botero es de Colombia.	☐	☐
2. Colombia está en América Central.	☐	☐
3. Las figuras de Botero son voluminosas, de dimensiones amplias.	☐	☐
4. Botero es un arquitecto y pintor colombiano de fama internacional.	☐	☐
5. Los temas de Botero son de sátira, de crítica social y de política.	☐	☐
6. Las personas en la familia del pintor son obesas y humorosas.	☐	☐

Fernando Botero (1932–)

Nacionalidad: colombiano

Otras obras: *La cama, Picadores, The Bath, Desayuno en la hierba* (escultura)

Estilo: El estilo de este famoso pintor y escultor contemporáneo es original y creativo. Sus esculturas en bronce son monumentales. Se conoce su obra *(His work is known)* por sus características figuras rotundas, de volumen exagerado. Estas figuras infladas son aparentemente humorosas, pero las imágenes de Botero son una sátira política y social.

National Holiday
Fernando Botero

In this *Paso* you will practice:
- Greeting others and saying good-bye
- Introducing yourself
- Exchanging personal information
- Talking about how you feel
- Numbers from 0 to 199
- Spelling with the Spanish alphabet

Grammar:
- Subject pronouns
- The verb **estar** in the present tense

Each *Paso* contains three presentations consisting of vocabulary/functional language and/or grammar. Two exercises accompany each presentation. Suggested pace for this *Paso* is 1½ class hours.

The expressions introduced in this section are practiced in the exercises in *Ponerlo a prueba.*

Transparency Bank
D-1

Point out to students that they should substitute their own information for the phrases printed in **italics.** You may also wish to introduce or reinforce this vocabulary with transparency D-1 from the Transparency Bank.

V ocabulario temático
PARA CONOCER A LOS COMPAÑEROS DE CLASE Y A LOS PROFESORES

The *Vocabulario temático* section introduces new words and expressions in model sentences and questions. These models are the building blocks you need to create your own conversations.

Two kinds of typeface are used in the presentations: The expressions in bold indicate the first speaker—a sentence or question that might be used by a person initiating a conversation. Lighter typeface indicates the second speaker—a sentence or question that might be used by a person to respond to or continue the conversation.

The English equivalents to all these expressions are found in Appendix E at the back of this textbook.

Para conocer a los compañeros de clase

Hola. Soy *Franciso Martín*.
  ¿Cómo te llamas?
                                Me llamo *Elena Suárez Lagos*.
Mucho gusto.   Igualmente.

Para continuar la conversación con tus compañeros de clase

¿De dónde eres?

Soy de *Acapulco.*
Nací en *México.*
Vivo en *Springfield, Illinois,* desde hace *cinco años.*

¿Dónde vives?

Vivo en *la calle Azalea.*
   los apartamentos *Greenbriar.*
   la residencia *Capstone.*

Eres estudiante aquí, ¿verdad?

Sí, estoy en mi *primer* año de estudios.
   segundo
   tercer
   cuarto

Para conocer a los profesores

Me llamo *Carmen Acosta.* ¿Cómo se llama usted?
Encantada (Encantado).

Soy *Rafael Díaz.*
Mucho gusto.

Para continuar la conversación con tu profesor(a)

¿De dónde es usted?

Soy de *España.*
Nací en *Cuba.*

¿Cuánto tiempo hace que *vive* aquí?
   trabaja

Muchos años.
Solamente unos meses.

Sabías que...

- In Spanish, just as in English, language styles range from the very casual to the extremely formal. In Spanish, the use of **tú** and **usted** is an important signal to the level of formality. While both words mean *you,* **tú** generally indicates a more informal setting or a closer relationship; **usted** signals a more formal conversation.

- When replying *Nice to meet you* to an introduction, keep in mind that men say **Encantado**, women say **Encantada**, and men or women say **Mucho gusto.**

- If you wish to answer the question **¿De dónde eres?** with your nationality, you can use **Soy + de +** name of country, or **Soy +** adjective of nationality.

  Soy de los Estados Unidos.   *I'm from the United States.*
  Soy norteamericano(a).   *I'm American.*

Point out that to ask a friend where he or she is from you say **¿De dónde eres?**, but to ask your teacher for the same information, you say **¿De dónde es usted?**

In order to help your students practice both the informal and formal modes of speech, you may wish to establish rules for classroom use, such as students using **tú** among themselves, and **usted** with their instructor.

Some students will want to know that **Encantado** is used here as an adjective, meaning *(I'm) delighted (to meet you)* and for that reason it has masculine and feminine forms.

You may wish to provide students with **estadounidense** as an alternative to **norteamericano(a).**

Estructuras esenciales
LOS PRONOMBRES PERSONALES

Here are the subject pronouns in Spanish and English:

Los pronombres personales			
yo	I	**nosotros(as)**	we
tú	you (informal)	**vosotros(as)**	you (plural, informal)
usted (Ud.)	you (formal)	**ustedes (Uds.)**	you (plural, informal/formal)
él	he	**ellos**	they (males, mixed group)
ella	she	**ellas**	they (females)
∅	it		

Since verb endings supply us with information about the subject, subject pronouns are used in Spanish only for emphasis and/or clarification. In the following example, **ella** and **él** are added for clarification, since the verb form is the same for both subjects.

Alicia y Roberto son estudiantes. *Alicia and Roberto are students.*
Ella asiste a una universidad en California. *She attends a university in California.*
Él asiste a una universidad en Texas. *He attends a university in Texas.*

Sometimes when we use the word *you,* we are addressing more than one person (you guys, you all, etc.). In Latin America, the subject pronoun **ustedes** is used for friends and strangers alike; no distinction is made between informal and formal relationships in the plural. In Spain, however, **vosotros(as)** is used for friends and family members, while **ustedes** is reserved for strangers and persons in authority, etc.

In many countries, the subject pronoun **vos** and its corresponding verb forms are used instead of **tú** to address friends. **Vos** is widely used in Argentina, Uruguay, and Costa Rica, as well as in some other countries.

One final note about subject pronouns—notice that there is no equivalent to the word "it" when used as a subject of a sentence.

Es un bolígrafo. *It is a pen.*

Follow-up to Exercise 1-1: Practice formal and informal self-introductions in a role play of an orientation session at the university. Two-thirds of the class act as students and the remaining one-third as professors. The latter group may be identified by writing **Profesor(a)** on name labels that designated students wear. Before allowing the class to mingle to introduce themselves to one another, model each of the possible introductions (student to student, professor to student, and professor to professor) and determine if **tú** or **usted** should be used.

Warm-up for Exercise 1-2: Before dividing the class into groups of 3 or 4, practice the questions and appropriate responses with several individuals in a whole-class setting. Then allow students 6–8 minutes to work with their partners as you walk around and make sure everyone is taking notes. Afterward, have students point out anything they have in common with others in their group.

Follow-up to Exercise 1-2: Have students interview you with similar questions, using the formal **usted.** Students will learn how to conjugate all the verbs presented here in all persons by the end of *Capítulo 2.* For now, stress only those forms needed for immediate communication.

Ponerlo a prueba

1-1 **Entre estudiantes.** Preséntate a tus compañeros de clase. Sigue el modelo.

MODELO: —*Hola. Soy Josh Aranson. ¿Cómo te llamas?*
—*Me llamo Chrissy Hill.*
—*Mucho gusto, Chrissy.*
—*Igualmente, Josh.*

1-2 **Más datos, por favor.** Entrevista (*Interview*) a tres (3) o cuatro (4) compañeros(as) de clase. Toma apuntes (*Take notes*).

1. ¿Cómo te llamas?
2. ¿De dónde eres?
3. ¿Dónde vives ahora (*now*)?
4. ¿En qué año de estudios estás?

Vocabulario temático

CÓMO SALUDAR A LOS COMPAÑEROS Y A LOS PROFESORES

Cómo saludar a los compañeros

Hola. ¿Cómo estás?
¿Qué tal?

Muy bien, gracias. ¿Y tú?
Estupendo.
Así, así.

Chao.
Nos vemos.
Hasta luego.

While **Chao** is informal, the other leave-takings in both sections may be used for formal or informal situations.

Cómo saludar a los profesores

Buenos días, profesor(a). ¿Cómo está Ud. (usted)?
Buenas tardes.
Buenas noches.

Estoy *bastante bien. ¿Y Ud.?*
    un poco cansado/cansada
Adiós. *Hasta mañana.*
    Hasta pronto.

Cómo expresar algunos estados físicos y emocionales

¿Cómo estás? (informal)
¿Cómo está Ud.? (formal)

Estoy *enfermo/enferma.*
    contento/contenta
    ocupado/ocupada
    preocupado/preocupada
    enojado/enojada

nervioso/nerviosa
cansado/cansada
triste
de buen humor
de mal humor

When using **¿Cómo estás?** as a greeting, you are expected to acknowledge the other person's reply.

Noun-adjective agreement is covered in greater detail in **Capítulo 3.**

Sabías que...

- In most of Spanish-speaking America, students greet one another informally and reserve the more formal greetings for their professors. However, in Spain, usage varies, and students may use the informal **tú** with their professors once they have gotten to know them.

- Titles are often used to show respect to older people, to individuals we don't know very well, or to those in positions of authority.

señor	Mr.
señora	Mrs.
señorita	Miss
profesor/profesora	Professor
doctor/doctora	Dr.

- Adjectives like **enfermo** and **cansado** must agree with the nouns they are modifying. The **-o** ending is used to refer to a man; the **-a** ending, to a woman. An **-s** is added to make the adjectives plural, that is, to describe two or more people.

Roberto está enferm**o**.	Roberto is sick.
Anita está enferm**a**.	Anita is sick.
Roberto y Anita están enferm**os**.	Roberto and Anita are sick.

- Often people reply to the question **¿Cómo estás?** by simply saying **Bien, gracias.** By replying with different expressions such as **Estoy cansada** or **Estoy preocupado,** they are inviting the other person to continue the conversation about their health or their feelings. Here are some common follow-up questions that might be asked.

¿Qué te pasa?	What's wrong? What's the matter? (informal)
¿Qué le pasa?	What's wrong? What's the matter? (formal)
¿Por qué?	Why?

Estructuras esenciales
EL VERBO *ESTAR*

In Spanish, the forms of verbs change in order to express the different subjects of a sentence; this listing of verb forms with their corresponding subject pronouns is called a conjugation. Here is the conjugation of the verb **estar** in the present tense. Use these forms to express how someone feels.

estar *(to be)*		
yo	**estoy**	**Estoy** bien, gracias.
tú	**estás**	¿Cómo **estás**, Ana?
usted	**está**	¿Cómo **está** usted, doctor?
él/ella	**está**	Elena **está** enferma.
nosotros(as)	**estamos**	Lola y yo no **estamos** preocupados(as).
vosotros(as)	**estáis**	¿**Estáis** contentos?
ustedes	**están**	¿Cómo **están** ustedes?
ellos/ellas	**están**	Los estudiantes no **están** nerviosos.

Ponerlo a prueba

Assign Exercise 1-3 for homework; Exercise 1-4 is intended for classroom use.

While students may not understand every word in the situations, they will probably be able to provide an appropriate reaction using **estar.** In some items, more than one response may be appropriate.

Additional activity: Ask students how they feel at different times, in different situations, etc.: **¿Cómo estás... a las 12 de la noche, en una fiesta, en la clase de física, en la clase de español, durante las vacaciones, a las ocho de la mañana, durante los exámenes finales, en una cita?**

1-3 **¿Cómo estás?** Lee las siguientes situaciones y reacciona; explica cómo están estas personas. Escribe en una hoja de papel *(on a sheet of paper).*

MODELO: Tienes un examen importante mañana.
Estoy nervioso(a).

1. Tu perro *(dog)* está muy enfermo. ¿Cómo estás?

2. Tu mamá tiene apendicitis; necesita una operación inmediatamente. ¿Cómo están tú y tus hermanos *(brothers and sisters)*?

3. Tu novio(a) tiene mononucleosis. ¿Cómo están ustedes?

4. Tú y tus compañeros de clase *(classmates)* tienen que leer tres novelas y escribir tres composiciones para la clase de inglés. ¿Cómo están ustedes?

5. Tus amigas Inés y Gloria acaban de correr *(have just run)* un maratón. ¿Cómo están ellas?

6. Has sacado *(You have gotten)* "A" en un examen de español importante. ¿Cómo estás?

7. Tienes un accidente con el coche *(car)* de tu papá. ¿Cómo está tu papá?

8. Tú y tus compañeros de clase no tienen clase mañana. ¿Cómo están ustedes?

1-4 **¿Qué te pasa?** Trabaja con un(a) compañero(a) de clase; completen los diálogos para las escenas.

To save time, you may wish to assign each group just two dialogues. You may wish to write one dialogue together as a class before having pairs of students complete the remaining items.

1. Martín, Marta y Patricia se saludan *(greet one another)* en el campus.
   —Martín: ¡Hola, Marta! ¡Hola, Patricia!
   —Patricia: _____.
   —Marta: _____. ¿_____?
   —Martín: Muy bien, gracias. ¿Y ustedes?
   —Patricia: _____.
   —Martín: Bueno, tengo que ir a clase. ¡Adiós! ¡Hasta luego!
   —Marta: _____.

2. Amelia está preocupada porque no comprende la lección. Va a la oficina de su profesor. Lo saluda *(She greets him)* y le explica su problema.
   —Profesor: Buenos días, Amelia.
   —Amelia: _____. ¿_____?
   —Profesor: Bastante bien, gracias. ¿Y tú?
   —Amelia: _____ porque _____.
   —Profesor: ¡No te preocupes! *(Don't worry!)* ¿Qué parte de la lección no comprendes?

3. Teresa y Ramón se despiden de *(say good-bye to)* Loreta después de una fiesta.
   —Teresa y Ramón: Adiós. ¡Buenas noches! Y gracias por todo.
   —Loreta: _____. ¡_____!

4. El señor Calvo está enfermo y va al médico.
   —Médico: Buenas tardes, señor Calvo.
   —Señor Calvo: _____.
   —Médico: ¿Cómo está usted hoy?
   —Señor Calvo: _____.
   —Médico: ¿Qué le pasa?

Vocabulario temático
MÁS DATOS, POR FAVOR

Más datos personales

¿Cuál es tu nombre completo?	Me llamo *Katya Rosati Soto.*
¿Cómo se escribe tu *nombre de pila*?	Se escribe *Ka-a-te-i griega-a.*
apellido	
¿Cuál es tu dirección?	Vivo en *la calle Azalea, número 358.*
	los apartamentos
	Greenbriar, número *6-B*
	la residencia *Capstone,*
	número *162*
¿Cuál es tu número de teléfono?	Es el *7-54-26-08 (siete, cincuenta y*
	cuatro, veintiséis, cero, ocho).

El abecedario

Until recently, the letter combinations "ch" (pronounced che) and "ll" (pronounced elle) were considered individual letters of the Spanish alphabet.

a	a	Argentina	ñ	eñe	España
b	be	Bolivia	o	o	Omán
	be grande		p	pe	Perú
c	ce	Colombia	q	cu	Quito
d	de	Dinamarca	r	ere	Rusia
e	e	Ecuador	rr	erre	Marruecos
f	efe	Francia	s	ese	Suiza
g	ge	Guatemala	t	te	Tailandia
h	hache	Honduras	u	u	Uruguay
i	i	Inglaterra	v	uve	Venezuela
j	jota	Japón		ve chica	
k	ka	Kenia	w	uve doble	Washington
l	ele	Luxemburgo		doble ve	
m	eme	Mónaco	x	equis	México
n	ene	Nicaragua	y	i griega	Yemen
			z	zeta	Nueva Zelanda

Los números de 0 a 199

0	cero	11	once	21	veintiuno
1	uno	12	doce	22	veintidós (veintitrés, veinticuatro...)
2	dos	13	trece	30	treinta
3	tres	14	catorce	31	treinta y uno (treinta y dos, treinta y tres...)
4	cuatro	15	quince	40	cuarenta (cuarenta y uno, cuarenta y dos...)
5	cinco	16	dieciséis	50	cincuenta (cincuenta y uno, cincuenta y dos...)
6	seis	17	diecisiete	60	sesenta (sesenta y uno...)
7	siete	18	dieciocho	70	setenta (setenta y uno...)
8	ocho	19	diecinueve	80	ochenta (ochenta y uno...)
9	nueve	20	veinte	90	noventa (noventa y uno...)
10	diez			100	cien
				101	ciento uno (ciento dos, ciento tres...)
				110	ciento diez (ciento once, ciento doce...)
				150	ciento cincuenta (ciento cincuenta y uno...)
				199	ciento noventa y nueve

Sabías que...

- The possessive adjective *your* has both formal and informal equivalents in Spanish. The informal **tu** (without an accent) is used in all the questions in this section. To address someone more formally with the same questions, substitute the word **su** for **tu**.

  ¿Cuál es **su** teléfono? *What is **your** (formal) telephone number?*

- The numbers 21–29 are sometimes spelled **veinte y uno, veinte y dos,** etc.

- In Spanish-speaking countries it is common to use two surnames (last names). The first is the father's and the second is the mother's. Lists, such as telephone directories, are alphabetized by the paternal surnames.

Nombre de pila	Apellido paterno	Apellido materno
Katya	Rosati	Soto

Ponerlo a prueba

1-5 **Telefonista.** Aquí tienes parte de una guía telefónica de España. Practica con tu compañero(a) de clase.

CASTAÑO PARDO, M. J. Av. Comuneros 26	23 2763	LÓPEZ ALONSO, F. Marineros, 42	25 9074
CASTAÑO SÁNCHEZ, A. Alarcón, 8	23 5171	LÓPEZ CHAMORRO, F. Libreros, 51	21 8209
CASTELLANOS BARBERO, L. Pescadores, 6	23 8913	LÓPEZ MARTÍN, M. Greco, 4	23 7683
CASTELLANOS MARTÍN, M. de los A. Av. Portugal, 7	22 6811	LLANOS MARTÍNEZ, J. L. Ayacucho, 6	21 1940
CUESTA ALONSO, B. Gravina, 21	25 9298	LLANOS PRIETO, A. Alamedilla, 6	24 0047
CUESTA SÁNCHEZ, J. Petunias, 13	25 6182	MARTÍN DÍAZ, E. Cañas, 3	24 5314
		MARTÍN GARCÍA, M. Espronceda, 5	21 1502
CHAMORRO ALONSO, M. Av. Juan Austria, 39	25 3861	MARTÍN LÓPEZ, F. Av. Portugal, 30	22 1622
CHAMORRO PEÑA, M. A. Pontevedra, 4	24 7853	MARTÍNEZ GALLEGO, O. Quinteras, 16	24 2561

Primera parte: Contesta las preguntas.

1. ¿Cuál es el nombre completo de Miguel Castaño? ¿de Francisco Martín?
2. ¿Cómo se escribe el apellido materno de José Cuesta? ¿de Alberto Llanos?
3. ¿Cuál es la dirección de Federico López Alonso? ¿de María de los Ángeles Castellanos?
4. ¿Cuál es el número de teléfono de José Cuesta? ¿de Francisco Martín?

Segunda parte: Trabaja con un(a) compañero(a). Sigan el modelo.

MODELO: Tú: *Por favor, el teléfono de Luis Castellanos.*
Tu compañero(a): *Es el veintitrés, ochenta y nueve, trece.*
     Tú escribes: *23-89-13*

1. Miguel Castaño
2. Elisa Martín
3. Fausto López Chamorro
4. Martín Chamorro Alonso
5. María Martín

Assign the first part for homework and complete the second in class. Put a name on the board and explain which is the paternal and which is the maternal surname. You may also wish to point out that in the street address the street name is given first, then the number. For the second part of this exercise, have the students work in pairs; one is the caller, the other is the telephone operator. The caller should not look at the directory, but should instead listen carefully to the operator to get the telephone number needed.

Answers for Exercise 1-5.
Primera parte: 1. Miguel Castaño Pardo, Francisco Martín López 2. Sánchez, Prieto 3. Marineros 42, Av. Portugal 7 4. 25 6182, 22 1622

For additional practice with numbers, try simple math problems or the game of *Caracoles*. Have students sit in groups of 4–5 people. The group counts from 1 to 100, with each student saying in turn the next consecutive number; however, for any number that ends in 7 or is a multiple of 7, the student must say **caracoles** instead of that number (1, 2, 3, 4, 5, 6, **caracoles,** 8, 9 . . .). Any student who misses three times drops out of the game.

1-6 **La lista de clase.** Habla con varios de tus compañeros de clase y prepara una lista con la siguiente información.

Nombre completo	Dirección	Teléfono
1.		
2.		
3.		
4.		
5.		

The first symbol in the drawing represents 0.

Comentario cultural: LOS NÚMEROS DE LOS MAYAS

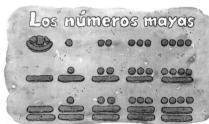

¿Conoces el sistema de números de los mayas? ¿Sabes cómo escribir el número 2 con el sistema de los mayas?

Long before Columbus made his famous first voyage to the New World in 1492, numerous indigenous civilizations were flourishing in the Americas. One of those civilizations is especially well-known for its achievements in mathematics and in the measurement of time.

Muchos años antes de la llegada *(arrival)* de Cristóbal Colón al Nuevo Mundo, había grandes civilizaciones indígenas en las Américas. Una de las civilizaciones más avanzadas era la de los mayas. Los mayas vivían donde hoy se encuentran México y Centroamérica. Los mayas son famosos por sus cálculos matemáticos; fueron uno de los primeros pueblos *(one of the first peoples)* en usar el concepto del cero. Su sistema de números se basaba en *(was based upon)* veinte; se escribía como una serie de puntos y barras. Aquí tienes los números mayas de 0 a 14. ¿Puedes escribir el número 15 según el sistema maya?

Comentario cultural. In earlier chapters, due to linguistic limitations, discussion on the topics may be brief and require more of your assistance. In later chapters, the questions may generate lengthier contrasts or discussions of the topics.

For Exercise 1-7, divide students into new pairs. Have each student cover up the other student's column with a piece of paper in order to complete the dialogue.

Síntesis

1-7 **¡A charlar!** Completa el diálogo oralmente con un(a) compañero(a) de clase.

Estudiante A

1. ¡Hola! Me llamo _____.

3. Encantado/Encantada. ¿Eres estudiante aquí?

5. Estoy en mi _____ año. ¿Eres de aquí?

7. Soy de ____.

9. Vivo en _____ (la residencia, la calle Central, etc.). ¿Y tú?

11. Voy a hacer una fiesta mañana. *(I'm giving a party tomorrow.)* ¿Quieres venir? *(Do you want to come?)*

13. Vivo en _____.

15. Es el _____.

17. ¡Adiós! Hasta mañana.

Estudiante B

2. ¡Mucho gusto! Yo soy _____.

4. Sí, estoy en mi _____ año de estudios. ¿Y tú?

6. Soy de _____. Y tú? ¿De dónde eres?

8. ¿Dónde vives ahora?

10. Vivo en _____ (un apartamento en la calle Pendleton, etc.).

12. *(You've been invited to a party.)* ¡Sí! ¿Cuál es tu dirección?

14. Y, ¿cuál es tu teléfono?

16. Muy bien. Nos vemos mañana.

18. ¡Chao!

1-8 Gregorio. Gregorio es un estudiante de post-grado de los Estados Unidos. Va a Venezuela para hacer una pasantía *(to complete an internship)* en un banco. En la siguiente conversación, habla por teléfono con la señorita López, una secretaria del banco. Escucha la conversación y completa las frases con la información correcta.

Play Text Audio CD
Track CD1-1

1. El estudiante se llama _____.
   (nombre) (apellido)

2. Es de _____, _____.
   (ciudad)   (estado)

3. Vive en la calle _____, número _____.

4. Su número de teléfono es el _____.

1-9 En Puerto Rico. Lee las tarjetas de negocios *(business cards)* de Puerto Rico y contesta las preguntas.

1. ¿Quién *(Who)* es detective? ¿Cuál es su dirección? ¿Cuál es su número de teléfono?

2. ¿Cuál es la profesión de Redy. Rodríguez Reyes? ¿Cuál es su teléfono? ¿Cuál es su apellido paterno? ¿su apellido materno?

3. ¿Quién es veterinario? ¿Cómo se escribe su apellido paterno? ¿Cómo se escribe su apellido materno? ¿Cuál es la dirección de su clínica?

4. ¿Cuál es la profesión de Miriam Torres? ¿Cómo se escribe su apellido? ¿Cuál es su teléfono?

Follow-up to Exercise 1-9: Have pairs of students write or act out a role play in which two of the people meet at a Chamber of Commerce breakfast.

"Urb." is the abbreviation for **urbanización**, or housing development, in Puerto Rico.

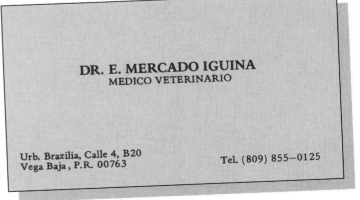

In this *Paso* you will practice:
- Sharing information about your immediate family, friends, and classmates
- Using some important verbs in conversation and writing

Grammar:
- Possessive adjectives
- The verbs **ser** and **tener** in the present tense

Suggested pace for this *Paso* is 1½ hours.

This section provides students with useful tips on how to become more efficient learners and better speakers of Spanish. Suggestions will be provided in every chapter on how to facilitate memorization, approach listening tasks, manage conversations, interact with native speakers, etc.

Estrategia: Previewing a lesson

Previewing the day's lesson before you begin your assignment will help you focus your energies and make the most of your study time. Ask yourself these questions.

- How many topics are included in the lesson?
- Which topics are you already familiar with?
- Which themes and structures seem to be the most important?
- On which of the sections will you need to spend the most time?

Transparency Bank
E-1, E-2, E-3

Vocabulario temático
LA FAMILIA Y LOS AMIGOS

¿Cómo es tu familia? ¿Cuántos son ustedes?

Tengo una familia *grande.*
       mediana
       pequeña

Somos *cinco* en mi familia.
Tengo *dos hermanos.*
    muchos amigos
Mi *tía Felicia* vive con nosotros también.

Ésta es mi tía Felicia, la hermana de mi papá.

Ésta soy yo. Tengo diecisiete años.

Éste es mi hermano mayor, Carlos. Tiene veinte años.

Éste es mi papá. Se llama Arturo.

Ésta es mi mamá. Se llama Beatriz.

Ésta es mi hermana menor, Elisa. Tiene diez años.

Éstos son mis buenos amigos, Marcos y Sara.

El cumpleaños de Dulce

Otros familiares

los abuelos	los padres	los esposos	los hijos
el abuelo	el padre	el esposo	el hijo
la abuela	la madre	la esposa	la hija
			los gemelos

Addtional family vocabulary is presented in *Capítulo 3* to allow students a chance to recycle and expand upon this very basic and important topic.

Otros amigos

los novios	unos (buenos) amigos	los vecinos	mis compañeros de clase
el novio	un (buen) amigo	el vecino	mi compañero de clase
la novia	una (buena) amiga	la vecina	mi compañera de clase

Explain to students that in some countries the terms **novio** and **novia** are reserved for serious relationships that will lead to marriage. A more casual dating partner may be referred to as **un amigo** and **una amiga.**

¿ Sabías que...

- The words **éste, ésta, éstos,** and **éstas** are known as *demonstrative pronouns.* You can use these pronouns to make introductions:

  to introduce a male:
  Éste es mi hermano Roberto. *This is my brother Roberto.*

  to introduce a female:
  Ésta es mi hermana Anita. *This is my sister Anita.*

Point out to students that accent marks are often omitted when a letter is capitalized. This is changing in current Spanish, as the Real Academia now recommends the use of accent marks on capital letters.

- To introduce two or more women, you should say **Éstas son... .** To introduce several men or a group that includes men and women, you should say **Éstos son... .**

  Éstos son mis hijos, Marcos y Linda. *These are my children, Marcos and Linda.*
  Éstas son mis buenas amigas, Amanda y Elena. *These are my good friends, Amanda and Elena.*

- Unlike most other descriptive adjectives, **bueno** *(good)* is often placed in front of the noun it modifies. It has a special shortened form when placed in front of a *masculine singular noun.* Here are its four forms: **un buen amigo, una buena amiga, unos buenos amigos, unas buenas amigas.**

- To express relationships among people, in English we use *possessive adjectives.* like *my, your, our,* etc., and in Spanish we use words like **mi, tu, nuestro,** etc. You can learn more about possessive adjectives in *Estructuras esenciales.*

- To describe someone's marital status **(estado civil),** you may use the following expressions: **estar casado(a)** *(to be married),* **estar divorciado(a)** *(to be divorced),* **ser viudo(a)** *(to be a widower/widow),* **ser soltero(a)** *(to be single).*

The use of **ser** and **estar** with terms of marital status varies by country and region. In Spain, for example, it is more common to use **ser** with **casado(a)** and **estar** with **soltero(a)**.

Estructuras esenciales
CÓMO INDICAR LA POSESIÓN

Here are the possessive adjectives in Spanish and English:

mi(s)	my	nuestro(s)/nuestra(s)	our
tu(s)	your (informal)	vuestro(s)/vuestra(s)	your (informal)
su(s)	your (formal)	su(s)	your (informal/formal)
su(s)	his/her/its	su(s)	their

Possessive adjectives, like all adjectives in Spanish, must agree in both gender and number with the noun they describe. You must use special endings depending on whether the noun being described is masculine or feminine, singular or plural. Notice how the endings change in these examples:

su casa	*their house*
su**s** casa**s**	*their houses*
nuestr**a** famili**a**	*our family*
nuestr**os** hij**os**	*our children*

In Spanish there are several different words for *you*; the same is true for the possessive adjective *your*. When speaking to a friend or family member, you would probably use **tu** to express *your*. When speaking to a stranger or person in authority, you use **su**.

Tu hermana es muy simpática, José. (familiar)	*Your sister is very nice, José.*
Su hermana es muy simpática, Sr. Gómez. (formal)	*Your sister is very nice, Mr. Gómez.*

Since **su** can mean *your, his, her, its,* and *their,* alternative clarifying phrases are sometimes used. These phrases consist of the preposition **de** and a corresponding subject pronoun (**él, ella, ellos, ellas, Ud.,** or **Uds.**).

Enrique y Alicia viven en Georgia. La casa **de él** está en Atlanta y la casa **de ella** está en Augusta.	*Enrique and Alicia live in Georgia. **His** house is in Atlanta and **her** house is in Augusta.*

In English, we often use 's to indicate relationships and possession; in Spanish, an expression with **de** is used instead.

la hija **de** María	*María's daughter*

Ponerlo a prueba

1-10 **La foto.** Mercedes está describiéndole una foto a su amiga. Escucha la descripción e identifica a todas las personas en la "foto". Escribe el parentesco *(relationship)* al lado del nombre de la persona.

MODELO: You hear: Mira, ésta es mi madre, Carmen.
You write: a. *Carmen es la madre de Mercedes.*

1. Ana
2. Elena
3. Paco
4. Francisco
5. Luisa
6. Alberto Guzmán
7. Teresa
8. María
9. ¿   ?

Additional activity: Have students bring in photos of their own families and identify each person by name. Or, have students use their notes to Exercise 1-10 to introduce everyone in the drawing.

-11 La familia de Gregorio. Gregorio, un estudiante norteamericano, va a Venezuela para trabajar y vivir con la familia Martínez. Aquí tienes parte de una carta que Gregorio les escribe a los Martínez. Complétala con los adjetivos posesivos más lógicos: **mi(s), tu(s), su(s), nuestro(s)** o **nuestra(s).**

After completing Exercise 1-11, ask your students follow-up questions: **¿Es grande o pequeña la familia de Gregorio? ¿Cómo se llama el padre de Gregorio? ¿Cómo se llama su mamá? ¿sus hermanos? ¿Con quiénes habla español Gregorio? ¿Cómo se llama la amiga especial de Gregorio? ¿Dónde está el condominio de ella?**

_____ familia no es muy grande. Somos solamente cinco y vivimos

en Arlington, Virginia. _____ padre se llama Gregorio, como yo.

_____ mamá se llama Gloria. Ella nació en Cuba pero inmigró a los Estados

Unidos con _____ padres en 1962. _____ hermanos se llaman

Hillary e Ian. Como (Since) mamá es cubana, Hillary, Ian y yo siempre hablamos español con

ella y con _____ abuelos maternos.

   No estoy casado pero sí tengo una amiga especial, Ángeles. Ángeles vive con

_____ familia en Arlington también y _____ condominio no está muy lejos

(far) de _____ casa.

Vocabulario temático
AL HABLAR DE OTRAS PERSONAS

Cómo hablar de un(a) amigo(a)

Have students interview you with the questions in the presentation.

¿Cómo se llama _tu amiga?_	_Mi amiga_ se llama _Concha._
¿De dónde es?	_Es_ de _Puerto Rico._
	Nació en _San Juan._
¿Dónde vive?	Vive en _Nueva York._
¿Cuál es su dirección?	Vive en _la calle_ Hampton, número _178._
¿Cuántos años tiene?	Tiene _23_ años.
¿Está casada?	_Sí, está casada._
	No, es soltera.
¿A qué se dedica?	Es _artista._
	dentista.
	traductora.
¿Cuál es su teléfono?	Su teléfono es el _375-2367._

¿ Sabías que...

- Notice that the questions and answers in the previous section are used to talk *about* a person rather than *to* a person. The understood subject of verbs like **se llama, nació, vive, tiene,** and **está** is either **él** or **ella.**

Mi **amigo** se llama Eduardo; él vive en Florida.	*My friend's name is Eduardo; **he** lives in Florida.*
Mi **amiga** se llama Rosalinda; ella vive en Carolina del Norte.	*My friend's name is Rosalinda; **she** lives in North Carolina.*

- In Spanish, the verb forms that correspond to the subject pronouns **él** and **ella** are also used with the subject pronoun **usted.** For this reason, the same questions used to talk about a person may also be used when speaking directly with a person in a formal situation requiring the use of **usted.**

¿Cómo **se llama** usted?	*What is your name?*
¿Dónde **vive?**	*Where do you live?*

- The words for professions generally have different forms for referring to men and women. However, professions that end in **-ista** do not change endings and may refer to a man or a woman.

To refer to a man:	To refer to a woman:
profesor	profesora
traductor	traductora
secretario	secretaria
empleado	empleada
artista	artista

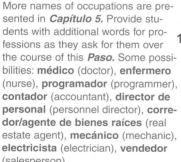

Play Text Audio CD
Track CD1-3

More names of occupations are presented in *Capítulo 5.* Provide students with additional words for professions as they ask for them over the course of this *Paso.* Some possibilities: **médico** (doctor), **enfermero** (nurse), **programador** (programmer), **contador** (accountant), **director de personal** (personnel director), **corredor/agente de bienes raíces** (real estate agent), **mecánico** (mechanic), **electricista** (electrician), **vendedor** (salesperson).

Assign Exercise 1-12 for homework; Exercise 1-13 is intended for classroom use.

Answers to Exercise 1-12:
1. Ignacio Saldívar; 2. medicina; 3. apartamento'; 4. fútbol y tocar la guitarra; 5. Sofía

Ponerlo a prueba

1-12 **Te presento a mi amigo, Ignacio.** Roberto le presenta su amigo, Ignacio, a su novia, Éster. Escucha la conversación y completa la tabla a continuación con la información necesaria.

1. Nombre completo de Ignacio:
2. Especialidad:
3. Residencia:
4. Pasatiempos:
5. El nombre de su novia:

1-13 **Algunas personas famosas.** Lee la siguiente información biográfica y describe oralmente a estas personas famosas. Trabaja con tu compañero(a) de clase y túrnense *(take turns)* para presentar la información.

MODELO:

Nombre: Gloria Estefan
Fecha/lugar de nacimiento: 1958; La Habana, Cuba
Domicilio: Miami, Florida, EE.UU
Estado civil: Casada con Emilio Estefan; un hijo, Nayib, y una hija, Emily
Profesión: Cantante y compositora de canciones en español y en inglés
Algunos discos importantes: *Mi tierra, Abriendo puertas, Gloria, Destiny*

Ésta es Gloria Estefan. Gloria nació en Cuba, pero vive en los Estados Unidos. Nació en el año 1958 y ahora tiene _____ años. Está casada y tiene dos hijos: Nayib y Emily. Su esposo se llama Emilio. Gloria es cantante y compositora de canciones.

Go over the model with students before they practice with their partners; assign two famous people to each pair of students. After 4–5 minutes, have students present brief talks about each person.

Nombre: Franklin Ramón Chang Díaz
Fecha/lugar de nacimiento: 5 de abril, 1950; San José, Costa Rica
Domicilio: Estados Unidos
Estado civil: Divorciado; dos hijas, Jean y Sonia
Profesión: Astronauta (el primer astronauta hispanoamericano)

Nombre: Rigoberta Menchú
Fecha/lugar de nacimiento: 1959; Chimel, Guatemala
Domicilio: México D.F., México
Estado civil: Casada con Ángel Francisco Canil; un hijo: Mash Nawalja (Espíritu del agua)
Profesión: Defensora de los derechos civiles y laborales de los indígenas. Ganó el Premio Nóbel de la Paz en 1992.

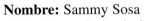

Nombre: Sammy Sosa
Fecha/lugar de nacimiento: 12 de noviembre, 1968; San Pedro de Marcoris, República Dominicana
Domicilio: San Pedro de Marcoris, República Dominicana; y Chicago, Illinois, EE.UU
Estado civil: Casado con Sonia; cuatro hijos: Keysha, Kenia, Samuel y Miguel
Profesión: Jugador de béisbol; el jugador más valioso (*most valuable*) de la Liga Nacional en 1998

Additional activities: 1. Have students research their favorite personalities and make mini-presentations as they did for Exercise 1-13. 2. Prepare a presentation about another famous Hispanic; have students take notes as you speak and then write a paragraph on that person.

Gramática
LOS VERBOS *SER* Y *TENER*—CÓMO FORMAR ORACIONES

— ¿Cuántos hermanos **tienes**?
— **Tengo** solamente un hermano: Antonio. No **tengo** hermanas.
— ¿Cómo **es** tu hermano?
— Antonio **es** muy inteligente. **Es** estudiante de medicina.
— ¿Cuántos años **tiene** él?
— **Tiene** veinticinco años.

A. Tener. The Spanish verb **tener** is used much like the English verb *to have,* to express the following:

- ownership

  Tengo una computadora.   *I have a computer.*

- relationships

  Tengo tres hermanas.   *I have three sisters.*

Tener may also be used in several idiomatic expressions:

- with **años,** to express age

  Anita **tiene veinte años.**   *Anita is twenty years old.*

- with **que + infinitive,** to express an obligation

  Tenemos que trabajar ahora.   *We have to work* now.

In the chart below you will find the conjugation of **tener** in the present tense. As you read the sentences, try to identify the meaning or use of **tener** in each one.

tener *(to have)*		
yo	**tengo**	**Tengo** dos hermanos.
tú	**tienes**	¿Cuántos hermanos **tienes**?
usted	**tiene**	¿**Tiene** usted hijos?
él/ella	**tiene**	María **tiene** que estudiar más.
nosotros(as)	**tenemos**	No **tenemos** los libros.
vosotros(as)	**tenéis**	¿**Tenéis** los bolígrafos?
ustedes	**tienen**	¿Cuántos años **tienen** ustedes?
ellos/ellas	**tienen**	Rosa y Claudio **tienen** viente años.

B. Ser. Although both **ser** and **estar** may be translated as *to be* in English, each of these verbs has its own special uses. You have already seen, for example, that one of the main uses of **estar** is to describe one's health and feelings.

—¿Cómo **estás**?   *How are you?*
—**Estoy** bien, gracias.   *I'm fine, thanks.*

Ser, on the other hand, is used in the following cases:

- to classify, by providing information about the subject's ethnic background, nationality, kinship, religion, professional, or political affiliation

  Éstas **son** mis primas.   *These are my (female) cousins.*
  Son panameñas.   *They are Panamanian.*

- to identify a person or thing

¿Qué **es** esto? *What **is** this?*
Es un ratón para una computadora. *It's a mouse for a computer.*

- to provide information such as telephone numbers and addresses

¿Cuál **es** tu teléfono? *What **is** your phone number?*
Es el 254-2760. *It's 254-2760.*

- with the preposition **de,** to say where someone or something is from

¿**De** dónde **eres**? *Where are you from?*
Soy de los Estados Unidos. *I'm from the United States.*

Study carefully the forms and uses of **ser** in the chart below.

ser *(to be)*		
yo	**soy**	**Soy** estudiante.
tú	**eres**	¿**Eres** de Chile?
usted	**es**	¿**Es** usted soltero(a)?
él/ella	**es**	Ella **es** muy simpática.
nosotros(as)	**somos**	Eduardo y yo **somos** demócratas.
vosotros(as)	**sois**	**Sois** católicos.
ustedes	**son**	Ustedes **son** colombianos, ¿verdad?
ellos/ellas	**son**	Éstos **son** mis padres.

C. Cómo formar oraciones. In Spanish, just as in English, all sentences must contain a subject and a conjugated verb. Here are some additional tips about sentence formation in Spanish.

- Often, the subject is not explicitly stated. You deduce who or what the subject is by looking at the verb ending and studying the context.

Mi padre se llama Eduardo. (**Padre** is the understood subject for
Nació en Caracas, Venezuela. the verbs **nació** and **vive.**)
Ahora vive en Maracaibo.

- Since the verb ending generally identifies the subject, subject pronouns (**yo, tú, él,** etc.) are often omitted. Subject pronouns may be used, however, to clarify or to emphasize the subject.

Margarita y yo somos de (**Yo** and **ella** are used to emphasize
Argentina. **Yo** soy de Bariloche, which person lives in each city.)
pero **ella** es de Buenos Aires.

- To make a statement negative, Spanish adds the word **no** before the verb. The English words *do* and *does* are never translated in this case.

Eduardo vive en Maracaibo. *Eduardo lives in Maracaibo.*
No vive en Caracas. *He **doesn't live** in Caracas.*

Ponerlo a prueba

As an introduction to this exercise, describe your best friend. If possible, bring a photograph of your best friend to class and encourage your students to do the same. As part of the debriefing once the exercise has been completed, have some students describe their best friend to the entire class.

1-14 Mi mejor amigo(a). Tu compañero(a) de clase tiene mucha curiosidad sobre tu mejor amigo(a). Primero, contesta sus preguntas, luego, pregúntale a él (ella) sobre su mejor amigo(a).

1. ¿Cómo se llama tu mejor amigo(a)?
2. ¿Cómo es tu mejor amigo(a)?
3. ¿De dónde es él (ella)?
4. ¿Dónde vive?
5. ¿Cómo es su familia?
6. ¿Cuántos años tiene?
7. ¿En qué universidad estudia?
8. ¿Qué estudia él (ella)?
9. ¿Cuáles son sus pasatiempos favoritos?
10. ¿Qué tienes en común con tu mejor amigo(a)?

After the Spanish Civil War (1936–1939), the royal Borbón family went into exile and Francisco Franco took control of the country. Upon Franco's death, Juan Carlos became the king of Spain on November 22, 1975. A parliamentary monarchy was established in 1978.

1-15 La familia real. Ésta es la familia real *(royal)* de España. Trabaja con un(a) compañero(a) de clase para describir oralmente a la familia. Identifiquen sus nombres, edades y parentesco *(kinship)*.

MODELO: *Éste es Felipe. Felipe es el hijo de Juan Carlos y Sofía; es el hermano de Cristina y Elena. Felipe tiene _____ años.*

Point out that **don** and **doña** are titles of respect used with a person's first name.

La familia real

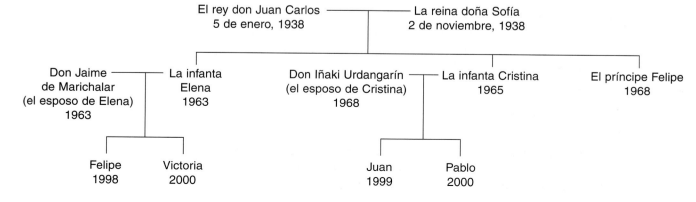

El rey don Juan Carlos
5 de enero, 1938 ———— La reina doña Sofía
2 de noviembre, 1938

Don Jaime
de Marichalar
(el esposo de Elena)
1963 ———— La infanta
Elena
1963

Don Iñaki Urdangarín
(el esposo de Cristina)
1968 ———— La infanta Cristina
1965

El príncipe Felipe
1968

Felipe
1998   Victoria
2000

Juan
1999   Pablo
2000

Síntesis

1-16 Mi familia anfitriona. Estudias en la Universidad Complutense en Madrid, España. Ésta es tu familia anfitriona *(host)*. Primero, debes usar tu imaginación para apuntar *(jot down)* datos o información biográfica para cada miembro de tu familia. Luego, describe oralmente a los miembros de tu familia.

MODELO: *Ésta es mi familia anfitriona, los Peña. Éste es el padre, Félix; es profesor de historia en el Colegio Mayor de San Cristóbal. Tiene cuarenta y cinco años. Vive en Madrid, pero es de Málaga. En su tiempo libre lee biografías de personajes históricos y colecciona estampillas.*

1-17 Las estadísticas. Con tu compañero(a) compara las estadísticas sobre diferentes aspectos de la vida de los habitantes de los países a continuación.

País	Edad promedio	Número de hijos	Esperanza de vida
Bolivia	19 años	4	hombres 59; mujeres 62
Chile	26 años	2	hombres 71; mujeres 77
El Salvador	18 años	3	hombres 65; mujeres 72
Guatemala	17 años	5	hombres 65; mujeres 67
España	35 años	1	hombres 74; mujeres 81
los Estados Unidos	34 años	2	hombres 73; mujeres 79
México	21 años	3	hombres 66; mujeres 73

MODELO: *En los Estados Unidos, la edad promedio es treinta y cuatro años. Las familias tienen un promedio de dos hijos. Los hombres viven hasta la edad de setenta y tres años, y las mujeres hasta los setenta y nueve años.*

1-18 Presentaciones. Vas a presentar *(introduce)* a tu compañero(a) a la clase. Primero, conversa con un(a) compañero(a). Pregúntale su nombre, edad, ciudad de origen, etc. Luego, presenta a tu companero(a) a la clase.

MODELO: (to introduce a man) *Éste es nuestro compañero Sam. Es de Ord, Nebraska, pero ahora vive… Tiene…*
(to introduce a woman) *Ésta es nuestra compañera Allison. Es de…*

Transparency Bank
G-5, G-6, G-7

Paso 3

In this *Paso* you will practice:

● Talking about some everyday activities using the present tense

● Using expressions related to your studies, work, and pastimes

● Asking different types of questions

Grammar:

● Present tense

● Question formation

Vocabulario temático
EL TIEMPO LIBRE

The intended pace for this *Paso* is 1½ class hours.

Introduce the vocabulary by pointing to the pictures and saying whether or not you enjoy the activity pictured: **Me gusta practicar fútbol. No me gusta correr por el campus.**, etc. Then ask students which activities they like. You may wish to introduce **baloncesto** as an alternative to **básquetbol**. The Internet is often referred to by its name in English; depending on the country, it may be considered a masculine or feminine word.

¿Qué te gusta hacer en tu tiempo libre?

Me gusta...

practicar *deportes (el fútbol americano, el básquetbol, el tenis)*

mirar *la televisión (vídeos de películas, partidos de fútbol)*

escuchar *la radio (la música clásica, la música rock)*

navegar el Internet y leer *novelas (revistas, periódicos)*

Otros pasatiempos

correr *en el parque* (por el vecindario, por el campus)
ir *al cine* (a fiestas, de compras)
pasar tiempo *con los amigos* (con la familia, con mi novio[a])
bailar

Los estudios

tomar
Tomo *cuatro (tres, cinco)* asignaturas este semestre.

asistir
Asisto a clases *por la mañana (por la tarde, por la noche).*

aprender
Aprendo *muchas cosas nuevas (mucho, poco)* en clase.

comprender
Comprendo *un poco (bien, mal).*

estudiar
Estudio *en la biblioteca (en mi cuarto).*

escribir
Escribo *muchas composiciones (muchas cartas).*

La vida diaria

vivir
Vivo *en el campus (cerca de la universidad, lejos de la universidad).*

comer
Como *en la cafetería (en casa, en restaurantes de comida rápida).*

hablar
Hablo con mis amigos *antes de clase (después de clase).*

trabajar
Trabajo *en una tienda (en un supermercado, en un hospital, en una oficina).*

regresar
Regreso a casa *tarde (temprano).*

¿Sabías que...

- The verb **practicar** can mean *to practice* but is also commonly used with names of sports to mean *to play.* The verb **jugar** also means *to play a sport or a game.*

- In Spanish, verbs are listed in dictionaries and vocabulary lists in their infinitive form. Spanish infinitives end in **-ar, -er,** or **-ir.**

Estructuras esenciales
ME GUSTA

To talk about your likes in Spanish, use the phrases **me gusta** and **me gustan.** To talk about dislikes, use the phrases **no me gusta** and **no me gustan.** Note that with these phrases the subject will follow the verb. The literal English equivalent of the phrase **Me gusta la música clásica** is *Classical music is pleasing to me.* To decide which phrase is the proper one to use, study the following models.

- To say that you like to do something, use:

me gusta + one or more infinitives

Me gusta mirar los partidos de fútbol americano.
I like to watch American football games. (Lit. *Watching American football games is pleasing to me.*)

Me gusta ir a fiestas y **bailar** salsa.
I like to go to parties and to dance salsa. (Lit. *Going to parties and dancing salsa are pleasing to me.*)

- To say that you like something, use:

me gusta + a singular noun

Me gusta la música jazz.
I like jazz music. (Lit. *Jazz is pleasing to me.*)

No me gusta el café.
I do not like coffee. (Lit. *Coffee is not pleasing to me.*)

- To say that you like more than one thing, use:

me gustan + a plural noun

Me gustan las computadoras.
I like computers. (Lit. *Computers are pleasing to me.*)

No me gustan las novelas románticas.
I do not like romantic novels. (Lit. *Romantic novels are not pleasing to me.*)

Ponerlo a prueba

1-19 **La vida de Bárbara.** Bárbara está en su primer año de estudios en la universidad. En esta conversación, Bárbara habla por teléfono con su amiga Lucía. Escucha la conversación y completa las oraciones.

1. Bárbara vive...
   a. en una residencia.
   b. en un apartamento.
   c. un poco lejos de la universidad.
2. Bárbara pasa mucho tiempo con...
   a. su novio.
   b. sus amigos.
   c. su compañera de cuarto.
3. Bárbara toma _____ asignaturas este semestre.
   a. cuatro
   b. cinco
   c. seis

4. Bárbara y Mariluz comen en...
   a. la cafetería.
   b. un restaurante cerca de la universidad.
   c. su cuarto.
5. En el tiempo libre, Bárbara y Mariluz...
   a. corren en el parque.
   b. van al cine o a fiestas.
   c. practican muchos deportes.

1-20 **¿Te gusta?** Trabaja con un(a) compañero(a). Entrevístense *(Interview each other)* sobre los pasatiempos. ¿Qué pasatiempos tienen Uds. en común?

MODELO: practicar tenis
You ask: ¿Te gusta practicar el tenis?
Your partner says: *Sí, me gusta.* OR *No, no me gusta.*

las novelas policíacas *(detective novels)*
las películas extranjeras *(foreign)*
la música *gospel*
ir al parque zoológico
el hockey
los deportes acuáticos
leer el periódico universitario
navegar en el Internet

las novelas históricas
las películas de terror
la música jazz
ir al teatro
los juegos de video
los deportes de invierno *(winter)*
leer revistas sobre automóviles
pasar tiempo solo(a) *(alone)*

Gramática

EL TIEMPO PRESENTE

—¿Cómo es un día típico?
—Primero, **asisto** a mi clase de español. En la clase, **leemos,
hablamos** y **escribimos** en español.
—¿Qué te gusta hacer en tu tiempo libre?
—**Me gusta** practicar deportes, mirar películas y escuchar música.

A. El tiempo presente. The present tense, also known as **el presente del
indicativo** or *present indicative,* is used to express the following:

* an action that occurs regularly

Estudio en la biblioteca todos los días.	***I study*** *at the library every day.*

* an action that is taking place at the present moment

Mi amigo **vive** en una residencia este semestre.	*My friend **is living** in a dorm this semester.*

* an action that will occur in the near future

Mis compañeros y yo **vamos** a una fiesta mañana.	*My classmates and I **are going** to a party tomorrow.*

B. Los infinitivos. Spanish verbs are classified into three basic groups based upon
their infinitive endings (**-ar, -er, -ir**). Each group uses a different set of endings
when the verb is conjugated. Here are some verbs with their present-tense endings.

estudiar		
yo	estudi**o**	**Estudio** español.
tú	estudi**as**	**¿Estudias** francés?
usted/él/ella	estudi**a**	Carlos **estudia** inglés.
nosotros(as)	estudi**amos**	**Estudiamos** en la biblioteca.
vosotros(as)	estudi**áis**	**Estudiáis** el vocabulario.
ustedes/ellos/ellas	estudi**an**	Mis amigos no **estudian** español.

aprender		
yo	aprend**o**	**Aprendo** los verbos.
tú	aprend**es**	**¿Aprendes** a hablar italiano?
usted/él/ella	aprend**e**	Elena **aprende** a tocar piano.
nosotros(as)	aprend**emos**	**Aprendemos** a bailar el tango.
vosotros(as)	aprend**éis**	**Aprendéis** los adjetivos.
ustedes/ellos/ellas	aprend**en**	Los estudiantes **aprenden** de otras culturas.

escribir		
yo	escrib**o**	**Escribo** la carta.
tú	escrib**es**	**Escribes** la tarea.
usted/él/ella	escrib**e**	Juan **escribe** el telegrama.
nosotros(as)	escrib**imos**	**Escribimos** la composición.
vosotros(as)	escrib**ís**	**Escribís** las respuestas.
ustedes/ellos/ellas	escrib**en**	Uds. **escriben** el drama.

Note that **-ar** verbs have mostly **a** endings: **-as, -a, -amos, -áis, -an,** while **-er** verbs have mostly **e** endings: **-es, -e, -emos, -éis, -en.**

Since the subject of a verb may be deduced from the verb ending, subject pronouns are not usually used. They are used, however, for clarification or emphasis.

Yo estudio todos los días, pero **mis amigos no.**

*I study every day, but **my friends** don't.*

Ponerlo a prueba

Exercise 1-21 may be assigned as homework; Exercise 1-22 is intended for classwork. A possible warm-up exercise for this section is to write on the board a list of different places on campus (i.e., **la librería, la biblioteca, la cafetería, el laboratorio, mi residencia, las fiestas,** etc.); then have students describe in Spanish what they do in those places.

1-21 El estudiante típico. Con tu compañero(a), compila un perfil del estudiante típico o corriente de tu universidad.

Primera parte: Lee la información a continuación e indica si describe correctamente a los estudiantes de tu universidad.

El estudiante típico	Cierto	Falso
1. vive en una residencia.	——	——
2. limpia su cuarto con frecuencia.	——	——
3. estudia, como mínimo, tres o cuatro horas cada día.	——	——
4. mira la televisión una hora todos los días.	——	——
5. trabaja alrededor de veinte horas por semana.	——	——
6. come comida balanceada y nutritiva con frecuencia.	——	——
7. practica un deporte dos o tres veces por semana.	——	——
8. descansa *(rests)* lo suficiente *(enough)* todos los días.	——	——
9. habla por teléfono con su familia una vez por semana.	——	——
10. escribe cartas electrónicas casi todos los días.	——	——

To expand the activity, you could have the class conduct a survey using the eight items in the ***Primera parte*** as polling questions. As a follow-up, tally up the answers and have students write a composition describing the typical student of the class.

Segunda parte: Piensa sobre la información en la primera parte de este ejercicio. Luego, escribe oraciones adicionales según las del modelo.

MODELO: *En mi universidad, el estudiante típico no come comida balanceada frecuentemente.*

En nuestra universidad, el estudiante típico no descansa lo suficiente, pero yo descanso ocho horas todos los días.

Allow 5 minutes to complete this exercise. An additional 2–3 minutes may be required to have students describe the picture orally for the whole class.

1-22 La fiesta de Tomás. Mira el dibujo en la página 33. Con tu compañero(a), describe oralmente lo que ocurre en la fiesta de Tomás.

MODELO: *Memo y Raúl miran un partido de fútbol americano en la televisión.*

Gramática
LAS PREGUNTAS

—Eres estudiante, **¿no?**
—Sí, soy estudiante.
—Tu familia es de Puerto Rico, **¿verdad?**
—No, mi familia no es de Puerto Rico.
—¿**Cuál** es la nacionalidad de tu familia?
—Mi familia es dominicana.

A. Las preguntas de sí o no. Here are some ways in which simple questions are formed and answered in Spanish.

- To change a statement into a question, place the information inside question marks (**¿?**) and raise your voice at the end.

Miguel vive en una residencia.	*Miguel lives in a dorm.*
¿Miguel vive en una residencia?	*Does Miguel live in a dorm?*

- To create tag questions, add **¿no?** at the end of an affirmative statement, or **¿verdad?** at the end of a negative statement.

María estudia en la universidad, **¿no?**	*María studies at the university, **doesn't she**?*
María **no** es estudiante, **¿verdad?**	*María **isn't** a student, **is she**?*

- To answer yes/no questions affirmatively, answer **sí** and repeat the sentence.

Sí, María estudia en la universidad.	***Yes,*** *María studies at the university.*

- To answer yes/no questions negatively, you must answer **no** and repeat the sentence after inserting another **no** before the verb. Note that in the example the first **no** answers the question, while the second **no** is the equivalent of *"doesn't"* or *"isn't."*

No, María **no** es estudiante.	***No,*** *María **isn't** a student.*

B. Las preguntas de información. Information questions are questions that cannot be answered with a simple **yes** or **no.** Such questions begin with an interrogative word or phrase as in the following:

¿Con qué frecuencia... ? *How often . . . ?*

¿Cuánto/Cuánta... ? *How much . . . ?*

¿Cómo... ? *How . . . ?*

¿Cuántos/Cuántas... ? *How many . . . ?*

¿Cuál/Cuáles... ? *Which one/s . . . ?*

¿Dónde... ? *Where . . . ?*

¿Adónde... ? *To where . . . ?*

¿A qué hora... ? *At what time . . . ?*

¿De dónde... ? *From where . . . ?*

¿Qué... ? *What . . . ?*

¿Cuándo... ? *When . . . ?*

¿Por qué... ? *Why . . . ?*

¿Quién/Quiénes... ? *Who . . . ?*

Follow these guidelines to create information questions:

• Place the interrogative word first in the sentence, put the subject after the verb, or at the end of the sentence. Do not translate the English *do* and *does.*

expresión interrogativa	+	verbo	+	sujeto	+	otros elementos

¿Con qué frecuencia + estudian + Marcela y Miguel + en la biblioteca?
How often do Marcela and Miguel study in the library?

• Place any prepositions **before** the interrogative word.

¿**De dónde** eres?   *Where are you from?*

• Change the ending to reflect the appropriate gender and/or number when using the following interrogatives: **cuánto(a), cuántos(as), quién(es),** and **cuál(es).**

¿**Cuántas** hermanas tienes?   *How many sisters do you have?*

¿**Quiénes** son tus compañeros de cuarto?   *Who are your roommates?*

¿**Cuáles** son tus hermanos?   *Which ones are your brothers and sisters?*

• To express the question "What is . . . ?" choose from the following options:

Use ¿**Qué es...** ? to request a definition:

¿**Qué** es el amor?   *What is love?*

Use ¿**Cuál es...** ? to request specific information or to make a selection.

¿**Cuál** es tu número de teléfono?   *What is your phone number? (Don't define it; tell me the numbers.)*

Ponerlo a prueba

Before checking Exercise 1-23, ask students what form of address Esther should use with Mr. and Mrs. Maza. Point out that it would be proper for her to use **usted** because there is a large age difference and they have just met.

1-23 ¿**Cuál es la pregunta?** Esther está en Cuernavaca, México, para estudiar español y acaba de conocer *(has just met)* a su familia mexicana. ¿Cuáles son las preguntas de Esther?

MODELO: Lees: Sr. Maza: Siempre comemos **en casa.**
            Escribes: Esther: *¿Dónde comen Uds.?*

1. Esther: ¿_____?
   Sr. Maza: Tenemos **tres hijos.** Son Alberto, Cecilia y Martita.

2. Esther: ¿_____?
   Sra. Maza: Alberto y Cecilia viven **cerca de aquí** *(here)* pero Martita está **en la capital.**

3. Esther: ¿_____?
   Sr. Maza: Vive en la capital **porque es estudiante en la UNAM.**

4. Esther: ¿_____?
   Sra. Maza: La UNAM es **La Universidad Nacional Autónoma de México.**
   Es una de nuestras mejores universidades.

5. Esther: ¿_____?
   Sr. Maza: Estudia **medicina.**

6. Esther: ¿_____?
   Sr. Maza: Trabajo **en el Banco Central** en el departamento de divisas *(foreign currency).*

7. Esther: Es un trabajo interesante, ¿_____?
   Sr. Maza: Sí, me gusta mucho.

8. Esther: ¿ _____?
   Sr. Maza: No, mi esposa no trabaja en el banco; trabaja **de voluntaria en un hospital.**

1-24 Las fichas. Para conocer mejor a tu compañero(a), usa la infomación en la primera parte para escribir preguntas que te permitan completar la tabla.

Allow 5–6 minutes to complete the *Primera parte* and an additional 5 minutes for the *Segunda parte.*

Primera parte: Según los temas indicados, escribe cuatro preguntas en la segunda columna para hacerle a tu compañero(a).

1.

Datos personales	Pregunta	Yo	Mi compañero(a)
Nombre			
Edad			
Dirección	¿Dónde vives?		
Teléfono			

2.

La vida universitaria	Pregunta	Yo	Mi compañero(a)
Clases			
Especialidad			
Estudiar	¿Cuántas horas estudias cada día?		
Aprender			

3.

El tiempo libre	Pregunta	Yo	Mi compañero(a)
Deportes			
Televisión	¿Qué te gusta mirar en la televisión?		
Música			
Novelas/Revistas			

Segunda parte: Ahora, entrevista a tu compañero(a) y anota sus respuestas en la tabla.

Ask students how compatible they are with their partners. For a follow-up activity, have students write a paragraph based on the information they compiled about their partner.

Comentario cultural: LOS PASATIEMPOS

¿Cómo pasas tu tiempo libre? ¿Cuáles son algunos de tus intereses?

La semana laboral es un poco más larga en España y en Latinoamérica; sin embargo, los hispanos siempre buscan la manera de integrar algunas diversiones en su rutina. Los intereses de los hispanos son tan diversos como sus culturas. No se pueden caracterizar por una actividad en particular. Aunque a muchos hispanos les gusta mirar y jugar al fútbol europeo, también les interesa ir al cine, mirar la televisión, salir con sus amigos o con su familia y bailar.

Síntesis

1-25 **Greg Nolan.** Greg va a vivir con la familia Martínez mientras trabaja en Venezuela. Escucha la conversación entre el Sr. Martínez y Greg, y después completa las actividades.

Primera parte: En esta parte de la conversación, el Sr. Martínez le presenta a Gregorio a los miembros de su familia. ¿Cuál es el parentesco *(kinship)* de cada uno? Relaciona el nombre con el parentesco que tiene con el Sr. Martínez.

1. Beatriz
2. Carlos
3. Dulce
4. Felicia
5. Elisa

a. su hija menor
b. su hijo mayor
c. su esposa
d. la hija del medio
e. su hermana

Segunda parte: Completa la tabla con la información sobre Greg y su familia.

Nombre: Greg Nolan

Edad:	**Universidad:**
Estado de origen:	**Número de hermanos:**
Ciudad de origen:	**Pasatiempos:**

1-26 **Lotería biográfica.** Tú y tus compañeros van a jugar a la lotería. En la Primera parte, tienen que preparar unas preguntas. En la Segunda parte, van a hacerles las preguntas a los demás compañeros. El objetivo es encontrar a personas que hagan estas actividades.

Primera parte: En una hoja de papel, prepara una tabla como la del modelo; escribe preguntas del tipo sí/no con el sujeto **tú.**

MODELO: ¿Quién corre todos los días?
¿Corres todos los días?

Segunda parte: Entrevisten a sus compañeros de clase con las preguntas. Si *(If)* un compañero(a) contesta que sí, tiene que firmar *(sign his/her name).*

¿Quién corre por el campus a veces?	¿Quién comprende bien en la clase de español?	¿Quién come con frecuencia en los restaurantes de comida rápida?
¿Quién vive un poco lejos de la universidad?	¿Quién escribe cartas por correo electrónico *(e-mail)* con frecuencia?	¿Quién asiste a dos clases por la mañana?
¿Quién trabaja en un restaurante?	¿Quién toma cuatro clases este semestre?	¿Quién lee un periódico todos los días?
¿Quién practica tenis con frecuencia?	¿Quién navega el Internet todos los días?	¿Quién escucha música clásica con frecuencia?

MODELO:

Tú: Beth, ¿corres todos los días?
Tu compañera Beth: No, no corro.
Tú: Gracias.

Tú: Alice, ¿corres todos los días?
Tu compañera Alice: Sí, corro todos los días.
Tú: Firma aquí, por favor

After playing the first part, check the responses and then replay it; have students jot down phrases that the family uses to respond to the introductions.

Answers to Exercise 1-25: Primera parte: 1. c; 2. b; 3. d; 4. e; 5. a. Segunda parte: veintidós años; Arlington, Virginia; Universidad de Carolina del Sur; un hermano y una hermana; practica el tenis y el fútbol, y toca la guitarra.

Allow 15 minutes for this exercise. An additional 5 minutes may be needed to answer the questions orally.

You will need to model the second part of the activity before having the class mingle to find signatures. You may want to limit students to getting no more than 2 signatures from the same person. The first team to get signatures for all 12 questions wins. "Check" the winners' paper by asking the questions of the people who signed their name. The activity may also be completed in a non-game format by having students interview one another; for follow-up, find out which groups had the highest number of **sí** responses.

Puente cultural

¡Así somos!

Aquí tienes pequeñas biografías sobre tres estudiantes. Completa las actividades de la página 38 con un(a) compañero(a) de clase.

¡Hola! Me llamo Raquel Blázquez-Domingo y soy de Barcelona, España. Mi familia es bastante grande, pues tengo cinco hermanos. Tengo veintisiete años y estudio el Máster de Literatura Española y Latinoamericana en la Universidad de Carolina del Sur. En mi tiempo libre, me gusta mucho leer, ir al cine, hacer senderismo *(to go hiking)* y, por supuesto *(of course)*, ¡irme de fiesta con los amigos! También me gusta mucho viajar *(to travel)*. Hace sólo dos meses que estoy aquí en Carolina del Sur, y vivo en un apartamento muy cerca del campus universitario con una estudiante francesa, Nathalie.

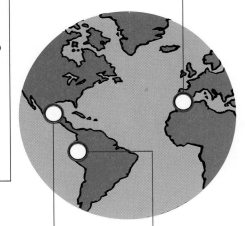

Me llamo Eduardo Guízar Álvarez. Soy de México. Estudio literatura en la Universidad de Iowa. También, enseño *(I teach)* español en la misma universidad. ¡Me encanta *(I love)* enseñar! Pero además *(In addition)*, me gusta leer, salir con mis amigos, ir al teatro y bailar. También me encanta viajar. Toda mi familia vive en México. Tengo seis hermanos y dos hermanas. Mi familia y yo pasamos el tiempo juntos durante las vacaciones de verano. Entonces, todos nosotros vamos a la playa *(beach)* para descansar *(to rest)* y tomar el sol.

¡Hola! Mi nombre es María de Lourdes Álvarez. Tengo veintidós años y soy ecuatoriana. Mi familia está compuesta por mis padres y mis dos hermanos, Petronio y Boris. Me gusta mucho la literatura, conocer otras culturas y aprender nuevas lenguas. También me encanta *(I love)* trabajar y compartir *(to share)* mi tiempo libre con los niños. Me encuentro actualmente *(at present)* en los Estados Unidos. Estoy estudiando inglés y próximamente *(soon)* estudiaré *(I will study)* en el Departamento de español de la Universidad de Carolina del Sur.

Primera parte: Lean la información biográfica y completen la tabla.

Preguntas	Raquel	Eduardo	María
¿De dónde es?			
¿Dónde vive ahora?			
¿Qué estudia?			
¿Cuántos son en su familia?			
¿Qué le gusta hacer en su tiempo libre?			

Additional activity: Have pairs of students interview Hispanic students on campus and write profiles of them.

Segunda parte: Contesten las preguntas en oraciones completas.

1. ¿Quiénes tienen actividades en común *(in common)*?
2. ¿Cuáles son los pasatiempos más populares?
3. ¿Con quién tienes tú más en común?

Un paso más

¡Vamos a hablar! | Estudiante A

Contexto: In this exercise, you (**Estudiante A**) and your partner will become better acquainted with the Martínez family from Venezuela. Each one of you has a chart with partial information about Arturo, Beatriz, Carlos, Dulce, Felicia, and Elisa. You and your partner will share with each other the information that you have about each person in order to complete the chart. You will begin by asking your partner a question about Arturo's pastimes.

MODELO: **Estudiante A:** ¿Qué hace Arturo en su tiempo libre?
Estudiante B: *Colecciona sellos y mira los partidos de fútbol.*

In this information-gap activity, each person in the pair has different information that must be combined to complete the task. To manage this activity, assign students seated in the left half of the class to be **Estudiante A**, while those seated in the right half are to be **Estudiante B**. Show each half of the class which page they should be working on. Then after going over the model, have each student find a partner from the other half of the class and complete the activity. By asking and answering questions, the two of them together should be able to complete the profiles on the Martínez family. Before beginning the pair work, you may also want to review with your class the questions they will need to ask: **¿A qué se dedica _____? ¿Qué hace _____ en su tiempo libre? ¿Cuántos años tiene _____?**

1

Nombre:	Arturo Martínez Torre
Ocupación:	director en el Banco Unión
Pasatiempos:	?
Edad:	cincuenta y cinco años

2

Nombre:	Beatriz Calvo de Martínez
Ocupación:	?
Pasatiempos:	viajar, coleccionar recetas
Edad:	?

3

Nombre:	Carlos Martínez Calvo
Ocupación:	estudiante en la Universidad del Estado de Zulia
Pasatiempos:	?
Edad:	?

4

Nombre:	Dulce Martínez Calvo
Ocupación:	?
Pasatiempos:	practicar tenis, escribir cartas
Edad:	diecisiete años

-- Vocabulario útil --

agente de viajes	*travel agent*
jubilado(a)	*retired*
receta	*recipe*
viajar	*to travel*

5

Nombre:	Felicia Martínez Torre
Ocupación:	?
Pasatiempos:	?
Edad:	sesenta años

6

Nombre:	Elisa Martínez Calvo
Ocupación:	estudiante en la escuela de Santa Teresa
Pasatiempos:	?
Edad:	?

¡Vamos a hablar! | Estudiante B

Contexto: In this exercise, you **(Estudiante B)** and your partner will become better acquainted with the Martínez family from Venezuela. Each one of you has a chart with partial information about Arturo, Beatriz, Carlos, Dulce, Felicia, and Elisa. You and your partner will share with each other information that you have about each person in order to complete the chart. Your partner will begin by asking you a question about Arturo's pastimes.

MODELO: **Estudiante A:** ¿Qué hace Arturo en su tiempo libre?
Estudiante B: *Colecciona sellos y mira los partidos de fútbol.*

1

Nombre:	Arturo Martínez Torre
Ocupación:	?
Pasatiempos:	coleccionar sellos, mirar los partidos de fútbol
Edad:	?

2

Nombre:	Beatriz Calvo de Martínez
Ocupación:	ama de casa y agente de viajes en la Agencia Turisol
Pasatiempos:	?
Edad:	cuarenta y seis

3

Nombre:	Carlos Martínez Calvo
Ocupación:	?
Pasatiempos:	practicar el fútbol, escuchar música
Edad:	veinte años

4

Nombre:	Dulce Martínez Calvo
Ocupación:	estudiante en el Colegio Universitario
Pasatiempos:	?
Edad:	?

5

Nombre:	Felicia Martínez Torre
Ocupación:	jubilada
Pasatiempos:	leer y trabajar de voluntaria en un hospital
Edad:	?

┌─ Vocabulario útil ─┐
agente de viajes	*travel agent*
jubilado(a)	*retired*
receta	*recipe*
viajar	*to travel*

6

Nombre:	Elisa Martínez Calvo
Ocupación:	?
Pasatiempos:	patinar y mirar la televisión
Edad:	diez años

¡Vamos a leer!

Estrategias: Guessing the meaning of words in context, recognizing cognates, identifying format cues, skimming, and scanning

Although you may not understand fully the content of materials that you read, the following strategies will help you make the most of your still-developing reading skills.

✓	Look for format cues.	The overall design of many written texts is very similar in Spanish and English. Weather reports, classified ads, menus, playbills, and tickets, for example, have instantly recognizable features.
✓	Skim for global meaning.	When you glance over the entire reading and familiarize yourself with the title, layout, and key items, you are skimming it. Skimming can help you get a general idea of the content and this, in turn, will allow you to anticipate the information that will be presented.
✓	Scan for specific information.	When you scan, you search a written text for certain details. For example, you might scan a long article in order to find the answers to specific questions without having to read the whole text.

1.

1-27 **Echemos un vistazo.** Examine the layout and skim the text of the five reading samples. Then identify what each item is.

1-28 **Volvamos a mirar.** Scan the reading samples and find the answers to the following questions.

Item 1: What is the price of this ticket? How much is the grand prize? When will the drawing be held?

Item 2: What type of music will be featured? When will this event be held?

Item 3: What special price is being advertised? In what section could you find ads for a pet? for a boat? for a car? to meet a potential wife/husband?

Item 4: What kind of food is served here? How many main dishes are offered? How many desserts?

2. **3.** **4.**

ATAJO

Un paso más: Cuaderno de actividades

Vamos a escribir: How to organize your writing   Pág. 37
You will learn several steps to help you get organized before writing, and to create an original composition in Spanish *without* translating.

Vamos a mirar: Pág. 39
You will meet and learn something about Miguel, from Spain, and Laura, from México, as they introduce themselves.
You'll see more of both of them throughout the *Puentes* video program.

Vídeo 1: ¡A conocernos!; **Vídeo 2:** Vistas de Puerto Rico

Panorama cultural

El mundo hispano

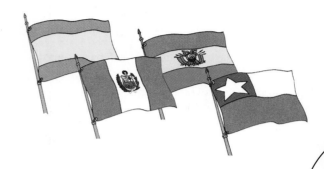

This section highlights the diverse cultures of the Spanish-speaking world. The first chapter serves as an introduction to all the Spanish-speaking countries. Each subsequent chapter focuses upon a specific Spanish-speaking country, with a broad overview of its history, famous people and places, and unique customs. This section is intended to be a springboard for further discussion and research, and you may wish to assign students to prepare mini-reports (written or oral) for follow-up. The National Standards call for further development of skills in the presentational modes, and this section provides one way to implement this kind of practice in both speaking and writing.

Transparency Bank
A-1, A-2, A-3

What we think of today as being uniquely Spanish is the result of a gradual layering and melding of cultures. Iberians, Celts, Phoenicians, Carthaginians, and Greeks had all settled in the Iberian Peninsula before the arrival of the Romans. With the decline of the Roman Empire, Germanic peoples, including the Visigoths, invaded and settled the Peninsula in the fifth century.

A number of dialects of Latin developed in Europe, each with a slightly different grammar, pronunciation, and vocabulary. Some of the dialects became sufficiently differentiated to be considered languages. These are the roots of the romance languages.

The long struggle by Christian kings and nobles to drive the Moslems out of the Peninsula is known as **La Reconquista**. It started in 718 with the battle at Covadonga and ended with the surrender of King Boabdil in Granada, the last Moslem stronghold. The Moslems left as their heritage many customs, characteristic architecture, words that enriched the Spanish language, and mathematic and scientific knowledge.

Datos esenciales

- Número de países *(countries)* hispanohablantes *(Spanish-speaking):* veintiuno
- Continentes donde se habla español: las Américas (América del Norte, América Central, América del Sur), Europa, África
- Número de hispanohablantes en el mundo: 332.000.000
- País de origen de la lengua española: España
- Lengua de la que se deriva el español: el latín
- Otras lenguas derivadas del latín: francés, provençal, italiano, portugués, catalán y el gallego
- Otras lenguas habladas *(spoken)* en España: el vascuence, el catalán, el gallego
- Otras lenguas habladas en países hispanohablantes: lenguas indígenas como el quechua y el aymará (Perú y Bolivia), el quiché (Guatemala) y el guaraní (Paraguay)
- Civilizaciones indígenas más avanzadas del Nuevo Mundo *(New World)*: incas, mayas y aztecas

218 A.C. *(B.C.)* Hispania becomes part of the Roman Empire. Key elements of the Roman culture, including the Latin language, are incorporated into the culture of the Iberian Peninsula.

711 D.C. *(A.D.)* Moslems (referred to as **moros, árabes,** or **musulmanes**) from northern Africa invaded the Iberian Peninsula and for seven centuries their cultural influences were felt over the area.

Un **vistazo** a la historia

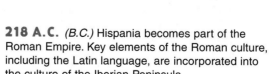

Personajes de ayer y de hoy *(Personalities of yesterday and today)*

The Catholic sovereigns, **Isabel de Castilla** and **Fernando de Aragón,** unified Spain and expelled the Moslems and Jews from the country. **Isabel la Católica** subsidized the voyage of **Cristóbal Colón** that resulted in the discovery of the **Nuevo Mundo.** This was the beginning of the great Spanish Empire that culminated during the reign of **Carlos V.**

Fray Bartolomé de las Casas (1470–1566), a Dominican priest, earned the name **apóstol de los indios** because of his efforts to save the indigenous peoples of the Americas from the abuses of the Spanish **conquistadores.** Later, at Fray Bartolomé's suggestion, Spain began importing slaves from Africa to replace the many Indians who died under harsh forced labor conditions. Today, because of this slave trade, many people of African heritage live in the Caribbean and along the northern and eastern coasts of South America.

Nicolás Guillén (1902–1989) was a prominent Cuban poet and the foremost proponent of **poesía negroide,** or poetry of the Afro-Caribbean style. In his poetry, Guillén combines the Spanish dialects spoken by black and mulatto Cubans with Yoruba, an African language.

Notas culturales de interés

When the Spanish Empire reached its height around 1588, Spain ruled large portions of the Americas, Italy, the Philippines, the Canary Islands, and parts of northern and northwestern Africa. Although Spain lost most of its overseas possessions by the start of the twentieth century, its heritage and language continue to influence everyday life in those areas. For example, although the African **República de Guinea Ecuatorial** became independent in 1968, three-quarters of the inhabitants are Roman Catholic, and Spanish is still the official language. The most widely spoken language, however, is Fang.

1492 End of **La Reconquista** and the Moslem occupation of Spain. **Cristóbal Colón** discovers the New World. The first grammar of any modern language, *Gramática de la lengua castellana,* is published.

1808 Napoleón Bonaparte invades Spain and names his brother **José** king. This serves as the catalyst for the independence movements in the New World. The first revolutions in Hispanic America begin two years later.

1910 The **Unión Panamericana** is formed with the objective of establishing better cultural and economic relations among the American republics. In 1948 it is reorganized and renamed the **Organización de los Estados Americanos (OEA).**

1588 England defeats the Spanish Armada, thus initiating the decline of the Spanish Empire under the last kings of the **Habsburgo** dynasty: **Felipe III, Felipe IV,** and **Carlos II.**

With the consolidation of power of **Castilla** and **Aragón** under the reign of the **Reyes Católicos Fernando** and **Isabel,** the dialect known as **castellano** grew in importance and use. This language is the forebearer of what we know today as Spanish.

Other reasons for the independence movement were political and social injustices (such as the exploitation of the colonies' natural richness, the abuse of Indians, and the lack of rights for the **criollos**) and commercial restrictions imposed by Spain.

The fathers of the independence movement were **el Padre Miguel Hidalgo** in Mexico, **Simón Bolívar** and **Antonio José de Sucre** in the north of South America, **José de San Martín** in the south, and **José Martí** in Cuba.

You will find Guillén's poem on the in-class listening track of the CD.

Play Text Audio CD
Track CD1-6

This poem is largely onomatopoeic; allow students to enjoy listening to the drum-like rhythms rather than concentrating on the meaning of words.

¿Qué sabes sobre el mundo hispano?

1-29 **La influencia africana.** The poem you are about to listen to is from Nicolás Guillén's anthology, *Sóngoro cosongo,* published in 1931. His special mix of words create sounds and rhythms that are often as important or more important that the meanings of the words themselves. This poem, read by the author himself, is especially rich in sounds and rhythms. What instrument can you "hear" in this poem?

Canto Negro

¡Yambambó, yambambé!
Repica el congo solongo,
repica el negro bien negro;
congo solongo del Songo
baila yambó sobre un pie.

Mamatomba,
serembe cuserembá.

El negro canta y se ajuma,
el negro se ajuma y canta,
el negro canta y se va.
Acuememe serembó,
   aé;
   yambó,
   aé.
Tamba, tamba, tamba, tamba,
tamba del negro que tumba;
tumba del negro, caramba,
caramba, que el negro tumba:
¡yamba, yambó, yambambé!

1-30 **Información básica.** Trabaja con un(a) compañero(a). Escojan *(Choose)* las frases que definen correctamente cada término.

_____ 1. Comienzo *(Beginning)* de las revoluciones de independencia en América

_____ 2. Lengua que es el origen del español, francés, italiano y portugués

_____ 3. Comienzo de la decadencia del Imperio Español

_____ 4. Año importante para España política y culturalmente

_____ 5. Dos grupos de gran influencia cultural en España

_____ 6. País hispanohablante en el continente africano

_____ 7. Continente del cual se importan esclavos al Nuevo Mundo

_____ 8. Lenguas indígenas de América

_____ 9. Grupos indígenas de avanzada civilización y cultura

_____ 10. Ocupación musulmana de España y guerra *(War)* de la Reconquista

a. incas, mayas, aztecas
b. 1492
c. 711–1492
d. 1810
e. latín
f. aymará y guaraní
g. romanos y moros
h. Guinea Ecuatorial
i. África
j. 1588

Vocabulario

Sustantivos

el abecedario *alphabet*
el (la) abuelo(a) *grandfather, grand-mother*
la actividad *activity*
el agua *water*
el alemán *German (language)*
el (la) amigo(a) *friend*
el apartamento *apartment*
el apellido *surname, last name*
la asignatura *course, class*
el básquetbol *basketball*
la biblioteca *library*
el café *coffee*
la calle *street*
el campus *campus*
la carta *letter*
la casa *house*
el casete *cassette*
la comida rápida *fast food*
el (la) compañero(a) de clase *classmate*
la composición *composition*
la computadora *computer*
el concierto *concert*
el condominio *condominium*
la cosa *thing*
el cuarto *room*
el dato *fact, information*
la dirección *address*
el disco compacto *compact disc*
el ejercicio *exercise*

el (la) esposo(a) *husband, wife*
la familia *family*
la fiesta *party*
el francés *French (language)*
el fútbol (europeo) *soccer*
el fútbol americano *football*
el gemelo *twin*
el gobierno *government*
la gramática *grammar*
la hamburguesa *hamburger*
el (la) hermano(a) *brother, sister*
el (la) hijo(a) *son, daughter*
los hijos *sons, children*
el hospital *hospital*
el inglés *English (language)*
la madre *mother*
la mamá *mom*
la música *music*
el nombre *name*
el nombre de pila *first name*
la novela *novel*
el (la) novio(a) *boyfriend, girlfriend*
el número *number*
la oficina *office*
el padre *father*
los padres *parents*
el papá *dad*
el parque *park*
el partido *game*
la película *movie*

el periódico *newspaper*
la piza *pizza*
la pregunta *question*
el (la) profesor(a) *professor, teacher*
el programa *program, show*
la radio *radio*
el refresco *(soft) drink*
la residencia *residence, dormitory*
la respuesta *response, answer*
el restaurante *restaurant*
la revista *magazine*
el saludo *greeting*
el semestre *semester*
el señor (Sr.) *Mr.*
la señora (Sra.) *Mrs.*
la señorita (Srta.) *Miss*
el supermercado *supermarket*
el taco *taco*
el té *tea*
la televisión *television*
el tenis *tennis*
el tiempo libre *free time*
la tienda *store*
la universidad *university*
el vecindario *neighborhood*
el vecino *neighbor*
la vida diaria *daily life*
el vídeo *video*

Verbos

aprender *to learn*
asistir *to attend*
bailar *to dance*
comer *to eat*
comprender *to understand*
contestar *to answer*
correr *to run*
escribir *to write*
escuchar *to listen to*

estar *to be*
estudiar *to study*
hablar *to talk, to speak*
leer *to read*
mirar *to watch, to look at*
nacer *to be born*
navegar *to navigate, "surf" (the Internet)*
pasar *to spend (time)*

practicar *to play (a sport), to practice*
regresar *to return*
ser *to be*
tener *to have*
tomar *to take, to drink*
trabajar *to work*
vivir *to live*

Otras palabras

¿a qué hora? *at what time?*
¿ádonde? *to where?*
antes (de) *before*
bien *well, fine*
cansado(a) *tired*
casado(a) *married*
cerca (de) *close to*
¿cómo? *how?*
con *with*
¿con que frecuencia? *how often?*
contento(a) *happy*
¿cuál(es)? *which (one[s])?*
¿cuándo? *when?*
¿cuánto(a)? *how much?*
¿cuántos(as)? *how many?*
de buen (mal) humor *in a good (bad) mood*

¿de dónde? *from where?*
después *after*
¿dónde? *where?*
enfermo(a) *sick*
enojado(a) *angry*
lejos (de) *far (from)*
mal; malo(a) *bad*
mi(s) *my*
mucho(a) *much, a lot*
nervioso(a) *nervous*
nuestro(a) *our*
nuevo(a) *new*
ocupado(a) *busy*
pero *but*
poco(a) *little, not much*
porque *because*
por la mañana *in the morning*

por la noche *in the evening*
por la tarde *in the afternoon*
¿por qué? *why?*
preocupado(a) *worried*
¿qué? *what?*
¿quién(es)? *who?*
soltero(a) *single*
su(s) *his, her, its, their, your (formal)*
todos los días *every day*
triste *sad*
tu(s) *your (informal, singular)*
un poco de... *a little of . . .*
vuestro(a) *your (informal, plural)*
y *and*

Expresiones útiles

¿A qué se dedica? *What does he/she do (for a living)?*
Adiós. *Good-bye.*
Así, así. *So-so. Okay.*
Bien, gracias. *Fine, thanks.*
Buenas noches. *Good evening. Good night.*
Buenas tardes. *Good afternoon.*
Buenos días. *Good morning.*
Chao. *Bye.*
¿Cómo estás? *How are you?* (familiar)
¿Cómo está Ud.? *How are you?* (formal)
¿Cómo se llama? *What is his (her) name?*
¿Cómo se llama usted? *What is your name?* (formal)
¿Cómo te llamas? *What is your name?* (familiar)
¿Cuál es tu (su) dirección? *What is your (his/her) address?*
¿Cuál es tu (su) teléfono? *What is your (his/her) telephone number?*
¿Cuántos años tienes? *How old are you?*
¿De dónde es/son...? *Where is/are . . . from?*
¿Dónde vives? *Where do you live?*
Es de... *He (She) is from . . .*
¿Estás casado(a)? *Are you married?*
Éste/Ésta es... *This is . . .*

Éstos/Éstas son... *These are . . .*
Estoy en mi primer año. (segundo, tercer, cuarto) *I am a freshman (sophomore, junior, senior).*
Estupendo. *Great. Terrific.*
Hasta luego. *See you later.*
Hasta mañana. *See you tomorrow.*
Hasta pronto. *See you soon.*
Hola. *Hi. Hello.*
Igualmente. *Same here. Likewise.*
Me gusta(n)... *I like . . .*
Me llamo... *My name is . . .*
Mucho gusto. *Nice to meet you. It's a pleasure (to meet you).*
Nací en... *I was born in . . .*
Nos vemos. *See you around.*
¿Qué tal? *How's it going?*
Se escribe... *It's spelled/written . . .*
Soy de... *I'm from . . .*
Su teléfono es... *His (Her) telephone number is . . .*
Tengo... años. *I am . . . years old.*
Tiene... años. *He (She) is . . . years old.*
Un placer. *It's a pleasure (to meet you).*
Vive en... *He (She) lives in . . .*
Vivo en... *I live in . . .*

For further review, please turn to Appendix E.

Capítulo 2

¡De viaje!

Objetivos

Speaking and Listening

- Telling time and giving dates
- Making travel and hotel arrangements
- Using numbers from hundreds to millions
- Expressing preferences and future plans

Reading

- Recognizing subdivisions of a text

Writing *(Cuaderno de actividades)*

- Writing short social correspondence

Culture

- Mexico
- Lodging and travel in Hispanic countries

Grammar

- The verb **ir** in the present tense
- **Ir + a** + infinitive
- Other verb phrases (conjugated verb + infinitive)

A primera vista

Gramática suplemental:
Future tense

The suggested pace for this **Paso** is
1½ class hours.

Introduce this section by brainstorming and writing on the board a list of vacation-time activities. Tally up how many students in the class like to do activities such as the following: **(Me gusta) practicar deportes (acuáticos), nadar, esquiar, patinar, montar en bicicleta / a caballo, mirar televisión, meditar, leer, escuchar música, bailar, ir a conciertos / al cine / a fiestas / de compras, pasar tiempo con los amigos / la familia, hacer un crucero,** etc.

Follow up questions: Si el niño no pesca nada...¿cómo va a sentirse (enojado, de mal humor, contento)? ¿Te gusta pescar? ¿Qué tipo de vacaciones te gustan más (tranquilas, activas y atléticas, culturales y educativas)? ¿Qué haces durante unas vacaciones activas (practicas deportes, bailas, vas a fiestas o de compras, etc.)? ¿Y durante unas vacaciones tranquilas (escuchas música, lees, miras televisión, tomas un crucero, etc.)? ¿Y en unas vacaciones culturales (viajas, visitas museos, vas al teatro, etc.)? ¿Cómo te sientes depués de tomar unas buenas vacaciones (descansado(a), cansado(a), contento(a), de buen humor, etc.)?

Salazar began studying painting at the age of 11 and had his first exposition at 18. He studied in Caracas, Mexico, the U.S., France, and Italy. He has created numerous murals and stained glass windows throughout his country. He received the **Premio Nacional de Artes Plásticas** in 1976. The **Sala de Exposiciones** of the University of Carabobo was named after him.

Trabaja con un(a) compañero(a). Completen las frases con la información correcta sobre el cuadro del pintor venezolano Braulio Salazar.

1. El niño está...
   a. en la escuela. b. en su casa. c. de vacaciones.
2. Su actividad favorita es ir a...
   a. bailar. b. pescar *(to go fishing).* c. acampar *(to go camping).*
3. El cuadro presenta unas vacaciones...
   a. tranquilas. b. activas y atléticas. d. culturales y educativas.
4. La expresión del niño es...
   a. meditativa. b. divertida. c. nerviosa.
5. Después de pescar, el niño va a sentirse *(to feel)...*
   a. cansado. b. de buen humor. c. preocupado.

Braulio Salazar (1917–)

Nacionalidad: venezolano

Otras obras: *Ritos maternales, Paisaje venezolano, Mural del edificio "Guacamaya", Vitriales del Hospital de la Universidad de Caracas*

Estilo: Sus acrílicos en tonos pasteles (azules, verdes, rosados y blancos) son cálidos *(warm)*. Sus paisajes claros son placenteros *(pleasing)* estética y espiritualmente; invitan a la meditación y al deleite de los sentidos *(delight of the senses)*. Las figuras humanas se sienten en paz, sin preocupaciones, en contacto con una naturaleza plácida que trasciende el espacio y el tiempo.

**Niño pescando
(Boy Fishing),** 1997
Braulio Salazar

In this *Paso* you will practice:
- Telling time
- Giving the date
- Making travel arrangements

The English equivalents to all *Vocabulario temático* lists are found in Appendix E.

Vocabulario temático
¿QUÉ HORA ES?

Cómo decir la hora

¿Qué hora es?
Perdón, ¿podría decirme la hora?

Es mediodía.   Es la una.   Es la una y media.   Son las dos.

Son las dos y cuarto.   Son las cinco.   Son las ocho menos veinte.   Es medianoche.

Cómo hablar de horarios

¿A qué hora llega *el tren*?   Llega *a la una y diez.*
    el vuelo

¿A qué hora sale *el tour*?   Sale *a las tres.*
    la excursión

¿A qué hora se abre *el banco*?   Se abre *a las nueve y*
    el museo   *media.*

Have students draw clocks representing 9:30 and 11:30 for the last two examples.

¿A qué hora se cierra *el restaurante*?   Se cierra *a las once y*
    el café   *media.*

¿Sabías que...

- To tell time, use the singular verb form **es** with **una, mediodía,** and **medianoche** and the plural form **son** with all other hours.

  Es la una. *It's one o'clock.*
  Son las doce. *It's twelve o'clock.*

- To tell time up to 30 minutes past the hour, add **y** *(and)* between the hour and the minutes.

  Son las dos y veinte. *It's 2:20.*

- To tell time from 31 minutes past the hour until the next hour, use **menos** *(until)*.

  Son las tres menos cuarto. *It's 2:45./It's a quarter to three.*

- The preposition **a** must be used to express **at what time** something is done.

  ¿**A** qué hora estudias? *(At) What time do you study?*
  Estudio **a** las cinco de la tarde. *I study at five P.M.*

- In order to express A.M. and P.M., use the following phrases:

  6 A.M. to noon de la mañana
  Son las diez de la mañana. *It is 10 A.M.*

  noon to sundown de la tarde
  Son las tres de la tarde. *It is 3 P.M.*

  sundown to midnight de la noche
  Son las nueve de la noche. *It is 9 P.M.*

  early morning hours de la madrugada
  Son las dos de la madrugada. *It is 2 A.M.*

Comentario cultural:
LA HORA EN EL SISTEMA MILITAR

¿Sabes cómo funciona el sistema militar para dar la hora? ¿A qué hora sale el tren si indica a las 14:15?

En España y en Latinoamérica es común usar el sistema militar al presentar el horario de las salidas y llegadas de autobuses, trenes y aviones. Por ejemplo, si el horario tiene: "Autobús 20—llegada: 22:05", esto significa que el autobús 20 llega a las diez y cinco de la noche. También se usa este sistema para dar la hora de funciones como obras de teatro o películas, o para los horarios de tiendas y de restaurantes.

You may wish to point out that the words **llegada** *(arrival)* and **salida** *(departure)* are derived from the new verbs **llegar** *(to arrive)* and **salir** *(to leave/depart).*

Ponerlo a pueba

2-1 **La estación de autobuses.** Estás en una estación de autobuses en México. Escucha los anuncios en tu disco compacto, y completa la tabla con las horas.

Play Text Audio CD
Track CD1-7

Answers to Exercise 2-1: 1. 22.45h (10:45 P.M.); 2. 14.03h (2:14 P.M.); 3. 15.36h (3.36 P.M.); 4. 18.15h (6:15 P.M.); 5. 19h (7:00 P.M.).

MODELO: Escuchas: Señores pasajeros. El autobús para Cuernavaca sale a las veintidós horas, de la plataforma número 3.
Escribes: *22 h (10:00 P.M.)*

Autobús	Salida *(departure)*	
	Reloj de 24 horas	**Hora "normal"**
Modelo: Cuernavaca	22 h	10:00 P.M.
1. Puebla		
2. Acapulco		
3. Veracruz		
4. Mérida		
5. Guadalajara		

Exercise 2-2 is to be completed as homework; Exercise 2-3 is intended for classwork.

2-2 AVE. Aquí tienes información sobre un tren muy especial. Lee la información y completa las actividades con un(a) compañero(a) de clase.

ALTA VELOCIDAD ESPAÑOLA

Una nueva forma de viajar

AVE es algo más que un tren de alta velocidad.

AVE es, sin duda, una nueva forma de viajar en el panorama de los transportes en España.

AVE tiene como objetivo fundamental conseguir el máximo nivel de satisfacción de sus clientes: después de tres años se declaran muy satisfechos o satisfechos más de 97%.

AVE es un compromiso de calidad permanente con sus clientes.

Horarios *Timetables*

Clase de tren *Type of train*	L	A	N	Z	A	D	E	R	A	S	H	U	T	T	L	E
Número de tren *Train number*	9714	9764	9716	9720	9726	9730	9732		9734	9738	9740		9744
Observaciones *Notes*	(1)	(T) (2)					(T)						
Días de circulación *Days*	LMXJVS• MTWThFSa•	••••••D •••••Su	LMXJV•• MTWThF••	LMXJVSD MTWThFSaSu	LMXJVSD MTWThFSaSu	LMXJVSD MTWThFSaSu	LMXJV•• MTWThF••		LMXJV•D MTWThF•D	LMXJVSD MTWThFSaSu	LMXJV•• MTWThF••		LMXJVSD MTWThFSaSu
MADRID Puerta de Atocha	07:05	07:30	08:10	10:35	13:30	15:30	16:00		17:25	19:15	20:05		22:25
CIUDAD REAL	07:56	08:20	09:01	11:26	14:21	16:21	16:50		18:16	20:06	20:56		23:16
PUERTOLLANO	08:15	08:33	09:20	11:45	14:40	16:40	17:03		18:35	20:25	21:15		23:35

Clase de tren *Type of train*	L	A	N	Z	A	D	E	R	A	S	H	U	T	T	L	E
Número de tren *Train number*	9713	9715	9763	9717	9721	9725	9731		9735	9739	9743		9745
Observaciones *Notes*	(1)		(T) (4)										(3)
Días de circulación *Days*	LMXJV•• MTWThF••	LMXJVS• MTWThFSa•	LMXJV•• MTWThF••	LMXJVSD MTWThFSaSu	LMXJV•• MTWThF••	LMXJVSD MTWThFSaSu	LMXJVSD MTWThFSaSu		LMXJVSD MTWThFSaSu	LMXJV•D MTWThF•D	LMXJVSD MTWThFSaSu		••••••••
PUERTOLLANO	06:30	07:15	07:54	08:45	10:00	12:30	15:30		17:15	19:30	21:00		22:30
CIUDAD REAL	06:47	07:32	08:08	09:02	10:17	12:47	15:47		17:32	19:47	21:17		22:47
MADRID Puerta de Atocha	07:40	08:25	09:00	09:55	11:10	13:40	16:40		18:25	20:40	22:10		23:40

If Exercise 2-2 is done in class, allow 3 minutes to complete the first part of the exercise; 4 additional minutes may be used to go over the second part.

For additional practice, have the students role-play a situation where one is the travel agent and the other one is a customer who is trying to travel to different cities in your state by bus or train.

If you wish, have students add expressions for A.M. and P.M. when role-playing the second part of Exercise 2-3.

Additional activity: Poll your students to find out who rides the train often. Ask where they go, what time the train leaves and arrives: **¿Cuáles de Uds. toman el tren con frecuencia? ¿Adónde vas? ¿A qué hora sale el tren? ¿A qué hora llega?**

Allow 3 minutes for the students to complete Exercise 2-3; 3 additional minutes may be needed to go over selected items orally.

Primera parte: Contesten las preguntas con oraciones completas.

1. ¿Qué quiere decir AVE?
2. ¿De qué país es el tren?
3. ¿De qué ciudad sale el tren? ¿Cuál es el destino?

Segunda parte: Inventen mini-diálogos sobre la salida y la llegada de los trenes. Consulten el horario y sigan el modelo.

MODELO: Tú: *¿A qué hora sale de Madrid el tren número 9726 (nueve, siete, dos, seis)?*
Tu compañero(a): *Sale a la una y cuarto.*

                       Tú: *¿A qué hora llega a Puerto Llano?*
Tu compañero(a): *Llega a las dos y veinticinco.*

2-3 Perdón, ¿podría decirme la hora? Trabajas en el aeropuerto de Miami, Florida, donde varios turistas te preguntan la hora. Usa la información en los relojes y en el modelo para contestar las preguntas con tu compañero(a).

MODELO: Tú: *Perdón, ¿podría decirme la hora?*
Tu compañero(a): *Es la una y veintiocho.*

1.   2.   3.   4.

5.   6.   7.   8.

Vocabulario temático
LAS FECHAS

Los días de la semana

¿Qué día es *hoy*?	Hoy es *lunes.*
mañana?	Mañana es *martes.*
¿Cuándo está abierto el museo?	Está abierto *todos los días, de lunes a sábado.*
¿Cuándo está cerrado?	Está cerrado *los domingos.*

lunes	martes	miércoles	jueves	viernes	sábado	domingo

Los meses del año

enero
febrero
marzo
abril
mayo
junio

L	M	M	J	V	S	D
	1	2	3	4	5	6
7	8	9	10	11	12	13
14	15	16	17	18	19	20
21	22	23	24	25	26	27
28	29	30				

julio
agosto
septiembre
octubre
noviembre
diciembre

L	M	M	J	V	S	D
	1	2	3	4	5	6
7	8	9	10	11	12	13
14	15	16	17	18	19	20
21	22	23	24	25	26	27
28	29	30	31			

¿Cuál es la fecha de hoy?	Es el *primero* de *noviembre* de 2003.
	diez octubre
¿Cuándo salimos para Chile?	Salimos *el lunes, 15 de junio.*
¿Cuándo regresamos?	Regresamos *el viernes, 19 de junio.*

 Sabías que...

- The days of the week and the months of the year are not capitalized in Spanish.

  - When writing dates in Spanish—whether with words or with numerals—days come first, then months. The ordinal number **primero** is used for the first of the month; cardinal numbers (**dos, tres, cuatro,** etc.) are used for the other days.

Hoy es el primero de octubre.	*Today is the first of October.*
Mañana es el dos de octubre.	*Tomorrow is October second.*

- To express *on* with days or dates, use the definite articles **el** and **los.** Use **el** and day of the week to refer to one-time events.

La fiesta es **el viernes.**	*The party is **(on) Friday.***

  Use **los** and make the day plural to refer to events that occur regularly on a given day.

Trabajo **los sábados.**	*I work **on Saturdays.***

- For certain years, it is common in English to break the number down into pairs. For example, the year *1812* becomes *eighteen twelve.* In Spanish, years are given as any other large number would be.

  1980 mil novecientos ochenta *(one thousand nine hundred eighty)*
  2002 dos mil dos *(two thousand and two)*

Play Text Audio CD
Track CD1-8

2-4 El conserje. Tres turistas tienen reservaciones para el Hotel Sevilla Palace en el Distrito Federal de México. Escucha la información en tu disco compacto y escribe en español todos los datos.

Nombre	Número de personas	Habitación sencilla (*single*) o doble (*double*)	Día y fecha de llegada	Hora de llegada
1.				
2.				
3.				

Exercise 2-4 is intended to be completed as homework, while Exercise 2-5 is to be done in class.

Answers to Exercise 2-4: 1. Sra. Adela Acosta, 3 personas, doble, viernes, 26 de agosto, 4 P.M.; 2. Sr. Ramón Cordero, 1 persona, sencilla, domingo, 31 de julio, 1:30 P.M.; 3. César Romero, 4 personas, doble, jueves, 1 de septiembre, 5:45 P.M.

Allow 3–4 minutes to complete Exercise 2-5.

For additional practice, have the students guess their partner's birthday. If the guess is close to the date, the partner says **caliente**; if the guess is not close to the date, the partner says **frío**. This process continues until the correct date is given.

2-5 Los exploradores. El Club de viajes ofrece varias excursiones este año. ¿Cuándo son? Trabaja con tu compañero(a); sigan el modelo.

MODELO:　Tu compañero(a) (Turista): *Por favor, ¿cuándo sale la excursión para Panamá?*
Tú (Representante del club): *Sale el jueves, seis de septiembre.*

Tu compañero(a): *¿Cuándo regresa?*
Tú: *Regresa el lunes, veinticuatro de septiembre.*

Club de viajes-programación para el año		
Destinos	**Sale**	**Regresa**
Panamá	jueves, 6/9	lunes, 24/9
España	lunes, 21/9	domingo, 4/10
Costa Rica	viernes, 1/7	sábado, 22/7
Chile	domingo, 31/1	jueves, 11/2
Colombia	martes, 30/3	miércoles, 7/4
Honduras	jueves, 24/6	viernes, 2/7

Comentario cultural: EL CALENDARIO MAYA

¿Qué culturas indígenas vivían (lived) en tu estado en la época colonial? ¿Qué sabes sobre su manera de vivir?

La civilización de los mayas ya existía en la península Yucatán de México alrededor de 1500 a. J.C. La culminación de su cultura ocurrió durante el siglo X d. J.C. A los mayas les fascinaba el tiempo y sin usar tecnología tenían un calendario bastante exacto. El calendario maya tenía tres tipos de años: el *tzolkia* de 260 días, el *tun* de 360 días y el *haab* de 365 días. También contaban largos períodos de tiempo con un sistema complicado y exacto que consistía en días o *kin*.

Vocabulario temático
EN LA AGENCIA DE VIAJES

El (La) agente de viajes

¿En qué puedo servirle?

¿Cómo prefiere viajar?

Hay vuelos *todos los días.*
los lunes y miércoles

¿Qué día piensa *salir?*
volver

¿Prefiere un billete de ida o de ida y vuelta?

El billete de ida cuesta *tres mil pesos* **y el billete de ida y vuelta cuesta** *seis mil pesos.*

¿Cómo quiere pagar?

Sí. También aceptamos dinero en efectivo, por supuesto.

El (La) turista

Quisiera *ir a Lima.*
hacer un viaje a Montevideo

Prefiero viajar *por avión.*
en tren
¿Qué días hay *vuelos?*
excursiones

Pienso *salir* el dos de abril.
volver

Quiero *un billete de ida.*
un billete de ida y vuelta

¿Cuánto *es?*
cuesta

¿Aceptan *tarjetas de crédito?*
cheques de viajero
cheques personales

Sabías que...

- Both **quiero** (*I want*) and **quisiera** (*I would like*) are forms of the verb **querer. Quisiera** is considered more polite when making requests.

- To indicate whether you prefer to travel first class or coach, specify **primera clase** (*first class*) or **clase (de) turista** (*coach*).

- Depending on the country, *ticket* (for means of transportation) may be expressed as **boleto** or **pasaje.**

Stem-changing verbs are discussed in greater detail in Chapter 3.

Estructuras esenciales
VERBOS CON CAMBIOS EN LA RAÍZ EN EL TIEMPO PRESENTE

In Spanish, some verbs undergo changes in the vowel of their stem or root when the verb is conjugated in the present tense. These are called stem-changing verbs.

- An infinitive verb in Spanish consists of two parts:

	the stem	+	the ending
pensar *(to think, plan)*	**pens**	**+**	**ar**
querer *(to want)*	**quer**	**+**	**er**
preferir *(to prefer)*	**prefer**	**+**	**ir**
poder *(to be able, can)*	**pod**	**+**	**er**
volver *(to return)*	**volv**	**+**	**er**

- When these stem-changing verbs are conjugated in the present tense, the verb endings are the same as for regular **-ar, -er,** and **-ir** verbs.

- The changes that occur in the stressed vowel of the stem will follow these patterns:

e → ie in all persons except nosotros and vosotros

pensar	**querer**	**preferir**
pienso	quiero	prefiero
piensas	quieres	prefieres
piensa	quiere	prefiere
pensamos	queremos	preferimos
pensáis	queréis	preferís
piensan	quieren	prefieren

o → ue in all persons except nosotros and vosotros

poder		**volver**	
puedo	podemos	vuelvo	volvemos
puedes	podéis	vuelves	volvéis
puede	pueden	vuelve	vuelven

Exercise 2–6 is intended to be written for homework. Exercise 2-7 is intended as class work.

Ponerlo a prueba

Play Text Audio CD
Track CD1-9

Allow 5 minutes to go over answers to Exercise 2-6 and to answer other questions related to homework.

Answers to Exercise 2-6:
1. Caracas, Miami; 2. ida y vuelta; 3. estudiar; 4. Delta; 5. cinco, diez y cuarto; 6. diciembre; 7. la tarjeta de crédito Visa; 8. una semana

2-6 **El viaje de Daniel.** Escucha la conversación entre Daniel y la agente de viajes. Luego, completa las siguientes oraciones en español.

1. Daniel quiere viajar de _____ a _____.
2. Daniel prefiere un boleto de _____.
3. Daniel va a los Estados Unidos para _____.
4. La aerolínea del vuelo de Daniel es _____.
5. El vuelo de salida de Daniel es el _____ de agosto a las _____ de la mañana.
6. Daniel piensa regresar en el mes de _____.
7. Daniel paga los boletos con _____.
8. Los boletos van a llegar a casa de Daniel en _____.

2-7 **La isla Margarita.** A continuación tienes un folleto con información sobre la isla Margarita. Completa las siguientes actividades.

Primera parte: Lee el folleto y contesta las preguntas.

1. ¿Dónde está ubicada *(located)* la isla Margarita?
2. Aparte de Margarita, ¿qué otro nombre tiene la isla?
3. ¿Cuáles son algunos de los encantos *(charms)* de la isla?
4. Describe el pueblo de Porlamar.
5. ¿Qué servicios se ofrecen en el Hotel Confortel?
6. ¿Qué diversiones ofrece el hotel?

Segunda parte: Con un(a) compañero(a), completa el diálogo entre un(a) turista y el (la) agente de viajes en Miami, Florida.

Agente: ¿En qué puedo servirle?

Turista: ¿_____?

Agente: ¿Por qué no va a la isla Margarita? Es ideal para usted y su familia porque _____.

Turista: ¿_____?

Agente: ¡Claro que sí! Hay vuelos todos los días.

Turista: ¿_____?

Agente: Los vuelos salen a las siete y media de la mañana de lunes a viernes y a las ocho y veinte los fines de semana.

Turista: ¿_____?

Agente: Desde Miami, un boleto de ida y vuelta vale $600, pero si decide salir de Caracas, el vuelo vale $200.

Turista: ¿_____?

Agente: ¡Cómo no! Hay varios hoteles excelentes en la isla. Pero, le recomiendo el Hotel Confortel porque _____.

Turista: ¿_____?

Agente: Sí, este folleto tiene esa información. El número de teléfono es el _____ y la dirección es _____. Usted puede hacer la reservación del hotel directamente.

Turista: ¿_____?

Agente: Sí, aceptamos Visa, Master Card y American Express.

Tamarindo Guacuco
★ ★ ★ ★

En pleno Mar Caribe se halla Isla Margarita, conocida como la Isla de las Perlas, llena de tradiciones, bellas playas y diversión. En su costa este, con una extensión aproximada en playas de hasta 3 kms., se encuentra Confortel Tamarindo Guacuco, a sólo 15 minutos de Porlamar, centro principal para el turismo y las compras.

Diseñado con un estilo tradicionalmente caribeño, el hotel dispone de

130 habitaciones dobles, 31 suites y cabañas y 2 suites presidenciales, todas ellas con vistas al mar, aire acondicionado, TV vía satélite y teléfono.

Confortel Tamarindo Guacuco es el marco ideal para la práctica de deportes: esquí acuático, tenis de playa, gimnasio, aerobic y mountain bikes, y a tan sólo viente minutos del hotel, se encuentra un campo de golf de 18 hoyos.

Ctra. Vía Guaramee, Playa Guacuco
Isla Margarita
Estado de Nueva Esparta (VENEZUELA)
Tel: (58-95) 42 27 27 - (58-14) 95 01 40
Fax: (58-14) 95 01 40 - (58-14) 95 01 60

In the addresses in Exercise 2-8, s/n means **sin número.** Have students work together to answer the questions.

Síntesis

2-8 Toledo. Aquí tienes información sobre algunos de los museos de Toledo, España. Lee la información y contesta las preguntas.

MUSEOS	DIRECCIÓN	TEL	FAX	HORARIO**							PRECIOS***				CONTENIDO
				LUNES	MARTES	MIÉRC(X)	JUEVES	VIERNES	SÁBADOS	FESTIVOS	IND	GRP	ESC	0 Pts	
Concilios y Cultura Visigotica	San Román s/n	227872		Cerrado	10:00-14:00 • 16:00-18:30					10:00-14:00	100	50	100	S/t-D*	Arte y visigoda arqueología, pinturas murales románicas
Santa María La Blanca Sinagoga	Reyes Católicos, 4	227257		10:00-14:00 • 15:30-18:00 (Verano 19:00)							150		100		Arte y arquitectura
Santo Tomé, Iglesia	Pza. del Conde s/n	256098		10:00-14:00 • 15:30-18:00							150	100	100	L/m	Cuadro "El entierro del Conde de Orgaz" de El Greco
Sefardí	Samuel Leví s/n	223665	215831	Cerrado	10:00-14:00 • 16:00-18:00					10:00-14:00	400	200	S/t-D*		Historia del pueblo judío y su dispersión

***Los precios y horarios pueden sufrir variaciones a lo largo del año.

**Cierre taquillas: 15-30 min. antes de la hora de cierre del museo.

*Menores de 18 años y mayores de 65, todos los días gratis. Días 18.5, 31.5, 12.10 y 6.12, público en general Puerta de Bisagra s/n Tel: (925)220843 • FAX: 252648

Toledo is one of the most historically significant cities of Spain. Located about 75 km. south of Madrid, it has remained almost unchanged since the end of the Middle Ages. For many years, even during the Reconquest, Toledo was a meeting point for scientists, philosophers, and artists of the Jewish, Christian, and Islamic cultures. El Greco —Domenikis Theotokopoulos— was born in Crete in 1541; he moved to Toledo in 1577 and produced some of his most important work there.

The exercises in this section are intended to be completed in class.

Allow 6–8 minutes to complete Exercise 2-8 and 3 minutes to go over selected items orally.

Before having students work in pairs for Exercise 2-9, find the locations on a map. You may wish to mention some of the tourist highlights of each place: the colonial arquitecture of Cartagena de Indias, the tropical beaches of isla Margarita, the historic capital of Santo Domingo (where the remains of Christopher Columbus lie in the cathedral of Santa María la Menor), and the beaches and nearby ruins of Cancún. Next, review as a group some of the information in the schedule, such as the availability of flights and departure and arrival flight times. Then, practice the model and have students work in pairs.

1. ¿Qué iglesia tiene un cuadro *(painting)* del famoso pintor El Greco? ¿Qué días está abierta la iglesia? ¿A qué hora se abre por la mañana? ¿A qué hora se cierra por la tarde? ¿Qué pasa *(happens)* desde las dos hasta las tres y media?

2. ¿Qué museo tiene información sobre los judíos *(Jews)* en España? ¿Cuándo está abierto? ¿A qué hora se abre y se cierra? ¿Cuál es el teléfono del museo?

3. ¿Qué otras culturas están representadas en los museos de Toledo? ¿Cuál de estos museos quieres visitar? ¿Cuál es la dirección? ¿Qué horario tiene?

2-9 Club vacaciones. La agencia de viajes Marsans de Madrid ofrece tours al Caribe. Aquí tienes los horarios de algunos de los vuelos. Practica con tu compañero(a) de clase y sigan el modelo.

MODELO: Turista: *Quisiera hacer un viaje a Cartagena de Indias. ¿Qué días hay vuelos?*

Agente: *Hay vuelos sólo los martes.*

Turista: *¿A qué hora salen?*

Agente: *Hay solamente un vuelo. Sale a las tres y media de la tarde y llega a las nueve de la noche.*

Turista: *¿Y para regresar a Madrid?*

Agente: *Hay un vuelo todos los martes. Sale a las once de la noche y llega en Madrid a las dos y treinta y cinco de la madrugada.*

2-10 **En la Agencia Venus.** Trabaja con un(a) compañero(a). Escriban mini-diálogos para estas conversaciones entre la Srta. Magaly y el Sr. Alfonso Godoy. Luego, practíquenlos juntos.

Additional activity: *De viaje en México...* Set up several ticket windows that display the method of travel (plane, train, bus), the destination, and the schedules with one student operating each window. The rest of the class will play the roles of travelers buying tickets. While waiting their turn, the travelers should be encouraged to discuss their travel plans with one another. All students should have their selections before making travel arrangements. Determine who will initiate the dialogue and ask students to demonstrate how the dialogue will evolve.

Allow 8–10 minutes to complete Exercise 2-10 and 5 additional minutes to have students present their dialogues to the class.

1.

2.

3.

4.

Puente cultural

¿Qué lugares especiales no deben perderse *(shouldn't miss)* los turistas que visitan tu país *(country)*?

Victoria Eugenia (Vicky) Duque Montoya
colombiana; 28 años; estudiante

En mi país hay *(there is/are)* historia y belleza *(beauty)* natural. Un turista debe visitar Bogotá, la capital. Los monumentos en el centro de Bogotá son interesantes. Cartagena tiene playas bellas y lugares históricos. La Catedral de Sal en Zipaquirá es una maravilla *(a wonder)*. La región del Amazonas, los parques naturales... ¡Hay tanto que ver *(so much to see)* en Colombia!

Yensy Marcela Archer
costarricense; 23 años;
estudiante

La ciudad de San José tiene varios museos y el Teatro Nacional, que tiene más de cien años. También, las ciudades de Cartago y Heredia conservan reliquias coloniales. ¡Y qué hermosa *(beautiful)* es el área de los volcanes Poás e Irazú ! El Parque Nacional Manuel Antonio en la costa pacífica es maravilloso. En la zona norte de la costa pacífica está Monteverde, con su bosque tropical lluvioso *(rain forest)*.

Cecilia Carro
argentina; 21 años; estudiante

En Argentina hay algo para todos los gustos *(something for every taste)*. En Buenos Aires hay historia y cultura: la tumba de Eva Perón, el monumento a Gardel, el Teatro Colón y más. Bariloche y otros centros de esquí en las montañas son muy conocidos *(known)*. En el sur, no puede perderse el glaciar Perito Moreno y Puerto Madryn, donde se pueden ver ballenas *(whales)*. Y en el norte se encuentran las maravillosas Cataratas del Iguazú.

Te toca a ti

2-11 **Algo para todos los gustos.** Ahora marca con una X la información que cada persona da sobre los lugares de interés turístico en su *(his/her/their)* país.

Hay..		Vicky	Yensy	Cecilia
Lugares de belleza natural...	volcanes			
	parques			
	glaciares			
	cataratas o cascadas			
	bosques tropicales lluviosos			
Lugares de interés cultural o histórico...	teatros			
	monumentos y reliquias			
	catedrales			
Lugares de diversión...	centros de esquí			
	playas			

2-12 **¿Y en los Estados Unidos?** Escribe una lista de los lugares que deben visitar los turistas en tu país. Completa las frases con tus recomendaciones.

1. En el norte de mi país hay _____ .
2. En la costa _____ .
3. En el sur _____ .
4. En las montañas _____ .
5. Algunas ciudades de interés son _____
   porque _____ .

Although a full discussion in Spanish is not possible at this point, the purpose of this section is to pique the students' interest on cultural comparisons. Encourage them to think and analyze what they read. Motivate them to find both similiarities and differences in social products across a variety of cultures.

Follow up: Ask students to name places in the U.S. for each of the categories in Exercise 2-11: Lugares de belleza natural, de interés cultural o histórico y de diversión.

In this *Paso* you will practice:
- Numbers from hundreds to millions
- Making hotel arrangements
- Expressing preferences and future plans

Grammar:
- Verb phrases
- The verb **ir** in the present tense

Vocabulario temático
LOS NÚMEROS DE 100 A 10.000.000

¿**Cuánto cuesta** *la excursión?*	*Quince mil (15.000) pesos.*
el tour	
una habitación doble	

The ***Real Academia*** has recently suggested that the periods separating every three digits of large numbers be replaced by spaces.

100	cien	900	novecientos
101	ciento uno	1.000	mil
200	doscientos	5.000	cinco mil
300	trescientos	10.000	diez mil
400	cuatrocientos	100.000	cien mil
500	quinientos	750.000	setecientos cincuenta mil
600	seiscientos	1.000.000	un millón
700	setecientos	2.000.000	dos millones
800	ochocientos	10.500.000	diez millones quinientos mil

Sabías que...

- Unlike their English equivalents, Spanish **mil** *(one thousand)* and **cien** *(one hundred)* do not use **un** *(one)* before the number.

cien boletos	***one*** hundred tickets
mil turistas	***one*** thousand tourists

- The numbers from 200 to 900 have masculine and feminine forms in Spanish:

  500 pesos = quinient**os** pes**os**
  600 pesetas = seiscient**as** pese**tas**

- **Uno/Una** is the only number (beside the hundreds) that has to agree with its noun. Notice that the **-o** of **uno** is dropped before a masculine singular noun.

Tengo **un** hermano.	*I have **one** brother.*
Tengo **una** hermana.	*I have **one** sister.*

- When writing numerals in Spanish, you should use the decimal point where English uses a comma, and vice versa.

98,6 grados	*98.6 degrees*
$125.000,00	*$125,000.00*

- The preposition **de** is used before a noun with numbers designating whole millions.

diez millones **de** habitantes	*ten million inhabitants*

2-13 **Un viaje a México.** La Sra. Pala quiere ir a México de vacaciones. Ahora está hablando con un agente de viajes. Escucha la conversación en tu disco compacto. Después escribe el precio para los siguientes arreglos.

Play Text Audio CD
Track CD1-10

MODELO: Escuchas: [Sra. Pala] Quiero hacer una reservación para un hotel en el Distrito Federal. ¿Qué hotel me recomienda?

El agente: El hotel Misión Zona Rosa. Es de cinco estrellas y tiene un precio muy razonable. Un cuarto sencillo cuesta ochocientos treinta pesos por noche.

Escribes: *Hotel Misión: 830 pesos*

1. Hotel Regente
2. boleto de ida a Cancún
3. boleto de ida y vuelta a Cancún
4. excursión a Taxco
5. excursión a la Barranca del Cobre

2-14 **Tarifas aéreas.** Aquí tienes los precios para vuelos a muchas ciudades. Escoge un vuelo y léele el precio a tu compañero(a). Tu compañero(a) tiene que escuchar e identificar la(s) ciudad(es) correspondiente(s).

MODELO: Tú: *Sesenta y cuatro mil, ochocientas cincuenta pesetas.*

Tu compañero(a): *Montreal o Toronto*

Assign Exercise 2-13 for homework; Exercise 2-14 is intended for classroom use.

At the time of publication, 1 American dollar was being exchanged for about 9 Mexican pesos.

Answers to Exercise 2-13: 1. 520; 2. 3178; 3. 2580; 4. 360 5. 14.400.

The Copper Canyon (**Barranca del Cobre**), located in the western Sierra Madre mountain range, is a popular destination for ecotourism enthusiasts. Guided tours often include a scenic rail trip through the canyon and visits with local indigenous peoples. The colonial town of Taxco is known for its charming, winding streets and jewelry stores stocked with unique silver creations.

Since prices are in **pesetas,** point out to your students that the hundreds need to be in the feminine form. After completing the exercise, reinforce the masculine form by converting some of the prices to dollars or euros. At the time of publication, a euro was valued at 165 **pesetas.**

TARIFAS AEREAS
VUELOS EN LINEA REGULAR
PRECIOS DE IDA Y VUELTA

Destino	Madrid	Barcelona
EUROPA		
BRUSELAS	23.900	24.900
LONDRES	21.500	23.000
PARIS	33.900	32.900
ROMA	23.400	39.600
USA Y CANADA		
BOSTON	57.100	57.100
CHICAGO	61.700	59.350
MONTREAL	64.850	64.850
NUEVA YORK	57.100	57.100
TORONTO	64.850	64.850
WASHINGTON	59.300	59.300
AMERICA CENTRAL Y SUDAMERICA		
BOGOTA	97.800	97.800
CARACAS	88.600	88.600
MEXICO	85.750	85.750
RIO DE JANEIRO	91.300	91.300
SAN JUAN	93.450	93.450
SANTO DOMINGO	82.800	82.800
SAO PAULO	91.300	91.300

Vocabulario temático
EN EL HOTEL

Para conseguir una habitación

Recepcionista	Turista
¿En qué puedo servirle?	Quiero hacer una reservación. Quisiera una habitación.
¿Para cuántas personas?	Para *dos.*
¿Para cuándo?	Para el *ocho de abril.*
¿Por cuántos días?	Por *tres* días.
¿Qué clase de habitación quiere?	Quiero una habitación *sencilla.* *doble* *con dos camas*

Para preguntar sobre la habitación

Turista	Recepcionista
¿Tiene *baño privado*? *baño completo* *agua caliente* *ducha*	**Sí, señor(a).**
¿A qué hora *podemos ocupar el cuarto?* *tenemos que desocupar el cuarto*	***Pueden ocupar el cuarto** a las doce.* ***Tienen que desocupar el cuarto***
¿En qué piso está *mi habitación*? *la piscina* *el gimnasio*	**Está en el *primer* piso.** *segundo* *tercer* *cuarto* *quinto*
La llave, por favor. *La cuenta*	**Aquí la tiene.**

Sabías que...

- Many kinds of lodging are available in Spain and Spanish-speaking America. In some of the more modest youth hostels and **pensiones,** private baths may not be available and hot showers may cost extra.

  - In some countries, a hotel room is called **un cuarto** instead of **una habitación.**

- In the Hispanic system for numbering floors in buildings, the ground floor of a building is called **la planta baja** and the first floor above ground level is called **el primer piso.** To express which floor a room is on, use the verb **estar.**

Su habitación **está en el segundo piso.**	*Your room **is on the second floor.*** (The third floor in the U.S. system.)

Estrategia: Memorizing new words is an important part of learning a new language. Here are some tips to help you in this task.

✓ **Practice new words with flash cards or lists.** Begin by learning the English equivalent of the Spanish words. Then reverse the procedure and give the Spanish word for the English one. Don't assume that you know the list of words "backwards and forwards" unless you have practiced in both directions and with the words in different order!

✓ **Write sentences with new words from the lesson.** To make your sentences more memorable, create sentences that contain factual information (**Hay tres bolígrafos en mi escritorio.**) or invent sentences that are extremely silly (**Los bolígrafos de Bill Gates cuestan $1.000.000.**).

✓ **Involve several of your physical senses.** For example, as you see a written word, pronounce it aloud to yourself. With verbs (like *repeat* or *write*), pantomime the action as you say the word. As you hear or see a new word, try to create a mental image of the object or action.

Ponerlo a prueba

2-15 Una reservación. Escucha la conversación entre un turista y el empleado de un hotel en Miami. Copia el formulario en una hoja de papel y complétalo en inglés.

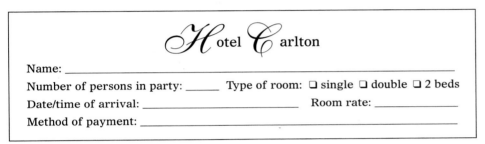

> **ℋotel 𝒞arlton**
>
> Name: _____
> Number of persons in party: _____ Type of room: ❑ single ❑ double ❑ 2 beds
> Date/time of arrival: _____ Room rate: _____
> Method of payment: _____

2-16 En el Hotel Beatriz. Trabaja con un(a) compañero(a) de clase. Escriban mini-diálogos para estas situaciones. Después, lean sus diálogos juntos.

1.

2.

3.

4.

Play Text Audio CD
Track CD1-11

The *Estrategia* section occurs once per chapter and presents strategies to help students manage their learning and to become more fluent speakers of Spanish. This section should be assigned for homework and then practiced briefly in class whenever possible. With this strategy, you might ask students to generate together a list of techniques they have used for memorizing. For more information on memory and other kinds of strategies, see Rebecca Oxford's book, *Language Learning Strategies*.

Assign Exercise 2-15 for homework; Exercise 2-16 is intended for classroom use.

Answers to Exercise 2-15: 1. Víctor Fuentes López; 2. two; 3. double; 4. Thursday, October 4th at 6:00 P.M.; 5. $158; 6. credit card

Additional activity: Have the students describe their favorite hotel or resort by completing sentences such as the following: **Mi hotel favorito es el Grove Park Inn. Está en Asheville, Carolina del Norte. Me gusta porque es un hotel viejo y elegante; también tiene un restaurante fantástico y un campo de golf maravilloso.**

Cuando viajas, ¿en qué tipo de alojamiento prefieres hospedarte? ¿Qué servicios debe tener el alojamiento?

Hay muchos tipos de alojamiento para el turista que quiere visitar los países de habla hispana. Aquí tienes una descripción de algunos de ellos.

Hotel: El hotel es el tipo de alojamiento más popular entre la mayoría de los turistas. En muchos países, la categoría del hotel está indicada por estrellas *(stars)*. Una sola estrella indica un hotel modesto y bastante económico; cinco estrellas indican un hotel de lujo *(luxurious, deluxe),* con muchas amenidades (piscina, sauna, gimnasio, etc.).

Albergue juvenil: Muchos jóvenes prefieren alojarse en los albergues juveniles *(hostels)* porque no son caros y generalmente están en el centro de las ciudades. En los albergues juveniles, generalmente tienes que compartir *(share)* el baño.

Pensión: Una pensión es como un hotel muy pequeño y familiar. El precio de la habitación casi siempre incluye el desayuno; también puedes comer las otras comidas allí por un precio muy razonable. En muchas pensiones tienes que compartir el baño.

Parador: En España puedes alojarte en unos hoteles únicos *(unique)*—los lujosos paradores. Éstos son antiguos castillos o monasterios que han sido convertidos en hoteles. Los paradores son caros y casi siempre es necesario hacer reservación.

In addition to the kinds of lodging mentioned, in some resort areas there are also apartment-like facilities. In southern Chile tourists may stay in **cabañas,** complete with kitchen and bath.

The future tense is introduced in the *Gramática suplemental* section of the *Cuaderno de actividades.*

Gramática
EL VERBO IR Y LAS FRASES VERBALES

—¿Cuándo **vas** a México?
—**Voy** en julio.
—¿**Van** ustedes al Museo de Arte esta tarde?
—No, no **vamos a visitar** el museo hoy. **Pensamos ir** al mercado de artesanías.
—Después de ir al Museo de Arte, ¿**prefieren ustedes cenar** en hotel o en el restaurante mexicano El Pescador esta noche?
—Lo siento, pero no **podemos cenar** con ustedes. **Esperamos cenar** con Estela en una cafetería cerca del mercado.

A. El verbo *ir* *(to go).* The verb **ir** is irregular in the present tense. Study the forms below.

ir *(to go)*		
yo	voy	**Voy** a México la semana que viene.
tú	vas	¿**Vas** al concierto esta noche?
Ud./él/ella	va	Angelina **va** a hablar con el agente mañana.
nosotros(as)	vamos	Mi familia y yo **vamos** a hacer un viaje esta tarde.
vosotros(as)	vais	¿Adónde **vais**?
Uds./ellos/ellas	van	Mis padres **van** a salir pasado mañana.

B. Los usos de *ir*. The verb **ir** *(to go)* is used to express where one is going and what one is going to do.

• To express destination, use the verb **ir** + **a** + destination.

Mi familia **va a** la península de Yucatán la semana que viene.
My family is going to the Yucatan peninsula next week.

- If the **a** is followed by the definite article **el,** a contraction is used: **a + el = al.** With the other articles, no contractions are formed.

  No vamos **al** Museo de Arte hoy.　　We are not going **to the** Museum of Art today.

  Vamos **a la** Biblioteca Nacional.　　We are going **to the** National Library.

- To ask where somebody is going, place **a** in front of the question word **¿dónde?** to form the interrogative **¿adónde?**

  ¿Adónde vas para las vacaciones?　　**Where** are you going **(to)** on your vacation?

- To express plans and intentions, use a conjugated form of **ir + a + infinitive.**

  Mañana **vamos a visitar** el museo.　　Tomorrow **we're going to visit** the museum.

- Although both English and Spanish have an "official" future tense, it is quite common in Spanish to use the **ir + a +** infinitive construction instead of the future tense.

future tense:	Pasado mañana **viajaré** a Izamal.	The day after tomorrow I **will travel** to Izamal.
ir construction:	Pasado mañana **voy a viajar** a Izamal.	The day after tomorrow **I am going to travel** to Izamal.

- Verb phrases used to refer to future plans are often accompanied by time expressions.

  ¿Van Uds. a cenar en el restaurante El Pescador **esta noche**?
  *Are you (pl.) going to eat dinner at the restaurant El Pescador **tonight**?*

esta tarde	*this afternoon*	la semana que viene	*next week*
esta noche	*tonight*	el próximo mes	*next month*
mañana	*tomorrow*	el próximo año	*next year*
pasado mañana	*the day after tomorrow*		

C. Las frases verbales. In Spanish, as in English, it is common for a conjugated verb to be followed by one or more infinitives. This construction can be used to express plans, preferences, and obligations in a number of different ways. In most cases, the infinitive directly follows the conjugated verb; however, after a few verbs, a connecting word must be placed before the infinitive(s).

- To express plans, use the verbs **ir, pensar,** and **esperar.**

  Ir + a + infinitive
  Voy a visitar el museo esta tarde.　　**I am going to visit** the museum this afternoon.

  Esperar + infinitive
  Esperamos cenar con Estela en la cafetería.　　**We hope to eat** dinner with Estela at the cafeteria.

  Pensar + infinitive
  Pienso regresar en junio.　　**I plan to return** in June.

- To express preferences and desires, use the following verbs.

Preferir + infinitive
¿Prefieren Uds. cenar en el hotel
  o en el restaurante mexicano El
  Pescador?

Do you (pl.) prefer to eat dinner
  at the hotel or at the Mexican
  restaurant El Pescador?

Me gustaría + infinitive
Me gustaría visitar la capital.

I would like to . . .
I would like to visit the capital.

Querer + infinitive
Quiero salir el 8 de junio.
Quisiera hacer un viaje.

I want to leave on June 8th.
I'd like to take a trip.

- To express obligation, use **deber** + infinitive or **tener** + **que** + infinitive.

Debo hacer las reservas.
Tengo que hablar con el agente.

I should make reservations.
I have to talk with the travel agent.

Ponerlo a prueba

Assign Exercise 2-17 for homework; Exercise 2-18 is intended for classroom use.

2-17 ¿Adónde vas? Con un(a) compañero(a), lee las situaciones a continuación y describe lo que *(what)* quieres hacer en los lugares indicados. Consulta la lista de expresiones útiles.

MODELO:

Tú: *Tienes una semana de vacaciones en marzo. No tienes dinero. Estás muy cansado(a). ¿Qué vas a hacer?*

Tu compañero(a): *Voy a visitar a mis padres. Pienso dormir y descansar.*

Lista de expresiones útiles

nadar *(to swim)*	visitar (museos, acuarios, parques)
montar (en bicicleta, a caballo)	ver (sitios de interés, obras de teatro)
pescar	hacer un tour
cazar *(to go hunting)*	comer
a campar	bailar
bucear *(to go diving)*	tomar el sol
esquiar	jugar (al golf)
ir de compras	

1. Es diciembre y no tienes clases por dos semanas. Tus abuelos te dan $1.000 para hacer un viaje. ¿Adónde vas? ¿Qué vas a hacer allí?

2. Es julio y no tienes que trabajar el lunes porque es un día festivo. Tienes un fin de semana de tres días y quieres escaparte de la rutina. ¿Adónde te gustaría ir? ¿Qué piensas hacer allí?

3. Tienes la oportunidad de visitar a tus primos en Hawai o a tus abuelos en San Francisco. ¿Adónde prefieres ir? ¿Qué esperas hacer allí?

4. Tu mejor amigo(a) te invita ir al Gran Cañón o a México. ¿Adónde piensas ir? ¿Qué vas a hacer allí?

5. Tus padres quieren saber si prefieres ir a Colorado o a Puerto Rico con ellos en diciembre. ¿Adónde quieres ir? ¿Qué te gustaría hacer allí?

6. Es tu cumpleaños y tus padres te regalan *(give you as a gift)* un viaje. ¿Adónde vas a ir? ¿Qué quieres hacer allí?

Additional activity: Have the students interview each other about their plans for the weekend. In addition to using the expression **voy a...,** students may wish to use the phrase **tengo que....** Encourage the students to talk in greater detail by having them provide information about each of the following time references: **el viernes por la noche, el sábado por la mañana, el sábado por la tarde,** etc. Write these time cues on the board and model the activity by describing your own plans.

2-18 **Preguntas personales.** Tú y tu compañero(a) de clase van a hablar de las vacaciones. Túrnense *(Take turns)* al hacer y contestar las preguntas en las columnas.

Tú

1. ¿Te gusta viajar?
2. ¿Cómo prefieres viajar? ¿Por qué?
3. ¿Cuándo piensas ir de vacaciones?
4. ¿Cómo son tus vacaciones favoritas?
5. ¿Qué debes hacer antes de viajar?
6. ¿Qué ciudades o países esperas visitar en el futuro?

Tu compañero(a)

1. En general, ¿adónde prefieres ir de vacaciones?
2. ¿Qué te gusta hacer cuando estás de vacaciones?
3. ¿Adónde vas en tu próximas vacaciones?
4. ¿Qué esperas hacer allí?
5. ¿Qué atracciones te gusta visitar cuando viajas?
6. ¿Qué haces cuando regresas a tu casa o apartamento después de viajar?

Exercise 2-19 is on the audio CD. You may wish to review briefly with your students the ongoing story line before listening to the recording: **Gregorio Nolan es un estudiante de postgrado de Virginia. Está en Venezuela para hacer una pasantía. Trabaja en un banco, y vive con la familia Martínez. La Sra. Martínez es agente de viajes.** The conversation has two parts; stop the audio at the beep and discuss the results for item one. Then allow time for students to read the hotel ads and make a selection before continuing with the recording.

Síntesis

12

2-19 **El viaje de Gregorio.** Gregorio quiere visitar Caracas, la capital de Venezuela. Él habla con la Sra. Martínez y le pide su recomendación sobre un hotel. Completa estas actividades.

Play Text Audio CD
Track CD1-12

1. Escucha la primera parte de la conversación. ¿Cuáles de los siguientes servicios prefiere tener Gregorio?

   ☑ moderate price   ☐ telephone   ☑ pool

   ☑ good location   ☐ room service   ☐ gym

   ☐ private bath   ☐ laundry service   ☑ tennis courts

   ☐ TV   ☑ restaurant   ☐ meeting rooms

Answers to Exercise 2-19:
1. a. moderate price; b. good location; h. restaurant; i. pool; k. tennis courts; 2. *Answers will vary.* 3. Hotel CCT

2. Antes de escuchar la segunda parte, lee los anuncios para los hoteles. En tu opinión, ¿cuál es el mejor hotel para Greg? ¿Por qué?

HOTEL **GRAND GALAXIE**
BAR Y RESTAURANT

66 HABITACIONES PARA EJECUTIVOS
TURISTAS • FAMILIAR
AIRE ACONDICIONADO CENTRAL
ESTACIONAMIENTO

AVALADO POR CORPOTURISMO

Truca a Caja de Agua—
(en el Centro Norte de Caracas) Final Av. Baralt
T.: (02) 83.9011-83.9044-83.9055-83.9066

☆ ☆ ☆
HOTEL **"EL CÓNDOR"**
CARACAS

COMODIDADES:

HABITACIONES: ALFOMBRADAS CON AIRE ACONDICIONADO • AMBIENTE MUSICAL
T.V. COLOR • BAÑO PRIVADO • SERVICIO DE HABITACIÓN DE 12 A.M. a 12 P.M.
SERVICIO DE CAMARERA • TELÉFONO PRIVADO • SERVICIO DE LAVANDERÍA

3ra. Av. Las Delicias • Sabana Grande • Caracas
TELFS.: (02) 72.9911 al 15
72.7621 al 23

hotel **CCT**

VENANTUR

HOTEL DE LUJO
EN EL CENTRO COMERCIAL MÁS GRANDE DE AMÉRICA LATINA CON 100 HABITACIONES Y 100 JUNIOR SUITES • TODAS LAS HABITACIONES CON AIRE ACONDICIONADO
INSONORIZACIÓN TOTAL
TELEVISIÓN A COLOR Y NEVERA

TELFS.: (02) 92.6122 • 92.6498
TELEX: 29815 ACCTV VC

Ofreciendo los siguientes servicios
RESTAURANT ABC • TAM BAR
SALONES DE REUNIONES • CHARLY PAPA BAR
PISCINA Y TENIS • SAUNA CON GIMNASIO

3. Ahora, escucha el resto de la conversación. ¿Qué hotel le recomienda la Sra. Martínez a Greg? ¿Le recomendaste tú el mismo *(the same)* hotel?

2-20 **De vacaciones.** La familia Ortiz está de vacaciones. Examina el dibujo (*drawing*) y contesta las preguntas en español. Luego, dramatiza un diálogo entre el Sr. Ortiz y el conserje (*desk clerk*).

1. ¿En que ciudad están los Ortiz? ¿En qué país?
2. ¿Cómo se llama su hotel?
3. ¿Cuántos pisos tiene el hotel?
4. ¿Cuál es el número de la habitación de la familia Ortiz?
5. ¿En qué piso está su habitación?
6. ¿Cuál es la tarifa para la familia Ortiz por una noche?
7. ¿Cómo es la habitación?
8. ¿Tiene baño completo?

alberca = piscina

2-21 **En el hotel.** Usa la información en el anuncio del hotel para completar el ejercicio a continuación. Lee el anuncio y contesta las preguntas.

1. ¿En qué país está el hotel? ¿Cómo lo sabes?
2. ¿Cómo puedes hacer reservaciones en el hotel?
3. ¿Dónde está ubicado (*located*) el hotel?
4. ¿Cuáles son los atractivos del hotel?
5. ¿Qué servicios tienen en el hotel para familias con adolescentes? ¿para ejecutivos? ¿para deportistas?
6. ¿Qué es lo que más te gusta del hotel? ¿Por qué?

Holiday Inn

Avenida Juárez y Calle 38
Mérida, Yucatán 97127
Tel: (99) 23 86 70   Fax. (99) 13 25 64

Ubicación: a 2.8 Kms. del centro de la ciudad, a 13 Kms. del aeropuerto.
Atractivos: A 5 cuadras del Museo Arqueológico de Yucatán, Playas a 29 Kms., Zona arqueológica Uxmal a 70 Kms.
Capacidad: 200 habitaciones, Fiestas privadas hasta 800 personas.

Instalaciones: Agencia de viajes, Renta de autos, 2 Restaurantes, Lobby-Bar con música en vivo, Mini-bares en las habitaciones, Servicio a la habitación las 24 horas, Bar en la alberca, Tenis, Gimnasio, Zona comercial, Suites disponibles.
Servicios: Fax, Fotocopiadora, Ayuda secretarial, Telex, Centro ejecutivo, Equipo audiovisual, Podium, Pantallas electrónicas.

¡Vamos a hablar! | Estudiante Ⓐ

Contexto: Imagine that you (**Estudiante A**) and a friend are traveling together in Spain. The two of you are currently in Madrid, but want to fly to the Canary Islands for a few days. You go to a travel agency and work out the arrangements for your trip. You need to do the following:

- set the days and times of your flight
- find out the price of round-trip tickets
- make reservations for a room with two beds and a full bath for five nights
- pay for everything with your credit card

Your partner (**Estudiante B**) will play the part of the travel agent. As the two of you talk, take notes on the arrangements you make; follow the outline below. Your partner will start the activity by saying: **¿En qué puedo servirle?**

Tenerife is the largest of the seven Canary Islands, a popular tropical vacation spot located about 1,150 kilometers off the coast of Africa.

Viaje a las islas Canarias
Vuelos: Madrid-Tenerife
- día/fecha
- hora de salida
- hora de llegada
- línea aérea/número del vuelo

Vuelos: Tenerife-Madrid
- día/fecha
- hora de salida
- hora de llegada
- línea aérea/número de vuelo

Precio del billete de ida y vuelta

Hotel: 5 noches, 2 camas, baño completo
- nombre del hotel
- precio por noche

Contexto: Imagine that you **(Estudiante B)** work in a travel agency in Madrid. A tourist **(Estudiante A)** asks you for help in arranging a trip to Tenerife in the Canary Islands. You will need to do the following:

- find out when your customer wants to go and return
- provide the flight times, airline, and ticket price
- find out what kind of hotel room the customer wishes, for how many people, and for how many nights he/she wishes the room
- obtain the customer's name and phone number
- arrange for payment

As you talk with your partner, be sure to get the information needed for the form below. You will begin the activity by saying: **¿En qué puedo servirle?**

Viajes Ecuador

Organización Internacional de Viajes

Paseo de la Castellana, 153   Te. 279 26 00   Telex 23929

Nombre y apellidos: _____   Teléfono: _____

Dirección: _____   Método de pago: cheques/tarjeta de crédito/efectivo *(cash)*

Ruta	Fecha	Aerolínea	Vuelo Núm.	Hora	Hotel	Habitación	Núm. de noches	Precio
1. De:					1.			
A:					2.			
2. De:					3.			
A:					4.			

Iberia (Tarifa en $ USA)

	Salida	Llegada	Nº de vuelo	Tarifa–ida y vuelta
Madrid-Tenerife	8:40	10:25	876	$310
	12:00	13:50	964	
Tenerife-Madrid	15:00	18:40	572	$310
	19:40	21:15	682	

Precio por noche (en $ USA)

Hotel	Categoría	Individual	Doble/dos camas
Puerto Playa	Primera clase	$ 110	$ 193
Princesa	Clase turista	$ 90	$ 147

¡Vamos a leer!

2-22 La República Dominicana. The reading selection that follows is taken from a tourist brochure from the Dominican Republic. It is divided into five topics, each with a subtitle. In which of the brochure's subdivisions would you expect to find each of the following topics? Write the appropriate subtitle from the brochure for each item.

1. what the weather is like
2. where the island is located
3. what religions are practiced
4. how the country is organized and governed
5. what languages are spoken

Estrategia: Recognizing subdivisions

Longer readings are often divided into smaller, more manageable sections. You can scan more efficiently for specific information if you first take note of the various subdivisions or subsections of a text and read their corresponding titles and captions.

2-23 Más datos, por favor. ¿Son ciertas o falsas las siguientes afirmaciones? Busca la información en las subdivisiones. Escribe **C** (cierto) o **F** (falso).

1. La República Dominicana está en el mar Caribe.
2. El clima de la República Dominicana es principalmente tropical.
3. Hay elecciones para los representantes cada cuatro años.
4. Hay quince provincias en la República Dominicana.
5. Las lenguas oficiales de la República Dominicana son el español y el inglés.
6. El nombre indígena del país es *Quisqueya*.
7. La iglesia católica está prohibida.
8. La capital, Santo Domingo, fue fundada en 1496.

Additional activity: To reinforce the use of cognates and guessing words from context, have students find the Spanish equivalents of the following words in the subdivisions indicated: 1. **Información general:** bathed, placid, was discovered; 2. **De la nación:** is divided; branches (of government); 3. **Religión:** liberty/freedom; distribution; designate; questionnaire

Have students who have already traveled to Spanish-speaking countries bring in postcards, photographs, or handicrafts to show the class.

Información general

En el corazón del Caribe, bañado por las aguas del Atlántico en la costa Norte y el impetuoso mar Caribe en el Sur, hay un país plácido y hermoso, de nombre oficial República Dominicana.

Fue descubierto por Cristóbal Colón en su primer viaje al Nuevo Mundo, el 5 de diciembre de 1492 y ocupa 48.442 kilómetros cuadrados de los 76.192 que comparte con la vecina República de Haití.

Por Real Privilegio del Rey Fernando, fue denominada en 1508 isla de Santo Domingo. Su nombre aborigen *Quisqueya* significa en *taíno* "madre de todas las tierras". En la época del descubrimiento nuestra isla estaba habitada por aborígenes que se llamaban a si mismos *taínos*, palabra que en su idioma significa "los buenos". Los españoles, que creían haber llegado a la India, los bautizaron indios.

Religión

En la República Dominicana la libertad de cultos está consagrada en la Constitución de la República. Actualmente es difícil obtener la distribución exacta de la población de acuerdo a la religión, porque se eliminó esa pregunta del cuestionario a partir del censo de 1970. De acuerdo a los cómputos del censo realizado en 1960, el grupo religioso predominante es el Católico Apostólico y Romano con un 95 por ciento de la población.

Idioma

El español es el idioma oficial del país y la señalización de vías y menús se expresan en ese idioma. Aun cuando las personas vinculadas a los servicios turísticos hablan inglés, un poco de español le ayudaría mucho.

A pesar de la penetración española, persisten voces de uso común en nuestro idioma, herencia del lenguaje sonoro y dulce de los *taínos*, que conservan casi todas, el mismo significado. Ejemplos: *ají, barbacoa, batea, bija, bohío, burén, canoa, carey, caribe, casabe, coa, conuco, guanábana, guayaba, hamaca, higüera, huracán, iguana, lambí, maíz, tabaco, tiburón, yagua, yuca.*

De la nación, su gobierno y su territorio

El gobierno está dividido en tres poderes: Ejecutivo, Legislativo y Judicial. Elige su Presidente y representantes del Poder Legislativo cada cuatro años poer voto directo. El Presidente, por mandato constitucional designa a los gobernadores, que son sus representantes en las 29 provincias. El Senado elige los miembros del Poder Judicial.

Su capital, Santo Domingo de Guzmán (Población: 2,2 millones 1990) fundada por el Adelantado Don Bartolomé Colón el 4 de Agosto de 1496, fue la cuna de la civilización americana durante los siglos XV y XVI. Es la más antigua ciudad del Nuevo Mundo y el punto geográfico más cercano a Europa.

Clima

La tierra dominicana es fértil para la siembra de cualquier grano, y atendiendo la clasificación de W. Koppen para estudiar los climas del mundo, predomina en ella el tropical húmedo de sabana, con cinco variedades o microclimas que se clasifican en: tiempo húmedo, seco estepario y tropical de selva, bosques y sabana. La temperatura media anual oscila entre 18° y 27° Celsius. Sin embargo, para los dominicanos sólo hay dos estaciones—verano y una vieja estación de ferrocarril que hoy está en vías de volver a rendir servicios.

Un paso más: Cuaderno de actividades

Vamos a escribir: Writing social correspondence   Pág. 37
You'll learn and practice using appropriate **saludos** (salutations) and **despedidas** (closings) as you explore writing different types of correspondence. You'll write an e-mail to a friend, and a post-card to your Spanish instructor. Remember to apply the organizational strategies you learned in *Capítulo 1* when drafting your correspondence.

Vamos a mirar: Pág. 39
Vídeo 1: Un viaje a Madrid
Remember Miguel, from *Capítulo 1?* You will meet his aunt, Carmen Guerrero, and accompany her as she visits a travel agency to plan her trip. Then it's on to Madrid where she checks in at her hotel.
Vídeo 2: Vistas de México

Panorama cultural

Transparency Bank
A-7

México

The official language of Mexico is Spanish, but it is estimated that about 50 different indigenous languages are also spoken there.

The culture and history of Mexico are as rich as its geography. From pre-columbian times to the modern nation it is today, Mexico has often undergone change. It is not possible to do justice to its history and culture in this summarized form. The objective of this section is to briefly introduce the country to students while offering a point of departure for further study.

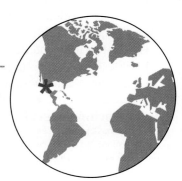

Datos esenciales

- Nombre oficial: Estados Unidos Mexicanos
- Capital: México, D.F. (Distrito Federal)
- Población: 94.275.000 habitantes
- Unidad monetaria: el peso mexicano (Mex $)
- Principales industrias: exportación de material para manufacturas, petróleo crudo y productos agrícolas
- De especial interés: México tiene mesetas *(mesas),* cordilleras *(mountain ranges)* y valles. Entre los picos más altos están los volcanes Popocatépetl y Iztaccíhuatl. La capital fue fundada en una isla en un lago *(lake).*

According to Aztec legend, the god Quetzalcóatl had promised to return to his people. Cortés, a white man wearing European attire, was treated by Monctezuma as the god they had been awaiting. They showered him with gifts and invited him into their rich city. By the time the Aztecs realized their mistake, Monctezuma had been taken prisoner and the fall of the empire was well under way. His nephew Cuauhtémoc took over and fought unsuccessfully. By August 1521 Tenochtitlán had been conquered by the Spaniards.

1325 Los aztecas establecen Tenochtitlán, la capital de su imperio, en el Valle de México.

1821 México finalmente obtiene su independencia de España.

Un **vistazo** a la historia

1519 Llega el español Hernán Cortés, quien inicia la ruina y destrucción del Imperio Azteca.

Personajes de ayer y de hoy

Cuautémoc fue el último emperador azteca. Defendió a su pueblo *(his people)* de Hernán Cortés. Pero el Imperio Azteca no sobrevivió *(survived)* las epidemias ni las armas *(weapons)* de los conquistadores españoles.

Diego Rivera es parte de la famosa tríada de los grandes muralistas mexicanos: Rivera, Orozco y Siqueiros. Sus obras más conocidas *(known)* son de temas mexicanos: el pueblo, la historia, la cultura. Su esposa, Frida Kahlo, es también una artista de fama internacional.

Octavio Paz fue un poeta y escritor. Ganó *(He won)* el Premio Nóbel de Literatura en 1990. También fue embajador *(ambassador)* de México en el extranjero *(abroad)*.

In Mexico the "dearly-departed" are remembered and honored on the Day of the Dead. Their graves are spruced up, decorated, and visited by relatives. It is a day for a family reunion between those who are alive and those who are gone. It takes the form of a celebration of death—"the great equalizer"—inherited from the old Toltec, Aztec, Chichimeca, and Mayan cultures. It is rooted in the belief that death is inevitable and should be accepted, not feared. All rituals are not practiced equally throughout the country, but some traditions are, such as setting up altars at home, bringing gifts (such as food that the whole family partakes in) to the relatives' place of rest, skull-shaped candy, garlands of marigolds **(xempazúchitl)**, skeleton figurines in fancy costumes, loaves of bread decorated with "bones" **(pan de muerto)**, and satirical poems about personalities and politicians.

Notas culturales de interés

El Día de los Muertos *(Day of the Dead)* es una celebración tradicional. Es una celebración que mezcla *(mixes)* rituales indígenas con tradiciones religiosas de los conquistadores españoles. Para el 2 de noviembre se preparan calaveras de azúcar *(skulls made of sugar)* y esqueletos en miniatura vestidos *(dressed)* elegantemente. Se preparan altares en las casas con flores *xempazúchitl* (la flor de los muertos). Ese día la gente visita a sus difuntos *(deceased)* en el cementerio.

You may want to take this opportunity to make a comparison of cultural practices and products related to remembering the dead. Brainstorm with the class to create a graphic organizer. The center of the cluster will be: **Recordando a los muertos.** Radiating from the center, to create a web, connect related celebrations such as **Día de los Muertos,** Halloween (Oct. 31), All Saints' Day (Nov. 1), or All Souls' Day (Nov. 2). To each holiday attach ideas such as **costumbres, vestido, comida,** etc.

1910 Comienzan los levantamientos *(uprisings)* de la Revolución Mexicana.

1992 Se firma el Tratado de Libre Comercio *(NAFTA)* entre México, Canadá y EE.UU.

1994 Empieza el conflicto de Chiapas entre las fuerzas rebeldes del Ejército Zapatista de Liberación Nacional (EZLN) y las tropas del gobierno.

1846 En la guerra *(war)* con los EE.UU, México pierde *(loses)* los territorios que hoy son Texas, Nuevo México, Arizona y California.

¿Qué sabes sobre México?

2-24 **Los acontecimientos** *(Events)* **en el tiempo.** Enumera los acontecimientos del 1 al 6, según ocurrieron en la historia de México. **¡Ojo!** Lee con cuidado *(carefully)* y contesta lógicamente.

_____ Hernán Cortés desembarca en Cozumel, en la costa de Yucatán.

_____ Los aztecas construyen en la isla de Tenochtitlán la capital de su futuro imperio.

_____ Monctezuma invita a Cortés a Tenochtitlán. Cortés toma prisionero a Monctezuma.

_____ Después de fundar su capital, los aztecas conquistan a otros pueblos indígenas y su imperio se extiende por gran parte del país.

_____ Cortés construye una ciudad española sobre las ruinas de Tenochtitlán.

_____ Los españoles destruyen el Imperio Azteca con sus cañones y artillería, y también con una epidemia de viruela *(smallpox)* importada de España. Destruyen edificios, documentos y arte.

2-25 **Las categorías.** Organiza la información sobre México en las siguientes categorías.

Personajes históricos	Artistas famosos	Lugares y geografía	Tradiciones religiosas	Comidas para días especiales

Vocabulario

Sustantivos

la agencia de viajes *travel agency*
el año *year*
el autobús *bus*
el avión *airplane*
el banco *bank*
el baño *bath(room)*
el billete *ticket*
la cama *bed*
el cheque de viajero *traveler's check*
la cuenta *bill, check*
el día *day*
el dinero *money*
(el dinero) en efectivo *cash*
el domingo *Sunday*

la ducha *shower*
la excursión *trip, tour*
la fecha *date*
la habitación *room*
la habitación doble *double room*
la habitación sencilla *single room*
el hotel *hotel*
el jueves *Thursday*
la llave *key*
la llegada *arrival*
el lunes *Monday*
el martes *Tuesday*
la medianoche *midnight*
el mediodía *noon, midday*
el mes *month*

el miércoles *Wednesday*
el museo *museum*
la piscina *swimming pool*
el piso *floor*
el sábado *Saturday*
la salida *departure*
la semana *week*
la tarjeta de crédito *credit card*
el tour *tour*
el tren *train*
el viaje *trip*
el viernes *Friday*
el vuelo *airplane flight*

Verbos

abrir *to open*
cerrar (ie) *to close*
hacer un viaje *to take a trip*
ir *to go*
pagar *to pay*

pensar (ie) *to plan; to think*
poder (ue) *to be able to, can*
preferir (ie) *to prefer*
querer (ie) *to want*
regresar *to return*

salir *to leave*
viajar *to travel*
volver (ue) *to return, to go back*

Otras palabras

caliente *hot*
completo(a) *complete; full*
cuarto(a) *fourth*
de ida *one-way*
de ida y vuelta *round-trip*
de la mañana *A.M., early morning*

de la madrugada *A.M., early morning*
de la noche *P.M.*
de la tarde *P.M.*
doble *double*
hoy *today*

mañana *tomorrow*
primer(o)(a) *first*
privado(a) *private*
quinto(a) *fifth*
segundo(a) *second*
tercer(o)(a) *third*

Expresiones útiles

¿Aceptan... ? *Do you accept . . . ?*
¿A qué hora podemos ocupar el cuarto? *What time can we check in?*
¿A qué hora sale (llega)... ? *What time does the . . . leave (arrive)?*
¿A qué hora tenemos que desocupar el cuarto? *What time do we have to check out?*
¿Cómo prefiere... ? *How do you prefer . . . ?*
¿Cuál es la fecha? *What is the date?*

¿Cuánto es? ¿Cuánto vale? *How much is it?*
Cuesta... *It costs . . .*
¿En qué piso está... ? *What floor is . . . on?*
¿En qué puedo servirle? *May I help you?*
los meses del año *the months of the year*
Hoy es el 15 de... *Today is the 15th of . . .*
　enero *January*
　febrero *February*

marzo *March*
abril *April*
mayo *May*
junio *June*
julio *July*
agosto *August*
septiembre/setiembre *September*
octubre *October*
noviembre *November*
diciembre *December*
Me gustaría... *I would like . . .*

Expresiones útiles

¿Para cuántas personas? *For how many people?*

Perdón. *Excuse me.*

¿Podría decirme... ? *Could you tell me . . . ?*

¿Por cuántos días? *For how many days?*

Prefiero... *I prefer . . .*

¿Qué día es... ? *What day is . . . ?*

¿Qué día quiere... ? *What day do you want to . . . ?*

¿Qué días hay vuelos? *What days are there flights?*

¿Qué hora es? *What time is it?*

Quiero... *I want . . .*

Quiero hacer una reservación. *I want to make a reservation.*

Quiero volver el... *I want to return/to come back on . . .*

(Yo) quisiera *I would like . . .*

Sale (Llega) a... *It leaves (arrives) at . . .*

Se abre a... *It opens at . . .*

Se cierra a... *It closes at . . .*

Sólo aceptamos... *We only accept . . .*

¿Tiene baño privado? *Does it have a private bath?*

For further review, please turn to Appendix E.

Capítulo 3

Entre familia

Objetivos

Speaking and Listening

- Talking about your family, close friends, and pets
- Describing people and homes
- Making comparisons
- Discussing activities at home and at work

Reading

- Predicting/Anticipating content
- Using suffixes to identify new words

Writing *(Cuaderno de actividades)*

- Joining sentences with **que**
- Writing descriptions

Culture

- Venezuela
- Family life in Hispanic countries

Grammar

- Descriptive adjectives
- Comparatives and superlatives
- Adverbs of location
- Uses of **ser, estar**
- Irregular verbs in the present tense: **conocer, dar, decir, hacer, poner, saber, salir, traer, venir, ver**
- Negative and indefinite/affirmative expressions
- Stem-changing verbs in the present tense: **e → ie, o → ue,** and **e → i**

A primera vista

Trabaja con un(a) compañero(a). Estudien el cuadro del famoso pintor español Goya. Marquen en cada lista las palabras que, en su opinión, describen el cuadro.

Sustantivos

☐ familia   ☐ hijos

☐ niñas   ☐ amigo

☐ padre   ☐ perro

☐ duquesa   ☐ nobles

☐ caricatura   ☐ grupo

☐ hermano   ☐ carácter

Adjetivos

☐ elegante   ☐ brillante

☐ oscuro   ☐ simple

☐ informal   ☐ imaginativo

☐ vulgar   ☐ serio

☐ plácido   ☐ familiar

☐ controversial   ☐ contradictorio

Francisco de Goya y Lucientes (1746–1828)

Nacionalidad: español

Otras obras: *La maja vestida y la maja desnuda, Los caprichos, El tres de mayo, Saturno devorando a su hijo, El parasol*

Estilo: Versátil y apasionado, con una gran sensibilidad sicológica. Pasó por varias etapas: entre ellas, del período de escenas folklóricas de la vida diaria y paisajes españoles, la de los retratos de la familia real y su "etapa negra" de imágenes fantasmagóricas y monstruosamente distorcionadas.

**Los Duques de
Osuna con sus hijos**
Francisco de Goya y Lucientes

Paso 1

In this *Paso* you will practice:

● Talking about your family, close friends, and pets

● Describing people

● Making comparisons

Grammar:

● Descriptive adjectives

● Comparatives and superlatives

The English equivalents of the ***Vocabulario temático*** sections are found in Appendix E.

Students often feel overwhelmed by the amount of memory work involved in learning a language. Be sure to make your expectations clear to students, and create quizzes and tests that reflect the emphasis that you have placed on the material in class.

Transparency Bank
E-1, E-2, E-3

The fictional Martínez family is used throughout the text in numerous exercises. To help remember the family names, note that the first letter of the names of the immediate family correspond to the first 5 letters of the alphabet: Arturo, Beatriz, Carlos, Dulce, Elisa, Felicia. The family's American guest is Gregorio (Greg).

Use the family tree to ask students questions about the family relationships. For example: **¿Qué es Aurora de Felipe? Aurora es la sobrina de Felipe.**

Estrategia: Managing your learning

Learning another language requires much memorization and recall. Here are some ways to make this task more manageable.

 Prioritize the materials presented. Decide which words and structures are the most essential for you to use actively in your speaking and writing, and devote more time to these points of study. Using the present tense with accuracy, for example, should be one of the objectives at the top of your list.

 Review systematically. Set aside special times to review "old" vocabulary and grammar that are related to the new material of the lesson. In this ***Paso,*** for example, you are about to study words for the extended family. Before you being studying the new vocabulary, take a minute or two to review the words for immediate family members presented in ***Capítulo 1, Paso 2*** on page 18.

Vocabulario temático

MI FAMILIA Y MIS ANIMALES DOMÉSTICOS

Mis parientes

Yo soy *Arturo Martínez,* y ésta es mi familia.
Mi *esposa* se llama *Beatriz.*
Tenemos *tres* hijos: *Carlos* es el mayor, *Elisa* es la menor y *Dulce* es la de en medio.
Mi hermana *Felicia* es soltera.
Mi hermano *Enrique* está casado y tiene *dos* hijos, *Claudia* y *Felipe.*
Mi cuñada se llama *Ginette.*
Mi sobrina *Claudia* ya está casada y tiene *una hija.*

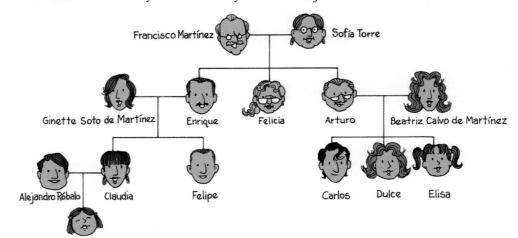

Otros familiares

el abuelo/la abuela
el nieto/la nieta
el tío/la tía
el primo/la prima
el sobrino/la sobrina
el padrastro/la madrastra

el hermanastro/la hermanastra
el medio hermano/la media hermana
el padrino/la madrina
el suegro/la suegra
el cuñado/la cuñada

Los animales domésticos

Tenemos varios animales domésticos.

unos pájaros

un hámster

unos peces tropicales

un gato

un perro

Introduce this vocabulary by referring to the drawing, a transparency, a family tree, or photographs from some of your own family events. Begin by supplying both the questions and the answer: **¿Quién es ese señor? Es mi abuelo.** Identify members of the immediate family; then integrate the new words, such as **tío, primo,** etc., as you identify other persons in the drawing/photo. Recycle information from previous chapters by elaborating on each person depicted; tell where each person was born, where he/she lives and works, age, etc.: **Este señor es mi tío. Se llama David. Nació en Oregón, pero vive ahora en Minneápolis. Es dentista. Esta señora es mi tía. Es la esposa de mi tío David. Se llama...**

Additional activity: Give brief definitions and have students identify the relationship: **Es el hermano de mi padre. = Es mi tío.**

Since it is a loan word from English, the *h* in **hámster** is generally pronounced as though it were spelled with the Spanish **jota.** Also provide names of other common pets: **conejo** *(rabbit),* **tortuga** *(turtle),* **serpiente** *(snake),* **conejillo de Indias** *(guinea pig).*

When discussing household pets, you might want to mention that some of the more common dog names are **Lobo** and **Sultán,** and for cats the names are **Tigre** and **Minino.**

Provide the following additional terms: **hijastro(a)** *(stepson/stepdaughter),* **yerno** *(son-in-law),* **nuera** *(daughter-in-law),* **bisabuelo(a)** *(great-grandfather/great grandmother),* **tío(a) abuelo(a)** *(great uncle/aunt).*

¿ Sabías que...

- Divorce and stepfamilies are not so common in Spanish-speaking countries, and sometimes people feel awkward using the official terms for stepmother, stepbrother, etc. Depending on the closeness of the relationship, one may refer to a stepmother, for example, as **la esposa de mi padre** or **mi madre/mamá.**

- Godparents play an important role in the family life of many Catholic families in Spain and Latin America. There is even a special word for the relationship between a child's mother and godmother: they are **comadres.** Likewise, the child's father and godfather are related as **compadres.**

Comentario cultural:
LAS FAMILIAS EN EL MUNDO HISPANO

¿A quiénes consideras parte de tu familia? ¿Dónde viven tus abuelos? ¿Tienes padrinos?

Cuando hablamos de la familia en los Estados Unidos, casi siempre pensamos en la familia nuclear, o sea, el padre, la madre y sus hijos. En cambio, en el mundo hispano, la palabra *familia* tiene un significado más amplio; generalmente incluye a abuelos, tíos, primos y otros parientes. Los lazos *(ties)* familiares son muy importantes en el mundo hispano. Los hijos casi siempre viven con sus padres hasta que se casan *(until they get married).* A veces, los abuelos u otros parientes viven en la misma casa también. En muchos países los padrinos *(godparents)* se consideran miembros de la familia. No viven en la misma casa, pero asisten a todas las celebraciones familiares.

As an introduction to the concept of family in the Spanish-speaking world vs. the United States, you may want to ask your students the questions at the beginning of the *Comentario cultural.*

Play Text Audio CD
Track CD1-13

Exercise 3-1 of *Ponerlo a prueba* is designed for homework, although it can be used in class as well; it is included on the audio CD.

Answers to Exercise 3-1: 1. el tío, c; 2. los primos, a; 3. la hija, a; 4. el abuelo, b; 5. la tía, a

3-1 **La familia Martínez.** Dulce y su mejor amiga miran el álbum de fotos de la familia Martínez. Escucha su conversación en tu disco compacto. Después, identifica el parentesco *(relationship/kinship)* de cada persona y contesta las preguntas.

MODELO: Escuchas: [La amiga] Esa señora es muy guapa. ¿Quién es?
            Dulce: Es nuestra tía Ginette. Es la esposa del hermano de mi padre.
        La amiga: Ah. ¿Viven tus tíos aquí en Maracaibo?
            Dulce: Ahora, no. Viven en isla Margarita. ¿No ves qué playa más bonita?
        Escribes: Ginette es *la tía* de Dulce.
        Vive en: a. Maracaibo   (b.) isla Margarita   c. Maiquetía

1. Enrique es _____ de Dulce.

   Trabaja en: a. un banco   b. un hospital   c. un hotel

2. Claudia y Felipe son _____ de Dulce.

   Felipe es: a. estudiante   b. profesor   c. administrador en una universidad

3. Aurora es _____ de Claudia.

   Aurora tiene: a. un gato   b. un perro   c. un pájaro

4. Francisco es _____ de Dulce.

   En la foto, Francisco está con: a. su esposa   b. su esposa y su hija   c. su hija

5. Los otros señores son los padrinos de _____ de Dulce.

   Los padrinos eran *(were)*:   a. unos amigos   b. unos hermanos
                                  c. los abuelos maternos

Comentario cultural: LOS NOMBRES HISPANOS

¿Cuál es tu nombre completo? ¿Tu madre usa su apellido de soltera? En tu familia, ¿hay alguna tradición respecto a los nombres que se usan?

En general, los nombres hispanos consisten en tres partes: un nombre y dos apellidos *(surnames/last names)*. Los nombres más populares —María, José, Jesús, etc.— reflejan *(reflect)* la herencia católica de los países hispanos. El primer apellido es el apellido paterno, o sea, el apellido del padre. El segundo apellido es el apellido materno, es decir, el apellido de la madre. A veces se usa sólo el apellido paterno, pero en los documentos oficiales (como una partida de matrimonio o de nacimiento) se incluyen los dos apellidos. En el árbol genealógico en la página 82, por ejemplo, se ve que el nombre completo de Enrique es Enrique Martínez Torre. El nombre completo de Carlos es Carlos Martínez Calvo.

Cuando una mujer se casa *(gets married)*, generalmente no cambia sus apellidos legalmente; usa su apellido de soltera *(maiden name)*. Pero, en las situaciones sociales puede añadir *(add on)* el apellido de su esposo. Por ejemplo, si Beatriz Calvo se casa con Arturo Martínez, su nuevo nombre para las ocasiones sociales es Beatriz Calvo de Martínez. Todos la van a llamar *(will call her)* "Señora Martínez" o "Señora de Martínez". En el árbol genealógico en la página 82, ¿cuál es el nombre de casada de Claudia? ¿Cuál es el nombre completo de su hija?

Cuando se muere *(dies)* el esposo de una mujer, ella es viuda *(widow)*; en este caso, algunas mujeres de familias tradicionales prefieren usar el título de viuda, en vez de señora: la abreviatura es Vda.

Claudia in the family tree would be known as Claudia Martínez de Róbalo; Aurora's name is Aurora Róbalo Martínez.

Additional activities: Draw your family tree on the board and have students ask you questions about the different family members. Or, have your students draw their own family tree and discuss their aunts, cousins, etc., in pairs or small groups.

3-2 **Mi familia.** Trabaja con tu compañero(a). Entrevístense con estas preguntas.

1. ¿Es grande o pequeña tu familia? ¿Cuántos son Uds.?
2. ¿Cuántos hermanos(as) tienes? ¿Cómo se llaman? ¿Cuántos años tienen? ¿Están casados(as) o son solteros(as)?
3. ¿Viven tus abuelos cerca de tu casa? ¿Trabajan o están jubilados *(retired)*? ¿Con qué frecuencia visitas a tus abuelos?
4. ¿Tienes más tíos por parte de tu padre o de tu madre? ¿Tienes muchos o pocos primos(as)? ¿Con qué frecuencia tienen Uds. reuniones familiares?
5. ¿Qué animales domésticos tienes? ¿Cómo se llaman?
6. ¿Alguno(a) de tus amigos(as) es/son como parte de tu familia? ¿Cómo se llama(n)? ¿Dónde vive(n)?

Vocabulario temático
LAS DESCRIPCIONES PERSONALES

Transparency Bank
J-1, J-3, J-4

¿Cómo es *Gregorio*?

Gregorio es alto y delgado.

Tiene el pelo corto y castaño.

Tiene los ojos verdes.
Es simpático e inteligente.
Es más atlético que la tía Felicia.

¿y la tía *Felicia*?

La tía Felicia es de estatura
   mediana. Es gordita.
Tiene el pelo canoso y los
   ojos castaños.
Lleva anteojos.
Es muy extrovertida.
Es la más generosa de
   su familia.

Rasgos físicos

Es *alto/alta.*
  bajo/baja
  de estatura mediana
  delgado/delgada
  gordo/gorda
  joven
  viejo/vieja; mayor
  guapo/guapa; bonita
  feo/fea
  calvo/calva

Tiene *barba.*
  bigote

Tiene el pelo *negro.*
  rubio
  castaño
  rojo
  canoso
  largo
  corto

Tiene los ojos *verdes.*
  azules
  negros
  castaños
  color miel

Lleva gafas/anteojos.

La personalidad y el carácter

Es *simpático/simpática.*
  antipático/antipática
  tímido/tímida
  extrovertido/extrovertida
  amable
  educado/educada
  maleducado/maleducada
  cariñoso/cariñosa
  agradable
  pesado/pesada
  serio/seria
  divertido/divertida
  bueno/buena
  malo/mala
  perezoso/perezosa
  trabajador/trabajadora
  optimista/pesimista

Introduce this vocabulary by referring to transparencies, photographs
from magazines, or your own family
photographs. After introducing each
group of words (i.e., overall appearance, hair, eyes, etc.), point out how
adjective agreement is made by providing many models. With hair color,
you will need to point out that the
color agrees with the word **pelo** and
is therefore masculine, even when
referring to a woman's hair color. For
personality traits, use celebrities
from sports, film, television, politics,
etc., or fictional characters to exem-
plify the adjectives: **Howard Stern
es maleducado. Oprah Winfrey es
extrovertida,** etc.

You may wish to provide students
with common lexical variants, such
as **atractivo(a), bello(a),
hermoso(a), bonito(a)** to indicate
good looks, or **espejuelos, lentes**
for *eyeglasses.*

**Additional vocabulary: tiene
pecas** *(he/she has freckles);* **tiene
el pelo rizado/lacio** *(he/she has
curly/straight hair)*

Provide a model to describe people
who are in-between two extremes: **Él
no es** *ni* **gordo** *ni* **delgado. Ella no
es** *ni* **guapa** *ni* **fea.**

¿ Sabías que...

- Words like **alto(a), guapo(a)** and **inteligente** are known as *descriptive adjectives.* In Spanish, adjectives must agree in number (singular, plural) and gender (masculine, feminine) with the noun they describe or modify. See the *Estructuras esenciales* section that follows for an explanation of adjective agreement.

- In sentences like **Mi mamá es alta** or **Mis amigos son simpáticos,** you are using forms of the verb **ser** to describe characteristics such as size, appearance, color, and personal qualities. You will study more uses of **ser** later in this *Paso.*

- Spanish has several different words for the color brown. **Marrón** is generally used to describe clothing or other objects. To describe hair and eye color, the adjectives **castaño** or **color café** are more commonly used.

- The word **y** *(and)* is replaced by its alternative form **e** before words staring with **i-** or **hi-**.

inteligente **y** guapo	*intelligent **and** good-looking*
guapo **e** inteligente	*good-looking **and** intelligent*
Efraín **e** Hipólito	

Play Text Audio CD
Track CD1-14

Provide alternatives: **Tiene el pelo rubio.** = **Es rubio(a).** Point out that **Es moreno(a)** refers to someone with dark hair and eyes, as well as an olive or dark skin complexion. In some countries **moreno(a)** may be used to refer to persons of black African descent.

Answers to Exercise 3-3: 1. a; 2. d; 3. c; 4. f

Assign Exercise 3-3 for homework. Follow up in class with Exercise 3-4.

Additional activity: Have students describe their "ideals": **el (la) profesor(a) ideal, el (la) novio(a) ideal, los padres ideales, el (la) compañero(a) de cuarto ideal,** etc. This is a good opportunity to introduce more adjective cognates: **sincero(a), nervioso(a), responsable, práctico(a), agresivo(a), indiferente, tolerante, dinámico(a), organizado(a), romántico(a), sociable, adaptable, imaginativo(a), paciente, egoísta, generoso(a), reservado(a), atlético(a), rebelde, intelectual, idealista, realista, conservador, liberal,** etc.

Follow-up: Pass out several photographs cut from magazines to each pair or small group of students. Each person in turn should say one thing about the photo; this process is repeated until the group can say no

Ponerlo a prueba

3-3 ¿Quién es... ? Daniela no conoce a muchas personas en la fiesta. Ella habla con Ignacio y él le explica quiénes son los otros invitados. Escucha su conversación e identifica a cada persona que describen. Escribe la letra correspondiente al nombre de cada persona.

1. Antonio _____
2. Carolina _____
3. Alejandro _____
4. Rosaura _____

a. b. c. d. e. f.

3-4 ¿Cómo son? Elisa está describiendo a las personas de su familia. Lee las descripciones de Elisa y después describe a varias personas de tu familia. Si prefieres, describe a las tres personas más importantes en tu vida.

1. Mi padre es **de estatura mediana. No** es ni **gordo** ni **delgado.** Tiene **poco pelo; es casi calvo.** (No) Lleva anteojos. Tiene los ojos **castaños.** Es **bastante** *(quite)* **serio** y **trabajador.** ¿Cómo es tu padre?

2. Mi madre es **de estatura mediana** y es **delgada.** Tiene el pelo **largo y castaño.** Es **amable** y **extrovertida.** ¿Cómo es tu mamá?

3. Mi hermano **Carlos** es **alto y delgado.** Tiene el pelo **negro** y los ojos **castaños.** Tiene **veinte** años. Es **atlético** y **optimista.** ¿Cómo es tu hermano(a)?

4. Mi hermana **Dulce** es de **estatura mediana** y es **delgada.** Tiene el pelo **castaño** como *(like)* **mamá.** Es **bonita.** Tiene **diecisiete** años. Dulce es **un poco tímida.** ¿Cómo son tus hermanos?

Estructuras esenciales
LOS ADJETIVOS

In Spanish, an adjective agrees with the noun that it modifies; this means that you must choose an adjective ending that matches the noun in number (singular or plural) and gender (masculine or feminine).

- **La concordancia**

As you can see in the chart below, there are several patterns of noun–adjective agreement.

Adjective ends in:	Masculine Singular	Masculine Plural	Feminine Singular	Feminine Plural
-o	alt**o**	alt**os**	alt**a**	alt**as**
-e	amabl**e**	amabl**es**	amabl**e**	amabl**es**
a consonant	ideal	ideal**es**	ideal	ideal**es**
-dor	trabaja**dor**	trabaja**dores**	trabaja**dora**	trabaja**doras**
-ista	optim**ista**	optim**istas**	optim**ista**	optim**istas**

- **La ubicación**

In Spanish, descriptive adjectives are usually placed directly after nouns; this is the opposite of what happens in English.

Tiene el **pelo negro.** *She has **black hair.***

- **Algunos adjetivos especiales**

A few descriptive adjectives, such as **bueno** and **malo,** may be placed either before or after a noun. However, when these two adjectives are used before a masculine noun, they drop the **-o.**

un **buen** hombre *a **good** man*
un **mal** ejemplo *a **bad** example*

But:

una buena comida *a good meal*

The adjective **grande** may also be placed before or after a noun. When placed before a singular noun of either gender, it is shortened to **gran.** The meaning of the adjective will change according to its position.

una **gran** universidad *a **great** university*
una universidad **grande** *a **large** university*

more about the picture. They then go on to describe the next picture in the same way. Have the groups exchange pictures after several minutes and continue making descriptions. Afterward, arrange 8–10 of the photos at the front of the class. Call on individual students to describe one of the photos at random, as the rest of the class listens and identifies which one has been described.

For Exercise 3-4, have students replace the boldfaced text with information relevant to the family member they are describing.

Gramática
LOS COMPARATIVOS Y LOS SUPERLATIVOS

Sultán es más feroz que Preciosa.
Preciosa es menos agresiva que Lobo.
Lobo es tan protector como Sultán.

A. Las comparaciones de superioridad e inferioridad. To make comparisons between two people or things that are "unequal," use one of the two simple patterns that follow. Notice that you can compare adjectives, adverbs, or nouns in this way.

- **más** + (adjective/adverb/noun) + **que**

Sultán es **más grande que** Preciosa.	*Sultan is **bigger than** Preciosa.*
Preciosa es **más bonita** que Sultán.	*Preciosa is **prettier than** Sultan.*
Dulce habla **más rápidamente** que Carlos.	*Dulce speaks **faster than** Carlos (does).*
Arturo tiene **más hermanos que yo.**	*Arturo has **more brothers and sisters than I** (do).*

- **menos** + (adjective/adverb/noun) + **que**

Preciosa tiene **menos comida que** Sultán.	*Preciosa has **less food than** Sultan.*
Los Martínez tienen **menos coches que** los Nolan.	*The Martinez family owns **fewer cars than** the Nolans.*

There are only a few expressions that do not follow these two patterns.

younger	menor	Elisa es **menor que** Dulce.
older	mayor	Carlos es **mayor que** Dulce.
better	mejor	Gregorio habla inglés **mejor que** Carlos.
worse	peor	Yo canto **peor que** mis hermanos.

B. Las comparaciones de igualdad. To compare two people or things that are "equal," you must choose from the following patterns.

- To compare adjectives and adverbs use **tan... como.**

tan + (adjective/adverb) + **como**

Lobo es **tan malo como** Sultán.	*Lobo is **as bad as** Sultán.*
Lobo es **tan feroz como** Sultán.	*Lobo is **as ferocious as** Sultán.*
Elisa juega al tenis casi **tan bien como** su hermano.	*Elisa plays tennis almost **as well as** her brother.*

- To compare nouns, you must use the form of **tanto** that agrees with the noun that follows it.

tanto/tanta/tantos/tantas + (noun) + **como**

Lobo tiene tant**a** comid**a** como Preciosa.	*Lobo has as much food as Preciosa.*
Carlos tiene tant**os** herman**os** como Gregorio.	*Carlos has as many brothers and sisters as Gregorio.*

- To express the idea "as much as" about a verb or an action, use **tanto como**.

Lobo come **tanto como** Preciosa.	*Lobo eats **as much as** Preciosa.*
Sultán ladra **tanto como** Lobo.	*Sultan barks **as much as** Lobo.*

C. Los superlativos. When you use expressions like *the worst, the most important,* and *the least difficult,* you are using superlatives.

- To form the superlative in Spanish, select a definite article (**el, la, los, las**) that corresponds in number and in gender to whom or to what is being compared; add the word **más**, and after the adjective, use **de** to express *in/of.*

Lobo es **el más pequeño de** todos.	*Lobo is **the smallest of** all of them.*
Beatriz es **la menos introvertida de** la familia.	*Beatriz is **the least introverted of** the family.*
Carlos y Gregorio son **los mejores jugadores de** su equipo.	*Carlos and Gregorio are **the best players of** their team.*
Sultán es **el más feroz** *(ferocious)* **de** todos los perros.	*Sultan is **the most ferocious of** all of the dogs.*

Ponerlo a prueba

3-5 **¿A quién te pareces?** Debes hacer comparaciones entre tú y tus parientes.

Model several sentences before having students work in pairs.

Primera parte: Usa la información a continuación para hacer comparaciones entre los miembros de tu familia.

1. Yo soy tan [alto(a)/bajo(a)] como [mi padre/mi madre/mi hermano(a)].
2. [Mi padre/mi madre/mi hermano(a)] es más [amable/trabajador(a)/serio(a)] que yo, pero es menos [introvertido(a)/extrovertido(a)] que yo.
3. [Mis hermanos/mis primos] no [se divierten/trabajan/duermen] tanto como yo.
4. [Mi padre/mi madre/mi hermano(a)] tiene tanto(a)(os)(as) [trabajo/responsabilidades/problemas] como yo.
5. [Mi sobrino(a)/mi medio hermano(a)/mi padrino] no [estudia/hace ejercicios/viaja] tanto como yo.

Segunda parte: Contesta las preguntas sobre tu familia.

6. ¿Quién es el (la) mayor de tu familia? ¿El (la) menor?
7. ¿Quién es el (la) más alto(a) de tu familia? ¿El (la) más bajo(a)?
8. ¿Quién es la persona más trabajadora de tu familia?
9. ¿Quién es la persona más tímida de tu familia?
10. ¿Quién es el (la) más extrovertido(a)?

3-6 **Comparaciones de familiares.** En parejas, usen la foto de la familia Martínez para completar el ejercicio.

Beatriz   Dulce   Arturo   Carlos   Felicia   Elisa

Primera parte: Lee las oraciones a continuación y decide si la información es cierta, o falsa. Si es falsa, cambia la oración para que sea cierta.

	Cierto	Falso
1. Beatriz es mayor que Elisa.	_____	_____
2. Carlos come más que Dulce.	_____	_____
3. Elisa es la menor de todos.	_____	_____
4. Dulce es tan alta como Beatriz.	_____	_____
5. La tía Felicia es la mayor de todos.	_____	_____
6. Elisa tiene tanta hambre como la tía Felicia.	_____	_____
7. Dulce tiene más sed que Carlos.	_____	_____
8. Arturo es el más alto de todos.	_____	_____

Segunda parte: Escribe algunas oraciones con información cierta o falsa sobre los miembros de la familia Martínez. Luego, léelas para que tu compañero(a) decida si la información es cierta o falsa.

Síntesis

Play Text Audio CD
Track CD1-15

3-7 **La amiga de Gregorio.** Gregorio acaba de conocer *(has just met)* a una nueva amiga. Escucha la conversación entre él y Carlos y completa las actividades.

Primera parte: Escucha la descripción de la nueva amiga. ¿Cuál de las chicas en el dibujo en la página 91 es la nueva amiga?

Segunda parte: Escucha la conversación de nuevo *(again)* y contesta las preguntas.

1. ¿Cómo se llama la amiga?
2. ¿Dónde trabaja?
3. ¿Conoce Carlos a la chica?
4. ¿Qué día van a salir Gregorio y su amiga?
5. ¿Qué van a hacer?

a.　　　b.　　　c.

Additional activity: Have individual students write a description of a classmate without mentioning his/her name. Then have them take turns reading the description as the rest of the class guesses who it is. Provide a model: **Este chico es alto y delgado. Tiene el pelo rubio y los ojos grises. No lleva gafas. Es muy extrovertido. También es inteligente y habla español bien. Es de Carolina del Sur. ¿Quién es?**

3-8 **Entre tú y yo.** Aquí tienes unas preguntas sobre los amigos y la familia. Entrevista a un(a) compañero(a) de clase con las preguntas de la columna A. Después, tu compañero(a) tiene que entrevistarte a ti con las preguntas de la columna B.

Different questions are provided for each student in the pair. Urge students to close their books and listen when it is their turn to answer. Have students take notes on their partner's responses and write a short summary to turn in to you.

A: Tú

Los animales domésticos

1. ¿Qué animales domésticos tienes? ¿Qué animal doméstico te gustaría tener?
2. ¿Prefieres los perros o los gatos? ¿Por qué? En tu opinión, ¿cuáles son más inteligentes? ¿más cariñosos?
3. Para ti, ¿son como parte de tu familia los animales domésticos?
4. ¿Cuáles son las ventajas (advantages) de tener un animal doméstico? ¿las desventajas (disadvantages)?

El matrimonio y la familia

5. ¿Eres soltero(a) o estás casado(a)? (Choose the appropriate gender.)
6. En tu opinión, ¿cuál es el número ideal de hijos en una familia?
7. En tu opinión, ¿cómo es el (la) esposo(a) ideal?
8. ¿Cuál es la edad perfecta para el matrimonio? En tu opinión, ¿es mejor terminar los estudios universitarios primero?

B: Tu compañero(a)

Convivir

1. ¿En qué ciudad vive tu familia?
2. ¿Vives con tus padres durante los veranos (summers)?
3. En tu opinión, ¿es más divertido vivir con tus padres o con tus amigos? ¿Cuál es más fácil? ¿más económico?
4. ¿Cuál es una ventaja (advantage) de vivir con tu familia? ¿Cuál es una desventaja (disadvantage)?

Mejores amigos

5. ¿Quiénes son tus mejores amigos(as) aquí en la universidad?
6. ¿En qué aspectos son Uds. parecidos(as) (similar)? ¿En qué aspectos son diferentes?
7. ¿Cuál es tu amigo(a) más serio y responsable? ¿Cuál es el (la) menos responsable? Explica.
8. ¿A cuál de tus amigos(as) admiras más? ¿Por qué?

This exercise introduces more cognates and helps students apply the rules of agreement to new words. Add more names to the activity to make it more challenging.

Variations: 1. Ask students to write descriptions of well-known personalities and have others guess who they are. 2. Each student writes a description of himself or herself. The papers are scrambled and everyone reads aloud a description for the class to guess. 3. Play a game of twenty questions using well-known personalities.

3-9 **¿Quién es?** Describe a una persona famosa o a un personaje *(character)*. Incluye una descripción personal e información sobre su familia, cuando sea posible. Tu compañero(a) tiene que adivinar *(guess)* quién es. Puedes usar los nombres de la lista o una idea original.

MODELO: Tú describes: *Es de estatura mediana y un poco gordo. Tiene el pelo castaño. Es simpático pero no es muy inteligente. Su esposa se llama Wilma y tiene una hija que se llama Pebbles. Su mejor amigo es Barney. ¿Quién es?*
Tu compañero(a) adivina: *¿Es Fred Flintstone?*
Tú contestas: *¡Sí!*

Personas famosas: Oprah Winfrey, Rosie O'Donnell, Michael Jordan, Tiger Woods, Bill Gates, Gloria Estefan, Madonna, Julio y/o Enrique Iglesias

Personajes: Garfield, el gato; Charlie Brown (de *Peanuts*); el Conde Drácula; King Kong; Miss Piggy; Jame Bond; Bart Simpson (de *los Simpson*); Luke Skywalker (de *Guerra de las Galaxias*); Barney, el dinosaurio; Pedro Picapiedras *(Fred Flintstone)*; Blancanieves *(Snow White)*; Caperucita Roja *(Little Red Riding Hood)*

Vocabulario útil

agresivo	conservador	talentoso
arrogante	discreto	tonto *(silly, dumb)*
atlético	egoísta	tranquilo
cínico	generoso	travieso *(mischievous)*
cómico	liberal	valiente *(brave)*
comprensivo *(understanding)*	pasivo	
	rápido	

Puente cultural

¿Qué puedes decirnos sobre las relaciones y la vida familiar?

Alicia Josefina Lewis
panameña; 47 años; profesora

Las familias se reúnen *(get together)* en casa de los abuelos el domingo. Van los padres, hermanos, primos y compadres. Pasamos un buen rato todos juntos *(We have a good time together)*. En general, los jóvenes *(young people)* participan de la vida y reuniones familiares. Las muchachas *(girls)* tienen más obligaciones con los quehaceres domésticos *(chores)* que sus hermanos. Por lo general, la mamá y las hijas se encargan *(are in charge)* de la casa. También, los varones *(boys)* tienen más libertad *(freedom)* que sus hermanas para salir con frecuencia por la noche.

John Martínez
dominicano-americano; 24 años;
estudiante de postgrado

Mi familia se reúne los fines de semana. Las hijas normalmente cocinan, lavan la ropa, mantienen la casa limpia, pero todos compartimos *(we share)*. Admito que, aunque sea una mentalidad machista, los hijos tienen más libertades que las hijas. Las hijas son más delicadas y hay que protegerlas *(it is necessary to protect them)*.

Juan Eduardo Vargas Ortega
mexicano; 47 años; profesor
asociado universitario

La familia—padres, hijos, primos, tíos, etc.—se reúne semanalmente *(weekly)*. Mantener este contacto familiar es importante. Los papeles *(roles)* en la familia son bastante tradicionales: La madre cocina, lava ropa, limpia la casa, cuida a los niños... y el padre provee y guía. Todavía los hijos tienen más libertades que las hijas, salen de casa sin necesidad de explicar adónde o con quién van, ni a qué hora piensan regresar.

Entre familia noventa y tres **93**

Te toca a ti

3-10 **Compara la información.** Después de leer las opiniones de Alicia, John y Juan Eduardo, usa los signos matemáticos para completar las ideas.

= (es igual)

≠ (no es igual; es diferente)

< (es menos)

> (es más)

MODELO: La nacionalidad de estas personas:

Alicia ≠ John ≠ Juan Eduardo

1. Frecuencia de las reuniones familiares:

Alicia _____ John _____ Juan Eduardo

2. La libertad para los chicos y las chicas:

En Panamá: chicos _____ chicas

En la República Dominicana: chicos _____ chicas

En México: chicos _____ chicas

3. Participación de los varones (*males*) en los quehaceres domésticos:

Panamá _____ República Dominicana _____ México

In preparation for Exercise 3-11, have students go back to Exercise 3-10 and add **Estados Unidos** to the comparisons.

Make this a full-class activity to get a wider range of opinions and points of view.

3-11 **¿En qué país?** Ahora decide dónde es más probable (*most likely*) encontrar estas prácticas y actitudes. Escribe una X en la(s) columna(s) que corresponde(n).

Prácticas y actividades	En un país hispano	En EE.UU.	En ambos (*both*)
1. La familia se reúne todos los fines de semana para pasar tiempo juntos.			
2. La familia solamente se reúne para cumpleaños, bodas y otras ocasiones especiales.			
3. Los padres son más protectores de sus hijas que de los hijos varones.			
4. Los quehaceres del hogar son tareas eminentemente femeninas.			
5. El hombre de la casa, el padre, es el proveedor de seguridad económica.			
6. Los papeles sociales todavía son bastante tradicionales.			

Paso 2

In this *Paso* you will practice:
- Talking about a house
- Describing the rooms and furniture of a house
- Reporting the condition of things
- Giving the location of things

Grammar:
- Adverbs of location
- Some uses of **ser** and **estar**

Vocabulario temático
LA CASA

Los cuartos y los muebles

Acabo de *mudarme a* una nueva casa.
       comprar
       alquilar

Tiene *dos pisos.*
     cinco cuartos

En la planta baja, hay *una cocina.*
         un comedor
         una sala

En el primer piso, hay *un dormitorio* grande.
        un baño

Transparency Bank
C-1, C-2, C-4, C-5

Introduce the vocabulary by using a transparency or by drawing a sample floor plan of your own house on the board. Name the rooms and what is in each one. **Ésta es mi casa. Es de tamaño mediano; no es ni grande ni pequeña. Mi casa tiene siete cuartos. Ésta es la cocina. Aquí preparamos la comida. En la cocina hay...**

Depending on the country, the bedroom may be called **el cuarto, la habitación,** or **la recámara.**

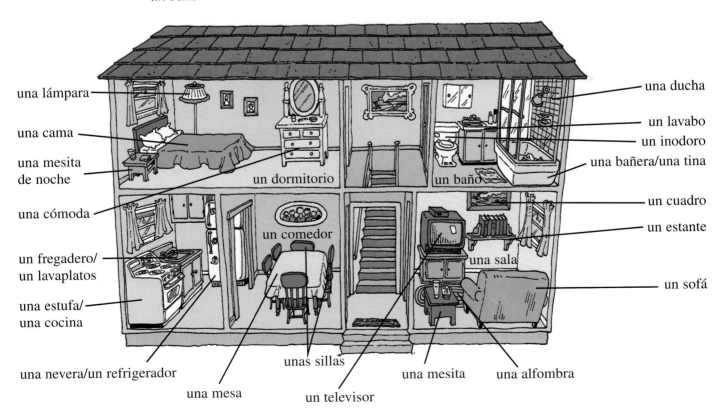

una lámpara
una cama
una mesita de noche
una cómoda
un fregadero/un lavaplatos
una estufa/una cocina
una nevera/un refrigerador
una mesa
un dormitorio
un comedor
unas sillas
un televisor
una mesita
una sala
una alfombra
un baño
una ducha
un lavabo
un inodoro
una bañera/una tina
un cuadro
un estante
un sofá

Provide words for additional appliances: **una videocasetera** *(VCR)*; **un (horno de) microondas** *(microwave oven)*; **un lavaplatos/ un lavavajillas** *(dishwasher)*; **una lavadora** *(washing machine)*; **una secadora** *(clothes dryer)*.

Cómo describir algunas características de una casa

Mi casa es *nueva.*

> *vieja*
> *cara*
> *barata*
> *grande*
> *de tamaño mediano*
> *pequeña*
> *moderna*
> *tradicional*

Point out to your students that the word **casa** means *house,* but the word **hogar** is used for *home.*

Cómo describir algunas condiciones de una casa

Mi casa está *amueblada.*

> *en buenas condiciones*
> *en malas condiciones*

El baño está *ordenado.*

> *desordenado*
> *limpio*
> *sucio*

La mesita está rota.

El refrigerador está descompuesto.

¿ Sabías que...

- The verb **ser** is used to describe the characteristics of a house (new, modern, expensive, etc.), while the verb **estar** is used to describe conditions (clean, dirty, neat, etc.). You will learn more about the differences between **ser** and **estar** later in this *Paso.*

- Although both **roto(a)** and **descompuesto(a)** are often translated as *broken,* **roto(a)** is used when part of an object has cracked or broken away, while **descompuesto(a)** is used when a mechanical appliance fails to work properly.

  La silla está rota y el refrigerador   *The chair is broken and the*
  está descompuesto.   *refrigerator is out of order.*

- A common kitchen, dining room, or desk chair is **una silla,** while a comfortable easy chair is **un sillón.**

- The expression **sala de estar** is commonly used to refer to a den or family room.

- Modern homes have built-in clothes closets (**clóset**). Many older homes, however, do not, and clothing must be stored in a large piece of furniture called **el armario** *(armoire)* or **el guardarropa** *(wardrobe).*

Comentario cultural: LAS CASAS HISPANAS

¿Cómo es tu casa? ¿Cuál es el centro de las actividades familiares en tu casa? En tu comunidad, ¿son las casas modernas o tradicionales?

El concepto tradicional de una casa cambia según el país, el clima, la situación económica y el gusto *(taste)* personal de los dueños.

Las casas en los países hispanos representan una gran variedad de estilos arquitectónicos. Las casas más antiguas y tradicionales normalmente son de estilo colonial (del estilo de las casas en España durante la colonización del Nuevo Mundo). Casi siempre tienen un patio interior *(an interior courtyard)* que se usa para plantas y flores. Todos los cuartos dan al *(open to)* patio, que es el centro de muchas actividades familiares.

En las zonas urbanas, sin embargo, muchas personas prefieren vivir en apartamentos. Los apartamentos, que se llaman **pisos** en España y **departamentos** en México, son más obtenibles y convenientes para personas de escasos *(limited)* recursos económicos.

3-12 **De venta.** Estás hablando con un corredor de bienes raíces *(real estate agent).* Escucha la descripción de la casa en tu disco compacto y escoge las respuestas correctas.

1. Número de pisos:	1	2
2. Número de dormitorios:	2	3
3. Número de baños:	1	2
4. El baño matrimonial incluye tina:	sí	no
5. La cocina es grande:	sí	no
6. La cocina incluye refrigerador:	sí	no
7. Hay un garaje pequeño:	sí	no
8. El precio de la casa:	caro	barato

Play Text Audio CD
Track CD1-16

Exercise 3-12 is intended as homework, while 3-13 is for class work.

Answers to Exercise 3-12: 1. 2; 2. 3; 3. 2; 4. no; 5. sí; 6. no; 7. no; 8. barato

3-13 **¿Cómo es esta casa?** La familia González acaba de comprar una casa en Miami. Mira el dibujo y contesta las preguntas con oraciones completas.

As an additional activity, have the students compare the house in the illustration to their house or apartment.

Follow-up to Exercise 3-13: Make statements about the house and have students say whether they are probably true or false: 1. **La familia González tiene una casa pequeña. (F)**; 2. **La familia come en la cocina generalmente. (F)**; 3. **Tienen un garaje para dos coches. (F)**; 4. **Hay cuatro camas. (C)**; 5. **Los hijos nadan y practican el béisbol y el básquetbol. (C)**; 6. **El baño del primer piso está sucio. (F)**; 7. **La cocina está ordenada. (C)**; 8. **Hay muchos estantes para libros en el dormitorio. (F)**; 9. **La lámpara del dormitorio está rota. (F)**; 10. **Hay dos cuadros en el comedor. (C)**

1. ¿Cuántos pisos tiene esta casa? ¿Cuántos cuartos tiene?
2. ¿Qué cuartos están en la planta baja? ¿en el primer piso? ¿en el segundo piso?
3. ¿Qué electrodomésticos hay en la cocina? ¿Hay microondas *(microwave oven)*?
4. ¿Dónde comen? ¿Dónde miran la televisión? ¿Dónde hacen ejercicio?
5. ¿Cuántos baños hay? ¿Están sucios o limpios? ¿Cuál es más moderno? ¿Cuál te gusta más?
6. ¿Cuántos dormitorios hay? ¿Cuál de los dormitorios está desordenado y sucio? ¿Por qué?
7. ¿Cuáles de los muebles están en malas condiciones? ¿En qué cuarto están?
8. ¿Cuál es tu cuarto favorito? Descríbelo.

Comentario cultural: MI CASA ES TU CASA

¿Cómo saludas a tus invitados cuando llegan a tu casa? ¿Qué haces o dices para darle la bienvenida *(to welcome)* a un invitado? ¿Qué no debe hacer en tu casa un invitado?

Cuando un hispano te invita a su casa, te hace un honor muy grande. Durante tu visita, es posible que tu anfitrión o anfitriona *(host or hostess)* use la expresión "Mi casa es tu casa" o "Estás en tu casa". No debes interpretar estas expresiones al pie de la letra *(literally)*. Como siempre, al visitar a nuevos amigos es mejor seguir las reglas de etiqueta y protocolo indicados. Debes tratar de observar e imitar la conducta de otras personas. Si no estás seguro(a) de cómo actuar, pregúntaselo a tu anfitrión o anfitriona para que no cometas un error.

Vocabulario temático
PARA INDICAR RELACIONES ESPACIALES

¿Dónde está el gato?

Está...

en las cortinas, a la izquierda del estante

en la lámpara, a la derecha del estante

en el medio de la cama, sobre la cama

encina de la mesita, detrás del teléfono

entre los libros

Introduce these spatial relationships by bringing a small stuffed animal or other object to class and locating it on top of your desk, under the desk, beside a student, etc. Use the transparencies for additional practice. Add the following words: **en el rincón** *(in the corner)*, **enfrente de** *(opposite, facing, across from)*, **cerca de** *(close to)*.

Transparency Bank
C-1, C-2, C-4, C-5

al lado de la computadora

delante del clóset

en la gaveta de la cómoda

debajo de la cama

en la mochila

Additional activities: 1. Ask true/false questions about the illustrations on page 95 and page 98: **El lavabo está a la derecha del inodoro. El televisor está encima de la mesita. El refrigerador está al lado de la estufa.** 2. Describe the location of an object in the drawing and have students identify which object you are referring to: **Está en el dormitorio, entre la mesita de noche y la lámpara. (la cama); Está en la sala, a la izquierda del sofá. (la mesita); Está en el comedor, en la pared. (el cuadro).**

¿Sabías que...

- The verb **estar** is used to indicate the location of persons or things.

  El gato **está** delante del clóset.

  *The cat **is** in front of the closet.*

- The preposition **en** may be used to indicate *in* (**El libro está en la caja**), *at* (**Luis está en casa**) and *on* (**La carta está en la mesa**).

Play Text Audio CD
Track CD1-17

Ponerlo a prueba

Please note that Exercise 3-14 is intended as homework, while 3-15 is for class work.

Answers to Exercise 3-14: 1. b; 2. c; 3. a; 4. b; 5. c; 6. a

Follow-up to Exercise 3-14: Working in pairs, have each student draw a diagram of a favorite room at home, and label the door, windows, and closets. Students then switch diagrams with their partners. The partner will draw the furniture in its correct place as the other student describes the location of the furniture in the room.

3-14 **El cuarto de Mayra.** La madre de Mayra le describe a su esposo el cuarto de Mayra en su nuevo apartamento. Escucha la descripción y contesta las preguntas.

1. Mayra's room has a huge _____ a. bed. b. closet. c. window.
2. The bed is _____ a. to the right of the closet. b. to the right of the door. c. under the window.
3. Between the nightstand and the closet is _____ a. a bookshelf. b. a small table. c. the TV.
4. The easy chair is _____ a. to the right of the door. b. to the left of the door. c. across from the door.
5. Mayra uses the easy chair to _____ a. work on the computer. b. talk on the telephone. c. study.
6. The dresser is _____ a. to the right of the door. b. to the left of the door. c. to the left of the closet.

3-15 **¿Dónde está mi... ?** Un(a) de tus compañeros(as) es muy desorganizado(a) y no encuentra (*find*) algunas cosas. Mira el dibujo y dile a tu compañero(a) dónde están las cosas.

1. ¿Dónde está mi cartel? No está en mi escritorio.
2. ¿Y mi calculadora? Tengo una prueba en mi clase de cálculo y no sé dónde está.
3. ¿Quién tiene mi raqueta de tenis? No está en el cuarto.
4. ¡No veo mi diccionario de inglés! Lo usé para escribir una composición y ahora ha desaparecido.
5. ¿Quién tiene mi suéter nuevo? Hace frío y no lo encuentro.
6. Necesito mi mochila. ¿Sabes dónde está?
7. ¿Qué pasó con mi composición? Si no la entrego (*turn it in*) hoy, el profesor de inglés me va a matar (*kill*).
8. ¿Dónde esta la carta de mis padres? Tiene el cheque que necesito para pagar mis gastos (*expenses*).

Gramática
LOS VERBOS *SER* Y *ESTAR*

Before discussing the uses of **ser** and **estar,** review the conjugation of the verbs and solicit examples of the uses students remember.

Esa chica **es** mi vecina nueva.	*That girl **is** my new neighbor.*
Su nombre **es** Berta; **es** muy simpática.	*Her name **is** Berta; she's very nice.*
Berta también **es** estudiante de la universidad.	*Berta **is** also a student at the university.*
Su casa **es** moderna y bonita.	*Her house **is** modern and pretty.*
Ella **está** contenta porque estudiamos la misma carrera.	*She **is** happy because we are studying the same thing/career.*
Su casa **está** a la izquierda de la mía.	*Her house **is** to the left of mine.*

A. Los usos del verbo *ser.* Both **ser** and **estar** mean *to be,* but they are used in different ways and may not be interchanged. The verb **ser** is used in the following cases.

- with a predicate noun (a noun after the verb), in order to identify the subject by relationship, occupation, profession, nationality, or other similar categories

Éste **es** mi primo.	*This **is** my cousin.*
Es un amigo.	*He **is** a friend.*
Mi tío **es** dentista.	*My uncle **is** a dentist.*
Mis padres **son** cubanos.	*My parents **are** Cuban.*

- with adjectives, to describe characteristics and traits of people, places, and things

Elisa **es** amable.	*Elisa **is** kind.*
Mi casa **es** grande.	*My house **is** big.*
La sala **es** azul.	*The living room **is** blue.*

- with the preposition **de,** to express possession, and as the equivalent of English *'s*

La cama **es de** Alicia.	*The bed **belongs to** Alicia.*
Nina **es** la prima **de** Felipe.	*Nina **is** Felipe's cousin.*

- with the preposition **de** to show origin

La lámpara **es de** Italia.	*The lamp **is from** Italy.*
Mi abuelo **es de** Bolivia.	*My grandfather **is from** Bolivia.*

- to tell time and to give dates

Es la una de la tarde.	*It's one o'clock in the afternoon.*
Son las seis y media.	*It's six-thirty.*
Ya **es** tarde.	*It's already late.*
Hoy **es** viernes.	*Today **is** Friday.*

B. Los usos del verbo *estar*. The verb **estar** is used to express the following.

- to indicate location of persons or things

Gregorio **está** en Venezuela.	*Greg is in Venezuela.*
Mis libros **están** en mi apartamento.	*My books are in my apartment.*
La cama **está** a la derecha del sillón.	*The bed is to the right of the easy chair.*

- with adjectives that indicate emotional and physical conditions

Mis padres **están** contentos.	*My parents are happy.*
Mi abuela **está** enferma.	*My grandmother is ill.*
La alfombra **está** sucia.	*The rug is dirty.*
El refrigerador **está** descompuesto.	*The refrigerator is out of order.*

C. *Ser* y *estar* con adjetivos. Although both **ser** and **estar** may be used with descriptive adjectives, the two verbs convey different meanings.

- **Ser** is used with adjectives that describe characteristics, traits, or inherent qualities—the way things or people are in essence, at the core of their being. Such adjectives include words like **alto, bajo, inteligente, bueno, cómico,** etc.

Elena **es** guapa.	*Elena is good-looking.* (Everyone thinks of her this way; she's a very attractive woman.)
Nuestra casa **es** grande.	*Our house is big.* (It has twelve rooms.)

- **Estar** is used with adjectives that describe the way a person feels or the condition of something. Some adjectives of this type include **contento, triste, cansado, enfermo, enojado, frustrado, ordenado, desordenado, roto,** etc.

Elena **está** triste.	*Elena is sad.* (She feels sad because of some bad news she has just received.)
La sala **está** sucia.	*The living room is dirty.* (We just had a party, so it's a mess.)

- Many adjectives may be used with either **ser** or **estar**, but with different connotations. Note, however, that despite the differences in translation, **ser** is still used to describe the essential nature of somebody or something, while **estar** is used to describe a condition.

ser: Juan **es** muy guapo.	*John is handsome.* (He is a handsome man; everyone thinks of him as handsome.)
estar: Juan **está** muy guapo esta noche.	*John looks especially handsome tonight.* (He is wearing a new suit that favors him.)
ser: Este parque **es** muy limpio.	*This park is very clean.* (The city keeps it well maintained.)
estar: El parque **está** muy limpio.	*The park is/looks very clean.* (The crew just cleaned it.)

Ser and **estar** also convey different meanings when used with the question word **¿cómo?**

ser: ¿Cómo **es** tu mamá?	*What is your mother like?* (Describe her to me.)
estar: ¿Cómo **está** tu mamá?	*How is your mother?* (How is she doing? Is she well?)

Ponerlo a prueba

3-16 **Las diferencias entre el día y la noche.** La Sra. Muñoz acaba de visitar a sus hijos Armando y Arturo, quienes son tan diferentes como el día y la noche. Mira las habitaciones de Armando y Arturo y contesta las preguntas oralmente.

Exercise 3-16 is intended as class work, while Exercise 3-17 is intended as homework.

1. ¿Cómo es el cuarto de Armando, grande, pequeño o de tamaño mediano? ¿Qué tiene Armando en su cuarto?
2. ¿Está limpio o sucio el cuarto de Armando? ¿Está ordenado o desordenado su escritorio?
3. ¿Cómo está la madre de Armando cuando piensa en el cuarto de su hijo? ¿Por qué?
4. ¿Cómo es el cuarto de Arturo? ¿Qué tiene en su cuarto?
5. ¿En qué condiciones está el cuarto de Arturo? Describe las condiciones de los muebles.
6. Después de mirar el cuarto de Arturo, ¿cómo está su madre?
7. ¿Cómo es tu cuarto? ¿Se parece más (*Is it more like*) al cuarto de Armando o al de Arturo?

3-17 **Saludos de Venezuela.** María del Carmen está de vacaciones con su esposo, Leonardo, en Los Roques, Venezuela. Completa la carta que ella les escribe a sus padres con la forma correcta del tiempo presente de **ser** y **estar**.

28 de julio
Querida familia:

¿Qué hay de nuevo? ¿Cómo (1) _____ Uds.? Yo (2) _____ aquí en Los Roques, un paraíso tropical. (3) _____ un lugar fenomenal con playas muy blancas y limpias.

Las Islas Los Roques (4) _____ a 150 kilómetros al norte de Caracas. Nuestro hotel (5) _____ en la playa de Gran Roque, la isla más grande. Nuestra habitación no (6) _____ muy grande, pero (7) _____ cómoda. Casi todos los turistas en Los Roques (8) _____ venezolanos. Todos (9) _____ muy amables. Hay muy pocos norteamericanos aquí.

Hoy (10) _____ domingo. Desafortunadamente, Leonardo y yo pensamos regresar mañana a Miami. Pensamos pasar dos días allá porque Leonardo y yo (11) _____ un poco cansados. También pensamos visitar a Yolanda; ella (12) _____ la prima favorita de Leonardo. Pienso que (ella) (13) _____ enfermera porque trabaja en el hospital Jackson Memorial.

Si todo va bien, vamos a llegar a Charleston el quince de agosto. Creo que (14) _____ jueves. Nosotros (15) _____ contentos de poder visitarlos por unos días.

   Bueno, por ahora, ¡saludos desde Los Roques!
   Abrazos de
   María del Carmen

Síntesis

3-18 **¿Qué apartamento prefieres?** Lee los anuncios para algunos condominios en Bogotá, Colombia, en la página 105.

Primera parte: Contesta las preguntas oralmente con tu compañero(a) de clase. Nota: En Colombia, se dice **alcoba,** y no **dormitorio.**

1. En Balcones de Tibana, ofrecen dos tipos de condominios. ¿Cómo son? ¿Cuánto cuesta cada uno? (Nota: $ es el símbolo para el peso colombiano.)

2. En Reserva de la Colina, tienen solamente un tipo de condominio. ¿Cuántos dormitorios y baños tiene? ¿Cuánto cuesta?

3. De los apartamentos con tres dormitorios, ¿cuál es más grande? ¿Cuál es más caro?

4. ¿Cuáles son algunos de los atractivos de los condominios en Balcones de Tibana? ¿en Reserva de la Colina?

5. ¿Cuál de los condominios es mejor *(better)* para una familia con niños pequeños? ¿para aficionados de los deportes? ¿Cuál prefieren tú y tu compañero(a)? Expliquen por qué.

Casas

RESERVA DE LA COLINA

Cra. 52 Calle 144

Ubicación privilegiada

Precio: Desde $ 179'000.000

Área: 181.1 m²

3 alcobas estudio o estar y servicio

3 baños y servicio

Financiación:
70% Las Villas

• Cancha de Tennis.

• Cancha de Squash.

• Cancha de Hockey.

• 10.000 mts² de zonas verdes.

• Todas las ventajas comunales.

INFORMES:
Tels: 520 0903 - 236 9546

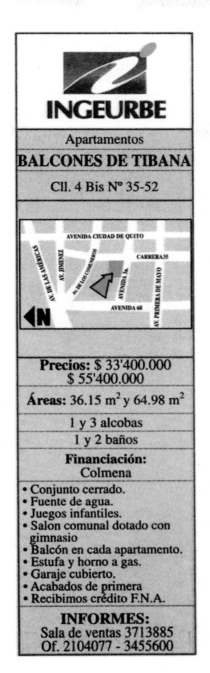

Apartamentos

BALCONES DE TIBANA

Cll. 4 Bis N° 35-52

Precios: $ 33'400.000
$ 55'400.000

Áreas: 36.15 m² y 64.98 m²

1 y 3 alcobas

1 y 2 baños

Financiación:
Colmena

• Conjunto cerrado.
• Fuente de agua.
• Juegos infantiles.
• Salon comunal dotado con gimnasio
• Balcón en cada apartamento.
• Estufa y horno a gas.
• Garaje cubierto.
• Acabados de primera
• Recibimos crédito F.N.A.

INFORMES:
Sala de ventas 3713885
Of. 2104077 - 3455600

Segunda parte: Tú y tu compañero(a) quieren alquilar uno de los condominios en los anuncios, pero necesitan saber más antes de decidir cuál prefieren. Escriban cuatro o cinco preguntas para pedir más información.

_____

_____

_____

_____

_____

3-19 **Mi domicilio.** Contesta las preguntas oralmente con tu compañero(a) sobre tu casa o apartamento (o la casa/el apartamento de tu familia).

1. ¿Vives en una casa o en un apartamento?
2. ¿Dónde está tu casa/apartamento?
3. ¿Cuántos cuartos hay en tu casa/apartamento?
4. ¿Cuál es tu cuarto predilecto *(favorite)* en tu casa/apartamento? ¿Por qué te gusta?
5. Describe los muebles en tu cuarto predilecto.
6. ¿Dónde comen Uds. todos los días? ¿Dónde comen cuando tienen invitados?
7. ¿Cuántos baños hay? ¿Son suficientes? Explica. Describe el que tú usas.
8. ¿En qué cuarto pasa más tiempo tu familia? ¿Qué hacen Uds. allí?
9. ¿Cuál es el cuarto menos atractivo de tu casa? Describe el cuarto, su contenido y explica por qué no te gusta.

3-20 **Una casa nueva.** El Sr. Álvarez quiere comprar un condominio y conversa con una corredora de bienes raíces. Escribe dos diálogos que representen su conversación. Luego, presenta los diálogos a la clase.

1.

2.

Paso 3

In this *Paso* you will practice:
- Describing the activities of family members
- Describing pastimes

Grammar:
- Some irregular verbs in the present tense
- Stem-changing verbs in the present tense: **e → ie, o → ue, e → i**
- Affirmative and negative expressions

Vocabulario temático
LAS ACTIVIDADES DE MI FAMILIA

Transparency Bank
C-6, M-1

Los quehaceres domésticos

Normalmente papá cocina y sirve *la cena.*
el desayuno
el almuerzo

Mi hermana siempre lava *los platos.*
la ropa

Mi hermanito nunca quiere *poner la mesa.*
hacer la cama

A veces mamá tiene que *limpiar el garaje.*
cortar el césped

Yo limpio el polvo de *los muebles.*
También, doy de comer a *los perros.*

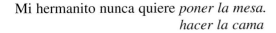
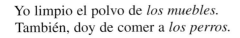

Nuestra rutina

Durante la semana, todos salimos de casa *temprano*.
                                                    tarde

Pasamos el día *en clase*.
              en el trabajo
              en la oficina

Mis hermanos siguen sus estudios *en el colegio*.
                                 en la primaria
                                 en la escuela superior

Mis hermanos y yo regresamos a casa *antes que mis padres*.
                                    después que mis padres

Los fines de semana mis hermanos y yo dormimos *hasta tarde*.
                                               hasta las once

Los sábados, papá trae trabajo a casa y mamá limpia *la casa*.

Sabías que...

- Several of the new verbs in this section are regular in the present tense: **cocinar** *(to cook)*, **lavar** *(to wash)*, **cortar** *(to cut, to mow)*. You will learn more about the irregular and stem-changing verbs later in this *Paso*.

- The verb **poner** has various meanings, depending on the noun that follows it.

poner la mesa	*to set the table*
poner la televisión (la radio)	*to turn on the TV (the radio)*

- In most Spanish-speaking countries, lunch (**la comida** or **el almuerzo**) is traditionally the largest meal or the day. Often businesses, stores, and schools close at mid-day so that the whole family returns home to enjoy this meal together. In some larger cities, the traditional schedule is changing and businesses do not close for the traditional **siesta;** in those places, everyone may not be able to return home until the end of the workday.

Estructuras esenciales
EXPRESIONES INDEFINIDAS/AFIRMATIVAS Y NEGATIVAS

Words like *somebody*, *anything*, and *some* are known as indefinite/affirmative words, while words like *nobody*, *nothing*, and *none* are known as negative words. The following chart summarizes the most commonly used indefinite/affirmative and negative words in Spanish and English.

Palabras indefinidas/afirmativas y negativas	
en inglés	en español
everybody, everyone	todo el mundo, todos
somebody, someone anybody, anyone	alguien
nobody, no one	nadie
not . . . anybody; not . . . anyone	no... nadie
everything	todo
something, anything	algo
nothing	nada
not . . . anything	no... nada
always	siempre
never	nunca, jamás
not . . . ever	no... nunca, no... jamás
some, any	algún (alguno), alguna, algunos, algunas
No, not one	ningún (ninguno), ninguna
not . . . any; not . . . a single (one)	no... ningún (ninguno), ninguna
also	también
neither	tampoco
not . . . either	no... tampoco
either . . . or	o... o
neither . . . nor	ni... ni
not . . . or	no... ni... ni

Los usos de las palabras indefinidas y negativas. English and Spanish tend to use indefinite and negative words in different ways. Here are some guidelines to follow:

- Negative words may be placed before the verb in Spanish, just as in English.

  Before the verb: nadie   **Nadie** viene a cenar esta noche.
  Nobody is coming to dinner tonight.

       nunca   *Nunca* limpio mi cuarto.
  I *never* clean my room.

- When a negative word is placed after the verb in Spanish, you must add **no** in front of the verb. This *double negative* is proper and necessary in good Spanish, even though in English double negatives are considered to be a colloquial or substandard use.

  After the verb: no... nadie   ¿**No** viene **nadie** a cenar esta noche?
  Isn't anybody coming to dinner tonight?

       no... nunca   **No** limpio mi cuarto **nunca**.
  I *don't ever* clean my room.

- In Spanish, multiple negative words may be used in the same sentence. English generally uses a combination of one negative word and multiple indefinite/affirmative words.

  Nunca haces **nada** para **nadie**.   You *never* do *anything* for *anyone.*
  Nadie nunca me ayuda con **nada**.   *Nobody ever* helps me with *anything.*

Ponerlo a pueba

Play Text Audio CD
Track CD1-18

3-21 El día más ajetreado. Los miembros de la familia Silva (Rodolfo, Caridad, Diana) contestan la pregunta: **¿Cómo pasa Ud. su día más ocupado?** como parte de una encuesta de mercadeo *(marketing survey)*. Escucha su conversación en el disco compacto y completa las oraciones.

1. Para Rodolfo Silva, el día más ocupado es el _____.

2. Ese día, el Sr. Silva (Indica con una X cuatro de sus actividades.)

   _____ a. sale de casa más temprano.

   _____ b. tiene que desayunar con sus clientes.

   _____ c. regresa a casa más tarde.

   _____ d. va al gimnasio por la mañana.

   _____ e. tiene una reunión.

   _____ f. pasa tiempo en un club con sus colegas.

3. Para Caridad Silva, el día más ocupado es el _____.

4. Ese día, Caridad y la empleada (Indica con una X cuatro de los quehaceres domésticos.)

   _____ a. hacen la camas.

   _____ b. lavan la ropa.

   _____ c. cortan el césped.

   _____ d. limpian los baños.

   _____ e. cocinan.

   _____ f. limpian el polvo de los muebles.

5. Para Diana, el día más ocupado es el _____.

6. Ese día, Diana (Indica con una X cuatro de sus actividades.)

   _____ a. pasa el día en clase.

   _____ b. va al gimnasio.

   _____ c. trabaja de voluntaria en un hospital.

   _____ d. cocina la cena para su familia.

   _____ e. hace ejercicios aeróbicos.

   _____ f. trae mucha tarea a casa.

3-22 Una encuesta. Imagínate que preparas un informe *(report)* para una revista sobre la familia de hoy. Usa el formulario en la página 111 para entrevistar a un(a) compañero(a) de clase.

1. ¿Cuántas personas hay en tu familia?
   ☐ 1–3
   ☐ 4–6
   ☐ 7 o más

2. ¿En qué tipo de casa vive tu familia?
   ☐ casa o dúplex
   ☐ apartamento
   ☐ condominio

3. ¿Dónde vive tu familia?
   ☐ en una ciudad
   ☐ en el campo *(country)*
   ☐ en las afueras *(outskirts, suburbs)*

4. ¿Qué otros parientes viven con tu familia?
   ☐ ninguno
   ☐ un(a) abuelo(a)
   ☐ otro pariente:_____

5. ¿Qué animales domésticos tienen Uds.?
   ☐ un(os) gato(s)
   ☐ un(os) perro(s)
   ☐ otros animales:_____

6. En tu familia, ¿quién tiene que hacer los siguientes trabajos?
   a. limpiar el baño
   b. lavar la ropa
   c. cocinar
   d. cortar el césped
   e. limpiar el polvo de los muebles

7. ¿Con qué frecuencia participan tú y tu familia en las siguientes actividades sociales? (nunca, a veces, con frecuencia)
   a. jugar deportes
   b. viajar y conocer lugares nuevos
   c. dar fiestas para los amigos y los familiares
   d. leer y discutir libros
   e. alquilar y mirar vídeos de películas

Follow-up to Exercise 3-22: Have pairs of students write a brief report summarizing the survey data and providing a profile of the typical family in their class.

Gramática

ALGUNOS VERBOS IRREGULARES

Salgo con mis amigos, pero mi familia y yo no **salimos** juntos con frecuencia.

Veo muchas películas con mis amigos, pero mi familia y yo no **vemos** muchas películas juntos.

Durante la semana, yo no **hago** muchos quehaceres, pero durante el fin de semana mis hermanos y yo **hacemos** muchos.

A. Verbos con la forma irregular *yo.* You have already practiced verbs that do not follow a regular pattern in the present tense. The following verbs also have irregular conjugations. They are irregular only in the first-person singular **yo** form. This feature should help you recall them with ease.

Additional activity: Have students create sentences to describe their daily activities using **nosotros** and the verbs in this section. You react using the **yo** form. For example, if they say, **Traemos los libros a clase,** you react by saying, **Traigo los libros a clase también.** Later, switch roles.

conducir *(to drive)*

(Yo) **conduzco** *a la universidad todos los días.*

(conduces, conduce, conducimos, conducís, conducen)

conocer *(to know a person or a place)*

(Yo) **conozco** *al presidente de la universidad.*

(conoces, conoce, conocemos, conocéis, conocen)

dar *(to give)*

(Yo) **doy** *clases de piano.*

(das, da, damos, dais, dan)

hacer *(to do, to make)*

(Yo) **hago** *la cena.*

(haces, hace, hacemos, hacéis, hacen)

poner *(to put, to place)*

(Yo) **pongo** *la ropa en el clóset.*

(pones, pone, ponemos, ponéis, ponen)

saber *(to know information or how to do something)*

(Yo) **sé** *tu número de teléfono.*

(sabes, sabe, sabemos, sabéis, saben)

salir *(to leave, to go out)*

(Yo) **salgo** *con mis amigos.*

(sales, sale, salimos, salís, salen)

traer *(to bring)*

(Yo) **traigo** *la música.*

(traes, trae, traemos, traéis, traen)

ver *(to see, to watch)*

(Yo) **veo** *películas de horror.*

(ves, ve, vemos, veis, ven)

- You may have noticed that the verbs **saber** and **conocer** both mean *to know* in Spanish. To indicate that you know or are familiar with people and places, the verb **conocer** is used. It is also used to express *to meet,* as in to be introduced to someone for the first time. The verb **saber** is used to talk about information that you know or things that you know how to do.

Mis padres **conocen** al presidente.	*My parents **know/are familiar with** the president.*
Yo no **conozco** Nueva York.	*I don't **know/am not familiar with** New York.*
Yo **sé** la verdad.	*I **know** the truth.*
Mis hermanos no **saben** cocinar.	*My brothers and sisters don't **know how** to cook.*

B. Los verbos *venir, tener* y *decir*. The verbs **venir, tener,** and **decir** are irregular in the first person but also have additional changes in the stem. In **decir,** the **e** changes to **i;** in **tener** and **venir,** the **e** changes to **ie.**

decir *(to say, to tell)*

(Yo) **digo** *la verdad.*

(dices, dice, decimos, decís, dicen)

tener *(to have)*

(Yo) **tengo** *una familia grande.*

(tienes, tiene, tenemos, tenéis, tienen)

venir *(to come)*

(Yo) **vengo** *a clase todos los días.*

(vienes, viene, venimos, venís, vienen)

Ponerlo a prueba

-23 Un sábado normal. Los miembros de la famila Martínez describen cómo es un sábado normal. Completa la descripción con un verbo lógico de la lista. Escribe los verbos en el tiempo presente. No repitas los verbos.

Additional drill: Have students recount each family member's activities from Exercise 3-23: **Carlos** *duerme* **hasta tarde porque** *sale...* etc.

1. dormir   poner   salir   venir

   Carlos dice:

   Los sábados por la mañana (yo) _____ hasta tarde, por que los viernes (yo) _____ con mis amigos y no regreso hasta tarde. A veces, ellos _____ a mi casa y hablamos hasta la medianoche.

2. saber   tener   traer   ver

   El Sr. Martínez dice:

   Casi siempre (yo) _____ trabajo a casa los fines de semana. Por eso *(That's why)* los sábados por la mañana (yo) _____ que trabajar por dos o tres horas. Pero, por la tarde, (yo) _____ los partidos de fútbol en la televisión.

3. cocinar   dar   hacer   limpiar

   Dulce dice:

   Para mí, el sábado por la mañana es el tiempo más aburrido del fin de semana. (Yo) _____ mi cama, (yo) _____ de comer al perro y (yo) _____ mi cuarto y el baño.

4. conocer   dar   jugar   saber

   La Sra. Martínez dice:

   Paso la mañana en la agencia de viajes donde (yo) _____ a nuevos clientes. A veces (yo) _____ al tenis con mis amigas, aunque *(although)* en realidad no (yo) _____ jugar muy bien.

5. conducir   poner   traer   volver

   La tía Felicia dice:

   Por la mañana, trabajo de voluntaria en la clinica. (Yo) _____ la camioneta *(van)* para los pacientes de pocos recursos económicos. (Yo) _____ a casa a la una y después (yo) _____ la mesa y cocino el almuerzo para la familia.

-24 Preguntas personales. Contesta las preguntas oralmente con un(a) compañero(a).

Los quehaceres

1. ¿Qué quehaceres haces en tu casa?
2. ¿Haces tu cama todos los días?
3. ¿Quién lava tu ropa?
4. ¿Con qué frecuencia limpias tu cuarto?

La vida estudiantil

5. ¿En qué cuarto haces la tarea?
6. ¿A qué hora vienen tú y tus compañeros a la clase de español?
7. ¿Conduces tu auto a la universidad?
8. ¿Conoces bien a tus profesores? ¿A qué profesor conoces mejor?

El tiempo libre y los fines de semana

9. ¿Cuándo sales con tus amigos? ¿Adónde van Uds.?
10. ¿Qué hace tu familia durante las vacaciones?
11. ¿Qué programas ves en la televisión? ¿Ves las noticias?
12. ¿Cuándo descansas o pasas tiempo con tus amigos?

Gramática
LOS VERBOS CON CAMBIOS EN LA RAÍZ EN EL TIEMPO PRESENTE

—¿Dónde **sigues** tus estudios?
—**Sigo** mis estudios en la universidad.
—Cuando no estudias, ¿qué **prefieres** hacer en tu tiempo libre?
— En mi tiempo libre, **juego** algunos deportes.

A. Stem-changing verbs. Stem-changing verbs are sometimes referred to as "shoe-shaped verbs" because if you draw a line around the verb forms with irregular stems, you end up with a shape that resembles a shoe, as in the example below.

pensar (ie) *(to think, to plan [+ infinitive])*

yo p**ie**nso	nosotros(as) pensamos
tú p**ie**nsas	vosotros(as) pensáis
él/ella/Ud. p**ie**nsa	ellos/ellas/Uds. p**ie**nsan

Yo no p**ie**nso descansar hoy.	*I don't plan to rest today.*
P**ie**nso que la clase es interesante.	*I think that the class is interesting.*
Mi familia y yo pensamos ir a España en mayo.	*My family and I plan to go to Spain in May.*

These verbs are identified in the glossary with cues in parentheses like **(ie)**, **(ue)**, **(i)**.

B. Los tres tipos de verbos. There are three types of stem-changing verbs in the present tense. In *Capítulo 2* you practiced using two of these types of verbs: 1) verbs like **pensar** that change from **e** to **ie** and 2) verbs like **dormir** that change from **o** to **ue**. Here are other verbs that follow that pattern.

- Verbs with a change from **e** to **ie**

preferir (ie) *(to prefer)*

*(Yo) pref**ie**ro pasar tiempo con amigos.*

(pref**ie**res, pref**ie**re, preferímos, preferís, pref**ie**ren)

querer (ie) *(to want, to love)*

*(Yo) qu**ie**ro salir con mis amigos esta noche.*

(qu**ie**res, qu**ie**re, queremos, queréis, qu**ie**ren)

- Verbs with a change from **o** to **ue** (Notice that **jugar** changes **u** to **ue**; it is the only verb like this.)

dormir (ue) *(to sleep)*

yo d**ue**rmo	nosotros(as) dormimos
tú d**ue**rmes	vosotros (as) dormís
él/ella/usted d**ue**rme	ellos/ellas/ustedes d**ue**rmen

volver (ue) *(to return)*

(Yo) v**ue**lvo temprano a mi residencia.

(v**ue**lves, v**ue**lve, volvemos, volvéis, v**ue**lven)

poder (ue) *(to be able, can)*

(Yo) p**ue**do ir a pie a mis clases.

(p**ue**des, p**ue**de, podemos, podéis, p**ue**den)

jugar (ue) - *(to play [(a sport or game])) (follows the same pattern as* **o** *to* **ue** *verbs)*

(Yo) j**ue**go al tenis con mis amigos todos los días.

(j**ue**gas, j**ue**ga, jugamos, jugáis, j**ue**gan)

- Here is a new type of stem-changing verb. In these verbs the **e** in the stem changes to **i** in all persons except for the first and second persons plural, **nosotros,** and **vosotros**. Notice that all the verbs in this category are **-ir** verbs.

servir (i) *(to serve)*

(Yo) sirvo el desayuno los domingos por la mañana.

yo sirvo	nosotros(as) servimos
tú sirves	vosotros(as) servís
él/ella/Ud. sirve	ellos/ellas/Uds. sirven

pedir (i) *(to ask for)*

(Yo) pido ayuda en la clase de español.

yo pido	nosotros(as) pedimos
tú pides	vosotros(as) pedís
él/ella/Ud. pide	ellos/ellas/Uds. piden

seguir (i) *(to follow, to continue)*

(Yo) sigo mis estudios en la universidad.

yo sigo	nosotros(as) seguimos
tú sigues	vosotros(as) seguís
él/ella/Ud. sigue	ellos/ellas/Uds. siguen

Ponerlo a prueba

-25 **Dile a tu compañero(a).** Trabaja con un(a) compañero(a). Entrevístense con estas preguntas.

1. ¿Adónde prefieres ir con tus compañeros los viernes por la noche?
2. ¿Cuántas horas duermes en un día típico?
3. ¿A qué hora vuelves a casa después de tus clases?
4. ¿Qué piensas hacer durante las vacaciones?
5. ¿Dónde quieres vivir en el futuro?
6. ¿Qué deportes juegas con tus amigos?
7. ¿Pides ayuda en tus clases? ¿Cuándo?
8. ¿Cuándo no puedes salir con tus amigos?
9. ¿Adónde quieres ir de vacaciones con tu familia?
10. ¿Qué plan de estudios sigues aquí en la universidad?
11. ¿Qué prefieres hacer con tus hermanos durante el fin de semana?
12. ¿Duermes la siesta? ¿Cuándo?

Exercises 3-25 and 3-26 are intended to be done as class work. Point out to students the appropriate placement within the sentence of the negatives **casi nunca** and **nunca** in 3-26.

3-26 **¿Con qué frecuencia... ?** En parejas, usen la información en las columnas para comparar oralmente la rutina de las personas en la lista.

MODELO: *Yo prefiero descansar los sábados, pero mis padres siempre tienen*
que limpiar la casa.

yo	poder dormir la siesta	(casi) siempre
mi familia	preferir descansar los sábados	todos los días
mi padre	dormir hasta el mediodía	a menudo *(often)*
mi madre	volver a casa despés de	de vez en cuando
mi hermano(a)	medianoche	*(from time to time)*
mi mejor amigo(a)	jugar deportes	(casi) nunca
mi compañero(a)	querer pasar tiempo con	los sábados
de cuarto	tu familia	los domingos
mis amigos y yo	tener que limpiar la casa	
mi familia y yo	preparar y servir el desayuno	
mis padres		
mis hermanos		
mis amigos		

Síntesis

Play Text Audio CD
Track CD1-19

The activities in this section are to be completed in class.

Answers to Exercise 3-27: 1. b
2. c 3. a 4. c 5. a

3-27 **Los quehaceres.** Escucha la conversación entre los miembros de la familia Arroyo y contesta las preguntas.

1. La conversación de la familia Arroyo se trata de...
   a. dinero.
   b. los quehaceres de casa.
   c. la comida.

2. En vez de limpiar el garaje, Adalberto quiere...
   a. leer el periódico.
   b. cortar el césped.
   c. mirar la televisión.

3. Samuel piensa...
   a. jugar al tenis.
   b. ir al cine.
   c. trabajar.

4. Pilar no puede lavar la ropa porque...
   a. quiere descansar.
   b. prefiere limpiar su cuarto.
   c. piensa salir con sus amigas.

5. La madre tampoco quiere trabajar. Ella decide...
   a. descansar.
   b. ir de compras con sus amigas.
   c. ver películas.

-28 Las amas de casa y la ayuda. La gráfica a continuación comenta sobre el problema de las tareas o los quehaceres del hogar.

Primera parte: Lee la información que se presenta y contesta las preguntas.

¿Cuál es la tarea del hogar que menos te gusta?(*)

Planchar	24,34%
Limpiar el polvo	18,18%
Recoger la cocina	16,50%
Barrer y fregar	16,50%
Cocinar	12,12%
Lavar los platos /poner lavavajillas	11,16%
Lavar la ropa	1,24%

(*) Los porcentajes que aparecen en los recuadros de arriba no suman 100 en todos los casos; han dado más de una respuesta; en otras preguntas no han respondido. Señalamos las más destacadas.

¿Qué labor realizas con tu pareja de un modo habitual?

Hacer la compra	25,31%
Cocinar	17,05%
Lavar los platos/ poner lavavajillas	11,10%
Limpiar el polvo	11,10%
Organizar la casa	11,10%
Ninguna	9,25%
Planchar	4,90%
Lavar la ropa	3,70%
Otras	6,49%

Sin duda, los electrodomésticos han transformado la vida de muchas amas de casa. A pesar de ello, el 47,34% dice que el servicio de reparación le ha supuesto algún problema.

Vocabulario útil

planchar	*to iron*
recoger	*to put in order*
barrer	*to sweep*
fregar	*to scrub*

1. Según el artículo, ¿qué indica el estudio sobre la ayuda *(help)* que recibe el ama de casa *(housewife)*?
2. De todas las tareas, ¿cuál es la que menos les gusta a las amas de casa?
3. ¿Cuál es la tarea que prefieren hacer las amas de casa?
4. Según la información en la segunda tabla, ¿qué tareas hacen habitualmente las amas de casa con sus parejas *(their partners)*?
5. ¿Por qué piensas que las amas de casa lavan la ropa sin *(without)* ayuda?

Segunda parte: Ahora, contesta las preguntas oralmente con un(a) compañero(a).

6. De todas las tareas, ¿cuál es la que menos te gusta? ¿Por qué?
7. En tu familia, ¿cómo distribuyen los quehaceres?
8. En tu familia, ¿qué tarea es la más popular? ¿Por qué?
9. Respecto a los quehaceres, ¿tienes conflictos con tus hermanos o tu compañero(a) de cuarto o de apartamento? Describe los conflictos.
10. ¿Qué labor prefieres compartir *(to share)* con otra persona? ¿Por qué?

In order to focus the students on the kinds of descriptions they are able to handle, you may begin with a series of warm-up questions: **¿Cuántos pisos tiene esta casa? ¿Cómo es el padre? ¿Qué hace el niño en la cama?** etc. Questions like these could alternatively be used as a follow-up.

3-29 **Todo en un día.** Aquí tienen a la familia González en su casa. Es un sábado típico a las nueve y media de la mañana. En parejas, usen la información en el dibujo para hacer lo siguiente.

1. Describan la casa.
2. Hagan una comparación detallada de dos cuartos.
3. Identifiquen a los miembros de familia.
4. Describan detalladamente a los miembros de la familia.
5. Comparen los hábitos de dos miembros de la familia.

MODELO: *La casa tiene tres dormitorios y un baño.*
En la sala hay...

¡Vamos a hablar! | Estudiante

Contexto: In this activity, you and your partner will practice describing the location of furniture in some rooms of a house. Your partner, **Estudiante B,** has a complete floor plan with all the furniture in place. You have only the outline of the rooms and must draw in the furniture in the correct places as your partner describes each piece to you. Before you begin, copy your floor plan onto a sheet of paper. Your partner will begin.

─── Vocabulario útil ───

¿Dónde está... ?	*Where is . . . ?*
¿Dónde pongo... ?	*Where do I put . . . ?*
¿A la derecha o a la izquierda?	*To the right or to the left?*

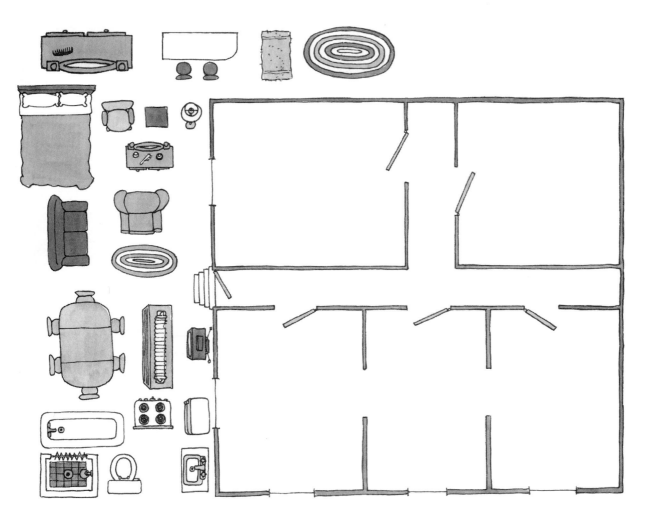

¡Vamos a hablar! | Estudiante **B**

Contexto: In this activity, you and your partner will practice describing the location of furniture in some rooms of a house. You have the complete floor plan with all the furniture in place. Your partner, **Estudiante A,** has only the outline of the rooms. You must describe to your partner where each room is and where all the furnishings and fixtures are. Your partner will draw each piece of furniture in its correct place. You will begin by saying: **Vamos a empezar con el baño. El baño está... En el baño, el lavabo está...**

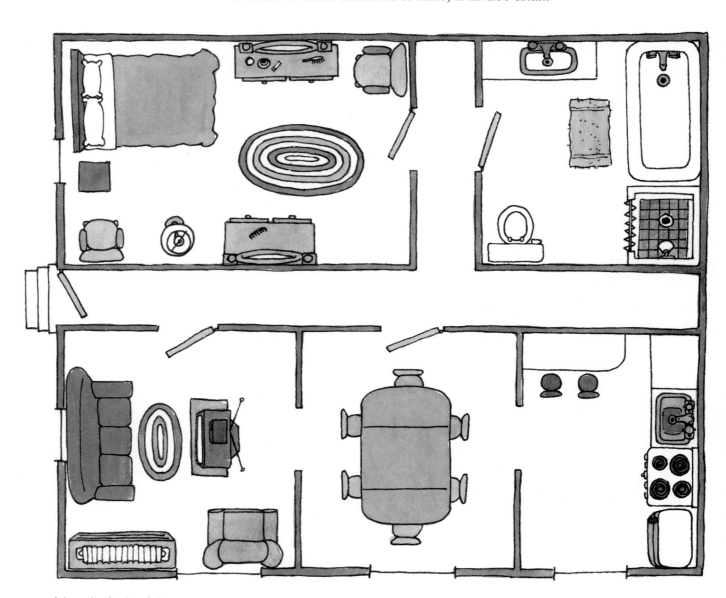

Vocabulario útil

El lavabo está...
The sink is located . . .
Pon la mesita al lado de...
Put the nightstand next to . . .
(No) está bien.
That's (not) right.

¡Vamos a leer!

Estrategias: Predicting/Anticipating content

Before you begin reading a newspaper or magazine article, it is helpful to try to anticipate or predict the content. To do this, first skim the title, subtitles, subdivisions of the article, and any photographs or graphics that accompany the article. It is also useful to read the first sentence of the first paragraph. Then, you should try to answer questions such as the following:

- What is the general topic of the article?

- For whom is this article intended? (For experts or a general audience? For children or adults? For men, women, or both?)

- What do you already know about this topic?

By familiarizing yourself with an article in this way, you will understand more fully as you read the article in depth.

-30 **Aplicar la estrategia.** Before reading the article on turtles on page 122 in depth, skim the title, subtitles, and caption to the photograph. Summarize what you have learned during this first look at the article by completing the following sentences.

1. Este artículo trata de (*deals with*)...
   a. las famosas tortugas de las islas Galápagos.
   b. la posible extinción de algunas especies de tortugas.
   c. las tortugas como animales domésticos.

2. Este artículo es para...
   a. los expertos en ciencia marina.
   b. los padres que buscan una mascota para sus hijos.
   c. los niños que tienen una tortuga.

3. Este artículo contiene información sobre...
   a. la mejor manera de cuidar (*take care of*) una tortuga.
   b. las diferentes variedades de tortugas.
   c. los parásitos más comunes de las tortugas.

-31 **Los sufijos.** You have already seen that recognizing cognates can help you read more quickly and with more understanding. Learning common suffixes in Spanish will also expand your vocabulary significantly.

Study the chart below and complete it with the appropriate words from the article.

English	Spanish
-ly	-mente
sufficiently	suficientemente
periodically	_____
-tion	-ción
attention	atención
ration, portion	_____
-ty	-dad
hyperactivity	_____

3-32 **Comprensión.** Lee el artículo y contesta las preguntas por escrito.

1. ¿Por qué es una buena mascota la tortuga? Escribe tres ventajas.
2. ¿Cómo es una tortuga de Florida? ¿Cuánto pesa *(weigh)*? ¿Por cuántos años puede vivir?
3. ¿Por qué necesitan las tortugas una temperatura moderada?
4. ¿Por qué es una buena idea tener agua limpia en el terrario y lavar las tortugas?
5. ¿Qué comen las tortugas?

UNA TORTUGA EN CASA

La tortuga Florida requiere pocos cuidados.

La tortuga es el animal más indicado para iniciar a los niños en el mundo de las mascotas. Tranquilas, amigables y simpáticas, las tortugas ofrecen un sinfín de ventajas: pocos cuidados, atención mínima, viven mucho tiempo y son baratas, de coste y de mantenimiento.

La más común es la tortuga Florida, de apenas 5 cm de tamaño y unos cuantos gramos de peso, pero que con el tiempo y un poco de cariño puede llegar a pesar 3 kg, medir casi 30 cm y vivir 30 años.

Antes de adquirir un ejemplar conviene informarse bien de qué tipo se trata, cómo mantenerla y cuáles son sus hábitos y características. Su tamaño condicionará el del terrario, que deberá ser lo suficientemente amplio para que pueda moverse, además de ser fácil de limpiar y de esterilizar.

Temperatura ideal

Las tortugas son animales de sangre fría, por lo que dependen de la temperatura exterior para vivir. Si es demasiado fría, caerá en un casi constante periodo de letargo, y si es muy alta, tenderá a la hiperactividad. Lo ideal es una temperatura de entre 21 y 25°, la cual se puede conseguir gracias a unos pequeños calefactores. También necesitan una buena ración de sol -unos 10 minutos-, al menos cada dos días.

La tortuga Florida puede vivir 30 años

Agua limpia

El agua deberá estar limpia, sin restos de comida o excrementos. El estanque se puede adornar con piedras y plantas artificiales, que deben lavarse periódicamente con un jabón suave y un concienzudo aclarado. Las tortugas también conviene lavarlas para evitar la aparición de parásitos, con agua tibia sin jabón y un trapo suave para frotar.

Su dieta se basa en las frutas y verduras. Pero lo mejor es la comida que venden en las tiendas especializadas. ■

Un paso más: Cuaderno de actividades

Vamos a escribir: Writing descriptions Pág. 61

You will learn about three different parts of a good description—introduction, main body, and conclusion—and practice creating in words an image that the reader can "see" and "feel." Remember to organize your thoughts, write a draft, and finally revise your work.

Vamos a mirar: Pág. 62

Vídeo 1: El apartamento

Miguel's roommate has found a job in another part of Spain and will be moving out of the apartment they share. In this segment, you'll meet Francisco, a student who is interested in renting the room left behind. Follow along as Miguel shows Francisco around the apartment.

Vídeo 2: Vistas de Venezuela

Venezuela

Transparency Bank
A-14

The history of Venezuela has been marked by many dictatorships, military coups, and political and economic instability. A member of OPEC, Venezuela has an economy that is dependent on fluctuations of the oil market. It has enjoyed periods of prosperity, and has especially benefited from high oil prices in the world market. It is highly urbanized; agriculture employs only 10% of the population. With recent inflation, its standard of living has dropped and its poverty level increased.

Caracas became the capital because of its strategic position: easy access to fertile lands and ports for the export of agricultural products.

When the French Emperor Napoleon Bonaparte invaded Spain in 1808, the Spanish throne was in internal turmoil. The incompetent King Charles IV had been forced to abdicate the throne to his son Ferdinand VII. Ferdinand was deposed by Joseph Bonaparte, brother of Napoleon. These events caused the Caracas City Council, or **cabildo,** to take a stand—first, in 1810, by refusing alliance to the French and governing in the name of Ferdinand, and later, in 1811, by severing all ties with the Old World and declaring itself an independent republic. This first republic was called **La Patria Boba,** as Venezuela was never united in its ideals or leadership. The white **criollo** elite in charge of the new government never empowered or trusted their military leader. In addition, some **cabildos** preferred to be governed by Joseph Bonaparte while the popular masses remained loyal to the Spanish throne. Civil war followed, and the first republic ended in 1812. In 1813 Simón Bolívar, **El Libertador,** established the second republic. Again, the nonwhite masses sided with the Spanish crown and fought against Bolívar, ending the second republic in 1814. Bolívar continued his fight for

Datos esenciales

- **Nombre oficial:** República de Venezuela
- **Capital:** Caracas
- **Población:** 22.777.000 habitantes
- **Unidad monetaria:** El bolívar
- **Principales industrias:** Refinerías de petróleo, metales, manufactura de automóviles
- **De especial interés:** Venezuela tiene más de 70 islas. La más conocida es la isla Margarita. El Salto del Ángel, la cascada más alta del mundo, se encuentra en el sureste.

1498 Los españoles llegan a las costas y encuentran *(find)* más de veinte diferentes tribus indígenas. Estas tribus se resisten a la colonización y hay guerras *(wars)* continuas.

1821 Venezuela, Ecuador y Colombia se independizan de España y forman la República de la Gran Colombia.

Un **vistazo** a la historia

1567 Finalmente los españoles ganan territorio y establecen la ciudad de Santiago de León de Caracas.

Personajes de ayer y de hoy

Simón Bolívar Palacios fue *El Libertador* de Venezuela y de otros países de Latinoamérica. Bolívar tenía un sueño *(had a dream)*: una América independiente y unificada. Bolívar participó en la independencia de Venezuela, Colombia, Ecuador, Bolivia y Perú. Fue *(He was)* el primer presidente de la República de la Gran Colombia y de la República de Venezuela.

Rómulo Gallegos es uno de los venezolanos más famosos de nuestro siglo *(century)*. Entre su extensa obra literaria se destaca *(stands out)* su novela *Doña Bárbara*. Además, fue nombrado presidente de la República de Venezuela en 1947. En 1958 recibió el Premio Nacional de Literatura.

Irene Sáez Conde fue ganadora *(winner)* del concurso de belleza Miss Universo en 1981. De 1981 a 1991 fue representante diplomática de Venezuela ante la Organización de las Naciones Unidas (ONU). De 1992 a 1998 fue alcaldesa *(mayor)* del municipio de Chacao por dos períodos consecutivos.

Notas culturales de interés

En 1499 una expedición española, a cargo de Alfonso de Ojeda y el italiano Americo Vespucci, explora la costa noroeste del nuevo continente. En el lago Maracaibo, encuentran casas rústicas de madera construidas por los indígenas. Estas casas construidas en pilotes *(piles)* parecen suspendidas sobre el lago. Cuando Vespucci ve estas construcciones sobre el agua, llamadas palafitos, recuerda la ciudad de Venecia, en Italia. Llamó *(He called)* al nuevo país Venezuela, que significa "pequeña Venecia".

independence and gained more popular support. In 1819 the third republic was established; with Bolívar as president. In June 1821 the Constitution for the Republic of Great Colombia was signed and Bolívar named president. In 1929 General Páez led the separation of Venezuela from the joint republic.

In 1964 a prestigious literary distinction was created for authors: **El Premio Internacional de Novela Rómulo Gallegos.**

Venezuelans are very proud of the international acclaim of their beauty queens. Winners and runners-up of many international pageants, the Venezuelan beauties hold 5 Miss World and 4 Miss Universe crowns. Among the most well-known are the politician Irene Sáez Conde, presidential candidate in the 1998 elections, and the current soap opera actress Alicia Machado.

1958 El país tiene su primera elección democrática de un presidente.

1960 Se funda la Corporación Venezolana de Petróleo y se crea la Organización de Países Exportadores de Petróleo (OPEP).

1830 Venezuela se declara una nación independiente de la República de la Gran Colombia.

¿Qué sabes sobre Venezuela?

3-33 **Datos de dos países.** Trabajen en parejas para llenar el cuadro comparativo con información básica sobre Venezuela y los Estados Unidos.

Nombre oficial del país	República de Venezuela	Estados Unidos de América
Moneda		
Capital		
Industrias		
Fecha de independencia		
Una reina del concurso Miss Universo		
El primer presidente		
Una novela famosa		
Un autor que fue presidente de la nación		

Follow-up: Call on volunteers to act out the interview for the class. Urge students to enjoy the opportunity to role-play historical characters. You may bring some simple props like a hat and a sword to give it more flavor.

3-34 **Entrevista con un personaje histórico.** Imagínense que Uds. están en Venezuela en el año 1499 cuando una expedición española acaba de descubrir *(just discovered)* el lago Maracaibo. Uno(a) de Uds. es reportero(a) y su compañero(a) es el explorador Amérigo Vespucci. Completen la siguiente entrevista y después preséntensela a la clase. **¡Ojo!** No olviden la cortesía: incluyan frases como **buenos días, por favor** y **gracias.** El reportero hace las siguientes preguntas.

1. ¿Cómo se llama Ud. ?
2. ¿De dónde es Ud., Sr. Vespucci?
3. ¿Ud. está a cargo de esta expedición? ¿Explora Ud. este nuevo territorio para Italia?
4. ¿Hay algo particularmente interesante en esa área del continente?
5. ¿Cómo son esas casas que encontraron en el lago?
6. ¿Cómo llaman los indígenas esas casas en el lago?
7. ¿Por qué piensa Ud. llamar este nuevo territorio *Venezuela*?

Vocabulario

Sustantivos

la alfombra *rug*
el animal doméstico, la mascota *pet*
el almuerzo *lunch*
el (la) amigo(a) *friend*
los anteojos *eyeglasses*
la bañera *bathtub*
la barba *beard*
el bigote *moustache*
la cama *bed*
el carácter *character, personality*
la casa *house*
la cena *supper, dinner*
el césped *lawn*
el (la) cliente *customer, client*
el clóset *closet*
la cocina *kitchen; kitchen stove*
el comedor *dining room*
la cómoda *chest of drawers*
el (la) compañero(a) de cuarto *roommate*
el cuadro *painting*
el (la) cuñado(a) *brother-in-law, sister-in-law*
el cuarto *room*
el (la) chico(a) *boy, girl*
el desayuno *breakfast*
el dormitorio *bedroom*
la ducha *shower*

el (la) esposo(a) *husband (wife)*
el estante *shelf*
la estufa *stove*
el (la) familiar *family member*
el fregadero *kitchen sink*
las gafas *eyeglasses*
el garaje *garage*
el (la) gato(a) *cat*
la gaveta *dresser drawer*
la hamburguesa *hamburger*
el hámster *hamster*
el (la) hermanastro(a) *stepbrother, stepsister*
el inodoro *toilet*
la lámpara *lamp*
el lavabo *bathroom sink*
la madrastra *stepmother*
la madrina *godmother*
el mandado *errand*
el (la) medio(a) hermano(a) *half-brother, half-sister*
la mesa *table*
la mesita *coffee table, end table*
la mesita de noche *nightstand*
los muebles *furniture*
la nevera *refrigerator*
el (la) nieto(a) *grandson, granddaughter*
las noticias *news*

el ojo *eye*
el padrastro *stepfather*
el padrino *godfather*
el (la) pariente(a) *relative*
el pelo *hair*
el (la) perro(a) *dog*
la personalidad *personality*
el pez tropical *tropical fish*
el piso *floor*
la planta baja *ground/first floor*
el plato *dish*
el polvo *dust*
el postre *dessert*
el (la) primo(a) *cousin*
los quehaceres *household chores*
el refrigerador *refrigerator*
la ropa *clothes*
la sala *living room*
la silla *chair*
el sillón *easy chair*
el (la) sobrino(a) *nephew, niece*
el sofá *sofa*
el (la) suegro(a) *father-in-law, mother-in-law*
el televisor *TV set*
la tina *bathtub*
el (la) tío(a) *uncle, aunt*
la tortilla *omelette*
el trabajo *work*

Verbos

acabar de (+ infinitivo) *to have just (done something)*
alquilar *to rent*
cenar *to eat dinner*
cocinar *to cook*
comprar *to buy*
conducir *to drive*
conocer *to meet, to know*
cortar *to cut*
dar *to give*
dar de comer *to feed*
decir *to say; to tell*
dormir (ue) *to sleep*
hacer *to do; to make*
hacer ejercicio(s) *to do (physical) exercise*

hacer la cama *to make the bed*
hay que (+ infinitivo) *one must, it is necessary to (do something)*
jugar (ue) *to play (sport/game)*
lavar *to wash*
limpiar *to clean*
limpiar el polvo *to dust*
llevar *to wear*
mudarse *to move (one's residence)*
pasar *to spend (time)*
pedir (i) *to ask for*
pensar (ie) *to think; (+ infinitivo) to plan*
poder (ue) *to be able, can*
poner *to put; to set (the table); to turn on (TV, radio)*

preparar *to prepare*
saber *to know*
salir *to leave, go out*
seguir (i) *to follow, to continue*
servir (i) *to serve*
tener (ie) que (+ infinitivo) *to have to (do something)*
traer *to bring*
venir (ie) *to come*
ver *to see; to watch*

Otras palabras

a veces *sometimes*
a la derecha de *to the right of*
a la izquierda de *to the left of*
agradable *pleasant, good-natured*
al lado de *next to, beside*
alto(a) *tall*
amable *friendly*
amueblado(a) *furnished*
antes *before*
antipático(a) *disagreeable, unpleasant*
azul *blue*
bajo(a) *short (in height)*
barato(a) *inexpensive*
bonito(a) *pretty*
bueno(a) *good*
calvo(a) *bald*
canoso(a) *gray (haired)*
cariñoso(a) *warm, affectionate*
caro(a) *expensive*
casado(a) *married*
castaño(a) *brown (hair, eyes)*
cerca de *near*
color miel *hazel-colored*
corto(a) *short (in length)*
de en medio *middle (child)*
de estatura mediana *medium height*
de tamaño mediano *medium-sized*
debajo de *under*
delante de *in front of*

delgado(a) *thin*
descompuesto(a) *out of order*
desordenado(a) *messy*
detrás de *behind*
divertido(a) *fun (to be with), funny*
durante *during*
educado(a) *polite*
en *in; on; at*
en buenas (malas) condiciones *in good (bad) condition*
en el medio de *in the middle of*
encima de *on top of*
entre *between, among*
ese/esa *that*
esos/esas *those*
este/esta *this*
estos/estas *these*
extrovertido(a) *outgoing*
feo(a) *ugly*
gordito(a) *plump*
gordo(a) *fat*
grande *big, large*
guapo(a) *good-looking*
hasta tarde *until late*
joven *young*
largo(a) *long*
limpio(a) *clean*
más... que *more . . . than*
mayor *older, oldest*
mejor *better, best*
menor *younger, youngest*

menos... que *less . . . than*
moderno(a) *modern*
negro(a) *black*
normalmente *normally, usually*
nuevo(a) *new*
optimista *optimistic*
ordenado(a) *neat, tidy*
peor *worse, worst*
pequeño(a) *small*
perezoso(a) *lazy*
pesado(a) *tiresome, annoying*
pesimista *pessimistic*
rojo(a) *red*
roto(a) *broken*
rubio(a) *blond(e)*
serio(a) *serious*
simpático(a) *nice*
soltero(a) *single*
sucio(a) *dirty*
tan... como *as . . . as*
tanto(a)(s)... como *as much (many) . . . as*
tarde *late*
temprano *early*
tímido(a) *shy*
trabajador(a) *hardworking*
tradicional *traditional*
verde *green*
viejo(a) *old*

Expresiones útiles

¿Cómo es... ? *What is . . . like? (for description)*
Mi casa es... *My house is . . . (description)*

Mi casa está... *My house is . . . (condition)*

For further review, please turn to Appendix E.

Capítulo 4

¡Buen provecho!

Objetivos

Speaking and Listening

- Discussing foods and meals
- Ordering a meal in a restaurant
- Shopping for food
- Expressing likes and dislikes
- Describing some physical/emotional conditions with **tener**

Reading

- Review and application of previously introduced reading strategies

Writing *(Cuaderno de actividades)*

- Writing a simple restaurant review

Culture

- Peru
- Mealtime customs: Typical foods for breakfast, lunch, and supper

Grammar

- The verb **gustar** in the present tense
- Direct objects and direct object pronouns
- Indirect objects and indirect object pronouns

A primera vista

This **A primera vista** introduces the chapter theme of foods and meals.

Trabaja con un(a) compañero(a) de clase. Estudien el cuadro del famoso pintor español Murillo. Marquen una X para indicar si en su opinión la descripción es cierta o falsa.

Have students decide which statements best describe this Murillo painting.

	Cierto	Falso
1. Los niños están comiendo fruta.	☐	☐
2. Estos niños son hijos de una familia española de clase alta.	☐	☐
3. Los niños probablemente son unos desamparados *(homeless)* y viven en la calle.	☐	☐
4. Los niños están tristes y preocupados.	☐	☐
5. Estos niños roban *(steal)* su comida *(food)*.	☐	☐
6. Algunos días estos niños no encuentran nada que comer.	☐	☐

Bartolomé Esteban Murillo (1617–1682)

Nacionalidad: español

Otras obras: *La inmaculada concepción, San Antonio de Padua, La sagrada familia del pajarito*

Estilo: Recibió una variedad de influencias artísticas como la de Diego Velázquez y la de los maestros de las escuelas veneciana y flamenca *(Flemish)*. Fue un pintor de temas religiosos de gran intensidad espiritual y destreza *(skill)* técnica. Su uso del color es magistral. Su especial toque es la gentileza *(gentleness)* con que pinta las caras *(faces)* de los niños y la tragedia detrás de esa apariencia sencilla.

605 BARTOLOMÉ ESTÉBAN MURILLO 1618-1682 MELONEN- UND TRAUBENESSER

Murillo was, above all, a religious painter. But, however appealing Murillo's beautifully graceful Virgins may be (the *Inmaculadas* series), it is the moving realism of both his religious and secular figures that most impresses the viewer today. His series of street urchins (*Niños comiendo pasta, Niños con monedas de plata, El juego del dado,* etc.) depicts poverty with a warmth that touches the soul. He was particularly fond of portraits of children, painted with special tenderness. Even in the face of suffering, his children are sympathetic, not miserable or pitiful, and never brutally mundane. Some critics argue that this is so because Murillo himself never knew personally the true face of suffering and misfortune.

Niños comiendo uvas y melón
Bartolomé Esteban Murillo,
1617–1682

In this *Paso* you will practice:
- Talking about some common foods eaten at different meals
- Ordering food at restaurants
- Using direct objects and direct object pronouns

The English equivalents of the ***Vocabulario temático*** sections are found in Appendix E.

Introduce the foods by stating some of your likes and dislikes for each meal. Have students do the same, using the expressions **me gusta(n)/ no me gusta(n)**. Use transparencies, drawings, or photographs to support meaning. Although large lists of vocabulary items for food can appear overwhelming to students, it is important to present enough choices so that everyone can discuss his or her favorites. In your testing, try to provide for such choices, rather than aiming to test every item.

Transparency Bank
B-1, B-2, N-3, N-4

Supplementary vocabulary: las legumbres *(vegetables);* **los guisantes** *(peas);* **las habichuelas/las judías verdes** *(green beans);* **los espárragos** *(asparagus);* **la calabaza** *(pumpkin);* **las zanahorias** *(carrots);* **las carnes** *(meats);* **el pavo** *(turkey);* **la ternera** *(veal);* **el perro caliente** *(hot dog);* **la salchicha** *(sausage);* **las costillas de puerco** *(ribs);* **la carne picada/molida** *(ground beef);* **las bebidas** *(beverages);* **el agua mineral** *(mineral water);* **la limonada** *(lemonade);* **un batido** *(a milkshake)*

Additional names of fruits are introduced in ***Paso 2.***

Vocabulario temático
LAS COMIDAS

El desayuno

¿Qué te gusta desayunar?
Me gusta(n)...

un vaso de leche

la mermelada

los huevos (revueltos)

el pan tostado

la mantequilla/ la margarina

el cereal

el jugo de naranja

una taza de café con leche y azúcar

El almuerzo

¿Qué almuerzas?
Como/Bebo...

una cerveza

el maíz

los mariscos

el bróculi

una copa de vino

los camarones

las chuletas de cerdo

una papa/una patata al horno

la torta

el pollo asado

La merienda

¿Qué meriendas?
Prefiero...

Churros are deep-fried strips of sweet dough sprinkled with sugar.

un sándwich de jamón y queso

un helado

un refresco

una taza de té

una tortilla

unos churros

unas galletas

una hamburguesa

una taza de chocolate

un vaso de té frío

La cena

¿Qué comes en la cena?
Me gusta(n)...

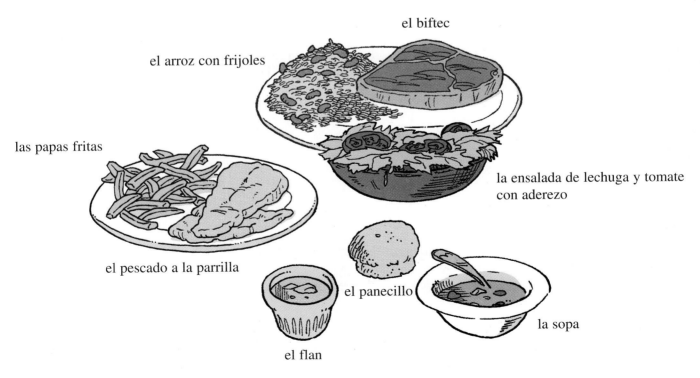

el biftec

el arroz con frijoles

las papas fritas

la ensalada de lechuga y tomate con aderezo

el pescado a la parrilla

el panecillo

el flan

la sopa

¿Sabías que...

- Hispanics generally eat three meals and a snack in a typical day: a small breakfast (**el desayuno**); a large lunch (**el almuerzo),** consisting of several courses; a snack (**la merienda**) of coffee, tea, or hot chocolate with a sandwich or pastries; a smaller evening meal (**la cena**) of soup, salad, sandwich, or omelette. You will read more about mealtime customs in the *Puente cultural.*

- In Spain, people often go out to bars or restaurants before lunch or supper to have **tapas.** These are appetizers or snacks such as tidbits of ham, cheese, olives, omelettes, etc., and are often accompanied by drinks.

- Before starting to eat, it is customary to wish others an enjoyable meal by saying **¡Buen provecho!** or **¡Que le aproveche!** To comment on how delicious the food is, you might say **¡Qué rico!**

- Here are some equivalent expressions related to the verb **comer** (to eat):

comer el desayuno	**desayunar**	*to eat breakfast*
comer el almuerzo	**almorzar (ue)**	*to eat lunch*
comer la merienda	**merendar (ie)**	*to have a snack*
comer la cena	**cenar**	*to eat supper*

Estrategia: Reclassifying information

When you are faced with memorizing a large number of new words, it is helpful to reclassify the words into meaningful categories, as these can be recalled more easily than random lists. The vocabulary in this *Vocabulario temático,* for example, is organized by meals. Another way of organizing these words would be by food types: **carnes** *(meats);* **pescados** y **mariscos** *(seafood);* **vegetales** or **verduras** *(vegetables)* y **frutas** *(fruits);* **postres** *(desserts);* and **bebidas** *(beverages).* Try recategorizing the new vocabulary using this system. Which one do you find more meaningful? Why? It does not matter which system you use as long as it helps you remember the information.

Ponerlo a prueba

4-1 **En el restaurante La Estancia.** Tus amigos Omar, Adriana y Hugo están en el restaurante La Estancia. ¿Qué piden? Escucha su conversación con el camarero; escribe las letras que corresponden a la comida que cada persona pide.

1. Adriana pide _____, _____, _____, _____, _____.

2. Omar pide _____, _____, _____, _____, _____.

3. Hugo pide _____, _____, _____, _____, _____.

Warm-up activity: Describe a situation (For example: **Vas a servir una cena elegante para el aniversario de tus padres.**) and then list foods one by one (**langosta, hamburguesas, sándwiches de jamón, pollo, papas, bróculi, cereal con bananas,** etc.); have students tell you if each food would be an appropriate/logical choice for that situation.

Additional items for Exercise 4-2: **7. Tu amigo(a) te invita a comer. ¿Qué quieres comer?; 8. Tu compañera(o) quiere saber por qué son tan grandes muchos jugadores de fútbol americano. ¿Qué comen ellos?; 9. Vas a dar una fiesta en tu casa. ¿Qué vas a cocinar (to cook)?; 10. Tu profesor(a) de español va a dar una fiesta en su casa. ¿Qué debe cocinar él/ella para sus invitados?**

Additional activity: Play **Adivina la comida.** Describe foods simply and have students guess and write down the name of the food described. Here are some examples: 1. **Es un plato con huevos y queso.** 2. **Es un vegetal amarillo que comemos con mantequilla.** 3. **Es una comida que comemos cuando estamos enfermos.** 4. **Comemos esta comida con margarina y mermelada.** 5. **Es algo que comemos el día de nuestro cumpleaños.** 6. **Es una bebida fría (cold) que tomamos con el desayuno.** 7. **Es un postre frío de frutas, de vainilla o chocolate.** 8. **Es un vegetal blanco que se come frito, en puré o asado (baked).** 9. **Los ingredientes son pan, jamón, lechuga y mayonesa.** 10. **Con esta carne tomamos una copa de vino blanco.** For follow-up, have pairs of students write their own definitions for 3–5 more foods; then have them regroup into teams of 4 and continue the game.

4-2 **¿Qué comemos?** Trabaja con un(a) compañero(a); entrevístense con estas preguntas.

1. Estás en un restaurante de servicio rápido. ¿Qué vas a pedir?
2. Es el día de tu cumpleaños y estás en un restaurante elegante. ¿Qué quieres pedir?
3. Decides preparar tacos para tu familia. ¿Qué ingredientes necesitas comprar?
4. Tu compañero(a) está a dieta para bajar de peso. ¿Qué debe comer?
5. Tus padres van a venir a tu apartamento a cenar contigo. ¿Qué piensas preparar?
6. Estás en tu restaurante favorito. ¿Qué postre vas a pedir?

Comentario cultural:
COSTUMBRES DIFERENTES

Cuando comes biftec, ¿acostumbras (do you usually) cambiar el tenedor y el cuchillo de una mano a otra? Después de comer con tu familia, ¿conversan Uds. por un rato antes de levantarse de la mesa?

En los países hispanos existen algunas costumbres a la hora de comer que son distintas a las que tenemos en los Estados Unidos. Primero, muchos hispanos siguen la etiqueta europea o el estilo continental de comer. En otras palabras, no cambian el tenedor de la mano izquierda a la derecha, según la práctica de los Estados Unidos. Además, después de la comida principal del día, la familia usualmente se queda un rato (stays a while) más en la mesa para conversar. Esta conversación se llama la sobremesa; es más común durante el fin de semana, cuando las personas tienen más tiempo para almorzar. Esta práctica, que fomenta la unidad de la familia, muchas veces tiene lugar (to take place) en restaurantes.

Vocabulario temático
EN EL RESTAURANTE

Primera parte
Cliente
¡Camarero(a)!
Necesito un menú, por favor.
¿Cuál es el plato del día?
¿Qué ingredientes tiene la paella?
¿Qué me recomienda?

Camarero(a)

Aquí lo tiene.
Hoy tenemos *paella.*
Tiene *pollo, mariscos y arroz.*
Le recomiendo *el pollo asado.*

Segunda parte
Camarero(a)
¿Qué desea pedir?

Cliente
**De primer plato, quiero *sopa
de tomate.***
De segundo, deseo *biftec.*
Voy a probar *el pescado frito.*

¿Y de postre?

**De postre, prefiero *helado de
chocolate.***

¿Qué desea para beber?

**Para beber, quisiera *una copa
de vino.***

¿Necesita algo más?

Por favor, ¿podría traerme... ?

un tenedor

un cuchillo

una cuchara

una cucharita

una servilleta

la sal

la pimienta

unos cubitos de hielo

¡Cómo no!
En seguida.

No, no está incluida.

Por favor, tráigame la cuenta.

**¿Está incluida la propina en la
cuenta?**

¿ Sabías que...

- In Spanish-speaking countries lunch and supper normally have three or more courses: **el entremés** *(the appetizer)*, which can be mushrooms, cheese, ham, etc.; **el primer plato** *(the first course)*, which is usually soup or vegetables; **el segundo plato** *(the main dish)*, which may be meat, chicken, or fish; and **el postre** *(the dessert)*, which is frequently fresh fruit.

- At the end of a meal, the waiter does not bring the bill until you request it. It will frequently include a service charge. If the service was excellent, an additional tip is appropriate, and compliments are generally appreciated.

- Several new stem-changing verbs are introduced in the vocabulary of this section: **probar (ue)** *(to taste, to try)*; **recomendar (ie)** *(to recommend)*; **pedir (i)** *(to order, ask for)*.

Mention that in Spain, the **cafetería,** is not a self-service eating establishment. It has a limited menu that offers quick and inexpensive meals. An American-style cafetería is called **auto-servicio** *(self-service).*

Ponerlo a prueba

4-3 **¿Qué quieren los clientes?** Las siguientes conversaciones tienen lugar en un restaurante. Escucha las cuatro conversaciones en tu disco compacto y completa las frases.

Play Text Audio CD
Track CD1-21

Conversación 1

1. En esta conversación la señora...
   a. pide "ropa vieja".
   b. dice que la "ropa vieja" está fría.
   c. quiere saber qué hay en "la ropa vieja".
2. "La ropa vieja" probablemente es...
   a. un plato principal.
   b. un postre.
   c. una ensalada.

Warm-up activity: Say a line from the *Vocabulario temático;* have students identify whether it is something the **camarero(a)** or the **cliente** would say: **¿Qué me recomienda?;** **¿Están listos para pedir?** etc.

Answer key to Exercise 4-3: 1. c; 2. a; 3. c; 4. b; 5. b; 6. c

Conversación 2

3. En esta conversación, un señor pide...
   a. una servilleta.
   b. más hielo.
   c. la cuenta.
4. El camarero dice que...
   a. el restaurante se cierra en veinte minutos.
   b. la propina está incluida.
   c. no tienen hielo.

Conversación 3

5. En esta conversación, la señora...
   a. pide la sopa.
   b. tiene un problema con la sopa.
   c. quiere saber los ingredientes de la sopa.

Conversación 4

6. En esta conversación, Ana y Jacinto...
   a. desayunan.
   b. meriendan.
   c. cenan.

After allowing the students to role-play the situation with a partner, select a couple to read their dialogues to the class.

4-4 ¿Qué desean? Escribe mini-diálogos para las situaciones en los dibujos y luego practícalos con tu compañero(a).

1.

2.

3.

4.

5.

6.

As additional practice, ask your students questions about the people, the food preferences, and the orders in the illustrations. For example, **¿Qué pide el señor en el dibujo número 3?** or **¿Qué necesita la señora en el dibujo número 4?**

Comentario cultural: LA COMIDA HISPANA

Cuando piensas en la comida hispana, ¿qué platos te vienen a la mente (come to mind)? ¿Te gusta la comida hispana? ¿Qué platos comes regularmente?

Muchos norteamericanos erróneamente piensan que todos los hispanos comen tacos y enchiladas. La cocina hispana es tan variada como la gente que representa. Generalmente, la comida picante (spicy, hot) se come exclusivamente en México, en el Perú y en algunas partes de América Central. En el resto del mundo hispano, la cocina depende de condimentos como el aceite de oliva, las cebollas (onions), el ajo (garlic), la salsa de tomate y el cilantro para sazonar la comida.

Hay algunos platos que son muy populares en el mundo hispano. Probablemente ya has oído mencionar la paella, un plato típico de Valencia que se hace con arroz, pollo y mariscos. Otros platos que también son conocidos son el gazpacho, una sopa fría de vegetales; las empanadas, un pastel de carne y el picadillo, un plato de carne de res molida (ground beef) con aceitunas (olives) y pasas (raisins).

Gramática
LOS COMPLEMENTOS DIRECTOS

—De segundo plato, ¿quiere Ud. probar la paella valenciana?
—Sí, deseo probar**la**.
—¿Lleva mariscos la paella?
—Sí, **los** lleva.

A. Los complementos. While all complete sentences must have a subject and a verb, they may also contain other optional elements, such as *direct* and *indirect objects*. Examine the difference between these two kinds of objects in the examples that follow.

- A *direct object* (**complemento directo**) may refer to a person or to a thing. The direct object receives the action of the verb; it answers the questions *whom?* or *what?* with respect to the verb.

¿Podría Ud. traerme **una servilleta**?	*Could you bring me **a napkin**? (**What** will be brought? **A napkin**.)*
No veo a **nuestro camarero**.	*I don't see **our waiter**. (**Whom** do I not see? **Our waiter**.)*

- An *indirect object* (**complemento indirecto**) generally refers to a person. It tells *to whom* or *for whom* something is done.

¿Podría Ud. traer**me** un tenedor?	*Could you bring **me** a fork? (**To whom** will the fork be brought? **To me**.)*

It is very important to distinguish direct and indirect objects from the *subject* of the sentence. Keep in mind that the subject refers to the person who *performs* the action of the verb and that the verb ending will agree with the subject. Compare the following sentences.

¿Paco? No lo conozco.	*Paco? I don't know him. (**I** is the subject and **him** is the direct object.)*
¿Paco? No me conoce.	*Paco? He doesn't know me. (**He** is the subject and **me** is the direct object.)*

You will learn more about indirect objects in *Paso 2* of this chapter. In this section we will focus on direct objects.

B. Los complementos directos pronominales. To avoid sounding repetitious, we often replace direct objects with direct object pronouns. In Spanish, direct object pronouns must agree in gender and number with the direct objects they are replacing, as in the following conversational exchange:

—¿Cómo quieres **el café**?	*How do you want **your coffee**?*
—**Lo** quiero con azúcar.	*I want **it** with sugar. (The direct object pronoun **it** replaces the direct object, **your coffee**.)*

Los complementos directos pronominales

	singular		plural	
masculino	lo	*it, him*	los	*them*
femenino	la	*it, her*	las	*them*

C. La posición en la oración. Although in English direct object pronouns are always placed after the verb, in Spanish the placement depends on the kind of verb used in the sentence.

● When the sentence contains a single conjugated verb, the direct object pronoun is placed before the verb.

—¿Necesitas **el menú**? *Do you need the **menu**?*
—No, gracias, no **lo** necesito. *No, thanks, I don't need **it**.*

● With a verb phrase consisting of a conjugated verb + infinitive, the direct object pronoun may be placed before the conjugated verb or attached to the end of the infinitive.

—¿Vas a servir **la torta** ahora? *Are you going to serve **the cake** now?*

No, **la** voy a servir un poco más tarde. *No, I'm going to serve **it** a little*
No, voy a servir**la** un poco más tarde. *later.*

● The direct object pronoun is always attached to the end of an *affirmative* command but is placed in front of a *negative* command.

¿El vino blanco? Sírva**lo** con el pescado. *The white wine? Serve **it** with the fish.*

¿El vino tinto? No **lo** sirva con el pollo. *The red wine? Don't serve **it** with the chicken.*

Ponerlo a prueba

4-5 **Un poco de análisis.** Aquí tienes ocho conversaciones que ocurren en un mercado o en un restaurante. Completa las actividades.

Primera parte: Lee las conversaciones. En cada conversación, identifica: (1) el complemento directo pronominal (CD); (2) su antecedente *(the noun it refers to or replaces)* (A).

MODELO: Sra. Domingo: Necesito un menú, por favor.
Camarero: Aquí lo tiene.
CD = lo   A = menú

1. Sr. Domingo: Tráigame la cuenta, por favor.
Camarero: Aquí la tiene.

2. Sr. Carreras: ¿Compramos más jugo de naranja?
Sra. Carreras: No, no lo necesitamos.

3. Paco: ¿Cómo prefieres la pizza? ¿con salchicha *(sausage)* o con salami?
Silvia: ¿Por qué no la pedimos con salchicha?

4. Juanito: ¡Ay, mamá! ¡Frijoles otra vez!
Mamá: Si no quiere comerlos, puedes comer estas espinacas *(spinach)*.

Segunda parte: Completa las conversaciones con el complemento directo pronominal más lógico: **lo, la, los** o **las.**

5. Camarera: ¿Cómo quiere su hamburguesa?
Patricia: _____ quiero con lechuga y tomate, por favor.

6. Sr. Grissini: ¿Dónde está nuestro camarero? No _____ veo.
Sra. Grissini: Mira, aquí viene.

7. Mamá: ¿Dónde están todas las galletas?
Juanito: ¡Creo que el perro _____ tiene!

8. Papá: Hija, ¿no vas a comer los huevos revueltos? Están muy ricos *(delicious)*.
Marilú: No, papá, no voy a comer _____. Tienen mucha grasa *(fat)*.

4-6 **En el restaurante.** Mira el dibujo y contesta las preguntas con oraciones completas. Incluye un complemento directo pronominal en las respuestas.

Point out that in the replies, the subject may be placed last in the sentence.

> MODELO: ¿Quién sirve **el café**?
> **Lo** sirve Jaime.

1. ¿Quién paga la cuenta?
2. ¿Quién llama al camarero?
3. ¿Quiénes comen helado?
4. ¿Quién bebe leche?
5. ¿Quiénes beben vino?
6. ¿Quién pide pollo?
7. ¿Quién desea camarones?
8. ¿Quién come torta?
9. ¿Quién necesita cuchara?
10. ¿Quién prueba el helado de otra persona?

Las preferencias. Trabaja con un compañero(a) de clase y contesta las preguntas con oraciones completas. Incluye un complemento directo pronominal.

> MODELO: ¿Cómo prefieres las hamburguesas, con queso o sin (*without*) queso?
> **Las** prefiero con queso./**Las** prefiero sin queso.

1. ¿Cómo comes las hamburguesas, con tomate o sin tomate?
2. ¿Cómo bebes el té frío, con azúcar o sin azúcar?
4-7 3. ¿Cómo prefieres las ensaladas, con aderezo francés o con aderezo italiano?
4. ¿Cómo comes el cereal, con bananas o sin bananas?
5. ¿Cómo prefieres los huevos, revueltos o fritos?
6. ¿Cómo bebes el café, con azúcar, con leche o solo (*black*)?
7. ¿Cómo comes las patatas al horno (*baked*), con mantequilla o con margarina?
8. ¿Cómo prefieres el helado, con fruta o sin fruta?

Síntesis

4-8 **La cita de Gregorio.** Escucha la conversación entre Carmen y Gregorio. ¿Son ciertas o falsas las siguientes oraciones?

The following exercises are intended for class work.

Primera parte

1. Cuando Gregorio llama a Carmen por teléfono, ella está mirando la televisión.
2. Gregorio la invita a salir el viernes.
3. A Carmen le gusta la comida italiana.
4. Gregorio quiere ir a la Pizzería Napolitana.
5. Carmen no conoce el restaurante.

Segunda parte

6. Carmen prefiere comer lasaña.
7. Gregorio pide una pizza grande.
8. Los jóvenes van a comer ensalada.
9. Para beber, Gregorio pide vino y café para los dos.

Play Text Audio CD
Track CD1-22

Answers to Exercise 4-8: 1. C; 2. F; 3. C; 4. C; 5. F; 6. F; 7. C; 8. C; 9. F

Before playing the audio, allow students time to read over the items. Stop the audio after the first part and go over the correct responses before continuing on to the second part.

4-9 Preguntas personales. Trabaja con tu compañero(a). Entrevístense con estas preguntas. Incluyan un complemento directo pronominal en la respuesta si la pregunta tiene palabras en negrita *(bold-faced type)*.

MODELO:　—¿Bebes **jugo de naranja** con el desayuno?
　　　　　—*Sí lo bebo.*

1. ¿A qué hora almuerzas? ¿Qué pides de almuerzo cuando tienes mucha hambre y poco dinero? ¿Comes **hamburguesas** con frecuencia?
2. ¿Qué sirves de plato principal cuando tienes invitados? ¿Siempre sirves **postre** también? ¿Qué traen los invitados?
3. ¿En qué ocasiones das **fiestas**? ¿Qué comida pruebas primero cuando asistes a una fiesta?
4. ¿Cuántas tazas de café tomas en un día? ¿Necesitas beber **café** por la mañana? ¿Bebes **leche**? ¿Qué más bebes con frecuencia?

4-10 El Restaurante Central Palace. En el Perú, la comida china es muy popular. Usa la información en el menú del Restaurante Central Palace para completar este ejercicio.

Primera parte: Échale un vistazo *(Skim)* a la información del menú y contesta las preguntas a continuación.

1. Si quieres hacer reservación para comer en el restaurante, ¿a qué número debes llamar?
2. ¿Cuántas categorías hay en el menú? ¿Cuáles son?
3. ¿Qué platos conoces? ¿Los comes frecuentemente?
4. ¿Qué platos no conoces? ¿Puedes adivinar *(guess)* qué son?
5. ¿Cuál es el plato más caro de todos? ¿el más barato?

ENSALADAS

1	Ensalada de langosta	₡600
2	Ensalada de camarón	550
3	Ensalada de palmito	200
4	Ensalada de espárragos	300
5	Ensalada de pollo	250
6	Ensalada mixta (palmito, espárragos, camarones)	500
7	Ensalada CENTRAL PALACE	550

PLATOS VARIOS

17	Pollo frito con papas a la francesa	₡180
18	Pollo al vino	200
19	Pollo con vegetales	200
20	Pollo relleno (jamón, camarones, champiñones en salsa especial)	500
21	Camarones empanizados con mayonesa y papas a la francesa	550
22	Camarones en salsa de tomate	550
23	Camarones rellenos (jamón y champiñones en salsa especial)	600
24	Lengua con verduras estilo chino	200
25	Bistec encebollado	240
26	Bistec chino	230

PLATOS ESPECIALES PARA FAMILIARES SI WO CHOY

A. Consomé Central Palace
　Taco chino
　Pollo con verduras
　Pescado en salsa agridulce
　Té o Café

B. Consomé con huevo
　Carne con verduras
　Foo Yong
　Pescado en salsa de champiñones
　Té o Café

C. Sopa de carne con verduras
　Carne de cerdo con salsa agridulce
　Pollo en salsa curry
　Camarones con frijoles nacidos
　Té o Café

D. Sopa de crema de maíz
　Pescado con verduras
　Pollo con semilla de marañón
　Cerdo asado
　Té o Café (Para 4 personas)　　　₡1400

POSTRES

Helados: Vainilla, Chocolate, Crema
Gelatina, Flan, Coctel de frutas, Coctel Central Palace,
Higos en miel, Tajadas de piña, Queque con helado

REFRESCOS

Coca Cola, Pepsi Cola, Lift, Orange, Fanta, Squirt
Grande, Canada Dry (grande y pequeña), Café, Leche

MUCHAS GRACIAS POR SU VISITA ESPERAMOS VOLVERLE A SERVIR.
Teletica Canal 7, 100 Mts. al Sur
400 al Oeste—Tel 32-24-04

Segunda parte: En parejas, hagan el papel de cliente y camarero(a).

MODELO:　Camarero(a): *¿Qué desea Ud. de primer plato?*
　　　　　　　　Cliente: *Quisiera una ensalada mixta.* Etc.

Puente cultural

Háblanos sobre las comidas y costumbres alimenticias en tu país.

Cecilia Carro
argentina; 21 años; estudiante

Los estudiantes desayunan de 6:00 a 6:30. Un desayuno típico consiste en café con leche y media lunas *(croissants)*. Por la tarde se toma una merienda de leche con galletas (los niños) o café con tostadas (los jóvenes); los adultos toman mate, un té verde típico de Argentina. La cena es la comida más grande del día. Se sirve a las 9:30 o 10:00 de la noche. En general consiste en carne de res *(beef)* al horno *(roast)* con alguna verdura y ensalada. De postre se come flan con dulce de leche, tortas o fruta de la estación.

Alicia Josefina Lewis
panameña; 47 años;
profesora

La gente desayuna antes de salir al trabajo o a la escuela, a las 6:00 o 6:30. Se come pan con leche y chocolate. El almuerzo es la comida más grande del día. Se sirve de 12:00 a 1:00 y consiste en carne, arroz, plátano frito y vegetales. La cena es entre las 6:00 y las 7:00. Consiste en algo ligero *(light)* como un sándwich de queso y jamón, leche caliente o té. Todos comen una merienda entre las comidas, a cualquier hora *(any time)* del día. Generalmente se come un postre hecho de alguna fruta natural, como dulce de coco, de guineo *(banana)* o de tamarindo.

Lucía Vega Alfaro
peruana; 42 años;
gerente financiero

El desayuno típico (café, leche, pan con jamón, queso, mantequilla y mermelada) se come a eso de *(around)* las 7:30. Algunos domingos se come un desayuno más tradicional: tamales (tortas de maíz rellenas de carne y aderezo). La cena, a las 9:00, es la comida más fuerte del día. Consiste en sopa, plato principal y postre. Generalmente se come de postre arroz con leche (un dulce de arroz y leche), mazamorra morada (un dulce de maíz morado), flan de leche o gelatina.

Te toca a ti

4-11 **Un día típico.** Con un(a) compañero(a), completen el cuadro comparativo sobre las comidas y decidan cuáles son las semejanzas *(similarities)* y diferencias.

Through this activity, students will continue to build awareness that everyday cultural patterns vary from country to country and will begin to recognize some of these cultural patterns.

	Cecilia	Alicia	Lucía	Mi compañero(a)	yo
DESAYUNO					
Hora:	6 ... 3,	6:30 ✓	7:30		
Comida/bebida típica:	café/ m L	ya/cha	pan café		
ALMUERZO					
Hora:					
Comida/bebida típica:	menort	Cime curr plts			
CENA					
Hora:					
Comida/bebida típica:					
MERIENDA					
Hora:	3				
Comida/bebida típica:					

There may be more than one appropriate behavior. Have students decide the pros and cons of each and justify their choice(s).

Expansion: Have students prepare more scenarios; classmates will suggest appropriate behaviors.

Situación: Alicia quiere invitar a Cecilia y su novio argentino a cenar en su casa. 1. La familia de Alicia usualmente cena a la seis y media. Cecilia nunca cena antes de las nueve y media. 2. Alicia usualmente tiene una cena ligera. A los argentinos les gusta una cena fuerte, con varios platos y postre. 3. Alicia no sabe qué servir de postre.

4-12 **¿Qué debe hacer?** Trabaja con un(a) compañero(a). Lucía está en un programa de intercambio *(exchange)* pasando unas semanas en casa de la familia de Cecilia en Argentina. Ayúdenla con la decisión de cómo comportarse en cada una de las situaciones a continuación.

1. **Situación:** Todos los días a las seis de la mañana la Sra. Carro sirve el desayuno porque todos tienen trabajo o escuela temprano. Lucía se queda *(stays)* en la cama hasta las 7:30 y cuando se levanta *(gets up)* no hay nada para desayunar. Lucía debe...
   a. explicarle a la Sra. Carro que quiere comer el desayuno a las 7:30, como en Perú.
   b. levantarse más temprano y desayunar con la familia.
   c. preguntar dónde está el café, la leche, el pan, el jamón, el queso, la mantequilla y la mermelada para preparar su propio *(own)* desayuno a cualquier hora.

2. **Situación:** Por la tarde, la familia Carro se sienta en la sala a merendar con unas galletas y beber mate. A Lucía no le gusta el color verde del té. Lucía debe...
   a. hacer el sacrificio de beberse todo el mate y decir que está delicioso.
   b. probar *(taste)* el mate y tomar unos sorbitos *(sips)* amablemente.
   c. decirle a la familia que el mate es horrible y que ella no lo quiere beber.

3. **Situación:** Lucía es de la costa de Perú y come pescado o mariscos muy a menudo *(often)*. En casa de Cecilia sirven carne todos los días. Lucía debe...
   a. cortar *(cut)* y comer unos pedacitos de carne y comerse todos los vegetales, acompañantes *(side dishes)*, etc.
   b. explicarle a la familia que ella piensa que la carne tiene mucho colesterol y no es buena para la salud.
   c. ofrecerse una o dos veces a la semana para cocinar para la familia Carro y prepararles unos platos típicos peruanos.

Paso 2

In this *Paso* you will practice:
- Making food purchases
- Discussing likes and dislikes
- Expressing some basic physical and emotional conditions with **tener**

Grammar:
- Indirect objects and indirect object pronouns
- The verb **gustar** in the present tense

Vocabulario temático

Transparency Bank
I-5, I-6, I-7, I-8

These transparencies may be used to introduce new vocabulary or to create and practice dialogues. You may also wish to purchase inexpensive toy food to use in role plays.

You may wish to introduce additional vocabulary for fruits and vegetables: **toronja/pomelo** *(grapefruit),* **limón** *(lemon),* **cerezas** *(cherries),* **ciruela** *(plum),* **colifor** *(cauliflower),* **guisantes** *(peas),* **judías verdes** *(green beans),* **zanahorias** *(carrots),* **pepinos** *(cucumbers).*

En el mercado

El (La) vendedor(a)	**El (La) cliente**
¿Qué desea Ud.?	Necesito *un kilo de manzanas.*
	bananas/plátanos
	peras
	fresas
	melocotones/duraznos
	una piña
	un melón
	una sandía
¿Quiere Ud. algo más?	¿Me puede dar *una botella de agua mineral?*
	un paquete de azúcar
	una bolsa de arroz
	un litro de leche
	un frasco de mayonesa
	una barra de pan
	una docena de huevos
¿Algo más?	No gracias, eso es todo.
	¿Cuánto le debo?

¿ Sabías que...

- In most Spanish-speaking countries the metric system of weights and measures is used, so you need to refer to **kilos** and **litros** when making purchases in a market or grocery store. See the *Comentario cultural* section for a list of the metric equivalents to pounds, quarts, etc.

- Fresh fruits and vegetables are often referred to with their own particular units of measurement. For example, in both English and Spanish, we speak of a "head," or **cabeza,** of lettuce or garlic. Sometimes, however, different languages use different terms. In Spanish, for example, a "clove of garlic" is **un diente de ajo,** a "tooth of garlic."

The equivalency chart is meant only for estimates. The more precise measures are 1 liter = 1.05 quarts and 1 kilogram = 2.2 lbs.

Comentario cultural: EL SISTEMA MÉTRICO

¿Cuánto pesa un jamón de seis libras en el sistema métrico? Si quieres comprar un galón de leche con el sistema métrico, ¿cuál es el equivalente?

Aunque en los Estados Unidos el sistema métrico se usa principalmente en aplicaciones científicas y técnicas, en España y en Latinoamérica es el sistema preferido para todos los usos diarios. Mientras que los norteamericanos hablan de onzas *(ounces)*, libras *(pounds)* y galones *(gallons)* cuando compran los comestibles, los hispanos usan **gramos, kilos** y **litros.** Aquí tienes algunas equivalencias útiles.

Sistema de EE.UU.	Sistema métrico
4 onzas (de carne, queso, etc.)	cien (100) gramos
media libra (de fruta, etc.)	doscientos (200) gramos
una libra	medio kilo
un cuarto	un litro
medio galón	dos litros

Ponerlo a prueba

Play Text Audio CD
Track CD1-23

Answers to Exercise 4-13: Amalia Santana; Calle Luna, 58; 29-78-03; un pollo, dos kilos de biftec, 1 kilo de melocotones, una lechuga, un frasco de mayonesa, pan

4-13 **Servicio a domicilio.** La Sra. Santana habla por teléfono con Roberto, el empleado de un pequeño supermercado. Escucha su conversación; escribe en tu cuaderno los datos necesarios para llenar el formulario.

Supermercado Sánchez

Nombre y apellidos: _____
Domicilio: _____
Teléfono: _____

Artículo	Cantidad	Precio
_____	_____	_____
_____	_____	_____
_____	_____	_____
_____	_____	_____
_____	_____	_____

Total

At the time of publication, the exchange rate was $1.00 = 3.50 **soles.**

In Peru, eggs are often sold by the kilo, rather than by the dozen. One kilo is about 16 medium-sized eggs. Also, bananas are frequently sold in bunches of 5, called **una mano.**

4-14 **Hacer la compra.** Estás en Lima, Perú, donde estudias español y vives en un apartamento con otros estudiantes. Esta semana te toca *(it's your turn)* comprar los comestibles. Con tu compañero(a), prepara diálogos como los del modelo. Nota: En Perú, la moneda es el nuevo sol; hay 100 céntimos en 1 nuevo sol.

MODELO: —*¿Qué desea Ud.?*
—*Necesito un litro de leche y una bolsa de arroz.*
—*¿Quiere algo más?*
—*Sí. ¿Me puede dar un kilo de plátanos?*
—*Sí, cómo no. ¿Algo más?*
—*No, gracias, eso es todo. ¿Cuánto le debo?*
—*Siete soles con cuarenta céntimos.*

1,90

2,00

3,50

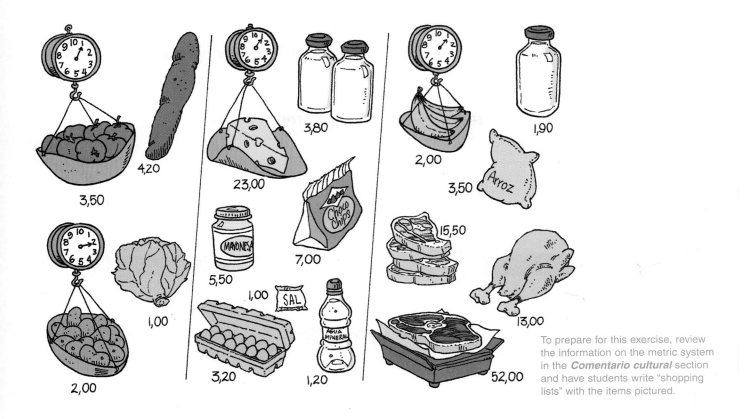

3,80

4,20

23,00

3,50

2,00

3,50

1,90

Arroz

Choco Chips

15,50

MAYONESA

7,00

5,50

1,00

SAL

13,00

1,00

AGUA MINERAL

2,00

3,20

1,20

52,00

To prepare for this exercise, review the information on the metric system in the *Comentario cultural* section and have students write "shopping lists" with the items pictured.

Comentario cultural: EL MERCADO

En el momento de comprar comestibles, ¿prefieres ir a un super-mercado, al mercado o a una bodega? ¿Por qué? En tu opinión, ¿cuál de los tres tiene los mejores precios? ¿Cuál tiene comida más fresca? ¿Cuál es más interesante para ti? ¿Cuál va mejor con tu estilo de vida?

Uno de los centros comerciales y sociales de cada ciudad, grande o pequeña, es el mercado. Allí se puede comprar de todo: frutas y verduras, carnes y pescados, productos para limpiar la casa y mucho más. Ya que *(Since)* los hispanos aprecian muchísimo la comida fresca, en muchas familias se va al mercado todos los días. Aparte de *(Aside from)* darle la oportunidad de comprar los mejores productos, esta costumbre también le ofrece la ocasión de saludar y hablar con los dueños de los puestos *(owners of the booths)*.

Aunque en muchas ciudades grandes los supermercados siguen creciendo *(continue to grow)* en popularidad, casi todos los barrios tienen su bodega o pequeña tienda de comestibles donde se puede comprar sal, leche, galletas u otras cosas. También hay muchas tiendas pequeñas que se especializan en una categoría de comida: por ejemplo, en una lechería se puede comprar leche, yogur, huevos, mantequilla y otros productos lácteos. ¿Qué se puede comprar en una carnicería? ¿en una pescadería? ¿en una panadería? ¿en una pastelería?

Gramática
LOS COMPLEMENTOS INDIRECTOS Y EL VERBO *GUSTAR*

Similar verbs (**encantar,** etc.) are presented in *Capítulos 5* and *8.* Further practice with indirect object pronouns is included in *Capítulos 8* and *9;* for now, concentrate on their use with **gustar.**

—¿**Me** puede dar un litro de leche y una barra de pan?
—¡Claro que sí! ¿**Le** doy algo más?
—No, gracias. ¿Cuánto **le** debo?
—Solamente **me** debe doscientos pesos.

A. Los complementos indirectos. As you learned in *Paso 1,* an indirect object, or **complemento indirecto,** is an optional element in a sentence that tells you *to whom* or *for whom* something is done.

Here are the indirect object pronouns in Spanish and English.

Los complementos indirectos pronominales			
me	to/for me	¿**Me** puede traer un tenedor?	*Can you bring **me** a fork?*
te	to/for you (informal)	**Te** compro el pan.	*I'll buy the bread **for you.***
le	to/for you (formal) to/for him to/for her	**Le** recomiendo las chuletas.	*I recommend the chops (**to you**).*
nos	to/for us	Tráiga**nos** un menú.	*Bring **us** a menu.*
os	to/for you (informal, plural)	**Os** preparo una paella.	*I'm preparing paella **for you.***
les	to/for you (formal, plural) to/for them	**Les** voy a hacer una torta.	*I'm going to make **them** a cake.*

B. Gustar. The verb **gustar** *(to like, to be pleasing)* follows a unique sentence pattern because an indirect object pronoun is always used with this verb. Also, the subject is generally placed *after* the verb. The singular verb form **gusta** is used when the subject is a singular noun or an infinitive, while the plural verb form **gustan** is used when the subject is a plural noun.

Indirect object pronoun	Verb	Subject of the sentence
Me	gusta	la comida francesa.
I like French food. (French food is pleasing to me.)		
Me	gustan	las hamburguesas.
I like hamburgers. (Hamburgers are pleasing to me.)		

Here are some additional important guidelines on the correct use of indirect object pronouns with the verb **gustar.**

- The indirect object pronoun refers to the person who likes something; that is, the person "to whom" something is pleasing.

  Te gusta la pizza, ¿no?   *You (familiar) like pizza, don't you? (Pizza is pleasing **to you,** isn't it?)*

  Le gusta cocinar.   *He/She/You (formal) like to cook. (Cooking is pleasing **to him/her/ you.**)*

- To mention *by name* one person who likes something, place **a** + name/noun + **le** before the verb.

A + name/noun	(no) le	verb	subject
A María	**le**	gustan	las verduras.

María likes vegetables. (Vegetables are pleasing to María.)

- To refer to *two or more people* by name, add **a** + name/noun + **les** before the verb.

A + name/noun	(no) les	verb	subject
A nuestros hijos	no les	gustan	las verduras.

Our children don't like vegetables. (Vegetables are not pleasing to our children.)

A Juan y a María	les	gusta	la pizza.

Juan and María like pizza. (Pizza is pleasing to Juan and María.)

C. Aclaración y énfasis. In English, when we want to clarify or emphasize who we are talking about, we say the corresponding pronoun (I, she, we, they, etc.) more loudly and forcefully:

She likes peanut butter, but *I* don't.

In Spanish, however, clarification and emphasis are conveyed in an entirely different way—by adding certain "redundant" words. With the verb **gustar,** you would add a phrase consisting of **a** + prepositonal pronoun.

A + prepositional pronoun	(no) indirect object pronoun	verb	subject
A ti	te	gustan	los mangos...

***You** like mangos. . . (Mangos are pleasing to you . . .)*

pero a mí	no me	gustan.	

*but **I** don't. (They aren't pleasing **to me.**)*

The indirect object pronouns **le** and **les** are often clarified with the following prepositional phrases:

a él
a ella } **le**
a Ud.

a ellos
a ellas } **les**
a Uds.

> **A él no le** gusta ese restaurante, pero **a ella le** gusta mucho.
>
> ***He** doesn't like that restaurant, but **she** likes it a lot.*

D. Expresiones afines. While it is correct to use **gustar** to indicate that you like the professional work of musicians, artists, actors, etc., it is more appropriate to use other expressions to say that you like someone personally.

Me gusta Gloria Estefan.	*I like Gloria Estefan. (her songs, not her personally)*
Me cae bien Julia.	*I like Julia. (Julia strikes me as a nice person.)*
Aprecio a Julia.	*I like Julia. (I hold Julia in esteem and appreciate her.)*

Point out that in many countries using **gustar** with a person's name as the subject implies that one is strongly attracted to that person: **Me gusta Julia** = *I am attracted to Julia.* A deep, true, romantic love can also be expressed with **amar: Amo a Julia.** These expressions are presented here for recognition, not for production.

Ponerlo a prueba

Additional activity: Have students write sentences about unusual food preferences of their friends and family and read them to the class, who votes each food preference with a thumbs up or down: **A mi hermano menor le gustan mucho los huevos revueltos con mermelada.**

Assign Exercise 4-15 for homework; Exercise 4-16 is intended for classroom use.

4-15 Los gustos. ¿Cuáles son algunos de los platos favoritos de tus amigos y de tus familiares? Combina la información en las columnas y escribe ocho oraciones completas. Completa las frases con el plato favorito de cada persona.

MODELO A mi padre... *le gustan mucho los camarones fritos de Red Lobster.*
A mis amigos y a mí... *nos gusta la pizza con queso.*

A	B	C	D
A mí...	me	gusta(n)	¿?
A mis amigos y a mí...	nos	gusta(n)	
A mi padre...	le	gusta(n)	
A mi madre...			
A mi hermano(a)...			
A mi perro (gato, hámster, etc.)...			
A todos en mi familia...	les	gusta(n)	
A mis abuelos...			

4-16 Más compras. Aquí tienes cuatro anuncios de las páginas amarillas de la guía telefónica de San José, Costa Rica. Léelos y contesta las preguntas en oraciones completas.

1. ¿En cuál de los negocios venden fruta? ¿Qué frutas mencionan en el anuncio? ¿Cuáles de las frutas mencionadas te gustan más? ¿Meriendas fruta con frecuencia?

2. ¿Dónde se puede comprar un postre especial? ¿Qué postres tienen? ¿Cuáles les gustan más a ti y a tus hermanos? ¿Cuáles les sirves con más frecuencia a tus invitados?

3. ¿Adónde puedes ir para comprar biftec? ¿Qué otras carnes venden? ¿Qué carnes les gustan más a ti y a tu familia? ¿Cuáles comen Uds. con poca frecuencia?

4. ¿En qué tienda venden pollo? ¿Qué otros productos tienen? ¿Qué parte del pollo te gusta más: el muslo *(thigh),* la pechuga *(breast)* o el ala *(wing)?* ¿Qué parte le gusta a tu papá? ¿a tu mamá?

EL SUPER HUEVO

POLLOS · MUSLOS
PECHUGAS
ALAS · HUEVOS · QUESOS

TODO SIEMPRE FRESCO Y DE LA MEJOR CALIDAD EN SU ÚNICO LOCAL DE SIEMPRE

COSTADO SUR
ERCADO BORBÓN

21-9250
C 8 y 10 a 3 . . . .
23-1639

CARNICERÍA
SANTA ELANA

CARNES FINAS DE RES, CERDO Y TERNERO. ABIERTO TODOS LOS DÍAS DE 6:30 A.M. A 7 P.M. DOMINGOS 7 A.M. A 12 M.

Propietario
ISAÍAS GUILLÉN CHÁVES

22-9780

100 Sur Almacén La Granja
C. 8 - A. 1 y 3

DON SIMÓN PASTELERÍA
LA ESQUINA MÁS DULCE DE SAN JOSÉ

Don Simón

Sala de té, chocolates, queques, galletas, panes, pasteles, postres, bocadillos
SERVICIO A DOMICILIO

Teléfono: 23-5379

Paseo Colón, de Pizza Hut, 100 mts. norte-C. 28 y 30 - A. 1

Importadora Diengo
de Costa Rica S.A.

Distribuidor de Frutas:
—Americanas
—Centroamericanas
UVAS
MANZANAS
MELOCOTONES
NECTARINAS, ETC.

82-6693
82-6494

Autopista Ciudad Colón
Intersección a Santa Ana 200 Mts. al Sur
Fax: 82-7562

Vocabulario temático
CÓMO EXPRESAR ALGUNOS ESTADOS FÍSICOS Y EMOCIONALES

Muchas expresiones usan el verbo **tener.** Lee éstas y después, piensa: ¿Cómo te sientes *(do you feel)* ahora?

Tengo *(mucha) hambre.*
    (mucha) sed
    (mucho) frío
    (mucho) calor
    (mucha) prisa
    (mucho) miedo
    (mucho) sueño
    (mucho) cuidado
    (mucha) razón

Tengo *(muchas) ganas de salir.*

As a follow-up, have students role-play making purchases in each of the stores, with you or with a class-mate.

Sabías que...

- Although the English equivalent of these expressions uses the verb "to be," in Spanish you must use **tener.**

Tengo hambre.   *I am hungry. (literally, "I have hunger")*

- Notice that you must choose between **mucha** and **mucho,** depending on the gender of the noun that follows.

Tengo much**a** pris**a.**   *I am really in a hurry.*
Tengo much**o** su**eño.**   *I am very sleepy.*

Ponerlo a prueba

-17   **Tengo...** Imagínate en estas situaciones y completa cada oración con **tengo** y una de las expresiones de la presentación (**calor, hambre,** etc.). No repitas las expresiones.

1. _____; necesito una taza de café porque no quiero dormir ahora.

2. _____ de beber el agua aquí; es posible que esté contaminada. ¿Me puedes dar un vaso de agua mineral?

3. _____; necesito un suéter y una taza de chocolate para calentarme *(warm me up).*

4. _____. ¿Podemos comer ahora?

5. _____ de comer en un restaurante chino hoy. Me gustan mucho los "rollos de primavera" *(spring rolls).*

6. _____ porque tengo que volver al trabajo a las dos y media. ¿No hay un restaurante de servicio rápido por aquí?

7. _____ ¿Por qué no vamos a un bar y tomamos una cerveza?

8. _____ ; quiero abrir la ventana.

Additional activity: Have students tell how they might feel in certain situations: a. **De camino a clase la temperatura está a 58 grados pero no tienes tu suéter.** b. **Tu taxi llega al aeropuerto a las 10:45 de la mañana y tu avión sale en quince minutos.** c. **Llegas a casa muy tarde una noche y ves una ambulancia enfrente de tu casa.** d. **Tu profesor está hablando de temas muy difíciles y tú estás muy cansado y un poco enfermo.** Students may invent additional situations for their classmates to guess.

4-18 **¿Qué le pasa?** Con un(a) compañero(a), contesta las preguntas sobre los miembros de la familia Martínez.

1.

a. ¿Dónde está Arturo?
b. ¿Cómo es el restaurante?
c. ¿Por qué está frustrado Arturo?

2.

a. ¿Dónde está Beatriz?
b. ¿Qué hace Beatriz?
c. ¿Qué le pasa a Beatriz?

3.

a. ¿Dónde está la tía Felicia?
b. ¿Qué hace la tía Felicia?
c. En tu opinión, ¿por qué no mira la televisión la tía Felicia?

4.

a. ¿Qué hacen Carlos y su amigo?
b. ¿Por qué está tan contento Carlos?
c. ¿Por qué bebe un refresco el amigo de Carlos?

5.

a. ¿Adónde va Dulce?
b. ¿Por qué ladra *(bark)* el perro?
c. ¿Cómo reacciona Dulce?

Follow-up activity to Exercise 4-18: Have students write several sentences describing each scene. Provide a model: **El Sr. Martínez está en un restaurante. Tiene prisa porque necesita volver a su trabajo. Ahora tiene sed y quiere tomar un refresco.**

Exercise 4-19 may be written out for homework.

Additional activity: Turn the classroom into a market. Have half the class set up "stands" with signs advertising their products and prices; each stand should represent a different kind of specialty store (meats, fruits, etc.). The rest of the class prepares shopping lists for specific occasions (a graduation party, a picnic, etc.) and visits each of the stands to make the necessary purchases.

4-19 **El supermercado Publix.** Aquí tienes un anuncio del supermercado Publix en Miami. Con un(a) compañero(a) de clase, lee el anuncio y contesta las preguntas.

1. Este anuncio ofrece comidas especiales para dos fiestas *(holidays)* religiosas. ¿Cuáles son estas dos fiestas? ¿En qué mes se celebran generalmente? ¿Qué comidas especiales tienen en Publix para cada fiesta?

2. Es posible clasificar los productos de un supermercado en varias categorías. ¿A cuál de las siguientes categorías corresponde cada producto del anuncio?

Carnes	Productos congelados *(frozen)*
Frutas y verduras	Bebidas alcohólicas
Productos lácteos	Deli
Panadería y repostería	Flores

3. ¿Qué productos del anuncio se venden en los envases *(containers/units)* siguientes?
   a. una docena   b. una botella   c. una bolsa   d. una maceta

4. ¿Qué vas a comprar en Publix para las siguientes situaciones? ¿Cuánto cuesta cada producto?
   a. Vas a visitar a tu abuela y quieres comprarle un regalo.
   b. Vas a preparar un almuerzo especial para el aniversario de tus padres.
   c. Un(a) amigo(a) te invita a una fiesta en su casa y quieres traer algo.

Ofertas Florecientes

Precios vigentes hasta el miércoles 31 de marzo de 1999

4⁹⁹

Lirio de Pascua Florida

En Flor, el Tradicional Favorito para Añadir a sus Decoraciones Festivas y para Disfrutar Todo el Año, maceta 6", c/u #11504637

4⁹⁹

Tulipanes en Maceta

También Están Disponibles Otros Favoritos Primaverales como Jacintos y Daffodils, maceta 6", c/u #11504637

Donde comprar es un placer.®

Precios vigentes hasta el miércoles 31 de marzo de 1999.
Exclusivamente en los condados de Miami-Dade, Broward, Palm Beach, Martin, St. Lucie, Indian River, Okeechobee y Monroe. Nos reservamos el derecho a limitar cantidades.

1⁰⁹ *lb.*

Jamón Hamilton's Porción de Jarrete

Totalmente Cocido, Ahumado, 33% Menos Sal (Entero ... lb. 1.19, Porción de Palomilla ... lb. 1.39)

5⁹⁹

Pastel en Forma de Huevo

Decorado Especialmente para Usted, tamaño 24-oz. Disponibles Exclusivamente en los Supermercados Publix con Panadería.

3³⁹ *lb.*

Jamón Honey Kut

Entero, Totalmente Cocido, con Hueso, Glaseado con Una Mezcla de Especias Importadas para Sellar el Sabor Dulce y los Jugos Naturales, Corte Espiral, Disponible Entero o en Mitad (Mitad de Jarrete ... lb. 3.59, Mitad de Palomilla ... lb. 3.79)

69¢

Huevos Blancos Publix

Grado A, Grandes, 1 docena

4⁹⁹

Bouquet de Flores Frescas

Para el Día de Pascua Florida, las Flores más Frescas Primaverales, c/u

---

1¹⁹ *lb.*

Pavos Frescos Butterball

O Pavos Machos, Naturales, Grado A, Tamaño de 9 a 18-lbs. Mientras Duran las Cantidades

2²⁹

Pan de Día de Pascua Florida

Tradicional, hogaza 20-oz. Disponibles Exclusivamente en los Supermercados Publix con Panadería.

3⁹⁹

Vino Beringer

White Zinfandel o Chenin Blanc, bot. 750-ml. Venta Sujeta a Ordenanza Local

99¢

Dulces Farley's Jelly Beans

Bolsa 15-oz.

1⁰⁰ OFF
Ahorre 1⁰⁰

The Purchase of Any Three

Ambassador Greeting Cards

Limit one deal per coupon per customer.

LU# 8241

La Celebración de La Pascua Florida

Venga a Publix para que obtenga todo lo que necesita para la Pascua Florida; desde hermosos lirios de Pascua para su casa hasta deliciosos caramelos y dulces para sus canastas. Además, tenemos todos los ingredientes para su banquete especial.

La Tradición de Pesah

Después de cocinar, limpiar, cantar y contar historias, le invitamos a que añada otro ritual a la tradición de Pesah: haga sus compras en Publix. Nuestra extensa gama de artículos kosher y comida especial de Pesah le ahorran el tiempo que necesita para preparar el seder. ¡Así sí da gusto celebrar!

4-20 **Rosita hace las compras.** Rosita va al supermercado con su papá. Escucha su conversación y contesta las preguntas.

1. ¿Por qué no va al supermercado la madre de Rosita?
   a. Su esposo siempre hace las compras.
   b. El bebé está durmiendo la siesta.
   c. Ella trabaja por la tarde.

2. ¿Por cuál de los siguientes departamentos pasan primero Rosita y su papá?
   a. frutas y verduras
   b. la panadería
   c. carnes y pescados

3. ¿Por qué se molesta *(get annoyed)* un poco el padre?
   a. porque Rosita insiste en volver a casa
   b. porque Rosita dice que tiene hambre
   c. porque Rosita empieza a jugar con los plátanos

4. ¿Cuáles de los siguientes comestibles tienen que comprar? (Indica cuatro.)
   a. plátanos   e. arroz
   b. pollo   f. frijoles
   c. mariscos   g. sal
   d. biftec   h. azúcar

5. ¿Para qué habla el papá de Rosita con uno de los empleados?
   a. para averiguar *(find out)* dónde se encuentra la sal
   b. para cambiar dinero para comprar una Coca-Cola
   c. para descubrir dónde está Rosita

6. Y tú, ¿qué piensas? ¿Dónde está Rosita?

4-21 **Los gemelos.** Marta y Miguel son gemelos, pero tienen gustos muy diferentes. Escribe frases completas sobre sus preferencias.

MODELO: *A Marta le gusta el helado.*
A Miguel le gustan las galletas.
A los dos les gusta (They both like) *la torta.*

¡Vamos a hablar! | Estudiante A

Contexto: In this activity you and your partner will practice giving and taking food orders over the phone. You (**Estudiante A**) and your friends Martín and Mayra are working hard on a project and don't want to take time out to cook. You decide to order food from a restaurant that makes home deliveries. Keeping in mind the food preferences of your friend (described below), place an order for a complete meal, including dessert and beverages, for the three of you. Since you don't have a menu, you will need to ask what is available. Your partner (**Estudiante B**) will take your order, and will begin the conversation by answering the phone.

Las preferencias de tus amigos:

- A Martín le gustan mucho las hamburguesas y la pizza.

- Mayra prefiere las ensaladas y la comida oriental. También quiere un postre.

Vocabulario útil

Quiero hacer un pedido.	*I want to place an order.*
¿Tienen Uds.... ?	*Do you have . . . ?*
¿Qué me recomienda?	*What do you recommend?*
¿Cuánto cuesta... ?	*How much is . . . ?*

¡¡¡LLÉVESE EL JUEGO DEL FÚTBOL DE
teleChef POR PEDIDOS SUPERIORES A
2.5000 Ptas.!!!

vea al dorso

SERVICIO GRATUITO A DOMICILIO

tele Chef

"El restaurante en Casa"

91 320 99 03

De Lunes a Domingo de 13 a 17h. y de 20 a 23,30h.
Viernes, Sábados, Domingos, festivos y vísperas hasta las 00h.

¡Vamos a hablar! | Estudiante **B**

Contexto: In this activity you and your partner will practice giving and taking food orders over the phone. Your partner (**Estudiante A**) and his or her friends have decided to order some food from a restaurant that makes home deliveries. You (**Estudiante B**) work at that restaurant. It is your job to take the order. Your customers do not have a menu, so you will need to tell them what dishes are available and how much they cost. You will begin by answering the phone and saying: **Telechef. ¿En qué puedo servirle?** Remember to write down your customer's order and tally the final bill.

─── Vocabulario útil ───

Tenemos...	We have . . .
Le recomiendo...	I recommend . . .
¿Qué desea Ud. para beber/de postre?	What would you like to drink/for dessert?
...cuesta(n) ...pesetas.	. . .cost(s) . . . pesetas.

HAMBURGUESAS:

Todas con lechuga, tomate, cebolla, mayonesa, el pan recién tostado y la carne como prefiera: poco hecha, en su punto o muy hecha.

	170g	130g
ESPECIAL DEL CHEF (con queso, bacon y huevo frito)	650	725
NORMAL	525	625
CON QUESO Y BACON	575	675
CON QUESO Y CEBOLLA CONFITADA	575	675
INFANTIL (90g)	350	350

PIZZAS

Pizzas hechas al horno de piedra con nuestra masa con salsa de tomate, orégano y queso mozzarella.

	1 PERSONA	2 PERSONAS
ESPECIAL DEL CHEF (tomate, mozzarella, orégano, atún, anchoas, pimiento verde, pimiento rojo, champiñón y huevo frito)	525	990
MARGARITA (tomate, mozzarella y orégano)	450	595
CUATRO QUESOS (tomate, orégano, y una mezcla especial de 4 quesos)	525	990
JAMÓN (tomate, mozzarella, orégano, cebolla, jamón de York, jamón serrano y bacon)	525	990
DE AHUMADOS (tomate, mozzarella, orégano y nuestra deliciosa mezcla de ahumados salmón, trucha y palometa)	525	990
EXTRA DE MOZZARELLA	115	115

TEX-MEX

ALITAS ESPECIALES DEL Chef (con patatas fritas)	550
JALAPEÑOS (4 uds.)*	590
QUESADILLAS (3 uds.)	450
FLAUTAS (crujientes tortillas de maíz rellenas de carne—3 uds.)	450

¡¡NUEVO!! COMIDA ORIENTAL

Todos los platos con salsa agridulce.

ARROZ TRES DELICIAS	415
ROLLITOS DE PRIMAVERA (2 unidades)	325
CERDO AGRIDULCE	485
PAN CHINO	160

ENSALADAS

Frescas y recién preparadas.

ESPECIAL DEL CHEF (lechuga, tomate, zanahoria, huevo, cebolla, bonito, espárragos y alcachofa)	495
DE POLLO (pollo, lechuga, tomate, huevo y salsa rosa)	415
DE COL (col, zanahoria rallada y una salsa muy cremosa)	275
ENSALADA LIGERA (lechuga, tomate, cebolla, huevo duro y espárragos con aceite y vinagre)	395

POSTRES Y BEBIDAS

POSTRES

YOGUR NATURAL O SABORES	125
YOGUR DE FRUTAS/YOGUR DESNATADO	135
CREMA DE CARAMELO, CHOCOLATE O VAINILLA	145
HELADOS CARTE D'OR 125 ml Chocolate, limón, fresa o caramelo	295

BEBIDAS

Coca Cola, Fanta, Sprite (33 cc)	155
Cerveza Mahou (33 cc)	175
Vino Bodegas LAN Crianza (1/5)	295
Agua Mineral (50 cl)	95
Pregunte a nuestras telefonistas por el menú diario	1.100
con vino de crianza	1.250

*In this context **uds.** means "unidades" or "pieces."

¡Vamos a leer!

Estrategia: Review of strategies from *Capítulo 1* to *Capítulo 3*

This section will help you review some key reading strategies. Read the hints and and write out the answers to the questions as you refer to the article "Dulce a la peruana."

-22 **Aplicaciones.** As you read an article, you should first familiarize yourself with the content, and then reread it to gain greater insight.

- Begin by observing the overall *format* of the text to discover the main topic and intended audience.
- *Skim* the text to confirm and clarify your understanding of the topic.
- Use your *background knowledge* to anticipate and predict the content.
- During the second reading, take note of *subdivisions* and *scan* the article to to find specific points of information more efficiently.

1. What or who is the main topic of the article "Dulce a la peruana"?
2. For whom is the article written? (Children, experts in the field, novices, etc.)
3. What kinds of information do you expect to find? (Biographical information, cooking tips, a restaurant review, etc.)
4. Where was the festival held and what organizations sponsored it?
5. According to Marisa Guiulfo, Peruvian desserts are a blend of cuisines from what two cultures?

Vocabulario útil

la chirimoya	cherimoya, custard apple
la batata	sweet potato
degustar	to taste, try
la embajadora	ambas- sador
espumoso	foamy
los labios	lips
la lúcuma	eggfruit
el manjar	delicacy
la mazamorra	pudding made of corn- starch, sugar, and honey
la maracuyá	passion fruit
el sabor	flavor, taste
secas	dried
las yemas	egg yolks

---

de la COCINA al COMEDOR

Por Virginia Flores de Apodaca

DULCE A LA PERUANA

Mazamorra morada, mousse de maracuyá, huevos chimbos, suspiro limeño, rollo de chocolate y lúcuma fueron algunos de los dulces peruanos que degustamos algunos residentes de Miami durante el primer festival gastronómico peruano auspiciado por AeroPerú y la Cámara de Comercio Peruano-Americana de Miami-Dade.

Con la participación de la incomparable chef peruana Marisa Guiulfo y ocho de los chefs que trabajan en su restaurantes en Lima, esta encantadora embajadora de la comida y dulces del Perú nos dejó con ganas de más.

"Al limeño le gusta comer dulces, por esta razón, la mayoría de los postres tradi-cionales peruanos son limeños", me dijo Marisa, "muchos de ellos provienen de las cocinas de las monjas de los conventos durante la Colonia. Al principio usaron los ingredientes que trajeron de Europa, tales como la leche y el azúcar y, a esos pronto incorporaron frutas del país, tales como la lúcuma (de la Sierra), la chirimoya, entre otras. Uno de los postres más conocidos es el suspiro limeño, compuesto por un man-jar de leche y yemas coronado con un merengue italiano espumoso."

Los peruanos aman su patria y todo lo que ella produce. Otro postre muy popu-lar es la mazamorra morada, un pudín hecho con maíz morado, harina de batata y fru-tas secas. De la Colonia también son las Ponderaciones, un buñuelo frito que se puede servir sólo o con helado de vainilla.

Rollo de Chocolate y Lúcuma

500 grs. de puré de lúcuma	300 grs. de chocolate amargo
1/2 taza de azúcar granulada	200 grs. de mantequilla sin sal
200 grs. de chocolate blanco	2 cucharadas de cognac o brandy
300 grs. de mantequilla sin sal	

Hacer un almíbar con el azúcar y un poco de agua y agregar al puré de lúcumas, mezclar bien. Derretir el chocolate blanco, batir los 300 grs. de mantequilla sin sal y una vez frío el chocolate blanco, agregarlo a la mantequilla y agregar esta mezcla a la de lúcuma.

Derretir el chocolate amargo, batir la mantequilla restante, y una vez frío el choco-late, agregárselo a la mantequilla, batir bien y añadirle el cognac.

Engrasar con mantequilla un papel encerado y estirar la mezcla de chocolate amargo y colocar encima la mezcla de lúcuma, estirándola también. Enrollar en forma de pionono o brazo de gitano, refrigerar y servir.

Un paso más: Cuaderno de actividades

ATAJO

Vamos a escribir: Writing a simple review   Pág. 81
Reviews help the reader decide if a particular restaurant, book, movie, vacation spot, etc. is of interest. You'll examine a review of the San Juan, Puerto Rico restaurant, El Picoteo to learn what elements a good review should contain. Then, you'll practice by writing a review of a restaurant in your area. Have fun with this assignment, and remember to organize your thoughts before you write.

Vamos a mirar: Pág. 82
Vídeo 1: ¡A comer!
You will visit two restaurants in Mexico city. Remember Laura from *Capítulo 1*? After visiting a Taquería and listening to an interview with its owner, you will accompany Laura and her friend from work as they have lunch in a nice open-air restaurant.
Vídeo 2: Vistas de Perú

Panorama cultural

Perú

Transparency Bank
A-12

The capital of the highly developed Inca empire was Cuzco. Their language was quechua.

The Spanish conquistador Francisco Pizarro began exploring the Peruvian coast in 1526. In 1535 he founded the city of Lima. He was killed in 1541.

Territorial conflicts continued through the years. In 1994 the Lima convention was held to discuss boundaries between Chile and Peru.

Military encounters continue sporadically at the Peruvian-Ecuadorian frontier. In 1995 the two governments finally signed a cease-fire agreement, but the border situation is not yet resolved.

In 1992 the leader of *Sendero Luminoso,* Abimael Guzmán, was captured, tried, convicted of high treason, and sentenced to life in prison. However, the attacks of this guerrilla group have not ceased.

In 1996 another guerrilla group, *Movimiento Revolucionario Túpac Amaru* or *MRTA,* raided a party at the Japanese Ambassador's home in Lima and took 72 hostages for 126 days. Negotiations failed and government troops carefully planned an attack that released the hostages and killed the MRTA leader, among other members of the guerilla group.

Datos esenciales

- **Nombre oficial:** República del Perú
- **Capital:** Lima
- **Población:** 26,624,582 habitantes
- **Unidad Monetaria:** El nuevo sol
- **Principales Industrias:** producción de minerales (vanadio, cobre, plata, cinc, plomo, hierro y oro); petróleo y gas natural; madera
- **De especial interés:** Perú se divide en tres áreas principales: la costa, los Andes (la sierra) y las selvas amazónicas. Comparte *(It shares)* con Bolivia el Lago Titicaca, el lago navegable más alto del mundo y el más grande de Sur América.

1100-1500 El avanzado Imperio Inca se extiende y controla el área andina, Perú y partes de Bolivia, Chile, Ecuador y Argentina.

1824 Perú es liberado por el venezolano Simón Bolívar y el argentino José de San Martín.

Un **vistazo** a la historia

1533 Pizarro captura y ejecuta al emperador inca Atahualpa.

Personajes de ayer y de hoy

Atahualpa: el último Inca (cacique o supremo gobernante) independiente. Gobernó de 1532 a 1533, cuando fue capturado y ejecutado por Pizarro. Atahualpa y su hermano Huáscar eran hijos del Inca Huayna Cápac. Cuando falleció *(died)* Huayna Cápac hubo *(there was)* un conflicto de sucesión entre los dos hermanos. Atahualpa se estableció como Inca Hanan y compartió *(shared)* el poder con Huáscar, Inca Hurin.

Mario Vargas Llosa: novelista, periodista *(journalist),* crítico literario, profesor, anfitrión *(host)* de un programa de televisión y candidato a la presidencia de Perú en 1990. Ha sido catedrático *(professor)* en *University of London, Washington State University, Columbia University* y *Georgetown University.* Ha ganado múltiples premios literarios como el *Ritz Paris Hemingway Award* y el Premio Internacional de Literatura *Rómulo Gallegos.* Es miembro de la Real Academia de la Lengua Española desde 1994.

Javier Pérez de Cuéllar: ex secretario general de la ONU y candidato a la presidencia del Perú en 1995. Desde 1961 sirvió como Embajador de Perú a Suiza, a la Unión Soviética, a Polonia y a Venezuela. En 1981 se convirtió *(became)* en Secretario General de la Organización de las Naciones Unidas. Fue condecorado *(decorated)* por veinticinco naciones y recibió el Premio Príncipe de Asturias por promover la cooperación ibero-americana y el *Jawaharlal Nehru Award for International Understanding.*

Succession conflicts were common in Inca history. There were no clear succession rules; power was not automatically passed on to the eldest legitimate son, as in Europe. Thus, according to Inca tradition, Atahualpa, an illegitimate son, was a feasible candidate to the ruling position. He initially shared power with his half brother Huáscar but then used his military power to defeat his brother and take over the empire. The lack of internal unity made it easier for the Inca empire to fall under Spanish rule.

Notas culturales de interés

El tesoro arqueológico de Perú es la espectacular ciudad inca, Machu Picchu, construida entre los siglos XV y XVI. La "ciudad perdida" estaba escondida *(hidden)* en los Andes entre la vegetación y no fue destruida por los conquistadores españoles. En 1911 Hiram Bingham, un profesor de Yale, la descubrió en los altos del cañón de Urubamba. Muchos la han estudiado y han conjeturado sobre su función: ¿Es una fortaleza *(fortress)*? ¿un sitio sagrado? ¡Nadie ha descifrado el misterio de Machu Picchu! Sus plazas, viviendas *(housing),* templos, escalinatas y su observatorio astronómico son de gran interés cultural. La UNESCO la declaró "Patrimonio Cultural de la Humanidad".

1941 Guerra con Ecuador por límites territoriales.

1980 Comienza la inestabilidad política causada por huelgas *(strikes)* y los ataques de guerrillas del Sendero Luminoso.

1990 Sube a la presidencia Alberto Fujimori. Es re-elegido por voto popular para un segundo término en 1995.

1879 Guerra *(War)* con Chile. Gana Chile y Perú le cede tierras en el desierto de Atacama.

¿Qué sabes sobre Perú?

4-23 **La esencia de Perú.** Encuentra los datos históricos y culturales que definen la esencia de este país.

1. El grupo indígena que logró un alto grado *(degree)* de civilización y cultura: ____

2. La cordillera de montañas que cruza el centro del país: ____

3. Conquistador que destruyó la civilización indígena y fundó la capital del Perú español: ____

4. Legendarias ruinas arquitectónicas indígenas escondidas en las montañas: ____

5. Un intelectual peruano de fama internacional: ____

6. Países con los cuales Perú ha tenido problemas territoriales a través de la historia: ____

7. El último emperador inca, ejecutado por los españoles: ____

4-24 **El orgullo *(pride)* peruano.** Los peruanos están muy orgullosos de Machu Picchu. ¿Por qué piensas tú que esta ciudad es una herencia *(heritage)* de importancia para Perú y para el mundo entero? Da tu opinión. Marca con un √ para indicar las razones que tú encuentras para este orgullo.

☐ 1. Es un ejemplo de la riqueza *(richness)* cultural y el avanzado desarrollo *(development)* económico, político y social de grupos indígenas autóctonos de América.

☐ 2. No es fácil respirar *(breathe)* allí porque la ciudad está localizada en la cumbre de un pico muy alto.

☐ 3. Está construida en armoniosa integración con la naturaleza.

☐ 4. Es un refugio de la sociedad moderna, del ruido de las ciudades, del progreso y de la tecnología.

☐ 5. Fue descubierta por un profesor de la famosa universidad de Yale.

☐ 6. Es un misterio cuál fue en realidad su función durante la época precolombina.

Vocabulario

Sustantivos

el aderezo *dressing*
el agua mineral *mineral water*
el almuerzo *lunch*
el arroz *rice*
el azúcar *sugar*
la banana *banana*
la barra (de pan) *loaf (of bread)*
el biftec *steak, beef*
la bolsa *bag*
la botella *bottle*
el bróculi *broccoli*
el café *coffee*
el (la) camarero(a) *waiter/waitress*
los camarones *shrimp*
la cena *dinner*
el cerdo *pork*
el cereal *cereal*
la cerveza *beer*
el chocolate *chocolate, hot chocolate*
la chuleta *chop, cutlet*
el churro *fritter, fried dough*
la comida *food*
la copa *goblet, wine glass*
la crema *cream*
el cubito de hielo *ice cube*
la cuchara *tablespoon*
la cucharita *teaspoon*
el cuchillo *knife*
la cuenta *bill*
el desayuno *breakfast*
la docena *dozen*
el durazno *peach*
la ensalada *salad*

el flan *custard*
el frasco *jar*
la fresa *strawberry*
los frijoles *beans*
la galleta *cookie, cracker*
la hamburguesa *hamburger*
el helado *ice cream*
el huevo *egg*
los huevos revueltos *scrambled eggs*
el jamón *ham*
el jugo *juice*
el jugo (de naranja) *(orange) juice*
el kilo *kilo [metric pound]*
la leche *milk*
la lechuga *lettuce*
el litro *liter*
el maíz *corn*
la mantequilla *butter*
la manzana *apple*
la margarina *margarine*
los mariscos *shellfish, seafood*
la mayonesa *mayonnaise*
el melocotón/el durazno *peach*
el melón *melon*
el menú *menu*
el mercado *market*
la merienda *snack, snacktime*
la mermelada *marmalade*
la naranja *orange*
la paella *rice dish with saffron, seafood, chicken*
el pan *bread*
el pan tostado *toast*

el panecillo *roll*
la papa/la patata *potato*
el paquete *package*
la patata *potato*
la pera *pear*
el pescado *fish (caught)*
la pimienta *black pepper*
la piña *pineapple*
el plátano *banana, plantain*
el pollo *chicken*
el postre *dessert*
el primer plato *first course*
la propina *tip*
el queso *cheese*
el refresco *soft drink*
el restaurante *restaurant*
la sal *salt*
la sandía *watermelon*
el sándwich *sandwich*
el segundo plato *second course*
la servilleta *napkin*
la sopa *soup*
la taza *cup (of coffee/tea/hot chocolate)*
el té *tea*
el tenedor *fork*
el tomate *tomato*
la torta *cake*
la tortilla *omelette; flour tortilla (Mex.)*
la uva *grape*
el vaso *glass*
el vino *wine*

Verbos

abrir *to open*
almorzar (ue) *to eat lunch*
beber *to drink*
cenar *to eat supper*
cerrar (ie) *to close*
dar *to give*

decir *to say; to tell*
desayunar *to eat breakfast*
desear *to want, wish for*
gustar *to like (be pleasing)*
merendar (ie) *to snack*
necesitar *to need*

pedir (i) *to ask for; to order*
preferir (ie) *to prefer*
probar (ue) *to taste; to try*
recomendar (ie) *to recommend*
servir (i) *to serve*
tomar *to take; to drink*

Otras palabras

a la parrilla *grilled*
al horno *baked*

asado(a) *baked*
frito(a) *fried*

revuelto(a) *scrambled*

Expresiones útiles

¿Algo más? Anything else?/*Something else?*

¡Cómo no! *Of course!*

¿Cuál es el plato del día? *What is the special of the day?*

¿Cuánto le debo? *How much do I owe you?*

Deseo... *I want . . .*

En seguida. *Right away.*

Eso es todo. *That is all.*

¿Está incluido... ? *Is the . . . included?*

¿Me puede dar... ? *Can you (Could you) give me . . . ?*

¿Podría traerme... ? *Could you bring me . . . ?*

Prefiero... *I prefer . . .*

¿Qué desea Ud. (pedir)? *What would you like (to order)?*

¿Qué ingredientes tiene... ? *What are the ingredients in . . . ?*

¿Qué me recomienda? *What do you recommend?*

¿Quiere Ud. algo más? *Would you like anything else?*

Quisiera... *I would like . . .*

Tengo calor. *I am hot/warm.*

    ...cuidado *. . . careful*

    ...frío *. . . cold*

    ...hambre *. . . hungry*

    ...miedo *. . . afraid/scared*

    ...prisa *. . . in a hurry*

    ...razón *. . . right*

    ...sed *. . . thirsty*

    ...sueño *. . . sleepy*

Tengo ganas de (+ infinitivo) *I feel like . . .*

Tráigame... *Bring me . . .*

For further review, please turn to Appendix E.

Capítulo 5

La vida estudiantil

Objetivos

Speaking and Listening

- Describing everyday routines on campus
- Discussing classes
- Expressing opinions about school life
- Identifying professions and occupations
- Talking about plans for the future
- Narrating actions and events in the past

Reading

- Distinguishing between fact and opinion

Writing *(Cuaderno de actividades)*

- Developing a composition with comparison and contrast

Culture

- Argentina
- Education in Spanish-speaking countries

Grammar

- Reflexive verbs
- Verbs like **gustar: encantar, interesar**
- Preterite tense of regular **-ar, -er,** and **-ir** verbs
- Preterite of some irregular verbs: **dar, estar, ir, hacer, ser,** and **tener**
- Spelling-changing verbs in the preterite

A primera vista

Follow up: Ask students to justify their choices. For example: **Llevan uniforme porque todos llevan ropa blanca y zapatos negros.** Allow some debate about whether the children are going to school or returning home. Encourage the sharing of perspectives.

Additional activity: After reading the information on Aquiles Ralli and studying the painting, ask questions to further discuss the painting: **¿Por qué están vestidos así los niños? ¿Dónde crees que viven? ¿Están contentos? ¿Cómo lo sabes? ¿Es un día típico o un día especial? ¿Por qué no les vemos las caras?** Expand the discussion to include some personal experiences and opinions about student life such as: **¿Qué lleva un estudiante en una mochila? ¿Es más difícil el primer día en la escuela primaria o en la universidad? ¿Cuántas clases tiene un estudiante de secundaria en un día típico? ¿un estudiante universitario? ¿Deben los estudiantes en escuelas públicas llevar uniforme? ¿Cuándo se debe empezar a estudiar una lengua extranjera: en la primaria, la secundaria o en la universidad?**

Ralli was born to Greek parents in the province of Callao, Peru. As a child he would copy paintings by El Greco, Murillo, and Rafael. He began his formal studies at the Escuela de Bellas Artes in 1943. When the school closed three years later, he formed the artists' group *Asociación del 43*. His first individual exhibition was in 1948 in the Galería de Lima. In 1984, 1985, and 1986 he participated in the Raíces del Arte Contemporáneo exhibition in the U.S., France, and Venezuela.

Trabaja con un(a) compañero(a). Estudien el cuadro del pintor peruano contemporáneo Aquiles Ralli. Marquen todas las oraciones que describen el cuadro.

☐ 1. Los niños llevan uniforme.

☐ 2. Los niños llevan mochilas.

☐ 3. Los niños regresan a sus casas después de un día típico de clases.

☐ 4. Los colegiales (*School-age children*) probablemente van a la escuela secundaria.

☐ 5. Es un cuadro alegre, de colores brillantes y vivos.

☐ 6. Los niños no se conocen (*know one another*) bien.

☐ 7. Hay tres niñas en el grupo de colegiales.

Aquiles Ralli (1925–   )

Nacionalidad: peruano

Otras obras: *Niño con paloma, Marinera, Barquitos de papel, Pescadora*

Estilo: Aquiles Ralli recuerda con cariño (*cherishes*) los primeros años de la escuela primaria. Las gratas (*pleasant*) experiencias con maestros y compañeros tienen gran influencia en muchos de sus cuadros. Pinta también bodegones (*still lifes*) y escenas de la vida típica en la ciudad de Lima. Ralli pone en sus cuadros, al igual que su maestro José Sabogal, su amor por Perú, la gente y la vida en su país.

In this *Paso* you will practice:

● Talking about everyday routines on campus
● Using expressions of chronological order to connect sentences

Grammar:

● Reflexive verbs

The suggested pace for this *Paso* is 1½ to 2 class hours.

Students will learn how to conjugate these verbs in all persons by the end of this chapter; for now, focus only on the forms presented here.

The English equivalents of the *Vocabulario temático* sections are found in Appendix E.

Use the model sentences as a point of departure to describe your own daily routine to the class. After each sentence, call on several students to provide similar information. For example: **Generalmente me despierto a las seis y media. Y tú, Amanda, ¿a qué hora te despiertas?** If you wish, recycle information on mealtimes and other activities to provide a more detailed description of your routine: **Casi siempre desayuno en casa a las siete... Almuerzo en mi oficina al mediodía... Regreso a casa a las cinco... Por la noche hago ejercicio y...** etc.

Transparency Bank
L-1

Vocabulario temático
LA VIDA DE LOS ESTUDIANTES

Antes de salir

Me despierto *a las ocho bastante temprano*

Me levanto a *las ocho y cuarto.*

Me ducho y me visto rápidamente.

Salgo de casa a *las nueve menos cuarto.*

Durante el día

Por la mañana asisto a *tres* clases.
Mi primera clase empieza a *las nueve.*
Por la tarde tengo *un laboratorio de química* de *dos* a *cuatro.*
                              biología
                              física
Mi última clase del día termina a *las cinco y media.*

Por la noche

Tengo que estudiar por *dos o tres* horas todas las noches.
No tengo mucho tiempo para *divertirme con mis amigos.*
Me acuesto *bastante tarde.*
        después de la medianoche
        a las dos de la madrugada

Sabías que...

- In expressions like **me levanto, me despierto, me ducho,** and **me acuesto,** the word **me** is a *reflexive pronoun.* You will study how reflexive pronouns are used in the next section of this *Paso.*

- A new stem-changing verb is introduced in this section: **empezar (ie)** *(to begin).* To express the notion *to begin doing something,* use this pattern:

  Conjugated form of **empezar** + **a** + infinitive.

  Empiezo a estudiar a   *I begin studying at*
  las siete y media.   *seven thirty.*

Ponerlo a prueba

5-1 **Un estudiante de primer año.** Gustavo acaba de pasar *(has just spent)* su primer mes en la Universidad de Texas. Ahora está en casa hablando con su madre. Escucha su conversación y completa estas oraciones.

Play Text Audio CD
Track CD1-25

1. Gustavo se despierta a las _____ de la mañana y se levanta a las _____. (¿A qué hora?)

2. ¿Toma el desayuno? Sí _____. No _____.

3. Su primera clase empieza a las _____ de la mañana. (¿A qué hora?)

4. Tiene _____ clases por la mañana. (¿Cuántas?)

5. A la una o a la una y media, Gustavo _____. (¿Qué hace?)

6. Tiene un laboratorio los _____ por la _____. (¿Qué día? ¿Cuándo?)

7. Antes de cenar, él va al _____ y juega al _____. (¿Adónde va? ¿Qué hace?)

8. Por lo general, se acuesta a las _____ o a las _____. (¿A qué hora?)

5-2 Todo en un día. Tú y un(a) compañero(a) van a comparar sus rutinas. Completen las actividades juntos.

Primera parte: Descríbele a tu compañero(a) tu rutina para tu día más ocupado. Lee las frases y complétalas con las palabras más lógicas. Después, escucha mientras tu compañero(a) describe su rutina. Toma apuntes mientras habla tu compañero(a).

Mi día más ocupado es el _____. Me despierto a las _____
                                  (día de la semana)   *(hora)*

y me levanto a las _____. Antes de mis clases, (yo) _____. Salgo
               (hora)   *(actividades)*

de casa a las _____. Por la mañana, tengo _____ clases. Mi primera
           (hora)   *(número)*

clase empieza a las _____. Casi siempre almuerzo a las _____ con
                  (hora)   *(hora)*

_____. Por la tarde, tengo _____ clases. Mi última clase
     (personas)   *(número)*

empieza a las _____. Por lo general, regreso a casa a las _____. Por la
              (hora)   *(hora)*

noche, muchas veces (yo) _____. Casi siempre me acuesto a las
                          (actividades)

_____.
(hora)

Segunda parte: Compara tus respuestas con las de tu compañero(a) y completa la tabla con un ✔ en la columna apropiada.

Entre tú y tu compañero(a), ¿quién... ?	Yo	Mi compañero(a)
1. ...se despierta más temprano por la mañana	☐	☐
2. ...tiene menos clases	☐	☐
3. ...almuerza más temprano	☐	☐
4. ...regresa a casa más tarde	☐	☐
5. ...se acuesta más temprano	☐	☐

5-3 ¿Qué tal tu semestre? Trabaja con un(a) compañero(a) de clase y entrevístense con estas preguntas.

1. ¿Estás muy ocupado(a) este semestre? ¿Cuántas clases tienes en total? ¿Qué día de la semana estás más ocupado(a)? ¿menos ocupado(a)?

2. ¿A qué hora empieza tu primera clase? ¿A qué hora es tu última clase? ¿Prefieres tener tus clases por la mañana o por la tarde? ¿Por qué? ¿Tienes alguna clase por la noche?

3. ¿Tienes un laboratorio este semestre? ¿Cuándo es? ¿Es interesante?

4. ¿Desayunas todos los días? ¿Con quién almuerzas generalmente? ¿Dónde comen Uds.? ¿Cenas en el mismo lugar *(place)?* ¿Cómo es la comida allí, buena, tolerable o mala?

5. ¿Por cuántas horas tienes que estudiar todas las noches? ¿Cuándo tienes tiempo para divertirte con tus amigos? ¿Cuándo pasas tiempo con tu familia?

Comentario cultural: LA VIDA UNIVERSITARIA

¿Cómo es la vida universitaria para ti y tus amigos? ¿Qué aspectos de la vida estudiantil les gustan más a Uds.? ¿Has pensado alguna vez en cómo es la vida universitaria en otras universidades norteamericanas o extranjeras?

Cuando piensas en la universidad, ¿cuáles son tus imágenes más claras y vívidas? ¿Piensas en el recinto universitario *(campus),* en sus residencias estudiantiles y en sus cafeterías? Quizás *(Perhaps)* piensas en los partidos de fútbol americano, las grandes rivalidades y los *cheerleaders.* Para muchos estudiantes norteamericanos, es sorprendente descubrir que muchos de los aspectos más típicos de la vida estudiantil de los Estados Unidos no forman parte de la vida estudiantil en España o Latinoamérica. La mayoría de los estudiantes hispanos, por ejemplo, no vive en residencias, sino en casa con sus padres u otros parientes. Muchos estudiantes practican deportes y juegan en equipos, pero por lo general los deportes tienen menos importancia en esos países que en los EE.UU. Además *(What's more),* los clubes sociales como *sororities* o *fraternities* casi no existen; los estudiantes prefieren reunirse más informalmente. Los cafés y los bares cerca de los centros universitarios son muy populares con los estudiantes porque allí pueden pasar un rato *(a while)* hablando de política u otros temas de interés. También se reúnen *(they get together)* en fiestas para conversar, para escuchar música y, sobre todo *(above all),* para bailar.

Gramática
LOS VERBOS REFLEXIVOS

Todos los días, **me despierto** a las siete, pero no **me levanto** hasta las siete y cuarto. A las ocho **me ducho** y, luego, **me visto.** No tengo tiempo para desayunar porque mi primera clase empieza a las nueve.

A. Los verbos reflexivos. Some of the verbs you used in the previous section of this *Paso,* such as **me levanto, me ducho,** and **me despierto,** are known as reflexive verbs. When a verb is reflexive, the person who performs the action also receives the benefit or impact of the action (such as washing yourself or brushing your teeth). Many verbs can actually be used reflexively or nonreflexively, depending on the meaning of the sentence.

lavar	**Lavo** el coche.	I wash *the car.* (I perform the action; the car receives the benefit. This verb is *not* used reflexively.)
lavarse	Después, **me lavo** y salgo.	*Afterward,* I wash up *and leave.* (I perform the action of washing but also receive the benefit of it since I am washing *myself.* This verb *is* used reflexively.)
levantar	**Levanto** a mi hijo a las ocho.	I get *my son* up *at eight o'clock.* (I turn on the light and call out my son's name to get him up. This verb is *not* used reflexively.)
levantarse	**Me levanto** a las seis y media.	I get up *at six thirty.* (I get up of my own accord, so I both perform and receive the benefit of the action. This verb *is* used reflexively).

B. Los pronombres reflexivos. Reflexive verbs are conjugated just like other verbs in the present tense, except that they must always be accompanied by *reflexive pronouns*. These reflexive pronouns must match the subject of the sentence; for example, the pronoun **me** is used when the subject is **yo,** the pronoun **te** is used when the subject is **tú,** etc.

levantarse *(to get up)*		
yo	**me**	**Me levanto** a las seis.
tú	**te**	¿A qué hora te **levantas?**
Ud./él/ella	**se**	Roberto **se levanta** temprano.
nosotros(as)	**nos**	**Nos levantamos** tarde los domingos.
vosotros(as)	**os**	**¿Os levantáis** ahora?
Uds./ellos/ellas	**se**	Mis padres no **se levantan** muy temprano.

The following guidelines describe where reflexive pronouns may be placed within a sentence:

- Reflexive pronouns are always placed *before* a single conjugated verb.

    Me levanto bastante temprano.   *I get up quite early.*

- With verb phrases consisting of conjugated verb + infinitive, reflexive pronouns are generally *attached* to the end of the infinitive. In some cases it is possible to place them before the conjugated verb.

    Prefiero levantar**me** temprano.   *I prefer to get up early.*

- When an infinitive is used after a preposition (such as **después de, antes de, para,** etc.), the reflexive pronoun is always *attached* to the end of the infinitive.

    Después de levantar**me,** desayuno.   *After I get up (literally, after getting up), I eat breakfast.*

C. Otros verbos reflexivos. Just like all other verbs, reflexive verbs may be regular, stem-changing, or irregular in the present tense.

Verbos regulares: These common reflexive verbs are conjugated in the present tense with the regular endings for **-ar** verbs, just like **levantarse.**

bañarse	*to take a bath, to bathe*
levantarse	*to get up*
arreglarse	*to fix oneself up*
lavarse el pelo/las manos/la cara	*to wash one's hair/hands/face*
lavarse los dientes	*to brush one's teeth*
ducharse	*to take a shower*
quitarse	*to take off (clothing)*
afeitarse	*to shave*
maquillarse	*to put on make-up*
peinarse	*to comb one's hair*

Verbos irregulares: The verb **ponerse** *(to put on)* is irregular only in the **yo** form of the present tense: **me pongo, te pones, se pone, nos ponemos, os ponéis, se ponen.**

Verbos con cambios en la raíz: Reflexive verbs may have any of the three kinds of stem changes in the present tense. Like all stem-changing verbs, these verbs undergo changes in all persons except **nosotros** and **vosotros.**

Provide an additional example with the verb **gustar: No me gusta levantarme temprano.** Point out that the first **me** is an indirect object pronoun that must be used with **gustar;** the second **me** is the reflexive pronoun.

Point out that with body parts and clothing, Spanish uses definite articles instead of possessive adjectives with reflexive verbs: **Me lavo los dientes.** *I brush my teeth.*

	o → ue acostarse (to go to bed)	e → ie divertirse (to have a good time)	e → i vestirse (to get dressed)
yo	me acuesto	me divierto	me visto
tú	te acuestas	te diviertes	te vistes
Ud./él/ella	se acuesta	se divierte	se viste
nosotros(as)	nos acostamos	nos divertimos	nos vestimos
vosotros(as)	os acostáis	os divertís	os vestís
Uds./ellos/ellas	se acuestan	se divierten	se visten

Here are some other common stem-changing reflexive verbs:

o → ue
moverse (ue)   *to move*
dormirse (ue)   *to fall asleep*

e → ie
despertarse (ie)   *to wake up*
sentarse (ie)   *to sit down*
sentirse (ie)   *to feel*

e → i
despedirse (i)   *to say good-bye*

Remind students that "to move" in the sense of "to change one's residence" is **mudarse.**

Ponerlo a prueba

5-4 Un día típico. En esta actividad, Vivian describe su rutina diaria. Combina los elementos y conjuga los verbos en el presente para formar oraciones completas.

MODELO: yo / levantarse / temprano / todos los días
           Yo me levanto temprano todos los días.

1. yo / despertarse (ie) / a las siete y media / casi todos los días
2. yo / ducharse / por la mañana / pero / ella / preferir (ie) / bañarse / por la noche
3. primero / nosotras / vestirse (i) / y luego / peinarse
4. yo siempre / lavarse los dientes / después del desayuno
5. los fines de semana / nosotras / divertirse (ie) / con nuestros amigos
6. mis amigos / acostarse (ue) / tarde / los sábados / y / levantarse / tarde / los domingos

5-5 ¿Lo (La) conoces bien? La clase va a entrevistar a su profesor(a) de español. Formen grupos de dos o tres personas y completen las actividades.

Primera parte: ¿Cómo es la rutina de su profesor(a)? Escriban sus predicciones sobre las siguientes actividades.

MODELO: ¿A qué hora se despierta su profesor(a)?
           Nosotros creemos que nuestro(a) profesor(a) se despierta temprano, a las cinco y media o a las seis de la mañana.

1. ¿A qué hora se despierta su profesor(a) durante la semana?
2. ¿Cuánto tiempo necesita para arreglarse por la mañana?
3. ¿A qué hora se acuesta durante la semana?
4. ¿A qué hora se levanta los fines de semana?
5. ¿A qué hora se acuesta los viernes y los sábados?
6. ¿Qué hace para divertirse los fines de semana?

Segunda parte: Entrevisten a su profesor(a). Después de la entrevista, comparen sus predicciones con las respuestas de su profesor(a). ¿Quiénes lo (la) conocen mejor?

MODELO: *¿A qué hora se despierta Ud. por la mañana?*

For homework assign Exercise 5-4 and, if you wish, the prediction and question-writing preparatory work for Exercise 5-5. The interview portion of Exercise 5-5 and all of Exercise 5-6 are meant for classroom use.

Point out to students that subject pronouns are stated here to emphasize and contrast subjects.

Follow-up to Exercise 5-4: Have students narrate Vivian's daily routine by changing the verbs to third person: **Vivian se despierta a las siete y media. Su compañera se levanta a la misma hora.** etc.

Alternative follow-up to Exercise 5-4: Students create sentences comparing and contrasting their own routines with Vivian's. For example: **Vivian se despierta a las siete y media, pero yo me despierto a las ocho y media.** Or: **Yo me despierto más tarde que Vivian.**

Students may write their predictions alone if you prefer. As students interview you, ask for a few predictions before you give the correct answer. As an expansion, you may want to have students compare some of their activities with yours, to find some habits/interests in common.

5-6 **Una encuesta.** Una compañía grande de mercadeo *(marketing)* quiere investigar los hábitos de los estudiantes en tu universidad. Entrevista a un(a) compañero(a) de clase con las siguientes preguntas. Toma apuntes sobre las respuestas.

1. ¿Cuántas veces al día te lavas los dientes? (una vez, dos veces, tres veces, cuatro veces o más)
2. ¿Qué pasta dentífrica prefieres?
3. ¿Cuántas veces a la semana te lavas el pelo? (una o dos veces, tres o cuatro veces, todos los días)
4. ¿Qué champú te gusta más?
5. ¿Usas acondicionador? (sí, a veces, no)
6. ¿Prefieres bañarte o ducharte?
7. ¿Qué tipo de jabón *(soap)* prefieres? (uno con desodorante, uno con crema, no importa)
8. ¿Con qué frecuencia te pones colonia o perfume? (todos los días, a veces, nunca)
9. Para los chicos: ¿Qué crema prefieres para afeitarte?
10. Para las chicas: ¿Qué marca *(brand)* de cosméticos prefieres para maquillarte?

Comentario cultural:
CÓRDOBA, FLOR DE LA CIVILIZACIÓN

¿Qué grupos étnicos han impactado en el desarrollo intelectual de los Estados Unidos? ¿Cuáles son algunos de los centros intelectuales del país?

Durante la Edad Media *(Middle Ages),* varios grupos étnicos y religiosos vivían en la península ibérica (lo que ahora es España y Portugal). Entre ellos estaban los musulmanes (árabes del norte de África), los cristianos (descendientes de los romanos y otros grupos) y los judíos (o hebreos). Todas estas culturas contribuyeron mucho a la vida intelectual de la península. Durante el siglo *(century)* X, la ciudad multicultural de Córdoba llegó a ser *(came to be)* uno de los centros más importantes de toda Europa para estudiar y hacer investigaciones en medicina, botánica y filosofía. Se dice que la biblioteca de Córdoba tenía más de 400.000 libros, todos copiados a mano *(by hand).*

Transparency Bank
L-2

Vocabulario temático
EL ORDEN CRONOLÓGICO

Cómo expresar una serie

Primero, tengo mi clase de cálculo.

Luego, tengo la clase de historia.

Después, asisto a la clase de antropología.

Más tarde, tengo un laboratorio de geología.

HORARIO DE CLASE

Nombre: _____

	lunes	martes	miércoles	jueves	viernes
9:00	cálculo	cálculo	cálculo	cálculo	cálculo
10:00	historia	historia	historia	historia	historia
11:00					
12:00	antropología	antropología	antropología	antropología	antropología
1:00	laboratorio de geología	laboratorio de geología	laboratorio de geología	laboratorio de geología	laboratorio de geología

Cómo expresar la hora

Por la mañana, debo ir a clases.

Por la tarde, necesito trabajar.

Por la noche, tengo que estudiar.

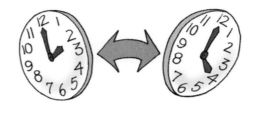

Empiezo a trabajar *a las dos.*

Trabajo *de dos a cuatro.*

Introduce the vocabulary by using examples from your own routine or by referring to the activities in transparency L-2.

Cómo expresar el orden

Antes de trabajar, debo ir a clases.
Después de trabajar, tengo que estudiar.
Mientras trabajo, escucho música.

Sabías que...

- Notice that an *infinitive* rather than a conjugated verb, is used after **antes de** and **después de.** Infinitives are used after prepositions like these whenever the subject of both parts of the sentence is the same.

  Antes de salir, me lavo los dientes.
  Before leaving (Before I leave), I brush my teeth.

  Después de cenar, miramos la tele un rato.
  After having supper (After we have supper), we watch TV for a while.

- After the conjunction **mientras,** a conjugated verb (*not* an infinitive) should be used.

  Mientras ceno, leo el periódico.
  While I eat supper, I read the newspaper.

  Escucho música **mientras estudio.**
  I listen to music while I study.

Ponerlo a prueba

Play Text Audio CD
Track CD1-26

Assign Exercise 5-7, on the student CD, for homework. Exercise 5-8 may be assigned for homework or done in class.

Answers to Exercise 5-7: 1. c; 2. d; 3. a; 4. b; 5. a; 6. b; 7. a

Additional drill activity: Mention any two activities; students respond by forming sentences that give the order/time relationship between the activities in their own daily routine. For example, you say: **Desayuno, me ducho,** and the student responds: **Primero me ducho, y después desayuno** or **Desayuno después de ducharme.**

5-7 ¿Cuándo? Lee estas preguntas y después escucha las conversaciones entre los dos estudiantes, Nieves y su novio Antonio. Completa las oraciones con las respuestas correctas.

Conversación 1

1. Primero, Nieves va a _____.
2. Después, va a _____.
3. Más tarde, va a _____.

a. tomar un helado
b. trabajar en el restaurante
c. estudiar geometría
d. cenar con su novio

Conversación 2

4. Según Antonio, Nieves debe llamar a su mamá _____.
5. Nieves prefiere llamar a su madre _____

a. antes de ir al partido
b. después de ir al partido
c. mientras están en el partido

Conversación 3

6. Normalmente, Antonio trabaja _____.
7. Este sábado, Antonio tiene que trabajar _____.

a. por la mañana
b. por la tarde
c. por la noche

5-8 El fin de semana. ¿Qué piensas hacer el próximo fin de semana? Trabaja con un(a) compañero(a) de clase. Completen las oraciones oralmente con infinitivos para describir sus planes para el fin de semana.

MODELO:
Tú: El viernes por la tarde, voy a *tomar una siesta.* ¿Y tú?
Tu compañero(a): Voy a *ir a mi laboratorio de química.*

1. El viernes por la noche, voy a _____. También, quiero _____. ¿Y tú?
2. El sábado por la mañana, pienso _____ primero. Luego, voy a _____. ¿Y tú?
3. El sábado por la tarde, tengo que _____ primero. Más tarde, espero _____. ¿Y tú?
4. El sábado por la noche, me gustaría _____. Después, quiero _____. ¿Y tú?
5. El domingo, voy a _____ antes de _____. Voy a _____ después de _____. ¿Y tú?

Síntesis

Exercise 5-9 may be completed orally or in writing.

For listening practice, describe a detail or activity from one of the scenes; students should give the number of the scene where the detail is found.

5-9 ¿Cómo es la vida de Carlos? Estos dibujos representan un día normal en la vida de Carlos. Describe todas sus actividades. ¡Ojo! Tienes que usar palabras como *primero* y *luego* para indicar el orden.

MODELO: *Primero, Carlos se despierta a las seis de la mañana. Tiene mucho sueño. No le gustan las mañanas. Luego...*

1.

2.

3.

5-10 ¿Quiénes son más compatibles? Imagínate que buscas un(a) nuevo(a) compañero(a) de cuarto. Completa las siguientes actividades.

Primera parte: En grupos de cuatro personas, entrevista a dos compañeros(as). Para cada pregunta, indica si tú y las otras personas son compatibles.

	¿Somos compatibles?		
	Sí	**Quizás** *(maybe)*	**No**
1. ¿A qué hora te levantas por la mañana?	☐	☐	☐
2. ¿Te duchas por la mañana o por la noche?	☐	☐	☐
3. ¿A qué hora prefieres acostarte?	☐	☐	☐
4. ¿A qué hora vuelves a casa después de tus clases?	☐	☐	☐
5. ¿Escuchas música mientras estudias?	☐	☐	☐
6. En general, ¿está ordenado o desordenado tu cuarto?	☐	☐	☐
7. ¿Te gusta cocinar o prefieres comer en la cafetería?	☐	☐	☐
8. ¿Qué te gusta hacer en tu tiempo libre?	☐	☐	☐
9. En general, ¿pasas los fines de semana aquí o sales de la ciudad?	☐	☐	☐
10. (dos o tres preguntas originales)	☐	☐	☐

Before beginning this activity, give students time to read the questions in the book and write their original questions; make a list of the latter on the board.

Variation to Exercise 5-10: Working in pairs instead of groups, students interview each other and keep track of activities that indicate compatibility.

Segunda parte: Después de entrevistar a dos o tres personas, decide quién es más compatible contigo. Completa la oración por escrito.

(Nombre) y yo somos más compatibles porque...

5-11 **Un argentino en los Estados Unidos.** Adrián Pinasco es argentino, pero estudia y trabaja en los EE.UU. Lee la descipción de su rutina, y contesta las preguntas con oraciones completas.

1. ¿Qué estudia Adrián Pinasco?
2. En general, ¿se levanta temprano por la mañana? Explica.
3. ¿Dónde y cómo pasa la mañana?
4. ¿Cuántas clases toma este semestre? ¿Cuándo son sus clases?
5. ¿En qué trabaja Adrián? ¿Cuándo trabaja?
6. ¿Dónde come Adrián normalmente?
7. ¿Qué hace Adrián por la noche?
8. ¿A qué hora se acuesta Adrián en un día típico?
9. ¿Tiene Adrián mucho tiempo para divertirse con sus amigos?
10. Compara tu rutina con la de Adrián. ¿Quién pasa el día más frenéticamente, tú o él?

¡Hola! Me llamo Adrián Pinasco, soy de Argentina y tengo veintisiete años. Soy profesor de educación física y como post-grado (*as for graduate work/studies*), tengo dos masters en Buenos Aires. Actualmente estoy estudiando mi tercer master, el cual es en fisiología del ejercicio, y voy por el segundo año. Este semestre estoy cursando (*I'm taking*) dos clases, las cuales son durante el mediodía y la tarde, así que puedo dormir a la mañana. ¡Eso es algo que de verdad me encanta! No me gustan las clases a la mañana temprano, ya que prefiero quedarme durmiendo (*to sleep in*). Cuando me levanto, desayuno generalmente con leche con chocolate o café con leche. Después, almuerzo, con lo que (*what*) que usualmente yo mismo me cocino
(*I cook for myself*). Después de almorzar, voy a clase. Y de ahí voy directamente a entrenar con el equipo de fútbol, del cual soy uno de los entrenadores (*coaches*). Si tengo tiempo, vuelvo a casa para comer antes de ir a trabajar a la noche en un gimnasio donde soy supervisor de los torneos deportivos para estudiantes (*intramurals*). Al final del día, vuelvo a casa, leo los e-mails en la computadora hasta las doce o la una, y de ahí me voy a dormir. Éste es uno de mis días típicos en la Universidad de Carolina del Sur.

Puente cultural

Háblanos un poco sobre la educación en la escuela primaria y secundaria.

Gabriela (Gabi) Marchesin Vergara
mexicana; 23 años; estudiante

En México la enseñanza *(schooling)* es obligatoria hasta el tercer año de secundaria, que es equivalente al noveno *(ninth)* grado en el sistema estadounidense. El sistema de notas que se usa es de números, del 0 al 10. Todas las escuelas tienen clases de educación física y facilidades para practicar deportes. Sin embargo *(However)*, no existe una cultura del deporte como en otros países; no hay el mismo énfasis, ni la inversión *(investment)* económica. Las escuelas privadas tienen un mejor programa de estudios y nivel académico. Por ejemplo, en las escuelas privadas existe el estudio de una segunda lengua, generalmente inglés, desde kinder.

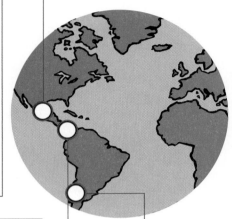

Alicia Josefina Lewis
panameña; 47 años; profesora

En Panamá la enseñanza es obligatoria hasta el sexto *(sixth)* grado, pero la mayoría de las personas asisten a la secundaria hasta graduarse. El sistema de notas es del 1 al 5. Se practica todo tipo de deportes, pero el más popular es el béisbol. En la escuela pública se empieza a estudiar una lengua extranjera en séptimo *(seventh)* grado. En la escuela privada se empieza antes, en el primer grado. Las lenguas que más se estudian son el inglés, el francés y el latín. Las escuelas privadas generalmente son dirigidas por la Iglesia y muchas veces los alumnos se gradúan en el grado 11, en vez del *(instead of)* 12.

Iván Claudio Tapia Bravo
chileno; 37 años; profesor

En Chile la enseñanza es obligatoria hasta el octavo *(eighth)* básico. El sistema de notas es de 0 a 7. Un 4 es la nota mínima de aprobación *(passing)*. La equivalencia sería *(would be)*: 4=D, 5=C, 6=B, 7=A. No se practican muchos deportes en la escuela primaria o secundaria; el principal es el fútbol. El estudio de lenguas extranjeras (inglés y francés o alemán) empieza muy temprano. Hay una gran diferencia entre la educación pública y la privada. La pública es gratuita *(free)*, y en muchos casos hay una enorme falta *(lack)* de recursos. Los liceos privados son bastante caros, por lo tanto *(therefore)* pueden ofrecer una gran infraestructura, así como también una superior enseñanza. Esto queda demostrado en el alto número de ingresos de alumnos de liceos privados a las universidades.

Te toca a ti

5-12 **¿En qué país?** Decide en cuál de estos países (México, Panamá, Chile o Estados Unidos) se darían las siguientes situaciones *(these situations would exist)*. ¡Ojo! Puede ser solamente en un país, en varios de ellos o en ninguno.

1. Sacar un cinco en matemáticas es un motivo de celebración en _____.
2. Sacar un cuatro en historia es una vergüenza *(a disgrace)* en _____.
3. Graduarse de secundaria con un promedio *(GPA)* de 4.0 es excelente en _____.
4. El francés es una lengua extranjera que se estudia en _____.
5. En las escuelas privadas se inicia el estudio de una segunda lengua en los primeros años de la educación primaria en _____.
6. Los deportes son una parte esencial de la educación primaria y secundaria en _____.
7. La educación pública es tan buena como la privada en _____.

At this stage of language development some cultural topics are difficult to discuss in Spanish. However, remind students that sophisticated ideas need to be simplified in order to make the task of expressing an opinion in Spanish a linguistically feasible task.

5-13 **Ventajas y desventajas.** Trabaja con un(a) compañero(a). Discutan lo bueno y lo malo de las siguientes situaciones que se dan en diferentes países. Después escriban en español una ventaja y una desventaja de cada una de las situaciones. ¡Ojo! No siempre hay ambas *(both)*.

1. En los Estados Unidos se les da mucha importancia a los deportes en las escuelas secundarias.

    Ventaja:

    Desventaja:

2. En muchos países extranjeros la eseñanza de un segundo idioma empieza cuando los niños son muy jóvenes.

    Ventaja:

    Desventaja:

3. En algunos países la asistencia a la escuela secundaria no es obligatoria.

    Ventaja:

    Desventaja:

4. En la mayoría de los países la educación privada es mejor y más completa que la pública.

    Ventaja:

    Desventaja:

In this *Paso* you will practice:

● Talking about your schedule, your academic major, and grades

● Describing and comparing your classes and professors

● Expressing opinions about different aspects of school life

● Identifying professions and occupations

● Talking about plans for the future

Grammar:

● Verb phrases used to express future time

● Verbs similar to **gustar: encantar** and **interesar**

Vocabulario temático
LAS ASIGNATURAS

¿Qué clases tomas este semestre?　　　　Este semestre tomo *estadística, educación física, español e inglés.*

¿Cuál es tu carrera?　　　　Todavía no (lo) sé.
Estudio *pedagogía.*
　　　　　　periodismo
　　　　　　negocios/comercio
　　　　　　derecho

¿En qué año de estudios estás?　　　　Estoy en mi *primer año* de estudios.
　　　　　　segundo año
　　　　　　tercer año
　　　　　　cuarto año

¿Qué notas sacas?　　　　Saco *buenas notas.*
　　　　malas notas
　　　　notas regulares

¿Cómo son tus clases?　　　　Mi clase de *informática* es *fácil.*
　　　　economía　　*difícil*
　　　　psicología　*aburrida*
　　　　interesante

Otras asignaturas

Humanidades y bellas artes

arte　　　　　　　　　música
cinematografía　　　　teatro
literatura

Ciencias sociales

antropología　　　　　historia
ciencias políticas　　psicología
geografía　　　　　　sociología

Ciencias naturales

biología　　　　　　　geología
física　　　　　　　　química

Matemáticas

álgebra　　　　　　　cálculo

Estudios profesionales

criminología　　　　　turismo y hotelería
ingeniería　　　　　　medicina

Many of the names of courses are cognates and are provided here for recognition and for students to be able to talk about their particular courses. Rather than expecting your students to memorize all of them for production in testing, consider writing more open-ended items that allow for a variety of responses.

Introduce the names of subjects by playing a guessing game: Describe briefly and simply the topics one studies in a given course and have students guess aloud or write down the name of the course as they refer to the words in the book. For example: 1. **Si quieres ser doctor(a) o trabajar en un hospital, ¿qué necesitas estudiar?** 2. **Si estudias para programar las computadoras, ¿qué clase estás tomando?** 3. **En esta clase estudias las obras de Beethoven y Bach. ¿Qué clase es?** 4. **En esta clase aprendes a escribir artículos para revistas y periódicos,** etc.

¿ Sabías que...

- Other ways of asking someone about his or her major are: **¿En qué te especializas? ¿Cuál es tu especialidad?** or **¿Cuál es tu especialización?** These expressions often refer to a field of study within a major.

- In many Spanish-speaking countries, students who want to go on to college must first finish a college-preparatory high school program that gives them a diploma known as **el bachillerato.** An undergraduate university degree is often called **un título universitario** or **una licenciatura.**

- The conjunction **y** (and) changes to **e** before words that begin with **i** or **hi.**

  Estudio física **e** historia.　　　　*I study physics **and** history.*

Play Text Audio CD
Track CD1-27

Ponerlo a prueba

5-14　Las clases de Tomás. Escucha la conversación entre Tomás y su nueva amiga Patricia y contesta las preguntas.

1. Tomás describe su horario (*schedule*) para el ____.
   a. lunes　　　　　　　b. martes　　　　　　　c. miércoles

2. Tomás y Patricia están en el ____ año de estudios.
   a. primer　　　　　　　b. segundo　　　　　　　c. tercer

3. Tomás estudia ____.
   a. lenguas extranjeras　　b. ciencias sociales　　c. ciencias naturales

4. Tomás piensa que su profesor de biología ____.
   a. es fascinante　　　　b. es difícil　　　　　c. no es muy interesante

5. La clase más difícil para Tomás es la de ____.
   a. biología　　　　　　b. inglés　　　　　　　c. álgebra

5-15　Tu horario. Primero, usa la tabla de la página 172 como modelo para escribir tu horario. Luego, entrevista a tu compañero(a) con las preguntas a continuación.

1. ¿En qué año de estudios estás?
2. ¿Cuál es tu carrera?
3. ¿Qué clases tomas este semestre? ¿Tienes algún laboratorio?
4. ¿Te gusta el horario? ¿Cuál es tu día más ocupado?
5. ¿A qué hora empieza tu primera clase? ¿A qué hora termina tu última clase?
6. ¿Cómo son tus clases? ¿Cuál es tu clase más interesante? ¿más difícil?
7. ¿Qué notas sacas?

Comentario cultural: EL SISTEMA EDUCATIVO

En el momento de escoger tus clases, ¿tienes mucho control sobre tu horario? En tus clases, ¿hay mucha interacción entre los profesores y los estudiantes? ¿Qué criterio usan tus profesores para determinar la nota final?

Los estudiantes universitarios de España o Hispanoamérica tienen un sistema educativo muy diferente al de los Estados Unidos. Primero, casi siempre tienen que seguir un plan de estudios que es un poco rígido y que no les da oportunidad de tomar muchos cursos electivos. Además, algunos profesores no toman la asistencia y sus clases no siempre incluyen discusiones con los estudiantes. Por último, muchas veces los estudiantes solamente tienen un examen final al concluir el año escolar y reciben las notas según un sistema numérico de 1 a 10, o con descripciones como las siguientes:

sobresaliente (*outstanding*)	bien (*good*)	deficiente (*unsatisfactory*)
notable (*very good*)	aprobado (*pass*)	suspenso (*fail*)

5-16 **Las clases.** Rita sueña *(dreams)* con la idea de ser diplomática y de trabajar en las Naciones Unidas *(United Nations)*. Por eso, ella quiere estudiar en la Universidad Nacional de Argentina ubicada en Buenos Aires. Usa la información a continuación para ayudar a Rita a escoger sus clases de acuerdo con sus preferencias. Luego, con un(a) compañero(a), describe oralmente el horario más conveniente para Rita los lunes, miércoles y viernes.

Before students begin their oral summaries, have them prepare a written schedule of Rita's classes.

Asignaturas obligatorias

1. Espa. 3101 Español básico
2. Geog. 3155 Elementos de geografía
3. Econ. 3005 Introducción a la economía
4. Cipo. 3035 El sistema político de Argentina
5. Cipo. 4185 Teoría política contemporánea

Preferencias

1. No quiere que sus clases empiecen antes de las nueve de la mañana.
2. No quiere terminar después de las tres de la tarde.
3. Necesita por lo menos una hora al mediodía para almorzar.

ASIGNATURA	CÓDIGO	CRÉDITO	HORA	DÍAS	AULA
		ESPAÑOL			
Español 3101	LE10	03	06	l, mi, v	158
Español 3101	LE11	03	08	l, mi, v	159
Español 3101	LE12	03	10	m, j	160
		GEOGRAFÍA			
Geografía 3155	GEOGR03	03	12	l, mi, v	124
Geografía 3155	GEOGR04	03	09	l, mi, v	125
Geografía 3155	GEOGR05	03	17	l, mi, v	126
		ECONOMÍA			
Economía 3005	ECON05	03	10	m, j	142
Economía 3005	ECON06	03	14	m, j	144
Economía 3005	ECON07	03	19	m, j	146
		CIENCIAS POLÍTICAS			
Cipo. 3035	CIPO31	03	07	l, mi, v	120
Cipo. 3035	CIPO32	03	11	l, mi, v	121
Cipo. 3035	CIPO33	03	15	l, mi, v	122
Cipo. 4185	CIPO41	03	09	l, mi, v	150
Cipo. 4185	CIPO42	03	10	l, mi, v	152
Cipo. 4185	CIPO43	03	11	l, mi, v	154

Tus recomendaciones				
lunes	**martes**	**miércoles**	**jueves**	**viernes**

Vocabulario temático
CÓMO PEDIR Y DAR OPINIONES

¿Qué piensas de *tus clases* este semestre?
         tus profesores

Me gusta mucho mi clase de *ciencias marinas*.

Me encanta mi clase de *historia del arte.*

Me interesa mucho la clase de *teoría de la música.*

Mi profesora de *literatura europea* es muy *dinámica.*
                organizada

Las conferencias de *historia medieval* son *fascinantes.*
                maravillosas

Los examenes de *bioquímica* son muy *largos.*
                difíciles

Mi profesor de *microbiología* es *desorganizado.*
                demasiado exigente
                quisquilloso
                pésimo

Sabías que...

- The verbs in the expressions **me encanta** and **me interesa** are patterned like the verb **gustar.** With a singular noun, use **encanta, interesa:**

  Me encanta la historia.   *I love* history.

  With a plural noun, use **encantan, interesan:**

  Me interesan mucho   *I am* very much *interested*
  las matemáticas.   *in* mathematics.

- The phrase **¿Qué tal...?** can also be used to ask for someone's opinion:

  ¿Qué tal tu clase?   *How's* your class?/What do you think of your class?

Estructuras esenciales
OTROS VERBOS COMO *GUSTAR: ENCANTAR, INTERESAR*

As you saw in **Capítulo 4,** the verb **gustar** follows a special sentence pattern.

- An indirect object is always used with this verb:

  me *(to/for me)*   nos *(to/for us)*

  te *(to/for you)*   os *(to/for you, pl.)*

  le *(to/for him, her, you, [formal], it)*   les *(to/for you, [pl.], them)*

- Two verb forms are commonly used in the present tense: **gusta** and **gustan.**

  —**Gusta** is used with a subject that is a singular noun, or infinitive.
  —**Gustan** is used with a subject that is a plural noun.

Indirect Object	Verb	Subject
Me	gusta	la clase de inglés.
I like English class.		
Me	gustan	sus conferencias.
I like his/her lectures.		

The verbs **encantar** and **interesar** are used in the same way as **gustar.** Study the following guidelines.

- **Encantar** is used to talk about things or activities that you love. It is not used to talk about persons for whom you feel affection. Use **encanta** when the subject is a singular noun or infinitive; use **encantan** when the subject is a plural noun.

  Me encanta mi horario.   *I **love** my schedule.*
  A Rita **le encanta** leer.   *Rita **loves** to read.*
  Nos encantan sus conferencias. **We love** her lectures.*

- **Interesar** is used to express something that you are interested in or that interests you. Once again you must choose between the singular **interesa** and the plural **interesan.** Notice that the English word "in" is not translated when using **interesar.**

  ¿Te interesa la química?   ***Are you interested** in chemistry?*
  No **me interesa** tomar otro   ***I'm** not **interested** in taking another lab.*
    laboratorio.
  A mis amigas **les interesan**   *My friends **are interested in***
    las matemáticas.   *mathematics.*

Comentario cultural: LOS COGNADOS FALSOS

Cuando oyes o lees una palabra desconocida *(unfamiliar)* en inglés, ¿cómo adivinas *(do you guess)* lo que significa? ¿Conoces a alguna persona bilingüe? ¿Alguna vez le oyes a esta persona usar una palabra o expresión que suena raro *(sounds odd)* en el contexto de lo que la persona está diciendo?

Al hablar del sistema educativo en español, nos encontramos con muchos "cognados falsos", palabras que no son lo que parecen ser. Aquí hay una lista de algunas de estas palabras con su significado correcto en inglés:

conferencia	*lecture*
lectura	*reading*
facultad	*college/school (of architecture, for example)*
colegio	*elementary or secondary school*

Exercise 5-17 is meant to be done for homework, as is the preparation for Exercise 5-18.

Play Text Audio CD
Track CD1-28

Students will be more successful with this exercise if some assistance and additional models are provided when it is assigned for homework. As a follow-up, students could share their opinions orally with the class.

Answers to Exercise 5-17: 1. desfavorable: exigente, quisquilloso, pésimo; 2. favorable: interesante, favorita; 3. desfavorable: largas y aburridas; 4. favorable: organizada, amable (*but, she is also described as* no muy dinámica).

Ponerlo a prueba

5-17 **¿Cómo van tus clases?** Escucha la conversación entre dos estudiantes universitarios, Elsa y Andrés. Indica con un √ si las impresiones de sus clases son favorables o desfavorables. Después, escribe los adjetivos que los estudiantes usan para describir sus clases y a sus profesores (por ejemplo, quisquilloso, organizado, interesante, etc.).

	Impresión favorable	Impresión desfavorable	Adjetivos
1. el profesor de biología	☐	☐	☐
2. la clase de filosofía	☐	☐	☐
3. las conferencias de historia	☐	☐	☐
4. la profesora de sociología	☐	☐	☐

5-18 **¿Qué opinas?** Usa la información en las columnas a continuación para escribir oraciones que expresen la opinión de las personas indicadas sobre aspectos de la vida universitaria.

MODELO: *A mi compañera de cuarto no le gusta mucho la comida de la cafetería.*
A mis amigos y a mí nos encantan las fiestas.
Me interesa viajar a otros países.

A	B	C	D
A mí	me	interesa(n) mucho/poco	los profesores dinámicos
A ti	te	gusta(n) mucho/poco	las residencias estudiantiles
A mi compañero(a) de clase	le nos	encanta(n) mucho/poco	la universidad
A mi compañero(a) de cuarto	les		hablar con los profesores
A mi compañero(a) de cuarto y a mí			la comida de la cafetería
A mis amigos y a mí			las actividades sociales en el campus
A los profesores			estudiar en otros países
A los estudiantes			el presidente de la universidad
			los exámenes orales
			los laboratorios de la clase de ciencia
			el costo de la matrícula (*tuition*)
			las clases de matemáticas

Estrategia: Using simpler language

Learning to speak another language can be a frustrating experience at times. This is especially so when we want to communicate sophisticated ideas but find that we don't have the language skills to do so. To keep communication from breaking down at times like that, it is important to stay focused on what you *can* communicate, by simplifying the message. You will probably need to make more general statements and omit certain details. Also, instead of using very picturesque or colloquial speech, try to use more basic words.

Read the examples below and then try to complete the chart with your own versions of simplified English and Spanish sentences.

Instead of saying . . .	You might say . . .	And express it in Spanish as . . .
It's so cool to dissect frogs in anatomy class.	My biology lab is fascinating.	**Mi laboratorio de biología es fascinante.**
Marie says that her biochem prof is a real jerk.	Marie has a terrible chemistry professor.	**El profesor de química de Marie es pésimo.**
Einstein himself couldn't pass one of my physics professor's tests.		
I haven't declared a major yet, but I'm thinking of going into computers.		

Vocabulario temático
LAS PROFESIONES, LOS OFICIOS Y LOS PLANES PARA EL FUTURO

Warm-up activities: Give definitions of professions and have students guess the profession; discuss the professions of prominent Hispanics in your community or in the news.

Las profesiones y los oficios

¿En qué trabaja *tu papá*?
¿A qué se dedica *tu mamá*?

Es *médico(a)*.
    dueño(a) de un pequeño negocio
    ama de casa

Los planes para el futuro

¿Qué planes tienes para el futuro?

No estoy seguro(a) todavía.
Voy a graduarme *el próximo año.*
    en dos años
    el próximo mes

Me gustaría *hacer estudios de post-grado.*
    estudiar medicina
    estudiar derecho

Pienso ser *enfermero(a).*
    abogado(a)
    ingeniero(a)

Espero trabajar *para el gobierno.*
    con una compañía
    multinacional
    independientemente

Introduce new vocabulary by mentioning a possible course of action (attending graduate school, studying law, etc.) and taking a tally of how many people are interested in each option.

Otras profesiones y ocupaciones

agricultor(a)	dentista	periodista
consejero(a)	gerente	programador(a)
consultor(a)	ingeniero(a)	psicólogo(a)
contador(a)	maestro(a)	vendedor(a)
corredor(a) de bolsa	obrero(a)	

¿Sabías que...

- Unlike English, Spanish does not use **un** or **una** to identify someone's profession unless a description is present.

Mi padre es escritor.	My father is **a** writer.
Mi padre es **un** escritor **famoso**.	My father is **a famous** writer.
Mi padre es **un** escritor **de primera categoría**.	My father is **a first-rate writer**.

- Use the following expressions for people who are not working:

estar jubilado(a)	to be retired
estar desempleado(a)	to be unemployed
estar en paro	to be on strike

- Many expressions can be used to refer to future plans; all of the following expressions follow the pattern of "conjugated verb + infinitive."

ir a	**Voy a** trabajar en un banco.	*I'm going to* work in a bank.
pensar	**Pienso** hacer estudios de post-grado.	*I plan on* doing graduate work.
querer	**Quiero** estudiar derecho.	*I want* to study law.
esperar	**Espero** trabajar con niños.	*I hope* to work with children.
gustar	**Me gustaría** dedicarme a la investigación.	*I'd like* to dedicate myself to research.

Ponerlo a prueba

5-19 **Adivina la carrera.** Escucha las conversaciones entre unos estudiantes universitarios y su asesor académico, el doctor Alejandro Vega. Luego, completa las oraciones con las letras que correspondan a las respuestas correctas.

Profesiones y ocupaciones

a. abogado(a)
b. corredor(a) de bolsa
c. psicólogo
d. periodista
e. doctor(a)
f. gerente
g. maestro(a)

Asignaturas

h. psicología
i. los medios de comunicación y la sociedad
j. anatomía
k. derecho internacional
l. la globalización y las inversiones
m. administración de empresas
n. macroeconomía

1. Josefina Román estudia para ____. El semestre próximo, ella tiene que estudiar ____.
2. Humberto Morales va a ser ____. Él necesita tomar ____.
3. Ada Quintero quiere ser ____. El Dr. Vega le recomienda que tome ____.
4. A Julia Añorga le gustaría ser ____. Por eso, ella debe estudiar ____.
5. A Víctor Catá le interesa estudiar para ____. El piensa tomar ____.

5-20 **Las ocupaciones de mis familiares.** Conversa con un(a) compañero(a) sobre las ocupaciones de sus padres, abuelos y hermanos.

MODELO: Tú: *¿A qué se dedican tus padres?*

Tu compañero(a): *Mi padre es ingeniero; trabaja con una compañía en Greenville. Mi madre es maestra; enseña inglés en la Escuela Primaria McCants. ¿Y tus padres? ¿En qué trabajan?*

5-21 **Los anuncios clasificados.** A tu amiga, Lidia, le intriga la idea de trabajar en el extranjero, específicamente en Argentina. Ella ha encontrado dos anuncios clasificados en el periódico, *La voz del interior,* que le interesan.

Primera parte: Con un(a) compañero(a), lean los anuncios a continuación y contesten las preguntas oralmente.

IMPORTANTE EMPRESA
Selecciona:

ADMINISTRATIVA CONTABLE

REQUISITOS:
Edad: mujeres entre 21 y 30 años, dinámica, responsable, c/capacidad de trabajo, manejo de PC, muy buena redacción y dicción, idioma inglés, con experiencia en tareas administrativas contables, liq. de sueldos, tarj. horarias, carga de datos, etc.
Disponibilidad de 8 a 18 horas
Excelente presencia

SE OFRECE:
Capacitación
Incorporación inmediata
Sueldo acorde a capacidad laboral
Presentarse c/currículum y foto 4x4 actual (excluyente) en:

**Antonio Gianelli 841
B. Gral. Bustos**
Lunes y martes de 8 a 13 horas
024454

STAFF

CONTADOR
LIC. EN ADMINISTRACION
ESPEC. EN COSTOS IND.

Con radicación en el interior

BUSQ. 1353 - RUBRO: INDUSTRIA

Se solicita el concurso de contadores, Lic. en Administración o Ing. Industriales, con experiencia en costos preferentemente en industrias. Dominio fluido de Inglés (excluyente). Además deberá poseer experiencia en contabilidad general. Edad hasta 45 años. Ingresos aproximados de $ 2.500 a $ 3.000, variable, según experiencia acreditada.

Presentarse el
MIERCOLES y JUEVES de 9.30 a 12.30 y de 14 a 17.30 hs. en:
AV. GRAL. PAZ 120 - 5º PISO
OFICINA "C"
378729

---

1. ¿En qué campo están los dos empleos?
2. ¿Qué requisitos tienen en común los dos empleos?
3. ¿Qué capacitación *(training)* requieren los dos empleos?
4. ¿Qué características personales deben tener los solicitantes?
5. ¿Qué beneficios ofrecen los empleos?
6. ¿Cuál de los dos empleos menciona el conocimiento de computadoras?
7. ¿Cuál es el sueldo que va a recibir el solicitante en cada empleo?
8. ¿Qué idiomas deben hablar las personas interesadas en los empleos?

Segunda parte: Ahora, tu compañero(a) y tú deben decidir cuál de los empleos es el mejor para Lidia. Recuerden que Lidia se especializó en contabilidad y administración de empresas. En su último empleo, ella trabajó como analista de costos. Además, tiene muy buen conocimiento de computación. Lidia tiene treinta y dos años y es muy dinámica.

Comentario cultural: LAS MUJERES Y SUS PAPELES (ROLES)

¿Cuáles son algunas de las profesiones populares entre las mujeres de los EE.UU.? ¿Cómo han cambiado las oportunidades de empleo para las mujeres en los últimos cincuenta años?

El papel de las mujeres ha cambiado mucho en los últimos años. En la actualidad, las oportunidades educativas y profesionales varían según el país y la clase social. La función tradicional de la mujer, ser madre y ama de casa, está pasando por un período de transición. Hoy en día, muchas mujeres de la clase alta o de la clase media trabajan como profesoras, enfermeras, médicas, abogadas, escritoras, etc. Para muchas mujeres de la clase baja, sin embargo, las oportunidades siguen limitadas. Pero, cada día la mujer tiene más oportunidades para autorrealizarse en el campo profesional y personal.

¿Conoces a estas mujeres hispanas profesionales?

Gisele Ben-Dor was born in Uruguay of Polish parents. She was educated in Uruguay, Israel, and the United States and has worked with numerous symphonies and orchestras in the northeastern United States.

Gisele Ben-Dor
conductora uruguaya

Mireya Moscoso
primera presidenta
de Panamá

Isabel Allende
escritora chilena

Prominent as well as locally known Hispanic women are often featured in the widely available magazines *Latina* and *People en español*. Have students prepare brief oral or written reports in Spanish for extra credit.

Síntesis

Play Text Audio CD
Track CD1-30

Have students read over the exercise before you play the audio. As either an introduction to the listening activity or a follow-up, ask the students about their majors, what they want to do, and what they must do to accomplish their goals.

Answers to Exercise 5-22:
1. inglés; Le encanta porque el profesor es guapo y porque saca buenas notas. 2. literatura inglesa; Le gusta porque la clase es fascinante y el profesor es maravilloso. 3. historia; no le gusta porque es aburrida y el profesor es horrible; 4. Le interesa el periodismo. 5. Le gustaría escribir para un periódico o una revista, o trabajar en la televisión. 6. Es la de negocios.

5-22 **Los planes de Dulce.** Dulce y sus padres están hablando de sus clases y también de sus planes para el futuro. Escucha su conversación y completa las actividades.

Primera parte: ¿Qué estudia Dulce? ¿Qué piensa ella de sus clases y sus profesores? Completa la tabla.

	¿Qué asignaturas menciona Dulce?	¿Qué piensa de la clase?	¿Por qué?
1.			
2.			
3.			

Segunda parte: Escucha la conversación otra vez. ¿Qué planes tiene Dulce para el futuro? Contesta las preguntas con frases completas.

4. ¿Qué carrera le interesa más a Dulce?
5. ¿Dónde le gustaría trabajar a Dulce?
6. Según el padre de Dulce, ¿cuál es una carrera más práctica?

5-23 **Una encuesta.** Completa esta encuesta *(survey)* oralmente con tus compañeros de clase. Comparten los resultados con otros grupos.

Los planes para el futuro

1. ¿En qué año vas a graduarte?
2. ¿Piensas hacer estudios de post-grado?
3. ¿Qué profesión esperas practicar en el futuro?

Las carreras

4. ¿Cuáles son las características de un buen trabajo?

	Muy importante	Algo importante	Insignificante
a. se puede ganar *(to earn)* mucho dinero	☐	☐	☐
b. hay oportunidad de viajar	☐	☐	☐
c. tiene un horario flexible	☐	☐	☐
d. hay posibilidad de trabajar independientemente	☐	☐	☐
e. tiene buenos beneficios	☐	☐	☐
f. se puede ayudar a tu prójimo *(fellow man)*	☐	☐	☐
g. ¿ ?	☐	☐	☐

5. En tu opinión, ¿qué factores influyen más *(have more influence)* en la decisión sobre una carrera?

	Muy importante	Algo importante	Insignificante
a. el salario/sueldo	☐	☐	☐
b. la satisfacción personal	☐	☐	☐
c. el prestigio de la profesión	☐	☐	☐
d. la influencia de la familia	☐	☐	☐
e. la habilidad para desempeñar *(carry out)* el trabajo	☐	☐	☐
f. la demanda laboral	☐	☐	☐
g. ¿ ?	☐	☐	☐

5-24 **La comisión de intercambio educativo.** Estás investigando programas para estudiar en el extranjero.

Primera parte: Lee sobre el programa COINED que se ofrece en Córdoba, Argentina en las páginas 190 y 191. Luego, contesta las preguntas.

1. ¿Dónde está Córdoba?
2. ¿Cómo se destaca *(stand out)* la ciudad?
3. ¿Para quiénes está diseñado el programa COINED?
4. Describe las clases que se ofrecen en el programa.
5. ¿Cuándo son las clases?
6. ¿Cuánto tiempo dura el programa?
7. ¿Cuánto cuesta el programa?
8. ¿Dónde pueden hospedarse los estudiantes? ¿Cuáles son las ventajas *(advantages)* o las desventajas *(disadvantages)* de las opciones de alojamiento *(lodging)*?
9. ¿Cuál de las opciones de alojamiento es la más económica? ¿Cuánto cuesta? ¿Cuál te gusta más a ti? ¿Por qué?
10. ¿Qué actividades les ofrece el programa COINED a los participantes? De todas, ¿cuál te interesa más? ¿Por qué?

Segunda parte: A tu compañero(a) y a ti les interesa estudiar en Argentina y deciden investigar el programa COINED. Hagan una lista de preguntas que Uds. quieren hacerle *(to ask)* al representante local del programa. Luego, su profesor(a) va a hacer el papel *(to play the role)* del (de la) representante y Uds. lo (la) van a entrevistar.

LA UNIÓN DE DOS MUNDOS

La sede central de COINED ARGENTINA se encuentra en la ciudad de Córdoba, capital de la provincia de igual nombre, ubicada en el centro geográfico de la República Argentina. Esta ciudad constituye una de las mayores atracciones turísticas del país debido a su atractivo clima y bello paisaje serrano donde atraen la curiosa conjunción de valles, lagos y pequeños ríos.

Curso de español y pasantías

Este programa está diseñado para estudiantes y jóvenes graduados que necesiten aprender o mejorar sus conocimientos y fluidez en el idioma español para realizar posteriormente una pasantía de **COINED ARGENTINA.**

Previamente a realizar la pasantía, los estudiantes participarán en nuestro curso intensivo de español, en el que adquirirán seguridad y fluidez en el idioma, introduciéndolos también en el vocabulario propio del español hablado en Argentina y la cultura y costumbres argentinas.

Información sobre curso de español:

Las clases son dictadas a pequeños grupos de estudiantes (max 5 alumnos), siempre que éstos posean el mismo nivel de conocimiento previo de español. Asimismo los alumnos pueden optar por tomar clases intensivas individuales y personalizadas (1 a 1).

Los cursos están divididos en tres niveles: Básico, Intermedio y Avanzado, de acuerdo al nivel previo de conocimiento de español del alumno, por lo que cada estudiante será evaluado al comienzo del curso para determinar su nivel previo y analizar las necesidades individuales de cada alumno.

Duración:

Las clases son dictadas todos los días, de lunes a viernes, y la duración total del curso dependerá de las exigencias que requiera cada práctico. Para poder adquirir un eficiente progreso en el aprendizaje de español, nosotros recomendamos una duración mínima de:

- 2 semanas (Avanzados).
- 4 semanas (Intermedio).
- 8 semanas (Principiantes).

La duración de cada clase diaria es de 5 horas cátedra, de 45 minutos cada una.

Costo del curso:

Curso de español	2 semanas	3 semanas	4 semanas	semana extra
Clase Grupal:	$350	$515	$675	$165

Seminarios:

COINED ofrece la posibilidad de participar de seminarios organizados especialmente para nuestros estudiantes. Estos seminarios tendrán lugar periódicamente y abordarán diversos aspectos de la cultura y la vida en Argentina.

Durante los fines de semana, **COINED** alienta y promueve, en colaboración con la Asociación Argentina de Turismo Estudiantil y Juvenil, excursiones hacia diferentes lugares de la región y del país.

Las posibilidades varían entre las atractivas Sierras de Córdoba hasta salidas a la norteña provincia de Salta o la sureña Mendoza.

Alojamiento:

Los estudiantes tienen la opción de alojarse con una familia argentina o en una habitación (privada o compartida) en departamentos alquilados especialmente por **COINED ARGENTINA**.

Familias:

Los estudiantes dispondrán de una habitación privada, compartiendo el baño y la cocina con la familia. Los participantes podrán cocinarse sus propias comidas, existiendo también la posibilidad de acordar con la familia para que se le ofrezcan dos comidas diarias (aproximadamente $6 por día).

Los participantes que elijan vivir con una familia argentina deberán entender que un cierto grado de flexibilidad será necesario al convivir activamente con costumbres argentinas.

Departamentos alquilados por COINED:

Los participantes tendrán una habitación y compartirán el resto del departamento con otros estudiantes. Podrán cocinarse sus propias comidas y disfrutarán de una mayor independencia. Los estudiantes tendrán la opción de elegir una habitación privada o compartida con otro estudiante.

Costo de alojamiento:

	Por semana	Ej. 4 semanas
Familia:		
(Hab. privada)	$70	$280
Departamento:		
(Hab. privada)	$85	$340
Departamento:		
(Hab. compartida)	$50	$200

In this *Paso* you will practice:
- Talking about past actions and events

Grammar:
- Preterite of regular **-ar**, **-er**, and **-ir** verbs
- Preterite of irregular verbs: **dar, estar, hacer, ir, ser,** and **tener**
- Spelling-changing verbs in the preterite

The suggested pace for this *Paso* is 1½ to 2 class hours.

Introduce this vocabulary by drawing a timeline on the board and simply stating some of the milestones in your life, such as when you were born, when you graduated from high school and college, when you started your first job, etc. Emphasize the time expressions by stating each date in several ways: **en 1998, hace 5 años, cuando tenía treinta y seis anos,** etc. You might also have students make their own timelines as a culminating project for this *Paso.*

Point out that in the preterite **conocer** *(to know)* is translated as "met for the first time" or "was introduced to."

The preterite tense is introduced here for recognition and is practiced for active use later in this *Paso.* The imperfect is introduced in *Capítulo 7.*

Vocabulario temático
CÓMO HABLAR DEL PASADO: EXPRESIONES TEMPORALES

¿Cuándo te graduaste de la escuela secundaria?

Me gradué *hace tres meses.*
hace dos años
en el 2001 (dos mil uno)

¿Cuándo entraste en la universidad?

Entré *en septiembre.*
el mes pasado
el año pasado

¿Cuándo conociste a tu nuevo(a) compañero(a) de cuarto?

Lo (La) conocí *la semana pasada.*
ayer
anoche
anteayer
el fin de semana pasado

Sabías que...

- Spanish uses the preterite tense (**el pretérito**) to narrate past events. The verb forms **me gradué, entré,** and **conocí** are examples of this new tense. You will study the preterite in more detail later in this *Paso.*

- To tell how long ago something happened, use the phrase **hace** + amount of time.

  hace una semana   *a week ago*

- People often refer to the past by telling how old they were when something happened. To do this, use the expression **cuando tenía _____ años.**

  Aprendí a conducir **cuando tenía dieciocho años.**   *I learned how to drive **when I was eighteen years old.***

- Here are two more useful time expresions.

  esta mañana   *this morning*
  esta tarde   *this afternoon*

Ponerlo a prueba

Play Text Audio CD
Track CD1-31

-25 **Una reunión.** Hoy hay una fiesta para celebrar el aniversario de graduación de la universidad. Escucha las conversaciones entre los graduados de 1990, lee las preguntas y escoge la mejor respuesta.

Primera conversación: Javier y Cristina hablan con Miguel sobre su ascenso (*promotion*).

1. ¿Cuál es el nuevo trabajo de Miguel?
   a. presidente de la compañía
   b. vicepresidente de la compañía
   c. director de personal de la compañía

2. ¿Cuándo recibió la buena noticia (*news*)?
   a. ayer
   b. la semana pasada
   c. el mes pasado

3. ¿Cuándo empezó a trabajar para la compañía?
   a. el año pasado
   b. hace dos años
   c. hace doce años

Segunda conversación: Ana le explica a Pablo qué hizo después de graduarse.

4. ¿Cuándo se graduó Ana de la Universidad de Arizona?
   a. en 1990   b. en 1995   c. en el 2000

5. ¿Cuándo empezó a trabajar para el gobierno?
   a. después de obtener su doctorado
   b. hace cinco años
   c. en el 2001

6. ¿Cuándo se casaron (*got married*) Ana y Eric?
   a. el mes pasado
   b. hace varios años
   c. el año pasado

5-26 **¿Cuándo lo hiciste?** Dile (*Tell*) a tu compañero(a) de clase cuando hiciste estas cosas. Después, decide quién hizo cada cosa más recientemente.

esta mañana	la semana pasada	cuando tenía... años
ayer	el mes pasado	hace... años
anoche	el semestre pasado	en... (año)
anteayer	el año pasado	

1. Me gradué de la escuela secundaria _____. Y tú, ¿cuándo te graduaste?
2. Entré a la universidad por primera vez _____. ¿Cuándo entraste tú?
3. Conocí a mi mejor amigo(a) _____. ¿Cuándo conociste a tu mejor amigo(a)?
4. Tuve (*I got*) mi primer trabajo _____. ¿Cuántos años tenías cuando tuviste tu primer trabajo?
5. Aprendí a usar las computadoras _____. ¿Cuándo aprendiste tú?
6. Empecé a estudiar español _____. Y tú, ¿cuándo empezaste a estudiarlo?
7. Escribí mi primer trabajo de investigación (*research/term paper*) _____. ¿Y tú?
8. Tomé un examen difícil _____. ¿Cuándo tomaste tú uno difícil?
9. Saqué una nota buena _____. ¿Y tú?
10. Estudié mucho _____. ¿Y tú?

Although use of the preterite for past narration is a second-tier function, it is such an important and difficult one that it is wise to lay a good foundation for it at this stage in your students' learning. For now, help students focus on learning the forms for the regular and most common irregular verbs, such as **ser, estar, ir, hacer,** and **tener.** Additional irregular verbs, as well as the preterite vs. imperfect contrast, are introduced in *Capítulo 7.*

Gramática
EL PRETÉRITO DE LOS VERBOS REGULARES

El sábado **fue** un día fenomenal. **Me levanté** a las nueve de la mañana, **me vestí, desayuné** y **fui** a la playa con mis amigos. En la playa, mis amigos y yo **tomamos** el sol y **jugamos** al vóleibol. ¡Qué bien lo **pasamos** todos!

A. El pretérito. In Spanish two common verb tenses are used to talk about the past; they are known as the *preterite* and the *imperfect.* Each of these tenses has a slightly different usage and focus. In this section you will begin learning one of these tenses—the preterite (**el pretérito**). This tense is used to tell what happened or what somebody did with reference to a particular point in time, such as *yesterday* or *last week.*

Ayer me desperté a las ocho menos cuarto; luego **me vestí** y **desayuné.**

Yesterday I woke up at a quarter to eight; then *I got dressed* and *had breakfast.*

B. Verbos regulares. To conjugate regular verbs in the preterite, you must remove the **-ar, -er,** or **-ir** ending from the infinitive and add a new ending that matches the subject of the sentence. Notice that in the preterite, **-er** and **-ir** verbs share the same set of endings. Accent marks are needed over the endings corresponding to **yo** and **Ud./él/ella.**

-ar verbs: **tomar** *(to take)*		
yo	tom**é**	No **tomé** historia este semestre.
tú	tom**aste**	¿Qué clases **tomaste** en tu último año?
Ud./él/ella	tom**ó**	Marta **tomó** biología.
nosotros(as)	tom**amos**	Edgardo y yo **tomamos** inglés con la Sra. Wright.
vosotros(a)	tom**asteis**	¿**Tomasteis** álgebra el semestre pasado?
Uds./ellos/ellas	tom**aron**	Carla y Mayra **tomaron** esa clase en su tercer año.

-er and -ir verbs: **volver** *(to return)*		
yo	volv**í**	Anoche **volví** a casa a medianoche.
tú	volv**iste**	**Volviste** a tu residencia tarde, ¿verdad?
Ud./él/ella	volv**ió**	Esteban **volvió** de la fiesta temprano.
nosotros(as)	volv**imos**	**Volvimos** del cine antes que ellos.
vosotros(as)	volv**isteis**	¿**Volvisteis** en taxi?
Uds./ellos/ellas	volv**ieron**	Mis amigos **volvieron** del concierto a las once.

The verb **ver** *(to see)* is conjugated as a regular **-er** verb but does not use accent marks: **vi, viste, vio, vimos, visteis, vieron.**

C. Más sobre el pretérito. Here are some additional characteristics of the preterite tense:

- Infinitives that end in **-ar** or **-er** never have stem changes in the preterite tense, even if they do in the present tense. Compare, for example, the present tense and the preterite of the verbs **despertarse** and **volver:**

present

Me desp**ie**rto a las seis.	*I wake up at six.*
Iván siempre v**ue**lve tarde.	*Iván always returns late.*

preterite

Me desp**e**rté a las siete.	*I woke up at seven.*
Iván v**o**lvió a las doce.	*Iván returned at twelve.*

- Some **-ir** verbs do have stem changes in the preterite tense. You will study these in *Capítulo 7*.

Stem-changing **-ir** verbs are introduced in *Capítulo 7*. You will probably need to emphasize repeatedly the fact that o>ue and e>ie stem-changes do not occur in the preterite.

- Reflexive verbs must be used with reflexive pronouns; however, they take the same verb endings as nonreflexive verbs.

Yo me **desperté** a las siete hoy pero mi compañera de cuarto **se despertó** a las ocho.	*I **woke up** at seven o'clock today, but my roommate woke up at eight.*

- The verb **gustar** generally uses only two forms in the preterite: **gustó** is used with infinitives and singular nouns; **gustaron** is used with plural nouns. Verbs similar to **gustar** (such as **encantar, interesar, faltar,** and **importar**) also follow this pattern.

Me **gustó** mucho esa conferencia.	*I liked that lecture a lot. (That lecture was pleasing to me.)*
No le **gustaron** esas dos películas.	*He didn't like those two films. (Those two films were not pleasing to him.)*

Ponerlo a prueba

5-27 **El fin de semana pasado.** Completa las oraciones y describe tus actividades del fin de semana pasado *(last weekend)*. Compara tus respuestas con las de un(a) compañero(a) de clase.

1. Yo pasé un fin de semana (estupendo / bueno / regular / malo). ¿Qué tal tu fin de semana?
2. El viernes, (me divertí con mis amigos / trabajé mucho / no salí de casa / ?). ¿Y tú?
3. El sábado, me levanté (temprano / antes del mediodía / después del mediodía). ¿A qué hora te levantaste tú?
4. El sábado por la tarde, decidí (estudiar / limpiar mi cuarto / practicar deportes / ?). ¿Qué decidiste hacer tú?
5. El sábado por la noche, mis amigos y yo (trabajamos / salimos / estudiamos / no hicimos nada especial / ?). ¿Qué hicieron tú y tus amigos?
6. El domingo pasé mucho tiempo (con mi familia / en la biblioteca / en el trabajo / ?). ¿y tú?

Exercise 5-27 provides additional input on the preterite in a simple communicative context. Point out if necessary the irregular forms of the verb **hacer.**

Assign Exercise 5-27 for homework; Exercise 5-28 may be done as homework or in class. Exercise 5-29 is intended for classroom practice.

For additional practice, ask students questions about last semester, or last year: **¿Estudiaste en esta universidad el semestre pasado? ¿Qué clases tomaste? ¿Te gustó la clase de _____? ¿Sacaste buenas o malas notas? ¿Viviste en una residencia? ¿Cuál?**

5-28 **El primer día de clases de Gabriel.** Usa el pretérito de los verbos y la información a continuación para formar oraciones que describan el primer día de clase de Gabriel.

MODELO: ayer / (yo) / *conocer* / mi compañero de cuarto
*Ayer **conocí** a mi compañero de cuarto.*

1. el primer día de clase / mi compañero de cuarto *despertarse* a las siete /, *apagar* el despertador *(to turn off the alarm clock)* / y *salir* para sus clases a las 7:30 AM
2. el despertador no *sonar,* / y por eso, / yo no *despertarse* / hasta las diez de la mañana
3. yo *salir* inmediatamente / para la clase de filosofía
4. desafortunadamente, / yo no *encontrar* / la sala de clase
5. en ese momento, / yo *ver* / a un amigo de la escuela secundaria
6. yo / *correr* hacia mi amigo / y *le preguntar* / sobre la clase
7. aparentemente, / el profesor de filosofía *cancelar* la clase / pero no lo *anunciar*
8. entonces, / yo *correr* a la residencia / y *acostarse* a dormir otra vez

5-29 **Ayer.** ¿Qué hizo la familia Martínez ayer? Describe sus actividades con oraciones completas. Hay que usar el pretérito y escribir tres o cuatro frases para cada dibujo.

Algunos verbos útiles: asistir, beber, comer, escribir, escuchar, estudiar, explicar, hablar, jugar, mirar, nadar, tomar, trabajar, ver.

MODELO: *Ayer don Arturo trabajó en su oficina. Habló con sus clientes por teléfono. Estudió algunas estadísticas para el banco en su computadora.*

Arturo

1.

Elisa y Tía Felicia

2.

Beatriz

3.

Dulce y sus compañeros de clase

4.

Carlos y sus amigos

Gramática

> Martina **dio** una fiesta fabulosa el sábado pasado. La fiesta **fue** en su casa. Yo **llegué** a las nueve e inmediatamente **empecé** a charlar con mis amigos. Martina **hizo** unos platos deliciosos así que **comí** muchísimo. Después, **bailé** hasta que **tuve** que irme a casa a descansar.

A. Cambios ortográficos. In the preterite tense, a number of verbs use the regular endings but undergo small spelling changes that affect the letter *in front of* the verb ending. These verbs are known as spelling-changing verbs, or **verbos con cambios ortográficos.** Here are the most common kinds:

Infinitives that end in **-car, -gar,** or **-zar** have spelling changes in the **yo** form of the preterite tense; the other persons (**tú, él, nosotros,** etc.) retain the original consonant.

- Verbs that end in **-car,** change **c** to **qu** (**tocar, buscar, sacar,** etc.).

  tocar *(to touch, to play)*   yo to**qué** (tocaste, tocó, tocamos, tocasteis, tocaron)

- Verbs that end in **-gar,** change **g** to **gu** (**llegar, jugar, pagar,** etc.)

  llegar *(to arrive)*   yo lle**gué** (llegaste, llegó, llegamos, llegasteis, llegaron)

- Verbs that end in **-zar,** change **z** to **c** (**empezar, comenzar, almorzar,** etc.).

  empezar *(to begin, start)*   yo empe**cé** (empezaste, empezó, empezamos, empezasteis, empezaron)

Infinitives that end in vowel + **er** or vowel + **ir** undergo a spelling change only in the **Ud./Uds.** forms and the third-person singular (**él/ella**) and plural (**ellos/ellas**).

- Verbs that end in vowel + **-er** or vowel + **-ir** change **i** to **y** (**leer, creer, construir,** etc.).

	leer *(to read)*	creer *(to believe)*	caerse *(to fall down.)*
yo	leí	creí	me caí
tú	leíste	creíste	te caíste
Ud/él/ella	le**y**ó	cre**y**ó	se ca**y**ó
nosotros(a)	leímos	creímos	nos caímos
vosotros(as)	leísteis	creísteis	os caísteis
Uds./ellos/ellas	le**y**eron	cre**y**eron	se ca**y**eron

B. Verbos irregulares. Here are five important irregular verbs in the preterite tense; notice that they do not have accent marks.

	ir *(to go)*/ser *(to be)*	dar *(to give)*
yo	fui	di
tú	fuiste	diste
Ud./él/ella	fue	dio
nosotros(as)	fuimos	dimos
vosotros(as)	fuisteis	disteis
Uds./ellos/ellas	fueron	dieron

	hacer *(to do; to make)*	tener *(to have)*	estar *(to be)*
yo	hice	tuve	estuve
tú	hiciste	tuviste	estuviste
Ud./él/ella	hizo	tuvo	estuvo
nosotros(as)	hicimos	tuvimos	estuvimos
vosotros(a)	hicisteis	tuvisteis	estuvisteis
Uds./ellos/ellas	hicieron	tuvieron	estuvieron

Although the verbs **ser** and **ir** share the same conjugation, it is easy to distinguish the two through the context of the sentence.

El Sr. González **fue** profesor durante muchos años.

El profesor González **fue** a Chile para ver a su familia.

*Mr. González **was** a teacher for many years.*

*Professor González **went** to Chile to see his family.*

Ponerlo a prueba

5-30 **En el recinto universitario.** Completa las siguientes conversaciones con el pretérito.

Primera parte: Fernando y Lupita, dos buenos amigos, conversan durante la primera semana de clases.

Fernando: ¿Qué tal pasaste tus vacaciones?

Lupita: De lo mejor. Mi familia y yo (ir) (1) _____ a Argentina y nos divertimos muchísimo.

Fernando: ¡Qué suerte! Bueno, cuéntame *(tell me)*... ¿Qué (hacer) (2) _____ Uds. allí? ¿(Ir) (3) _____ a Buenos Aires?

Lupita: Sí, claro, pero para mí, lo más interesante (ser) (4) _____ nuestra excursión a Bariloche. Las montañas allí son tan hermosas... Y tú, ¿qué (hacer) (5) _____ durante las vacaciones?

Fernando: Pues, (yo) no (hacer) (6) _____ nada en particular. (Yo/tener) (7) _____ que trabajar este año.

Segunda parte: Beti, Martika y Luz, tres compañeras de clase, hablan antes del primer examen del semestre.

Beti: Oye, Martika, ¿(hacer/tú) (8) _____ la tarea para la clase de inglés hoy?

Martika: Para decirte la verdad, no (yo/hacer) (9) _____ la tarea para ninguna de mis clases. Es que Enrique y su compañero de cuarto (dar) (10) _____ una fiesta anoche.

Luz: Yo tampoco la (hacer) (11) _____. (Yo/Estar) (12) _____ enferma toda la noche.

Beti: ¡Pobrecita! (Tú/Tener) (13) _____ que ir al médico?

Luz: No, (yo/ir) (14)_____ a la farmacia y el farmacéutico me (dar) (15) _____ un remedio muy bueno.

Beti: ¡Menos mal!

Point out that the verbs **hacer, tener,** and **estar** all share the same verb endings in the preterite.

Exercise 5-30 focuses on irregular verbs, while Exercise 5-31 continues practice of irregular verbs and adds spelling -changing verbs.

Assign Exercise 5-30 for homework; Exercise 5-31 may be done as homework or in class. Exercise 5-32 is meant for classroom use.

Follow-up to Exercise 5-30: Have students answer these questions: 1. ¿Adónde fue Lupita para las vacaciones? ¿Visitaron Buenos Aires ella y su familia? ¿Qué hizo ella en Bariloche? ¿Por qué no hizo nada su amigo Fernando? 2. ¿Hicieron Beti y Martika la tarea? ¿Por qué no la hizo Martika? ¿Y Beti?

5-31 Las vacaciones de Adolfina. Fina acaba de regresar de sus vacaciones en Argentina y te permite leer su diario para que tengas una idea de lo que ella hizo durante su viaje. Usa el pretérito de los verbos y la información en el diario para describir lo que Fina hizo.

Point out **Fina** as a nickname for Adolfina. See if students can guess the name corresponding to other common nicknames: Beto (Alberto); Chelo (Consuelo); Nando (Hernando); Maite (María Teresa); Nacho(a) (Ignacio[a]); etc.

EL TERCER DÍA EN ARGENTINA

sábado

9:00 Yo (1. ir) con unos amigos a ver las Cataratas (*waterfalls*) de Iguazú.
Nosotros (2. hacer) el viaje en autobús.
El autobús (3. salir) y (4. empezar) a llover.

12:00 Nosotros (5. llegar) a las Cataratas.
El guía nos (6. dar) una breve presentación sobre la región.
Mi amigo Felix (7. organizar) una caminata (*hike*) alrededor de las Cataratas.

13:00 Una de mis amigas, María del Carmen, (8. caerse) y (9. lastimarse) una pierna.
Nosotros (10. tener) que ayudarla durante la caminata.

14:00 El grupo (11. decidir) comer algo.
Yo no (12. comer), sino que (13. investigar) la región.
Por fin, antes de irnos, yo (14. almorzar) y (15. sacar) unas fotos.

18:00 Nosotros (16. regresar) al hotel.
¡(17. Ser) un viaje estupendo!

5-32 Ayer. Tú y tus compañeros de clase van a entrevistarse sobre sus actividades de ayer. Contesta las preguntas oralmente en oraciones completas.

1. ¿A qué hora te levantaste ayer? ¿A qué hora tuviste que salir de casa? ¿Adónde fuiste primero?
2. ¿Tuviste un examen o una prueba ayer? ¿Cuál de tus profesores te dio el examen (una prueba)? ¿Qué nota piensas que sacaste?
3. ¿Dónde almorzaste? ¿Con quién? ¿Qué comiste?
4. ¿Adónde fuiste después del almuerzo? ¿Qué hiciste? ¿A qué hora llegaste a casa?
5. ¿Practicaste algún deporte con tus amigos ayer? ¿Jugaron Uds. a las cartas (*cards*)? ¿Hicieron Uds. ejercicios aeróbicos?
6. ¿A qué hora empezaste a estudiar por la noche? ¿Cuántas horas dedicaste a tus estudios? ¿Cuántas páginas leíste para tus clases?
7. ¿A qué hora te acostaste anoche? ¿Te bañaste o te duchaste antes de acostarte?

Síntesis

5-33 La vida estudiantil de la Sra. Martínez. Escucha la entrevista entre Elisa y Beatriz y completa las oraciones con la información correcta. Antes de escuchar la entrevista, lee las oraciones.

1. La Sra. Martínez asistió a la universidad de _____ en _____.
2. A la Sra. Martínez le gustaba más su clase de _____ porque _____.
3. En la universidad, ella hizo la carrera de _____.
4. Escogió esa carrera para poder (*be able to*) _____.
5. Su peor clase era la de _____.

Play Text Audio CD
Track CD1-32

Answers to Exercise 5-33:
1. William and Mary, Washington;
2. arte, tenía un profesor joven, guapo e inteligente; 3. negocios/comercio; 4. administrar la agencia de viajes de sus padres; 5. cálculo

5-34 **Preguntas personales.** Tú y tu compañero(a) van a entrevistarse. Primero, el (la) Estudiante A tiene que completar cada oración con una expresión temporal, como **anoche, el mes pasado,** etc. Luego, el (la) Estudiante B le hace muchas preguntas sobre el evento o la experiencia. El (La) Estudiante A tiene que contestar con oraciones completas en el pretérito.

> MODELO: Estudiante A: *Fui a una fiesta el viernes por la noche.*
> Estudiante B: *¿Bailaste mucho? ¿Qué comieron y bebieron Uds.?*

Have students alternate the A and B roles so that everyone has a chance both to ask and to answer questions.

Estudiante A	**Estudiante B**
1. Me gradué de la escuela secundaria *hace 2 años.*	¿(Tú/Tener) _____ una fiesta para celebrar? ¿Qué regalos (tú/recibir) _____ de tu familia y de tus amigos? ¿(Tú/Hacer) _____ un viaje con tus amigos después de graduarte?
2. Entré en la universidad por primera vez *el año pasado.*	¿(Tú/Ser) _____ nervioso(a) tu primer día en el campus? ¿Cuándo (tú/conocer) _____ a tu compañero(a) de cuarto?
3. Tomé dos exámenes *la semana pasada.*	¿Cuántas horas (tú/estudiar) _____ para tus examenes? ¿Qué nota (tú/sacar) _____ en cada examen? ¿Cuál (tú/ser) _____ el examen más difícil?
4. Tuve un día muy bueno *ayer.*	¿Qué (tú/hacer) _____ de especial? ¿(Tú/Divertirse) _____ mucho? ¿(Tú/Tener) _____ alguna sorpresa?
5. Tuve un día muy malo *la semana pasada.*	¿(Tú/Recibir) _____ una mala noticia? ¿(Tú/Estar) _____ enfermo(a)? ¿(Tú/Tener) _____ un accidente?

Students may need assistance in preparing their questions. It is helpful if you model some questions for them. This exercise works best if it is timed and the winners are asked to identify those who did the activities indicated on the inventory. Be sure to confirm their answers with those who signed their names next to specific questions.

5-35 **El inventario.** Uds. tienen que averiguar quiénes hicieron las actividades a continuación.

Primera parte: Usa la forma **tú** del pretérito para escribir en una hoja de papel las preguntas que les vas a hacer a tus compañeros. Deja espacio después de cada pregunta.

> MODELO: levantarse antes de las siete esta mañana
> *¿Te levantaste antes de las siete esta mañana?*

levantarse antes de las siete esta mañana
viajar a otro país recientemente
nacer el mismo mes que tú
hacer toda la tarea anoche
conocer a una persona famosa
salir en una cita romántica recientemente
hablar español fuera de clase recientemente
sacar una "A" en un examen difícil recientemente

Segunda parte: Usa las preguntas para entrevistar a tus compañeros. Si la respuesta de tu compañero(a) es afirmativa, entonces él (ella) puede firmar su nombre en el espacio que dejaste después de la pregunta. Si la respuesta es negativa, tu compañero(a) no puede firmar el inventario. La misma persona no puede firmar tu inventario más de tres veces.

> MODELO: Tú: *¿Te levantaste antes de las siete esta mañana?*
> Tu compañero(a): *Sí, me levanté a las seis y media.*
> Tú: *Firma aquí (Sign here), por favor.*

¡Vamos a hablar! | Estudiante Ⓐ

Contexto: Tú **(Estudiante A)** tienes un dibujo y tu compañero(a) **(Estudiante B)** tiene otro. Los dos dibujos son muy similares pero no idénticos. Uds. tienen que descubrir diez diferencias entre los dibujos, ¡pero sin mirar el dibujo de la otra persona! Para encontrar las diferencias, concéntrense en los detalles, por ejemplo:

- la descripción física de los dos chicos
- la ubicación *(placement)* de las cosas en el cuarto
- las actividades de las personas, ahora y anoche

Tú vas a empezar con esta frase: *En mi dibujo son las siete de la mañana.*

¡Vamos a hablar! | Estudiante Ⓑ

Contexto: Tú (**Estudiante B**) tienes un dibujo y tu compañero(a) (**Estudiante A**) tiene otro. Los dos dibujos son muy similares pero no idénticos. Uds. tienen que descubrir diez diferencias entre los dibujos, ¡pero sin mirar el dibujo de la otra persona! Para encontrar las diferencias, concéntrense en los detalles, por ejemplo:

- la descripción física de los dos chicos

- la ubicación *(placement)* de las cosas en el cuarto

- las actividades de las personas, ahora y anoche

Tu compañero(a) va a empezar.

¡Vamos a leer!

DEBATE

Habla Sergio: "Estoy seguro".

¡Nadie me comprende! No tomo esta decisión a lo loco. Sinceramente, creo que es lo mejor para mi novia y para mí. Susana y yo somos novios desde hace tres años y lo nuestro es muy en serio. Queremos casarnos. Si voy a la universidad, tendríamos que esperar por lo menos cuatro años para la boda y, la verdad, estamos muy enamorados. No queremos esperar.

El padre de Sergio comenta:

Mi hijo es muy impulsivo y no se detiene a pensar en las consecuencias a largo plazo de esta clase de decisión. Sergio quiere casarse porque —vamos a hablar la realidad— quiere tener relaciones íntimas con Susana. Eso no es criticable; lo que veo mal es 1: Que no es capaz de tener la madurez de decidir qué es lo mejor para ambos y 2: Que tampoco tiene la disciplina de saber esperar por lo que desea. Las cosas no se logran de la noche a la mañana.

La madre declara: "Ella presiona a mi hijo".

Mi hijo dice que no tiene vocación, pero eso no es cierto. Siempre le gustó la carrera de abogado. Era lo que planeaba estudiar antes de conocer a esa chica. Lo que sucede es muy simple: Susana quiere escapar de la casa de sus padres —que por lo que tengo entendido son muy dominantes— y mi hijo es la solución a su problema. Ella lo presiona para que abandone los estudios y se case con ella. ¡Qué error!

Susana confiesa: "Es Sergio quien me presiona".

La madre de Sergio no sabe lo que habla. A mí, francamente, no me importa si él deja los estudios o no. Creo que esta decisión le corresponde a él; para eso ya es casi mayor de edad. La realidad es que yo no presiono a mi novio; él me presiona a mí para que tenga relaciones íntimas con él y yo le he dicho una y mil veces que no. No estoy preparada para eso. Quiero esperar a casarme.

El maestro de Sergio opina:

Sergio no entiende que el mundo cada día se hace más especializado; hace falta gente preparada, bien entrenada, para asumir posiciones de mando y responsabilidad. Pero aun los puestos más simples requieren algún tipo de entrenamiento. A la persona que no estudia le resulta más difícil abrirse camino; ésa es una realidad innegable. Él desea formar un hogar… pero, ¿cómo espera mantenerlo? ¿Qué clase de vida o de seguridad económica piensa ofrecerles a su esposa y a los hijos que vengan? Sinceramente, pienso que ésta es una decisión que él ha hecho "a lo loco", porque desea gratificación instantánea. Lo trágico es que —a los 17 años— está tomando una decisión que afectará su vida y la de su futura esposa y sus hijos.

After going over selected items in the reading and discussing the best solution for Sergio's dilemma, read the following advice that a professional counselor wrote with regard to this particular situation: **En mi opinión, la raíz de todo el problema se encuentra en las palabras del maestro de Sergio: este chico desea gratificación instantánea y está tomando una decisión que afectará todo el curso de su vida. Simple y sencillamente, Sergio no piensa en las consecuencias a largo plazo, sino en "el ahora". ¡No ve más allá!**

5-36 **Comprensión.** Lee el artículo y completa las actividades.

Primera parte: ¿A quién corresponden estas opiniones? Escribe la letra de la persona al lado de su opinión.

a. Sergio dice que...

b. Susana cree que...

c. El padre de Sergio piensa que...

d. La madre de Sergio cree que...

e. Según *(According to)* el maestro de Sergio...

_____ 1. Susana no quiere vivir con sus padres; por eso quiere casarse con Sergio.

_____ 2. Sergio tiene casi dieciocho años y por eso debe tomar esta decisión sin la interferencia de otras personas.

_____ 3. Sergio necesita reconocer *(to recognize)* que si no asiste a la universidad, no va a ganar suficiente dinero para mantener a una familia.

_____ 4. Él quiere casarse porque tiene una relación seria y estable con su novia.

_____ 5. Sergio necesita aprender a esperar; no está listo para el matrimonio.

Segunda parte: Contesta las preguntas.

1. En tu opinión, ¿es prudente la decisión de Sergio? ¿Por qué?
2. En tu opinión, ¿qué debe hacer Sergio?

5-37 **Estrategia.** Controversial topics, such as Sergio's decision to postpone going to college, provide opportunities for people to state and support their opinion. Various techniques can be used to argue a point and convince others of a particular point of view; some of these include the following:

- Using words or phrases with special emotional impact

- Stating the facts surrounding an issue

- Referring to statistics or survey results

- Quoting experts or authorities in the field

- Clarifying and illustrating a point with anecdotes or personal examples

A number of these techniques are used in this debate over Sergio's future. Scan the article and find the answers to the following questions.

1. Sergio states that his relationship with Susana is a serious one. What fact does he use to support this position?
2. Sergio's mother thinks that Susana is pressuring her son into marriage. What anecdotal evidence does she provide to support this position?
3. Sergio's teacher thinks that Sergio isn't fully aware of the economic realities of not pursuing a degree. Although he does not cite particular sources of information, he draws—in a very general way—from market research on job opportunities. What evidence of this sort does he use to bolster his opinion?
4. Sergio's father uses forceful language to make his point and to highlight the sincerity of his view. What expression does he use to convey that he is truly aware of the underlying reason for Sergio's decision?
5. What additional arguments would you have presented if you were Sergio? What might you have said if you were one of his parents?

Vamos a escribir: Developing a composition with comparison and contrast   Pág. 105

In *Capítulo 3* you practiced descriptive writing, which appeals to the reader's senses. Comparison and contrast are examples of expository writing (**la exposición**), which targets the reader's intellect. You'll practice the key skills of generating ideas on similarity and difference, and making smooth transitions, in a composition comparing and contrasting one or two aspects of high school and college life.

Vamos a mirar: Pág. 107

Vídeo 1: El trabajo y el ocio *(leisure time)*

You will watch as Miguel interviews two Spanish university students who talk about the difficulties in balancing work and leisure time.

Vídeo 2: Vistas de Argentina

Panorama cultural

Argentina

Transparency Bank
A-8

The Inca empire dominated the area. No other indigenous group had a large, organized political system. All tribes were eventually conquered and the land taken over by Spain.

Hostile natives drove the Spaniards out of the original settlement. Buenos Aires was resettled in 1580.

In 1806 the British unsuccessfully tried to capture Buenos Aires. In 1810 the Argentines made their first attempt at independence.

Argentine society has a European flavor due to the strong influences of immigrants, especially Italians (also French, Swiss, British, Germans, Russians, and Polish). The waves of immigrants continued coming until the middle of the 20th century.

A military coup in 1943 made Juan Domingo Perón the nation's new leader. Perón was re-elected in 1951, overthrown in 1955, and returned to power in 1973. His political strength was heightened by the popularity of his second wife, Eva Duarte de Perón. When he died in 1974, his third wife, Isabel (vice president at the time), took over the presidency; but the military took over in 1976.

Datos esenciales

- **Nombre oficial:** República Argentina
- **Capital:** Buenos Aires
- **Población:** 36.737.664 habitantes
- **Unidad monetaria:** el peso, el dólar
- **Principales industrias:** producción de ganado *(livestock)* y cereales, maquinaria *(machinery)* y equipo de transporte, petróleo
- **De especial interés:** Es el segundo país en tamaño *(size)* de Sudamérica y el octavo *(eighth)* en el mundo. Sus rasgos geográficos más conocidos son: las vastas llanuras de La Pampa, la cumbre *(peak)* Aconcagua (la más alta del hemisferio), las Cataratas de Iguazú (más altas que las del Niágara) y el glaciar Perito Moreno. El mes más caluroso es enero y el más frío es julio.

1536 Pedro de Mendoza funda Buenos Aires.

1850 Principio de la gran inmigración europea, especialmente de España e Italia. El 85% de la población argentina es de origen europeo.

Un **vistazo** a la historia

1816 Argentina se declara un país independiente.

Personajes de ayer y de hoy

José de San Martín, héroe de la independencia sudamericana. Nació en Yapeyú en 1778. Vivió en España muchos años, donde inició su carrera militar en 1789. Estuvo a cargo de la liberación de Perú y Chile de la corona española. Murió en Francia en 1850.

Jorge Luis Borges, brillante autor de poesía, ensayos y cuentos. Nació en 1899. Desde los seis años quería ser escritor y empezó a escribir a los siete años. Ya era bilingüe (inglés y español) cuando su familia se mudó a Ginebra en 1914. Hizo traducciones del inglés y escribió poesía en francés. Entre sus obras más famosas, escritas en español, encontramos *El jardín de los senderos que se bifurcan* y *El Aleph.* Aunque recibió numerosos premios, la Academia sueca nunca le otorgó el Premio Nóbel. Murió en 1986.

Eva Duarte de Perón, carismática segunda esposa del presidente Juan Domingo Perón. Nació en 1919. Después de una niñez *(childhood)* difícil y humilde *(humble),* Eva fue a Buenos Aires para hacerse *(become)* actriz. Se casó con Perón en 1945 y se convirtió *(became)* en la defensora de los "descamisados" (la gente humilde y sin recursos). Comenzó una cruzada personal de ayuda social directa. A pesar de *(In spite of)* la hostilidad y crítica de ciertos sectores de la sociedad, se convirtió en "Evita", ídolo de las masas y mito de la cultura popular argentina. Murió en 1952.

The gaucho is native to the pampas of Argentina, Uruguay, and southern Brazil.

Among the typical gaucho items are the following: the **poncho** *(a square of wool with a hole for the head, thrown over the shoulders, chest, and back);* **bombachas** *(wide pants tied at the ankles);* **chiripá** *(a large piece of cloth that goes between the legs and up to the waist, held there in place by a wide belt);* **chambergo** *(felt hat);* **bota de potro** *(colt/calf leather boots);* **espuelas** *(spurs).* The tools of the trade are his **facón** *(knife);* **boleadoras** *(three heavy balls attached by a rope);* and the **lazo** *(from which the English word* lasso *is derived).*

Mate is a green infusion from the **yerba mate** leaf, served in round metal, glass, or wood vessels and sipped through special metal tubes called **bombillas.**

Notas culturales de interés

La figura legendaria del gaucho nació en la peculiar geografía de La Pampa durante el siglo XVIII. La Pampa es una llanura *(plains)* vasta cubierta de hierba, trigo *(wheat),* alfalfa, girasoles *(sunflowers)* y miles de cabezas de ganado. En estas praderas inmensas se estableció una población criolla (mezcla de indígena y español), que se alejó de las leyes españolas *(got away from Spanish law)* para vivir en absoluta libertad, disfrutando de *(enjoying)* la abundancia de la naturaleza. La palabra gaucho se deriva del quechua *huacho,* que significa **huérfano** *(orphan)* o **vagabundo.** En esta tierra sin leyes la vida de los gauchos era libre pero difícil; eran hombres valientes *(courageous)* y taciturnos. En su soledad *(loneliness),* aprendieron a tocar la guitarra y a cantar coplas. Su ropa tradicional es el poncho, las bombachas y el chiripá; sus armas son el facón, las boleadoras y el lazo; su bebida es el mate; su alimento es el bife o el asado *(roast).* Esta figura nacional fue inmortalizada en la obra de Miguel Hernández, *Martín Fierro,* y aparece a través de la literatura argentina.

1982 Guerra entre Argentina y Gran Bretaña por derechos territoriales sobre las islas Malvinas.

1989 Retorno definitivo a la democracia tras *(after)* años de dictaduras militares. Elección del presidente Carlos Saúl Menem (reelegido en 1995).

1946 Juan Domingo Perón es elegido presidente.

1983 Primeras elecciones libres desde los años setenta.

¿Qué sabes sobre Argentina?

Exercises 5-38 and 5-39 can be done individually or in pairs.

Let students share their suggestions. A variety of topics can be chosen for each area.

5-38 **Un proyecto sobre Argentina.** Imagínate que eres profesor(a) de historia y quieres asignar a tus estudiantes temas *(topics)* interesantes para un proyecto de investigación *(research)* sobre Argentina. Sugiere *(suggest)* un tema (personaje, acontecimiento, lugar, etc.) para cada una de las siguientes áreas de interés de tus estudiantes.

MODELO: Los estudiantes interesados en historia de la independencia sudamericana:
Pueden hacer su proyecto de investigación sobre José de San Martín.

1. Los estudiantes interesados en política: _____
2. Los estudiantes interesados en geografía/geología: _____
3. Los estudiantes interesados en comercio/economía: _____
4. Los estudiantes interesados en literatura: _____
5. Los estudiantes interesados en antropología: _____

Help students find the similarities among these two figures and justify their opinions. For example, they were both immortalized in an artistic genre, the gaucho in the **literatura gauchesca** and the cowboy in the film genre called "westerns."

Follow-up: Have students categorize their findings and conclude in which areas they found similarities. They may expand the comparison to include: **nacionalidad, raza, época, lugar donde vivían, vestimenta, ocupación, armas, alimentos, ética o valores, pasatiempos, transportación, posición social,** etc.

5-39 **¿Gaucho o vaquero *(cowboy)*?** En el viejo oeste de los EE.UU. también apareció una figura que hoy es legendaria y símbolo de la cultura de este país. Trabajen en parejas para hacer un paralelo entre estas dos figuras, indicando todas las semejanzas que encuentren.

	Gaucho	Vaquero	Ambos *(both)*
1. Fue inmortalizado en un género artístico.	☐	☐	☐
2. No vivía en las ciudades, sino *(but)* en áreas no civilizadas.	☐	☐	☐
3. Llevaba sombrero, botas y accesorios de cuero *(leather)*.	☐	☐	☐
4. Vivió en el siglo XVIII.	☐	☐	☐
5. Trabajaba con el ganado.	☐	☐	☐
6. Era mezcla de dos razas.	☐	☐	☐
7. Vivía "fuera de la ley".	☐	☐	☐
8. Sus armas eran el revólver y el rifle.	☐	☐	☐
9. Bebía mate.	☐	☐	☐

Vocabulario

Sustantivos

el (la) abogado(a) *lawyer, attorney*
el (la) agricultor(a) *farmer*
el álgebra *algebra*
el ama de casa *housewife*
la antropología *anthropology*
la arquitectura *architecture*
el arte *art*
la asignatura *class*
la biología *biology*
el cálculo *calculus*
la cara *face*
la carrera *major (field of study)*
las ciencias marinas
   marine science
las ciencias naturales
   natural science
las ciencias políticas
   political science
las ciencias sociales
   social science
la cinematografía *film-making*
el comercio *business*
la compañía multinacional
   multinational company
la conferencia *lecture*
el (la) consejero(a) *adviser*
el (la) consultor(a) *consultant*
el (la) contador(a) *accountant*
el (la) corredor(a) de bolsa
   stockbroker
la criminología *criminal justice*

el (la) dependiente *clerk*
el derecho *law*
el diente *tooth*
el (la) doctor(a) *doctor*
el (la) dueño(a) *owner*
la economía *economics*
la educación física *physical
   education*
el (la) enfermero(a) *nurse*
la escuela secundaria *high school*
la estadística *statistics*
los estudios profesionales
   professional studies
el examen *exam*
el fin de semana *weekend*
la física *physics*
la geografía *geography*
la geología *geology*
el (la) gerente *manager*
el gobierno *government*
la historia *history*
el hombre de negocios
   businessman
las humanidades *humanities*
la informática *computer science*
la ingeniería *engineering*
el (la) ingeniero(a) *engineer*
el inglés *English*
el laboratorio *laboratory*
la literatura *literature*
la madrugada *dawn, early morning*

el (la) maestro(a) *teacher*
la mano *hand*
las matemáticas *mathematics*
la medianoche *midnight*
la medicina *medicine*
el médico *doctor, physician*
la mujer de negocios
   businesswoman
la música *music*
los negocios *business*
la nota *grade*
el (la) obrero(a) *laborer*
el oficio *occupation, trade*
la pedagogía *education*
el pelo *hair*
el periodismo *journalism*
el (la) periodista *journalist*
la profesión *profession*
el (la) programador(a)
   programmer
la psicología *psychology*
el semestre *semester*
la sicología *psychology*
el (la) sicólogo(a) *psychologist*
la sociología *sociology*
el teatro *theater*
la teoría *theory*
el turismo y hotelería *hotel,
   restaurants, and tourism*
el (la) vendedor(a) *salesclerk*

Verbos

acostarse (ue) *to go to bed*
afeitarse *to shave*
arreglarse *to fix oneself up*
asistir a *to attend (classes, etc.)*
bañarse *to bathe, to take a bath*
desayunar *to eat breakfast*
despedirse (i) *to say good-bye*
despertarse (ie) *to wake up*
divertirse (ie, i) *to have a good
   time*
dormirse (ue, u) *to fall asleep*
ducharse *to take a shower*
empezar (ie) (a) *to begin (to)*

encantar *to love, to delight*
graduarse *to graduate*
hacer estudios de post-grado *to
   go to graduate school*
interesar *to be interested in, to
   interest*
lavarse *to wash (oneself), to get
   washed*
lavarse los dientes *to brush one's
   teeth*
lavarse el pelo/las manos/la cara
   to wash one's hair/hands/face
levantarse *to get up*

maquillarse *to put on make-up*
merendar (ie) *to have a snack*
pagar *to pay (for)*
peinarse *to comb one's hair*
ponerse *to put on*
quitarse *to take off*
sacar *to get a grade*
sentirse (ie) *to feel*
sentarse (ie) *to sit down*
terminar *to end, to finish, to be
   over*
tocar *to play (a musical instrument)*
vestirse (i) *to get dressed*

Otras palabras

aburrido(a) *boring/bored*
ahora *now*
anoche *last night*
antes de *before*
el año pasado *last year*
ayer *yesterday*
bastante *quite, enough*
demasiado(a) *too (much)*
desorganizado(a) *disorganized*
después *afterward*
después de *after*
difícil *difficult*
dinámico(a) *dynamic*
esta mañana *this morning*
esta tarde *this afternoon*

exigente *demanding*
fácil *easy*
fascinante *fascinating*
el fin de semana pasada *last weekend*
horrible *horrible*
interesante *interesting*
largo(a) *long*
luego *then, next, later*
maravilloso(a) *marvelous*
más tarde *later on*
el mes pasado *last month*
el mes próximo *next month*
mientras *while*
mí mismo(a) *myself*

organizado(a) *organized*
pésimo(a) *awful; terrible*
por fin *finally*
por la mañana *in the morning*
por la noche *at night*
por la tarde *in the afternoon/evening*
primero *first*
quisquilloso(a) *picky*
regular *average, so-so*
la semana pasada *last week*
temprano *early*
todavía *still*
último(a) *last*

Expresiones útiles

¿Cuál es tu carrera? *What is your major?*
¿En qué año estás? *What year (of study) are you in?*
¿En qué trabaja Ud.? *What do you do (for a living)?*
Espero trabajar con... *I hope to work for . . .*
Estoy en mi primer (segundo, tercer, cuarto) año. *I'm a freshman (sophomore, junior, senior).*
Hace tres meses. *Three months ago.*
Me interesa(n)... *I'm interested in . . . , . . . interests me.*
(No) estoy de acuerdo. *I (don't) agree.*
(No) estoy seguro(a) todavía. *I'm still (not) sure.*
Pienso ser... *I'm thinking about being a . . . , I'm planning on being a . . .*

¿Qué piensas de... ? *What do you think about . . . ?*
¿Qué planes tienes para el futuro? *What are your plans for the future?*
Se gradúa... *He (She) is graduating . . .*
   el año que viene *next year*
   la semana que viene *next week*
Se graduó... *He (She) graduated . . .*
   el año pasado *last year*
   hace tres años *three years ago*
   el mes pasado *last month*
   la semana pasada *last week*
Y tú, ¿qué piensas? *And you, what do you think?*

For further review, please turn to Appendix E.

Capítulo 6

Somos turistas

Objetivos

Speaking and Listening
- Asking for and giving directions around a city
- Giving instructions and advice
- Describing customary actions
- Discussing minor illnesses common to travelers

Reading
- Consulting a bilingual dictionary for reading

Writing *(Cuaderno de actividades)*
- Using a bilingual dictionary when writing

Culture
- Ecuador
- Popular tourist and vacation spots

Grammar
- Formal commands
- Impersonal and passive **se**
- Introduction to the present subjunctive

A primera vista

Gramática suplemental:
Conditional tense

Suggested pace: one to two class hours per ***Paso.***

While this chapter will focus on enabling students to handle small problems and chores related to travel, it also provides a chance to showcase some of the great cities of the Hispanic world. You may wish to bring in videos or photos of monuments and interesting cities you have visited.

This ***A primera vista*** introduces the chapter theme of travel.

Have your students discuss the choices in Spanish with their partners. There are no correct answers and partners do not have to agree on the final choice. Students may even suggest other options. Encourage students to justify their choices with evidence from the painting.

Guide the discussion with questions such as: **¿Por qué piensas que es un viaje importante? ¿Qué te dice la ropa que lleva la viajera? ¿Qué tiene en las manos? ¿Por qué? ¿Qué ves en su mirada? ¿Está aburrida de tanto viajar? ¿preocupada por algo? ¿soñando con su amor que la espera en su destino? ¿En qué año viaja? ¿Era posible viajar a otros países por avión en esa época?**, etc.

Follow-up: Assign new partners (or make small groups) who share opinions on the story behind *La viajera*. They will write a short story telling who this woman is, where she's going and why, her mysterious look, what awaits her, who she is meeting, whether something is going to happen on the way, etc.

Trabaja con un(a) compañero(a). Estudien el cuadro del pintor chileno Camilo Mori. Escojan las oraciones que, en su opinión, describen el cuadro.

1. El cuadro se llama *La viajera (The Traveler)* porque esta mujer _____.
   a. viaja constantemente
   b. está haciendo un viaje muy importante
   c. hace su primer viaje

2. El motivo del viaje de la señora es _____.
   a. hacer negocios
   b. un problema familiar
   c. hacer turismo

3. Durante el viaje la viajera pasa el tiempo _____.
   a. leyendo
   b. escuchando música
   c. pensando

4. El destino *(destination)* de la viajera es _____.
   a. una gran ciudad
   b. el campo
   c. otro país

Camilo Mori (1896–1973)

Nacionalidad: Chileno

Otras obras: *Retrato de Maruja Vargas*

Estilo: Viajó varias veces a Europa (1920, 1928 y 1957) para estudiar las obras de los grandes maestros de la vanguardia. Allí, la pintura de vanguardia, el postimpresionismo, el fauvismo y la obra de Cézanne dejaron su marca en el estilo de Camilo Mori. En su último viaje, las influencias europeas lo afectaron nuevamente y su nuevo estilo fue de un impresionismo abstracto.

Postimpressionism was the French movement that included artists like Cézanne, Van Gogh, Toulouse-Lautrec, Gauguin, and Seurat. It is said that these daring painters set the stage for modern art. Their paintings inherited the brilliant colors, light effects, and short brush-strokes of the broken color of impressionism. But each postimpressionist was, above all, unique and personal in his treatment of space, mass, line, light, and color.

Paul Cézanne (1839–1906), a methodical, versatile painter, experimented with a variety of styles throughout his artistic career. His pursuit of perfection took him through different stages: expressionism, impressionism, postimpressionism, classicism, and, the final and most daring stage, which inspired cubism. He has been called the "father of modern art." The art of Cézanne paved the way for fauvism and cubism. In the first, intense, arbitrary color reigned. The latter reduced reality to geometric forms. These were the movements that began the avant-garde of European art by challenging existing artistic conventions.

La viajera
Camilo Mori

In this *Paso* you will practice:
- Asking for and giving directions around a city
- Using commands to influence the behavior of others
- Describing customary actions

Grammar:
- Formal commands
- Impersonal and passive **se**

Vocabulario temático
PARA PEDIR Y DAR INSTRUCCIONES

Unas diligencias

Un(a) turista	Un(a) habitante
Perdone, ¿dónde se puede *comprar sellos?* *cambiar dinero* *comprar aspirina*	En *el correo.* *el banco* *la farmacia*
¿Se puede ir a pie?	Sí, está bastante cerca. No, está lejos de aquí. Hay que tomar *el metro.* *el autobús n° 16* *un taxi*

Unas instrucciones

Oiga, ¿dónde está *la parada de autobuses?* *el correo* *el Museo de Arqueología* *la Iglesia de San Juan Bautista*	Está *en la esquina.* *enfrente del restaurante Luigi* *a tres cuadras de aquí* *en la segunda calle a la derecha*
Por favor, ¿cómo se va *al centro comercial?* *a la Clínica de la Merced* *a la oficina de turismo*	Vaya *a la esquina.* Tome *la Avenida de la Independencia.* Siga *derecho por cuatro cuadras.* Doble *a la izquierda en la calle República.* Está *allí mismo, a mano izquierda.*

The English equivalents of the *Vocabulario temático* sections are found in Appendix E.

Transparency Bank
F-1, F-2, F-3,
F-4, F-6

Use the transparencies to review old material and introduce new expressions. Starting with F-1, review the names of public places in a city (**el aeropuerto, la estación de tren, el mercado,** etc.). Use F-3 to practice words of location including those from *Capítulo 3* (**al lado de, a la izquierda de, a la derecha de, enfrente de, en la esquina**). Finally, use F-2 and F-4 to practice simple commands for directions (**vaya a la esquina, doble a la derecha,** etc.). Provide the additional commands **suba** *(go up)* and **baje** *(go down)*.

Directions may be given in very elaborate ways. Remind students to focus on the command forms and the key words indicating location.

¿Sabías que...

- To get the attention of a stranger on the street, you can say **Disculpe** *(Pardon me),* **Oiga** *(Say there),* or **Por favor** *(Please).* It is also common, but not necessary, to address the stranger with a title such as **señor** or **señora**.

- Another way of prefacing your request for directions around a city is to explain that you are lost: **Estoy perdido(a).**

- City blocks are called **cuadras** in much of Spanish-speaking America, and **manzanas,** in Spain.

- There are only two contractions in the Spanish language: the preposition **a** + definite article **el** form the contraction **al** *(to the);* while the preposition **de** + definite article **el** form the contraction **del** *(from the/of the).* The other definite articles do not form contractions with these prepositions.

¿Cómo se va **al** cine Rex?	*How do you get **to the** Rex Theater?*
¿Cómo se va **del** cine **a la** farmacia Betimar?	*How do you get **from the** movie theater **to the** Betimar Pharmacy?*

Ponerlo a prueba

6-1 **¿Para ir a... ?** Aquí tienes el plano de la pequeña ciudad de Otavalo, Ecuador. Un policía y un turista están en el punto indicado con una X en el plano. En tu disco compacto, escucha las instrucciones del policía. ¿Cuál es el destino del turista en cada caso? (¡Ojo! *The directions are given from the perspective of someone looking up Montalvo Street, with his/her back to the train station.*)

Provide students with a few common street sign equivalents, such as **Alto** or **Pare** for "Stop," and **No hay paso** for "Do not enter."

Play Text Audio CD
Track CD2-1

Otavalo is a small city north of Quito famous for its Indian market and fine handicrafts.

Answers to Exercise 6-1:
1. Restaurante Casa de Korea; 2. el mercado; 3. la farmacia; 4. el Cine Bolívar; 5. el Banco del Pichincha

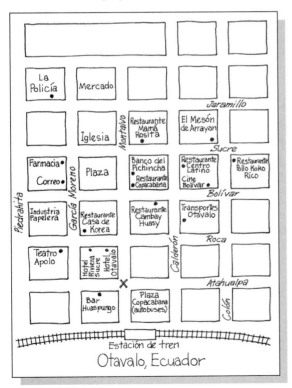

1. _____

2. _____

3. _____

4. _____

5. _____

MODELO: Escuchas: No está lejos de aquí. Siga por esta calle, la calle Montalvo, por una cuadra. En la primera esquina, doble a la derecha. Siga por la calle Roca por una cuadra y doble a la izquierda en la próxima esquina. Está a la derecha.

Escribes: *Transportes Otavalo*

Follow-up to Exercise 6-2: Play a map game with the students. Tell them the starting point on the map of Otavalo, give directions, and ask them where they end up. After several examples, have students continue the activity in pairs.

6-2 Disculpe... Imagínate que estás de visita en la ciudad de Otavalo. Acabas de llegar en autobús y estás en el lugar indicado con una X en el mapa. Le pides instrucciones a un policía. Completa los diálogos en tu cuaderno o en una hoja de papel.

1. Tú: _____, ¿ _____?
   Un policía: El correo está en la calle García Moreno.
   Tú: ¿ _____?
   Policía: Sí, está bastante cerca.

2. Tú: _____, ¿ _____?
   Policía: Siga derecho por la calle Montalvo; doble a la derecha en la calle Sucre. Está allí a la izquierda.

3. Tú: Perdone, quiero pasar la noche en Otavalo. ¿ _____?
   Policía: Sí. ¿Por qué no va Ud. al Hotel Otavalo? Está muy cerca de aquí, en la próxima esquina.

4. Tú: Por favor, ¿cómo se va a la iglesia?
   Policía: _____.

5. Tú: Me robaron la billetera (*wallet*) y quiero hacer una denuncia. ¿Dónde está la comisaría de policía?
   Policía: _____.

6. Tú: ¿Cómo se va al mercado?
   Policía: _____.

Comentario cultural: LA PLAZA

¿Vives en la ciudad o en el campo? ¿Cómo es la ciudad más cercana? ¿Hay un lugar especial donde se reúne el público?

Una característica de las ciudades hispanas es la plaza. Casi todas las ciudades en España y en Latinoamérica tienen varios de estos grandes espacios abiertos. Generalmente, en la plaza principal de una ciudad se encuentran los edificios más importantes, como el ayuntamiento (*town/city hall*) o la catedral. Las plazas más pequeñas muchas veces tienen pequeños parques con árboles, fuentes (*fountains*) y bancos (*park benches*). La plaza es el alma (*soul*) de los pueblos. La gente viene a comerciar (*do business*), a pasear, a encontrarse con amigos, a lucir (*show off*) ropa nueva, a comprar billetes de lotería y otras cosas más.

Gramática
LOS MANDATOS FORMALES

Informal commands are included in the *Gramática suplemental* section of the workbook for *Capítulo 7*.

Expect your students to memorize very common commands for everyday use, such as giving directions on the street. Studying commands also facilitates learning the forms and one of the major uses of the present subjunctive.

¿Para ir a la farmacia? **Doble** a la derecha en la esquina. **Siga** derecho por tres cuadras. **Tome** la calle Princesa y **vaya** derecho por dos cuadras. Está allí, a la derecha.

A. Los mandatos formales. Commands are often used to give directions and instructions, as in the following examples:

Vaya a la esquina y **doble** a la derecha.   *Go to the corner and **turn** right.*
Abran el libro y **escriban** el ejercicio B.   *Open your book and **write out** Exercise B.*

Since the understood subject of commands is *you*, Spanish has both familiar (**tú**) and formal (**Ud.**) commands. In this section you will practice *formal commands*—those that can be used with persons you normally address as **usted** or **ustedes.**

B. Formación de los mandatos formales. To form the singular **usted** command (to give directions to *one* person) follow these two steps:

	tomar	volver	salir
Conjugate the verb in the **yo** form of the present indicative and drop the **-o** ending.	tomø	vuelvø	salgø
Add **-e** to **-ar** verbs, and add **-a** to **-er** and **-ir** verbs	tom**e**	vuelv**a**	salg**a**

- To form the plural **(ustedes)** command (to talk to two or more people), add an **-n** to the **usted** command.

  Examples of plural commands: tom**en** vuelv**an** salg**an**

  to one person:
  Tome este dinero para el taxi.   *Take this money for the taxi.*

  to more than one person:
  Tomen este dinero para el taxi.   *Take this money for the taxi.*

- To make a command negative, add the word **no** in front of the verb. There is no need to translate the English *don't*.

  No vuelvan tarde.   *Don't come back late.*

C. Verbos irregulares y verbos con cambios ortográficos. Certain verbs have irregular command forms that must be individually memorized.

Mandatos irregulares		
ir	**Vaya(n)** a la esquina.	*Go to the corner.*
saber	**Sepa(n)** este vocabulario para mañana.	*Know these words for tomorrow.*
dar	**Dé (Den)** esos documentos a mi secretaria.	*Give those documents to my secretary.*
ser	No **sea(n)** tonto(s).	*Don't be silly.*
estar	Por favor, **esté(n)** aquí antes de las seis.	*Please be here before six o'clock.*

Many verbs have predictable spelling changes, which are summarized below:

	Infinitivo	Mandato formal
Verbs ending in **-gar,** change to **-gue(n)**	lle**gar**	lle**gue(n)**
Verbs ending in **-zar,** change to **-ce(n)**	empe**zar**	empie**ce(n)**
Verbs ending in **-car,** change to **-que(n)**	sa**car**	sa**que(n)**

D. Los mandatos y los complementos. Commands are frequently used with pronouns. Reflexive verbs, such as **acostarse** or **divertirse**, take the pronoun **se.** Most verbs can be used with direct (**me, te, lo, la, nos, os, los, las**) or indirect (**me, te, le, nos, os, les**) object pronouns. Follow these guidelines for pronoun placement with commands.

- Attach pronouns to the end of affirmative commands; add an accent mark to the stressed vowel in the third to last syllable.

¡Acuésten**se** ahora mismo!	*Go to bed right now!*
¿Los cheques? Cámbie**los** en el banco.	*The checks? Exchange **them** at the bank.*

- Place pronouns immediately before the verb in negative commands.

¡No **se** acuesten en el sofá!	*Don't lie down/go to sleep on the sofa!*
¿Los cheques? No **los** cambie en el hotel.	*The checks? Don't exchange **them** at the hotel.*

E. En lugar de los mandatos. It is common to use commands for giving instructions and directions even to persons whom we do not know well. At the same time, in some formal situations it may be considered more polite to make requests of others by asking "Could you . . . ?" or "Will you . . . ?"

¿**Podría Ud.** hacerme el favor de llamar antes de venir?	*Could you please call before coming over?*
¿**Quieres** abrir la ventana?	*Will you open the window?*

Ponerlo a prueba

6-3 **¿Qué dicen?** Lee la descripción de las personas. Luego, escribe **tres** mandatos para cada situación. Usa el mandato singular o plural, según la situación. ¡Ojo! En cada situación hay una frase que **no** debes usar porque no corresponde a la situación.

MODELO: Lees: El profesor Cruz enseña español en un programa de estudios de post-grado. Sus estudiantes tienen un examen oral mañana. ¿Qué les aconseja él a los estudiantes?

practicar con sus amigos   repasar los verbos

contestar las preguntas en inglés   ir al laboratorio

Escribes: ***Practiquen*** *con sus amigos.*
Repasen *los verbos.*
Vayan *al laboratorio.*

1. Ana María es ama de casa y tiene tres niños pequeños. Hoy los niños están insoportables (*unbearable*). ¿Qué les dice Ana María a sus hijos?

   no mirar la televisión todo el día

   salir a jugar con sus amigos

   jugar en la calle

   no comer galletas en la sala

2. Es la primera semana de clase en la universidad. La profesora Lagos tiene 25 estudiantes en su clase de composición. ¿Qué instrucciones les da la profesora a sus estudiantes?

   no escribir las composiciones en la computadora

   corregir (i) los errores del primer borrador *(the first draft)* cuidadosamente

   hacer un bosquejo de las ideas principales

   no depender totalmente del diccionario para usar palabras nuevas

3. El Sr. Ovalles está visitando un puerto del Ecuador que se llama Esmeraldas. Ahora está totalmente perdido y le pide instrucciones a un policía. ¿Qué le dice el policía?

   tomar la avenida Bolívar

   ir cuatro cuadras por la calle Sucre

   no pedirle ayuda a nadie

   doblar a la izquierda en la esquina

4. La Sra. Ramos es guía turística en la ciudad de Quito. Ahora le está dando un tour a un grupo de 30 turistas. ¿Qué les sugiere a los turistas durante su visita a la catedral?

   observar bien la escultura de la Virgen al lado del altar

   no sacar fotos dentro de la catedral

   no dormir la siesta en los bancos *(pews)*

   no salir de la iglesia antes de ver llegar nuestro autobús

6-4 **De visita.** Todos los turistas del tour están reunidos con su guía, la Sra. Ramos. Ella les da unos consejos para el día. Completa los siguientes consejos oralmente con tu compañero(a) de clase. Hay que escoger la expresión más lógica y cambiar el infinitivo a un mandato formal.

> For follow-up, have students write their own travel advice, using formal commands, for someone who might be visiting their city or campus. For example, "**Visite el Museo de Arte. Tiene una colección muy buena de arte moderno.**"

MODELO: *Compren los sellos en esta papelería. Está más cerca que el correo.*

almorzar en el restaurante El León	no perder el pasaporte
no beber el agua de la llave *(faucet)*	probar los helados de la heladería italiana
cambiar su dinero en un banco, no en el hotel	tener cuidado en el mercado
✓ comprar los sellos en esta papelería	visitar el Mueso de Arte por la mañana
	volver al hotel antes de las nueve
no darles propina a los camareros	pagar con cheques de viajero

1. _____. Es el documento más importante que ustedes tienen.
2. _____. La tasa de cambio *(exchange rate)* es más favorable.
3. _____. Hay menos personas y pueden ver los cuadros *(paintings)* más fácilmente.
4. _____. Hay muchos carteristas *(pickpockets)* allí.
5. _____. Allí ustedes pueden probar todos los platos típicos de la región.
6. _____. Son riquísimos *(deliciosos)* y naturales.
7. _____. Nuestra gran cena de gala es a las nueve y cuarto en el salón B.
8. _____. Ya está incluida en el precio de la cena.

6-5 **Preparativos necesarios.** ¿Piensas hacer un viaje en el futuro? El siguiente artículo puede orientarte sobre algunas precauciones que debes tomar.

Primera parte: Lee el artículo a continuación y contesta las preguntas.

Si está planeando viajar,

tenga en cuenta algunos consejos para que sus vacaciones no se conviertan en una pesadilla

Preparativos necesarios

➤ Tenga cuidado con el agua que bebe. En los países en vía de desarrollo es preferible no tomar agua de la llave ni para lavarse los dientes. Use agua embotellada o hervida y evite el hielo en las bebidas.

➤ Lleve consigo la(s) medicina(s) que le indicó su médico y en cantidad suficiente para que le dure(n) todo el viaje. Cargue la medicina en sus equipaje de mano, pues existe la posibilidad de que haya retrasos o que su maleta se pierda.

➤ Si padece de alguna enfermedad crónica como diabetes, si está tomando cortisona regularmente o es alérgico a la penicilina, lleve una identificación consigo que lo diga claramente. En caso de una emergencia, esto puede salvarle la vida.

➤ Si después de un vuelo prolongado se siente sumamente cansado es posible que esté sufriendo de "jet lag", una sensación de desorientación y debilidad producto de cambios severos de horario. Para disminuir esta sensación pruebe lo siguiente: si viaja hacia el Este, procure dormir más temprano las tres noches anteriores al viaje; si viaja hacia el Oeste, acuéstese más tarde, duerma en el avión y tome una siesta cuando llegue a su destino.

➤ Si planea viajar a otro país, investigue si necesita alguna vacuna o algún tratamiento preventivo.

➤ Lleve calzado cómodo, ropa apropiada al clima y no olvide el protector solar.

➤ Si usa anteojos o lentes de contacto, lleve repuestos y el líquido para limpiarlos.

➤ Evite los abusos al comer y al beber bebidas alcohólicas.

1. En algunos países, es mejor...
   a. comprar agua mineral para beber y lavarse los dientes.
   b. poner mucho hielo en las bebidas.
   c. beber solamente refrescos o cerveza.

2. Si necesitas tomar medicina, es preferible...
   a. llevar la receta (*prescription*).
   b. llevar la medicina en la maleta.
   c. poner la medicina en la bolsa de mano (*hand luggage*).

3. Si tienes una enfermedad seria, es recomendable...
   a. pedirle permiso a tu médico antes de viajar.
   b. llevar un documento que identifique tu problema.
   c. no hacer viajes largos.

4. Si piensas viajar hacia el Este, para evitar el *jet lag*, debes...
   a. tomar pastillas para dormir mejor durante el viaje.
   b. dormir más antes del viaje.
   c. dormir más temprano por varios días antes de viajar.

5. Los viajeros con experiencia saben que es muy importante llevar...
   a. gafas de sol.   b. una sola maleta.   c. protector solar.

Segunda parte: Tu compañero(a) de clase y tú son agentes de viaje en Miami. Una clienta, la Srta. del Valle, les pide a Uds. varios consejos. Usen mandatos para darle un consejo adecuado a la señorita según la situación.

MODELO: Lees: Mis amigos me dicen que no es buena idea beber agua durante el viaje. ¿Qué debo hacer?

Escribes: *Beba agua embotellada; no use hielo.*

1. Tengo diabetes y necesito tomar medicina todos los días. ¿Me recomiendan ustedes alguna precaución especial?
2. Siempre sufro de *jet lag.* ¿Qué puedo hacer para no estar tan desorientada la próxima vez que viaje de España a Miami?
3. Llevo lentes de contacto y tengo miedo de perderlos *(losing them).*
4. Me parece que hay una epidemia de cólera en el país que quiero visitar.
5. Cuando viajo, el alcohol me ayuda a relajarme.

Gramática
EL *SE* IMPERSONAL Y EL *SE* PASIVO

—Para ir al Museo de Antropología, ¿**se puede** ir a pie o **se toma** el metro?
—**No se debe** ir a pie. Está muy lejos. Mejor **se toma** un taxi o el metro.

A. Introducción al concepto. In the most common sentence pattern in Spanish and English, the subject of the sentence is the person who performs the action.

(Yo) Voy a Buenos Aires.   *I'm going to Buenos Aires.*
Mi hermano va conmigo.   *My brother is going with me.*

Sometimes, however, the person who performs the action may be de-emphasized.

- In *impersonal* sentences, the subject of the sentence refers to people in general, rather than to a specific person. This kind of sentence is often used to make generalizations, such as "In Ecuador *they* tend to eat a light breakfast."

- In sentences in the *passive voice* the person who performs the action is not mentioned at all. For example, when we say "Olive oil is produced in the south of Spain," there is no explicit reference to *who* produces the oil.

In Spanish, sentences in the passive voice and sentences with impersonal subjects are formed with a unique structure involving the pronoun **se.**

B. El *se* impersonal. The impersonal **se** structure is used when an unspecified person performs the action of the sentence. In English, we use *one, they, you, it,* and *people* as impersonal subjects. In Spanish, it is more common to use the word **se** and a third-person singular verb form.

- **se** + third-person singular verb

¿Cómo **se va** al correo?   *How do **you go** to the post office?*
                                      *How does **one go** to the post office?*

En España, **se cena** muy tarde.   *In Spain, **people eat supper** very late.*
                                             *In Spain, **they eat supper** very late.*

No **se debe nadar** inmediata-   *One shouldn't swim right after eating.*
mente después de comer.

If you wish to simplify this explanation further, point out that the *se* impersonal and the *se* pasivo are very similar in meaning, as both de-emphasize the performer of the action. A rule of thumb would be to use the singular verb unless a plural noun appears after the verb.

C. El *se* pasivo. The passive **se** construction is used when the action of the verb is emphasized and the performer of the action is unknown, irrelevant, or de-emphasized. In English, we express this by saying something "is done" without mentioning by whom. In Spanish, this structure consists of the word **se** and a third-person verb that may be singular or plural, depending on whether the passive subject is singular or plural.

- **se** + third-person singular verb + singular noun

Aquí **se habla** español.	Spanish **is spoken** here.
Se sirve el desayuno entre las ocho y las diez de la mañana.	Breakfast **is served** between eight and ten in the morning.
Se debe pelar la fruta.	The fruit **should be** peeled.

- **se** + third-person plural verb + plural noun

Aquí **se venden** sellos.	Stamps **are sold** here.
Se necesitan guías turísticos.	Tour guides **are needed**.
Se deben evitar estas comidas.	These foods **should be** avoided.

Comentario cultural: LOS HORARIOS

¿A qué hora prefieres ir de compras en la ciudad donde vives? ¿Se puede ir de compras las veinticuatro horas del día? ¿Hay días en que no se permite ir de compras a cualquier hora? ¿Por qué?

En España y Latinoamérica, las tiendas y los bancos siguen horarios diferentes. En algunos países, por ejemplo, los bancos se cierran a las dos o tres de la tarde. En muchos pueblos y ciudades pequeñas las tiendas se abren desde las nueve de la mañana hasta la una o las dos de la tarde; luego se cierran para la hora de comer desde las dos hasta las cuatro y media o las cinco, y se abren de nuevo hasta las ocho y media. Sin embargo, en las ciudades grandes muchas tiendas tienen un horario continuo y ya no se cierran durante la tarde. Los horarios varían bastante de un país a otro *(from country to country)*.

Ask students where in the U.S. the following are done: **¿Dónde: se cultivan las naranjas; se presentan muchas obras de teatro musicales; se habla español con frecuencia; se puede esquiar en la nieve; se sirven "grits"; se cultiva mucho maíz; se producen automóviles; se come comida "cajun"?**

6-6 ¿Qué se hace? En parejas, usen las oraciones con **se** y el verbo en el presente para describir las actividades que normalmente tienen lugar en los sitios indicados. Algunos de los verbos útiles para completar las oraciones son: **hacer, servir, permitir, caminar, comer, comprar, pedir, observar, cambiar, visitar.** No repitan los verbos.

MODELO: En el banco _____ dinero.
En el banco *se cambia* dinero.

En las ciudades grandes _____ los museos.
En las ciudades grandes *se visitan* los museos.

1. En la agencia de viajes _____ las reservaciones.
2. En el aeropuerto _____ los boletos.
3. En el avión no _____ fumar *(to smoke)*.
4. En el taxi _____ direcciones.
5. En el restaurante _____ los platos típicos.
6. En las tiendas _____ muchos recuerdos *(souvenirs)*.
7. En la plaza _____ mucho.
8. En el museo de arqueología, _____ muchos artefactos antiguos.

222 doscientos veintidós Capítulo 6

6-7 Contraste de costumbres. Acabas de regresar de Ecuador y quieres hacer un contraste de las costumbres (*customs*) entre ese país y EE.UU. Primero, combina las palabras para describir una costumbre de Ecuador. Después, cambia la oración para describir una costumbre de EE.UU. Tienes que usar el *se* pasivo o el *se* impersonal en las dos oraciones.

Point out to students that in item 6 of Exercise 6-7, having a series of nouns is the same as having a plural noun; in both cases a plural verb is used.

MODELO: servir la sopa como primer plato frecuentemente
*En Ecuador, **se sirve** la sopa como primer plato frecuentemente.*
*En los Estados Unidos **se sirve** la ensalada frecuentemente como primer plato.*

1. comer el almuerzo entre la una y las tres de la tarde
2. beber jugos de frutas con la comida
3. merendar a las seis de la tarde
4. viajar con frecuencia en tren
5. tomar las vacaciones en agosto
6. hablar español, quechua y aymará
7. tocar la marimba con frecuencia
8. jugar mucho al fútbol
9. usar el transporte público con frecuencia
10. fumar (*to smoke*) mucho en los lugares públicos

The **marimba** is a popular musical instrument along the coast of Ecuador; in the Andes, various kinds of flutes are commonly played, such as **la quena** or **el rondador.**

6-8 Preguntas personales. Trabaja con un(a) compañero(a) y entrevístense con estas preguntas sobre el turismo.

1. ¿Cuáles de estos factores se deben considerar al seleccionar el destino de las vacaciones?

el precio   las actividades que se ofrecen
el clima   la distancia que se tiene que viajar
la lengua   la estabilidad política

En tu opinión, ¿qué otros factores se deben tomar en consideración?

2. ¿Cuáles de estos alimentos se deben evitar (*avoid*) al viajar al extranjero? ¿Por qué?

el agua   la fruta fresca
el pescado   el hielo
la carne   los postres

¿Qué más se puede hacer para evitar las enfermedades durante las vacaciones? ¿Cómo se puede combatir el *jet lag*?

3. ¿Hay mucho turismo en la ciudad donde estudias? ¿Cuáles de estas actividades se pueden hacer allí?

ver exposiciones de arte
comer en restaurantes elegantes
comprar artículos de artesanía
ir al teatro
jugar muchos deportes
ir al ballet o a la ópera

¿Qué se puede hacer en tu universidad, respecto al turismo?

Síntesis

6-9 Un viaje a Guayaquil. Tus amigos y tú están de vacaciones en Guayaquil, Ecuador. Ustedes están en el Hotel Continental que se encuentra en la esquina *(corner)* de la calle 10 de Agosto con la Avenida de Chile. A continuación tienes algunas notas que tus amigos te han escrito. Usa la información en el mapa de la ciudad y tu imaginación para escribir una respuesta a cada una de las notas.

1.
> ¡Estoy sin dinero! Tengo que cambiar algunos cheques de viajero urgentemente. ¿Sabes si hay un banco por aquí?

2.
> Un empleado del hotel nos dijo que hay un concierto fenomenal esta noche en el Parque Pedro Carbo. ¿Puedes indicarnos cómo podemos ir?

3.
> Quiero comprar algunos recuerdos. ¿Sabes si hay un centro comercial cerca del hotel?

4.
> Antes de ir a cenar esta noche, quiero ir al Museo Municipal. ¿Por qué no nos encontramos allí? ¿Sabes dónde está?

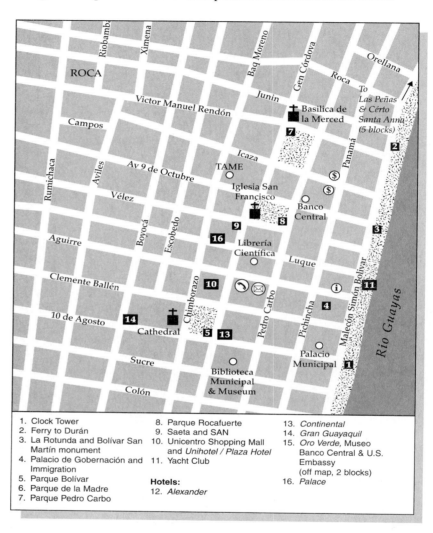

1. Clock Tower
2. Ferry to Durán
3. La Rotunda and Bolívar San Martín monument
4. Palacio de Gobernación and Immigration
5. Parque Bolívar
6. Parque de la Madre
7. Parque Pedro Carbo
8. Parque Rocafuerte
9. Saeta and SAN
10. Unicentro Shopping Mall and *Unihotel / Plaza Hotel*
11. Yacht Club

Hotels:
12. *Alexander*
13. *Continental*
14. *Gran Guayaquil*
15. *Oro Verde*, Museo Banco Central & U.S. Embassy (off map, 2 blocks)
16. *Palace*

Students could also develop these questions and others of their own into mini-dramas to present to the class.

6-10 Por nuestro campus universitario. Imagínate que estás hablando con Beatriz y Fernando, dos estudiantes ecuatorianos que estudian en tu universidad. Ellos no conocen bien la ciudad y te hacen muchas preguntas. Completa los diálogos oralmente con tu compañero(a) de clase.

1. Cambiar dinero

   Beatriz: ¿Dónde se puede cambiar dinero?

   Tú: _____.

   Beatriz: ¿Está lejos de aquí?

   Tú: _____.

   Beatriz: Eh... Fernando y yo no conocemos la ciudad muy bien. ¿Podrías explicarnos cómo se va?

   Tú: _____.

2. El correo

   Fernando: ¿Cuánto cuesta mandar una carta por correo aéreo a Ecuador?

   Tú: ____.

   Fernando: ¿Dónde se pueden comprar sellos?

   Tú: ____.

   Fernando: ¿Cómo podemos ir allí?

   Tú: ____.

3. A comer

   Fernando: Queremos comer comida típica norteamericana. ¿Puedes recomendarnos un restaurante cerca de aquí?

   Tú: ____.

   Fernando: ¿Se necesita una reservación?

   Tú: ____.

   Fernando: ¿Qué especialidades se sirven en ese restaurante?

   Tú: ____.

6-11 **La oficina de turismo.** Trabajas en la Oficina de Turismo de Acapulco. Con un(a) compañero(a) de clase, usa la información en el folleto a continuación para contestar oralmente varias preguntas que te hacen algunos turistas.

1. Nos gustan los deportes acuáticos. ¿Qué deportes se practican en Acapulco?
2. Queremos hospedarnos en un hotel exclusivo en Acapulco. ¿Cuál nos recomienda?
3. Mi esposa quiere comprar algunos recuerdos especiales. ¿Dónde se debe ir de compras?
4. Estamos viajando con nuestros niños. ¿Qué actividades se ofrecen en Acapulco para ellos?
5. Quiero conocer bien la bahía. ¿Qué me aconseja que haga?
6. Mi familia desea conocer bien a Acapulco. ¿Dónde se puede obtener más información sobre este lugar tan precioso?
7. Mis primos, unos jóvenes adolescentes, van a pasar unos días aquí. ¿Qué les recomienda a ellos?
8. Estoy aquí para descansar y ver lo mejor de Acapulco. ¿Dónde me recomienda que vaya?

Acapulco
un lugar para el placer

Por Cynthia De Sain

Acapulco, ese puerto mágico de la costa mexicana, es el lugar perfecto para dejarse llevar por el placer. . . En este paraíso terrenal, el visitante puede disfrutar de espectáculos naturales como La Quebrada y sus famosos clavadistas, bañarse en las azules aguas de la Isla La Roqueta y practicar todo tipo de deportes al aire libre. Pesque en el mar abierto o sobrevuele la bahía en avioneta; pasee en calandria por la Costera Miguel Alemán, y compre regalos y souvenirs de confección local en el famoso –y concurrido– Mercado de Artesanías. Lleve a los niños al famoso parque de diversiones CICI y al Mágico Mundo Marino. ¿La comida? Este es el lugar para disfrutar de la más exquisita comida de mar. . .

Aeropuerto: Internacional de Acapulco

Clima: El clima es cálido y soleado, con deliciosas temperaturas entre 70°F en julio y 53°F en enero.

Hospedaje: Hay hoteles y resorts para toda la familia, desde las grandes cadenas internacionales, que suelen ofrecer precios más económicos, hasta exclusivos clubes como el Villa Vera Hotel & Raquet Club.

Restaurantes: Hay restaurantes lujosísimos de comida internacional, y pequeños locales donde se disfruta de la mejor y más auténtica comida mexicana, sin olvidar los de comida rápida, que venden hamburguesas, pizza, etc.

Qué hacer: Disfrutar de la playa y los deportes al aire libre, pasear por la ciudad, que tiene un sinfín de tiendas, centros comerciales, bistros y cafés al aire libre y, por las noches, discotequear ¡en grande! Hay para todos los gustos.

Para comprar: La artesanía local es una de las atracciones del lugar. ¡No se vaya sin comprar un sombrero de paja!

Para información: Llame a la Oficina de Turismo de México al teléfono 1-305-718-4091.

Puente cultural

¿Tienes algunas recomendaciones para los turistas que visitan tu país?

Victoria Eugenia (Vicky) Duque Montoya
colombiana; 28 años; estudiante

En Colombia tenemos diferentes regiones con diferentes climas. La mejor época *(time)* para visitar el interior es en junio, julio y agosto. En la costa atlántica siempre hace calor *(it's warm)*, pero en diciembre hace más fresco *(it's cooler)*. La gente viaja mucho en autobús; es económico y cómodo. Si viaja solamente a ciudades que viven del turismo, como Cartagena, siempre encontrará personas que hablan inglés. Pero en el resto del país es necesario hablar español para poder comunicarse.

Juan Eduardo Vargas Ortega
mexicano; 47 años; profesor asociado universitario

A México se podría *(one could)* viajar en cualquier parte del año, debido a que el clima es muy benigno; pero, por costumbre, la gente viaja de junio a agosto. Dentro del país, la mejor manera de viajar es por autobús. No es estrictamente necesario para el turista hablar español, pero en caso de emergencias puede ser de gran ayuda tener ciertos conocimientos básicos del español.

Manel Lirola Hernández
español; 34 años; representante de servicios al consumidor

En España lo más fácil es viajar por tren, coche o autobús. El tren es barato y muy puntual. La mejor época del año para hacer turismo depende de la región. El norte es agradable *(pleasant)* en el verano *(summer)*, mientras que en el invierno *(winter)* es frío *(cold)* y lluvioso *(rainy)*. El sur es demasiado cálido en el verano. La población española es muy servicial y amable, pero la mayoría no habla inglés. Claro, en grandes ciudades siempre es posible encontrar gente joven que hable un poco de inglés, igual que en las zonas costeras muy turísticas.

Te toca a ti

6-12 Recomendaciones prácticas. Trabaja con un(a) compañero(a). Lean las siguientes recomendaciones y decidan en qué país sería *(would be)* conveniente seguirlas *(follow them)*. ¡Ojo! Puede haber recomendaciones apropiadas para más de un país.

	Colombia	México	España
1. Viajar de una ciudad a otra en autobús es práctico y barato.	☐	☐	☐
2. ¿No le gusta la combinación de frío y lluvia? ¡Entonces no visite el norte del país en el invierno!	☐	☐	☐
3. Si Ud. va a viajar en el interior del país, debe aprender a hablar un poquito de español para poder comunicarse.	☐	☐	☐
4. Si va a ciudades eminentemente turísticas, háblele a la gente en inglés; tarde o temprano encontrará *(you will find)* a alguien que lo hable también.	☐	☐	☐
5. Si no le gusta lidiar con *(deal with)* multitudes de turistas, no debe viajar entre los meses de junio y agosto, los meses de turismo más populares.	☐	☐	☐
6. Si no le importa el calor, puede visitar Andalucía en el verano.	☐	☐	☐

6-13 Turismo en los Estados Unidos. Con un grupo de compañeros, completen las oraciones con información práctica para los turistas que visitan los Estados Unidos.

1. La mayoría de la gente se toma vacaciones en (el mes o la época)...
2. El medio de transporte más común para viajar de una ciudad a otra (de un estado a otro) es...
3. Visite... (región) en... (mes o estación) porque...
4. Si no le gusta lidiar con multitudes de turistas, no debe viajar a...
5. Puede encontrar gente que habla... (lengua extranjera) en...

Paso 2

In this *Paso* you will practice:
- Talking about the human body
- Describing symptoms of illnesses common to travelers
- Understanding the doctor's orders

Grammar:
- Introduction to the present subjunctive

Transparency Bank
K-1, K-4

Introduce parts of the body by pointing and repeating; use the transparencies or yourself as the model. Stop and review the previous words after every 2 or 3 new items.

Also introduce these words: **la cadera** *(hip)*, **los huesos** *(bones)*, **la frente** *(forehead)*, **la cintura** *(waist)*.

Point out the three new reflexive verbs: **sentirse (ie)**, **torcerse (ue)**, **lastimarse**.

Vocabulario temático
EL CUERPO HUMANO

Las partes del cuerpo

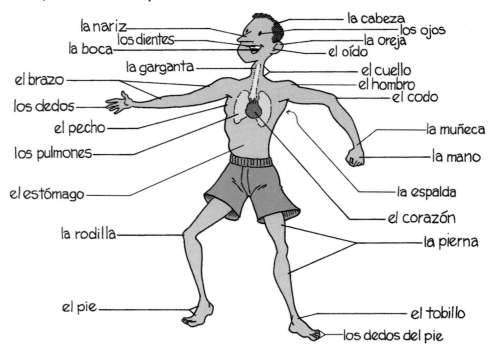

la nariz
los dientes
la boca
la garganta
el brazo
los dedos
el pecho
los pulmones
el estómago
la rodilla
el pie

la cabeza
los ojos
la oreja
el oído
el cuello
el hombro
el codo
la muñeca
la mano
la espalda
el corazón
la pierna
el tobillo
los dedos del pie

Para indicar lo que te duele

El (La) doctor(a)

¿Qué le pasa? (formal)
¿Qué te pasa? (informal)

El (La) paciente

Me siento *mal.*
    peor
    mejor

Me duele *el pecho.*
Me duelen *los pies.*

Tengo dolor *de cabeza.*
    garganta
    estómago

Me lastimé *la espalda.*

Me torcí *el tobillo.*

Sabías que...

- The verb **doler (ue)** *(to hurt)* follows the same structural pattern as the verb **gustar.** Use the singular verb form **duele** for one part of the body, the plural **duelen** for more than one. Indirect object pronouns (**me, te, le, nos, os, les**) must be used with this verb.

Me duele el pecho.	*My chest hurts.*
Me duelen los pies.	*My feet hurt.*
A mi abuela le duele la espalda.	*My grandmother's back hurts.*

- The phrase **Tengo dolor de...** is similar in meaning to **Me duele.**

Me duele la cabeza.	*My head hurts.*
Tengo dolor de cabeza.	*I have a headache.*

- When we speak of a part of the body in English, we use a possessive adjective (*my, your, his,* etc.). In Spanish, the definite article (**el, la, los,** or **las**) is used instead, and the "owner" of the body part is identified by a reflexive or indirect object pronoun.

Me duele **el** brazo izquierdo.	*My left arm hurts.*
Marcos **se** lastimó **la** espalda.	*Marcos hurt his back.*

- The word **oído** is used for *inner ear,* while **oreja** means *ear.*

Ponerlo a prueba

6-14 **¿Qué médico me recomienda?** Lee los anuncios de los médicos en San José, Costa Rica. Después, escucha los fragmentos de las llamadas telefónicas de varios pacientes. Según los síntomas que describen, ¿qué médico le recomiendas a cada paciente? ¿Por qué? Completa las siguientes frases.

1. La señora debe consultar al doctor _____ porque se lastimó _____ y se torció _____.
2. La niña necesita ver al doctor _____ porque le duele _____ y no puede _____.
3. Este paciente tiene que ver al doctor _____ porque le duele _____.

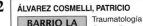

Play Text Audio CD
Track CD2-2

Answers to Exercise 6-14:
1. Álvarez Cosmelli; la espalda y una pierna; 2. Izquierdo Sandi; el estómago; comer; 3. Muñoz Cavallini; un diente

Additional activity: Describe some symptoms and have students make recommendations as to which doctor you should see; they should mention the doctor's name, tell you where his/her office is located, and give you a phone number to call. Provide a model on the board: **Yo conozco a un médico bueno. Se llama _____; su consultorio está en _____; debe llamar al número _____.** Here are some symptoms that you might use: 1. **A mi hija le duele el oído.** 2. **Me duele el pecho y no puedo respirar bien.** 3. **Me siento mal y me duele la garganta.** 4. **Mi hijo se cayó y se lastimó la pierna.** 5. **A mi padre le duele el estómago después de comer.** 6. **Me caí y me lastimé el brazo.** 7. **Mi abuela tiene cataratas y necesita operarse de los ojos.**

Point out to your students that in Spanish, the suffix **-ía** indicates the medical specialty and the suffix **-ogo(a)** signals the type of specialist. Example: **urología** = urology; **uró-logo(a)** = urologist.

1
MUÑOZ CAVALLINI, MARCO ANTONIO DR.
CIRUJANO DENTISTA
ESPECIALISTA EN PRÓTESIS DENTAL
SERVICIOS EN: IMPLANTES DENTALES
• DISFUNCIÓN • TEMPOROMANDIBULAR
U. de C.R., U. de Missouri, U.S.A., University of California, Philadelphia College of Osteopathic Medicine, Normandie Study Group, Montgomery, AL U.S.A.
Edificio URU 2° piso
ofc 1 a 5 y 7   **22-8443**

2
ÁLVAREZ COSMELLI, PATRICIO	
BARRIO LA CALIFORNIA	Traumatología Ortopedia Columna Vertebral
Edificio Dallas 2do piso, Del Cine Magaly, 50 mts. Sur y 50 mts. Este	
Consultorio	**33-5637**
Emergencias	**21-4545**
	23-2424
r. Escazú	**28-0119**

3
RODRÍGUEZ ESPINOZA, JOSÉ J. DR.	
CLÍNICA SAN ÁNGEL	Cardiólogo
HORARIO: 4 p.m. A 7 p.m.	
Frente a Parqueo Público	
Clínica Católica, Guadalupe	
TELÉFONOS:	
Habitación: 35-4493	
Localizador: 21-4545	
Oficina	
Sn Antonio Guadalupe: 53-6767	

4
TOVAR FAJA, MARIANO MED.	
OFTALMÓLOGO	
MÉDICO CIRUJANO • OFTALMÓLOGO	
CIRUGÍA DE CATARATA	
LENTES	
INTRA-OCULARES	
HOSPITAL	
CLÍNICA BÍBLICA	
Oficina c 1 a 14 y 16	**21-3922**
	21-9179
r. Guadalupe	**22-6864**

5
IZQUIERDO SANDI, EDGAR MARIO
ESPECIALISTA EN APARATO DIGESTIVO
Y MEDICINA INTERNA
Clínica Morazán • 200 mts. oeste de I.N.S.
Residencia: 25-2535
ofc. 5 a 7   **33-1302**

6
JOHANNING MULLER, ALYARD MED.	
OTORRINOLARINGÓLOGO	
NIÑOS Y ADULTOS	
CLÍNICA PEDIÁTRICA	
	Residencia: 24-0357
ofc 20 a ctl y 2	**22-1319**

¿Qué parte del cuerpo usa? Identifica oralmente la(s) parte(s) del cuerpo que cada persona usa.

MODELO: *Un artista usa los ojos, las manos y los brazos.*

1. un jugador de fútbol
2. un jugador de básquetbol
3. una cantante de ópera
4. un boxeador
5. una dentista

6. un violinista
7. una telefonista
8. un conductor de orquesta
9. una bailarina de ballet
10. un instructor de ejercicios aeróbicos

El viaje inolvidable. Tú y tu familia fueron a Ecuador de vacaciones. ¿Qué síntomas tienen Uds. como consecuencia de sus actividades? Sigue el modelo.

MODELO: —Comiste muchos llapingachos *(fried potato-and-cheese patties)* y fritada *(fried pork)*.
—*Me duele el estómago.*

1. Fuiste a la playa y pasaste todo el día allí. Se te olvidó *(You forgot)* ponerte protector solar.
2. Tus padres subieron *(climbed, went up)* al volcán Pichincha; llevaban *(they were wearing)* sandalias.
3. El vuelo de tu hermana llegó a las tres de la madrugada. La pobre chica no durmió nada.
4. Te lavaste los dientes con el agua del hotel.
5. La cama en la habitación de tus padres es muy incómoda.
6. Todos Uds. bebieron mucha chicha *(alcoholic fruit drink)*.
7. Tu hermano bailó toda la noche en la discoteca.
8. Por su altitud, el aire en Quito tiene poco oxígeno; es problemático porque tu mamá sufre de asma.

Vocabulario temático
LAS ENFERMEDADES

Los síntomas y los análisis

El (La) doctor(a)

¿Qué tiene?

El (La) paciente

Tengo *tos.*
  fiebre
  diarrea
  náuseas

Estoy *resfriado(a).*
  mareado(a)

Me corté *el pie.*

Me quemé *la espalda* en el sol.

Tengo que *sacarle unas radiografías.*
  hacerle unos análisis de sangre

El diagnóstico y los remedios

Ud. tiene *la gripe.*
     un virus
     una fractura
     una quemadura muy grave
     una infección

Voy a *darle unos puntos.*
     ponerle un yeso
     ponerle una inyección

Voy a recetarle *estos antibióticos.*
     este jarabe para la tos
     una crema

Le recomiendo que tome *una pastilla cada cuatro horas.*
     dos aspirinas cuatro veces al día

Remind students that to wish someone a speedy recovery in Spanish,
they may say **¡Que se mejore
pronto!** (formal) or **¡Que te mejores
pronto!** (informal). Also, when someone sneezes, it is common to say
¡Salud! or **¡Jesús!**

Sabías que...

- Indirect object pronouns are used to indicate *to (for) whom* a medical treatment is given.

| Voy a poner**le** una inyección. | *I'm going to give **(to) you** a shot.* |
| El médico **me** recetó unas pastillas. | *The doctor prescribed some pills **for me**.* |

- If you are running a fever, the doctor or nurse will want to know your temperature in degrees centigrade. The normal body temperture of 98.6°F is approximately 37°C; a low-grade fever of 100°F is approximately 38°C, and a fever of 102°F is approximately 39°C. Use this formula to convert from Fahrenheit to centigrade: degrees centigrade − (degrees Fahrenheit − 32) × 5/9.

Comentario cultural: LAS FARMACIAS

¿Cómo son las farmacias en tu ciudad? ¿Qué cosas compras allí? ¿Cuándo necesitas ir al médico antes de comprar algo en la farmacia?

En España y en Latinoamérica, la farmacia o botica es donde puedes comprar medicinas o artículos de uso personal como champú o pasta dentífrica. Generalmente, no hay una gran variedad de artículos como en las farmacias de los Estados Unidos. Sin embargo, si tienes una enfermedad ordinaria y necesitas atención médica, los farmacéuticos te pueden recetar medicinas sin necesidad de consultar con un médico. Es aconsejable ir al médico si los síntomas son graves.

Estrategias: Listening in "layers"

Language students often feel frustrated when they listen to recorded materials because native speakers seem to talk very fast and run their words together. The technique of "listening in layers" can help you overcome these problems. This strategy involves listening to a recorded passage repeatedly, with a different focus each time.

☑ **First listening:** As you listen to the recorded conversation, concentrate on getting the "gist" of it. At this stage, you should try to decipher what the main topic is and/or where the conversation goes. For example, you might gather that a conversation has to do with money or that it takes place in a bank.

☑ **Reflection:** Before listening again, make some educated guesses about the details of the conversation. Using the topic or location as a point of departure, consider what kinds of information are commonly exchanged in that situation. You might also review words related to the topic or place. For example, if you are fairly confident that the conversation involves money and takes place in a bank, you might hypothesize that the conversation concerns exchanging money in a bank and review key words like **cheques de viajero, cambiar, tasa de cambio.**

☑ **Second and subsequent listenings:** As you listen to the conversation again, confirm or reject your hypotheses. Continue to form new hypotheses and listen again until you have understood most of the conversation. In this example, you may finally decide that the young woman is exchanging money in a bank in Costa Rica and that the exchange rate is 250 **colones** to one American dollar.

You will practice the technique of "listening to layers" in Exercise 6-17 of **Ponerlo a prueba.**

Ponerlo a prueba

Play Text Audio CD
Track CD2-3

Answers to Exercise 6-17: Primera parte: *Answers will vary.* Segunda parte: Conv. 1 = e; Conv. 2 = b; Conv. 3 = d; 3. Tercera Parte: 1: una intoxicación; líquidos y pastillas; 2: la gripe y una infección en la garganta; un antibiótico; un jarabe para la tos; 3: té caliente y aspirinas; fiebre

Additional activity: Have pairs of students write an original dialogue for one of the drawings in Exercise 6-17; as they perform the dialogue, the rest of the class listens and guesses which picture has been dramatized.

6-17 **¿Qué le pasa?** Repasa la estrategia *Listening in layers,* arriba. Después, completa estas actividades.

Primera parte: Mira los dibujos de los pacientes en la página 233 y describe oralmente sus síntomas.

Segunda parte: Escucha las tres conversaciones en tu disco compacto. ¿A qué dibujo corresponde cada conversación?

Conversación 1: _____

Conversación 2: _____

Conversación 3: _____

Tercera parte: Vuelve a escuchar las conversaciones y completa las oraciones.

Conversación 1: La doctora cree que esta paciente tiene _____. La paciente necesita tomar _____ por veinticuatro horas; también debe tomar _____ todos los días.

Conversación 2: La doctora piensa que este paciente tiene _____ y _____. Ella le receta dos medicamentos: _____ y _____.

Conversación 3: Este paciente no tiene nada grave. La doctora le dice que necesita tomar _____ y _____ y descansar. Pero, el paciente debe regresar al consultorio médico si tiene _____.

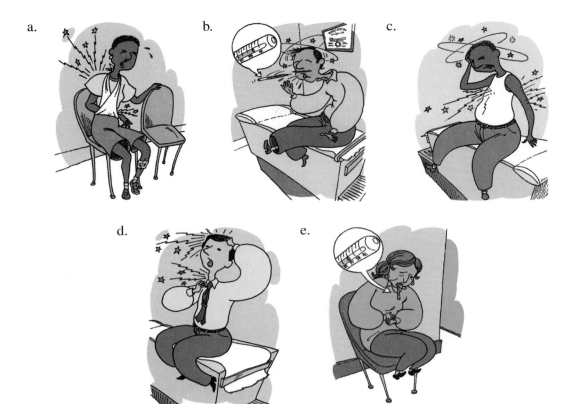

a.   b.   c.

d.   e.

6-18 **Estoy enfermo(a).** Estás de vacaciones y te sientes mal. Vas al consultorio médico.

Follow-up to Exercise 6-18: Have students work in pairs to practice describing their symptoms. Then call on individuals to role-play the scenes they have written.

Primera parte: ¿Cómo le describes tus síntomas al doctor?

MODELO: Piensas que tienes mononucleosis.
   Me siento muy mal. Estoy cansado(a) todo el tiempo. Tengo un poco de fiebre. Me duelen la cabeza y la garganta.

1. Crees que tienes la gripe.
2. Comiste unos mariscos, y ahora tienes una intoxicación.
3. Te caíste en un camino de grava *(gravel road)*.
4. Fuiste a la playa y no usaste protector solar.
5. Crees que estás refriado(a).

Segunda parte: Con un(a) compañero(a), escribe un diálogo entre el (la) paciente y el (la) médico(a) para **una** de las situaciones de la **Primera parte.**

Comentario cultural: PARA NO ENFERMARTE

¿Qué precauciones tomas antes de viajar? Cuando te visitan personas del extranjero, ¿qué precauciones deben tomar ellas para no enfermarse? En tu opinión, ¿qué es lo más importante que debe hacer una persona para no enfermarse cuando viaja?

Debes tomar algunas precauciones para no enfermarte mientras viajas por el extranjero. Primero, en algunos países, es mejor que no tomes ni agua corriente ni bebidas con hielo. Tampoco se recomienda que no comas frutas ni verduras frescas. Es preferible que comas comida bien cocinada. En resumen, es importante que tengas cuidado para que puedas disfrutar de tu viaje.

6-19 **El paquete de primeros auxilios.** Lee el artículo a continuación y completa las frases o contesta las preguntas por escrito.

1. Según el artículo, para protegerte contra el sol cuando viajas, debes...
2. Para evitar problemas estomacales, es preferible...
3. Para protegerte de los insectos, necesitas...
4. Si te cortas, tienes que...
5. Si anticipas que vas a necesitar antibióticos, debes...
6. Para proteger los ojos...
7. ¿Qué otras precauciones debes tomar antes de ir de viaje?
8. ¿Cuáles de los artículos que se mencionan normalmente llevas cuando viajas?
9. De todos los artículos que se mencionan, ¿cuáles son los más importantes? ¿Por qué?

¿VIAJA A UNA ISLA?
PAQUETE DE PRIMEROS AUXILIOS

FOTO: ARCHIVO PUCOME

Si próximamente va a viajar a una isla, asegúrese de llevar estos artículos en su equipaje: 1. Bloqueador solar para piel y labios. Elija los que son a prueba de agua y con fórmulas de alto factor de protección solar. Nade con playera. 2. Medicamentos contra la diarrea para adultos y paquetes de hidratación oral para niños. 3. Un purificador, yodo, tabletas de cloro o gotas para esterilizar agua. 4. Repelente de insectos, espiral de mosquitos e insecticida en spray (y medicamentos contra la malaria si es necesario). 5. Crema de hidrocortisona para picaduras y heridas. 6. Curitas (Band-Aids). Si se corta con algún coral o una con-

Un bloqueador solar para piel y labios es imprescindible si se quiere disfrutar, sin riesgos, del sol. Prefiera los que son a prueba de agua y de alto factor de protección solar.

cha, primero lave perfectamente la herida para remover fragmentos. 7. Pastillas contra el mareo, antiácidos y calmantes. También considere la prescripción de antibióticos, pero verifique primero con su médico. 8. Si usa lentes de contacto, lleve varios pares (los desechables son ideales); también lleve unas gotas de antibióticos para los ojos. Llame a un centro de salud para recomendaciones de vacunas. Si tiene una urgencia médica, recurra a ayuda experta. ◑

Gramática
EL PRESENTE DEL SUBJUNTIVO

> —¿Qué medidas deben tomar los turistas para no enfermarse?
> —Para no estropear sus vacaciones, es importante que los turistas **se cuiden** en todo momento. Por ejemplo, es necesario que los turistas **consulten** con su doctor antes de viajar. Es mejor que **lleven** su medicina y que no **viajen** si están enfermos.

This section provides a very brief introduction to the present subjunctive in noun clauses; it is covered in more detail in *Capítulo 9*. In this section, we build upon students' knowledge of formal commands to make the transition to the use of the subjunctive after expressions of will or influence. If you prefer, you may omit this section and wait to introduce the subjunctive in *Capítulo 9*.

A. Para dar consejos. In both Spanish and English, one can give advice and make recommendations in a number of ways. You have already practiced the following three ways:

- Make suggestions with *polite phrases* such as **¿Por qué no... ?** or **Debe(s)...** These expressions are followed by an infinitive.

  Debe comprar esta crema para su quemadura.　　*You should buy this cream for your sunburn.*

- Give direct orders and explicit instructions with a formal command.

  Use esta crema cada seis horas.　　*Use this cream every six hours.*

- Make recommendations or express generalizations with *impersonal expressions* such as **Es importante... , Es recomendable... ,** or **Es necesario... .** These expresssions are often followed by an infinitive.

  Es recomendable usar un bloqueador solar.　　*It's a good idea to use a sunblock.*

In both Spanish and English, the advice found in impersonal expressions may also be personalized and directed toward a particular person. When this is done in Spanish, the impersonal expression is followed by a special verb form known as the present subjunctive, or **el presente del subjuntivo.**

Es recomendable **que Ud. use** un bloquedaor solar.　　*It's a good idea **for you to use** a sunblock.*

B. Formación del subjuntivo. Verbs in the present subjunctive can be conjugated in all persons; basically, however, the forms are derived in the same way as the formal commands.

To form the present subjunctive of all regular and most irregular verbs, follow the two-step procedure described below. Note that **-ar** verbs have an **e** in their endings, while **-er** and **-ir** verbs have an **a**.

- Conjugate the verb in the **yo** form of the present indicative and drop the **-o** ending.

- Add the appropriate ending from the chart below.

-ar verbs: **llevar** *(to take along, carry)*		
Es necesario que (yo)	llev**e**	las pastillas.
Es necesario que (tú)	llev**es**	los antibióticos.
Es necesario que (él/ella/Ud.)	llev**e**	las aspirinas.
Es necesario que (nosotros/[as])	llev**emos**	las crema.
Es necesario que (vosotros/[as])	llev**éis**	el jarabe.
Es necesario que (ellos/ellas/Uds.)	llev**en**	la medicina.

-er and -ir verbs: **comer** *(to eat)*		
Es mejor que (yo)	**coma**	comidas balanceadas.
Es mejor que (tú)	**comas**	mariscos.
Es mejor que (él/ella/Ud.)	**coma**	ensaladas.
Es mejor que (nosotros/[as])	**comamos**	poco.
Es mejor que (vosotros/[as])	**comáis**	frutas.
Es mejor que (ellos/ellas/Uds.)	**coman**	bien.

Verbs that have an irregular **yo** form in the present indicative maintain the same change for *all forms* of the present subjunctive. Here are a few examples:

conocer *(to know):* conozca, conozcas, conozca, conozcamos, conozcáis, conozcan

hacer *(to do, to make)*: haga, hagas, haga, hagamos, hagáis, hagan

tener *(to have)*: tenga, tengas, tenga, tengamos, tengáis, tengan

decir *(to say, to tell)*: diga, digas, diga, digamos, digáis, digan

Verbs that end in **-car, -gar, -zar,** and **-ger** require a spelling change in all persons.

Infinitives ending in:	Spelling change:	Examples:
-car	c → qu	buscar: bus**qu**e, bus**qu**es, bus**qu**e, bus**qu**emos, bus**qu**éis, bus**qu**en
-gar	g → gu	llegar: lle**gu**e, lle**gu**es, lle**gu**e, lle**gu**emos, lle**gu**éis, lle**gu**en
-zar	z → c	alcanzar: alcan**c**e, alcan**c**es, alcan**c**e, alcancemos, alcan**c**éis, alcan**c**en
-ger	g → j	escoger: esco**j**a, esco**j**as, esco**j**a, esco**j**amos, esco**j**áis, esco**j**an

C. Usos del subjuntivo. In order to give advice or make recommendations in this new way, the sentences must follow the special pattern outlined below. The present subjunctive must be used after the conjunction **que,** in the part of the sentence known as the dependent clause.

			Dependent Clause		
subject	verb	*que*	new subject	verb	other elements
(Yo)	le recomiendo	que	(Ud.)	tome	estas pastillas.
I	*recommend*	*that*	*you*	*take*	*these pills.*

All of the following expressions of advice trigger the use of the present subjunctive in the dependent clause. Notice that in every case the word **que** links the triggering verb phrase with the rest of the sentence.

Many additional expressions of advice are introduced in *Capítulo 9*. Here we choose to limit the number of new trigger phrases to help students assimilate better the formation of the present subjunctive.

Le recomiendo que haga ejercicio.	*I recommend that you (formal) exercise.*
Es aconsejable que no fumes.	*It is advisable that you (familiar) not smoke.*
Es necesario que tomemos vitaminas todos los días.	*It is necessary that we take vitamins every day.*
Es preferible que Uds. no coman carne.	*It is preferable that you (plural) not eat meat.*
Es mejor que Ud. vuelva mañana.	*It is better that you return tomorrow.*
Es recomendable que Sara se ponga una crema para la quemadura.	*It is a good idea for Sara to put (that Sara put) some lotion on her burn.*

Ponerlo a prueba

6-20 En una clínica. Usa la(s) frase(s) adecuadas para completar los diálogos entre los pacientes y los doctores. Escribe los verbos en el presente del subjuntivo.

Additional activity: To practice the subjunctive, have students complete the phrase **Le (Les) recomiendo que...** in the following situations.
1. **Mi compañero de clase tiene tres exámenes mañana.** Students might respond: **Le recomiendo que estudie.** 2. **No tengo dinero.** 3. **Mi casa está sucia.** 4. **Varios estudiantes tienen sueño.** 5. **Algunos estudiantes no tienen la tarea.** 6. **Necesito un automóvil.** 7. **Tengo hambre.** 8. **Voy a dar una fiesta el viernes.**

beber líquidos	guardar *(to stay in)* cama	comer comida blanda
no usar el pie	no caminar mucho	usar bloqueador
no salir al sol	tomar Pepto-Bismol	descansar en casa unos días
tomar aspirinas	volver al consultorio	aplicarse compresas frías

1. Sr. Alonso: Doctor, no puedo caminar. Me caí y me torcí el tobillo. Ahora, me duele mucho el pie derecho. No sé qué hacer porque estoy aquí de vacaciones. ¿Debo regresar a mi país?

   Dr. López: ¡Cálmese, Sr. Alonso! Si Ud. se torció el tobillo, le recomiendo que _____ por varios días. Entonces, es mejor que _____ por un tiempo.

2. Sra. Moreno: Dra. Aguilar, me siento mal. Todos en mi familia han tenido la gripe. Hace dos días que tengo dolor de cabeza, fiebre y una tos horrible.

   Dra. Aguilar: Sí, tenemos casi una epidemia de la gripe. Le recomiendo a Ud. que _____. También, es necesario que Ud. _____ .

3. Félix: Doctor, fui a la playa con mis amigos ayer, pero no usé bloqueador de sol y me quemé la espalda.

   Dr. Poveda: Déjame ver, Félix. Tienes razón. Tienes una quemadura terrible en la espalda. En el futuro, es preferible que _____. Te aconsejo que _____.

4. Ramón Blanco: Doctor, soy turista; acabo de llegar de Canadá. Desde que llegué he tenido problemas estomacales. No puedo comer nada. Tengo dolor de estómago y diarrea.

   Dr. Figueroa: Sr. Blanco, su problema es típico de los turistas. Es necesario que usted _____. Si no se siente mejor en dos o tres días, le recomiendo que _____.

6-21 **¿Qué me recomienda?** Varios turistas le piden consejos al guía sobre su viaje a las islas Galápagos. Completa las frases de los turistas a continuación de una manera lógica.

MODELO: Turista: En las islas Galápagos, pensamos nadar y tomar el sol.
El guía: Les recomiendo a Uds. que *usen un bloqueador.*

1. Turista: Quisiera bucear pero llevo lentes de contacto.

   El guía: Le recomiendo a Ud. que _____.

2. Turista: ¿Qué voy a comer en las islas Galápagos? Soy alérgica a los mariscos.

   El guía: Es necesario que Ud. _____.

3. Turista: ¿Dónde debemos cambiar dinero, aquí o en Ecuador?

   El guía: Les recomiendo a Uds. que _____.

4. Turista: Padezco de mareos. ¿Qué debo hacer antes de pasear en las lanchas?

   El guía: Es mejor que Ud. _____.

5. Turista: Mis amigos no saben pescar.

   El guía: Es necesario que sus amigos _____.

6. Turista: Se dice que el clima es muy inestable en esa región.

   El guía: Les recomiendo a Uds. que _____.

7. Turista: No sé exactamente cuánto dinero llevar.

   El guía: Es preferible que Ud. _____.

8. Turista: No sé nadar. Le tengo mucho miedo al mar.

   El guía: Es mejor que Ud. _____.

Play Text Audio CD
Track CD2-4

Answers to Exercise 6-22: 1. b;
2. c; 3. b; 4. a; 5. a; 6. b

6-22 **La enfermedad de Gregorio.** Gregorio está enfermo y le pide consejos a la tía Felicia. Antes de escuchar la conversación, lee las preguntas. Luego, escucha el diálogo y completa las frases.

1. Gregorio tiene...
   a. dolor de estómago y fiebre.
   b. dolor de garganta, poca energía y tos.
   c. dolor de cabeza y sinusitis.

2. La tía Felicia piensa que Gregorio tiene...
   a. alergias.   b. un virus.   c. la gripe.

3. La tía Felicia le recomienda a Gregorio que...
   a. vea a un médico inmediatamente.
   b. vaya a la farmacia.
   c. vaya a la sala de emergencia.

4. Don Alfonso es...
   a. farmacéutico e íntimo amigo de la familia.
   b. enfermero y buen amigo de los vecinos.
   c. un médico e íntimo amigo de la familia.

5. La tía Felicia le dice a Gregorio que doble a la izquierda,
   a. siga por cuatro cuadras y doble a la derecha.
   b. vaya por cuatro cuadras y doble a la izquierda.
   c. siga por tres cuadras y doble a la derecha.

6. Gregorio está preocupado
   a. de perderse. b. de llegar tarde. c. de cuánto va a costar la atención médica.

-23 La farmacia Bertita. Estás de vacaciones en Lima, Perú. Estás enfermo(a) y necesitas ir a la farmacia Bertita. Completa las actividades con un(a) compañero(a) de clase.

Primera parte: Usa la información en el anuncio para completar la conversación telefónica con el farmacéutico.

Farmacéutico: ¡Farmacia Bertita! ¡A sus órdenes!

Tú: Gracias. Estoy de vacaciones y necesito comprar una medicina. ¿Dónde está la farmacia?

Farmecéutico: _____.

Tú: ¿Es mejor tomar un taxi o conducir?

Farmecéutico: Le recomiendo que _____. Pero, para servirle mejor nosotros tenemos estacionamiento.

Tú: ¡Qué cómodo! ¿A qué hora se abre y se cierra la farmacia?

Farmecéutico: _____.

Tú: Hoy es viernes. Por casualidad, ¿está abierta la farmacia mañana?

Farmecéutico: _____.

Tú: Mire, solamente tengo cheques de viajero y tarjetas de crédito. ¿Qué métodos de pago se aceptan?

Farmecéutico: _____.

Segunda parte: Dramaticen esta situación entre el (la) cliente y el (la) farmacéutico(a).

Cliente

Te sientes muy mal. Vas a la farmacia Bertita y le describes todos tus síntomas al farmacéutico. Tienes fiebre, problemas estomacales, dolores musculares, etc. Le pides sus consejos.

Farmacéutico(a)

Un(a) cliente te describe sus problemas y tú le haces unas preguntas para obtener más información sobre sus síntomas. Después, le recomiendas varios remedios.

6-24 **¡Atención, turista!** Lee el artículo y contesta las preguntas con oraciones completas.

1. ¿Qué problemas físicos pueden tener los turistas después de vuelos largos?
2. ¿Qué impacto tiene la baja humedad *(low humidity)* de los aviones en el cuerpo humano?
3. ¿Cuáles son algunas precauciones que deben tomar los turistas para evitar tener problemas físicos durante los vuelos?
4. ¿Cuándo es peor la ventilación en un avión?
5. ¿Qué medidas *(measures)* podemos tomar con las aerolíneas para remediar la situación? ¿Por qué?
6. Tengo que hacer una reservación para un vuelo a Europa. ¿Qué preguntas les puedo hacer a los empleados sobre la calidad de la ventilación durante el vuelo?
7. Estoy en un vuelo ruta a Argentina. No puedo respirar bien porque no hay buena ventilación en el vuelo. ¿Qué me recomiendas?
8. En tu opinión, ¿por qué limitan el aire fresco en las cabinas los pilotos?

GEO turismo

¡Cuidado con el síndrome del avión enfermo!

 Son los dolores de cabeza, los vahídos y las náuseas los únicos inconvenientes de la inadecuada ventilación en las cabinas de los aviones? Aparentemente no.

Los asistentes de vuelo y muchos viajeros frecuentes se quejan de que a menudo se enferman de gripe después de los vuelos largos. La pobre calidad del aire también puede complicar la bronquitis, el asma, el enfisema y las alergias de los pasajeros. La baja humedad requerida en los aviones agrava estos problemas secando las membranas mucosas y disminuyendo las defensas contra infecciones.

Lo más inquietante es que la pobre ventilación y los asientos estrechamente apiñados pueden conducir a la transmisión de serias enfermedades. Hace dos años, una asistente de vuelo infectó de tuberculosis a 13 de sus compañeros de trabajo, antes de que fuera diagnosticada y tratada.

¿Qué hacer contra la pobre calidad del aire en la cabina del avión? Aquí cuatro sugerencias:

• Si su avión hace una parada en ruta, salga a estirar las piernas y a respirar aire más fresco en la terminal. Cuando un avión está estacionado, regularmente la ventilación es peor que durante el vuelo.

• Evite los Boeing 757, conocidos por tener niveles altos de dióxido de carbono en la cabina. El aire reciclado se vuelve rápidamente rancio en aviones de cuerpo estrecho, como los 757 y 737, porque tienen muy poco espacio por pasajero. En cambio, trate de volar en aviones de cuerpo ancho como los DC-10, L-1011, 747-100 y 747-200. El relativamente nuevo 747-400 también tiene un excelente sistema de ventilación.

• Haga saber a las aerolíneas que usted está interesado en este tema. Cuando documente un vuelo directamente con una aerolínea, pregunte al agente si su avión tiene aire totalmente fresco o parcialmente reciclado. Sólo cuando las quejas del humo en vuelo lleguen a los ejecutivos de las aerolíneas, interesará la preocupación del público sobre la calidad del aire.

• Usted se puede quejar también durante el vuelo. Si el aire comienza a sentirse sofocante, dígaselo a los asistentes del vuelo: el piloto puede ser capaz de aumentar la ventilación.

Regularmente, la ventilación en la cabina de los aviones es inadecuada porque se respira aire parcialmente reciclado. La ventilación mejora si viaja en primera clase.

¡Vamos a hablar! | Estudiante Ⓐ

Contexto: Tú (**Estudiante A**) y otro(a) turista (**Estudiante B**) están de vacaciones en San Felipe. Desgraciadamente, cada uno(a) tiene un plano (mapa) diferente e incompleto de la ciudad. Debes intercambiar información con la otra persona para completar tu plano. Cuando te toque dar instrucciones, debes empezar desde el punto marcado con una X. Tú (**Estudiante A**) vas a iniciar la conversación con esta pregunta: "¿Dónde está la agencia de viajes Turisol?"

Necesitas localizar estos sitios que no están en tu plano:

la agencia de viajes	la oficina de turismo	la oficina de correos
la Librería Universal	el cine Rex	la tienda Unisex

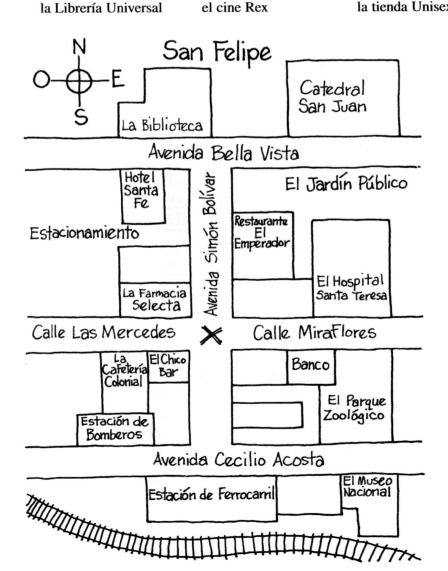

┌─── Vocabulario útil ───┐

¿Dónde está... ?
Está a la izquierda de...
Tome la Avenida...
Doble a la derecha en...
Siga por...

¡Vamos a hablar! | Estudiante B

Contexto: Tú (**Estudiante B**) y otro(a) turista (**Estudiante A**) están de vacaciones en San Felipe. Desgraciadamente, cada uno(a) tiene un plano (mapa) diferente e incompleto de la ciudad. Debes intercambiar información con la otra persona para completar tu plano. El (La) otro(a) turista (**Estudiante A**) va a iniciar la conversación y tú tienes que dar las instrucciones. Debes empezar tus instrucciones desde el punto marcado con una X. Para continuar la actividad, tienes que preguntar la ubicación de los lugares en la lista a continuación.

Estos edificios no están en tu mapa:

el Chico Bar	la farmacia Selecta	la cafetería Colonial
la biblioteca	el Hospital Santa Teresa	el Museo Nacional

San Felipe

N O E S

Catedral San Juan

Avenida Bella Vista

Hotel Santa Fe

El Jardín Público

Estacionamiento

Avenida Simón Bolívar

Restaurante El Emperador

La Librería Universal

El Cine Rex

Calle Las Mercedes   Calle MiraFlores

La Tienda Unisex   Banco

La. Oficina de Correos

Estación de Bomberos

Oficina de Turismo

El Parque Zoológico

Avenida Cecilio Acosta

Estación de Ferrocarril   La Agencia de Viajes Turisol

¡Vamos a leer!

25 Planifica tus vacaciones. El siguiente artículo te ofrece ideas sobre cómo planificar tus vacaciones. Leélo y completa el ejercicio en una hoja de papel.

Planifica tus vacaciones

Si prefieres viajar en crucero, infórmate sobre los precios, cabinas disponibles, impuestos de puerto, propinas, excursiones en tierra, la duración del viaje, si hay gastos de viaje en avión o no, la temperatura, qué ropa debes llevar y los detalles de las fiestas y eventos especiales.

Consulta a un agente de viajes—Si la tarifa para visitar el país que te interesa no está a tu alcance, pide opciones a tu agente de viajes. Éste, además de ayudarte a conseguir una oferta que se ajuste a tu presupuesto, te podrá conseguir excursiones, servicios de alquiler de auto, reservación de hotel, cruceros y otros detalles.

Reserva tus boletos con antelación—Si ya decidiste el país que vas a visitar, reserva tus boletos. Existen diferentes categorías y clasificaciones de boletos para viajar. Por lo regular, las tarifas son más bajas si los boletos se compran con 30 días o más de anticipación. Ten a mano los recibos de pagos de las reservaciones y confírmalas de una a dos semanas antes del viaje.

Prepara el equipaje y llévate lo imprescindible. Si hace mucho calor en el país que vas a visitar no olvides llevar ropa y zapatos adecuados, además de productos de protección solar.

1. Find the word **impuestos** in the first section of this article: "Si prefieres viajar en crucero."

   a. Is the word used in this sentence as a noun, adjective, or verb? (Hint: Since **impuestos** appears in a list, it may match the part of speech of the other words it appears with.)

   b. Look at the dictionary entry for **impuesto.** Under which section should you look for its meaning in this particular sentence?

   c. Which of the meanings seems to fit this sentence best?

      > **impuesto, ta** *adj* imposed ‖ FIG *estar impuesto de* or *en* to be acquainted with *o* informed of. ◆ *m* tax (tributo); *impuesto de utilidades* or *sobre la renta* income tax; *impuesto territorial* land tax; *exento de impuesto* free of tax, tax-exempt ‖ rate, tax (sobre una propiedad) ‖ duty (derecho); *impuesto del timbre* stamp duty ‖ — *gravar con un impuesto* to levy a tax on, to impose a tax on ‖ *impuesto concertado* composition tax ‖ *impuesto de circulación* Road (Fund) tax ‖ *impuesto degresivo* degressive taxation ‖

2. Find the word **alcance** in the second section of the reading: "Consulta a un agente de viajes."

   a. Since the dictionary entry for **alcance** lists only nouns, part of speech is not an issue here. There are, however, many idioms listed. Look at the sentence in the magazine article again. What words seem to be associated with **alcance?**

   b. Which of the idioms listed seems to fit the context of the sentence?

      > **alcance** *m* reach; *libro que está a mi alcance* book which is within my reach; *póngalo fuera del alcance de los niños* put it out of the children's reach *o* out of reach of the children ‖ range (de telescopio, arma de fuego, emisora de radio, etc.); *cañón de largo alcance* long-range gun; *estar al alcance* to be within range ‖ FIG importance, significance; *noticia de mucho alcance* news of great importance ‖ scope; *un proyecto de mucho alcance* a plan with great scope ‖ deficit (en las cuentas) ‖ stop press (en los periódicos) ‖ pastern tumour (del caballo) ‖ — *afirmación de mucho alcance* far-reaching statement ‖ *al alcance de la mano* within reach, handy ‖ *al alcance de la vista* in sight ‖ *al alcance de la voz* within call ‖ *al alcance del oído* within earshot ‖ *buzón de alcance* collection box

3. Find the verb **se ajuste** in the second section: "Consulte a un agente de viajes."

   a. Since this is a verb, we must look up the infinitive form, **ajustarse.** The **se** indicates the verb is reflexive, so it would be best to check that part of the entry first. Scan the dictionary entry and look at the abbreviations before each section. Which abbreviation seems to be used for reflexive verbs in this dictionary?

   b. If **presupuesto** means *budget,* which of the meanings for **alcance** seems to fit the context of this sentence best?

      > **ajustar** *vt* to fit; *ajustar un vestido* to fit a dress ‖ to make fit; *ajustar una tapa a una caja* to make a lid fit a box ‖ to arrange; *ajustar un matrimonio* to arrange a marriage ‖ to work out, to arrange; *ajustar un horario* to work out a timetable ‖ to reconcile (enemigos) ‖ to take on, to employ (un criado, un empleado) ‖ to settle, to pay (una cuenta) ‖ to draw up (un tratado) ‖ to fix; *hemos ajustado el alquiler en 2.000 pesetas* we have fixed the rent at 2,000 pesetas

➤ **vi** to fit; *esta tapadera no ajusta* this lid doesn't fit ‖ to cling, to be tight (un vestido) ‖ FIG to fit in; *esto ajusta con lo que te dije* that fits in with what I said.

➤ **vpr** to adjust *o* to adapt o.s.; *me ajusto a todo* I adapt myself to everything ‖ to conform; *ajústate exactamente a mis instrucciones* conform exactly with my instructions ‖ to be consistent, to fit in; *lo que me dices se ajusta a la verdad* what you say is consistent with the truth ‖ to cling, to be tight (un vestido) ‖ to tighten; *ajustarse el cinturón* to tighten one's belt ‖ to come to an agreement (llegar a un acuerdo)

6-26 Más aplicaciones. Lee *Planifica tus vacaciones* otra vez y busca el vocabulario que corresponde a estas definiciones.

Anwers to Exercise 6-26: 1. a. precios; b. cabinas disponibles; c. duración; 2. a. tarifa; b. conseguir; c. alquilar un auto; 3. a. con antelación, con anticipación; b. por lo regular; c. recibo

MODELO: un viaje turístico en barco
              crucero

1. En la sección "Si prefieres viajar en crucero":
   a. la cantidad de dinero que necesitas pagar
   b. las opciones de alojamiento en el barco
   c. el período de tiempo, el número de días

2. En la sección "Consulta a un agente de viajes":
   a. un sinónimo de **precio**
   b. obtener
   c. pagar dinero por el uso de un coche

3. En la sección "Reserva tus boletos con antelación":
   a. antes de la fecha
   b. generalmente
   c. un documento que verifica que ya pagaste

Un paso más: Cuaderno de actividades

Vamos a escribir: Using a bilingual dictionary   Pág. 126
You've heard the expression, "Something is lost in the translation". You will learn how and when using a bilingual dictionary can help with your writing, and you will develop important skills to help you avoid translation errors and get the most out of using a bilingual dictionary.

Vamos a mirar: Pág. 128
Vídeo 1: Una visita a la farmacia
As you accompany Miguel to the pharmacy, you'll notice that pharmacists in Spain (and in other Spanish-speaking countries) can recommend and prescribe medicines for common ailments to a greater extent than pharmacists in the U.S.
Vídeo 2: Vistas de Ecuador

Ecuador

The traditional currency, **el sucre** suffered great inflation and instability through the start of the 21st century; in 2000, the American dollar was made the official currency. The use of the dollar is subject to change; consult a local bank or the Internet for updated information.

Ecuador has the highest percentage of Native Americans in South America. Indigenous groups that still occupy the highlands today are the Quichua, Cañari, Chimborazo, Otavalan, and Saraguro; in other areas are the Auca, Cayapa, Cecoya, Cofan, Colorado, and Shuar.

It is said that Quito was the second northern capital of the Incan Empire.

For more information on Bolívar, president of La República de la Gran Colombia, see pp. 124–125, *Capítulo 3, Panorama cultural: Venezuela*

From its beginnings as a republic, Ecuador has had frequent turnover in rulers, a series of civilian and military governments. Few presidents have managed to serve a full term.

The disputed area in the southern Amazon region, is rich in mineral wealth. Military encounters have continued sporadically at the Peruvian-Ecuadorean frontier for years. In 1995 the two countries, with the intervention of the U.S., Brazil, Chile, and Argentina, finally signed a cease-fire agreement. However, the border situation is not yet resolved.

Datos esenciales

- Nombre oficial: República de Ecuador
- Capital: Quito
- Población: 12.562.496 habitantes
- Unidad monetaria: Dólar americano (sucre)
- Principales industrias: Fabricación de maquinaria, equipo para transporte y de productos químicos, agricultura (banano, café y cacao)
- De especial interés: El Archipiélago Galápagos, por su extraordinaria variedad de fauna, y el Cotopaxi, el volcán activo más alto del mundo. El país está en el centro del fenómeno ambiental "El Niño" y sufre devastadoras inundaciones periódicamente.

1100-1500 El avanzado Imperio Inca se extiende y controla el área andina: Perú, partes de Bolivia, Chile, Ecuador y Argentina.

1821 Los venezolanos Antonio José de Sucre y Simón Bolívar liberan al Ecuador. Se forma la República de la Gran Colombia, que consiste en Venezuela, Ecuador y Colombia.

Un **vistazo** a la historia

1534 Los españoles conquistan el área y ocupan Quito. Muchas tribus, como los quechuas, sobreviven y hoy ocupan partes de Ecuador.

Personajes de ayer y de hoy

José Ayala Lasso, Alto Comisionado para los Derechos Humanos de la Organización de las Naciones Unidas *(U.N. High Commissioner for Human Rights)*. Nació en 1932 en Quito. Fue Ministro de Asuntos Exteriores *(Foreign Affairs)* y Embajador *(Ambassador)* de Ecuador y representante de Ecuador ante la ONU. En 1994 fue elegido Alto Comisionado para los Derechos Humanos por sus altos valores morales, integridad personal, experiencia en el campo *(field)* de los derechos humanos y comprensión de diversas culturas.

Lourdes G. Baird, Fiscal General *(U.S. Attorney)* del Distrito Central de California en 1990. Nació en 1935 en Quito. Fue esposa y madre que, a los cuarenta y un años obtuvo su doctorado en Jurisprudencia (J.D.). Trabajó como abogada, fiscal *(district attorney)* y juez *(judge)* de la Corte Municipal y la Corte Superior de Los Ángeles. En 1990 fue juramentada en el cargo *(sworn into the office)* de Fiscal General *(U.S. Attorney)* del Distrito Central de California y en 1992 ocupó el cargo de Juez en la Corte Federal del Distrito Central de California. Su carrera legal se destaca por su labor a favor de los derechos de las mujeres y su lucha contra las drogas y el crimen.

Pancho Segura, miembro de la Sala de la Fama del Tenis *(Tennis Hall of Fame)*. Nació en 1921. Para hacer ejercicio con sus piernas deformes, a causa de su nacimiento prematuro y de enfermedades, empezó a jugar al tenis de niño. Obtuvo en 1937 la victoria en los Juegos Olímpicos en Bogotá. Un mestizo, de sangre inca y española, de origen pobre, se convirtió en *(became)* héroe nacional. En 1947 se convirtió en tenista profesional con una larga carrera de victorias internacionales.

In 1996, after five consecutive peaceful transitions of power, President Abdalá Bucaram was removed from power by Congress under charges of mental incapacity and corruption. This led to what was called **la crisis de los tres presidentes,** whereas (1) Bucaram did not relinquish power, (2) the vice president, Rosalía Arteaga, was sworn in as president with the support of Parliament and the Armed Forces, and, (3) Congress voted the leader of the military, Fabián Alarcón, as interim president. In 1998 Jamil Mahuad won the presidential position democratically.

UNESCO = United Nations Educational, Scientific, and Cultural Organization

Notas culturales de interés

La capital de Ecuador, Quito, fue pronunciada Patrimonio de la Humanidad *(World Heritage Site)* por la UNESCO en 1970. Esta ciudad de permanente primavera tiene un clima maravilloso y está llena de sitios de interés histórico. Quito ha podido conservar su atmósfera colonial y antigua. Entre sus tesoros *(treasures)* históricos se encuentran: La Catedral, el Palacio Arzobispal, el Museo de Arte Colonial y el Cementerio de San Diego. Sus mercados al aire libre son un tesoro de artesanía indígena local. Al norte de Quito se puede visitar el monumento que marca la mitad del mundo (la línea de la latitud cero grados, cero minutos y cero segundos) y poner un pie en cada hemisferio.

1941 Guerra con Perú por límites territoriales. En el Protocolo de Río en 1942 se propone un tratado que Ecuador rechaza *(rejects)* porque le da ventajas *(advantages)* territoriales a Perú.

1979 La nueva constitución establece la elección democrática de un presidente.

1994 Los EE.UU. impone un bloqueo a la importación de atún ecuatoriano al mercado estadounidense porque los métodos de pesca están matando muchos mamíferos marinos.

1830 Ecuador se declara una república, pero no hay estabilidad política. Gobiernan el país una serie de presidentes, dictadores y juntas militares.

¿Qué sabes sobre Ecuador?

Expansion: Add more oral questions, such as, ¿Por qué es la lengua quechua popular en Ecuador? ¿Por qué son las islas Galápagos importantes? (Remind them about Charles Darwin.) ¿Por qué es famoso el volcán Cotopaxi? ¿Por qué fue especialmente difícil para Pancho Segura hacer una carrera del tenis? ¿Por qué hubo un período cuando los EE.UU. no importaban atún de Ecuador?

6-27 Hay una razón para todo. *(There's a reason for everything.)* Trabaja con un(a) compañero(a). Contesten las siguientes preguntas.

1. ¿Por qué fue escogido José Ayala Lasso como Alto Comisionado para los Derechos Humanos de la ONU?
2. ¿Por qué hay en la ciudad de Quito calles que se llaman Simón Bolívar, Sucre y Venezuela?
3. ¿Por qué es Lourdes Baird un modelo para las mujeres hispanas contemporáneas?
4. ¿Por qué Perú y Ecuador continúan teniendo problemas?
5. ¿Por qué la UNESCO declaró a Quito "Patrimonio de la Humanidad"?
6. ¿Por qué aparece Pancho Segura en una estampilla *(postal stamp)* de cincuenta centavos?

Answers to Exercise 6-28: 1. c; 2. a; 3. d; 4. b

6-28 Patrimonio de la Humanidad. Trabaja con un(a) compañero(a). Decidan a qué Patrimonio de la Humanidad se refiere cada descripción.

a. el Parque Nacional Rapa Nui
b. la ciudad pre-colombina de Copán
c. el Parque Nacional de Iguazú
d. la Ciudad Colonial de Santo Domingo

___ 1. La catarata central es una de las más espectaculares del mundo. A su alrededor *(surroundings)*, hay un bosque húmedo tropical con más de 2.000 especies de flora y fauna. Se encuentra en la frontera entre Brasil y Argentina.

___ 2. Es el nombre indígena de la isla de Pascua *(Easter Island)*, territorio de Chile. Sus monumentales esculturas de piedra, que datan del año 300 d.C. *(A.D.)*, han sido por siglos motivo de fascinación para el resto del mundo.

___ 3. Fue la sede *(site)* de la primera catedral, el primer hospital y la primera universidad de las Américas. Esta ciudad colonial fue fundada en 1492 y es hoy la capital de la República Dominicana.

___ 4. Situada en Honduras, es una de las más importantes ciudades de la civilización maya y es símbolo de su misteriosa desaparición. Sus imponentes *(imposing)* ruinas fueron descubiertas en 1570 y excavadas en el siglo XIX.

Vocabulario

Sustantivos

el **análisis** *analysis*
el **antibiótico** *antibiotic*
la **aspirina** *aspirin*
la **avenida** *avenue*
el **banco** *bank*
la **boca** *mouth*
el **brazo** *arm*
la **cabeza** *head*
la **calle** *street*
la **carta** *letter*
el **catarro** *cold*
la **catedral** *cathedral*
el **centro comercial** *business district, shopping center, mall*
la **clínica** *(medical) clinic*
el **codo** *elbow*
el **corazón** *heart*
el **correo** *post office*
la **crema** *cream*
la **cuadra** *block (of a street)*
el **cuello** *neck*
el **cuerpo** *body*
el **dedo** *finger*
el **dedo del pie** *toe*
el **diagnóstico** *diagnosis*

la **diarrea** *diarrhea*
el **diente** *tooth*
la **espalda** *back*
la **esquina** *(street) corner*
la **estampilla** *postage stamp*
el **estómago** *stomach*
la **farmacia** *pharmacy*
la **fiebre** *fever*
la **fractura** *fracture*
la **garganta** *throat*
la **gripe** *flu*
el **horario** *schedule*
la **iglesia** *church*
la **infección** *infection*
la **inyección** *shot*
el **jarabe** *(cough) syrup*
la **lengua** *tongue*
la **mano** *hand*
el **metro** *subway*
la **muñeca** *wrist*
el **museo** *museum*
la **nariz** *nose*
la **náusea** *nausea*
la **oficina de turismo** *tourist information office*

el **oído** *inner ear*
el **ojo** *eye*
la **oreja** *ear*
el **(la) paciente** *patient*
la **parada de autobuses** *bus stop*
la **pastilla** *pill, tablet*
el **pecho** *chest*
el **pie** *foot*
la **pierna** *leg*
el **pulmón** *lung*
los **puntos** *stitches*
la **quemadura del sol** *sunburn*
la **radiografía** *x-ray*
la **receta** *prescription*
el **remedio** *remedy*
la **rodilla** *knee*
el **sello** *(postage) stamp*
el **sol** *sun*
la **tarjeta postal** *postcard*
el **taxi** *taxi*
el **tobillo** *ankle*
la **tos** *cough*
el **virus** *virus*
el **yeso** *cast*

Verbos

cambiar *to change; to exchange*
cortarse *to cut oneself, get cut*
doblar *to turn*
doler (ue) *to hurt, ache*
ir a pie *to go on foot*

lastimarse *to injure oneself, get hurt*
quemarse *to get burned*
recetar *to prescribe*
saber *to know (information)*

sacarle *to take*
sentirse (ie; i) *to feel*
torcer (ue) *to twist*

Otras palabras

allí mismo *right there*
bastante *quite*
cerca *near(by)*

derecho *straight ahead*
enfrente de *opposite, across from*
grave *severe*

lejos *far*
mejor *better*
peor *worse*

Expresiones útiles

¿Cómo se va a... ? *How can one/I get to... ?*
Doble... *Turn . . .*
¿Dónde está... ? *Where is . . . ?*
¿Dónde se puede... ? *Where can one/I . . . ?*
Estoy mareado(a). *I am dizzy/nauseated.*
Estoy resfriado(a). *I have a cold.*
Hay que... *One/You should . . .*
Le recomiendo... *I recommend to you . . .*
Me duele(n)... *My . . . hurt(s).*
Me siento mal. *I feel poorly.*

Oiga... *Excuse me (to get someone's attention) . . .*
Perdone... /Por favor... *Excuse me . . .*
¿Qué le duele? *Where does it hurt? (formal)*
¿Qué te duele? *Where does it hurt? (informal)*
¿Qué te pasa? *What's wrong (with you)? (informal)*
¿Qué tiene? *What do you have? (formal)*
Siga... *Continue . . .*
Tengo dolor de... (cabeza, estómago). *I have a . . .*
   (headache, stomachache).
Vaya... *Go . .*

For further review, please turn to
Appendix E.

Capítulo 7

¡A divertirnos!

Objetivos

Speaking and Listening

- Discussing leisure time activities
- Extending, accepting, and declining invitations
- Talking about the weather in different seasons
- Describing present and past holidays and celebrations
- Telling stories in the past

Reading

- Paraphrasing and summarizing

Writing (*Cuaderno de actividades*)

- Writing a personal narrative in the past

Culture

- Costa Rica
- Popular pastimes

Grammar

- More irregular preterite verbs
- Stem-changing verbs in the preterite
- The imperfect tense
- Contrast of uses of the preterite and imperfect

A primera vista

Trabaja con un(a) compañero(a). Estudien el cuadro de la artista chicana Carmen Lomas Garza y discutan las preguntas.

1. ¿Qué celebran todas estas personas? ¿Quiénes son?

2. ¿Cómo se divierten los niños en esta fiesta?

3. ¿Por qué le quiere pegar *(to hit)* la niña a la piñata? ¿Qué hay dentro de la piñata?

4. ¿Qué van a hacer los otros niños cuando la niña rompa *(breaks)* la piñata?

5. ¿Qué hacen los adultos para divertirse?

6. ¿Cómo son las celebraciones de cumpleaños en tu familia? ¿En qué se parecen *(How are they similar to)* a la del cuadro?

Carmen Lomas Garza (1948–)

Nacionalidad: estadounidense (de herencia mexicana)

Otras obras: *Cascarones, Camas para sueños, Lotería, En mi familia* (su libro para niños)

Estilo: Rico en colores y detalles, su estilo es de una viveza *(vividness)* refrescante. Las tradiciones familiares cobran vida *(come alive)* en imágenes de la niñez de la autora, pintadas con el orgullo *(pride)* de su herencia chicana. Es un arte lleno de amor y recuerdos íntimos que nos invita a recordar nuestros propios *(own)* momentos especiales en familia.

El cumpleaños de Lala y Tudi (1989)
Carmen Lomas Garza

Paso 1

In this *Paso* you will practice:
- Talking about leisure time activities
- Extending, accepting, and declining invitations
- Narrating in the past

Grammar:
- Stem-changing and irregular verbs in the preterite tense

Transparency Bank
G-1, G-5

To introduce the first set of vocabulary, bring a local newspaper to class (or print a page from a Spanish language newspaper off the Internet) and begin by discussing the entertainment possibilities for the coming week. Then, with a student as your partner, read aloud and role-play the expressions for invitations, substituting local events (or those in the Spanish language paper) for those mentioned in the presentation.

In some countries playing cards are called **naipes** or **barajas.**

Vocabulario temático
¡A DISFRUTAR DEL TIEMPO LIBRE!

Las invitaciones

¿Qué piensas hacer *el sábado?*

No sé. ¿Quieres ir *al cine?*
al teatro
al Museo de Arte
Moderno
a un concierto

¡Qué buena idea!
¡Cómo no!

¿Qué película dan?

Dan la película *Casablanca.*

¿Qué van a presentar?

Van a presentar *una obra de*
García Lorca.

¿Qué exhiben?

Tienen una exposición de *Miró.*

¿Quiénes van a tocar?

Va a tocar *el conjunto Cusco.*

¿A qué hora *vamos?*
empieza

Vamos a las siete.
Empieza
La primera función es a *las ocho.*

¿Dónde nos encontramos?

Paso *por tu casa* a las siete y media.
Te espero en *el cine.*
el teatro

¿Por qué no *jugamos a las cartas*
esta tarde?
vamos de picnic
damos un paseo

Lo siento pero *tengo que estudiar.*
No puedo porque *estoy cansado(a).*
no sé jugar a eso
tengo otro
compromiso

Bueno, entonces, la próxima vez.

Sabías que...

- A ticket for a social event may be called **un boleto** or **una entrada,** depending on the country.

- When someone invites you out, you may wish to ask for additional information with questions such as these: **¿Dónde es? ¿Cuándo quieres ir? ¿Cuánto cuesta el boleto/la entrada?**

- An invitation sometimes implies that the person extending the invitation will pay for all of the expenses related to the activity; this is generally the case when a man invites a woman on a date. When groups of friends go out together, usually everyone pays his/her own way; if one person wants to treat the others, he or she will say **"Yo invito".**

Ponerlo a prueba

7-1 ¿Quieres ir a... ? Dos chicas están escuchando la radio y oyen algo interesante. Primero, escucha el anuncio de radio y la reacción de las jóvenes en tu disco compacto. Luego, completa las oraciones con la información correcta.

Play Text Audio CD
Track CD2-5

Answers to Exercise 7-1: 1. c; 2. a; 3. b; 4. c; 5. a

1. El anuncio es para ____.
   a. una obra teatral
   b. un ballet
   c. un concierto

2. El acontecimiento *(event)* va a tener lugar ____.
   a. el 10 de noviembre
   b. el 12 de noviembre
   c. el 16 de noviembre

3. Se puede comprar los boletos ____.
   a. por correo
   b. en el Palacio de Bellas Artes
   c. veinticuatro horas al día

4. Carmen no está segura si puede ir porque ____.
   a. tiene que estudiar para los exámenes
   b. no le gusta el acontecimiento
   c. los boletos cuestan mucho dinero

5. Las chicas no pueden comprar los boletos porque ____.
   a. la taquilla del Palacio de Bellas Artes ya cerró
   b. prefieren ir de compras
   c. tienen otro compromiso el mismo día

7-2 Las invitaciones. Completa los diálogos de una manera lógica; trabaja con un(a) compañero(a).

Have students work in pairs to complete the dialogues in writing. Then call on several pairs to present their renditions to the class.

1. Una invitación al cine:

   Tu amigo(a): Oye, ¿quieres ir al cine esta noche?

   Tú: ¡ ____! ¿ ____?

   Tu amigo(a): Dan *La Momia (The Mummy)*.

   Tú: ¿ ____?

   Tu amigo(a): La primera función es a las ocho y cuarto, y la segunda empieza a las diez y media.

   Tú: Prefiero ____ porque ____.

   Tu amigo(a): De acuerdo. ¿Dónde nos encontramos?

   Tú: ____.

   Tu amigo(a): Muy bien. ¡Hasta muy pronto!

2. Más invitaciones:

   Tu amigo(a): No tengo ganas de ir a clase esta tarde. ¿Por qué no vamos al parque y hacemos un *picnic?*

   Tú: Lo siento, pero ____.

   Tu amigo(a): Ah, pues... ¿quieres dar un paseo esta noche? Los jardines botánicos están muy bellos durante esta época *(time, season)* del año.

   Tú: ____.

   Tu amigo(a): Bueno, entonces será la próxima vez.

7-3 ¿Quieres ir? Aquí tienes varios anuncios de *La Nación,* un importante periódico de San José, Costa Rica. ¿Cuál de los eventos es más interesante? Invita a uno(a) de tus compañeros a ese evento.

MODELO:
Tú: *Oye, ¿qué piensas hacer el viernes por la noche?*
Tu compañero(a): *No sé.*
Tú: *¿Quieres ir a... ?*

If you prefer, bring in local ads and have students invite a classmate to an event taking place in your community.

TIEMPO LIBRE
Actividades de la semana

- **Teatro**

Matrimonio para tres. Teatro La Comedia, Cuesta de Moras. De jueves a domingo, 8 p.m. Entrada: ¢1.600. Tel: 255-3255.

- **Plástica**

Tierra portátil. Museo de Arte y Diseño Contemporáneo. De martes a sábado, de 10 a.m. a 5 p.m. Entrada: ¢300 general; ¢150, estudiantes universitarios con carné; ciudadanos de la tercera edad *(senior citizens)* y niños no pagan. Tel: 257-7202.

- **Cine**

La serie negra. Ciclo de cine policiaco francés. Alianza Francesa. 7 p.m. Entrada gratuita. Tel: 222-2283.

Vocabulario temático
EL FIN DE SEMANA

Un fin de semana divertido

To review the preterite forms of regular verbs, go to page 194 in **Capítulo 5.**

¿Qué tal tu fin de semana?

Me divertí *mucho.*
        muchísimo
Lo pasé *bien.*
        muy bien

¿Adónde fuiste?

Fui *al campo* con *un(a) amigo(a).*
        a un concierto
        al gimnasio
        a un festival

¿Qué hiciste?

Mi amigo(a) y yo *montamos a caballo y pescamos.*

        escuchamos un conjunto fabuloso
        corrimos cinco kilómetros y levantamos pesas
        vimos muchas artesanías

¡Qué bien!

Un fin de semana regular

¿ Sabías que...

- A variation of **nada de particular** is **nada en particular.**

- **Pude** is the preterite **yo** form of the irregular verb **poder.** You will learn more about irregular and stem-changing verbs in the preterite later in this **Paso.**

¿Cómo pasaste el fin de semana?

No hice nada de particular.
Lo pasé *así, así.*
        mal
        fatal

¿Qué pasó?

Me enfermé y no pude *salir.*
        Tuve que *quedarme en casa* y *terminar un trabajo.*

¡Qué lástima!

Comentario cultural: EL TIEMPO LIBRE

¿Qué haces en tu tiempo libre? ¿Practicas deportes? ¿Cuáles? ¿Qué hacen los demás miembros de tu familia? ¿Pasas gran parte de tu tiempo libre con ellos?

El tiempo libre, aunque no muy abundante en algunos países hispanos, se ocupa de diferentes maneras. En España y algunos países de América del Sur, la mayoría de los jóvenes prefiere jugar al fútbol o mirar partidos en la televisión. Sin embargo, el deporte más popular en el Caribe es el béisbol. En general, hay muchas actividades populares en los países hispanos. Algunas son: salir con la familia, visitar parientes, dar un paseo, tomar café al aire libre, ir a las discotecas, bailar, escuchar música, coleccionar estampillas, ir al cine, etc.

Estrategia: Tips on sustaining a conversation

To sustain a conversation, you need to be an active participant. Express your interest in the topic by asking follow-up questions and by reacting to the news with appropriate phrases, such as the following.

To react to happy news		To react to a disappointment	
¡Fantástico!	*That's fantastic!*	¡Qué malo!	*That's too bad!*
¡Magnífico!	*That's wonderful!*	¡Qué mala suerte!	*What bad luck!*
¡Qué buena suerte!	*What good luck! (Wasn't that lucky?!)*	¡Qué pena!	*That's very sad!*
¡Estupendo!	*That's great!*	¡Qué decepción!	*What a disappointment!*

Ponerlo a prueba

7-4 ¿Qué tal el fin de semana? Pilar, Marcos y Guillermo están hablando de su fin de semana. ¿Qué hizo cada persona? Escucha su conversación en tu disco compacto y completa las actividades.

Primera parte: Escucha la conversación e identifica las actividades de cada persona con una X.

Play Text Audio CD
Track CD2-6

	1. Pilar	2. Marcos	3. Guillermo
a. comer			
b. descansar			
c. enfermarse			
d. estudiar			
e. levantar pesas			
f. ir a una fiesta			
g. ir al campo			
h. ir al cine			
i. ir al gimnasio			
j. mirar la televisión			
k. montar a caballo			
l. pescar			

Segunda parte: Escribe oraciones en el pretérito para hacer un resumen *(summary)* de lo que hizo cada uno de los tres amigos.

MODELO: *El fin de semana pasado, Pilar... fue al gimnasio, donde levantó pesas. También, estudió y fue al cine.*

7-5 ¿Qué hiciste? Usa la información en las columnas para inventar dos diálogos: uno para un fin de semana muy divertido y otro para un fin de semana regular o malo. Trabaja con un(a) compañero(a) de clase.

MODELO:

Tú: *¿Cómo pasaste el fin de semana?*

Tu compañero(a): *Mis amigos y yo fuimos a un concierto. Escuchamos un conjunto de jazz fabuloso. Después, comimos piza en Luigi's.*

Tú: *¡Qué bien!*

A	B	C	D
¿Cómo pasaste el fin de semana?	al campo	montar a caballo	¡Qué bien!
¿Qué tal tu fin de semana?	a la biblioteca	pescar	¡Fantástico!
¿Qué hiciste anoche?	al trabajo	hacer investigaciones *(research)*	¡Estupendo!
	a las montañas	ver artesanías	¡Qué malo!
	a un concierto	esquiar	¡Qué lástima!
	a un festival	bailar	¡Qué mala suerte!
	al gimnasio	escuchar un conjunto	
	a una fiesta	levantar pesas	
	al parque	descansar	
		ganar dinero	
		enfermarse	
		dar un paseo	
		otras actividades (Di cuáles.)	

Gramática
MÁS SOBRE EL PRETÉRITO

Isabel **dio** una fiesta fenomenal. Ella **hizo** platos deliciosos. Después de la cena, nosotros **pudimos** bailar por un par de horas. Nos **divertimos** muchísimo.

A. Repaso de los verbos regulares. The preterite (**el pretérito**) is one of two important verb tenses used in Spanish to talk about past actions and events. To form the preterite of regular verbs, add the following endings to the stem of the verb.

	-ar verbs levantar *(to lift)*	-er/-ir verbs correr *(to run)*
yo	levant**é**	corr**í**
tú	levant**aste**	corr**iste**
Ud./él/ella	levant**ó**	corr**ió**
nosotros(as)	levant**amos**	corr**imos**
vosotros(as)	levant**asteis**	corr**isteis**
Uds./ellos/ellas	levant**aron**	corr**ieron**

B. Los verbos con cambios en la raíz. The preterite tense has two kinds of stem-changing verbs: **e→i** and **o→u.** These stem changes occur only in the **Ud./Uds.** and in the third-person forms: **él/ella** or **ellos/ellas.**

Review also the spelling-changing verbs, such as **almorzar, buscar, llegar,** etc., that have changes in the **yo** form: **almorcé, busqué, llegué.**

Los verbos con cambios en la raíz en el pretérito	e > i servir (to serve)	o > u dormir (to sleep)
yo	serví	dormí
tú	serviste	dormiste
Ud./él/ella	sirvió	durmió
nosotros(as)	servimos	dormimos
vosotros(as)	servisteis	dormisteis
Uds./ellos/ellas	sirvieron	durmieron

Otros verbos con cambios   **Ejemplos**

e ➤ i

conseguir (to get)
divertirse (to have a good time)
pedir (to ask for, to order)
repetir (to repeat)
vestirse (to get dressed)

Paco consiguió boletos para el concierto.
Su novia y él se divirtieron mucho.
Marta pidió camarones en el restaurante.
Los estudiantes repitieron el vocabulario.
Elena se vistió muy elegantemente
   para su cita.

o ➤ u

morir (to die)   Los soldados murieron en la guerra.

C. Los verbos irregulares. The preterite tense has a number of irregular verbs. The irregular forms of the verbs **ser, ir, estar, tener, hacer,** and **dar** are on pages 197 and 198. The following common verbs are also irregular in the preterite. Although these verbs all have irregular stems, they share a common set of endings, which are the same ones that you already learned for the irregular verbs **tener** and **estar.**

	Endings	Example: **estar** (to be)
yo	-e	estuve
tú	-iste	estuviste
Ud./él/ella	-o	estuvo
nosotros(as)	-imos	estuvimos
vosotros(as)	-isteis	estuvisteis
Uds./ellos/ellas	-ieron	estuvieron

Verbos	Raíces	Ejemplos	
poder (to be able to)	pud-	¿No pudiste ir al concierto?	Weren't you able to go to the concert?
poner (to put)	pus-	¿Dónde puso mis libros Ana?	Where did Ana put my books?
saber (to know)	sup-	Supimos la noticia ayer.	We found out the news yesterday.
tener (to have)	tuv-	¡Qué suerte tuvisteis!	You were so lucky! (What luck you had!)
venir (to come)	vin-	Vinieron a visitarte ayer.	They came to visit you yesterday.
querer (to want)	quis-	Mis padres no quisieron acampar.	My parents refused to camp out.

Some verbs have a **j** in the irregular stem; these verbs use the same endings as other irregular verbs in all persons except the **Uds.** and third person plural **(ellos/ellas).**

	Endings	Example: **decir** *(to say; to tell)*
yo	-e	dij**e**
tú	-iste	dij**iste**
Ud./él/ella	-o	dij**o**
nosotros(as)	-imos	dij**imos**
vosotros(as)	-isteis	dij**isteis**
Uds./ellos/ellas	-eron	dij**eron**

Verbos	Raíz	Ejemplos	
traer *(to bring)*	traj-	¿Quiénes tra**jeron** estos platos tan sabrosos?	*Who brought these delicious dishes?*
conducir *(to drive)*	conduj-	¿Condu**jo** Martita a la fiesta?	*Did Martita drive to the party?*

To accommodate different learning styles, the uses of the preterite and the imperfect are presented in different ways throughout this chapter. In the first two *Pasos,* the two tenses are explained separately with fairly detailed guidelines for use; in the third *Paso,* the tenses are explained together and in a more global way.

D. Los usos del pretérito. In Spanish, both the preterite and the imperfect verb tenses are used to talk about the past. The preterite expresses *what happened* or *what somebody did* on a *particular occasion.*

- When you want to tell what happened or what somebody did at a particular time, use the preterite with time expressions such as these: **ayer, anteayer, anoche, la semana pasada, hace dos semanas, el año pasado, en 1999, para mi cumpleaños,** etc. You can mention just one event, or a whole series of actions.

Mis padres me **visitaron ayer.**	*My parents **visited** me **yesterday.***
Primero fuimos al partido de béisbol y **después comimos** en un restaurante mexicano.	***First, we went** to a baseball game, and **then we ate** at a Mexican restaurant.*

- When you want to state that an action or event occured several times, use the preterite with an expression using **vez** *(time),* such as **una vez, dos veces, varias veces,** etc.

Vi la película *Lo que el viento se llevó* **dos veces.**	*I saw the movie Gone with the Wind **twice.***

- To express that an action or event took place for a specific amount of time, use the preterite together with the expression **por** + amount of time, such as **por unos minutos, por dos horas, por varios días, por veinte años, por siglos,** etc.

Mi compañero de cuarto y yo **estudiamos por tres horas.**	*My roommate and I **studied for three hours.***

- You can also sum up an experience or a day's events by using the preterite. This is usually done at the beginning or end of a story or anecdote.

Ayer **fue** un día horrible. Primero, me desperté tarde; luego...	*Yesterday **was** a terrible day. First, I got up late; then . . .*

- Certain verbs have a special translation in English when they are used in the preterite. Here are a few of the more common ones:

conocer	Anoche **concocí** a mis futuros suegros.	Last night I **met** my future in-laws.
saber	**Supe** la mala noticia ayer.	I **found out** the bad news yesterday.
querer	Carmen **quiso** ir, pero nevaba demasiado.	Carmen **wanted** to go, but it was snowing too hard.
no querer	**No quise** ir a la fiesta.	I **refused** to go to the party.

Introduce other verbs with special meanings or simply point them out as they occur in activities or readings: **poder** (*to be able to, can* vs *managed to*); **tener** (*to have* vs. *got, received*).

Ponerlo a prueba

7-6 **La fiesta de Aurora.** Ayuda a Mercedes a completar en su diario lo que ocurrió en la fiesta de Aurora.

Querido diario, _____

¡Aurora (1. dar) _____ una fiesta fabulosa esta noche! La fiesta

(2. empezar) _____ a las nueve, pero yo no (3. llegar)

_____ hasta las diez porque (4. tener) _____ que

tomar un taxi para ir a casa de Aurora. Aurora (5. hacer) _____

muchos platos deliciosos, pero algunos invitados también (6. llevar)

_____ comida. Aurora (7. servir) _____ la comida a eso

de las once. Después, ella (8. poner) _____ música salsa y yo

(9. empezar) _____ a bailar con Enrique, un chico simpatiquísimo

que yo (10. conocer) _____ en la fiesta. Después de unas horas,

la fiesta (11. acabarse) _____. Como (Since) yo (12. venir)

_____en taxi, (yo) le (13. preguntar) _____ a Enrique si

podía llevarme a casa. Por suerte, él (14. decir) _____ que sí.

Después de dar un paseo en coche, yo (15. volver) _____ a casa

a las cuatro de la madrugada. ¡Qué fiesta tan maravillosa!

7-7 **La fiesta de Paloma.** Con tu compañero(a), mira la escena de la fiesta de Paloma en la página 262 y contesta las preguntas oralmente sobre lo que ocurrió.

1. ¿Cuándo fue la fiesta de Paloma?
2. ¿Por qué dio una fiesta?
3. ¿A qué hora llegó Miguel? ¿Qué le trajo Miguel a Paloma?
4. ¿Qué hizo doña Eugenia para la fiesta?
5. ¿Qué sirvió don Patricio durante la fiesta?
6. ¿A qué jugaron Antonio y Felipe?
7. ¿Qué hicieron Neeka y Kelly durante la fiesta?
8. ¿Cómo se divirtieron Ricardo y Margarita? ¿Celso y Bernadette?
9. ¿Cómo pasaron el tiempo en la fiesta Paco y Juan?
10. En tu opinión, ¿quiénes se divirtieron más en la fiesta? ¿Por qué?

Follow-up to Exercise 7-7: Ask your students to bring snapshots of a party they have given or attended as a point of departure to describe something that happened to them at the event. If they don't have photographs available, they can still describe the party.

7-8 **¿Cómo lo pasaste?** Tú y tu compañero(a) de clase van a entrevistarse sobre algunas de sus actividades de anoche. Antes de hacerse las preguntas, tienen que cambiar los verbos al pretérito. También, necesitan escribir dos preguntas originales.

¿Lo (Tú / pasar) bien anoche?
¿(Tú / estar) en casa toda la noche?
¿(Tú / tener) que hacer alguna tarea?
¿(Tú / poder) salir con tus amigos? ¿Adónde (ir) Uds.?
¿(Tú / visitar) a alguien? ¿A quién?
¿Qué más (tú / hacer)?
(+ 2 preguntas originales)

Síntesis

7-9 **El dilema de Dulce.** Primero, escucha la conversación que Dulce tiene con Tomás y con sus padres; completa las oraciones a continuación. Luego, escribe tu predicción para la resolución del dilema de Dulce.

1. El problema de Dulce es que ella _____.
   a. no quiere salir con Tomás
   b. tiene miedo de salir con Tomás
   c. piensa que sus padres no van a permitirle pasar el día con Tomás

2. El sábado, ellos piensan _____.
   a. jugar al golf, nadar y bailar
   b. montar a caballo, esquiar y jugar al tenis
   c. nadar, hacer el *snorkeling* y jugar al vóleibol

3. Tomás _____.
    a. es el hijo del director del banco
    b. trabaja en el banco de su padre
    c. es el hijo de un empleado del Sr. Martínez

4. La Sra. Martínez está preocupada porque _____.
    a. la excursión es muy lejos de su casa
    b. Dulce no tiene transporte
    c. no va a estar presente ningún adulto

5. En tu opinión, ¿los padres de Dulce van a permitirle ir al campo? Si no se lo permiten, ¿cómo va a reaccionar Dulce?

7-10 **La última vez.** Con tu compañero(a) de clase, entrevístense con estas preguntas sobre la última vez que hicieron algo.

1. ¿Cuándo fue la última vez que fuiste al cine? ¿Qué película viste? ¿Te gustó? ¿Adónde fuiste después de ver la película?

2. ¿Cuándo fue la última vez que fuiste a una fiesta? ¿Fue para una ocasión especial? ¿Quién dio la fiesta? ¿Qué sirvió la anfitriona (the hostess) de comer y beber? ¿Conociste a muchas personas?

3. ¿Cuándo fue la última vez que fuiste con tus amigos a un restaurante mexicano? ¿Qué pidieron Uds. para comer? ¿Fue bueno o malo el servicio allí? ¿Tocaron música de mariachis?

4. ¿Cuándo fue la última vez que pasaste todo el día en casa? ¿Estuviste enfermo(a) ese día? ¿Hasta qué hora dormiste? ¿Qué hiciste el resto del día?

7-11 **De viaje en Costa Rica.** Arturo acompaña a Beatriz a un congreso (meeting/ conference) para agentes de viaje en San José, Costa Rica.

A continuación hay una carta que ellos les escriben a sus hijos y a la tía Felicia en Venezuela. Usa la información en la agenda y el pretérito para completar la carta.

Hotel Simón Bolívar

4 de agosto

Querida familia:

¿Cómo están todos? Espero que bien. Nosotros bien, aunque extrañándolos (missing you) a todos muchísimo. Les diré que desde que llegamos a Costa Rica hemos estado ocupadísimos. Por lo visto, en estos congresos no lo dejan a uno descansar. Aprovecho esta oportunidad, hoy domingo que estamos de regreso a San José, para contarles de nuestro viaje.

El viernes por la mañana…

El sábado…

Bueno, como Uds. pueden ver, ha sido un viaje maravilloso. Nos hemos divertido muchísimo. Ojalá que algún día todos podamos visitar Costa Rica juntos. ¡Es un verdadero paraíso! Como les dije, nosotros vamos a llegar a Maracaibo el próximo jueves por la mañana. ¡Hasta entonces!

Fuertes abrazos para todos de sus padres que los quieren mucho,

Mami y Papi

viernes
9 a.m. ir a la reunión en el hotel
10 a.m. (Arturo) jugar al golf
11 a.m. (los agentes) hacer una excursión por El Pueblo
2 p.m. almorzar con Arturo en La Cocina de Leña
4 p.m. (Arturo y yo) conducir al Valle de Orosi
6 p.m. dar un paseo en bote por la laguna
8 p.m. dormir en el hotel en los jardines Lankester

sábado
9 a.m. explorar los jardines con un guía
1 p.m. (Arturo y yo) viajar por tren a Puntarenas
3 p.m. (los dos) descansar
5 p.m. ir por yate a la isla de Tortugas a pescar
9 p.m. dormir en Puntarenas

domingo
9 a.m. volver a San José

Puente cultural

¿Cuáles son los pasatiempos y actividades de la gente?

Gabriela (Gabi) Marchesín Vergara
mexicana; 23 años; estudiante

Los hombres generalmente asisten a eventos deportivos como juegos de béisbol o fútbol *(soccer),* corridas de toros *(bullfights)* o peleas de gallo *(cockfights).* Se practican mucho el fútbol y el béisbol, frecuentemente en partidos informales entre amigos. Las mujeres generalmente se reúnen en sus casas a conversar. Los estudiantes frecuentan bares, discos o fiestas y bailes organizados por las asociaciones estudiantiles universitarias. Las personas mayores se reúnen generalmente en sus casas y disfrutan diversos juegos de mesa.

John Martínez
dominicano-americano; 24 años;
estudiante de post-grado

A los hombres les gusta hablar, bailar, hacer ejercicios, comer o jugar deportes. Se practican muchos deportes, especialmente el béisbol, el fútbol, el básquetbol y la natación. Las mujeres prefieren ir de compras, hablar, bailar y también cocinar. Entre los estudiantes universitarios es popular salir a bailar y a beber. Los ancianos *(elderly)* prefieren dormir y dar quejas *(complain).*

Yensy Marcela Archer
costarricense; 23 años; estudiante

A los hombres les encanta el fútbol. ¡Es el deporte más popular del país! En general se practican mucho los deportes en las escuelas, en los parques, en casi todo lugar. A las mujeres les gusta bailar y hablar de diferentes cosas, de todo, y comprar ropa también. Las actividades más populares de los estudiantes universitarios son tomar, jugar fútbol, bailar, buscar novio o novia, irse de fiesta y pasear. Los pasatiempos de los viejitos son dormir, cocinar, hablar, averiguar lo que está pasando en la familia y aconsejar *(give advice)* a los más jóvenes.

Te toca a ti

7-12 Aquí también nos divertimos. Trabajen en parejas. Entrevisten a un(a) compañero(a) sobre cómo la gente se divierte en su estado o ciudad. Usen los modelos y escriban la información en el lugar correspondiente.

MODELO: *¿Cómo se divierten las mujeres/los hombres en... ?*
¿Cuáles son los pasatiempos de los jóvenes universitarios en... ?
¿Qué actividades prefieren las personas mayores en... ?

In Exercise 7-12, students are to find out what the most popular activities are in their own hometowns/states. In Exercise 7-13, they will use this information to compare popular pastimes in the U.S. with those in the Spanish-speaking world.

Las mujeres	Los hombres	Los jóvenes universitarios	Las personas mayores

7-13 ¿Somos tan diferentes? Trabajen en parejas y completen estas comparaciones.

Primera parte: Preparen un diagrama Venn que compare los pasatiempos favoritos de los jóvenes universitarios en los países de Gabi, John y Yensy.

Los pasatiempos de los jóvenes universitarios

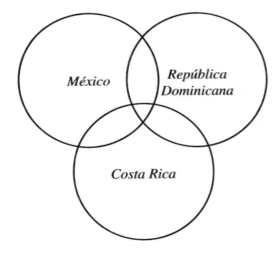

Instruct students to draw on a sheet of paper a Venn diagram like the one in the book for the ***Primera parte.*** Remind them that the similarities belong in the overlapping of the circles. After they compare college students' pastimes in all three Latin American countries, the ***Segunda parte*** has them compare across cultures, for example: **jóvenes mexicanos** and **jóvenes estadounidenses.**

Assign pairs of students different options. Some can compare age groups within a culture, such as **jóvenes mexicanos** and **ancianos mexicanos.** Other comparisons can be gender-based, such as **hombres costarricenses** and **mujeres costarricenses.** The findings should be shared with the class and discussed.

Segunda parte: Ahora escojan uno de los tres países hispanohablantes y comparen los pasatiempos de los jóvenes universitarios en ese país con los de los jóvenes en EE.UU. Hagan un diagrama Venn.

Los pasatiempos de los jóvenes universitarios

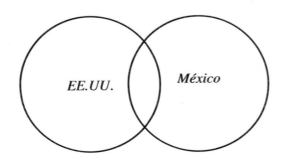

Comparing social practices helps students develop awareness of the many factors that influence these practices. While cultural background and nationality affect people's way of life, some patterns of behavior are affected even more by factors such as age or gender. The goal of this section, then, is to alert students to the similarities American and Hispanic persons might have due to such factors in common.

Paso 2

In this *Paso* you will practice:
- Talking about the seasons and the weather
- Describing present and past vacations and holiday celebrations

Grammar:
- The imperfect tense

Transparency Bank
H-1, H-2, H-3,
H-4, H-5

Introduce this vocabulary with transparencies by linking the months to the seasons, by describing the weather conditions in your area for each season, or by relating sports activities to seasons and the weather.

Read the following statements that describe weather conditions. Ask students to select the statement that doesn't belong. (1) a. **Hace sol.** b. **Está despejado.** c. **Está lloviendo.** (2) a. **Nieva.** b. **Hace frío.** c. **Está despejado.**

Vocabulario temático
LAS ESTACIONES Y EL TIEMPO

Las estaciones

¿Cuál es tu estación favorita?
Me encanta *la primavera* porque hace *buen tiempo.*
       el verano   *mucho sol*

No me gusta mucho *el invierno* porque *nieva* constantemente.
       el otoño   *llueve*

El tiempo

¿Qué tiempo hace hoy?

Hace buen tiempo. Hace mucho sol y calor.

El día está pésimo. Está lloviendo mucho.

Hace mucho frío. Está nevando.

Hace mucho viento. Hace fresco y va a llover.

Briefly review with students the progressive construction. Use **está lloviendo** and **está nevando** as examples.

Introduce **Hay niebla.** *(It's foggy.)*; **Hay granizo.** *(It's hailing.)*

Otras expresiones de tiempo

Hace *fresco.*
    (mucho) calor
    (mucho) frío
    (mucho) viento
    (muy) buen tiempo
    (muy) mal tiempo

¿Cuál es la temperatura?

¿Cuál es el pronóstico para mañana?

Está *lloviendo*
    nevando
    despejado
    nublado

El día está *pésimo.*
    fatal

Está a 20 grados.

Va a *llover.*
    hacer buen tiempo
    nevar
    haber una tormenta

¿ Sabías que...

- **Hace** is used to describe most weather conditions: **hace frío, hace calor, hace sol,** etc. However, it is not used to talk about snow or rain.

- The expressions **Está nevando** and **Está lloviendo** describe current weather conditions; to make generalizations, use **nieva** (from the verb **nevar**) and **llueve** (from **llover**).

Está lloviendo mucho.	*It's raining hard (right now).*
Aquí **llueve** mucho en la primavera.	*It rains a lot here in the spring.*

- The nouns for *snow* and *rain* are **la nieve** and **la lluvia,** respectively.

A los niños les gusta jugar en **la nieve.**   *Children like to play in **the snow.***

Comentario cultural: EL CLIMA

¿Cuál es tu estación favorita? ¿Cómo es el clima durante esa estación? ¿Sabes si durante la misma estación hace el mismo tiempo en otros países? ¿Cómo es el clima en Argentina en junio, julio y agosto?

El clima de los países hispanoamericanos es tan variado como la geografía del Caribe, de América Central y América del Sur. Más del 75% de las tierras de América Central y del Sur se encuentran en la zona tropical. En las islas del Caribe, el clima es tropical; entre junio y noviembre la región puede recibir depresiones tropicales o huracanes.

En América Central, al igual que en América del Sur, el clima depende de la altitud de cada región del país; algunas regiones tienen clima tropical, mientras que las áreas que están a gran altitud muestran variaciones de clima. Los países al sur del ecuador tienen estaciones opuestas a los que están situados al norte del ecuador. Así, cuando es invierno en EE.UU. es verano en Chile y Argentina.

Ponerlo a prueba

7-14 **El pronóstico para los Estados Unidos.** Vas a escuchar un pronóstico del tiempo para EE.UU. Para cada zona y ciudad, escribe las letras que corresponden a los símbolos del tiempo. Antes de escuchar el pronóstico, oriéntate bien con los símbolos.

1. Noreste: _____, _____. Nueva York: _____.
2. Sureste: _____, _____. Miami: _____.
3. Zona central norte: _____, _____, _____. Chicago: _____.
4. Zona central sur: _____. Houston: _____.
5. Oeste: _____, _____. Los Ángeles: _____, _____.

Play Text Audio CD
Track CD2-8

Answers to Exercise 7-14:
1. Noreste: a, g; Nueva York: n;
2. Sureste: c, f; Miami: j; 3. Zona central norte: g, c, e; Chicago : k;
4. Zona central sur: a; Houston: m;
5. Oeste: f, a; Los Ángeles: f, l

7-15 ¿Qué tiempo hace en... ? Con un(a) compañero(a), usa la información siguiente para hablar del clima en diferentes lugares.

MODELO:

Tú: *¿Qué tiempo hace en primavera en Madrid, España?*

Tu compañero(a): *Hace fresco y llueve.*

Tú: *¿Cuál es la temperatura media en Madrid en primavera?*

Tu compañero(a): *Es de 60 grados (Fahrenheit).*

	diciembre enero febrero	marzo abril mayo	junio julio agosto	septiembre octubre noviembre
Madrid, España	45°	60°	85°	60°
Buenos Aires, Argentina	80°	72°	57°	76°
San José, Costa Rica	75°	79°	78°	77°
tu ciudad	?	?	?	?

As it was just pointed out on page 267 in the *Comentario cultural,* seasons are reversed on the other side of the equator. That is why in December it is warm in Buenos Aires.

Comentario cultural:
CÓMO CAMBIAR LOS GRADOS DE TEMPERATURA

¿Sabes cómo convertir los grados de Fahrenheit a Celsius?

En España y en Latinoamérica se acostumbra usar el sistema de grados centígrados, o Celsius, para hablar de la temperatura. Para convertir de grados Fahrenheit a Celsius, se debe restar *(subtract)* 32 grados, multiplicar por 5 y dividir por 9. Para convertir de Celsius a Fahrenheit, se debe multiplicar por 9, dividir por 5 y sumar *(add)* 32 grados.

°F → °C   Si la temperatura está a 80°F:

$$80 - 32 = 48$$
$$48 \times 5 = 240$$
$$240 \div 9 = 27°C$$

°C → °F   Si la temperatura está a 15°C:

$$15 \times 9 = 135$$
$$135 \div 5 = 27$$
$$27 + 32 = 59°F$$

Vocabulario temático
FIESTAS Y CELEBRACIONES

Los días festivos y las celebraciones

¿Cómo *celebras el Día de la Independencia?*
el Día de Acción de Gracias
tu cumpleaños

First, review dates by giving the name of a holiday and having students give the corresponding date or month. **(El 14 de febrero es... el Día de los Enamorados.)** Next, pick a holiday and, using the present tense, describe 2–3 things you do to celebrate. **(Para el Día de Acción de Gracias, toda la familia se reúne en la casa de mi abuela. Comemos pavo y miramos los partidos de fútbol americano.)** Call on a student and ask if he/she celebrates the same way. Then, using the expression **me gustaba**, mention one thing you used to do as a child to celebrate the same holiday: **De niño(a), me gustaba mirar el desfile de Macy's en la televisión.** Call on a student for a similar response. Repeat the procedure until you have presented most of the new key vocabulary.

Para el Día de la Independencia, vamos a ver un desfile en mi pueblo.
De niño(a), me gustaba *ver los fuegos artificiales.*

Para el Día de Acción de Gracias, toda la familia se reúne en mi casa y comemos pavo.
De niño(a), me gustaba *jugar al fútbol americano con mis primos.*

Para mi cumpleaños, salgo a comer con mi familia.
De niño(a), me gustaba *apagar las velas en mi pastel de cumpleaños.*

Ask your students if they would like to know the names for any other holidays and supply them as needed. Provide them with other traditional Hispanic holidays such as **el Día de los Muertos** *(All Souls' Day),* **el Día de Todos los Santos** *(All Saints' Day),* **el Día de los Reyes Magos** *(the Epiphany, Day of the Wise Men).* Reports on such holidays would also make interesting classroom presentations.

Otros días festivos y celebraciones

Para *la Navidad,* acostumbramos *decorar un árbol y cantar villancicos.*

la Nochebuena	*dar y recibir regalos*
Jánuca	*encender las velas del candelabro*
la Noche Vieja	*brindar con champaña*
el Día de Año Nuevo	*reunirnos con nuestros amigos*
la Pascua Florida	*ir a la iglesia*
Pésaj	*ir a la sinagoga*
el Día de las Brujas	*llevar disfraz*
el Día de los Enamorados	*regalar flores o chocolates*

¿ Sabías que...

- The phrase **me gustaba** is the imperfect form of **gustar** and is translated as *I used to like.* You will study the imperfect verb tense later in this *Paso.*

- The verb **acostumbrar** is used to describe customary or traditional practices; it is followed by an infinitive. This verb may be used in place of adverbs such as **generalmente** or **normalmente.**

En la Nochebuena, **acostumbramos** ir a la misa de gallo.

*On Christmas Eve, **we usually** go to Midnight Mass.*

Ponerlo a prueba

Play Text Audio CD
Track CD2-9

Answers to Exercise 7-16: Primera parte: 1. la Navidad; 2. su cumpleaños; 3. el Día de la Independencia; Segunda parte: 1 a. en la casa de los abuelos, en su propia casa; 1 b. recibir regalos de Papá Noel; 1 c. estar con la familia; 2 a. No hace nada; 2 b. Su novia le hizo una fiesta sorpresa; 2 c. apagar las velas del pastel; tener una piñata; 3 a. un desfile de soldados y bandas, un concierto de música patriótica, fuegos artificiales; 3 b. Eran inmigrantes y no conocían las costumbres.

7-16 **Días festivos.** Tres hispanos que viven en EE.UU. van a describir su día festivo favorito. Escucha las descripciones de sus actividades y completa las oraciones.

Primera parte: Después de escuchar las tres descripciones, identifica de qué día festivo está hablando cada persona.

1. Marisa describe _____.
2. Rolando habla de _____.
3. Miriam describe _____.

Segunda parte: Escucha las descripciones otra vez y contesta las preguntas.

Descripción 1: Marisa
    a. ¿Dónde se reúnen María y su familia el día 24? ¿y el día 25?
    b. De niña, ¿qué le gustaba hacer?
    c. Para Marisa, ¿cuál es el aspecto más importante del día?

Descripción 2: Rolando
    a. En general, ¿cómo celebra Rolando ese día?
    b. ¿Cómo fue diferente su celebración el año pasado?
    c. ¿Qué le gustaba hacer de niño?

Descripción 3: Miriam
    a. ¿Qué actividades tienen en la base militar para celebrar ese día?
    b. Cuando Miriam era niña, ¿por qué no hacían nada de particular para celebrar el día?

-17 Tus preferencias. Contesta las preguntas oralmente con tu compañero(a).

1. ¿Cuál es tu estación favorita? ¿Por qué?
2. Describe el clima durante tu estación favorita.
3. ¿Qué te gusta hacer durante tu estación favorita?
4. ¿Qué opinas de la estación actual (present)? ¿Cómo prefieres pasar el tiempo?
5. De todas las estaciones, ¿cuál es la que menos te gusta? ¿Por qué?
6. ¿Cuál es tu día festivo favorito? ¿Qué aspectos de ese día te gustan más?
7. ¿Qué tradiciones asocias más con tu día festivo favorito?
8. En el pasado, ¿cómo celebraba tu familia tu día festivo favorito?
9. De niño(a), ¿qué días festivos se celebraban regularmente en tu familia?
10. En el pasado, ¿qué días festivos no te gustaban? ¿Por qué?

This is a good opportunity to discuss the ways in which some of the holidays are celebrated. For example, **el Día de los Reyes Magos** is the day many children in Spain and Latin America receive their gifts. The children generally leave food and drinks for the three Wise Men and hay or grass for their camels next to their beds, where the three Wise Men will leave the gifts.

-18 Así se celebra. Vamos a investigar las celebraciones de algunos días festivos. Completa las siguientes actividades.

Follow-up to Exercise 7-18: Call on a few students to tell you an interesting custom that his/her partner practices.

Primera parte: ¿Qué días festivos asocias con estas actividades? A veces hay varias respuestas posibles.

MODELO: beber champaña
          Acostumbramos beber champaña para el Año Nuevo, los
          cumpleaños y los aniversarios.

1. encender velas
2. dar y recibir regalos
3. comer en un restaurante romántico
4. mirar fuegos artificiales
5. comer pavo
6. mirar partidos de fútbol americano
7. ir a la iglesia
8. decorar un árbol
9. mirar desfiles
10. regalar chocolates o flores
11. pedir dulces (candies)
12. llevar un disfraz

In the 1850s, the American William Walker wreaked havoc in Central America in his attempts to take over the lands and make them slave territories. In 1856, Juan Santamaría, a drummer boy, set fire to the building where Walker and his band were barricaded and thus forced Walker's retreat from Costa Rica.

Segunda parte: ¿Cuál es tu celebración favorita? Explícale a tu compañero(a) cómo la celebras tú. Incluye las tradiciones de tu familia en tu descripción y usa adverbios como **siempre, muchas veces, a veces, de vez en cuando** y **nunca**.

MODELO: *El Día de Año Nuevo es muy especial en mi familia porque casi*
          siempre lo celebramos en casa de mis abuelos. Todos llegamos tem-
          prano para mirar los partidos de fútbol americano. Mi abuela siem-
          pre prepara una cena fenomenal: arroz y frijoles, carne y verdura,
          como espinacas. Después de la cena, muchas veces mi papá y mis
          tíos toman una siesta mientras que mi mamá y mis tías lavan los
          platos. Pero mis primos y yo a veces salimos al patio a jugar al fút-
          bol. Al final, siempre regresamos a casa.

In most other countries, October 12 is known as **Día de la Raza**; Costa Rica prefers the more inclusive term, **Día de las culturas.**

Other important religious holidays include: **el Día de los Reyes (6 de enero), el Día de Todos los Santos (1 de noviembre), el Día de los Muertos (2 de noviembre).**

Comentario cultural: LOS DÍAS FESTIVOS

¿Cuál es tu día festivo favorito? ¿Cómo lo celebras? En tu familia, ¿qué tradiciones tienen Uds. cuando celebran días festivos tradicionales?

No todos los días festivos de tu país son días festivos internacionales. Cada país tiene su propia herencia y, en consecuencia, una tradición que influye en varios aspectos de su cultura, tales como los días festivos. En el mundo hispano hay días festivos patrióticos, religiosos y de celebraciones locales.

Lee la lista de días festivos que se incluyen en el calendario de Costa Rica. ¿Puedes identificar algunas celebraciones religiosas? ¿Cuáles son celebraciones patrióticas? ¿Cuáles son diferentes a las que tú celebras? ¿Hay algunas celebraciones internacionales?

1 de enero:	Día de Año Nuevo	25 de julio:	Anexión de la provincia de Guanacaste
19 de marzo:	San José (patrono de la ciudad capital)	2 de agosto:	Virgen de los Ángeles (Patrona de Costa Rica)
marzo/abril:	Semana Santa	15 de agosto:	Día de la Madre
11 de abril:	Juan Santamaría (Héroe nacional)	15 de septiembre:	Día de la Independencia
1 de mayo:	Día del Trabajador	12 de octubre:	Día de las Culturas
9 de junio:	San Pedro y San Pablo	25 de diciembre:	Navidad

Gramática
EL IMPERFECTO

> Cuando yo **era** niña, mi familia siempre **pasaba** el mes de agosto en la playa. Allí, mis padres **descansaban** mientras mis hermanos y yo **nadábamos, tomábamos** el sol y **pescábamos** todos los días.

A. Una breve introducción. Spanish uses two different verb tenses to narrate and describe past events and actions: the preterite (**el pretérito**) and the imperfect (**el imperfecto**). The two tenses may not be used interchangeably, however. In *Paso 1* you studied a number of uses of the preterite tense. In this section, you will learn how to form and use the imperfect.

B. La formación del imperfecto. The imperfect tense is a very regular tense, compared with the present and the preterite. To conjugate verbs in the imperfect, drop the infinitive ending and add the following endings to the stem:

	-ar verbs tomar *(to take)*	**-er** and **-ir** verbs escribir *(to write)*
yo	tom**aba**	escrib**ía**
tú	tom**abas**	escrib**ías**
Ud./él/ella	tom**aba**	escrib**ía**
nosotros(as)	tom**ábamos**	escrib**íamos**
vosotros(as)	tom**abais**	escrib**íais**
Uds./ellos/ellas	tom**aban**	escrib**ían**

There are only three irregular verbs in the imperfect.

	ir *(to go)*	**ser** *(to be)*	**ver** *(to see)*
yo	iba	era	veía
tú	ibas	eras	veías
Ud./él/ella	iba	era	veía
nosotros(as)	íbamos	éramos	veíamos
vosotros(as)	ibais	erais	veíais
Uds./ellos/ellas	iban	eran	veían

Students will find the imperfect easier to form than the preterite, but will need practice identifying when to use it. After checking Exercise 7-19 in *Ponerlo a prueba* for correct verb forms, for example, it might be helpful to select 5–6 clear-cut items and have students decide which of the rules in this section seems to apply in each case.

Here are some additional guidelines on the formation of the imperfect tense.

• There are no stem-changing verbs in the imperfect tense. Verbs that are stem-changing in the present or the preterite are simply regular in the imperfect.

| presente: | Siempre v**ue**lvo a casa a las diez. | *I always return home at ten.* |
| imperfecto: | Cuando era joven, siempre v**o**lvía a casa a las ocho. | *When I was young, I would always come home at eight.* |

- The impersonal form of **haber** is regular: **había** *(there was/were/there used to be)*.

Había mucha gente cuando llegué.	**There were** a lot of people when I arrived.

- The verb **gustar** commonly uses only two forms, just as it does in other verb tenses: **gustaba** and **gustaban.**

De niño, me **gustaba** ver los defiles.	As a child, I used to enjoy watching parades.
También me **gustaban** los fuegos artificiales.	I also liked fireworks.

C. Los usos del imperfecto. Although both the **pretérito** and the **imperfecto** are used to talk about the past, each of these verb tenses refers to different *aspects* of past time. The imperfect is used in everyday conversation in the following ways:

- To describe customs, habits, and routines in the past. An adverb of frequency often accompanies the imperfect tense: **generalmente, normalmente, (casi) siempre, todos los días, todos los años, con frecuencia, a menudo, a veces, de vez en cuando,** etc. In English, we often describe past routines by saying *used to* or *would.*

De niño, yo **visitaba** a mis abuelos todos los años.	As a child, **I used to visit** my grandparents every year.
A veces **hacíamos** picnics en el campo.	Sometimes **we would go** on picnics in the country.

- To describe people, places, and things in the past. These include physical appearance (**grande, bonito,** etc.), nonphysical characteristics (**interesante, difícil,** etc.), mental, physical, and emotional states (**agitado, enfermo, furioso,** etc.) and personal information such as one's name, age, nationality, or religion.

Point out that certain verbs are often used for descriptions of conditions, qualities, and traits, such as **ser, estar, tener.**

Felipe **era** alto, inteligente y simpático.	Felipe **was** tall, smart, and nice.
La profesora **tenía** cincuenta años, pero **parecía** más joven.	The professor **was** fifty years old, but she **appeared** younger.

- To provide the background or setting against which other actions take place, by giving the time of day, date, or location, or by describing the weather.

Eran las once de la noche y **nevaba.**	It **was** eleven o'clock at night, and it was **snowing**.
Era una mañana tranquila, fresca y llena de paz.	It **was** a quiet, cool, and peaceful morning.

- To describe actions that were taking place, or that were in progress, at some particular point in time in the past. In English, this notion is expressed by the past progressive tense (*was/were + -ing* form of verb).

¿Qué **hacías**?	What **were you doing**?
El perro **dormía** en mi cuarto.	The dog **was sleeping** in my room.

Introduce the use of the imperfect to express what somebody reported that he/she was going to do: **Mamá dijo que iba a llamarte.**

- To express ongoing thought processes, such as *knew, thought,* or *believed.*

No **sabía** que tú lo **conocías.**	**I didn't know** that you **knew** him.
El niño no **creía** en Papá Noel.	The boy **didn't believe** in Santa Claus.

Ponerlo a prueba

7-19 **La niñez de Pilar.** Completa la carta que Pilar le escribe a su mejor amiga, Anadela, sobre los recuerdos de su niñez. Usa el imperfecto de los verbos de la lista.

celebrar	cerrar	estar	gustar	jugar	
invitar	ir	nadar	tener	tomar	tocar

> Querida Anadela,
>
> Fue un placer recibir tu tarjeta para felicitarme por mi cumpleaños. ¿No te dije que a mi edad ya no se celebran los cumpleaños? ¿Recuerdas la fiesta de mis quince años? Yo (1) _____ tan nerviosa y tú (2) _____ la gripe. ¡Qué desastre!
>
> Mis recuerdos más gratos son los de nuestras vacaciones. Recuerdo especialmente todos los veranos cuando nosotras (3) _____ a la península de Nicoya al norte de Costa Rica. Allí, en la playa de Naranjo nosotras (4) _____ el sol y (5) _____ todo el día como peces. Luego, por la tarde, tú (6) _____ al tenis con tus hermanos mientras yo (7) _____ la guitarra.
>
> Después de las vacaciones, el 15 de septiembre, el Día de la Independencia de Costa Rica, mis padres (8) _____ a los vecinos a ver el desfile y los fuegos artificiales. Pero, tú siempre (9) _____ los ojos, y yo (10) _____ aterrorizada. ¡Qué días tan felices!
>
> Te agradezco mucho las felicitaciones y espero verte para la Navidad como siempre.
>
> Muy cariñosamente,
>
> Pilar

7-20 **El cumpleaños de Felicia.** Con tu compañero(a), mira una de las fotos más representativas de las fiestas de cumpleaños de Felicia y contesta las preguntas.

¿Generalmente...

1. dónde hacían la fiesta de cumpleaños de Felicia?
2. quiénes asistían a las fiestas de cumpleaños?
3. qué servían los padres de Felicia?
4. cómo se vestían los invitados?
5. qué hacían los invitados?
6. qué entretenimiento tenían para los niños?
7. quién encendía las velas de la torta?

¿En la fiesta de cumpleaños de 1950,...

8. qué tiempo hacía ese día?
9. cuántos años tenía Felicia en esta foto?
10. qué hacía Felicia en el momento en que se tomó esta foto?

Point out the two main aspects of time used in Exercise 7-20. The first group of questions deals with what was routine or customary at her childhood parties; the second, with what was taking place at this particular party. As follow-up, have students describe in 3–4 sentences how they used to celebrate their birthdays when they were children.

-21 Una mini-encuesta. En grupos de tres o cuatro estudiantes, hagan una mini-encuesta sobre la adolescencia *(teenage years)*.

Primera parte: Completen las preguntas en el imperfecto. Después, entrevisten a los compañeros en su grupo.

Preguntas generales

1. ¿Dónde (tú/vivir) cuando (ser) adolescente?
2. ¿Cómo (ser) tu casa? ¿tu dormitorio?
3. ¿(Tú/Tener) una mascota *(pet)*? ¿Cómo (llamarse)?
4. ¿Cómo (tú/ayudar) con los quehaceres domésticos?

La escuela secundaria

1. ¿A qué escuela (tú/asistir)?
2. ¿Cómo (ser) tu escuela?
3. ¿Qué clase te (gustar) más? ¿Por qué?
4. ¿En qué actividades extracurriculares (tú/participar)?

To begin this activity, form the questions for the section on *Preguntas generales* with the class as a whole. Then divide the class into groups to implement the survey. Have pairs within the groups interview each other with all the questions, or have each student interview the others in his/her group on just one of the four topics. If you wish to practice question formation, have your students write one or two original survey questions for each of the 4 topics.

El tiempo libre

1. ¿Qué (hacer) en tu tiempo libre?
2. ¿A qué deportes (jugar)?
3. ¿Qué programas (mirar) en la televisión?
4. ¿Quiénes (ser) tus mejores amigos? ¿Qué (hacer) Uds. juntos?

Las vacaciones

1. En general ¿adónde (ir) tu familia de vacaciones?
2. ¿Cuánto tiempo (pasar) Uds. allí?
3. ¿Cómo (tú/divertirse) allí?
4. ¿Qué aspecto de las vacaciones no te (gustar)?

Segunda parte: Analicen la información para su grupo y completen las oraciones.

Cuando éramos adolescentes...

1. nos gustaba _____ o _____ con nuestro(a) mejor amigo(a).
2. la mascota más popular era _____.
3. nuestra clase favorita en la escuela era _____.
4. respecto a los deportes, nos gustaba jugar al _____ y al _____.
5. mirábamos _____ o _____ en la televisión.
6. generalmente, para las vacaciones íbamos a _____.

For this part of the activity, have students summarize the information for their group by completing the sentences. Afterward, compile the results for the class as a whole.

To extend the activity, have students write additional statements regarding household chores, extracurricular activities in high school, etc.

Síntesis

These brochures could serve as the basis for oral micro-reports to the class on vacation spots. Students could bring in postcards, posters, and souvenirs to illustrate their talks.

7-22 El paraíso terrenal. ¿Cuál es tu lugar *(place)* predilecto para las vacaciones? ¿Es una ciudad? ¿una playa? ¿un lugar en las montañas? Ahora vas a hacer un folleto *(brochure)* turístico para ese lugar. Incluye breves descripciones de lo siguiente:

- cómo se llama el lugar y dónde está
- algunos datos básicos sobre el lugar
- el clima en las cuatro estaciones del año
- actividades populares
- festivales y otras celebraciones especiales

MODELO:

¡Vengan a San Antonio!

La bonita ciudad de San Antonio fue fundada en el siglo XIX por misioneros españoles. Está ubicada en el sur de Texas. Tiene un clima ideal para el turismo. Hace mucho sol y llueve poco. En el invierno, la temperatura es de 50ºF; en el verano es de 90ºF.

Sitios de interés y atracciones
El Álamo: El famoso sitio histórico donde los héroes tejanos Davey Crockett, Jim Bowie y William B. Travis lucharon contra el general mexicano Santa Anna por la independencia de Texas.
Paseo del Río: El centro social y comercial de la ciudad, con numerosos restaurantes, hoteles, galerías de arte y boutiques.
Misión de San José: La bella e histórica iglesia es una de las misiones originales del área.

Festivales
Abril - Fiesta de San Antonio: Una gran celebración de diez días, con desfiles por el Paseo del Río.
Diciembre - Las Posadas: Representación dramática de la llegada de José y María a Belén para el nacimiento de Jesús.

Otras actividades
Baloncesto: Los "Spurs" juegan en el Alamodome de noviembre a abril.
Sea World: Espectáculos marinos, con delfines y otros animales del mar.
Fiesta Texas: Parque de atracciones, a sólo quince minutos de la ciudad.

7-23 Antes... y ahora. ¡Cómo ha cambiado *(has changed)* la vida! Cuando los niños eran más pequeños, los Martínez pasaban la mayoría de su tiempo libre juntos *(together);* ahora, sus hijos son mayores y más independientes y pasan más tiempo con sus amigos. Con tu compañero(a) de clase, describe oralmente qué hacían los Martínez antes y también qué hacen ahora en su tiempo libre.

MODELO: *Antes... toda la familia iba a la playa. Arturo, el padre...*
Ahora... Arturo juega al golf con sus compañeros de trabajo.

As a follow-up to Exercise 7-23, have students describe orally or in writing how they and their families used to spend their free time ten years ago and how they do so now.

Arturo   Elisa   Beatriz   Felicia   Dulce   Carlos

-24 **Diversas costumbres para esperar el Año Nuevo.** El día de Año Nuevo se celebra de diferentes maneras.

Primera parte: Lee el artículo y contesta las preguntas.

LAS COSTUMBRES DE AÑO NUEVO

En Grecia el día de Año Nuevo coincide con el Festival de San Basilio. Este buen santo era famoso por su generosidad y ese día los niños griegos dejan sus zapatos al costado de la chimenea con la esperanza que vendrá San Basilio y les llenará los zapátos con regalos: una costumbre similar a la del Día de Epifanía en países hispanos y a la del regordete San Nicolás en los países anglosajones y sajones.

En Cuba, igual que entre las familias cubano-americanas, la costumbre es esperar el año con las tradicionales doce uvas y una copa de champán, a la vez que se abraza y se besa a las personas con las cuales estamos en ese momento y se brinda por la paz y felicidad de todos.

En Miami muchos esperan el Año Nuevo en el bello Bayfront Park, a la orilla de la bahía Biscayne, mientras que desde lo alto de uno de los edificios que bordean el parque desciende King Orange, una gigantesca bola que simula una naranja con una corona de rey, teniendo en cuenta que ese cítrico es el símbolo del Estado de la Florida, del desfile y de los festejos organizados por el comité del Orange Bowl.

En Nueva York, lo tradicional es congregarse en Times Square y esperar a que el famoso reloj de la plaza comience a indicar los segundos faltantes para el comienzo del nuevo año.

1. ¿Qué se come en Cuba y en España para recibir el Año Nuevo?
2. ¿En cuál de los países tiene el Año Nuevo una conexión religiosa?
3. ¿En qué lugar se celebra el Año Nuevo con una bola de naranja?
4. ¿Dónde está el famoso reloj que tradicionalmente se usa para anunciar el Año Nuevo en los Estados Unidos?
5. En Grecia, ¿qué deben hacer los niños para recibir regalos?
6. ¿Dónde esperan el Año Nuevo alguna gente de Miami?
7. ¿Qué piden los cubanos cuando brindan el Año Nuevo?
8. ¿Qué representa la naranja que usan en Miami para anunciar el Año Nuevo?

Segunda parte: En grupos de cuatro personas, hagan una lista de las tradiciones que practican para el Año Nuevo. ¿Cuáles son diferentes? ¿Cuáles son semejantes? Luego, compartan las respuestas con el resto de la clase.

—— Vocabulario útil ——

al costado	*on one side*
bordea	*surrounds*
chimenea	*fireplace*
corona	*crown*
dejar	*to leave*
esperanza	*hope*
festejos	*festivities*
orilla	*shore*
regordete	*chubby*
se brinda	*toast*
toques de campanadas	*strokes (clock)*

In this *Paso* you will practice:
- Telling stories about past events
- Reacting to stories that others tell

Grammar:
- Contrasting the imperfect and the preterite verb tenses

This section demonstrates techniques for telling and reacting to simple personal anecdotes. Introduce the phrases by recounting a personal anecdote. As you tell your story, have a student read the questions and expressions in the left-hand column of *Vocabulario temático*.

In some countries, the verb **partir** is used instead of **romper** to refer to broken bones: **Carlos se partió la pierna.** (*Carlos broke his leg.*)

Some of the main uses of the imperfect and preterite are embedded in the stories in this section. The two tenses are contrasted further in the remaining points of the *Paso*.

Vocabulario temático
CÓMO CONTAR UN CUENTO

¿Qué me cuentas?	¿Sabes lo que pasó? Déjame contarte lo que pasó.
Dime, ¿qué pasó?	A Carlos se le rompió la pierna.
¡No me digas!	
¿Cuándo ocurrió?	Esta mañana.
¿Dónde estaba?	Estaba en *el campo de fútbol.*
¿Cómo fue?	(La hora) Eran las *diez.* (El tiempo) *Llovía* muchísimo. (Los acontecimientos) Carlos jugaba con sus amigos, y cuando iba a marcar un gol, chocó con un jugador del otro equipo.
Ay, pobrecito. ¡Qué lástima!	

Sabías que...

- When someone is telling you a story, you can use the following expressions to indicate your interest and empathy:

¡No me digas!	*You're kidding!*
¿De veras?	*Really?*
¿De verdad?	*Really?*
¡Ay, pobrecito!	*Oh, poor thing!*
¡Qué horror!	*How awful!*
¡Qué alivio!	*What a relief!*
Eso es increíble.	*That's incredible.*
¡Menos mal!	*Thank goodness!/ That's a relief.*

- Asking appropriate questions is a good way to show interest in the conversation:

¿Dónde estaba?	*Where was he/she?*
¿Cuándo ocurrió?	*When did it happen?*
¿Qué hora era?	*What time was it?*
¿Qué tiempo hacía?	*What was the weather like?*
¿Cómo fue?	*How did it happen?*
Y luego, ¿qué?	*And then what (happened)?*

Ponerlo a prueba

Play Text Audio CD
Track CD2-10

-25 **Y luego, ¿qué?** Escucha la conversación entre Elisa y su mamá. Elisa le está contando lo que le pasó a Carlos. Luego, indica la respuesta correcta para cada una da las preguntas.

1. ¿Cómo estaba Elisa cuando llegó a casa?
   a. contenta   b. triste   c. agitada

2. ¿Cuándo ocurrió el accidente de Carlos?
   a. antes de su partido de fútbol
   b. mientras jugaba al fútbol
   c. después de su partido de fútbol

3. ¿Quién examinó a Carlos primero?
   a. el padre de otro jugador
   b. otro jugador del equipo
   c. un auxiliar médico en la ambulancia

4. ¿Adónde llevaron a Carlos?
   a. a casa   b. a un hospital   c. al consultorio médico

5. ¿Qué se le rompió a Carlos?
   a. la pierna derecha   b. la pierna izquierda   c. el pie izquierdo

6. ¿Qué hizo Beatriz (la madre) al final de este cuento?
   a. Esperó en casa la llamada del médico.
   b. Llamó a su esposo.
   c. Fue al hospital.

Answers to Exercise 7-25: 1. c; 2. b; 3. a; 4. b; 5. b; 6. c

-26 **El accidente.** Aquí tienes una conversación entre Gonzalo y Patricia. Completa el diálogo con las expresiones más lógicas. ¡Hay que usar un poco de imaginación también!

Gonzalo: Hola, Patricia. ¿Qué tal?

Patricia: _____. ¿Y tú?

Gonzalo: Para decirte la verdad, las cosas no andan muy bien. ¿_____?

Patricia: No, no sé nada. Hombre, ¿_____?

Gonzalo: Estuve en una accidente de coche.

Patricia: ¡¿_____!?

Gonzalo: Sí, estoy hablando en serio. Pero gracias a Dios no fue muy grave. El coche quedó totalmente destruido, pero Alejandro y yo salimos ilesos (*unharmed*).

Patricia: ¿_____?

Gonzalo: La semana pasada, el miércoles.

Patricia: ¿_____?

Gonzalo: Íbamos a un concierto.

Patricia: ¿_____?

Gonzalo: Bueno, (la hora) _____ y estábamos en la calle Romero. No podíamos ver casi nada porque (el tiempo) _____. Yo doblaba a la derecha, cuando de repente (los acontecimientos) _____.

Patricia: ¡_____! Pero, ¿nadie se lastimó?

Gonzalo: No, nadie. Gracias a Dios.

Patricia: ¡_____!

Follow-up to Exercise 7-26: First, tell your class about an accident you've had; then have the students role-play, telling each other about a small accident or similar problem, such as receiving a traffic ticket.

7-27 **Trágame, tierra.** A veces, todos metemos la pata *(put our foot in our mouth)*. Para algunos, es un momento de horror; para otros, puede ser un momento de risa *(laughter)*. En el siguiente artículo, una chica cuenta su historia de "horror". Lee el artículo "Alergia inoportuna" y contesta las preguntas.

1. ¿Adónde fueron los dos amigos?
2. ¿Cómo se sentía la chica?
3. ¿Qué tipo de película era?
4. ¿Qué pasó cuando el chico trató de besar a la chica?
5. ¿Qué pasó al final?

Vocabulario útil

ponerse de acuerdo	*to agree on*
besar	*to kiss*
acercarse	*to approach, draw near*
estornudo	*sneeze*
volver a ver	*to see again*

Alergia inoportuna

Llevaba meses detrás de un chico y hacía lo imposible porque él se diera cuenta de mi existencia. Un día me invitó al cine y acepté. Nos pusimos de acuerdo para salir esa noche. Mis nervios estaban a millón y mi alergia insoportable. La película era romántica y el chico quiso besarme, pero cuando se acercó, lo bañé con un estornudo horrible. ¿Resultado? ¡Debut y despedida! Nunca más lo he vuelto a ver.

Gramática
EL IMPERFECTO Y EL PRETÉRITO: EL PRIMER CONTRASTE

Era el cuatro de julio. A las diez de la mañana, el desfile **empezó** puntualmente. Hacía un calor insoportable. Después de marchar en el desfile por una hora, yo me **desmayé** *(I fainted)* de tanto calor.

A. El imperfecto. The imperfect and the preterite tenses must be carefully woven together to tell a story. Usually we begin a story by setting the scene and providing background information. Here are some of the major ways the **imperfecto** is used to set the stage for a story.

Notice that all the examples embedded in the explanations may be read aloud as a story.

- To establish the time, date, and/or place

  Era una noche fría de invierno.
  Yo **estaba** en casa, sola y aburrida.
  Bueno, no **estaba** completamente sola, porque allí a mi lado, **tenía** a mi gato.

  *It **was** a cold winter night.*
  *I **was** at home, alone and bored.*
  *Well, I **wasn't** completely alone, because I **had** my cat at my side.*

- To describe the characters and/or the location

  Mi gato **se llamaba** Tigre y **era** un gato de esos egoístas y fríos.

  *My cat's name **was** Tigre, and he **was** one of those cold, egotistical kinds of cats.*

- To describe what was customary, habitual, or routine for the characters

| Normalmente, Tigre **pasaba** la noche en el dormitorio, donde **dormía** en mi cama. | Tigre *usually spent* the evening in my bedroom, where he *would sleep* in my bed. |

- To describe what was going on at the particular moment in time that the story takes place

| Pero esa noche **parecía** un poco nervioso, y **se escondía** detrás de los cojines del sofá. | But that night, he *seemed* a little nervous, and *was hiding* behind the pillows on the sofa. |

B. El pretérito. After the scene has been set, the storyteller usually continues on to the heart of the story. The **pretérito** is u sed to move the story line forward in the following ways.

- To narrate the main actions or events of the story, to tell what happened

| De repente, Tigre **saltó** del sofá y **corrió** a la puerta. Yo lo **seguí** y **abrí** la puerta con cuidado. | Suddenly, Tigre *leaped* off the sofa and *ran* to the door. I *followed* him and *opened* the door cautiously. |

C. En combinación. As the story continues, both the imperfect and preterite continue to work together.

- The **imperfecto** is used whenever there is a pause in the action so that further description of the scene or character may be added.

| Afuera, **nevaba** lentamente. La luna **brillaba** como el sol, pero no se **veía** a nadie. | Outside, it *was* lightly *snowing*. The moon *was shining* like the sun, but *you couldn't see* anyone. |

- The preterite is used when the action resumes, and the story line moves forward again.

| **Cerré** la puerta y **volví** a sentarme en el sofá. | I *closed* the door and *sat down* on the sofa *again*. |

This pattern—with some variations—may be repeated until the story comes to a close. You will learn more about some of these variations later in this **Paso.** You may also wish to review the more specific guidelines on the use of the preterite and imperfect, on pages 194 and 273.

The contrasting uses of the preterite and the imperfect are challenging at this level. You may find it useful to practice and test with very clear-cut cases in order to help students gain a better understanding of the essential differences in usage.

This explanation reviews and complements the earlier, more detailed explanations of the preterite and the impefect with a global approach to their usage. You may find that some of your students prefer the former kind of explanation, and others, the latter. Encourage your students to use whichever approach works better for them. The more specific guidelines are found on pages 194 and 273. The use of the imperfect and the preterite within the same sentence is presented later in this **Paso.**

Ponerlo a prueba

7-28 **El Día de los Enamorados.** Silvia cuenta lo que pasó el año pasado el Día de los Enamorados.

Primera parte: Lee el cuento; después, cambia los verbos de la columna A al imperfecto y los verbos de la columna B al pretérito.

A: El imperfecto　　　　　　　**B: El pretérito**

1. (Ser) _____ el 14 de febrero,
el Día de los Enamorados,
pero yo (estar) _____ en casa,
sola y triste.

2. Normalmente mi novio, Marcos, y
yo (salir) _____ para celebrar el
día, pero como el pobre (tener)
_____ un poco de gripe, no (poder)
_____ ir a ninguna parte.

3. (Yo / Decidir) _____ llamarlo por
teléfono para animarlo (*cheer him
up*).

4. (Yo / Marcar) _____ su número de
teléfono y el teléfono (sonar *[to
ring]*) _____ varias veces, pero
nadie (contestar) _____.

5. (Yo / Estar) _____ preocupada.
Quizás (*perhaps*) Marcos (sentirse)
_____ peor y me (necesitar) _____.

6. (Yo / Vestirse) _____ rápidamente y
(conducir) _____ mi coche a su
casa.

7. (Yo / Tocar) _____ el timbre (*door-
bell*) tres veces... pero ¡nadie (abrir)
_____ la puerta!

8. En ese momento (yo / estar) _____
realmente alarmada. No (saber)
_____ qué hacer.

9. Por fin, (yo / decidir) _____ volver
a mi casa y llamar a los padres de
Marcos.

10. Cuando (yo / llegar) _____ a mi
casa, (ver) _____ a Marcos en el
porche.

11. Marcos (llevar) _____ su pijama,
pero en los brazos (tener) _____
una docena de rosas.

12. (Nosotros / Entrar) _____ a la casa.
Entonces, Marcos me (dar) _____
las rosas y me (pedir) _____
la mano. Yo (aceptar) _____.

13. Ese Día de San Valentín (ser) _____
el más sorprendente y el mejor de
mi vida.

Segunda parte: Analiza el uso del pretérito y del imperfecto en los números 1,
4, 5 y 7. Explica por qué se usa ese tiempo (*verb tense*) en cada caso.

7-29 **Las vacaciones de mi niñez.** En el siguiente relato, Nuria habla de cómo pasaba los veranos cuando era niña. Para cada verbo, escoge el tiempo adecuado *(proper verb tense)*. También indica con **a, b, c** o **d** por qué escogiste *(why you picked)* el imperfecto o el pretérito.

El imperfecto
   a. Costumbres, rutinas o acciones habituales
   b. Identificación y descripción de personas, lugares, cosas, animales, etc. (Condición física o emocional, características, edad, profesión, etc.)

El pretérito
   c. Las acciones principales del cuento
   d. Acciones o condiciones para las cuales se especifica la duración (**por** + período de tiempo) o el número de repeticiones (número + veces).

MODELO: De niña, yo casi siempre (pasaba/pasé) las vacaciones en la playa de Bellavista con mi familia. *(a.)*

1. Bellavista (era/fue) un lugar muy bonito donde siempre (hacía/hizo) sol.
2. Es más *(What's more)*, mi tío Alfonso (era/fue) dueño de un pequeño hotel que (estaba/estuvo) muy cerca del mar.
3. A veces nosotros (salíamos/salimos) en un pequeño barco con nuestro papá y (pescábamos/pescamos).
4. Pero un año, cuando yo (tenía/tuve) ocho años, (hacíamos/hicimos) un viaje a Nueva York.
5. Allí (nos quedábamos/nos quedamos) en un hotel de lujo en Manhattan, en el centro de la ciudad.
6. Como *(Since)* el hotel (era/fue) caro, (estábamos/estuvimos) en la ciudad por sólo cinco días.
7. Pero (hacíamos/hicimos) muchas cosas diferentes.
8. Por ejemplo, un día mis hermanos y yo (veíamos/vimos) un partido de béisbol en el famoso estadio de los Yankees.
9. Otro día, (íbamos/fuimos) a Broadway para ver una comedia musical.
10. Mamá, como siempre, (sacaba/sacó) un montón de fotos de nuestro viaje a Nueva York.

7-30 **Pepe, el perico.** En parejas, usen la información a continuación para contar la vida de Pepe, el perico. En cada caso la información en las oraciones les va a indicar si necesitan usar el pretérito o el imperfecto de los verbos.

1. Pedro, el perico, (ser) muy bonito.
2. (Tener) una personalidad genial.
3. Normalmente (estar) contento.
4. Todas las mañanas, (cantar, silbar *[to whistle]*) y (hablar).
5. Generalmente, (salir) de la jaula *(cage)* y (volar *[to fly]*) por la casa un rato.
6. Un día, mientras (disfrutar *[to enjoy]*) de su libertad, algo terrible (ocurrir).
7. Pepe (tener) sed y (decidir) tomar agua del plato del gato, Félix.
8. Como siempre, Félix (dormir).
9. Pero, de repente, Félix (despertarse), (saltar) y (atacar) a Pepe.
10. Pepe (empezar) a gritar, "¡Auxilio! ¡Socorro!".
11. Al oír los gritos de Pepe, yo inmediatamente (investigar) lo que (pasar).
12. Cuando yo (llegar), (ver) a Pepe en la boca de Félix.
13. Cuando Félix (darse) cuenta de mi presencia, (soltar *[to release]*) a Pepe y (escaparse).
14. En ese momento, Pepe (decir), "¡Pobre Pepe! ¡Pobre Pepe!".

Help your students understand the correct interpretation of item 12, namely, that since the focus is on this particular trip, the preterite must be used. Some will look at the expression **como siempre** and incorrectly think that the sentence means *Mother always took a lot of pictures when we traveled.*

Gramática
EL IMPERFECTO Y EL PRETÉRITO: EL SEGUNDO CONTRASTE

Have students continue the story after working through the contrast of the preterite and imperfect tenses. Encourage them to be creative and tell their own version of the princess and the toad.

Había una vez una princesa muy hermosa. Una tarde de primavera, la princesa **cantaba** y **paseaba** por el parque del palacio cuando de repente **oyó** una voz muy bajita. **Miró** a su alrededor y **vio** a un sapo *(toad)* que le sonreía desde el suelo...

A. Resumen y continuación. The preterite and the imperfect work hand in hand in storytelling. In general, the imperfect answers the question "What was it like?" while the preterite answers to the question "What happened?"

Imperfect: What was it like?	Preterite: What happened?
• set the scene (day, time, location, weather)	• move the story line forward, tell who did what
• describe people, places, things, and routines	• make a summary statement about the experience
• tell what was going on or was in progress	

B. Dos acciones. The actions of a story may be related to one another in three different ways. Each way requires a different combination of tenses.

• Two or more simultaneous, ongoing actions are expressed with all the verbs in the imperfect. The two clauses are often connected with **y** *(and),* **mientras** *(while),* or **mientras tanto** *(meanwhile).* Visually, we might represent each of these actions with wavy lines, to convey their ongoing aspect.

Ella **leía** el periódico mientras yo **cocinaba**.

*She **was reading** the newspaper while I **was cooking**.*

~~~~~~ leía
~~~~~~ cocinaba } acciones simultáneas

• A sequence or series of completed actions is expressed with all the verbs in the preterite. Visually, we might picture these actions as a series of straight vertical lines; each line represents a single completed action or event, one coming after the other.

Después de leer el periódico, Ángela **puso** la tele y **miró** las noticias. Luego, **dio** un paseo con su amiga y **tomó** un helado.

*After reading the paper, Ángela **turned on** the TV and **watched** the news. The she **went for a walk** with her friend and **had** some ice cream.*

| | | | } acciones en serie
puso miró dio tomó

• When an ongoing action is interrupted by another action or event, the imperfect and the preterite must be used together in the same sentence. The imperfect is used for the ongoing action; the preterite is used for the action that began, ended, or otherwise interrupted the ongoing one. The two parts of the sentence are often connected with **cuando** *(when)* or **mientras** *(while).* We might mentally picture the ongoing action as a long, wavy line and the interruption as a short, straight, vertical line that cuts through the wavy one.

Ton is common diminutive used in *catalán* for **Antonio**.

Ton **se duchaba** cuando el teléfono **sonó**.
Empezó a llover mientras **hacíamos** nuestro picnic.

*Ton **was taking** a shower when the telephone **rang**.*
*It **began** to rain while we **were having** a picnic.*

~~~~|~~~~ se duchaba
sonó

~~~~|~~~~ hacíamos
empezó

Ponerlo a prueba

7-31 La Navidad. Aquí tienes la familia Sosa el día 23 de diciembre del año pasado. Mira el dibujo y completa las oraciones de una manera lógica.

Primera parte: Completa estas oraciones con otras acciones simultáneas. Usa el imperfecto.

1. Dorotea cantaba villancicos mientras su hermana Juanita...
2. Mientras Dorotea y Juanita cantaban, Albertico...

Segunda parte: Completa estas frases con otras acciones completadas en la serie. Usa el pretérito.

3. Papá envolvió *(wrapped)* los regalos y...
4. Abuelito preparó una galletas y...

Tercera parte: Completa estas oraciones para indicar que una acción ya había comenzado *(was in progress)* cuando otra acción ocurrió. Usa el imperfecto para el número 5, y el pretérito para el número 6.

5. Mamá se quemó un dedo mientras...
6. Cuando Albertico jugaba con el perro...

You may wish to have students complete Exercise 7-31 in groups so that they can help one another work through the process of deciding correct tense usage.

7-32 El accidente de Gloria Estefan. Al principio de *(Early in)* su carrrera, la cantante Gloria Estefan sufrió un accidente serio. Tuvo una operación y pasó unos meses muy duros de fisioterapia, pero después de un año, pudo volver a dar conciertos. Aquí tienes la historia de su accidente. Complétala con el pretérito o el imperfecto, según el caso.

1. (Ser) _era_ un día frío de marzo.
2. Gloria Estefan (viajar) _viajaba_ en su autobús privado a su próximo concierto.
3. Gloria (decidir) _decidió_ acostarse en un sofá del autobús porque (tener) _tenía_ sueño.
4. Mietras ella (dormir) _dormía_, (empezar) _empezó_ a nevar mucho.
   Mientras
5. De repente, el conductor del autobús (ver) _vio_ un camión *(truck)* enorme parado *(stopped)* en la carretera.
6. El conductor (parar *[to stop]*) _paró_ el autobús.
7. Pero mientras el autobús (estar) _estaba_ parado, otro camión (chocar *[to run into]*) _chocó_ con el autobús desde atrás *(from behind).*
8. El impacto (lanzar *[to throw]*) _lanzó_ a Gloria como un proyectil y (romperse) _se rompió_ dos vértebras de la espalda.
9. Ella no (poder) _podía/pudo_ mover las piernas bien y (tener) _tuvo_ miedo de estar paralizada.
10. Después de una hora, las ambulancias (llegar) _llegó_ y la (transportar) _transportó_ al hospital.

You may expand upon Exercise 7-32 with the following items: 11. **Un helicóptero la (llevar) _____ a otro hospital de Nueva York donde la (operar) _____. 12. Mientras ella (estar) _____ en el hospital, (recibir) _____ más de 3.000 telegramas y 30.000 tarjetas y cartas. 13. Luego, ella (salir) _____ del hospital y (empezar) _____ su régimen de fisioterapia.**

Follow-up to Exercise 7-33:
Have students interview one another about their first date. Write the following questions on the board as a guide: 1. ¿Cuántos años tenías? 2. ¿Cómo se llamaba el (la) chico(a)? 3. ¿Cómo era él (ella)? ¿Cuántos años tenía? 4. ¿Adónde fueron Uds.? 5. ¿A qué hora salieron de casa? 6. ¿Te llevaron tus padres en el coche? ¿Condujo tu amigo(a) o condujiste tú? 7. ¿Qué hicieron Uds.? 8. ¿A qué hora volvieron a casa? 9. ¿Te divertiste? 10. ¿Pasó algo inesperado?

7-33 **La primera cita.** Las escenas de los dibujos representan la primera cita *(date)* de Ana. Describe cómo fue, contestando las preguntas oralmente con un(a) compañero(a) de clase.

1. ¿Qué hacía Ana cuando Ramón la llamó por teléfono? ¿Qué la invitó a hacer? ¿Cómo reaccionó ella?
2. ¿Estaba lista Ana cuando Ramón llegó a su casa? ¿Qué llevaba ella? ¿Qué le trajo Ramón? ¿Qué hizo el papá de Ana?
3. Cuando Ramón y Ana llegaron a la fiesta, ¿qué hacían sus amigos? ¿Qué clase de música tocaba la orquesta?
4. ¿Qué le pasó a Ramón mientras bailaba con Ana?
5. ¿Adónde tuvo que ir Ramón? ¿Lo acompañó Ana? ¿Qué tratamiento médico recibió Ramón? ¿Tuvieron que ponerle un yeso?
6. ¿Adónde fueron Ana y Ramón después de salir del hospital? ¿Qué hicieron? En tu opinión, ¿se divirtieron Ramón y Ana en su primera cita?

1.

2.

3.

4.

5.

6.

Síntesis

7-34 Anécdotas. Escucha las anécdotas sobre eventos memorables y completa las oraciones a continuación.

Las vacaciones

Answers to Exercise 7-34: 1. b; 2, c; 3, a; 4, c; 5. b 6. a; 7.b; 8.c

1. Las vacaciones de Diana fueron _____.
   a. estupendas   b. así, así   c. horribles

2. Diana fue a esquiar en _____.
   a. un lago   b. el mar   c. las montañas

3. Diana no pudo acampar debido *(due to)* _____.
   a. al clima
   b. a que no tenía el equipo necesario
   c. a que no había ningún espacio desocupado

4. Diana pasó la noche en _____.
   a. su automóvil   b. la casa de sus padres   c. un hotel

La cita de David

5. David llevó a Marilú al _____.
   a. cine   b. restaurante   c. parque

6. El restaurante era _____.
   a. elegante   b. informal   c. económico

7. La cena incluyó _____.
   a. vino y frutas   b. vino y postre   c. café y postre

8. La causa del problema de David era _____.
   a. Marilú   b. la comida   c. el dinero

7-35 La luna de miel de René y Rita. Con un(a) compañero(a), lee la información que Rita escribió en su diario para describir su luna de miel. Cambia los verbos del tiempo presente al pretérito o al imperfecto.

Día 1

1. (Ser) _____ las diez de la noche. 2. (Hacer) _____ calor. La noche 3. (ser) _____ clara porque (haber) _____ una luna llena. Nosotros 4. (tener) _____ hambre. A las diez y media, 5. (decidir) _____ pedir comida del restaurante del hotel. Mientras nosotros 6. (esperar) _____ la comida, René y yo (dormirse) _____. De repente, alguien 7. (tocar) _____ en la puerta. René 8. (despertarse) _____ y (abrir) _____ la puerta. Allí, 9. (haber) _____ un hombre con una pistola en la mano. El hombre 10. (llevar) _____ un uniforme de prisionero. El hombre 11. (entrar) _____ en la habitación y (repetir) _____ dos veces, "¡Silencio o los mato!" En ese momento, el camarero 12. (anunciar) _____ su llegada. Después de un minuto, el prisionero 13. (decir) _____, "¡Váyase! No queremos nada." Inmediatamente, nosotros 14. (oír) _____ a varias personas que (gritar) _____, "¡Alto!; La policía!" En cinco minutos, todo 15. (terminar) _____. Entonces, nosotros 16. (saber) *(to find out)* que el prisionero (ser) _____ un asesino muy conocido. ¡Qué suerte!

Día 2

Por la mañana, René y yo 17. (despertarse) _____, (ducharse) _____, (vestirse) _____ y (marcharse) _____ a casa. ¡Qué luna de miel!

Complete one item together as a class. Point out how different interpretations or phrasing may affect the choice of verb tense. Remind students to use connecting words like **cuando** or **mientras** to link some sentences together.

7-36 Cuéntame... Escribe pequeños cuentos para cada dibujo. Tienes que usar el imperfecto y el pretérito e incorporar el vocabulario correspondiente.

MODELO: ser las once de la noche / estar en una fiesta / bailar con Elena / ver a su ex novia

Eran las once de la noche. Miguel estaba en una fiesta. Mientras bailaba con Elena, vio a su ex novia. ¡Qué sorpresa!

1. montar en bicicleta / ver a una chica / correr en el parque / ser muy guapa / perder *(to lose)* la concentración / chocar con *(to run into)* un árbol

2. ser un día bonito / hacer mucho sol / decidir ir al campo / hacer un picnic / ver a unos extra-terrestres / correr al coche

3. estar en un barco / todo estar tranquilo / nadar en el agua / pescar / ver un tiburón *(shark)* / gritar *(to shout)*

4. llover mucho / estar aburridos / oír la música del vendedor de helados / mamá darles dinero / comprar dos helados / estar contentos

¡Vamos a hablar! | Estudiante

Contexto: Hay muchos hispanos que se destacan por sus duraderas y valiosas contribuciones al mundo. Tú y tu compañero(a) van a usar la información a continuación para conversar sobre algunos de ellos y completar la tabla. Tú tienes parte de la información y tu compañero(a) tiene otros datos diferentes. Tú **(Estudiante A)** vas a iniciar la conversación con unas preguntas sobre Gabriela Mistral. Después, tu compañero(a) **(Estudiante B)** debe continuar la conversación con otra pregunta sobre la misma persona.

MODELO: *¿Cuándo murió Gabriela Mistral?*
¿Cuál era la nacionalidad de Desi Arnaz?
¿Cuándo murió Sor Juana Inés de la Cruz?
¿Cuál era la ocupación de Ernesto Lecuona?
¿Por qué era famosa Frida Kahlo?

┌─ Vocabulario útil ─┐

poeta	poet
monja	nun
compositor	composer
jugador	player
Salón de la Fama	Hall of Fame

Before doing the pair work, have students generate several of the questions and write them on the board. This is a good oportunity to review the uses and forms of the preterite and the imperfect tenses.

Desiderio (Desi) Arnaz

Frida Kahlo

Roberto Clemente

Gabriela Mistral

	Fechas	Nacionalidad	Ocupación	Famoso(a) por
Gabriela Mistral	1889–?	chilena	?	?
Desiderio (Desi) Arnaz	?–1986	?	actor y director de orquesta	fundar Desilú (compañía de teleproducción) casarse con Lucille Ball
Sor Juana Inés de la Cruz	1651–?	mexicana	?	?
Ernesto Lecuona	?–1963	cubano	?	componer canciones, danzas y obras líricas: "Malagueña"
Frida Kahlo	1907–?	?	pintora	?
Roberto Clemente	?	puertorriqueño	?	ser el primer hispano nombrado al Salón de la Fama

¡Vamos a hablar! | Estudiante (B)

Contexto: Hay muchos hispanos que se destacan por sus duraderas y valiosas contribuciones al mundo. Tú y tu compañero(a) van a usar la información a continuación para conversar sobre algunos de ellos y completar la tabla. Tú tienes parte de la información y tu compañero(a) tiene otros datos diferentes. Tu compañero(a) (**Estudiante A**) va a iniciar la conversación con unas preguntas sobre Gabriela Mistral. Después, tú (**Estudiante B**) debes continuar la conversación con otra pregunta sobre la misma persona.

MODELO: *¿Cuándo nació Gabriela Mistral?*
¿Cuándo murió Desi Arnaz?
¿Cuál era la nacionalidad de Sor Juana Inés de la Cruz?
¿Por qué era famoso Ernesto Lecuona?
¿Cuál era la ocupación de Frida Kahlo?

| Desiderio (Desi) Arnaz | Frida Kahlo | Roberto Clemente | Gabriela Mistral |

	Fechas	Nacionalidad	Ocupación	Famoso(a) por
Gabriela Mistral	?–1957	?	maestra y poeta	escribir *Los poemas a las madres* recibir el premio Nóbel de literatura
Desiderio (Desi) Arnaz	1917–?	cubano	?	?
Sor Juana Inés de la Cruz	?–1695	?	poeta y monja	escribir poesías como las llamadas *Romance* ser "la Décima Musa"
Ernesto Lecuona	1895–?	?	compositor	?
Frida Kahlo	?–1954	mexicana	?	pintar *Autorretrato* casarse con Diego Rivera
Roberto Clemente	1934–1972	?	jugador de béisbol	?

¡Vamos a leer!

Estrategias: Paraphrasing and summarizing

 La paráfrasis — When you paraphrase a sentence or a paragraph, you restate the main ideas in your own words. In Spanish, this technique is called **parafrasear.**

 El resumen — When you summarize (**resumir**) an article, you provide an overview of the whole piece by recounting only the most important points. Your summary (**resumen**) should be much shorter than the original article.

7-37 The young Mexican American singer Selena was tragically killed while she was still rising to the height of her career. The following selections are taken from an article published by a Chicago newspaper on the fifth anniversary of her death. As you read the article, you will practice two important strategies: paraphrasing and summarizing.

1. Here is a paraphrase in Spanish of the first two paragraphs of the article on Selena; compare it to the original text:

   La cantante Selena es una figura importante en la música tejana; pero es aún más importante por el gran impacto positivo que tuvo en los jóvenes latinos de los Estados Unidos.

   The following is a paraphrase in English of the third paragraph:

   Lourdes Castillo, a Mexican filmmaker who directed a documentary about Selena's fans, believes that Selena's work increased recognition of the presence of Mexican elements in American music and culture.

   a. Read the first paragraph under the section subtitled **"El recuerdo."** Write a paraphrase of this information in English.
   b. Next, read the second paragraph in the same section. (**La muerte de la joven...**) and write a simple paraphrase of it in Spanish.

2. Using the following list as a starting point, write a brief summary (ten to twelve sentences) of this article in Spanish.

   • Introductory sentence:
   Identify the person under discussion and explain briefly her importance.

   • Her life and times:
   Provide basic biographical information, recount the growth of her career, and explain how and when she died.

   • Selena, the legend:
   Describe the impact Selena had on music in the United States and the ways in which she continues to be remembered.

Writing summaries is a very challenging task at this level; you should expect the events to be told in a very general or global fashion. If you feel this task is above the level of the class, have the students write a summary in English for homework; then, in class, form groups of students and have each group summarize in Spanish just one point of the outline. Combine the work of various groups on the board to produce the final summary.

Selena

más que estrella, símbolo

POR LUIS PARDO SALABARRIA

El fenómeno Selena sobrepasa los marcos musicales. Su trayectoria artística, más que una importante obra discográfica, impone un precedente inspiracional de índole social.

La joven cantante, nombrada por su inmensa legión de admiradores *Reina de la música tejana,* es modelo para millones de jóvenes latinos que en Estados Unidos tratan de convertir sus esperanzas en realidad.

"Era una figura muy importante del arte popular, que revindicó la presencia de los rasgos mexicanos, diferentes a los anglosajones, en el espectáculo y en la cultura de Estados Unidos", afirma Lourdes Castillo, cineasta de origen mexicano que dirigió el documental Corpus, centrado en los fans de Selena, que encontraron en ella un símbolo a imitar.

Su trayectoria

Selena Quintanilla nació el 16 de abril de 1971 en Lake Jackson, Tejas y, ocho años más tarde, debutó como cantante, ganándose rápidamente la simpatía y preferencia del público latino en México y Estados Unidos. Durante los ochenta Selena creció como artista y pulió su estilo. Su reputación florecía cada vez más.

En 1992 contrajo matrimonio con Chris Pérez, guitarrista de su banda y, dos años más tarde, ganó un premio Grammy por su disco *Selena Live.* En 1995, su álbum *Amor prohibido* se situó en el primer lugar de la cartelera latina de la revista *Billboard* y también resultó nominada para otro Grammy.

El 31 de marzo de 1995, la estrella de la música tejana fue asesinada a tiros por su amiga Yolanda Zaldívar en el motel Days Inn de Corpus Christi, Tejas. Tenía al morir 23 años y estaba a punto de lanzar su primer disco en inglés. Zaldívar, presidenta del Club de Admiradores, fue condenada a cadena perpetua en la prisión de Gatesville, Tejas.

El recuerdo

"Para mí, Selena era como una hermana. Más que nada perdí a una gran compañera, una amiga, que fue una gran influencia en mi vida", relata el cantautor Pete Astudillo, quien compuso algunos temas para la artista.

La muerte de la joven estrella se convirtió en un negocio altamente lucrativo. Después de su asesinato, los discos de Selena lograron ventas

(sigue)

(sigue)

astronómicas. Solamente en México y Estados Unidos se comercializaron millones de ejemplares.

Entre los mayores triunfos de la artista están los Discos de Oro logrados por sus álbumes *Selena Live* y *Amor prohibido* y diez trofeos otorgados por la revista *Billboard,* en 1994, así como su inclusión en el Salón de la Fama de *Billboard* y la salida de *Dreaming of You* (triple platino en Estados Unidos). Pero, sin duda, el más importante de todos ha sido el de permanecer en el recuerdo de sus seguidores.

"A partir de su muerte, la música tejana adquirió mayores dimensiones, aunque antes de su muerte, Selena ya le estaba abriendo muchas puertas", recuerda Pete Astudillo.

Con posterioridad a su asesinato, se filmó la película *Selena,* protagonizada por James Olmos y Jennifer López.

Un lustro

Este año Selena recibe dos nuevos homenajes. Uno de ellos es la puesta en escena de *Selena Forever,* una obra que representa la trayectoria de una familia que trata de triunfar en el campo musical. El otro gran proyecto del 2000 para recordar a Selena ha sido el lanzamiento del CD *Todos mis éxitos volumen 2* (EMI Latin), que agrupa 16 hits internacionales.

Lo cierto es que Selena se convirtió en una gran estrella que cada día brilla más con su música en los corazones de sus seguidores.

Un paso más: Cuaderno de actividades

Vamos a escribir: Writing a narrative in the past   Pág. 156
You will practice using the past tenses you've learned, **el pretérito** and **el imperfecto,** to tell a story. You will also explore the structure of a basic narration, including **la situación** which gives an introduction to your story and sets the scene, **el punto culminante** or climax, and the **desenlace** which tells the outcome of events. You will also explore the elements of narrative voice and tone as you read a sample narration before writing one of your own. It is a good idea to review the uses of the preterite and imperfect tenses before getting started!

Vamos a mirar: Pág. 159
Vídeo 1: El álbum de fotos
Laura and her children are looking at the family photo album. As you watch, notice how the photographs spark questions on the part of the children and stories from Laura's childhood. What verb tenses do you suppose she uses to tell the stories?
Vídeo 2: Vistas de Costa Rica

Panorama cultural

Costa Rica

Transparency Bank
A-15

A variety of indigenous tribes inhabited the area. Each had their own distinct culture; few had large, organized communities. Very few survived the Spaniards.

Juan Vázquez de Coronado had established Cartago as the nation's capital in 1563. First, its economy failed, then in 1723 Irazú erupted and destroyed what was left of it.

San José began as one of the four leading self-governing cities that battled for power until 1835, when, after the War of the League, San José established itself as the nation's center.

In 1824 Costa Rica became a state of the República Federal de América Central. After the collapse of the Republic in 1838, Costa Rica became an independent nation.

Today there are more than 50,000 coffee plantations in the Central Mesa of the country.

The coffee economy began prospering in the early 1800s. The government supplied the plants and ordered everyone to grow some. In 1843 an English ship stopped at a port in Costa Rica to get some ballast. The excess coffee crop was loaded onto the ship and later sold by the captain, thus beginning coffee trade with Europe.

The Costa Rican government is characterized by a long-standing tradition of democratic elections. It has the most stable democratic government in Central America, having had only three military coups in 150 years and having enjoyed peace since 1949.

In 1991 Mexico joined the Plan for Economic Integration of Central America.

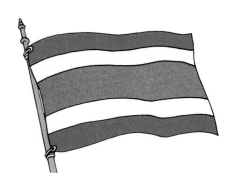

Datos esenciales

- Nombre oficial: República de Costa Rica
- Capital: San José
- Población: 3.674.490 habitantes
- Unidad monetaria: El colón
- Principales industrias: Exportación de café, banano, azúcar, flores, plantas ornamentales y energía hidroeléctrica. Manufactura de textiles y productos farmacéuticos. El ecoturismo es una importante industria.
- De especial interés: Este país de enorme belleza natural tiene un 25% de su tierra dedicada a parques nacionales. Siete de sus conocidos volcanes continúan activos. El Volcán Irazú hizo erupción en 1963 y 1964.

1502 Llega Cristóbal Colón al área, pero como ésta no tiene grandes riquezas minerales, la corona española no le presta mucha atención y la coloniza lentamente.

1821 Costa Rica se une a otras naciones centroamericanas y declara su independencia de España.

Un **vistazo** a la historia

1736 Antonio Vázquez de la Cuadra funda San José.

Personajes de ayer y de hoy

Óscar Arias Sánchez, presidente de Costa Rica y ganador del Premio Nóbel de la Paz en 1987. Nació en 1941 en Heredia. Ganó las elecciones presidenciales en 1986, una época *(a time)* de grandes conflictos internos en muchos países centroamericanos. Arias promovió la paz, la democracia, la libertad y la protección de los derechos *(rights)* humanos. Preparó en 1987 un plan para la paz, que fue firmado *(signed)* por todos los presidentes centroamericanos. En 1988 fundó la Fundación para la Paz y el Progreso Humano, y hoy día continúa promoviendo la desmilitarización, el control de armas, la prevención de una guerra nuclear, en fin, la paz global.

Quince Duncan, uno de los más conocidos autores del tema negrista *(African)* de Centroamérica. Nació en San José en 1940, de padres de herencia jamaiquina. Ha escrito cuentos *(short stories)*, novelas, ensayos, artículos y poemas. En su obra, trata el tema de los sufrimientos, la discriminación social y las aspiraciones de los ciudadanos negros de Costa Rica. Su obra documenta la historia de los negros y presenta las características culturales que contribuyeron a la enajenación *(alienation)* de los negros en la sociedad.

Franklin Chang-Díaz, científico y primer astronauta hispano en el espacio. Nació en San José en 1950. Cuando tenía siete años, el año del lanzamiento del *Sputnik I* ruso, comenzaron sus sueños de ser *(become)* astronauta. Decidió ir a vivir con parientes en Hartford para estudiar la secundaria en los EE.UU. En la Universidad de Connecticut se graduó en ingeniería mecánica y obtuvo su doctorado en física de MIT. Fue escogido como astronauta por NASA en 1980. Demostró su orgullo *(pride)* de ser hispano cuando en 1986, a bordo del *Columbia* en el espacio, les habló en español a todos los hispanos que lo aplaudían desde la Tierra.

The political turmoil in Central America that President Arias encountered included the fall of the Somoza dictatorship in 1979 and the Sandinista regime in Nicaragua; civil war in Guatemala; internal unrest in El Salvador and Nicaragua; and border tensions among Nicaragua, Honduras, and Costa Rica.

Notas culturales de interés

Los majestuosos bosques lluviosos tropicales de Costa Rica son lugares ricos y misteriosos que atraen a turistas que buscan estar en contacto con la naturaleza. Estos bosques, con su densa vegetación, albergan *(to harbor, foster)* una diversidad biológica sorprendente. Allí proliferan especies espectaculares, como macaos y aves multicolores, enormes y brillantes mariposas *(butterflies)*, jaguares, caimanes, monos *(monkeys)*, ardillas *(squirrels)*, culebras *(snakes)*, ranas *(frogs)* y miles de tipos de insectos. Aunque hace escasamente *(barely)* cien años el 14% de la superficie del planeta estaba cubierto de bosques lluviosos tropicales, hoy solamente es el 7%. ¡A este paso *(At this rate)*, no quedarán bosques lluviosos tropicales para el año 2040! Costa Rica es uno de los líderes mundiales en este esfuerzo de conservación.

1949 Después de una guerra civil en 1948, se abolió formalmente el ejército, pero se mantiene una guardia civil.

1990 Se empieza a planificar la unificación de los países del área en la Comunidad Económica Centroamericana.

1843 Es uno de los mejores años en la producción de café. Por casualidad *(by chance)* un barco inglés lleva el café costarricense a Europa y la economía del país florece.

¿Qué sabes sobre Costa Rica?

7-38 **Un dato de importancia.** Trabaja con un(a) compañero(a). Encuentren estos datos de especial importancia.

1. Un personaje de importancia histórica y política, no solamente para Costa Rica, sino también para toda Centro América es ____.

2. Una condición geológica de importancia y potencial peligro es ____.

3. Un científico costarricense que logró grandes éxitos en su carrera es ____.

4. Un documento que fue firmado por presidentes de varias naciones y que significa un gran progreso en relaciones internacionales es ____.

5. Es un producto de exportación que crece con facilidad en la tierra volcánica del país y gracias al cual Costa Rica dio el primer paso hacia la prosperidad económica ____.

6. Un autor que documentó la historia y cultura de un grupo étnico minoritario dentro de la sociedad costarricense es ____.

7. Una fecha de importancia que marca un paso definitivo hacia la paz en Costa Rica es ____.

7-39 **Una herencia mundial.** La condición en que dejemos *(we leave)* el planeta afectará la vida de las generaciones futuras. Trabajen en grupos para organizar las palabras a continuación en tres categorías: (1) las causas de la destrucción de los bosques lluviosos tropicales, (2) los efectos de esa destrucción y (3) los diferentes tipos de acción que se pueden tomar para parar *(stop)* esta destrucción antes de que sea demasiado tarde *(before it's too late)*.

urbanización
tala *(cutting)* de árboles
campañas publicitarias
control del turismo
industria ganadera
ecoturismo
concientización de la población
aumento de la contaminación
desaparición de la posibilidad de curación para enfermedades en el futuro
agricultura comercial

crecimiento de la población
protección gubernamental
educación de los niños en las escuelas
extinción de especies
creación de parques nacionales
destrucción de ecosistemas
ayuda económica entre países
grupos conservacionistas a nivel internacional

Causas	Efectos	Acciones

Vocabulario

Sustantivos

el árbol *tree*
la artesanía *arts and crafts, handicrafts*
el básquetbol *basketball*
el béisbol *baseball*
el campo *country(side)*
el campo de fútbol *soccer field*
el candelabro *Menorah, candelabra*
las cartas *(playing) cards*
la celebración *celebration*
la champaña *champagne*
el cine *cinema, movie theater*
el concierto *concert*
el conjunto *(musical) group*
el cuento *story*
el cumpleaños *birthday*
el desfile *parade*
el Día de Acción de Gracias *Thanksgiving*
el Día de la Independencia *Independence Day*
el Día de las Brujas *Halloween*
el Día de los Enamorados *Valentine's Day*

el Día de Año Nuevo *New Year's Day*
el día festivo *holiday*
el equipo *team*
la estación *season (of the year)*
la exposición *exhibition*
el festival *festival*
el fin de semana *weekend*
los fuegos artificiales *fireworks*
la función *show*
el gimnasio *gym*
el gol *goal*
el golf *golf*
la iglesia *church*
el invierno *winter*
la Jánuca *Hanukkah*
el (la) jugador(a) *player*
la lluvia *rain*
la montaña *mountain*
la Navidad *Christmas*
la nieve *snow*
la Noche Vieja *New Year's Eve*
la Nochebuena *Christmas Eve*
la obra (de teatro) *play, drama*
el otoño *fall, autumn*

la Pascua Florida *Easter*
el pastel de cumpleaños *birthday cake*
el pavo *turkey*
Pésaj *Passover*
la película *movie*
la playa *beach*
la primavera *spring*
el pronóstico *forecast*
el regalo *present, gift*
la sinagoga *synagogue*
el teatro *theater*
la temperatura *temperature*
el tiempo *weather*
el tiempo libre *free time*
la tormenta *storm*
el trabajo *work, job*
las vacaciones *vacation*
la vela *candle*
el villancico *(Christmas) carol*
el verano *summer*
el vóleibol *volleyball*

Verbos

acostumbrar (a) *to be accustomed (to)*
bailar *to dance*
brindar *to make a toast*
cantar *to sing*
celebrar *to celebrate*
chocar con *to run into*
conocer *to meet, be introduced to*
contar (ue) *to tell (a story)*
dar un paseo *to take a walk*
decorar *to decorate*
disfrutar (de) *to enjoy*
encender (ie) *to light*
encontrar (ue) *to meet*

enfermarse *to get sick*
esperar *to wait; to hope*
esquiar *to ski*
exhibir *to be on exhibit*
ir de *picnic* *to go on a picnic*
levantar pesas *to lift weights*
llevar *to wear; to carry; to take*
llover (ue) *to rain*
marcar *to score*
montar a caballo *to go horseback riding*
nadar *to swim*
nevar (ie) *to snow*
ocurrir *to happen, occur*

pasarlo bien *to have a good time*
pescar *to fish*
presentar *to present; to introduce*
quedarse *to stay; to remain*
regalar *to give (as a present)*
recibir *to receive*
romper *to break*
reunirse *to get together*
salir *to go out (on a social occasion)*
terminar *to finish*
tocar *to play (an instrument)*

Otras palabras

despejado(a) *clear*
divertido(a) *funny*
fabuloso(a) *great*
fatal *terrible*

muchísimo(a) *very much*
nublado(a) *cloudy*
otro(a) *other; another*
pésimo(a) *terrible, awful*

sabroso(a) *delicious*
toda la noche *all night*

Expresiones útiles

¿A qué hora vamos? *What time shall we go?*
A lo mejor... *Maybe, probably . . .*
A *(person)* **se le rompió...** *(Person) broke his/her . . .*
¿Adónde fuiste? *Where did you go?*
¡Ay, pobrecito! *Oh, the poor thing!*
¿Cómo fue? *How did it happen?*
¡Cómo no! *Of course!*
¿Cómo pasaste el fin de semana? *How did you spend last weekend?*
¿Cuál es la temperatura? *What is the temperature?*
Déjame contarte... *Let me tell you . . .*
¿De veras? *Really?*
Dime... *Tell me . . .*
¿Dónde nos encontramos? *Where shall we meet?*
Está despejado (nublado). *It's clear (cloudy).*
Estamos a... grados. *The temperature is . . . degrees.*
Está nevando (lloviendo). *It's snowing (raining).*
¡Fatal! *Terrible! A disaster!*
Hace buen (mal) tiempo. *It's good (bad) weather.*
Hace sol (calor, fresco, frío, viento). *It's sunny (hot, cool, cold, windy).*
La próxima vez. *Next time.*
Lo pasé bien (mal, así así). *I had a good (bad, so-so) time.*

Lo siento pero... *I'm sorry, but . . .*
Nada en (de) particular. *Nothing special. Nothing in particular.*
¡No me digas! *You're kidding!*
No puedo porque... *I can't because . . .*
Paso por tu casa... *I'll come by your house . . .*
¿Por qué no... ? *Why don't . . . ?*
¡Qué bien! *How nice!*
¡Qué buena idea! *What a good idea!*
¡Qué buena (mala) suerte! *What good (bad) luck!*
¿Qué hiciste anoche? *What did you do last night?*
¡Qué lástima! *What a shame!*
¿Qué me cuentas? *What's new?*
¿Qué piensas hacer...? *What are you thinking of doing . . . ?*
¿Qué tal tu fin de semana? *How was your weekend?*
¿Qué (te) pasó? *What happened (to you)?*
¿Qué tiempo hace? *What is the weather like?*
¿Quieres ir a... ? *Do you want to go to . . . ?*
¿Sabes lo que (me) pasó? *Do you know what happened (to me)?*
Te espero allí. *I'll wait for you. / I'll meet you there.*
Tengo un compromiso. *I have an engagement (another commitment).*

For further review, please turn to Appendix E.

Capítulo 8

De compras

Objetivos

Speaking and Listening

- Naming items of clothing and colors
- Handling shopping transactions for clothing, accessories, and souvenirs
- Referring to floors of a building with ordinal numbers
- Bargaining for souvenirs

Reading

- Decoding complex sentences

Writing *(Cuaderno de actividades)*

- Editing and proofreading

Culture

- Bolivia
- Fashion in Hispanic countries

Grammar

- Some verbs like **gustar**
- Direct object pronouns
- Indirect object pronouns

A primera vista

Suggested pace: 3–4 class hours for this chapter.

This ***A primera vista*** introduces the chapter theme of shopping.

Luis Paret y Alcázar depicts in his paintings the refinement and elegance of 18th century courtesan life in Madrid. Help students notice the lavish decor of the shop and the genteel manners of the individuals. The scene may not meet students' expectations of a typical store or of a shopping experience.

Urge students to expand upon the typical contemporary shopping experience and how their painting would depict it. Have them describe how shoppers and clerks dress, act, and speak; how stores are decorated and products displayed, etc.

Perhaps some art majors in your class would like to create a contemporary version of *La tienda* for extra credit.

Trabaja con un(a) compañero(a) de clase. Estudien el cuadro y lean los datos biográficos de Luis Paret y Alcázar. Después discutan las siguientes preguntas.

1. El cuadro se llama *La tienda (The Shop/Store)*. ¿Les parece a Uds. una tienda? ¿Qué características de una tienda típica pueden encontrar? Marquen todas las respuestas posibles.
   - ☐ Hay un mostrador *(counter)*.
   - ☐ Hay una caja registradora *(cash register)*.
   - ☐ Hay muchos letreros de ¡Venta! *(Sale)*.
   - ☐ Hay dependientes *(clerks)*.
   - ☐ Hay clientes.
   - ☐ Las señoras están mirando un artículo con interés.

2. ¿Qué características de esta tienda pueden hacerla parecer *(make it seem like)* una habitación de un palacio?
   - ☐ los cuadros y tapices *(tapestries)*
   - ☐ el trono *(throne)* del Rey
   - ☐ la elegancia de las señoras y el señor sentado
   - ☐ No hay mucha gente de compras.
   - ☐ los modales *(mannerisms)* tan galantes de la gente
   - ☐ No se ve claramente qué artículos se venden.

3. De todo lo que puede ofrecer una tienda hoy en día, ¿qué es lo más importante para Uds.? ¿Qué les hace comprar en una tienda en lugar de otra?
   - ☐ la variedad de productos, selección
   - ☐ la calidad y el estilo de los productos
   - ☐ los buenos precios, los descuentos y las ofertas regulares
   - ☐ el servicio amable y rápido
   - ☐ las marcas famosas *(name brands)* y marcas de diseñadores
   - ☐ la conveniencia; hay de todo bajo un solo techo

4. Imagínense que uno de Uds. es un pintor contemporáneo y decide pintar una versión moderna de *La tienda*. ¿Qué elementos deben aparecer para mostrar un día de compras típico de hoy en día?

Luis Paret y Alcázar (1746–1799)

Nacionalidad: español (madrileño)

Otras obras: *Carlos III comiendo ante la corte, Las parejas reales, La concha de San Sebastián, La circunspección de Diógenes, Jura de Fernando VII como Príncipe de Asturias*

Estilo: Luis Paret y Alcázar presenta en sus obras la elegancia y el refinamiento de la vida de Madrid del siglo XVIII. El ambiente cortesano, elaborado y exquisito de París, cobra vida *(comes alive)* en su estilo rococó lleno de gracia y elegancia. Es conocido como el segundo pintor de su época, por haber sido su fama opacada *(outshined)* por su contemporáneo Francisco de Goya.

Rococo was the artistic style born in France during the 18th century as a renovation of the baroque, which began in the 16th century. It was an art of contrasts (such as dark and light) and individualism. Examples of baroque architecture are the Palace of Versailles, in France, and the Plaza Mayor of Madrid and Salamanca, in Spain.

La tienda
Luis Paret y Alcázar

Paso 1

In this *Paso* you will practice:
- Naming articles of clothing and colors
- Making clothing purchases in a store
- Expressing your reactions to the style and fit of clothing

Grammar
- Some verbs like **gustar**
- Direct object pronouns

The suggested pace for this *Paso* is 1 to 1½ class hours.

The English equivalents for the *Vocabulario temático* sections are found in Appendix E.

Transparency Bank
I-1, I-2, I-3

Ordinal numbers for *first* through *fifth* were introduced in *Capítulo 2;* review them as you present the new ones.

Names for some articles of clothing vary from country to country. Jeans, for example, may be called **tejanos** or even **bluejeans; vaqueros** is common in Spain.

Introduce the vocabulary with drawings or props. Practice the terms by having students name clothing according to categories you provide: **ropa para niñas, ropa para hombres, ropa de verano, ropa de seda, ropa de algodón.** For further practice, have students tell what part of the body certain articles of clothing go on, such as **los guantes = las manos.**

Vocabulario temático
EN UN GRAN ALMACÉN

Cliente
Por favor, ¿dónde se encuentran
  los pantalones para hombres?
  las blusas para niñas
  los zapatos para mujeres

Dependiente
Están en *el sótano.*
  la planta baja
  el primer (1er) piso
    segundo (2º)
    tercer (3er)
    cuarto (4º)
    quinto (5º)
    sexto (6º)
    séptimo (7º)
    octavo (8º)
    noveno (9º)
    décimo (10º)

La ropa

un traje   una camisa   una corbata   unos calcetines   una falda

un vestido   unas pantimedias   unos vaqueros   unos pantalones cortos   una sudadera

un suéter   un cinturón   un traje de baño   unas sandalias   un abrigo

un impermeable   una chaqueta   unas botas   unos guantes   una camiseta

Los colores y otros detalles

rojo   rosado   anaranjado   amarillo   verde   azul

azul marino   morado   blanco   negro   gris   marrón

beige   (color) crema   de cuadros   con lunares   de rayas   estampado

Point out that the word **crema** does not have to agree with the noun because it is derived from a noun, *cream*. For example, **María llevaba un vestido (color) crema.**

The word for clothes, **ropa**, is generally used in the singular. Underwear is often called **ropa interior.**

Mention to students that "beige" is often pronounced in Spanish as "béis."

¿Sabías que...

- When the names of colors are used as adjectives to describe clothing (or other things), you must make the color words agree in number and gender with the noun they are describing.

  ¿Tienen Uds. vestid**os** amarill**os**?   *Do you have yellow dresses?*

  This agreement is *not* made, however, when you say *in* what color you would like an item.

  ¿Tienen Uds. estos zapatos **en negro**?   *Do you have these shoes **in black**?*

- The word *brown* has several equivalents in Spanish: for hair and eye color, **castaño** is often used; for clothing and other items, **marrón** or **café** is more common. The color **pardo** refers to a grayish-brown or taupe shade.

- Ordinal numbers are adjectives and must agree in number and gender with the nouns they modify; they are generally placed before the noun. **Primer** and **tercer** drop the **-o** ending before a masculine singular noun.

  los primeros exploradores   *the first explorers*
  el primer piso   *the first floor*

- After **décimo**, Spanish speakers tend to use cardinal numbers (**once, doce, trece,** etc.) instead of ordinal numbers.

  Mi apartamento está en **el piso doce.**   *My apartment is on the twelfth floor.*

- In many Hispanic countries, the ground floor or street level is called **la planta baja,** and the second floor is called **el primer piso.** Sometimes **planta** is used instead of **piso** for other floors as well.

¿Prefieres comprar ropa en las grandes almacenes o en las tiendas pequeñas? ¿Con qué frecuencia vas a los pulgueros *(flea markets)*? ¿Siempre usas la misma talla o cambias de talla según la marca *(brand name)*?

En el mundo hispano, al igual que en EE.UU., las grandes ciudades ofrecen una gama completa de tiendas, boutiques y grandes almacenes *(department stores)* donde se puede ir de compras. En Madrid, España, por ejemplo, puedes comprarlo todo, desde comida para tus perros hasta abrigos de piel *(fur)*, en El Corte Inglés, uno de los grandes almacenes más importantes del país. Si prefieres, puedes caminar por el barrio de Salamanca e "ir de escaparates" *(go window-shopping)* en las boutiques de famosos diseñadores. Si quieres buscar gangas *(bargains)* o curiosidades, entonces debes ir al Rastro, el gigantesco pulguero *(flea market)* que se extiende por las calles de la Plaza Mayor los domingos por la mañana.

Una diferencia entre los Estados Unidos y los países hispanos son las tallas y los números de zapatos. En España y en Latinoamérica, las tallas se basan en el sistema métrico; puedes ver las diferencias en la tabla. En España usan el sistema de tallas europeo; en Latinoamérica usan los dos sistemas, según *(depending on)* el país. ¿Qué tallas llevas tú en el sistema europeo?

Las tallas y los números

Caballeros

Zapatos						
Estados Unidos	7	8	9	10	11	12
Europa	39	41	43	44	45	46

Trajes/Abrigos						
Estados Unidos	34	36	38	40 42	44 46	48
Europa	44	46	48	50 52	56 58	60

Camisas						
Estados Unidos	14	14½	15	15½ 16	16½ 17	17
Europa	36	37	38	39	41 42	43

Damas

Zapatos						
Estados Unidos	4	5	6	7	8	9
Europa	35	36	37	38	39	40

Vestidos/Trajes						
Estados Unidos	8	10	12	14	16	18
Europa	36	38	40	42	44	46

Point out that while shopping in department stores is quite common, many people prefer and value highly personal service they receive in smaller stores.

Ponerlo a prueba

8-1 Una orden por catálogo. La Sra. Davis quiere pedir algunas cosas del catálogo de JC Penny. Escucha la conversación entre ella y la operadora; después, completa la información del formulario en una hoja de papel.

Answers to Exercise 8-1: Davis; Margarita; calle Correne, 1743, Canton; Ohio; 44178; 216-555-4884; al contado; recoger en la tienda; Artículos: 1. R508-1922, chaqueta, talla 44, azul marino, una, $75; 2. R484-0641D, falda, talla 10, rojo, una, $58; 3. R503-0028C, calcetines, negro, dos paquetes, $15

Apellido: _____ Nombre: _____

Dirección: _____

Ciudad: _____

Estado: _____ Código postal: _____

Teléfono: (Área) _____

Método de pago: ☐ Cargar a su cuenta # _____ ☐ Al contado

☐ Entrega a domicilio ☐ Recoger en la tienda

Número de artículo	Artículo	Talla	Color	Cantidad	Precio

8-2 De compras en El Corte Inglés. Imagínate que estás de compras en El Corte Inglés. Consulta *la guía* y luego usa la información para completar el ejercicio oralmente con tu compañero(a). Sigan el modelo.

MODELO: las maletas
Cliente (tu compañero/a): *Por favor, ¿dónde se encuentran las maletas?*
Dependiente (tú): *Están en el primer piso.*

1. los cosméticos
2. los vestidos para niñas de uno o dos años
3. los pantalones vaqueros para jóvenes de dieciseis años
4. los trajes para hombres
5. las raquetas de tenis
6. el supermercado
7. el restaurante
8. las faldas para mujeres
9. las sandalias
10. el aparcamiento para coches

Model additional items in both the singular and the plural: **¿Dónde se encuentra el perfume? Está en la planta baja.**

El Corte Inglés has five locations all within blocks of one another in the city center of Madrid; each specializes in a different range of products: clothing, electronics, homeware, books, etc. This realia features the location on calle Preciados, which specializes in fashions.

Before students pair up, point out that **moda** means *fashions* and that the **S** in the store directory refers to **el sótano,** the basement.

Follow-up to Exercise 8-2: Have students role-play additional items of their choosing.

EL CORTE INGLÉS: PRECIADOS CALLAO
Preciados, 3 MODA

7 CAFETERÍA-RESTAURANTE, OPORTUNIDADES, PROMOCIONES ESPECIALES.

6 DEPORTES. Agencia de Viajes.

5 MODA JOVEN. Territorio Vaquero.

4 MODA MUJER. Peluquería de Mujer.

3 MODA HOMBRE. Peluquería de Hombre.

2 MODA INFANTIL. Bebés. Juguetes. Futura Mamá. Centro de Seguros. Servicio al cliente.

1 LENCERÍA Y CORSETERÍA. ZAPATERÍAS. Artículos de Viaje. Tejidos y Mercería. Agencia de Viajes.

B COMPLEMENTOS DE MODA. Perfumería y Cosmética. Turismo. Optica 2000. Servicio al Cliente.

S SUPERMERCADO. Artículos de Limpieza. Pastelería. Papelería. Juegos de Sociedad. Artículos de Fumador. Estanco.

● APARCAMIENTO. Taller del Automóvil. Estafeta de Correos. Carta de Compras.

● APARCAMIENTO.

● APARCAMIENTO.

Additional activity: Someone describes what a classmate is wearing without mentioning the name; the rest of the class guesses who is being described. **"Este(a) chico(a) lleva pantalones negros y... ; ¿quién es?"**

8-3 **¡Cuántos problemas!** Basándote en los pequeños dibujos, completa los siguientes mini-diálogos con los nombres de la ropa y los colores. Después, lee las conversaciones en voz alta *(aloud)* con tu compañero(a) de clase.

1. En la tintorería *(dry cleaner's):*

    Dependiente: Bueno, Sr. Rodríguez, aquí tiene Ud. su ropa, toda limpia y planchada *(pressed/ironed)...*

    Sr. Rodríguez: Pero, señora, ¡ésa no es mi ropa! Yo le traje ____.

    a.   b.   c.   d.

2. En el aeropuerto, en el Servicio de Equipaje:

    Dependiente: Por fin encontramos su maleta grande, pero, desafortunadamente, no pudimos encontrar la pequeña *(the little one).* Lo siento mucho. ¿Puede Ud. darme una descripción de los artículos que llevaba en la maleta pequeña?

    Srta. Levy: ¡Qué lata! Bueno, déjeme pensar... Creo que en la pequeña tenía ____.

    a.   b.   c.   d.

3. En una tienda, en el Departamento de Objetos Perdidos:

    Sra. Canas: Mire, señorita, acabo de perder una bolsa *(a shopping bag)* con todos los artículos que compré en esta tienda. No sé en dónde la habré dejado *(where I might have left it)...*

    Dependiente: No se preocupe, señora. Dígame, por favor, ¿qué tenía en la bolsa?

    Sra. Canas: ____.

    a.   b.   c.   d.   e.

4. Con la policía: Imagínate que mientras estabas de compras en un gran centro comercial *(shopping mall),* alguien te robó varios paquetes que tenías en el maletero *(trunk)* de tu coche. Escribe un diálogo original entre tú y el (la) policía que está investigando el caso.

Vocabulario temático
DE COMPRAS

Dependiente	Cliente
¿*Lo* atienden?	Gracias, sólo estoy mirando.
La	Podría mostrarme *el suéter* que está en el escaparate?
¿Qué desea?	Estoy buscando un suéter *de lana.*
	de algodón
	de seda
¿De qué color?	Prefiero un suéter *verde.*
¿Qué talla lleva Ud.?	Llevo la talla *mediana.*
	pequeña
	grande
	extra grande
¿Qué le parece éste?	Me parece *un poco caro.*
	demasiado formal
	¿Tiene otro *más barato?*
	más sencillo
¿Quiere probarse éste?	Sí, ¿dónde está el probador?
¿Cómo le queda el suéter?	Me queda *bien.*
	mal
	¿Tiene una talla más *grande*?
	pequeña
	¿Cuánto cuesta?
Está rebajado.	
Cuesta $40.00.	Voy a llevárme*lo.*
	¿Podría envolvérme*lo* en papel de regalo?

Transparency Bank
I-4, I-10

In some countries **usar** is used with **talla** instead of **llevar.**

To introduce this vocabulary, bring to class several sweaters (or pictures of sweaters) and act out the scene with a student, reading the lines in the presentation. Repeat with other items of clothing to demonstrate changes in verb and adjective forms.

The verbs **quedar** and **parecer** are explained later in this *Paso.* Introduce these additional expressions: **Me queda... apretado** *(tight)* / **ancho** *(wide, big)* / **incómodo** *(uncomfortable).*

Review with students how to make inquiries about methods of payment: **tarjeta de crédito, cheques de viajero, en efectivo/al contado.**

Sabías que...

- In most smaller stores, a clerk will wait on you as soon as you enter; however, should you need to ask for assistance, simply say **Señor, Señora,** or **Señorita** to get a clerk's attention.

- When using a direct object pronoun (**lo, la, los, las**), you must choose the pronoun that agrees in number and gender with the noun it is replacing. For example, when you say "I'll take *it*," you would express *it* with **la** if you were buying **una falda**; and with **lo,** if you were buying **un suéter.**

- By adding an accent mark to any form of the demonstrative adjectives **este** *(this)* and **ese** *(that),* you can use these adjectives as pronouns to express *this one* and *that one.*

  ¿Cuál te gusta más,   *Which do you like better,*
  esta falda azul o **esa falda gris**?   ***this blue skirt*** *or* ***that gray skirt***?
  Me gusta más **ésa.**   *I like* ***that one*** *better.*

- In Spanish, when referring to footwear, you must use different words for *size* and *to wear* than you would for clothing:

  For shoes or other footwear: For clothing:

  ¿Qué **número calza** Ud.?   ¿Qué **talla lleva** Ud.?
  Calzo número 43.   **Llevo talla** mediana.

- The verbs **parecer** and **quedar** have structures similar to the verb **gustar.** You will study them in more detail later in this *Paso.*

Estructuras esenciales
OTROS VERBOS COMO *GUSTAR*

Other uses of indirect object pronouns are treated in *Paso 2* of this chapter.

The verb **gustar** *(to like, be pleasing)* follows a special sentence structure; only two forms of the verb are commonly used **(gusta/gustan)** and an indirect object pronoun **(me, te, le, nos, os, les)** is used to express *to whom* the thing or activity is pleasing.

Indirect object pronoun	Verb	Subject
Nos	gusta	ir de compras.

We like to go shopping. (Going shopping is pleasing to us.)

Indirect object pronoun	Verb	Subject
Nos	gustan	esos zapatos.

We like those shoes. (Those shoes are pleasing to us.)

You have seen that other common verbs have this same pattern: **importar, interesar, encantar.** Two new verbs—**parecer** and **quedar**—also follow a pattern similar to that used by **gustar.**

- **parecer** *(to seem, appear).* With **parecer,** the adjective after the verb agrees with the subject of the sentence. The subject may be placed at the end of the sentence for both statements and questions.

(No) Indirect object	Verb	Adjective	Subject
¿No te	parece	**bonita**	**esa falda?**

Doesn't that skirt seem pretty to you?/Don't you think that skirt is pretty?

(No) Indirect object	Verb	Adjective	Subject
Nos	parecen	**caros**	**esos pantalones.**

Those pants seem expensive to us.

- **quedar** *(to fit).* With this verb, an adverb like **bien** or **mal** is often used after the verb. It is also possible to use an adjective such as **grande, pequeño, estrecho** *(narrow),* **ancho** *(wide),* or **apretado** *(tight).* The subject may be placed at the end of the sentence for both statements and questions.

(No) Indirect object	Verb	Adverb/Adjective	Subject
¿No le	queda	**un poco apretada**	**la chaqueta?**

Isn't the jacket a little tight on her/him?

(No) Indirect object	Verb	Adverb/Adjective	Subject
No me	quedan	**muy bien**	**esos zapatos.**

Those shoes don't fit me very well.

- With both **parecer** and **quedar,** it is also common to place to the subject at the front of the sentence for **statements.**

  Esos pantalones nos parecen caros.
  Esos zapatos no me quedan muy bien.

Ponerlo a prueba

8-4 **En Shopping Norte.** Carla está de compras en una boutique en Shopping Norte, un centro comercial en La Paz, Bolivia. Escucha la conversación entre ella y una dependiente; después, contesta las preguntas.

Answers to Exercise 8-4: 1. b; 2. c; 3. c; 4. a; 5. a; 6. b. At the time of publication, the rate of exchange was $1 = 6 bolivianos.

1. ¿Qué está buscando Carla?
   a. un vestido para su boda (*wedding*)
   b. un vestido para la boda de un amiga
   c. un vestido para la boda de su hermana

2. ¿Qué talla lleva?
   a. 36   b. 48   c. 38

3. ¿De qué color prefiere el vestido?
   a. un color dramático, como el negro
   b. el color tradicional: blanco
   c. un color claro (*light*), como el rosado

4. ¿Qué le parece el primer vestido?
   a. Le encanta.   c. No quiere un vestido de seda.
   b. Le parece muy caro.

5. ¿Cómo le queda el vestido que se prueba?
   a. Le queda un poco grande.   c. Le queda un poco pequeño.
   b. Le queda perfecto.

6. ¿Cuánto cuesta el vestido que quiere comprar?
   a. 120 bolivianos   b. 1.200 bolivianos   c. 12.000 bolivianos

8-5 **Ropa nueva.** Julián quiere comprar ropa nueva para llevar a la universidad. Basándote en el dibujo, completa el siguiente diálogo entre él y el dependiente de la tienda.

Dependiente: ¿Lo atienden, señor?

Julián: _____.

Dependiente: ¿Unos pantalones? ¿Cómo los quiere, de algodón o de lana?

Julián: _____.

Dependiente: ¿De qué color?

Julián: _____.

Dependiente: ¿Qué talla lleva Ud.?

Julián: _____.

Dependiente: Bueno, aquí tenemos varios modelos en su talla. ¿Qué le parecen éstos?

Julián: _____. ¿_____?

Dependiente: Aquí tiene otro modelo. ¿Le gustan?

Julián: _____. ¿_____?

Dependiente: Ciento ochenta bolivianos. Están rebajados. Y aquí hay otro modelo parecido (*similar*). ¿Quiere probarse los dos pares (*pairs*)?

Julián: _____. ¿_____?

Dependiente: Está allí, en el fondo a la derecha.

(Unos momentos después)

Dependiente: Bueno... ¿cómo le quedan?

Julián: _____.

Dependiente: Ud. tiene razón. Lo siento, no tenemos ese modelo en una talla más pequeña, pero... aquí hay unos en otro modelo. ¿Por qué no se prueba éstos?

Julián: _____.

Julián

Have pairs of students write out an original situation and pass it to another group for reactions/opinions.

8-6 ¿Qué te parece? Lee las situaciones con un(a) compañero(a) de clase y expresen sus opiniones sobre cada caso.

Para expresar opiniones:

Me parece... bien (mal, absurdo, lógico, extravagante, normal, de mal gusto *[in poor taste],* una locura *[crazy],* tonto, elegante, demasiado (in)formal, etc.)

Y a tí, ¿qué te parece?

1. Los alumnos del Colegio de San Blas tienen que llevar uniforme: pantalones o falda de color azul marino y blusa o camisa blanca. Los alumnos tienen de siete a doce años.
2. Rita, una chica de once años va con su familia a la boda *(wedding)* de su primo; insiste en llevar zapatos de tacón alto *(high-heeled).*
3. Para comer en el restaurante del Club Campeste *(Country Club)* Altavista, los hombres necesitan usar saco *(sportscoat, blazer)* y corbata.
4. Martín tiene dieciséis años; quiere llevar pantalones cortos y camiseta para ir a la iglesia los domingos.
5. Elena se compra un vestido de novia *(bridal gown)* que cuesta $1.500.
6. Para jugar al golf en el Club Nicanor, no se les permite a los hombres llevar camisetas ni pantalones cortos.
7. Luis lleva pantalones verdes, una camisa rosada y calcetines rojos para ir a una fiesta de graduación.
8. Ana María siempre lleva bikini para limpiar la casa o trabajar en el jardín.
9. Fernando lleva calcetines blancos y sandalias cuando va a la playa.

Gramática
LOS COMPLEMENTOS DIRECTOS

—¡Tu **chaqueta** es preciosa! ¿Dónde **la** compraste?
—Gracias. Compro casi toda mi ropa en la tienda El Encanto. Hace años que **la** compré allí.
—Pues, yo necesito comprar algunas prendas de ropa. Creo que voy a comprar**las** allí también.

Third-person direct object pronouns were introduced in *Capítulo 4.* These are reviewed here and the remaining pronouns are introduced.

A. El complemento directo. A direct object, or **complemento directo,** is the part of the sentence that receives the action of the verb. As you saw in *Capítulo 4,* a direct object may refer to a person or to a thing; it answers the questions *whom?* or *what?* with respect to the verb.

Ayer vi a **Marta** en El Corte Inglés.	*Whom did I see in El Corte Inglés? **Marta.***
Ella compró un **abrigo** nuevo.	*What did she buy? A new **coat.***

B. Los pronombres. Direct objects are often replaced with direct object pronouns in conversation and in writing to avoid repetition. In *Capítulo 4* you practiced using these pronouns to refer to things:

lo	*it (masculine)*	¿El suéter? **Lo** compré ayer.	*The sweater? I bought **it** yesterday.*
la	*it (feminine)*	¿La falda? **La** compré por $35.00.	*The skirt? I bought **it** for $35.00.*
los	*them (masculine)*	¿Los vaqueros? **Los** llevo todos los días.	*Jeans? I wear **them** every day.*
las	*them (feminine)*	¿Las sandalias? No **las** llevo nunca.	*Sandals? I never wear **them**.*

To refer to people, use the following direct object pronouns:

me	me	Papá no **me** vio en la tienda.	*Dad didn't see **me** in the store.*
te	*you (informal)*	No **te** vi allí.	*I didn't see **you there**.*
lo	*him* *you (formal, masc.)*	¿Miguel? No **lo** veo a menudo.	*Miguel? I don't see **him** often.*
la	*her* *you (formal, fem.)*	¿Teresa? **La** veo todos los días.	*Teresa? I see **her** every day.*
nos	*us*	Mamá **nos** acompañó a la tienda.	*Mom accompanied **us** to the store.*
os	*you (plural,* *informal, Spain)*	No **os** comprendo.	*I don't understand **you**.*
los	*them (masc.)* *you (plural, masc.)*	¿Los chicos? No **los** veo.	*The boys? I don't see **them**.*
las	*them (fem.)* *you (plural, fem.)*	¿Las chicas? No **las** veo.	*The girls? I don't see **them**.*

To refer to an idea or to a whole clause, use the pronoun **lo.**

—¿Sabes dónde puedo encontrar
  las camisetas de seda?
—No, no **lo** sé.

Do you know where I can find the
silk T-shirts?
*No, I don't know (**it**: that is, where*
you can find them).

C. La posición en la oración. Direct object pronouns follow the same rules of placement as indirect object pronouns:

- Place the direct object pronoun directly in front of a single conjugated verb.

¿Esta falda? **La** compré en una
  nueva boutique en la calle Ocho.

*That skirt? I bought **it** at a new*
boutique on Eighth Street.

- With verb phrases of the pattern "conjugated verb + infinitive," you may place the pronoun before the conjugated verb or attach it to the end of the infinitive.

¡Qué rosas más bonitas! **Las** voy
  a comprar./Voy a comprar**las.**

What pretty roses! I'm going to
*buy **them**.*

- Attach pronouns to the end of *affirmative* commands and add an accent mark to the third-from-last syllable.

Esa chaqueta le queda bien.
  ¡Cómpre**la**!

*That jacket fits you well. Buy **it**!*

- Place pronouns directly before *negative* commands.

Esa chaqueta le queda mal.
  ¡No **la** compre!

That jacket doesn't fit you well.
*Don't buy **it**!*

Ponerlo a prueba

8-7 **¿Cuándo?** Explica cuándo o en qué circunstancias llevas estas prendas de vestir.

MODELO: (botas) *Las llevo en el invierno cuando nieva.*
           *No **las** llevo nunca.*

1. traje de baño
2. sandalias
3. pantalones cortos
4. guantes
5. zapatos de tacón alto (*high-heeled*)
6. corbata de seda
7. suéter de lana
8. sudadera

8-8 **En una tienda.** Aquí tienes varias conversaciones que tienen lugar *(take place)* en una tienda. Léelas y complétalas con los pronombres más lógicos.

1. Alejandro: Luis, ¿dónde está **la dependiente**?

   Luis: No sé, no _____ veo.

2. Dependiente: ¿Quiere Ud. **este suéter** también?

   Roberto: No, no _____ quiero. Me parece un poco caro.

3. Sra. Huang: Si estás muy cansado, ¿por qué no **me** esperas en la cafetería en el segundo piso?

   Sr. Huang: Muy bien. _____ espero en la cafetería.

4. Mamá: Sarita, ¿por qué quieres comprar **esa falda?** Ya tienes muchas en casa.

   Sarita: Pero, mamá, _____ necesito para ir al baile el sábado.

5. Sra. Calvo: Por favor, señorita. Estoy buscando a **mis hijas gemelas.** Son altas, rubias, tienen quince años...

   Dependiente: ¡Ah sí! _____ vi en el probador hace un momento.

6. Dependiente: ¿**La** atienden?

   Marta: Sí, ya _____ atiende la otra señorita.

8-9 **Cuéntame.** Contesta las preguntas a continuación con un(a) compañero(a). Tienes que incorporar los pronombres de complemento directo en tus respuestas.

MODELO: ¿Dónde compras **tu ropa?**
          La compro en el Gap.

Tu ropa

1. ¿Cuándo llevas **pantalones de vaqueros**?
2. ¿En qué ocasiones usas **camisetas**?
3. ¿Necesitas usar **suéteres**? ¿Cuándo?
4. ¿Cuándo prefieres llevar **una sudadera**?
5. ¿Llevas **zapatos de tenis** a menudo? ¿Por qué?
6. ¿Cuándo tienes que llevar **un impermeable**?

La ropa formal

1. ¿En qué ocasiones llevas **ropa** formal?

   (Para los chicos)
2. ¿Llevas **trajes** frecuentemente?
3. ¿Llevas **corbatas** para ir a clase a veces?

   (Para las chicas)
4. ¿Cuándo llevas **una falda**?
5. ¿Dónde compraste tu **vestido** favorito? ¿Cómo es?

De compras

1. En general, ¿dónde compras **tu ropa?** ¿**tus zapatos?**
2. ¿Compras **la ropa** de los grandes diseñadores a veces?
3. ¿Conoces **al diseñador** Oscar de la Renta? ¿**a la diseñadora** Paloma Picasso?

Comentario cultural: LOS DISEÑADORES

Cuando vas de compras, ¿a veces prefieres comprar ropa de diseñadores famosos? ¿Cuáles son tus diseñadores favoritos? ¿Conoces a algunos diseñadores hispanos?

Aunque muchos jóvenes hispanos llevan vaqueros y camisetas, hay una tendencia en los países latinos a vestirse un poco más formalmente para salir a la calle *(to go out in public)*. Quizás debido a *(on account of)* este interés en la apariencia personal, España y Latinoamérica han producido muchos diseñadores *(designers)* de fama internacional: el dominicano Oscar de la Renta, los españoles Paloma Picasso y Fernando Peña y la venezolana Carolina Herrera. En este milenio se anticipa que nuevos diseñadores hispanos se van a destacar en el mundo de la alta costura. Entre ellos están la peruana Sarah Bustani, la española Agatha, el mexicano Víctor Alfaro y el cubano Narciso Rodríguez.

Oscar de la Renta
con una de sus modelos

Paloma Picasso presenta sus diseños

Síntesis

8-10 Vamos a charlar. Trabaja con un(a) compañero(a) de clase; entrevístense con estas preguntas.

1. ¿Te gusta ir de compras? ¿Qué te parecen las tiendas de ropa de segunda mano? ¿Compras de los catálogos a veces? ¿De cuáles? ¿Te gusta comprar por Internet?

2. ¿Piensas comprar ropa? ¿Qué necesitas comprar? Cuando compras ropa, ¿te importa más el precio, la moda *(fashion)* o la calidad *(quality)*?

3. ¿Qué estilos y colores están de moda entre tú y tus amigos? ¿Qué te parecen los últimos modelos de los diseñadores?

4. ¿Usas la ropa de otras personas a veces (por ejemplo, la ropa de tus hermanos, tus amigos o tus padres)? ¿Cuáles de sus prendas *(garments)* te quedan bien? ¿Te importa si tu compañero(a) de cuarto usa tu ropa sin pedirte permiso?

5. Cuando estabas en la escuela secundaria, ¿quién compraba tu ropa, tú o tus padres? En tu escuela secundaria, ¿había reglamentos *(rules)* en cuanto a la ropa? ¿Qué **no** se permitía llevar a clase?

6. ¿Cuándo fue la última vez que fuiste de compras? ¿Adónde fuiste? ¿Qué ropa compraste? ¿Compraste otras cosas también? ¿Cómo pagaste?

8-11 **La transformación.** El artículo a continuación es una descripción de cómo la diseñadora Sarah Bustani transformó la imagen de su novio, el comediante Eugenio Derbez.

Primera parte: Lee el artículo y contesta las preguntas.

1. Según la diseñadora, ¿cuáles son tres cambios que puede hacer un hombre para modernizar su "look"?
2. ¿Por qué no es buena idea llevar pantalones demasiado cortos? ¿Cuál es el largo ideal de los pantalones?
3. ¿Qué consejos da Sarah sobre los calcetines y los zapatos?
4. ¿Qué accesorios recomienda llevar la diseñadora?
5. ¿Qué advertencia *(warning)* tiene Sarah para los hombres que dicen: "Uso la misma talla desde hace diez años."?

Segunda parte: Usa las sugerencias en el artículo para resolver los problemas a continuación.

1. La corbata favorita de tu mejor amigo es la del ratoncito Miguel *(Mickey Mouse)*. ¿Debe llevarla? ¿Qué sugerencia tienes para él?
2. A tu hermano le encanta llevar su anillo de graduación, una cadena de oro y una pulsera enorme. ¿Qué debe cambiar?
3. Tu primo siempre lleva calcetines blancos. ¿Qué debe hacer?
4. De repente, tu hermano menor ha crecido *(has grown)* dos pulgadas *(inches)*. ¿Qué necesitan hacer tus padres? ¿Por qué?

tips

• Cero corbatas chistosas
Si su hombre quiere modernizar su *look,* no tiene que recurrir a las corbatas payasescas. "Que use algunas piezas de colores más alegres, zapatos de corte moderno o —si puede— pantalones de tubo".

• El largo del pantalón es vital
Los pantalones cortos —de *brincacharcos*— arruinan totalmente su imagen. "Estos deben caer sobre la parte delantera del zapato, y ser un poco más largos sobre el talón".

• Los calcetines deben ser largos
"Muchos hombres los usan cortitos, y cuando se sientan se les ve la piel. Se ve ¡horrible!" Para crear una imagen más estilizada, estos deben ser del mismo color del zapato.

• ¡Cuidado con los accesorios!
"Los únicos accesorios que deben usar: un reloj —y es mejor usar uno sencillo que una imitación— y su anillo de casado. Nada de pulseras, cadenas al cuello ni anillos de graduación. Eso abarata su *look*".

• Usar la talla adecuada
Según les crece la pancita, algunos hombres comienzan a bajarse el pantalón. Entonces dicen, muy orgullosos: *Uso la misma talla desde hace diez años...* pero llevan el pantalón casi en la rodilla. La ropa debe ser de la talla adecuada.

--- Vocabulario útil ---

abarata	*cheapens*
el anillo de casado	*wedding ring*
bajarse	*to lower*
brincacharcos	*short pants*
	(lit. puddle-jumpers)
las cadenas	*chains*
chistosa	*funny*
delantera	*front*
estilizada	*styled*
la pancita	*belly*
los pantalones de tubo	*straight-leg pants*
payasescas	*clown-like*
la piel	*skin*
las pulseras	*bracelets*
el talón	*heel*

Puente cultural

Háblanos de cómo se viste la gente en tu país

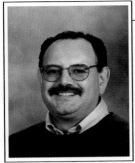

Juan Eduardo Vargas Ortega
mexicano; 47 años; profesor
asociado universitario

El estilo de ropa que llevan los
estudiantes para ir a clases en la
universidad es muy casual. El hombre viste pantalón, camisa y suéter cuando
el clima lo exige. La mujer también se viste
sencillamente. Para ir al cine o a una discoteca a bailar, los jóvenes acostumbran llevar
ropa más llamativa *(flashy)* que resalte
(emphasizes) los atributos físicos. Para ir a
misa se lleva ropa sencilla; es muy raro que
se vista elegantemente. En fiestas especiales
se pueden llevar trajes típicos de las diferentes regiones. México es un caleidoscopio
de trajes regionales.

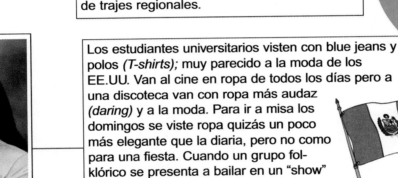

Los estudiantes universitarios visten con blue jeans y
polos *(T-shirts);* muy parecido a la moda de los
EE.UU. Van al cine en ropa de todos los días pero a
una discoteca van con ropa más audaz
(daring) y a la moda. Para ir a misa los
domingos se viste ropa quizás un poco
más elegante que la diaria, pero no como
para una fiesta. Cuando un grupo fol-
klórico se presenta a bailar en un "show"
usa el traje típico de las diferentes
regiones. Por ejemplo, para danzar la marinera, de la
costa norte, se usan vestidos de faldas amplias *(full)*
y hombros caídos *(bare shoulders).*

Lucía Vega Alfaro
peruana; 42 años;
gerente financiera

Tejanos is another word for jeans.

Manel Lirola Hernández
español; 34 años; representante
de servicios al consumidor

Los estudiantes univer-
sitarios van a clase en
ropa informal —tejanos y camisa, por
ejemplo. Normalmente no llevan pantalones cortos. Al cine se viste informalmente. A una discoteca se lleva ropa
elegante, ropa bien de moda. A la iglesia se lleva lo que llamamos "ropa de
domingo", de cierta formalidad y elegancia. En España hay docenas de trajes típicos que se llevan para celebrar
el día o la semana de festividad de
cada región. En cada región hay un
traje diferente y la fecha de la celebración también varía.

Te toca a ti

8-12 **¿Varía mucho la moda?** Trabaja con un(a) compañero(a). Llenen el cuadro comparativo sobre la ropa que se lleva en los diferentes países para diferentes ocasiones. Después, escriban varias oraciones que resuman sus conclusiones sobre las semejanzas y diferencias.

MODELO: *En España la gente lleva trajes típicos regionales durante las festividades de una región, mientras que en Perú los trajes típicos se usan para espectáculos de bailes folklóricos.*

	México	Perú	España	EE.UU.
para ir a la universidad				
para ir al cine				
para ir a una discoteca				
para ir a la iglesia				

8-13 **¿Qué empaco para mi viaje?** Trabaja con un(a) compañero(a). Uno de ustedes va a viajar al extranjero y le pide consejo al otro sobre la ropa que debe empacar en su maleta. Completen los mini-diálogos para cada situación. ¡Ojo! No olviden justificar sus sugerencias.

Diálogo 1: En Perú

Estudiante A: Mañana salgo para Lima a tomar unos cursos de verano en la universidad. Quiero ir de compras esta tarde pues necesito unos vestidos elegantes (o pantalones de vestir).

Estudiante B: No necesitas comprar... porque los estudiantes peruanos...

Estudiante A: Pero necesito vestirme elegantemente para salir con mis nuevos amigos, ¿no?

Estudiante B: En realidad...

Diálogo 2: En España

Estudiante A: Ya tengo mi maleta empacada para mi viaje a Madrid. Puse muchos pantalones cortos para asistir a clases pues en España hace tremendo calor en el verano.

Estudiante B: Pues yo creo que debes... porque...

Estudiante A: Oye, ¿crees que puedo salir a discotecas con estos blue jeans?

Estudiante B: Mira, mejor... porque...

In this *Paso* you will practice:
- Shopping in a market
- Bargaining

Grammar:
- Indirect object pronouns

Vocabulario temático
EN UN MERCADO

The suggested pace for this *Paso* is 1 to 1½ class hours.

Transparency Bank
C-3

If possible, introduce these vocabulary items and others of your choosing by bringing in the actual items. Place them all in a bag. Before you pull each one out, describe it simply (shape, color, use, etc.) and have students try to guess what it is.

En un mercado, se puede comprar...

un paraguas

una gorra

unas gafas de sol

un bolso de cuero

una guayabera

una billetera

un plato de cerámica

una piñata

un sarape

unas maracas

un sombrero

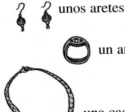

un collar

un brazalete de plata

unos aretes

un anillo

una cadena de oro

Sabías que...

- A woman's handbag may be called **un bolso** or **una cartera,** depending on the country. A bag used to carry groceries or other purchases is **una bolsa** or **una funda.**

- Names for women's jewelry vary widely from country to country. Earrings may be called **pendientes** in Spain or **pantallas** in Puerto Rico. A simple ring is **un anillo,** while one with a gemstone setting may be called **una sortija.** In Spain and many Caribbean countries, bracelets are called **pulseras.**

Ponerlo a prueba

8-14 Muchos regalos. Liliana y su amiga Cristina están en La Paz, Bolivia, de vaca-ciones. Liliana fue a un mercado y compró muchos regalos. Cuando llegó al hotel, le enseñó a Cristina todas sus compras *(purchases)*. Escucha su conver-sación y completa la tabla.

¿Qué compró?	¿Para quién?	¿Cuánto pagó?
1. suéter de alpaca		
2.	madre	
3.		18 bolivianos
4. charango		
5.	hermana	
6.		30 bolivianos
7. brazalete		

Point out that the **coquí** is a tiny frog that is the national mascot of Puerto Rico. It hides in tree leaves and comes out to sing at night.

8-15 Tesoros puertorriqueños. Imagínate que estás de compras en este mercado. Usa la información del dibujo para contestar las preguntas.

1. ¿Cómo se llaman los dos puestos *(stalls)*?
2. Hoy hace mucho sol y quieres comprar unas gafas de sol. ¿Dónde se venden? ¿Cuánto cuestan? ¿Dónde puedes comprar un paraguas si empieza a llover?
3. Quieres comprar unos recuerdos *(souvenirs)* —unas maracas y unas camise-tas. ¿Dónde cuestan menos?
4. A tu padre le gustan mucho las guayaberas. ¿Dónde se venden? ¿Cuánto cuestan?
5. Tu amiga quiere comprar un bolso de cuero y una billetera también, pero tiene solamente $30,00. ¿Dónde debe comprarlos?
6. Quieres comprarle un brazalete de plata a tu mejor amiga. ¿Dónde se venden? ¿Cuánto cuestan?
7. ¿Cuál es la diferencia entre el precio de una cadena de plata y una cadena de oro? ¿Cuál de las dos prefieres?
8. Tienes $30,00 para comprar tres recuerdos: uno para tu padre, uno para tu hermanito(a), uno para tu mejor amigo(a). ¿Qué vas a comprar?

3-16 En el mercado de San Juan. Primero, lee el anuncio y escribe respuestas a las preguntas. Luego, escribe un mini-diálogo que represente la venta de uno de los artículos y preséntalo a tu clase con un(a) compañero(a).

Use the map to review giving directions.

1. ¿A qué distancia está el mercado del Palacio de Bellas Artes?
2. ¿Por qué mencionan esta información en el anuncio?
3. ¿Qué instrumentos musicales se venden en el mercado?
4. ¿Cuándo se abrió el mercado?
5. ¿En cuántos locales individuales se puede comprar en este mercado?
6. ¿A qué hora se abre y se cierra el mercado los sábados?
7. ¿Qué ventajas *(advantages)* hay en comprar en el mercado?
8. ¿Qué te gustaría comprar en el mercado? ¿Por qué?

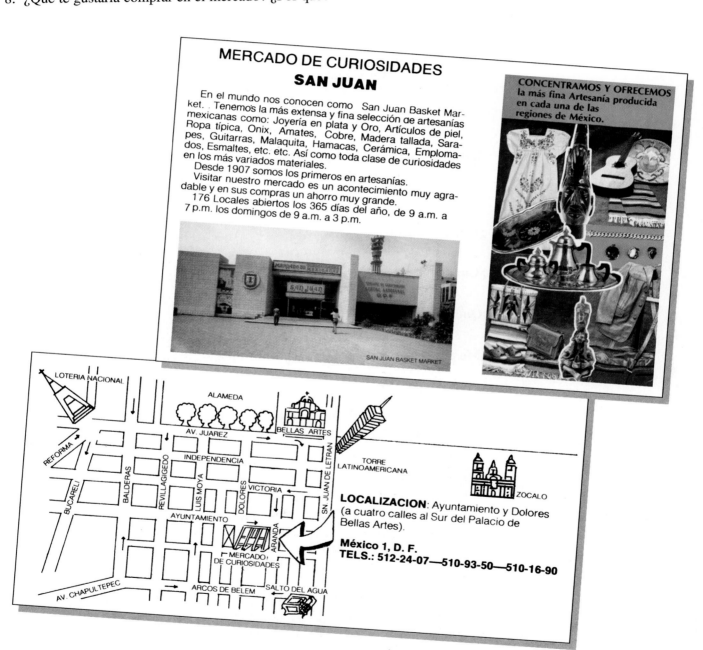

MERCADO DE CURIOSIDADES
SAN JUAN

En el mundo nos conocen como San Juan Basket Market. . Tenemos la más extensa y fina selección de artesanías mexicanas como: Joyería en plata y Oro, Artículos de piel, Ropa típica, Onix, Amates, Cobre, Madera tallada, Sarapes, Guitarras, Malaquita, Hamacas, Cerámica, Emplomados, Esmaltes, etc. etc. Así como toda clase de curiosidades en los más variados materiales.
Desde 1907 somos los primeros en artesanías.
Visitar nuestro mercado es un acontecimiento muy agradable y en sus compras un ahorro muy grande.
176 Locales abiertos los 365 días del año, de 9 a.m. a 7 p.m. los domingos de 9 a.m. a 3 p.m.

SAN JUAN BASKET MARKET

CONCENTRAMOS Y OFRECEMOS la más fina Artesanía producida en cada una de las regiones de México.

LOCALIZACION: Ayuntamiento y Dolores (a cuatro calles al Sur del Palacio de Bellas Artes).

México 1, D. F.
TELS.: 512-24-07—510-93-50—510-16-90

Additional activity: Have students read the article on **guayaberas** and answer the following questions:

1. ¿De qué telas *(fabrics)* se hacen las guayaberas?
2. ¿Cuál es el origen de este tipo de camisa?
3. ¿Cuál es una tienda favorita de Miami para las guayaberas?
4. ¿Quiénes son los clientes de la tienda?
5. ¿Cómo adapta el Sr. Puig las guayaberas si el cliente es policía? ¿Por qué?

Point out to students that women do not wear **guayaberas**.

Comentario cultural: LA GUAYABERA

La guayabera

Para cierto hombre latino de raíces, o afinidades caribeñas, la guayabera clásica, de manga larga, de lino o algodón, es casi un uniforme. Esta prenda, descendiente de la túnica militar, imparte un aire de sobria disciplina, reemplazando el traje en ocasiones formales.

En su famosa **Casa de las Guayaberas** de Miami (305-266-9683) Ramón Puig, vende guayaberas hechas, o las corta para una selecta clientela de latinos y norteamericanos. Unos las prefieren ajustadas y otros más sueltas. Y a sus clientes que son policías, Puig les pregunta de qué lado del torso cargan el arma para darles un poco más de tela y evitar un bulto sospechoso. ◆

¿De qué manera impacta el clima de la región donde vives en la ropa que llevas? ¿Qué ropa llevas normalmente cuando hace frío? Cuando hace calor, ¿qué prenda de ropa prefieres llevar?

Aunque no se puede generalizar demasiado sobre la manera en que los hispanos se visten, en los países de clima tropical o semi-tropical muchos hombres acostumbran llevar una camisa muy cómoda que se llama **la guayabera.** Las guayaberas no se usan con corbata, pero son muy versátiles porque son apropiadas para ocasiones formales e informales. La popularidad de esta prenda de vestir se debe al clima tan cálido de la región. Lee el artículo arriba para aprender más sobre esta prenda de ropa tan interesante.

Vocabulario temático
¡A REGATEAR!

Cliente	Vendedor(a)
¿Podría mostrarme *esos aretes*? *esas maracas*	Aquí *los* tiene. *las*
¿Cuánto *cuestan*? *valen*	*Cuestan cien* pesos. *Valen*
¡Qué horror! ¡Qué *caros*! *caras*	
¿Me puede hacer un descuento?	Le doy un descuento de *veinte* pesos. Solamente me tiene que pagar *ochenta* pesos.
¡Eso es mucho dinero! No le pago más de *sesenta* **pesos.**	¡Es muy poco! No puedo aceptar menos de *setenta* pesos.
Está bien. Me *los* **llevo.** *las*	

Sabías que...

- While most stores have fixed prices on their merchandise, it is customary to bargain over prices in most markets. Read the *Comentario cultural* on page 322 for some tips.

- The indirect object pronouns **me** *(to/for me)* and **le** *(to/for you)* are used frequently in this vocabulary section. You will study this kind of pronoun in greater detail later in this *Paso.*

Estrategia: Circumlocution

Sometimes conversation breaks down because we either cannot remember or do not know a word that we need to express. Circumlocution is the art of talking "around" these missing words. Here are some tips to help you circumlocute successfully:

- Explain that you don't know how to say the word.

  No sé la palabra exacta pero...   *I don't know the exact word but . . .*

- Try to describe the person or thing by referring to its size, shape, color, composition, etc.

  Es algo...   *It's something . . .*
  redondo/de metal/de   *round/made of metal/made of*
  plástico/de madera/suave   *plastic/made of wood/soft*

- Narrow down the range of items by using a classification:

  Es... una persona   *It's . . . a person*
  una cosa   *a thing*
  un lugar   *a place*
  un objeto   *an object*
  un aparato   *a device*
  un producto   *a product*

- Describe how the object is used:

  Se usa para... escribir   *It's used to . . . write*
  indicar   *indicate*
  transportar   *transport*
  hacer   *make*

- Explain what it is similar to:

  Es parecido a...   *It's similar to . . .*

Take turns circumlocuting in Spanish the words below, in random order, until your partner guesses them.

savvy	suspenders	consignment shop	vest
call waiting	cheerleader	mouse (of a computer)	vase
lightning	truck	velvet	camp counselor

Remind students of these phrases that they have already learned: **¿Cómo se dice... ? ¿Qué quiere decir... ?**

Remind students of other words they know for each category: **grande, pequeño, rojo, azul, largo, corto,** etc.

Write a few familiar or new words in Spanish on small pieces of paper. Distribute the words to several students and have them practice circumlocution in Spanish.

Ponerlo a prueba

8-17 **En el mercado de artesanías.** En el mercado de artesanías de Cartagena, Colombia, se regatea mucho. Escucha las tres conversaciones entre un cliente y un vendedor. Completa la tabla con:

- el artículo que el cliente quiere comprar
- unos detalles o una descripción del artículo
- el precio que el cliente paga después de regatear

Artículo	Detalles/Descripción	Precio final
1.		
2		
3		

Play Text Audio CD
Track CD2-15

Answers to Exercise 8-17:
1. camisetas, roja, manga corta, diez mil pesos; 2. sarapes, con flores rojas y amarillas, diecisiete mil pesos; 3. piñata, toro, seis mil pesos

8-18 ¿Cuánto vale... ? Imagínate que estás en el mercado de artesanías del dibujo y quieres comprar unos regalos. Tu compañero(a) es el (la) vendedor(a) y va a regatear sobre los precios. Sigan el modelo.

MODELO: Cliente: ¿Cuánto cuesta... *(the item)*?
      Vendedora: Cuesta... *(amount of money)*.

      Cliente: ¡Qué caro(a)! Le doy... *(amount of money)*.
      Vendedora: No, eso es muy poco. Necesito... *(discounted price)*.

      Cliente: Muy bien.

Comentario cultural: EL REGATEO

¿Prefieres ir de compras en los centros comerciales o en los mercados? Cuando vas de compras en los mercados, ¿pagas el precio que piden los vendedores o tratas de regatear, u ofrecer un precio más barato? ¿Tienes éxito cuando lo haces?

El regateo es la práctica de negociar un precio más barato de lo que piden por un artículo. Es muy común en los países hispanos, pero hay cierta etiqueta que se debe seguir para no insultar al vendedor. En primer lugar, esta práctica nunca se debe intentar en las tiendas o los grandes almacenes; solamente es aceptable en los mercados. Generalmente, se regatea cuando uno tiene intenciones serias de comprar el artículo. Se debe ofrecer un precio razonable y no demasiado bajo. Por último, nunca se debe insultar la calidad del objeto.

Gramática
LOS COMPLEMENTOS INDIRECTOS

—¡Mañana es el cumpleaños de Lucía! Yo no sé qué dar**le**. ¿Qué **le** vas a comprar?
—No sé. El año pasado **le** regalé un suéter precioso y **le** gustó muchísimo. Pero, este año no tengo la menor idea de qué **le** voy a dar.

A. Los complementos indirectos pronominales. You have seen that indirect objects are always used with verbs like **gustar.** They are also commonly used with other kinds of verbs simply to express *to whom* or *for whom* the action is done. Here are the indirect object pronouns in Spanish and English.

Los complementos indirectos

Inglés	Español	Ejemplo	Traducción
to/for me	me	Mi amigo **me** dio una blusa.	*My friend gave **me** a blouse.*
to/for you (familiar)	te	Tus padres **te** dieron una billetera.	*Your friends gave **you** a wallet.*
to/for you (formal)	le	**Le** doy un descuento.	*I'll give **you** a discount.*
to/for him, her, it	le	**Le** regalé una corbata.	*I gave **him** a necktie.*
to/for us	nos	Margarita **nos** dio un disco compacto de jazz.	*Margarita gave **us** a jazz CD.*
to/for you (familiar, Spain)	os	La tía Ana **os** dio un cartel.	*Aunt Ana gave **you** (pl.) a poster.*
to/for you (formal, Spain; formal/familiar, Latin America)	les	**Les** dimos el dinero a Uds.	*We gave **you** (pl.) money.*
to/for them	les	¿Qué **les** compraste?	*What did you buy **for them**?*

Since the indirect object pronouns **le** and **les** have multiple meanings, they are often used with prepositional phrases for clarification: **le... a él (a ella, a Ud.)** and **les... a ellos (a ellas, a Uds.).**

Le dije **a ella** la verdad.	*I told **her** the truth. **(to her)***
No **les** compré nada **a ellos**.	*I did not buy anything **for them**.*

Follow these guidelines to place indirect object pronouns within a sentence:

- When a sentence has a single conjugated verb, place the indirect object pronoun before the verb.

  ¿Qué **le** regalaste?   *What did you give **(to) her**?*

- When the sentence has a verb phrase in the pattern of conjugated verb + infinitive, place the pronoun before the conjugated verb, or attach it to the end of the infinitive.

  ¿**Me** puede hacer un descuento?
  ¿Puede hacer**me** un descuento?   *Can you give **me** a discount?*

- Place indirect object pronouns before negative commands, but attach them to affirmative commands.

  afirmativo: Cómpren**me** un collar.   *Buy **me** a necklace.*
  negativo: No **me** compren un brazalete.   *Don't buy **me** a bracelet.*

Indirect objects were introduced for use with **gustar**-type verbs in *Capítulo 4.* Here they are practiced in the context of other verbs. You may find that your students need periodic reminders to use **a** instead of **por** or **para** to mark the indirect object noun. Students often find it easier to use **me** and **te** than **le** and **les.** Because some students may continue to confuse direct and indirect object pronouns, it is helpful to provide very clear-cut cases of the use of **le** as the indirect object pronoun and to avoid discussing the use of **le** in Spain as a direct object.

Provide additional prepositional phrases that are used for emphasis: **a mí, a ti, a nosotros, a vosotros.**

B. Los sustantivos. Often an indirect object is a *noun* (*to my father, for Mary*, etc.) instead of a pronoun (*to him, to me*, etc.). English and Spanish use quite different sentence structures to express indirect objects that are nouns.

- In English, the words *to* and *for* may be omitted before the noun, depending on the placement of the indirect object in the sentence. In Spanish, the preposition **a** is *always* used before the noun.

No le doy nada **a David** para su cumpleaños.

*I'm not giving **David** anything for his birthday./I'm not giving anything **to David** for his birthday.*

- In Spanish, when you use an indirect object noun phrase such as **a mi padre** or **a Elena,** you must also use the corresponding indirect object pronoun. **Le** is used if the indirect object noun is singular; **les,** if it is plural.

singular noun:

Le compré una guayabera **a papá.**

*I bought a guayabera **for Dad.**/I bought **Dad** a guayabera.*

plural noun:

Les mandamos los sarapes **a mis primos.**

*We sent the sarapes **to our cousins.**/We sent **our cousins** the sarapes.*

When you answer a question that contains an indirect object noun, you may omit the noun in your response and use the indirect object pronoun alone.

—¿Qué **le** regalaste **a Pepe**?
—**Le** regalé un cinturón.

*What did you give **(to) Pepe**?*
*I gave **(to) him** a belt. (It is understood that him refers to Pepe.)*

Ponerlo a prueba

8-19 **Los recuerdos de Bolivia.** Mientras estabas de viaje en Bolivia, fuiste de compras a la tienda Tecnobol de Cochabamba.

Primera parte: Lee el anuncio de la tienda y marca los recuerdos que les compraste a tu familia y a tus amigos. Luego, con un(a) compañero(a), contesta las preguntas a continuación.

A possible warm-up exercise is to pass items around the room and say aloud what you are giving and to whom: **Le doy el libro a Tony.** Tony gives the book or another item (papers) to someone else and says: **Les doy los papeles a Amy y a Mike.**

In addition to the list of souvenirs provided, have students add their own items as homework. Have some students read their sentences aloud or write them on the board.

Vocabulario útil

carterita	a small purse
chamarra	jacket
mantel	tablecloth

TECNOBOL

¡A PRECIOS DE REGALO!

Vuelve con una gran liquidación de ropa y otros artículos por tiempo limitado.

Por toda compra superior a Bs. 100 le obsequiamos un florero de porcelana alemán o un juego de miniajedrez.

Av. Heroínas Nº E-0139 (frente al Correo), Cochabamba, Bolivia

	Precio actual en el mercado		Nuestro precio	
Billetera	Bs.	12	Bs.	4.50
Bolsa	Bs.	8	Bs.	2.50
Camiseta de Bolivia	Bs.	17	Bs.	11
Cartel de La Paz	Bs.	10	Bs.	5.50
Carterita	Bs.	9	Bs.	2.90
Casete de música andina	Bs.	13	Bs.	7.20
Chaleco	Bs.	75	Bs.	50
Chamarra	Bs.	94	Bs.	69
Mantel	Bs.	30	Bs.	20
Mochila de lana	Bs.	70	Bs.	35.50

324 trescientos veinticuatro Capítulo 8

1. ¿Dónde está la tienda Tecnobol?
2. ¿Qué tipo de venta se anuncia en Tecnobol?
3. ¿Por cuánto tiempo dura la venta?
4. ¿Qué te van a dar si gastas *(you spend)* más de 100 bolivianos?
5. ¿Cuál es el artículo más barato que se anuncia? ¿el más caro?
6. ¿Cuál de los artículos te interesa más? ¿Por qué?

Segunda parte: Ahora, con un(a) compañero(a), combina la información en el anuncio y la lista de personas a continuación para decir qué recuerdo le compraste a cada persona. ¡No te olvides de incluir los pronombres de complementos indirectos **le** y **les** en las respuestas!

MODELO: a mi mamá
          A mi mamá le compré un mantel.

1. a mi mamá
2. a mi papá
3. a mi hermano(a)
4. a mi mejor amigo(a)
5. a mi compañero(a) de cuarto
6. a mis padres
7. a mis hermanos
8. ?

8-20 **Los regalos.** Es el día antes de Navidad y las siguientes personas están hablando de regalos que han comprado o recibido. Lee los diálogos y complétalos con la forma correcta del complemento indirecto según el modelo.

MODELO: —Mira que sudadera más linda que *le* compré a Mimi.
          —Ella *les* dijo a Nina y a Paco que la quería.

1. —¿Quién _____ trajo a Ernesto y a mí ese cuadro tan fabuloso?

   —Yo _____ traje el cuadro a Uds.

2. —Marisa, ¿cuándo _____ dio Fabio ese collar tan bello que llevas?

   —Fabio _____ lo dio ayer. ¡Yo no lo esperaba!

3. —Teresa, ¿qué _____ compraste a mami y a papi?

   —A mami _____ compré una chaqueta y a papi _____ compré una corbata.

4. —Julia, ¿sabes si Eugenio _____ compró el brazalete que yo quería?

   —Pilar, no empieces. No voy a decir _____ lo que *(what)* Eugenio _____ compró.

5. —¿Quién _____ dio a los niños esas maracas?

   —¡No sé, pero ese ruido _____ da un dolor de cabeza terrible a nosotros!

Síntesis

8-21 **Más preguntas.** Trabaja con un(a) compañero(a); entrevístense con estas preguntas. Contesten con oraciones completas; incluyan complementos indirectos pronominales en las respuestas.

1. ¿Qué **te** dieron tus padres para tu último cumpleaños?
2. ¿Qué **le** vas a dar **a tu novio(a)** o **a tu mejor amigo(a)** para su próximo cumpleaños?
3. ¿Qué **les** compraste **a tus abuelos** en su último aniversario?
4. ¿**A quién** tienes que comprarle un regalo este mes? ¿Por qué?
5. ¿Cuál fue el regalo más interesante que alguien **te** dio recientemente? ¿Cuál fue la ocasión?
6. ¿En qué ocasión **le** diste ropa **a tu padre**? ¿Qué **le** diste?
7. ¿Cuál fue el mejor juguete *(toy)* que tus padres **les** dieron **a tus hermanos y a ti** de niños?
8. ¿Qué regalo **le** diste **a tu madre** que le gustó mucho?

8-22 **Greg va de compras.** Escucha la conversación entre Gregorio y la dependiente de una tienda y completa las oraciones con la información correcta del diálogo.

1. Gregorio no compra el perfume porque _____.
   a. no le gusta
   b. no sabe qué marca prefiere la señora
   c. no tienen la marca que él busca

2. Gregorio tampoco compra el reloj porque _____.
   a. no es de oro   b. no es automático   c. cuesta mucho dinero

3. A la señora le encantan _____.
   a. los libros   b. la música y el arte   c. las joyas

4. Se venden discos compactos en _____.
   a. la planta baja   b. la tercera planta   c. el mercado

5. Gregorio decide ir al mercado de artesanías porque _____.
   a. la tienda se va a cerrar
   b. no tiene mucho dinero y necesita un descuento
   c. no venden tangos en la tienda

8-23 **En privado.** Aquí tienes una carta que apareció en la sección "En privado" de la revista *Tú internacional.* En esta sección, los lectores le escriben cartas a Nikki para pedirle consejos. Completa las actividades con un(a) compañero(a) de clase.

ME ROBAN LA ROPA

en privado
en privado
en privado
en privado

Hola Nikki:
Necesito tu ayuda con urgencia. ¿Qué puedo hacer para evitar que mis hermanas usen mi ropa? Cada vez que busco en mi clóset una chaqueta, mi blusa favorita o los short de mezclilla, nunca <u>los encuentro</u>. No soy una persona egoísta, y comparto mis cosas, pero no <u>me gusta</u> que saquen mi ropa sin <u>pedírmela</u>. Estoy cansada de <u>hablarles</u>, y lo único que ellas hacen es <u>reírse</u> y <u>decirme</u> que soy una exagerada, que me molesto por todo. <u>Entiéndeme</u>. Soy demasiado celosa y muy organizada con mis cosas.

**Alicia
Jalisco, México**

Primera parte: Lean la carta y contesten las preguntas.

1. ¿Cuál es el problema de Alicia?
2. ¿Quién tiene la culpa *(is at fault)* en esta situación?
3. ¿Tiene remedio esta situación? ¿Cuál es?
4. ¿Has tenido un problema semejante *(similar)* alguna vez? ¿Cómo lo resolviste?

Segunda parte: Busquen estas frases en la carta. Para cada pronombre, contesten estas preguntas:

- ¿Es un complemento directo, indirecto o reflexivo?
- ¿A qué o a quién se refiere el pronombre?

MODELO: los encuentro
                    Los es un complemento directo.
                    Se refiere a los short, la chaqueta y mi blusa favorita.

1. me gusta   3. hablarles   5. decirme
2. pedírmela   4. reírse   6. entiéndame

Tercera parte: Escríbele una carta a Alicia con tu solución a su problema.

Un paso más

¡Vamos a hablar! | Estudiante A

Contexto: Tú y tu compañero(a) van a hacer un pedido por teléfono de varios artículos anunciados en el catálogo *Terra Firma.* Tú **(Estudiante A)** acabas de recibir este catálogo y decides hacer un pedido. Tienes 175 dólares para gastar en artículos para tu próximo viaje. Tu compañero(a) **(Estudiante B)** trabaja para *Terra Firma* y tomará tu pedido. Tú empiezas la conversación así: "Quisiera hacer un pedido."

TERRA FIRMA: Novedades de verano a precios fantásticos

Traje de baño
Para él, de 100% de nilón
Colores: verde cocodrilo, limón tropical
Tallas: 32–40

$38

Bikinis y trajes de baño
Para ella, de 82% de nilón, 18% de spandex
Colores: chile picante, limón tropical, negro
Tallas: 6–14

$48

Chaqueta
Unisex, de 100% de algodón
Colores: crema de coco, caqui
Tallas: pequeña, mediana, grande, super-grande

$62

Cinturón
De cuero, para él o ella
Colores: marrón, blanco
Tallas: pequeña, mediana, grande, super-grande

$22

Huaraches/Sandalias
Importados de México, de cuero
Números: 5–12

$32

Gafas de sol
un "look" clásico

$29

Pantalones cortos
Para él o ella, de 100% de algodón
Colores: azul marino, limón tropical, blanco
Tallas: para él, 32–40; para ella 6–16

$26

Camiseta
Unisex, de manga corta, de 75% de algodón, de 25% de poliéster
Colores: blanco, chile picante, limón tropical
Tallas: pequeña, mediana, grande, super-grande

$18

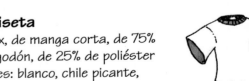

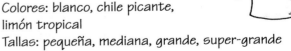

Llamar gratis 1-800-555-5711

¡Vamos a hablar! | Estudiante B

Contexto: Tú y tu compañero(a) van a hacer un pedido por teléfono de varios artículos anunciados en el catálogo *Terra Firma*. Tú (**Estudiante B**) trabajas para *Terra Firma*, una compañía que vende por catálogo. Tienes que tomar el pedido de un(a) cliente (**Estudiante A**) y llenar el formulario. ¡Ojo! Tienes que consultar la tabla para asegurarte *(be sure)* de que *Terra Firma* tiene la mercancía en inventario *(in stock)*. Tu compañero(a) va a empezar.

TERRA FIRMA

Nombre y apellido _____

Dirección _____

Ciudad _____

Estado _____ Código postal _____

Tarjeta de crédito: número _____

Artículo	Color	Talla	Cantidad	Precio
				Total: ___

— Vocabulario útil —

¿Cuál es su primer artículo?
Lo siento, pero...
¿Quiere Ud. otro color/ otra talla?
Gracias por su pedido.

If you wish to simplify the activity, direct **Estudiante B** *not to use the merchandise chart.*

Bikini/Traje de baño	6	8	10	12	14
chile picante	•	•	□	•	•
limón tropical	•	•	•	•	□
negro	•	□	•	□	•

Camiseta	P	M	G	SG
blanco	□	•	□	•
chile picante	•	•	•	□
limón tropical	•	•	•	□

Cinturón	P	M	G	SG
marrón	•	•	•	□
blanco	•	□	•	•

Chaqueta	P	M	G	SG
crema de coco	□	□	•	•
caqui	•	•	□	□

Gafas de sol
•

Huaraches/Sandalias	5	6	7	8	9	10	11	12
	•	□	•	•	□	•	_	•

Pantalones cortos para él	32	34	36	38	40
azul marino	•	•	□	•	□
blanco	□	□	•	•	•
limón tropical	_	•	•	•	□

Pantalones cortos para ella	6	8	10	12	14	16
azul marino	□	•	•	□	•	•
blanco	•	•	•	•	•	•
limón tropical	□	□	□	•	□	•

Traje de baño	32	34	36	38	40
verde cocodrilo	•	•	□	•	□
limón tropical	•	□	•	•	

Clave
• **en inventario** *(in stock)*
□ **agotado** *(out of stock)*

¡Vamos a leer!

Estrategia: Decoding complex sentences

While you may not be able to speak or write using long, complex sentences, you can learn to understand them in your readings. In this section you will practice some techniques for decoding complex sentences as you read the article on compulsive shopping, *Adicción a las compras.*

8-24 **Estrategia.** There are several kinds of sentences in Spanish and English; if you can recognize the type of sentence you are reading, you will understand it more easily. Read the following information about sentences and complete the activities on a sheet of paper.

1. A *simple sentence* is composed of one independent clause, that is, one subject and a corresponding verb. The sentence may have many other elements, such as direct objects, adverbs, prepositional phrases, etc.

   The following simple sentence is taken from the article *Adicción a las compras.* The subject of the sentence is **personas** and the verb is **son; adictas** completes the thought and refers back to the subject.

   En Gran Bretaña, aproximadamente setecientas mil personas son adictas a las compras.

   Here is another simple sentence from the article. What is the subject of this sentence? the verb?

   En Estados Unidos, unos quince millones compran de manera compulsiva.

2. *Compound sentences* consist of two independent clauses that are joined by a conjunction such as **y, pero,** or **porque.** Each clause has its own subject and verb and could stand alone. The following sentence is a paraphrase of the first sentence of the article. In the first clause, the subject is **comprar por impulso** and the verb is **es.** What conjunction connects the second independent clause to the first? What is the subject of the second clause? the verb?

   Comprar por impulso es más común en Navidad porque la cultura da mucho énfasis a los regalos.

   In this sentence, the conjunction is **porque;** in the second clause, the subject and verb are **cultura** and **da,** respectively.

3. *Complex sentences* contain a main clause as well as one or more subordinate, or dependent, clauses. A subordinate clause has a subject and a verb, but cannot stand alone. It forms an integral part of the sentence, and the whole clause may function as an adjective, an adverb, or a noun. The subordinate clause is often joined to the main clause by the word **que.**

The following complex sentence is taken from the section **"Perfil** *(profile)* **de un comprador compulsivo."** In the main clause, the subject is **expertos** and the verb is **señalan** *(point out)*. In the dependent clause, the subject is **comprar** *(buying),* an infinitive that is used as a noun; the verb is **es.**

> Los **expertos señalan** que **comprar** compulsivamente es un mecanismo de defensa...

Interestingly, this sentence continues with another subordinate clause that describes further **un mecanismo de defensa.** This third clause is highlighted below in bold. What is the subject of the third clause? the verb?

In the third clause, the subject is **personas** and the verb is **utilizan.**

> *Los estudiosos señalan que comprar compulsivamente es un mecanismo de defensa **que las personas utilizan para evadir** (avoid) **sentimientos, hechos** (facts) **o situaciones negativas en su vida.***

8-25 **Comprensión.** Lee el artículo y contesta las preguntas en la página 331.

En Navidad puede ser que comprar por impulso sea más común porque todos los caminos conducen hacia las tiendas. No es que comprar sea malo, en muchas ocasiones es necesario, pero debe hacerse con moderación. Según las estadísticas, en Gran Bretaña aproximadamente 700 mil personas son adictas a las compras. En Estados Unidos unos quince millones compran de manera compulsiva. Por otro lado, unos cuarenta millones adicionales luchan cada día contra el impulso de gastar más de lo que pueden.

Perfil de un comprador compulsivo

Los expertos señalan que comprar compulsivamente es un mecanismo de defensa que las personas utilizan para evadir sentimientos, hechos o situaciones negativas en su vida. Un comprador compulsivo es aquella persona que siente una satisfacción y un placer desmedido en el momento que compra. En el momento en que siente ese placer agradable, pierde el control de sus actos, al punto de interferir con sus finanzas, su trabajo y hasta su vida íntima y familiar.

Coloma Ríos Rodríguez, psicóloga clínica, explicó a Buena VIDA que la publicidad que presentan los medios de comunicación, hasta cierto punto, influye en las personas al momento de comprar. También destaca que en Navidad, las personas gastan más.

La persona que es comprador compulsivo por lo regular se siente deprimido, tiene una autoestima baja y es propensa a la fantasía.

¡Controla tus compras!

Si te identificas con la descripción de un comprador compulsivo no te alarmes, tu problema tiene solución. Lo primero que debes hacer es reconocer y aceptar que estás derrochando tu dinero sin ninguna necesidad.

Algunos especialistas concuerdan en que para controlar el placer de comprar, debes reducir:

- los niveles de ansiedad y de nerviosismo;
- el vacío espiritual;
- el aislamiento;
- la baja autoestima y la inseguridad;
- y la sensación de dependencia.

Si ésta es tu situación no vaciles en buscar ayuda psicológica y apoyo en libros de autoayuda. "La psicoterapia es una buena opción para reforzar tu imagen, tener una actitud positiva y reforzar tu autoestima", indicó Ríos Rodríguez.

Vocabulario útil

evadir	to avoid, evade
placer	pleasure
desmedido	disproportionate
deprimido	depressed
propensa	prone to, inclined to
deudas	debts
segura	sure, certain
derrochar	to waste, squander
detenerse	to stop
vacilar	to hesitate
clave	key

1. ¿Cómo sabemos que la adicción a las compras es un problema serio?
2. En general, ¿por qué compran compulsivamente las personas?
3. Según la psicóloga Coloma Ríos Rodríguez, ¿cuál es otro factor que contribuye al problema?
4. ¿Cuáles son algunas características del comprador compulsivo?
5. ¿Qué debe hacer una persona que sufre de este problema?

ATAJO

Un paso más: Cuaderno de actividades

Vamos a escribir: Editing and proofreading   Pág. 176
You'll practice these two very important steps that all good writers follow. In *Capítulo 1,* you practiced revising your work as the last step in the writing process. Now, you'll expand on each step separately; **editar** *(editing)* for idea- or fact-content, and **corregir** *(proofreading)* for grammatical accuracy, spelling, and punctuation. These are useful skills no matter what the context of your writing.

Vamos a mirar: Pág. 178
Vídeo 1: Vamos de compras
You will watch as Miguel interviews two young women about the clothes they like to buy and wear on different occasions. Then, you will acompany Laura and one of her friends on a shopping trip to a local boutique.
Vídeo 2: Vistas de Bolivia

Panorama cultural

Transparency Bank
A-13

Bolivia

The Incas introduced the Quechua language to the region. Today Quechua and Aymará are official languages, along with Spanish. Nearly 70% of the current population is indigenous: Quechua, 30%; Aymará, 25%; and others, 10%; 25% is mestizo and 5–10% of European heritage.

During colonial times the area was called Upper Peru **(Alto Perú).** After it obtained its independence from Spain, the country was called Bolivia in honor of its liberator Simón Bolívar. The capital's name was given in honor of Antonio José de Sucre, Bolívar's lieutenant.

Many political uprisings were crushed during the 1700s. The sixteen-year war for independence began in 1809.

La Guerra del Pacífico lasted until 1884. The loss of maritime access had a great negative impact upon Bolivia's economy and its opportunity to participate in international trade. In 1992 Peru gave Bolivia sea access through the port of Ilo.

In 1903 Bolivia lost part of its Acre province, rich in rubber, to Brazil. In 1932, in the **Guerra del Chaco** with Paraguay, Bolivia lost 100,000 square miles of oil-rich lands.

The social and economic crisis of Bolivia has not been easy to overcome. In 1985 the democratically elected president, Víctor Paz Estenssoro, created a "New Economic Policy," restructured inefficient state-owned companies, encouraged foreign trade, and cut the hyperinflation. Since 1990 the Bolivian government has been fighting against the illicit growing of **coca,** traditionally the largest and most lucrative export crop. The U.S. cooperated by providing $78 million in economic aid for crop substitution in 1990 and by eliminating Bolivia's $341 million foreign debt in 1991.

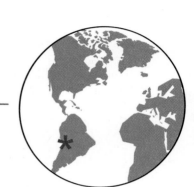

Datos esenciales

- **Nombre oficial:** República de Bolivia
- **Capitales:** La Paz (capital administrativa; sede del gobierno) y Sucre (capital constitucional e histórica)
- **Población:** 7.826.350 habitantes
- **Unidad monetaria:** El boliviano
- **Principales industrias:** Minería de estaño *(tin),* antimonio y tungsteno. Exportación de metales y minerales, cinc, oro, plata, plomo, petróleo, gas natural, madera, soya, café y azúcar.
- **De especial interés:** Bolivia tiene varios idiomas oficiales: el castellano (español) y las lenguas indígenas quechua y aymará. Bolivia y Paraguay son los únicos dos países americanos que no tienen costas. La variedad topográfica de Bolivia incluye: los Andes, volcanes activos, el Altiplano y el famoso lago Titicaca.

1400 Los incas conquistan los aymarás y otros tribus indígenas.

1825 Bolivia finalmente obtiene su independencia de España.

Un **vistazo** a la historia

1531 Pizarro comienza la conquista. Para 1538 toda Bolivia queda bajo el dominio español.

Personajes de ayer y de hoy

Jaime Escalante, maestro de física y matemáticas famoso por su extraordinaria labor con los estudiantes de la escuela pública Garfield High School en el este de la ciudad de Los Ángeles. Nació en La Paz y emigró a los EE.UU. Su gran logro *(accomplishment)* fue ayudar a estudiantes latinos pobres en una escuela llena de violencia, drogas, pandillas *(gangs)* y múltiples problemas sociales a tener interés en sus estudios y a aprender a pesar de *(in spite of)* todas las influencias negativas. Con su motivación y apoyo, todos sus estudiantes tuvieron éxito en su examen de cálculo avanzado *(advanced calculus)*. Recibió la Medalla Presidencial de los EE.UU. y el Premio Andrés Bello de la Organización de Estados Americanos (OEA).

Marina Núñez del Prado, una de las más aclamadas escultoras latinoamericanas. Nació en La Paz. Viajó por el mundo estudiando la escultura, arquitectura y pintura distintiva de cada país y trabajando en sus esculturas y presentando exhibiciones de su obra. Su mayor inspiración artística fue la cultura aymará y sus tradiciones, los problemas sociales de los indígenas y las formas ondulantes del paisaje de su querida tierra boliviana.

Simón I. Patiño, un mestizo pobre, aprendiz *(apprentice)* de minero que se convirtió en uno de los magnates más ricos del mundo en la primera mitad del siglo XX. A principios de siglo, la producción europea de estaño disminuyó *(diminished)* y la lucrativa minería de ese metal fue monopolizada en Bolivia por los Barones del Estaño: Simón I. Patiño, Carlos Aramayo y Mauricio Hochschild. El gobierno apoyó estos intereses de la oligarquía minera imponiendo impuestos *(taxes)* mínimos y aceptando el despojo *(despoilment)* de tierras indígenas.

The movie *Stand and Deliver*, starring the Mexican American actor Edward James Olmos tells the inspiring story of Jaime Escalante and his determination, discipline, and hard work to attain success for his students.

After the Revolution of 1952, the new government nationalized the tin mines and created the Corporación Minera de Bolivia (Comibol).

Notas culturales de interés

El lago Titicaca, de 170 km de largo, es el lago más grande de América del Sur. Está a 3.820 m sobre el nivel del mar en un altiplano entre los picos nevados de los Andes. Se extiende entre Bolivia y Perú. El folklore andino y la cultura antigua aún sobreviven en este lago sagrado. Entre los más interesantes lugares se encuentran las islas del Sol y de la Luna, la isla de Suriki y las islas de totora *(reed islands)*, comunidades flotantes construidas por los indígenas de la tribu Uros al estilo de sus antepasados *(ancestors)*. Cuenta la leyenda inca que los hijos del Sol, Manco Capac y Mama Ocllo, emergieron de las profundas aguas azules del lago para fundar su imperio. Según la profecía inca, con la llegada del nuevo milenio se inicia un nuevo ciclo cósmico o Inti, una época de grandes cambios.

1952 El Movimiento Nacionalista Revolucionario (MNR) logra que el gobierno les devuelva *(give back)* a los grupos indígenas tierras que les había quitado *(had taken away)*.

1964 Comienza una serie de golpes de estado y dictaduras militares; la economía decae, la inflación sube y aumentan los abusos contra la población indígena.

1879 En la Guerra del Pacífico, Chile obtiene 850 km de territorio costero boliviano. Bolivia pierde su acceso al mar y un área rica en minerales en el desierto de Atacama.

Follow-up: Have groups of students create a similiar chart for the U.S. Then, compare people and places of significance in each area in the U.S. and Bolivia.

The Andean culture crosses all present national boundaries. It covered an extensive geographic area and has become the cultural treasure of all the countries whose roots include this rich heritage. Have students research a variety of aspects of the Andean culture such as legends and prophecies; wind and other unique musical instruments; songs and poetry; folk dances like the **cueca, auqui-auqui,** and **tinku;** traditional textiles and llama and alpaca weaves; metalwork in gold, silver, and copper; the Titicaca reed boats; etc.

¿Qué sabes sobre Bolivia?

8-26 **Datos de importancia.** Trabaja con un(a) compañero(a). Busquen la información en las páginas anteriores para completar el cuadro sobre Bolivia. Expliquen en una o dos oraciones por qué cada persona, lugar u objeto es de importancia.

Área	Personaje/Lugar/Objeto	Importancia en su área
negocios		
artes		
educación		
geografía		
historia		
folklore		
artesanía		

Vocabulario

Sustantivos

el anillo ring
el abrigo coat
los aretes earrings
la artesanía arts and crafts
la billetera wallet
la blusa blouse
el bolso pocketbook, handbag
la bota boot
el brazalete bracelet
la cadena chain
el calcetín sock
la camisa shirt
la camiseta T-shirt
el cartel poster
la cerámica ceramics
la chaqueta jacket
el cinturón belt
el color color
el collar necklace
los complementos de moda
   (fashion) accessories
la corbata necktie
el cuadro painting
el cuero leather

el descuento discount
el escaparate window
la falda skirt
las gafas de sol sunglasses
la gorra cap
el (gran) almacén department
   store
el guante glove
la guayabera guayabera shirt
el hombre man
el impermeable raincoat
la joyería jewelry shop,
   department
las maracas maracas
la mujer woman
la niña girl
el oro gold
los pantalones pants, trousers
los pantalones cortos shorts
las pantimedias pantyhose
el papel de regalo wrapping paper
el paraguas umbrella
el perfume perfume
la perfumería perfume shop,
   department

la piñata piñata
el piso floor (level)
la planta baja ground floor
el plato plate, dish
la plata silver
la prenda (de vestir) article of
   clothing
el probador dressing room
el reloj wristwatch
la relojería watch shop, department
la sandalia sandal
el sarape poncho
el sombrero hat
el sótano basement
la sudadera sweatshirt
el suéter sweater
la talla size
la tienda store
el traje suit
el traje de baño bathing suit
los vaqueros jeans
el vestido dress
el zapato shoe

Verbos

aceptar to accept
buscar to look for
calzar to wear, to take (shoe size)
dudar to doubt
encontrar (ue) to find

envolver (ue) to wrap
llevar to wear (clothing)
mostrar (ue) to show
pagar to pay (for)
parecer to seem, to think about

probarse (ue) to try on
quedar to fit
regatear to bargain, haggle over a
   price
valer to cost

Otras palabras

amarillo(a) yellow
anaranjado(a) orange
azul (marino) (navy) blue
barato(a) cheap; inexpensive
beige beige
blanco(a) white
caro(a) expensive
color crema off-white
con lunares polka-dotted
cuarto(a) fourth
de algodón cotton
de cerámica ceramic
de cuadros plaid
de cuero leather
de piel leather, fur
de lana wool
de oro gold

de plata silver
de rayas striped
de seda silk
décimo(a) tenth
ésa that one (f.)
ésas those (f.)
ése that one (m.)
ésos those (m.)
ésta this one (f.)
estampado(a) print (fabric)
éstas these (f.)
éste this one (m.)
éstos these (m.)
extra grande extra large
formal dressy, fancy
grande large
gris gray

marrón brown
mediano(a) medium
morado(a) purple
negro(a) black
noveno(a) ninth
octavo(a) eighth
pequeño(a) small
quinto(a) fifth
rojo(a) red
rosado(a) pink
sencillo(a) simple
séptimo(a) seventh
sexto(a) sixth
solamente only
verde green

Expresiones útiles

Aquí los tiene. *Here they are.*

Calzo el número... *I wear size . . . (for shoes)*

¿Cómo le queda(n)... ? *How does (do) the . . . fit you? (formal)*

¿Cuánto cuesta(n)/vale(n)... ? *How much does (do) . . . cost?*

¿De qué color? *What color?*

¿Dónde se encuentra(n)... ? *Where is (are) the . . . located? Where can I find . . . ?*

Es muy poco. *That's not enough money.*

¡Eso es mucho/demasiado dinero! *That's a lot of/too much money!*

Está bien. *O.K.*

¿Está rebajado(a)? *Is it on sale/reduced?*

Estoy buscando... *I'm looking for . . .*

¿Lo atienden? *Is someone helping you (m.)?*

Llevo la talla... *I wear size . . . (for clothing)*

Me lo/la llevo. *I'll take it.*

Me los (las) llevo. *I'll take them.*

¿Me puede hacer un descuento? *Can you give me a discount?*

Me queda(n) bien. *It fits (They fit) me well.*

No es exactamente lo que quiero. *It's not exactly what I want.*

¿Podría mostrarme... ? *Could you show me . . . ?*

¿Puedo probarme... ? *Can I try on . . . ?*

¡Qué caro! *How expensive!*

¿Qué desea? *What would you like? May I help you?*

¡Qué horror! *How awful!*

¿Qué le parece(n)... ? *What do you think of . . . ?*

¿Qué número calza? *What size (shoes) do you wear?*

¿Qué talla lleva Ud.? *What size (clothing) do you wear?*

Sólo estoy mirando. *I'm just looking.*

Vale(n)/Cuesta(n)... *It costs (They cost) . . .*

Voy a llevármelo(la). *I'll take it.*

For further review, please turn to Appendix E.

Capítulo 9

¡Así es la vida!

Objetivos

Speaking and Listening

- Talking about the "ups and downs" of everyday life
- Giving advice
- Expressing empathy and emotion
- Expressing doubt or certainty about present and future events

Reading

- Recognizing word families

Writing *(Cuaderno de actividades)*

- Composing simple poems

Culture

- Chile
- Stress and daily worrries in Hispanic countries

Grammar

- Spelling-changing and irregular verbs in the present subjunctive
- Uses of the present subjunctive: Noun clauses expressing will and influence; emotion; uncertainty, doubt, and denial
- Stem-changing verbs in the present subjunctive
- Double object pronouns

A primera vista

This **A primera vista** introduces the chapter theme of the phases we go through in life.

Trabaja con un(a) compañero(a). Estudien el cuadro y lean los datos sobre Salvador Dalí. Después discutan las preguntas.

1. ¿Pueden ver las tres fases principales de la vida que pinta Dalí?

2. ¿Cuál de las tres figuras aparece más prominentemente? ¿Por qué creen que es así?

3. Ahora enfoquen su vista en las otras dos figuras que están en el centro del cuadro. ¿Quiénes serán la mujer sentada y el niño vestido de azul que están parado a su lado?

4. Hay varias figuras cabizbajas *(downhearted)* (en la nariz/el ojo del viejo, en la oscuridad entre el viejo y el adolescente, y en el ojo/la nariz/la boca del infante). ¿Cómo interpretan Uds. el mensaje que éstas dan sobre la vida?

Dalí was the most individualistic and prolific of the Surrealists. His dreamlike landscapes and phantasmagoric images are disturbing. His method consisted in merging wakefulness and dreams, of taking the innermost obsessions of his psyche and revealing them on a canvas. He was expelled from the surrealist group in 1939. When he created this painting, he had begun to transform his style, leaving the avant-garde and connecting with traditional styles.

Salvador Dalí (1904–1989)

Nacionalidad: español

Otras obras: *La persistencia de la memoria, El torero alucinogénico, Leda atómica*

Estilo: Dalí es el líder del movimiento surrealista. Pero, ante todo, Dalí fue Dalí: eccéntrico y original como pocos. Dalí es un maestro de la técnica y de la perspectiva. En sus cuadros él mezcla la realidad con los sueños; y el mundo que pinta es paradójico, lleno de contradicciones, dobles imágenes y símbolos. Su estilo es intrigante, especialmente por las imágenes superimpuestas que le ofrecen al espectador dos versiones posibles de la misma realidad.

The figure of the boy in the sailor suit appears in various of his pictures. He is Dalí himself as a witness to visions and dreams that date back to childhood.

Surrealism's era was the 20s and 30s. It originated as a literary movement whose leader was the French poet André Breton. The surrealist style was characterized by the unleashing of the subconscious (following Freud's psychoanalytical method). Its subject matter included the artists' impulses, dreams, and desires. Its objective was to discredit established reality and create a new world, a new human.

Las tres edades: la vejez, la adolescencia, la infancia
Salvador Dalí

In this *Paso* you will practice:
- Describing everyday physical complaints
- Making suggestions and giving advice

Grammar:
- Spelling-changing and irregular verbs in the present subjunctive
- Using the present subjunctive with expressions of will and influence

The English equivalents of the *Vocabulario temático* sections are found in Appendix E.

To introduce this vocabulary, begin by writing on the board the four major ailments: **Estoy agotado(a); Padezco de insomnio; No tengo energía; Tengo mucho estrés.** Have the class indicate with a show of hands which problems they suffer from. After determining the No. 1 complaint, ask for suggestions to remedy the problem and list them on the board in the infinitive form: **hacer ejercicio, comer comidas balanceadas,** etc. Finally, incorporate students' suggestions as you show the three ways in which the suggestions may be framed as advice. **¿Por qué no haces... ?; Deberías hacer... ; Te aconsejo que hagas...**

Vocabulario temático
CÓMO HABLAR DE PEQUEÑOS MALESTARES Y DAR CONSEJOS

Unos malestares comunes

¿Qué te pasa? Tienes mala cara.

No es nada grave. Es que estoy *agotado(a) de tanto trabajar.*

No es nada grave, pero a veces *padezco de insomnio porque tengo mucho estrés.*

Es que *no me estoy alimentado bien y no tengo energía para nada.*

Los consejos

Bueno, ¿por qué no *te tomas unos días libres?*
tratas de descansar más
comes comidas más balanceadas
dejas de fumar

Deberías *tomar vitaminas.*
cuidarte mejor
ir al médico

Te aconsejo que *duermas una siesta.*
no trabajes tanto

Las reacciones a los consejos

Tienes razón.
Es buena idea.
Bueno, no sé. No estoy seguro(a).

Sabías que...

- Notice that there are several ways to give advice in Spanish, each of which follows a particular sentence pattern:

  ¿Por qué no... ? *(Why don't you . . . ?)* + present indicative

  ¿Por qué no tomas *Why don't you take* más vitamina C? *more vitamin C?*

  Deberías... *(You should . . . ,* from the infinitive **deber**) + infinitive

  Deberías tomar *You should take* unas vacaciones. *a vacation.*

  Te aconsejo que... *(I advise you to . . .)* + present subjunctive

  Te aconsejo que *I advise you* **dejes** de fumar. *to stop smoking.*

- To wish someone who is ill a speedy recovery, say: **Que te mejores pronto.**

Ponerlo a prueba

9-1 ¡Pobre Selena! Selena y su amiga Carmen viven en Valparaíso, Chile. Escucha la conversación entre las dos jóvenes. ¿De qué pequeños malestares sufre Selena? ¿Qué consejos le da Carmen? Escribe las letras correspondientes.

Play Text Audio CD
Track CD2-17

1. Selena dice que _____ y _____.
   a. sufre de estrés
   b. tiene la gripe
   c. está agotada
   d. padece de insomnio
   e. no tiene energía

2. Los consejos de Carmen son _____, _____ y _____.
   a. tomar unos días libres
   b. comer comidas más balanceadas
   c. tomar unas vacaciones
   d. tomar vitaminas
   e. hacer más ejercicio

3. Selena decide _____.
   a. ir de vacaciones
   b. trabajar menos horas
   c. tomar más vitaminas
   d. ir a una clase de ejercicios aeróbicos
   e. ir a una clase de yoga

9-2 La salud. ¿Qué consejos dan los familiares en estas situaciones? Completa las oraciones según las indicaciones en los dibujos.

1. Beatriz: Arturo, no deberías _____.
   Carlos: Papá, ¿por qué no _____?
   Felicia: Te aconsejo que _____.

2. Dulce: Deberías _____.
   Arturo: Hija, te aconsejo que _____.
   Beatriz: ¿Por qué no _____?

3. Elisa: Tía, ¿por qué no _____?
   Beatriz: Felicia, deberías _____.
   Dulce: Te aconsejo que _____.

9-3 Querida Ana María. Ana María es una periodista que escribe una columna de consejos sobre la salud y los problemas personales. Aquí tienes varias cartas que los lectores le han escrito. ¿Cómo las contestarías tú? Escribe dos o tres consejos para cada carta; usa expresiones como: **Deberías... , Te aconsejo que... , ¿Por qué no... ?**

Querida Ana María:

Soy estudiante de primer año en la universidad. Estoy muy preocupada porque aunque no hago más que estudiar, no saco buenas notas. El estrés en la universidad es increíble. Todas las semanas tenemos exámenes. Además, vivo con mis padres y, por eso, no tengo muchos amigos en la universidad. Espero que tú me puedas ayudar.

María Elena

1.

Estimada Ana María:

Necesito tus consejos. Estoy locamente enamorado de una chica que está en mi clase de cálculo. Desgraciadamente, ella ni se da cuenta (has no idea) que existo. Es que soy un poco tímido y no me atrevo (I don't dare) a hablar con ella. ¿Qué debo hacer para conocerla?

José

2.

Estimada Ana María:

Mi esposo y yo estamos separados desde hace un año, y por eso me corresponde a mí toda la responsabilidad de cuidar a nuestra hija de tres años. Además, soy estudiante en la universidad y trabajo en un banco. Con todas estas responsabilidades, no tengo tiempo para mí. Estoy agotada y no sé qué hacer. Para colmo, últimamente padezco de insomnio y estoy más cansada que nunca.

Rosa

3.

Have students work in pairs to compose their letter. Afterward, have students compare responses in groups of 4–6 and choose the best advice to read to the class.

Gramática

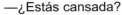

USOS DEL PRESENTE DEL SUBJUNTIVO: CÓMO INFLUIR SOBRE LOS DEMÁS

—¿Estás cansada?
—Te aconsejo que **descanses** más.

—¿Tienes sueño?
—Es mejor que **duermas** más.

—¿Tus amigos y tú tienen muchos exámenes?
—Les aconsejo a ustedes que **estudien** mucho.

A. El presente del subjuntivo. Advice to other people may be phrased in several different ways in Spanish. One of these ways requires the use of a special sentence pattern consisting of a main clause connected by the word **que** to a dependent noun clause. The verb in this dependent clause is conjugated in the *present subjunctive* (**el presente del subjuntivo**).

			Dependent Noun Clause	
Subject	Expression of Advice	*que*	New Subject	Verb in Present Subjunctive
(Yo)	Te aconsejo	que	(tú)	**duermas** una siesta.
*I advise you **to take** a nap.*				
(Yo)	Le recomiendo	que	(Ud.)	**tome** estos antibióticos.
*I recommend that you **take** these antibiotics.*				

To form the present subjunctive of most verbs, you must follow a two-step process:

- Conjugate the verb in the **yo** form of the present indicative and drop the **-o** ending.

- Add a new ending, according to the chart below:

	-ar verbs descansar	-er/-ir verbs hacer
	yo descansø	yo hagø
que yo	descans**e**	hag**a**
que tú	descans**es**	hag**as**
que Ud./él/ella	descans**e**	hag**a**
que nosotros(as)	descans**emos**	hag**amos**
que vosotros(as)	descans**éis**	hag**áis**
que Uds./ellos/ellas	descans**en**	hag**an**

Formation of the present subjunctive for regular verbs was introduced in *Capítulo 6* and is presented here for recycling and expansion. Illustrate the conjugation of other verbs, such as **poner, conocer,** and **decir.**

B. Las expresiones de influencia. When we give advice to others, we are trying to influence their behavior. We also attempt to influence behavior in other ways: by giving orders, making requests, expressing our preferences, giving permission, or prohibiting someone from doing something. When the verb in the main clause of a sentence expresses any of these kinds of influence, the verb in the dependent clause (*after* the word **que**) must be conjugated in the *subjunctive.*

Here are some common verbs and expressions of influence that trigger the use of the subjunctive in the dependent clause:

aconsejar	Te **aconsejo** que tomes esta medicina.	*I advise you to take this medicine.*
recomendar (ie)	Te recomiendo que...	*I recommend that you . . .*
pedir (i)	Te pido que...	*I ask you to . . .*
prohibir	Te prohíbo que...	*I forbid you to . . .*
sugerir (ie)	Te sugiero que...	*I suggest that (you) . . .*
querer (ie)	Quiero que...	*I want (you) to . . .*
preferir (ie)	Prefiero que...	*I prefer that (you) . . .*
	Es preferible que...	*It's preferable that . . .*
	Es mejor que...	*It's better that . . .*
	Es necesario que...	*It's necessary that . . .*
	Es importante que...	*It's important that . . .*

C. Verbos de comunicación. With certain expressions of influence—the verbs of communication—it is common to use an indirect object pronoun in the main clause. This indirect object pronoun refers to the person that you are trying to influence. The most common verbs of communication are **aconsejar, recomendar, pedir, sugerir,** and **prohibir.**

aconsejar	El médico **nos** aconseja que hagamos más ejercicio. *The doctor recommends that **we** do more exercise.*
recomendar	También **le** recomienda **a papá** que deje de fumar. *He also recommends that **Dad** stop smoking.*

Ponerlo a prueba

9-4 **Muchos consejos.** Pobre Jaime está muy preocupado por sus problemas y los de sus parientes y amigos. Su amiga Clarisa le da muchos consejos. Combina las oraciones de las dos columnas de una manera lógica. Conjuga el verbo entre paréntesis en el presente del subjuntivo.

MODELO: Jaime: Mi padre trabaja demasiado.
Clarisa: (c) *Es importante que (él) aprenda a descansar.*

Los problemas de Jaime

1. Quiero dejar de fumar.
2. Mi novia tiene anorexia.
3. Mi madre siempre está nerviosa, pero insiste en beber café constantemente.
4. Mis amigos beben mucha cerveza.
5. Mis compañeros y yo tenemos mucho estrés.
6. Padezco de insomnio a veces.

Los consejos de Clarisa

a. Te recomiendo que (tú) le **(comprar)** café descafeinado.
b. Te sugiero que (tú) **(probar)** los parches *(patches)* de nicotina.
c. Es importante que (él) **(aprender)** a descansar.
d. Es mejor que (ella) **(ver)** a un psicólogo.
e. Te recomiendo que (tú) **(escuchar)** música tranquilizante antes de acostarte.
f. Les aconsejo a Uds. que **(hacer)** más ejercicio.
g. Es importante que (ellos) no **(manejar** *[to drive]*) cuando tomen.

9-5 El diablito. Estás cuidando (*taking care of*) a Ángel, un niño de ocho años que es un poco desobediente. ¿Cómo reaccionas a cada una de las siguientes declaraciones de Ángel? Tienes que incorporar estas expresiones:

Quiero que...	Te recomiendo que...
Prefiero que...	Te pido que...
Te aconsejo que...	Te prohíbo que...

MODELO: Ángel: Mis amigos no tienen que hacer la cama. Yo tampoco voy a hacerla. Bueno, ¡hasta luego! Voy a salir a jugar.
    Tú: *Te prohíbo que salgas a jugar. Quiero que hagas tu cama inmediatamente.*

1. ¡Detesto las espinacas! Son tan verdes y tan... tan horribles. No pienso comerlas jamás.
2. ¡Mira! Pepito me dio este vídeo. ¿Quieres mirarlo conmigo? Se llama *Pasión prohibida.*
3. ¿Una camisa blanca? ¿una corbata? ¡Por favor, no! Todo el mundo lleva vaqueros a la iglesia. No quiero ponerme ese traje feo.
4. ¿Tarea? ¿Qué tarea? La profesora no nos dio tarea. Además, mañana no tenemos clase.
5. ¿Más leche? Pero si bebí un vaso grande esta mañana para el desayuno. No quiero beber más leche hoy.
6. ¡Hasta luego! Voy a la casa de Pepito. Sus padres le compraron unos fuegos artificiales. ¡Qué suerte! ¡Chao!
7. Quiero navegar el Internet. Mi amigo Marcos me dijo que hay muchas páginas interesantes con rifles y pistolas.
8. ¿Puedo usar tu teléfono celular? Mi amiga Sarita está en el Japón con sus padres y quiero llamarla.

9-6 Para vivir feliz. El artículo en la página 346 tiene mucha información útil para ser feliz.

Primera parte: Échale un vistazo (*skim*) a las preguntas a continuación. Después, lee el artículo y contesta las preguntas.

1. Según el artículo, "estar equilibrado"_____ de conseguir.
   a. es fácil   b. es difícil   c. es imposible

2. Para vivir feliz, es importante _____.
   a. tener paciencia y reflexionar
   b. tener paciencia, sentido de humor y reflexionar
   c. tener paciencia, estabilidad y reflexionar

3. Según el artículo, para tener bienestar personal, es importante aceptarte, conocerte y ___.
   a. no traicionarte
   b. cambiar tus principios
   c. no tolerar frustraciones

4. Según el artículo, lo peor para el "equilibrio psicológico" es _____.
   a. ser inmaduro e irresponsable
   b. no tener metas (*goals*)
   c. no tener fuerza de voluntad y ser inmaduro e irresponsable

5. Una idea muy importante del artículo es que es necesario vivir _____.
   a. en el pasado
   b. en el presente
   c. en el futuro

Additional activity: Have each pair of students write a letter to Ana María asking for advice (as in Exercise 9-3 in the previous section of this *Paso*). Have them exchange papers with other pairs and write responses.

Answers to Exercise 9-6: 1. b; 2. c; 3. a; 4. c; 5. b

VIVIR FELIZ

Bienestar personal

Procurar estar a gusto con uno mismo es uno de los deseos más íntimos de todas las personas. Por eso se dice «estar equilibrado», porque la balanza entre el mundo interior y la realidad se halla en el punto medio, proporcionando el bienestar psicológico. Conseguirlo no es nada fácil, pero mucho menos imposible. *Sólo se requiere una gran dosis de paciencia y de autorre-flexión, de modo que nuestra mente logre una cierta estabilidad que no se quiebre ante cualquier obstáculo.* A cambio, lo que se obtiene es la posibilidad de sentir que, día a día, estamos construyendo un

edificio sólido entre nuestra mente y nuestro corazón, entre la realidad y los deseos.

Qué hacer

- El punto de partida para lograr el equilibrio psicológico es *conocer el propio yo,* con sus virtudes y defectos.
- *Acéptate como eres* y rectifica, poco a poco, esa parte de tu personalidad que consideres que puede perjudicarte o dañarte. En definitiva, la que te impide crecer.
- Sitúa tus deseos e ilusiones en el mundo de la realidad y lucha por ellos.
- *Aprende a superar las frustraciones* sin traumas y recuerda que la vida da «reveses» a todos.
- Buscar la satisfacción personal con lo que uno es y hace en la vida.
- *No traicionar los principios básicos* de uno mismo por complacer a los demás o por cobardía.

Consejos

- Los principales enemigos del equilibrio psicológico son la falta de fuerza de voluntad, la inmadurez y la irresponsabilidad.
- Es importante marcarse unos objetivos en la vida de modo que siempre nos sintamos estimu-lados, porque, además, ayudan a superar las dificultades.
- Hay que *evitar anclarse en el pasado* y no supeditar el presente en función de un futuro «soñado». Se trata de vivir el hoy y proyectar el futuro.

Vocabulario útil

bienestar	*well-being*
fuerza de voluntad	*will*
marcarse	*to set*
perjudicar	*to harm*
inmadurez	*immaturity*
conseguir	*to obtain*
hallarse	*to be located*
mente	*mind*
propio	*own*
rectificar	*to correct*

Segunda parte: Ahora usa la información en el artículo para darles consejos que ayuden a las personas a continuación a tener una vida feliz. ¡Ojo! Debes usar el subjuntivo en tus consejos.

1. Cada vez que tu amigo Alejandro experimenta un problema o un obstáculo en su vida, reacciona con impaciencia y desesperación.

   ¿Qué le recomiendas a Alejandro para que esté a gusto *(is satisfied)* con su vida?

   Es importante que Alejandro _____.

2. Una compañera, Delia, no se acepta cómo es. Siempre quiere cambiar su apariencia, su personalidad, sus valores, etc. ¿Qué le aconsejas a Delia para que pueda ser feliz?

   Le aconsejo a Delia que _____.

3. Un colega, Horacio, está muy frustrado. Trabaja en una oficina, pero sueña con ser artista.

   Piensa trabajar diez años más antes de cambiar de profesión. ¿Qué le sugieres a Horacio?

   Es mejor que Horacio _____.

4. A un primo, Raimundo, no le gusta su vida. No sabe qué hacer. No tiene metas *(goals).* Cambia de trabajo, de amigos y de apartamentos, etc., con-stantemente. ¿Qué debe hacer Raimundo?

   Es importante que Raimundo _____.

Gramática
EL PRESENTE DEL SUBJUNTIVO

Verbos con cambios ortográficos y verbos irregulares

> ¿Para tener buena salud?
> Es necesario que usted **busque** una manera de relajarse.
> Es importante que usted **coma** con moderación.
> Es mejor que usted **vaya** al doctor para hacerse un chequeo general una vez al año.

A. Los cambios ortográficos. Many verbs use regular endings in the present subjunctive, but undergo spelling changes in the consonants just *before* the verb ending. Here are the four major kinds of spelling-changing verbs; notice that the spelling change occurs in all persons.

- **car** verbs: c ➞ qu

  bus**car** *(to look for):* bus**que**, bus**ques**, bus**que**, bus**quemos**, bus**quéis**, bus**quen**

- **gar** verbs: g ➞ gu

  ju**gar** *(to play):* jue**gue**, jue**gues**, jue**gue**, ju**guemos**, ju**guéis**, jue**guen**

- **zar** verbs: z ➞ c

  almor**zar** *(to eat lunch):* almuer**ce**, almuer**ces**, almuer**ce**, almor**cemos**, almor**céis**, almuer**cen**

- **ger** verbs: g ➞ j

  esco**ger** *(to choose):* esco**ja**, esco**jas**, esco**ja**, esco**jamos**, esco**jáis**, esco**jan**

Remind students that -ar and -er stem-changing verbs do not change their stem in the nosotros and vosotros forms. Point to jugar and almorzar here as examples. Stem-changing verbs are explained in detail in Paso 2.

B. Los verbos irregulares. The five verbs below have irregular forms in the present subjunctive. Note also that the impersonal form of **haber** in the present subjunctive is **haya** *(there is/are).*

Point out that they learned some of these forms earlier as formal commands.

	ir *(to go)*	ser *(to be)*	estar *(to be)*	saber *(to know)*	dar *(to give)*
que yo	vaya	sea	esté	sepa	dé
que tú	vayas	seas	estés	sepas	des
que Ud./él/ella	vaya	sea	esté	sepa	dé
que nosotros(as)	vayamos	seamos	estemos	sepamos	demos
que vosotros(as)	vayáis	seáis	estéis	sepáis	deis
que Uds./ellos/ellas	vayan	sean	estén	sepan	den

Like all other verbs, these forms of the present subjunctive may be used in the dependent noun clause after expressions of advice.

Es importante que **haya** más ventilación en este cuarto.	*It's important that there **be** more ventilation in this room.*
Es necesario que Uds. **vayan** a la clínica inmediatamente.	*It's necessary for you (plural) **to go** to the hospital at once.*
Te pido que **seas** más prudente con tu dieta.	*I ask you **to be** wiser about your diet.*

Ponerlo a prueba

9-7 El diario de Catalina. Catalina, una estudiante de la Universidad Católica de Valparaíso, está un poco enfadada y preocupada por su compañera de cuarto, Rosa. Aquí tienes un fragmento del diario de Catalina. Complétalo con el presente del subjuntivo de los verbos entre paréntesis.

Mi buena amiga Rosa se está comportando como una loca. Antes, era una chica seria y estudiosa. Pero ahora ella quiere que nosotras (1. salir) _____ todas las noches. A veces ella quiere que las dos (2. ir) _____ a una discoteca para bailar; otras noches prefiere que nosotras (3. ver) _____ una película en el cine. Los fines de semana, salgo con ella y con los demás amigos. Pero durante la semana es necesario que yo (4. estar) _____ en casa para poder estudiar. Quiero asistir a la escuela de medicina después de terminar mi carrera en biología, y por eso es importante que yo (5. sacar) _____ notas muy buenas. Cuando le explico todo esto a Rosa, ella se enfada.

Anoche los padres de Rosa la llamaron por teléfono. Ellos quieren que Rosa (6. ser) _____ más prudente con su tiempo. Según ellos, es necesario que ella (7. empezar) _____ a aplicarse más a sus estudios. Para la familia de Rosa, es un gran sacrificio pagar la matrícula y los costos de sus estudios, y es importante que ella (8. saber) _____ eso.

No sé qué va a pasar. Pero si Rosa no cambia, le voy a recomendar que (9. buscar) _____ otra compañera de cuarto.

9-8 Más consejos, por favor. ¿Qué consejos les darías a estas personas? Trabaja con tu compañero(a); escojan dos consejos de la lista para cada situación y cambien los infinitivos al presente del subjuntivo. Deben incorporar expresiones como las siguientes:

Le(s) recomiendo que...   Es necesario que...
Es mejor que...   Es preferible que...
Es importante que...   Le/Les recomiendo que...

MODELO: Carolina y Javier quieren ser instructores de una clase de ejercicios aeróbicos.
Les aconsejo (a ellos) que sepan tomarse el pulso.
También es necesario que estén en forma.

buscar remedio pronto   ir a un médico o a un psicólogo
darle flores a su compañera   llegar a tiempo
darle una buena impresión al jefe   saber cuál es su peso ideal
estar en forma   saber tomarse el pulso
estar informada sobre nutrición   sacar buenas notas
empezar a solicitar información pronto   ser cortés y sincero

1. Luis está un poco gordo y quiere adelgazar *(to lose weight)*.
   Le recomiendo a Luis que _____. También _____.
2. Eduardo tiene una entrevista importante para conseguir un nuevo empleo.
   Le recomiendo a Eduardo que _____. También _____.
3. Tonya y Angélica piensan hacer estudios de post-grado pero no saben todavía a qué universidad quieren asistir.
   Es necesario que ellas _____. También _____.
4. Laura y su hermana Francisca sufren de depresión a veces.
   Es importante que ellas _____. También _____.
5. Ramón tiene una cita el sábado con una chica que no conoce.
   Es preferible que él _____. También _____.

Síntesis

9-9 Los problemas de mis amigos. Debido a tu reputación como una persona muy sabia (*wise*), tus amigos siempre consultan contigo cuando quieren resolver sus problemas. Con tu compañero(a), analiza cada problema que se presenta en los dibujos y prepara una solución para cada uno. Usa frases como: **Es necesario que, Es importante que, Es mejor que, Es preferible que, Le recomiendo que, Le aconsejo que.**

MODELO: *Es necesario que Germán sea responsable.*
Es importante que Germán estudie para sus exámenes.
No le recomiendo a Germán que vaya a la fiesta de Mauricio.

1.

2.

3.

4.

9-10 Los enemigos de la memoria. Algunos estudiantes se preparan mucho para los exámenes, pero cuando llega el día del examen, se olvidan de (*they forget*) todo. El siguiente artículo explica cómo combatir este problema. Lee el artículo y escribe un resumen con cinco consejos. Incluye expresiones como **Es mejor que, Es necesario que, Es importante que,** etc.

MODELO: *Según el artículo, es preferible que no bebamos más de dos tazas de café al día porque produce estrés.*

LOS ENEMIGOS DE LA MEMORIA

En época de preparación de exámenes hay que evitar:

- **El café:** el exceso de cafeína produce estrés e impide pensar con claridad. Toma un máximo de 2 cafés al día.
- **El alcohol:** disminuye la memoria.
- **El tabaco:** dificulta la capacidad de utilizar la información que ha almacenado la memoria.
- **Tranquilizantes:** favorecen el "letargo" del cerebro.
- **Estimulantes:** porque sus efectos sobre la memoria son muy breves y luego producen desconcentración.
- **Dormir poco:** la falta de sueño impide concentrarse y memorizar.

9-11 **La salud de los estudiantes.** Completa esta encuesta *(survey)* en grupos de cuatro o cinco personas; después analicen los resultados juntos.

Primera parte: Entrevístense con estas preguntas.

	Nunca	A veces	A menudo
1. ¿Con qué frecuencia padeces de...			
a. el estrés y la tensión	☐	☐	☐
b. el insomnio	☐	☐	☐
c. falta *(lack)* de energía	☐	☐	☐
d. pérdida *(loss)* de apetito	☐	☐	☐
2. ¿ Con qué frecuencia...			
a. fumas cigarrillos?	☐	☐	☐
b. duermes menos de seis o siete horas?	☐	☐	☐
c. te saltas *(skip)* el desayuno?	☐	☐	☐
3. ¿Con qué frecuencia...			
a. comes comidas balanceadas?	☐	☐	☐
b. te acuestas a una hora razonable *(reasonable)*?	☐	☐	☐
c. haces ejercicio?	☐	☐	☐

4. ¿Cuáles son las fuentes *(sources)* de estrés y tensión en tu vida?

	Un factor importante	Contibuye a veces	Irrelevante
a. los exámenes	☐	☐	☐
b. las clases universitarias	☐	☐	☐
c. las preocupaciones familiares y personales	☐	☐	☐
d. problemas financieros	☐	☐	☐

Segunda parte: Analicen los datos y contesten las preguntas.

1. ¿Cuáles son los malestares más frecuentes entre las personas en su grupo?
2. ¿Cuál es el vicio *(vice)* más común? ¿el menos problemático?
3. ¿Qué hace la mayoría de las personas en su grupo para mejorar la salud?
4. ¿Qué factor contribuye más al problema de estrés? ¿Qué factor contribuye menos?
5. ¿Qué les recomiendan Uds. a sus compañeros que hagan para mejorar la salud?

Puente cultural

Y en cuanto al tren de vida... ¿vive la gente de tu país bajo mucho estrés? ¿Qué es lo que más le preocupa?

Cecilia Carro
argentina; 21 años; estudiante

En realidad la gente en Argentina se queja más de la política y de la crisis económica del país que del estrés. Por ejemplo, una gran parte de la población no tiene trabajo y lo que más le preocupa es conseguir uno. Los que ya tienen trabajo, se preocupan por mantenerlo o ascender a un mejor puesto *(position)*. También hay preocupaciones de tipo familiar, por ejemplo, que el esposo o la esposa le sea fiel, que los hijos sean personas respetuosas y se mantengan lejos de problemas como drogas, alcoholismo o delincuencia.

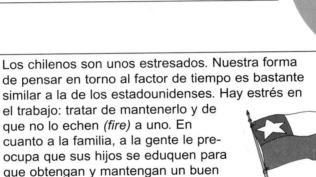

Iván Claudio Tapia Bravo
chileno; 37 años; profesor

Los chilenos son unos estresados. Nuestra forma de pensar en torno al factor de tiempo es bastante similar a la de los estadounidenses. Hay estrés en el trabajo: tratar de mantenerlo y de que no lo echen *(fire)* a uno. En cuanto a la familia, a la gente le preocupa que sus hijos se eduquen para que obtengan y mantengan un buen trabajo. La fidelidad de la pareja *(spouse)* y ser un buen padre, madre y esposo(a) son también preocupaciones.

Gabriela (Gabi) Marchesín Vergara
mexicana; 23 años; estudiante

Las preocupaciones de la gente dependen de su nivel socioeconómico, pero en general se vive con mucho menos estrés que en los EE.UU. En la clase alta existe más estrés. La clase media se preocupa más por el nivel de vida y en la clase baja la preocupación es de tipo más básico: tener o no tener trabajo. Las preocupaciones de tipo familiar son la educación y formación espiritual de los hijos y mantener respeto, cooperación y comunicación en la pareja *(couple)*.

Te toca a ti

9-12 **Preocupaciones de cada día.** Trabaja con un(a) compañero(a). Escriban en oraciones cortas las preocupaciones que, según Cecilia, Iván y Gabi, parecen tener en común las personas en sus países. Después marquen (√) las que la gente en los EE.UU. también comparte *(share)*.

Preocupaciones a nivel socioeconómico	Preocupaciones a nivel familiar

9-13 **Los factores que influyen en el estrés.** Gabi Marchesín dice que el nivel socioeconómico de una persona es un factor que determina el nivel de estrés en su vida. ¿Cuáles son los demás factores? Trabaja con un(a) compañero(a). Decidan las mayores causas del estrés. Enumeren los siguientes factores en orden de importancia. El número 1 será el factor de más importancia.

____ el nivel socioeconómico de cada individuo; la clase social

____ la debilidad *(weakness)* emocional de una persona que fácilmente se siente abrumada *(overwhelmed)*

____ el tren de vida general de la sociedad o el país en que uno vive

____ la situación económica del país

____ tener una familia grande, donde hay posibilidad de que existan muchos problemas y tensiones

____ vivir solo y aislado, sin amistades ni familiares con quienes compartir las presiones

____ la profesión individual (en algunas profesiones hay más estrés que en otras)

____ la edad (a ciertas edades hay menos estrés)

____ el materialismo; quien más quiere cosas materiales en la vida, más sufre de estrés por conseguirlas *(obtain them)*

Paso 2

Vocabulario temático
ALGUNOS ACONTECIMIENTOS FAMILIARES

Cómo expresar las buenas noticias

¿Cómo te va?   Estoy (muy) *orgulloso(a).*
emocionado(a)
alegre
encantado(a)
contentísimo(a)

¿Sí? Cuéntame qué pasa.

Acabo de enterarme de que *mi hermanita va a tener su primera cita para la fiesta de sus quince.*

...*mi primo está enamorado y va a comprometerse con su novia.*

...*mi mejor amiga se comprometió hace poco y va a casarse.*

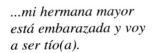

...*mi hermana mayor está embarazada y voy a ser tío(a).*

Cómo reaccionar y continuar la conversación sobre las buenas noticias

¡Ay! ¡Qué buena noticia!
¡Cuánto me alegro!
¡Qué sorpresa!

¿Quién va a ser su compañero(a)?
¿Cuándo le dio su novio el anillo de compromiso?
¿Cuándo es la boda?
¿Cuándo va a nacer el bebé?

Cómo expresar y reaccionar a las malas noticias

¿Qué hay de nuevo?

Estoy (un poco) *preocupado(a).*
  triste
  deprimido(a)
  desanimado(a)

Acabo de recibir malas noticias.
Mi hermano y su novia rompieron su compromiso ayer.
Mis tíos están separados.
La vecina de al lado se murió anoche.

¡Qué pena!
¡Cuánto lo siento!
¡Qué lástima!
¡Ojalá que todo salga bien!

¿Es algo permanente o temporal?
¿Van a divorciarse?
¿Cuándo es el velorio?

Sabías que...

- The words **¡Felicitaciones!** and **¡Felicidades!** are used to congratulate someone in Spanish.

- You can express your condolences in Spanish by saying **(Tiene Ud.) Mi más sentido pésame** *(You have my deepest sympathy).*

- The phrase **acabar de** + infinitive is expressed in English as *to have just . . . (done something).*

  Acabo de recibir una carta de mis padres.   *I have just received a card from my parents.*

Ponerlo a prueba

Play Text Audio CD
Track CD2-18

Answers to Exercise 9-14: 1. b; 2. a; 3. a; 4. a; 5. c; 6. b

9-14 ¿Qué hay de nuevo? Escucha las dos conversaciones sobre las buenas y las malas noticias en tu disco compacto. Completa las oraciones de una manera lógica.

Conversación 1

1. Aurora y Gloria hablan de ____.
   a. un médico en la clínica donde trabajan
   b. Alejandro, el hermano de una amiga
   c. Luisa, una enfermera de la clínica

2. La noticia es de ____.
   a. una boda   b. un divorcio   c. un velorio

3. Aurora está ____ por la noticia.
   a. sorprendida   b. preocupada   c. deprimida

Conversación 2

4. Según el médico, Mariana ____.
   a. está embarazada
   b. tiene una enfermedad grave
   c. va a sentirse mejor pronto

5. Rodolfo es el ____ de Mariana.
   a. padre   b. hijo   c. esposo

6. Cuando oye la noticia, Rodolfo está ____.
   a. muy deprimido   b. contentísimo   c. un poco preocupado

9-15 Buenas y malas noticias. Aquí tienes varias situaciones, algunas con buenas noticias y otras con malas noticias. Con un(a) compañero(a), lean los diálogos y complétenlos con una expresión apropiada (**¡Qué sorpresa! ¡Cuánto lo siento!** etc.) y con una pregunta lógica (**¿Cuándo es la boda?** etc.).

Follow-up to Exercise 9-15: Have each pair of students select one of the situations and develop it into a full dialogue.

1. Lupe: ¡Estoy tan emocionada! Tengo una cita para el baile de etiqueta *(formal)* de mi sororidad.

   Tú: ¡ _____ ! ¿ _____ ?

2. Octavio: Estoy deprimido. Mi esposa acaba de decirme que quiere divorciarse.

   Tú: ¡ _____ ! ¿ _____ ?

3. Mario: ¡Estoy contentísimo! ¿Te acuerdas de *(do you remember)* la chica que conocí en la fiesta de Enrique el mes pasado? Pues, ¡nos hemos comprometido!

   Tú: ¡ _____ ! ¿ _____ ?

4. Dalia: Estoy muy triste. Mi abuela se murió anoche.

   Tú: ¡ _____ ! ¿ _____ ?

5. Tu compañero(a): [Inventa una **buena** noticia.]

   Tú: ¡ _____ ! ¿ _____ ?

6. Tú: [Inventa una **mala** noticia.]

   Tu compañero(a): ¡ _____ ! ¿ _____ ?

9-16 Las crónicas sociales. Estos anuncios sociales son muy comunes en los periódicos que se publican en países hispanohablantes.

A.

Fernando José y sus orgullos padres, José y Annie Alonso.

Bautizo de Fernando José

El hermoso niño Fernando José Alonso Fernández recibió las sagradas aguas bautismales en ceremonia celebrada en la Iglesia San José de Caguas. Radiantes de felicidad se encontraban sus padres José R. Alonso y la profesora Annie Fernández de Alonso. Fueron padrinos de bautismo la Dra. Irma Santor, Dr. Carlos Fernández, Wanda Fernández y Antonio Delgado. Muy contentas se encontraban las hermanitas de Fernando José, Cristina, Adriana y Viviana. En grande fue festejada la significativa ocasión, con una fiesta en el Colegio de Ingenieros amenizada por la orquesta de Víctor Roque y la Gran Manzana.

B.

Los 15 de Viviana San Emeterio Rivera

"Noche de Fantasía y Carnaval"

La linda quinceañera Viviana San Emeterio Rivera vivió una noche de fantasía y grandes emociones durante la celebración de sus quince años en el Hotel San Juan. Diferente y exquisita fue la decoración que Javier de Anfora realizó para la gran ocasión. Tanto Viviana como su elegante mamá, Milagros "Millie" Rivera de Bonilla, lucieron regias en creaciones de Denise Hauy. Muy elocuente estuvo el Lcdo. Carlos Irizarry Yunqué al pronunciar el brindis en honor a Viviana. Familiares y amigos levantaron sus copas de champán para brindar por la felicidad de la linda homenajeada quien estudia su segundo año de escuela superior en Saint John's. Los numerosos invitados disfrutaron de las delicias dispuestas en las estaciones de comida mejicana, italiana, carnes y mariscos. La gran fiesta fue amenizada por el Grupo Paradiso y por Musique Xpress.

Primera parte: Usa la información en los artículos para contestar las preguntas.

Crónica A
1. ¿Qué ocasión celebra la familia Alonso Fernández?
2. ¿Dónde se celebró el acontecimiento *(event)*?
3. ¿Cuántos padrinos tiene Fernando José? ¿Quiénes son?
4. ¿Cuántos hijos tienen los padres de Fernando José? ¿Quiénes son?
5. ¿Cómo se celebró el evento?

Crónica B
1. ¿Qué celebró Viviana?
2. ¿Cómo celebró esa ocasión?
3. Describe la decoración de la fiesta.
4. Menciona dos detalles de la fiesta.
5. ¿Qué tipo de entretenimiento hubo en la fiesta?

Segunda parte: Piensa en alguna celebración especial que tuvo lugar recientemente en tu familia. Usa los artículos como modelos para escribir uno similar. Incluye toda la información básica y algunos detalles interesantes sobre lo que ocurrió. Luego, comparte tu artículo con tus compañeros de clase.

Comentario cultural: EL MATRIMONIO

¿A qué edad piensas comprometerte *(to become engaged)*? ¿A qué edad normalmente se comprometen las personas en los EE.UU.? Generalmente, ¿cuánto tiempo dura un compromiso en los EE.UU.?

En los países hispanos hay algunas prácticas diferentes con respecto al matrimonio. En primer lugar, algunos jóvenes se comprometen más tarde que los jóvenes en los Estados Unidos. También, a veces el compromiso dura varios años. Los jóvenes se casan después de haberse graduado y de haber ahorrado bastante dinero para montar su propia casa o apartamento. En algunos casos, se casan y viven con sus padres. Muchas veces al casarse, la pareja tiene dos ceremonias: una religiosa y otra civil. En algunos países, la ceremonia religiosa es la tradicional, pero la civil es la legal.

Gramática
USOS DEL SUBJUNTIVO: LAS EMOCIONES

¿Qué es lo que me preocupa?
Tengo miedo de que mis amigos, Luis y Lili, no **puedan** ser felices.
Me preocupa que ellos **tengan** que divorciarse.
Me molesta que sus hijos **se sientan** aislados.

Point out that the present subjunctive can be used in this situation only to express events that are taking place now or in the future. Explain that more advanced structures—the past subjunctive or present perfect subjunctive—are needed to refer to events in that past, such as, *I'm sorry that your dog **died**.*

A. Una breve introducción. In Spanish, a special sentence pattern must be used to express how we feel about events taking place in our lives. This pattern is similar to the one used to give advice (see **Paso 1**); it requires the use of the present subjunctive in the dependent noun clause, after the connecting word **que.**

			Dependent Noun Clause	
Subject	Expression of Emotion	*que*	New Subject	Verb in the Present Subjunctive
(Yo)	Estoy contentísimo de	que	mi hija	**se case** pronto.
I	*am very happy*	*that*	*my daughter*	*is getting married soon.*
(Ella)	Está triste de	que	su abuela	no **pueda ir** a la boda.
She	*is sad*	*that*	*her grandmother*	*can't go to the wedding.*

B. Expresiones de emoción. Below are some common expressions of emotion that require the use of the present subjunctive in the dependent clause. These expressions may be grouped into three main sentence patterns.

Basic pattern: The following expressions of emotion follow the same sentence pattern modeled in the chart in section A on page 356.

- **sentir (ie)** *(to regret, to be sorry)*

  Sentimos mucho que Uds. no **puedan** venir a la boda.

  *We're very **sorry** that you can't **come** to the wedding.*

- **Es + adjective or noun (Es triste, es bueno, es mejor, es preferible, es una lástima,** etc.)

  Es triste que tus tíos **piensen** divorciarse.

  *It's **sad** that your uncle and aunt **are planning** on getting a divorce.*

- **Ojalá que** *(I hope that/May)*

  Ojalá que sean muy felices.

  *I hope that they are very happy. (**May they be** very happy.)*

Basic pattern + de: The following personal expressions of emotion follow the basic pattern, but require **de** before the **que.** The subject of the main clause may be conjugated in any person: **yo, tú, él, ella,** etc.

- **estar** + adjective + **de**

  Estamos muy **orgullosos de** que nuestro hijo **se gradúe** de la universidad pronto.

  *We're very **proud that** our son is graduating from the university soon.*

- **tener miedo de** *(to be afraid of)*

  Tengo miedo de que mi novia **quiera** romper nuestro compromiso.

  *I'm **afraid** that my fiancée **may want** to break our engagement.*

Gustar-type verbs: **Gustar** and a number of similar verbs use indirect object pronouns in the main clause, but otherwise follow the basic pattern.

- **gustar** *(to like, be pleasing to [someone])*

  No **nos gusta** que no **se casen** por la iglesia.

  *We don't **like** the fact (It displeases us) that **they aren't getting married** in church.*

- **alegrar** *(to be glad, make [someone] happy)*

  A mi padre **le alegra** que yo **siga** con mis estudios.

  *My dad **is happy** (It makes my dad happy) that **I am continuing** with my studies.*

  Point out that **alegrar** is often used reflexively as well; in this case, the preposition **de** must be used: **Me alegro de que no tengamos el examen hoy.**

- **preocupar** *(to worry [someone])*

  Me preocupa que mis padres **se separen.**

  *It **worries me** that my parents **are separating.***

- **sorprender** *(to surprise [someone])*

  ¿Te sorprende que ellos **se comprometan?**

  *Are you **surprised** (Does it surprise you) that they **are getting engaged?***

Ponerlo a prueba

9-17 **El problema de Beatriz.** Beatriz Calvo de Martínez le escribió una carta a su mejor amiga, María Cristina, para consultar con ella sobre un reto *(challenge)* profesional. Usa el subjuntivo de los verbos para completar la carta de respuesta.

After going over the sentences, have students brainstorm giving advice to Beatriz.

Caracas, Venezuela
20 de mayo

Querida Beatriz,

¡No te puedes imaginar cuánta alegría me dio recibir tu carta! Me alegro de que todos ustedes (1. encontrarse) _____ bien. Es una lástima que nosotros no (2. poder) _____ reunirnos más frecuente- mente. ¡Ojalá que en el futuro ustedes (3. venir) _____ a Caracas a visitarme! Me molesta que nosotros siempre (4. estar) _____ tan ocupados. Pero, ¡así es la vida!

Respecto a tu problema, ¡es increíble que (5. tener) _____ ese tipo de dilema!

¡Imagínate! Recibir una oferta de empleo de la agencia internacional de viajes más prestigiosa de Venezuela. ¡Qué suerte! Te felicito. Sin embargo, también comprendo tu dilema. Es una lástima que no (6. haber) _____ una solución fácil. Si aceptas la oferta, me preocupa que el impacto personal y profe- sional en tu familia (7. ser) _____ devastador. En primer lugar, trabajas para la agencia de viajes de tus padres. En segundo lugar, tu familia tiene fuertes raíces *(roots)* en Maracaibo.

Me preocupa que las personas de tu familia (8. sentir) _____ que no son una prioridad para ti. Te recomiendo que (9. hablar) _____ francamente con ellos. Es posible que tu familia (10. entender) _____ la situación. También, tienes que seguir tu intuición. Bueno, no importa lo que decidas porque nuestra amistad es eterna. ¡Suerte!

Fuertes abrazos,
María Cristina

9-18 **Chismes.** La Sra. García es la chismosa *(the gossip)* de su barrio en Viña del Mar, Chile. ¿Qué observa y dice ella sobre la vida de los vecinos? Combina las columnas de una manera lógica y escribe seis oraciones con los chismes de la Sra. García. Escribe el verbo en el presente del subjuntivo.

MODELO: *Es una lástima que los vecinos de enfrente se divorcien.*

A	B
Me sorprende que	los Ortiz (separarse)
Me enfada que	Mimí (llevar) a su novio a su apartamento
Es una lástima que	los vecinos de enfrente (divorciarse)
Es escandaloso que	el soltero del lado (casarse) por fin
Me alegra que	los Guzmán (celebrar) su aniversario de oro este año
Me preocupa que	Beto nunca (volver) a casa antes de las cuatro de la madrugada
Estoy contentísima de que	los Garza siempre (decir) que yo soy chismosa

9-19 **¿Qué te parece?** ¿Cuáles son tus reacciones a estos acontecimientos (hipotéti- cos) en tu universidad? Sigue el modelo. ¡Ojo! Hay que usar el presente del sub- juntivo en la cláusula dependiente.

MODELO: **Aumentan** la matrícula *(tuition)* el próximo año.
*Me enfada que **aumenten** la matrícula otra vez.*

Reacciones positivas

Me alegra que...
Estoy contentísimo(a) de que...
Me gusta que...
Es bueno que...

Reacciones negativas

Me preocupa que...
Me enfada que...
Me molesta que...
Es una lástima que...

1. Las nuevas residencias estudiantiles **tienen** apartamentos con cocina y baño privado.
2. Les **pagan** tanto dinero a los entrenadores *(coaches)* de fútbol americano.
3. No **hay** suficiente aparcamiento para los coches de los estudiantes.
4. Les **dan** muchas becas *(scholarships)* a los atletas.
5. La biblioteca ya no *(no longer)* **está** abierta los domingos.
6. No se **permite** fumar en los salones de clase.
7. Las conexiones al Internet **son** muy lentas en la biblioteca.
8. Los estudiantes **necesitan** una nota promedio de "B" en su especialidad para graduarse.

Provide additional statements involving current or future events and policies on your campus. Use this as an opportunity to reinforce the idea that the present subjunctive is used to refer to the present and the future, not to the past. If you wish, have students complete Exercise 9-19 in pairs and take notes on which items they have similar reactions to.

Follow-up to Exercise 9-19: Have students write sentences with **Ojalá** that express their hopes and wishes for their university and classes: **Ojalá que el equipo de fútbol gane el campeonato este año. Ojalá que el profesor de física cancele nuestro examen,** etc.

Gramática
EL PRESENTE DEL SUBJUNTIVO: LOS VERBOS CON CAMBIOS EN LA RAÍZ

¿Por qué es una lástima la separación de mi hermano y su esposa?
Me sorprende que ellos no **puedan** resolver sus problemas.
Me molesta que ellos **piensen** que el divorcio va a resolver todos los problemas.
Tengo miedo de que mis sobrinos no **entiendan** la situación.

A. Los infinitivos *-ar, -er.* Many **-ar** and **-er** verbs have stem changes of **e → ie** and **o → ue** in the present subjunctive. These stem changes occur in all forms, except for **nosotros** and **vosotros,** just as they do in the present indicative.

Infinitivos con *-ar:* encontrar (ue), despertarse (ie), merendar (ie), pensar (ie), contar (ue), almorzar (ue), jugar (ue), probar(se) (ue), acostarse (ue), etc.

	e → ie pensar *(to think)*	o → ue acostarse *(to go to bed)*
que yo	p**ie**nse	me ac**ue**ste
que tú	p**ie**nses	te ac**ue**stes
que Ud./él/ella	p**ie**nse	se ac**ue**ste
que nosotros(as)	pensamos	nos acostamos
que vosotros(as)	penséis	os acostéis
que Uds./ellos/ellas	p**ie**nsen	se ac**ue**sten

Infinitivos con *-er:* entender (ie), atender (ie), querer (ie), perder (ie), poder (ue), volver (ue), etc.

	e → ie entender *(to understand)*	o → ue volver *(to return)*
que yo	ent**ie**nda	v**ue**lva
que tú	ent**ie**ndas	v**ue**lvas
que Ud./él/ella	ent**ie**nda	v**ue**lva
que nosotros(as)	entendamos	volvamos
que vosotros(as)	entendáis	volváis
que Uds./ellos/ellas	ent**ie**ndan	v**ue**lvan

B. Los infinitivos terminados en -ir. Infinitives that end in **-ir** have three different kinds of stem changes. With these verbs, there are stem changes in *all* persons. Note in the following models the kinds of changes that the **nosotros** and **vosotros** forms undergo.

Infinitivos con -ir: divertirse (ie), preferir (ie), vestirse (i), repetir (i), servir (i), sentir(se) (ie), morir (ue), dormir(se) (ue), etc.

	e → ie/i sentir *(to feel [sorry])*	o → ue/u dormir *(to sleep)*	e → i/i servir *(to serve)*
que yo	**sie**nta	**due**rma	**si**rva
que tú	**sie**ntas	**due**rmas	**si**rvas
que Uds./él/ella	**sie**nta	**due**rma	**si**rva
que nosotros(as)	**si**ntamos	**du**rmamos	**si**rvamos
que vosotros(as)	**si**ntáis	**du**rmáis	**si**rváis
que Uds./ellos/ellas	**sie**ntan	**due**rman	**si**rvan

Ponerlo a prueba

9-20 **El compromiso de Lourdes.** Adivina *(Guess)* la forma de los verbos que tu amiga, Lourdes, usa al escribir en su diario sobre su compromiso con Wayne.

> Querido diario,
>
> ¡Éste ha sido un día increíble! ¡Cuántas emociones! ¡Incredulidad *(Disbelief)*! ¡Miedo! ¡Alegría! De veras, me sorprende que Wayne me (1. pedir) _____ la mano en este momento. Ya que nos queremos tanto, es bueno que él y yo (2. poder) _____ casarnos. Sin embargo, me preocupa que mis padres (3. pensar) _____ que no voy a tener contacto con ellos en España. Es una lástima que España (4. estar) _____ tan lejos. Ojalá que ellos (5. entender) _____ la situación. Es bueno que mi familia (6. venir) _____ a visitarme este verano. Me alegra que mis padres y mi hermana (7. volver) _____ a visitarme en EE.UU. Es posible que la visita de mi familia (8. servir) _____ para unirnos a todos. Es bueno que mi familia y Wayne (9. sentirse) _____ a gusto. ¡Ojalá que todo (10. salir) _____ bien!

9-21 El matrimonio de Lupe y Leopoldo. Lupe y Leopoldo se casan y todo el mundo tiene una reacción diferente. Completa las oraciones con una expresión de la lista; cambia los verbos al presente del subjuntivo.

> su mejor amigo / no **poder (ue)** ir a la boda
> su hija / **preferir (ie)** una boda sencilla, no muy costosa
> los jóvenes / no **repetir (i)** sus errores
> su nieta / **pensar (ie)** vivir cerca de casa
> Lupe / no le **servir (i)** los platos favoritos a su hijo
> su hermano mayor / ya no **dormir (ue)** en el mismo dormitorio con él
> su futuro esposo / **querer (ie)** viajar a Europa en su luna de miel

1. Los abuelos de Lupe están contentos de que...
2. Al padre de Lupe le alegra que...
3. A la madre de Leopoldo le preocupa un poco que...
4. Al hermanito de Leopoldo le gusta mucho que...
5. Lupe está encantada de que...
6. Leopoldo está triste de que...
7. Los padres de Lupe están contentísimos de que...

9-22 La vida universitaria. Completa los diálogos con la forma correcta del presente del subjuntivo. En algunos casos, es recomendable añadir *(to add)* **que** y alguna información adicional.

MODELO: Tu amigo: Mañana voy a una fiesta con Julián; va a ser inolvidable.
　　　　　　　Tú: ¡Ojalá / tú divertirse... !
　　　　　　Escribes: *¡Ojalá que te diviertas mucho!*

1. Un compañero de clase, Aparicio: Profesora, no comprendo el subjuntivo.

   La profesora de español: Aparicio, me preocupa / no entender...

2. Tu compañero de cuarto, Adolfo: Hace dos días que no duermo. Tengo mucho trabajo.

   Tú: Felipe, no es bueno / no dormir...

3. Tu hermana, Elena: Mi comprometido, Agustín, está de viajes por varios días.

   Tu madre: Ojalá / volver pronto.

4. Tu amigo, Alfonso: No llego a tiempo a mis clases. No oigo el despertador.

   Su novia, Anastasia: Me molesta / no despertarte...

5. Tus padres: Vamos a tener la cena del Día de Acción de Gracias en nuestra casa.

   Tus hermanos: Nos da mucha alegría / ustedes servir comida deliciosa...

6. Tu amiga, Ali: No he recibido información de mis padres.

   Tú: Ojalá / ellos encontrarse bien...

7. Tus vecinos: Los perros ladran *(bark)* toda la noche.

   Tu familia: Nos preocupa / no poder dormir...

8. Tu mejor amiga, Amparo: Estoy enferma. Tengo un resfriado.

   Tus amigos: Es importante / pronto sentirse mejor...

Estrategia: Gestures and body language

Intercultural communication involves much more than just knowing the right words to say. The way we stand and the way we conduct conversations can greatly influence how persons in another culture perceive our intentions.

Because body language varies from country to country, what is courteous in one place or situation may sometimes be considered inappropriate in another. For example, in many cultures the space between two persons engaged in conversation is several inches greater for business conversations than it is for "friendly" ones. In Spanish-speaking countries, both distances—the "formal" and the "friendly"—tend to be shorter than they are in the United States. If people from the two different cultures are speaking together and are not aware of these varying cultural norms, misunderstandings can easily arise. To illustrate, in a conversation between an American and a Chilean, the American may end up feeling that the Chilean is too forward or pushy, because he or she has "invaded" his/her personal space; at the same time, the Chilean may find the American cold or standoffish, because he or she has stood too far away.

The use of gestures varies greatly from country to country, as do the forms gestures take. In Spanish-speaking countries, gestures are used frequently to punctuate conversations in both informal and formal setttings. Depicted below are five gestures common to most of the Hispanic world. Can you match each one to its meaning?

a. Dinero.
b. ¡Ojo! ¡Ten ciudado!
c. ¡Excelente!
d. ¡Adiós! ¡Hasta luego!
e. ¡Tacaño! *(Stingy)*

Answers to Estrategia: 1. c; 2. e; 3. d; 4. a; 5. b

Síntesis

Play Text Audio CD
Track CD2-19

9-23 La sorpresa de Carlos. Escucha la conversación entre los miembros de la familia Martínez y completa las oraciones.

Answers to Exercise 9-23: 1. b; 2. b; 3. c; 4. a; 5. b

1. La sorpresa de Carlos es que _____.
   a. se casó anoche
   b. va a casarse en el verano
   c. piensa pedirle la mano a su novia esta noche

2. Arturo y Beatriz reaccionan con _____.
   a. alegría
   b. sorpresa
   c. enfado

3. Carlos conoció a Estelita en _____.
   a. la universidad
   b. un restaurante
   c. una fiesta

4. Carlos y Estelita piensan vivir _____.
   a. con los padres de Estelita
   b. en un apartamento
   c. con Arturo y Beatriz

5. Probablemente, Carlos y Estelita _____.
   a. se van a casar pronto
   b. van a casarse cuando Carlos termine su carrera
   c. van a romper el compromiso

9-24 ¿Buenas o malas noticias? Pepe tiene unas noticias importantes que quiere contarle a su amiga Lucía.

Primera parte: Trabaja con un(a) compañero(a). Completen el siguiente diálogo de una manera lógica; usen su imaginación para inventar los detalles.

Pepe: Hola, Lucía.

Lucía: Hola, Pepe. ¿Cómo te va?

Pepe: ¡_____! Estoy saliendo con la chica de mis sueños *(dreams)*.

Lucía: ¡_____! ¿Cómo la conociste?

Pepe: _____.

Lucía: ¡Ay! ¡Qué romántico! ¿Adónde fueron en su primera cita?

Pepe: _____.

Lucía: ¿Cómo es esta diosa *(goddess)*?

Pepe: _____.

Lucía: Oye, Pepe, me parece que esto es algo serio, ¿verdad?

Pepe: _____.

Luciá: ¡No me digas! ¿Cuándo va a ser la boda?

Pepe: _____.

Lucía: A propósito, ¿cómo se llama?

Pepe: _____.

Lucía: ¡Ay, no! Pepe... tengo que decirte algo serio...

Segunda parte: ¿Qué necesita Lucía decirle a su amigo Pepe? ¿Es una mala noticia? Terminen el diálogo de una manera original: expliquen el problema, elaboren la reacción de Pepe y formulen algunos consejos o sugerencias.

Lucía: No sé cómo decirte esto, pero _____.

Pepe: ¡_____! ¿Ahora qué voy a hacer?

Lucía: _____.

In this *Paso* you will practice:
● Talking about everyday concerns
● Expressing doubt, denial, uncertainty and certainty

Grammar:
● Using the present indicative to affirm certainty and belief
● Using the present subjunctive to express doubt, denial, and uncertainty

The suggested pace for this *Paso* is 1½ to 2 class hours.

Introduce the vocabulary by asking who has recently had a job interview or taken an important test. After identifying someone who has, ask a yes/no follow-up question: **¿Cómo te fue? ¿Te lo van a dar?** or **¿Saliste bien?** Then refer to the board, where you have written 2 groups of phrases: affirmative responses (**Sí, Creo que sí, Es casi seguro,** etc.) and negative responses (**Es posible, pero lo dudo; Creo que no,** etc.). Have the students select an appropriate response. Continue this way with additional daily concerns regarding personal finances, relationship problems, etc.

Internado is a medical internship; other internships are known as **pasantías.** An apprenticeship is called **un aprendizaje;** student teachers are said to be doing **prácticas.**

Vocabulario temático
DIME DE TU VIDA

Buenas noticias

¿Qué me cuentas?

Acabo de tener una entrevista
    para *un buen puesto.*
      una beca
      un internado

Bueno. ¿Cómo te fue?
¿Te *lo* van a dar?
   la

Creo que sí.
¡Ojalá que sí!
Es casi seguro.

Malas noticias

¿Qué hay de tu vida?

Nada bueno. *No salí bien en la prueba*
   de biología.
Mi compañero(a) de cuarto y yo no
   nos llevamos bien.
No tengo suficiente dinero para pagar
   mis cuentas.
La policía me dio otra multa.

Y, ¿no puedes *pedirle ayuda a*
**   *tu profesor?***
   cambiar de compañero(a) de cuarto
   pedirles un préstamo a tus padres

Quizás.
Creo que no.
Es posible, pero lo dudo.

Sabías que...

● **Quizás** and **tal vez** mean *maybe* and *perhaps*. When a verb follows one of these phrases, the present subjunctive may be used to express uncertainty.

   Quizás tengamos   **We might have** *a*
     un examen hoy.   *test today.*

● In addition to answering the questions *to whom?* or *for whom?*, indirect objects may

also express *from whom* or *of whom* some favor is requested.

   ¿No puedes   *Can't you ask*
     pedir**le** ayuda   *your professor*
   a tu profesor?   *for help?*
                  (Couldn't you
                  *ask for help **from***
                  your professor?)

Ponerlo a prueba

Play Text Audio CD
Track CD2-20

9-25 **Las vicisitudes de los estudiantes.** Escucha las conversaciones entre los estudiantes universitarios. Contesta las preguntas con respuestas breves.

1. ¿Por qué están preocupados Raquel, Sofía y Diego?
2. ¿Qué problema adicional tiene Diego?
3. ¿Por qué les hace falta dinero a Raquel y Diego?
4. ¿Cómo piensa Diego resolver su problema?

9-26 **¿Qué me cuentas?** Usa la información dada y tu imaginación para completar los diálogos. Luego, compara tus respuestas con las de tu compañero(a) y prácticalos con él (ella).

1. Un policía acaba de darle una multa a Beto por exceso de velocidad.

   Beto: Mamá, ¡hola! Soy Beto.

   Mamá: ¡Beto! ¿Cómo estás, mi amor?

   Beto: No muy bien, Mamá. ____.

   Mamá: ¿Estás seguro? ¿ ____?

   Beto: ____.

2. Manolo acaba de sacar una "F" en el examen de español. Su amiga Andrea trata de consolarlo.

   Andrea: Manolo, ¿qué hay de tu vida?

   Manolo: Nada bueno. ____.

   Andrea: Lo siento mucho. ¿ ____?

   Manolo: Quizás. ____.

3. Milagros llama a su padre por teléfono para decirle que acaba de recibir una beca académica de $10.000.

   Milagros: Papá, ¡hola!

   Papá: Milagritos, mi vida, ¿qué hay de nuevo?

   Milagros: Papá, ____.

   Papá: ¡No me digas, mi amor! ¿ ____?

   Milagros: ____.

   Papá: ¡Felicidades, Milagros! Estoy muy orgulloso de ti.

9-27 **Probabilidades.** Trabaja con un(a) compañero(a) y entrevístense con estas preguntas. Contesten con las siguientes expresiones y justifiquen sus respuestas:

Creo que sí.	Es imposible.	Ojalá que sí.
Creo que no.	Es (casi) seguro.	Ojalá que no.
Es posible (pero lo dudo).		

MODELO: Tú: ¿Va a casarse tu hermano el año próximo?

Tu compañero(a): *Es imposible. ¡Tiene solamente diez años!*

El romance

1. ¿Se va a casar pronto tu mejor amigo(a)?
2. ¿Piensas casarte antes de graduarte de la universidad?

La familia

3. ¿Te van a comprar un coche tus padres?
4. ¿Te van a mandar un regalo especial tus abuelos?

La vida estudiantil

5. ¿Vas a sacar una "A" en la clase de español este semestre?
6. ¿Vas a poder pagar todas las cuentas este semestre?

Gramática
USOS DEL PRESENTE DE INDICATIVO PARA EXPRESAR CERTEZA Y DUDA

> ¿El futuro de Romeo y Julieta?
> **Dudo** que **se casen.**
> **No creo** que las familias de ellos **acepten** el matrimonio.
> **Es posible** que **sea** un error fatal.

A. Una breve introducción. When we speculate about the outcome of events in our lives, we may experience varying degrees of doubt or certainty. When considering a new job prospect, for example, we can express our opinon about the chances of receiving the position in a number of ways, depending on how the job interview went. Here are some examples of typical reactions.

Estoy seguro(a) de que me van a ofrecer el puesto.	*I'm sure* that they are going to offer me the job.
Creo que me van a ofrecer el puesto.	*I believe* that they are going to offer me the job.
Dudo que me ofrezcan el puesto.	*I doubt* that they will offer me the job.
Es imposible que me ofrezcan el puesto.	*There's no way (It's impossible)* that they're going to offer me the job.

In this section you will study how Spanish expresses certainty and belief (as in the first two sentences above) vs. doubt and uncertainty (as modeled in the last two sentences).

B. Para expresar certeza. The following verbs and expressions are used in Spanish to affirm your certainty or strong belief about events in your life.

Expresiones de certeza

saber	**Sé** que le van a dar el puesto.	*I know* that they are going to give him the job.
estar seguro(a) de	**Estoy seguro(a) de** que va a llover hoy.	*I'm sure* that it's going to rain today.
es seguro	**Es seguro** que no hay clase hoy.	*It's a sure thing* that there is no class today.
es verdad	**Es verdad** que Paco y Lisa se van a casar.	*It's true* that Paco and Lisa are going to get married.
es cierto	**Es cierto** que mi hermano está separado.	*It's true* that my brother is separated (from his wife).
es evidente	**Es evidente** que están enamorados.	*It is evident* that they are in love.
creer	**Creo** que me voy a graduar en mayo.	*I believe* that I'm going to graduate in May.
pensar (ie)	**Pienso** que voy a vivir en una ciudad grande.	*I think* I'm going to live in a large city.
parecer	**Me parece** que él tiene razón.	*It seems to me* that he is right.

Expressions of certainty and strong belief follow a familiar sentence pattern, with a main clause connected by **que** to the dependent noun clause. However, unlike other sentences we have seen with this pattern, the subjunctive is not used in the dependent clause. Instead, the present indicative is used to refer to present and future events and the preterite or imperfect to past events.

Subject	Expression of Certainty/Belief	que	Subject	Verb in the Indicative (Present, Preterite, Imperfect)
(Yo)	Estoy seguro de	que	(yo)	**voy** a vivir en Nueva York.
I	am sure	that	I	am going to live in New York.
(Yo)	Creo	que	(ellos)	le **dieron** el puesto.
I	believe	that	they	gave him the job.

C. Expresiones de duda y negación. In order to express uncertainty or denial, you must follow the same basic sentence pattern that is used to express belief or certainty. However, in the case of uncertainty and denial, the verb in the dependent clause—after the word **que**—must be in the *present subjunctive*.

Subject	Expression of Uncertainty/Denial	que	Subject	Verb in Present Subjunctive
	Es posible	que	(ella)	**esté** embarazada.
It	is possible	that	she	is pregnant.
	No es verdad	que	(ella)	**esté** embarazada.
It	isn't true	that	she	is pregnant.

- To express that you do not believe something or that you are not completely certain about it, use the following expressions.

no creer	No creo que mis padres me **den** el préstamo.	*I don't believe that my parents **will give** me the loan.*
no pensar	No pienso que Enrique y Cary se **comprometan.**	*I don't think that Enrique and Cary **are getting engaged.***
dudar	Dudo que mis padres **vengan** hoy.	*I doubt that my parents **will come by** today.*
es posible	Es posible que **saquemos** una "A" en el examen.	*It's possible that we'll **get** an "A" on the exam.*
(no) es probable	(No) Es probable que **se casen** en abril.	*It's (un)likely that **they're getting married** in April.*

Point out to students that when using **pensar** and **creer** in a question, the subjunctive is almost always used.

- To deny that something is so, use the following expressions.

no es verdad	No es verdad que Ana **se case** con Eduardo.	*It's not true that Ana **is marrying** Eduardo.*
no es cierto	No es cierto que Pablo **llegue** mañana.	*It's not true that Pablo **is arriving** tomorrow.*
es imposible	Es imposible que me **den** una beca.	*It's impossible that they **will give** me a scholarship.*
no es posible	No es posible que le **ofrezcan** el puesto.	*It's not possible that **they offer** him the job.*

Ponerlo a prueba

Follow-up for Activity 9-28: Have pairs of students write an original problem for Rocío. Students then trade papers and write an affirmative response to reassure her.

9-28 Insegura. Tu amiga Rocío no tiene mucha confianza *(confidence)* en sí misma y además es un poco melodramática. ¿Qué le dices para calmarla? Usa expresiones de certeza y afirmación, como **es seguro que... , es evidente que... , creo que...** etc.

MODELO: Rocío: Tengo otro examen de bioquímica hoy y estoy super-nerviosa.
Tú: *Sé que vas a salir bien.*
o: *Estoy seguro(a) de que vas a sacar una "A".*

1. Tuve una entrevista ayer para un puesto para el verano. No me fue muy bien.
2. Todavía no tengo compañero(a) para el baile y es en dos semanas.
3. Si no apruebo *(pass)* la clase de matemáticas, no voy a poder graduarme en junio.
4. Les escribí una carta a mis padres y les pedí dinero para la matrícula *(tuition)* pero no me contestaron.
5. Mi compañero(a) de cuarto y yo no nos llevamos bien. Quiero mudarme a otra residencia en la primavera.
6. Fui a la peluquería y me teñí *(I dyed)* el pelo. ¡Mira qué color más horrible!
7. Se me perdió el bolso con todo mi dinero, mis tarjetas de crédito y mi tarjeta de identidad. Y me parece muy raro *(strange)* porque ayer pasé todo el día en mi cuarto.

9-29 El optimista y el pesimista. Marisa y Julio se van a casar. Algunos de los miembros de la familia de Marisa son muy optimistas y hacen varios comentarios positivos sobre el matrimonio. Sin embargo, algunos miembros de la familia de Julio son muy negativos. Cambia los comentarios de los miembros de la familia de Marisa para presentar el punto de vista pesimista de los miembros de la familia de Julio. Desde luego, debes usar el subjuntivo al cambiar los comentarios.

MODELO: Lees: Creo que Marisa y Julio van a vivir con los padres de Julio.
Escribes: *No creo que Marisa y Julio* **vayan** *a vivir con los padres de Julio.*

1. Pienso que Marisa quiere una boda grande.
2. Es verdad que los padres de Marisa les dan una casa como regalo de boda.
3. Es cierto que Marisa no está embarazada.
4. Estoy seguro(a) de que Marisa y Julio son felices.
5. Pienso que ellos tienen los documentos necesarios.
6. Creo que Julio prefiere tener muchos hijos.
7. No dudo que la familia de Marisa paga por la boda.
8. Es seguro que Marisa sabe adónde van de luna de miel.

9-30 En diez años... Piensa en cómo va a ser tu vida en diez años y completa las oraciones siguientes de una manera original. Luego, escribe dos oraciones originales adicionales. ¡Ojo! A veces es necesario usar el presente del subjuntivo, pero a veces es necesario usar el presente del indicativo.

MODELO: Con respecto a los niños, no pienso que *mi esposo(a) y yo tengamos más de dos.*

1. Con respecto a mi futuro(a) esposo(a), dudo que ____.
2. Con respecto al matrimonio, creo que ____.
3. En cuanto a los niños, no pienso que ____.
4. En mi trabajo, es posible que ____.
5. En mi familia, estoy seguro(a) de que ____.
6. Con respecto adónde voy a vivir, es imposible que ____.
7. En cuestión de dinero, pienso que ____.
8. Cuando pienso en mi casa, es cierto que ____.

Gramática
DOS COMPLEMENTOS

—¿El aumento de sueldo? ¿a la secretaria?
—Sí, **le** van a dar el aumento de sueldo a la secretaria.
—¿Cuándo **se lo** van a dar?
— Van a dár**selo** inmediatamente.

A. Repaso y resumen. Here is a summary of the forms and uses of three important kinds of pronouns: reflexive, indirect object, and direct object pronouns.

- *Reflexive pronouns* are used with reflexive verbs like **divertirse, vestirse, ponerse,** etc., to indicate that the subject of the sentence both performs and receives the action of the verb. The pronouns correspond to the subject of the sentence.

Pronombres reflexivos	
me	nos
te	os
se	se

Daniel **se baña** todas las noches. *Daniel **bathes (himself)** every night.*

- *Indirect object pronouns* tell *for whom* or *to whom* the action is done; they generally refer to a person.

Complementos indirectos	
me	nos
te	os
le	les

¿Quién va a comprar**le** a él una computadora? *Who is going to buy **(for) him** a computer?*

- *Direct object pronouns* answer the questions *whom?* or *what?* with respect to the verb. They may refer to a person or a thing.

Complementos directos	
me	nos
te	os
lo, la	los, las

¿La empleada? No **la** veo. *The clerk? I don't see **her**.*
¿El suéter? No **lo** necesito. *The sweater? I don't need **it**.*

B. Dos pronombres. It is common in conversation to use two pronouns in the same sentence.

¿Cuándo te dio tu novio esas rosas? *When did your boyfriend give you those roses?*
Me las dio para el Día de los Enamorados. *He gave **them to me** for Valentine's Day.*

When using two pronouns in a sentence in Spanish, follow these guidelines:

Tell students to think of "RID" to remember the correct order.

- Place the pronouns in their proper order: *reflexive, indirect, direct.*

indirect, direct:	¿El puesto? **Me lo** van a dar.	*The job? They're going to give **it to me**.*
reflexive, direct:	¿La falda? Marta ya **se la** probó.	*The skirt? Marta already tried **it** on (**herself**).*

- When the indirect object pronoun **le** or **les** is followed by the direct object pronoun **lo, la, los,** or **las,** you must substitute **se** for **le/les.** In this case, **se** is *not* used as a reflexive pronoun; it is taking the place of **le/les.**

indirecto	directo		indirecto	directo
le les	+	lo la los las	→ se +	lo la los las

—¿Quién **les** dio **esa cámara a los niños?**	*Who gave **that camera to the kids?***
—Rafael **se la** dio.	*Rafael gave **it to them**.*
—**¿A quién le** mandaste **ese regalo?**	***To whom** did you send **that present?***
—**Se lo** mandé **a mi hermana.**	*I sent **it to my sister**.*

Ponerlo a prueba

9-31 La fiesta de Juan. Tú y tus parientes van a darles una fiesta a tus abuelos para celebrar su aniversario de bodas de oro. Con un(a) compañero(a), contesta las preguntas que hacen tus parientes sobre la fiesta. Usa complementos pronominales directos e indirectos en sus respuestas.

1. ¿Quién les compró ese regalo tan bello a los abuelos?
2. ¿Cuándo vamos a mandarle la invitación a tía Joaquina?
3. ¿Qué te vas a poner para ir a la fiesta?
4. ¿Quiénes van a cantarles las canciones románticas de su época?
5. ¿Quién va a pedir el champán?
6. ¿Quién les va a hacer el brindis *(toast)?*
7. ¿Cuándo les vamos a dar los regalos?
8. ¿Cuándo me van a dar ustedes el dinero para la fiesta?

9-32 La graduación de Karina. Tu amiga, Karina Espinoza, está celebrando su graduación de la universidad con familiares y amigos. Mira el dibujo de la fiesta en la página 371 y contesta las preguntas. Si es posible, usa dos complementos pronominales en tus respuestas.

1. ¿Qué le dio Raúl a Karina? ¿Les pidió permiso a los padres de Karina? ¿Por qué sí o por qué no?
2. ¿Qué le van a regalar sus padres a Karina? ¿Le va a gustar?
3. ¿Quiénes le van a regalar dinero?
4. ¿Quiénes le van a dar un suéter feo? ¿Se lo va a poner Karina?
5. ¿Qué le compró Nelson? ¿Cuándo se la va a dar?
6. ¿Qué le va a dar Hugo? ¿Por qué se la compró a Karina? Explica.

-33 ¿Amigos falsos o verdaderos? Con un(a) compañero(a), decide cómo van a reaccionar las personas ante las situaciones. Al contestar las preguntas, usa complementos pronominales directos e indirectos.

Primera parte

1. Tu amigo Andrés está en un apuro financiero *(financial bind)*. Acaba de recibir una multa por estacionar su automóvil en una zona donde está prohibido estacionar. También, tiene que comprar los libros para sus clases.
¿Le vas a dar el dinero que necesita para pagar la multa? Explica por qué sí o por qué no.

2. Tu amiga Leticia te pide un favor. Ella está metida en un lío romántico *(romantic mess)*. Leticia aceptó una cita con dos chicos diferentes para el mismo día a la misma hora. Leticia te pide que llames a uno de los chicos, Enrique, y que le digas una mentira para disculpar a Leticia por no poder ir a la cita con Enrique.
¿Le vas a decir una mentira a Enrique? Explica por qué sí o por qué no.

3. Tu amigo, Leopoldo, tiene un problema. Acaba de tener un accidente automovilístico, el tercero este semestre, y necesita usar tu coche para ir a buscar a sus padres al aeropuerto.
¿Le prestas tu coche para ir al aeropuerto? Justifica tu respuesta.

Segunda parte: ¿Cómo reaccionarían tus amigos en las mismas circunstancias?

1. Cuando tú necesitas dinero, ¿te lo dan tus amigos?
2. Si no quieres decirle una mentira a un(a) chico(a), ¿se la dicen tus amigos?
3. Si tú necesitas usar un coche, ¿te lo prestan tus amigos?
4. Si tú no estás sacando buenas notas en una clase y les pides los exámenes y los papeles a tus amigos, ¿te los dan?

Play Text Audio CD
Track CD2-21

9-34 **Entre amigas.** Elvira está preocupada por varios familiares. Ella le cuenta sus preocupaciones a su amiga, Margarita. Escucha sus conversaciones e indica si las siguientes oraciones son ciertas (**C**) o falsas (**F**). Si la frase es falsa, escribe la información correcta.

Conversación 1

_____ 1. El hermano de Elvira está separado de su esposa.

_____ 2. Elvira cree que es una situación temporal.

_____ 3. La esposa de su hermano va a tener un bebé.

_____ 4. Margarita piensa que van a divorciarse.

Conversación 2

_____ 5. La hija de Elvira está comprometida (*engaged*).

_____ 6. La boda va a ser en octubre.

_____ 7. Margarita vio a la hija de Elvira con otro chico.

_____ 8. Margarita no piensa que los dos se casen.

Conversación 3

_____ 9. El hijo de Elvira, Antonio, piensa empezar un nuevo trabajo en el otoño.

_____ 10. Margarita piensa que Antonio no es un estudiante muy serio.

_____ 11. Margarita cree que le van a dar una beca a Antonio.

9-35 **Preguntas personales.** Basándote en las siguientes preguntas, conversa con un(a) compañero(a) de clase sobre los siguientes temas.

1. Los compañeros de cuarto: A veces los compañeros de cuarto no se llevan bien. ¿Cuáles son algunas de las fuentes (*sources*) de fricción y tensión? En tu opinión, ¿es necesario que dos personas sean buenos amigos para ser compañeros de cuarto? Explica por qué sí o por qué no.

2. Las cuentas: ¿Cuáles de estas cuentas tienes que pagar: el gas, la electricidad, el agua, el cable, la matrícula (*tuition*) para la universidad, el alquiler (*rent*)? Cuando no tienes suficiente dinero para pagar tus cuentas, ¿a quién le pides un préstamo? Aparte de pedir un préstamo, ¿qué otras soluciones hay para este tipo de problema?

3. Las becas: ¿Ofrecen muchas becas en tu universidad? ¿En qué se basa la concesión (*granting*) de becas: en la habilidad atlética, en las buenas notas, en la necesidad económica? ¿Crees que es un sistema justo o que deberían cambiarlo? Explica por qué.

9-36 **¿Qué opinas?** ¿Qué piensan tú y tu compañero(a) sobre los siguientes temas? Entrevístense con estas preguntas y luego, expresen sus opiniones.

MODELO: Todos los estudiantes deben estudiar un idioma extranjero por un mínimo de dos años.

Tú: *Es una buena idea. Creo que es importante aprender otras lenguas. Y tú, ¿qué piensas?*

Tu compañero(a): *No creo que sea una buena idea. Debemos tener menos cursos obligatorios en la universidad.*

1. Los estudiantes deben pagar una porción de los gastos para la universidad y no depender totalmente de sus padres.

2. La universidad debe conceder (*award*) becas según la necesidad económica, sin otros factores (estatus minoritario, talento atlético o artístico, mérito académico, etc.).

3. Todos los estudiantes universitarios deben pasar parte de la carrera académica estudiando en el extranjero.

4. La universidad debe obligar a sus estudiantes a hacer servicio comunitario para graduarse.

5. Un internado (*internship*) debe ser una parte integral de todas las carreras en la universidad.

¡Vamos a hablar! | Estudiante A

Contexto: Tú tienes seis dibujos y tu compañero(a) tiene seis también. Uds. tienen que comparar los dibujos por medio de *(through)* descripciones orales y decidir en cada caso si los dibujos son iguales o diferentes. Tú tienes que describir los dibujos 1, 3 y 5. Para los números 2, 4 y 6, tienes que escuchar las descripciones de tu compañero(a) y determinar si tú tienes el mismo dibujo. Tú vas a empezar. Aquí tienes las reglas *(rules)* de esta actividad:

- Tu descripción del dibujo debe consistir en sólo **tres oraciones completas.**

- Tu descripción debe incluir la siguiente información: lo que pasa en el dibujo, cómo se sienten las personas y qué piensan del acontecimiento.

- A la persona que escucha la descripción se le permite hacer sólo **una pregunta.**

- Vas a empezar así: "En el dibujo 1, hay una mujer. Ella acaba de enterarse de que está embarazada. Está muy contenta porque quiere tener un bebé, y espera que sea una niña."

1.

2.

3.

4.

5.

6.

¡Vamos a hablar! | Estudiante B

Contexto: Tú tienes seis dibujos y tu compañero(a) tiene seis también. Uds. tienen que comparar los dibujos mediante *(through)* descripciones orales y decidir en cada caso si los dibujos son iguales o diferentes. Tú tienes que describir los dibujos 2, 4 y 6. Para los números 1, 3 y 5, tienes que escuchar las descripciones de tu compañero(a) y determinar si tú tienes el mismo dibujo. Tu compañero(a) va a empezar. Aquí tienes las reglas *(rules)* de esta actividad:

- Tu descripción del dibujo debe consistir en sólo **tres oraciones completas.**

- Tu descripción debe incluir la siguiente información: lo que pasa en el dibujo, cómo se sienten las personas y qué piensan del acontecimiento.

- A la persona que escucha la descripción se le permite hacer sólo **una pregunta.**

¡Vamos a leer!

Estrategia

Languages, like people, change and develop over time. Because English and Spanish share some common historical roots and influences, there are many similarities in their respective vocabularies. In this section, you will explore some of these linguistic connections as you prepare to read an article on how age differences may affect romantic relationships.

-37 Prefijos. Both English and Spanish form new words by adding *prefixes,* or **prefijos,** to the *root* or *base* word. Here are some common prefixes used in both languages.

ante- *(before, in front of)*
des- *(un-)*
en- *(in, inside of)*
i-, im-, in-, ir- *(lacking in)*
inter- *(between)*
intra- *(within)*
pos-, post- *(after)*
pre- *(before, previous to)*
re- *(to do again)*
sub- *(under)*
trans-, tras- *(across, beyond)*

1. Divide each of the following words into its prefix and root. What is the meaning of each?

MODELO: irresistible = ir + resistible *(cannot be resisted)*

transatlántico = ____ + ____ (____)

precolombino = ____ + ____ (____)

subgraduado = ____ + ____ (____)

2. In the article, you will read that some divorced people get romantically involved with younger people in order to **"refrescar su vida."** You have learned that the adjective **fresco** means *fresh* or *cool.* What do you think the verb **refrescar** means in this expression?

9-38 **Sufijos.** *Suffixes,* or **sufijos,** may be added to the ends of a root or base word to create new parts of speech. In this way, suffixes help indicate whether a word is a noun adjective, verb, etc. Here are some common suffixes in Spanish and English.

Part of Speech	Spanish	English	Examples
adverb	-mente	*-ly*	rápidamente *rapidly*
adjective	-ivo	*-ive*	competitivo *competitive*
adjective	-able, ible	*-able, -ible*	aplicable *aplicable*
noun or adjective	-ario -orio	*-ary* *-ory*	ordinario *ordinary* observatorio *observatory*
noun	-ción	*-tion*	atención *attention*
noun	-miento	*-ment*	establecimiento *establishment*
noun	-dad -tad	*-ty*	entidad *entity*
noun (often an occupation)	-ador -ero -or -ista -ólogo -afo	*(may vary)* *-er* *-or* *-ist* *-ologist* *-apher*	toreador *bull fighter* panadero *baker* instructor *instructor* dentista *dentist* radiólogo *radiologist* fotógrafo *photographer*

1. Divide each word into its root and suffix and give the English equivalent.

   MODELO: realmente   =   real + mente *(really)*

   problamente   =   ___ + _____ (____)

   educación   =   ___ + _____ (____)

   oceanógrafo   =   ___ + _____ (____)

2. In the article, there are several examples in which the English equivalents from the suffix chart do not seem to apply. On closer examination, however, we discover that the suffix still provides useful information. For example, **consultor** contains the suffix **-or,** which is associated with professions, so we might guess the word means *consultant.* Give the part of speech and the English equivalent for the following words:

consultor	*noun (of occupation)*	*consultant*
agencia publicitaria	_____	_____
surfista	_____	_____
aceptación	_____	_____
saludable	_____	_____

9-39 **Comprensión.** Lee el artículo "¿Importa la diferencia de edad?" en la página 377 y contesta las preguntas.

1. En el caso de Juan y Marta, ¿quién es mayor?
2. ¿Cómo se conocieron?
3. ¿Cuándo se dio cuenta Marta de que no podía casarse con Juan?
4. ¿Cuál es la razón principal por su decisión?
5. ¿Cuál es la profesión de Juliana García?
6. ¿Qué les recomienda la Sra. García a las personas que piensan inciar una relación con una persona mayor?

¿Importa la diferencia de edad?

Si la pregunta pasa por tu mente, es mejor que prestes inmediata atención.

Preguntas como ésta requieren buen juicio y un gran ejercicio mental para ser contestadas, ya que no existe, una sola respuesta correcta.

Caso real, nombres ficticios—se conocieron hace un año en un aeropuerto. Marta es directora de arte de una agencia publicitaria, madre soltera de un adolescente de 17, vive días de 12 y 15 horas de trabajo, tiene una activa vida deportiva y social. Es una mujer independiente, culta y con un magnífico sentido del humor.

Juan es oceanógrafo marino, trabaja por su cuenta como consultor, más que nada porque también es surfista y disfruta de una vida relajada frente al mar, donde los días transcurren apaciblemente entre unas horas de surf en la mañana, llamadas y seguimiento de información vía Internet por la tarde, comida saludable y amigos en la noche.

Se conocieron antes de abordar un avión hacia Australia. Ambos viajaban solos y desde que se preguntaron la hora en la fila de espera, hasta el día de hoy, andan juntos.

Ni siquiera cuando Marta regresó a la locura babilónica de la agencia de publicidad, ni cuando su hijo conoció a Juan, éste le prestó atención al asunto de la edad. El tema salió a relucir hace poco cuando para el 47 cumpleaños de Marta, Juan hizo una fiesta magnífica en la playa, invitó a todos los amigos de ambos y anunció a los presentes su deseo de casarse con Marta. En ese mismo instante lo que fue una instantánea lluvia de aplausos se convirtió en silencio cuando Marta se retiró sin decir ni palabra. Desde entonces su decisión es firme: NO hay nada ni nadie que la convenza de aceptar casarse con Juan. Ella aduce que esto sólo arruinaría la vida del hombre que más ama en la vida, que Juan no tiene la madurez, pero ella sí, para saber lo que hace. No porque ella no quiera casarse, sino porque no soporta la idea de tener 20 años más que Juan, el terror de que pronto deje de resultar físicamente atractiva para él, el miedo a dejarlo solo muy temprano en la vida.

Juan ha llegado a arrepentirse de haberse fijado en Marta. Dice que ha pensado lo suficiente en las razones de ella, pero que ninguna le preocupa. Piensa que ella es quién, por miedo, puede llegar a dañar esa química perfecta que existe entre los dos.

Juliana García, consejera familiar, opina lo siguiente de los amores difíciles debido a la diferencia de edades: "Algo muy típico en estos casos es que las relaciones se inician sin pensar demasiado en el asunto de la edad. Yo considero esto un error, ya que el inicio es el momento perfecto para pensar con mente fría las cosas. ¿Podré yo sostener una relación con esta persona a través de los años? ¿Confligirán mis expectativas con las de mi pareja?"

La consejera recomienda formularse las siguientes preguntas, antes de que la relación se torne seria:

- Investiga el estatus marital de la persona que te atrae. Muchas personas con planes de divorcio se inmiscuyen con personas menores para "refrescar" su vida, cuando realmente sólo viven una crisis temporal.

- Pregunta, pregunta y pregunta todo lo que se te ocurra sobre sus planes en la vida: ¿le interesa casarse, tener hijos?

Antes de comprometerte en una relación seria con cualquier persona puedes contestar con sinceridad estas cuestiones. No piensas nunca que un NO puede convertirse en un SÍ con el tiempo. Si es NO, probablemente la respuesta seguirá siendo NO con el paso de los años.

Un paso más: Cuaderno de actividades

Vamos a escribir: Writing simple poetry   Pág. 198
Don't be intimidated! You will learn the very simple structure of the "cinquain," a one-stanza poem of five lines. This structure allows you to combine adjectives, verb participles, whole sentences, and single nouns to express yourself creatively in Spanish. Have fun with this assignment, and challenge yourself to write a poem of several stanzas by "stacking" cinquains on a related theme.

Vamos a mirar: Pág. 200
Vídeo 1: El amor
You will meet Carlos as he visits the **cibercafé** where his friend, Susana, works. Watch as they discuss the ins and outs of internet dating.
Vídeo 2: Vistas de Chile

Panorama cultural

Chile

Transparency Bank
A-13

Datos esenciales

- Nombre oficial: República de Chile
- Capital: Santiago
- Población: 14.973.843 habitantes
- Unidad monetaria: El peso
- Principales industrias: Exportación de cobre y sal, frutas y vegetales, productos industriales, incluyendo alimentos, papel, productos químicos y de petróleo; agricultura; pesca
- De especial interés: Chile posee numerosas islas, entre ellas la Isla de Pascua. El desierto de Atacama es uno de los lugares más secos del planeta. Chile se disputa con Gran Bretaña parte del terreno de la Antártica. Los terremotos son frecuentes.

Pinochet's dictatorial government has been accused of many human rights violations: thousands of cases of "disappearances," deaths, and torture. He was arrested in London on October 17,1998. His detention was declared unlawful by the U.K. High Court due to immunity as a former head of state. Amnesty International submitted the case against Pinochet to the U.K. House of Lords and the U.N. Torture Committee called for Pinochet's prosecution for his crimes against humanity. The House of Lords reversed the High Court ruling granting Pinochet immunity for his crimes. He was extradited to Spain and, at the time of this book's publication, was awaiting proper judicial process.

1541 Comienza la conquista española. Pedro de Valdivia funda Santiago.

1879-1884 En la Guerra del Pacífico, Chile obtiene territorios bolivianos y peruanos, incluso un área rica en minerales en el desierto de Atacama.

Un vistazo a la historia

1810-1818 Guerra de independencia contra España; Chile gana con la ayuda de las tropas de José de San Martín y Bernardo O'Higgins.

Personajes de ayer y de hoy

Gabriela Mistral, seudónimo de la conocida poeta chilena Lucía Godoy Alcayaga. Nació en Vicuña en 1889. Fue profesora y periodista. En 1914 comenzó su fama literaria con sus *Sonetos de la muerte*. Sus libros más leídos internacionalmente son *Desolación* (1922), *Tala* (1938) y *Lagar* (1954). En 1945, a los 56 años de edad, fue la ganadora del primer Premio Nóbel de Literatura concedido a un escritor latinoamericano. Fue cónsul de Chile en varias ciudades de Europa y América, incluyendo Nueva York, donde murió en 1957.

El Libertador, General Bernando O'Higgins, héroe de la independencia chilena. Nació en Chillán en 1778. Vivió y se educó en Perú, España e Inglaterra. Sirvió en varios cargos políticos, como el de alcalde de Chillán. Con José de San Martín, liberó al país de España y se autoproclamó Director Supremo de la República. Sus reformas contribuyeron a su destitución del cargo y su exilio en Perú.

Lupe Serrano, bailarina principal del American Ballet Theater, donde bailó con grandes figuras como Rudolf Nureyev. Nació en Santiago en 1930. También fue instructora en la Universidad de Milwaukee y el Conservatorio de Milwaukee, asistente de dirección en la Academia de Artes de Champaign, directora del Ballet de Pennsylvania, asociada artística del Ballet de Washington y directora de la Academia Nacional de las Artes, Illinois. Fue maestra del American Ballet Theater, del cual su hija, Veronica Lynn, es solista desde 1992.

Notas culturales de interés

En Chile prolifera la literatura y los escritores aclamados a nivel mundial. En la constelación de autores chilenos se encuentran: Pablo Neruda, Nicanor Parra, José Donoso, María Luisa Bombal, Fernando Alegría, Isabel Allende, Vicente Huidobro y Marjorie Agosín. Nicanor Parra ganó en 1969 el Premio Nacional de Literatura de Chile. Fue el creador del antipoema, ejemplo del surrealismo literario. Igual que Dalí en la pintura, Parra se deja llevar *(is carried away)* por el automatismo psíquico que mezcla la realidad con el subconsciente, creando asociaciones paradójicas, llenas de contradicciones. Sus versos son coloquiales, no líricos.

1970 Elección del presidente marxista Salvador Allende, quien lleva al país al borde del desastre económico.

1973-1990 Augusto Pinochet Urgarte se instala en la presidencia después de un golpe de estado militar.

http://puentes.heinle.com

1891-1932 Época de guerra civil, golpes militares y gobiernos inestables.

¿Qué sabes sobre Chile?

You may want students to research the biographies and literary accomplishments of the many well-known Chilean writers mentioned on the previous page. Others are Eduardo Barrios, Oscar Hahn, Enrique Lihn, Pedro Prado, Manuel Rojas, Antonio Skármeta, Egon Wolff, Armando Rubio, Ariel Dorfman, Jorge Reillier, Eduardo Llanos, and Raúl Zurita.

9-40 **Explica su importancia.** Trabaja con un(a) compañero(a). Expliquen la importancia para Chile de lo siguiente.

1. Bernardo O'Higgins
2. La Guerra del Pacífico
3. El desierto de Atacama
4. 1884
5. Gabriela Mistral

9-41 **Tu antipoema.** Lee el antipoema de Nicanor Parra. Después, escribe tus propios "sueños", dejándote llevar por las ideas que vengan a la mente automáticamente. Mezcla *(Mix)* cosas que haces rutinariamente con otras que quieres hacer (Sueño que...), y mezcla objetos comunes y corrientes con visiones fantásticas (Sueño con...). No te detengas *(stop)* a pensar. ¡Deja volar *(soar)* la imaginación!

Sueño con...   Sueño con...
Sueño que...   Sueño que...
Sueño que...   Sueño con...
Sueño con...

Nicanor Parra's poetry is revolutionary to the point that he calls it **antipoesía** because it breaks away from all poetic tradition (in form, themes, etc.). This excerpt of "*Sueños*" from his *Poemas y antipoemas* is an example of his automatic writing, mixing images as disorderly as they come to mind. His unlikely **sueños** are more like daydreams of images drawn from daily life. They are absurd and irrational, like dreams, and real and prosaic like anyone's immediate reality.

SUEÑOS de Nicanor Parra (1914–?)
Sueño *(I dream)* con una mesa y una silla
Sueño que me doy vuelta en automóvil
Sueño que estoy filmando una película...
Sueño con un aviso luminoso
Sueño con una dama de bigotes
Sueño que voy bajando una escalera...
Sueño con el sistema planetario
Sueño que estoy luchando con un perro
Sueño que estoy matando una serpiente...
Sueño también que se me cae el pelo

Vocabulario

For further review, please turn to Appendix E.

Sustantivos

el acontecimiento *event*
el anillo *ring*
la ayuda *help*
el (la) bebé *baby*
la beca *scholarship*
la boda *wedding*
la cita *date*
el (la) compañero(a) *date, escort*
el compromiso *engagement (to be married)*

el consejo *advice*
la cuenta *bill*
la energía *energy*
la entrevista *interview*
el estrés *stress*
el insomnio *insomnia*
el internado *internship*
el malestar *slight illness, discomfort*
la multa *ticket/fine*

la noticia *news*
el (la) novio(a) *fiancé/fiancée*
la policía *police*
el préstamo *loan*
la prueba *quiz*
el puesto *job*
la siesta *nap*
el velorio *wake, vigil*
la verdad *truth*
la vitamina *vitamin*

Verbos

acabar + infinitivo *to have just (done something)*
aconsejar *to advise*
alegrar *to make happy*
alimentarse *to eat; to nourish oneself*
buscar *to look for*
cambiar *to change*
casarse *to get married*
comprometerse *to get engaged*
contar (ue) *to tell*
creer *to believe*
cuidarse *to take care of oneself*

dejar de + infinitivo *to stop (doing something)*
divorciarse *to get divorced*
dudar *to doubt*
enfadar *to anger*
enterarse *to find out*
fumar *to smoke*
llevarse bien (mal) *to get along well (poorly) with someone*
molestar *to bother, irritate*
morirse (ue, u) *to die*
nacer *to be born*
padecer *to suffer (from illness)*

preocuparse *to worry*
prohibir (i) *to forbid, prohibit*
reaccionar *to react*
recomendar (ie) *to recommend*
romper *to break (up)*
salir bien (mal) *to do well (poorly)*
sentir (ie, i) *to regret, to be sorry*
sorprender *to surprise*
tratar de + infinitivo *to try to (do something)*
tratarse *to treat oneself*

Otras palabras

agotado(a) *exhausted*
alegre *happy*
balanceado(a) *balanced*
cierto(a) *true, certain*
contentísimo(a) *extremely happy*
deprimido(a) *depressed*
desanimado(a) *discouraged*
enamorado(a) *in love*
embarazada *pregnant*

emocionado(a) *excited*
encantado(a) *delighted*
grave *serious, grave*
imposible *impossible*
libre *free, unoccupied*
necesario *necessary*
orgulloso(a) *proud*
permanente *permanent*
posible *possible*

preferible *preferable*
preocupado(a) *worried, concerned*
seguro(a) *sure*
separado(a) *separated*
sorprendido(a) *surprised*
suficiente *enough*
temporal *temporary*

Expresiones útiles

Acabo de enterarme *I have just found out that . . .*
Bueno, ¿por qué no... ? *Well, why don't (you) . . . ?*
¿Cómo te va/fue? *How is it going/did it go?*
¡Cuánto lo siento! *I am so sorry!*
Deberías... *You should/ought to . . .*
Es buena idea. *It's a good idea.*
Es casi seguro. *It's almost certain.*
Espero que todo salga bien. *I hope everything turns out well.*
Es posible, pero lo dudo. *It's possible, but I doubt it.*
Es que... *It's just that . . .*
Nada bueno. *Nothing good.*
No es nada grave. *It's nothing serious.*
No estoy seguro(a). *I'm not sure.*

ojalá *I hope*
¡Ojalá que todo salga bien! *I hope everything turns out well!*
¡Qué buena noticia! *What good news!*
¿Qué hay de nuevo/de tu vida? *What's new? What's up?*
¡Qué lástima! *What a pity!*
¿Qué me cuentas? *What's new?*
¡Qué pena! *What a shame!*
¡Qué (te) sorpresa! *What a surprise!*
¿Qué te pasa? *What's wrong (with you)?*
Quizás. *Perhaps. Maybe.*
Te aconsejo que (+ subj.) *I advise you to . . .*
Tienes mala cara. *You don't look well.*
Tienes razón. *You're right.*

Appendices

Appendix A Regular Verbs

Simple Tenses

Infinitive	Present Indicative	Imperfect	Preterite	Future	Conditional	Present Subjunctive	Past Subjunctive	Commands
hablar *to speak*	hablo	hablaba	hablé	hablaré	hablaría	hable	hablara	habla
	hablas	hablabas	hablaste	hablarás	hablarías	hables	hablaras	(no hables)
	habla	hablaba	habló	hablará	hablaría	hable	hablara	hable
	hablamos	hablábamos	hablamos	hablaremos	hablaríamos	hablemos	habláramos	
	habláis	hablabais	hablasteis	hablaréis	hablaríais	habléis	hablarais	hablad
	hablan	hablaban	hablaron	hablarán	hablarían	hablen	hablaran	
aprender *to learn*	aprendo	aprendía	aprendí	aprenderé	aprendería	aprenda	aprendiera	aprende
	aprendes	aprendías	aprendiste	aprenderás	aprenderías	aprendas	aprendieras	(no aprendas)
	aprende	aprendía	aprendió	aprenderá	aprendería	aprenda	aprendiera	aprenda
	aprendemos	aprendíamos	aprendimos	aprenderemos	aprenderíamos	aprendamos	aprendiéramos	
	aprendéis	aprendíais	aprendisteis	aprenderéis	aprenderíais	aprendáis	aprendierais	aprended
	aprenden	aprendían	aprendieron	aprenderán	aprenderían	aprendan	aprendieran	
vivir *to live*	vivo	vivía	viví	viviré	viviría	viva	viviera	vive
	vives	vivías	viviste	vivirás	vivirías	vivas	vivieras	(no vivas)
	vive	vivía	vivió	vivirá	viviría	viva	viviera	viva
	vivimos	vivíamos	vivimos	viviremos	viviríamos	vivamos	viviéramos	
	vivís	vivíais	vivisteis	viviréis	viviríais	viváis	vivierais	vivid
	viven	vivían	vivieron	vivirán	vivirían	vivan	vivieran	

Compound Tenses

Present progressive	estoy estás está	estamos estáis están } hablando	aprendiendo	viviendo
Present perfect indicative	he has ha	hemos habéis han } hablado	aprendido	vivido
Present perfect subjunctive	haya hayas haya	hayamos hayáis hayan } hablado	aprendido	vivido
Past perfect indicative	había habías había	habíamos habíais habían } hablado	aprendido	vivido

Appendix B Stem-changing Verbs

Infinitive / Present Participle / Past Participle	Present Indicative	Imperfect	Preterite	Future	Conditional	Present Subjunctive	Past Subjunctive	Commands
pensar *to think* **e → ie** pensando pensado	pienso piensas piensa pensamos pensáis piensan	pensaba pensabas pensaba pensábamos pensabais pensaban	pensé pensaste pensó pensamos pensasteis pensaron	pensaré pensarás pensará pensaremos pensaréis pensarán	pensaría pensarías pensaría pensaríamos pensaríais pensarían	piense pienses piense pensemos penséis piensen	pensara pensaras pensara pensáramos pensarais pensaran	piensa (no pienses) piense pensad (no penséis) piensen
acostarse *to go to bed* **o → ue** acostándose acostado	me acuesto te acuestas se acuesta nos acostamos os acostáis se acuestan	me acostaba te acostabas se acostaba nos acostábamos os acostabais se acostaban	me acosté te acostaste se acostó nos acostamos os acostasteis se acostaron	me acostaré te acostarás se acostará nos acostaremos os acostaréis se acostarán	me acostaría te acostarías se acostaría nos acostaríamos os acostaríais se acostarían	me acueste te acuestes se acueste nos acostemos os acostéis se acuesten	me acostara te acostaras se acostara nos acostáramos os acostarais se acostaran	acuéstate (no te acuestes) acuéstese acostaos (no os acostéis) acuéstense
sentir *to be sorry* **e → ie, i** sintiendo sentido	siento sientes siente sentimos sentís sienten	sentía sentías sentía sentíamos sentíais sentían	sentí sentiste sintió sentimos sentisteis sintieron	sentiré sentirás sentirá sentiremos sentiréis sentirán	sentiría sentirías sentiría sentiríamos sentiríais sentirían	sienta sientas sienta sintamos sintáis sientan	sintiera sintieras sintiera sintiéramos sintierais sintieran	siente (no sientas) sienta sentid (no sintáis) sientan
pedir *to ask for* **e → i, i** pidiendo pedido	pido pides pide pedimos pedís piden	pedía pedías pedía pedíamos pedíais pedían	pedí pediste pidió pedimos pedisteis pidieron	pediré pedirás pedirá pediremos pediréis pedirán	pediría pedirías pediría pediríamos pediríais pedirían	pida pidas pida pidamos pidáis pidan	pidiera pidieras pidiera pidiéramos pidierais pidieran	pide (no pidas) pida pedid (no pidáis) pidan
dormir *to sleep* **o → ue, u** durmiendo dormido	duermo duermes duerme dormimos dormís duermen	dormía dormías dormía dormíamos dormíais dormían	dormí dormiste durmió dormimos dormisteis durmieron	dormiré dormirás dormirá dormiremos dormiréis dormirán	dormiría dormirías dormiría dormiríamos dormiríais dormirían	duerma duermas duerma durmamos durmáis duerman	durmiera durmieras durmiera durmiéramos durmierais durmieran	duerme (no duermas) duerma dormid (no durmáis) duerman

Appendix C Change of Spelling Verbs

Infinitive / Present Participle / Past Participle	Present Indicative	Imperfect	Preterite	Future	Conditional	Present Subjunctive	Past Subjunctive	Commands
comenzar (e → ie) to begin; z → c before e; comenzando; comenzado	comienzo comienzas comienza comenzamos comenzáis comienzan	comenzaba comenzabas comenzaba comenzábamos comenzabais comenzaban	comencé comenzaste comenzó comenzamos comenzasteis comenzaron	comenzaré comenzarás comenzará comenzaremos comenzaréis comenzarán	comenzaría comenzarías comenzaría comenzaríamos comenzaríais comenzarían	comience comiences comience comencemos comencéis comiencen	comenzara comenzaras comenzara comenzáramos comenzarais comenzaran	comienza (no comiences) comience comenzad (no comencéis) comiencen
conocer to know; c → zc before a, o; conociendo; conocido	conozco conoces conoce conocemos conocéis conocen	conocía conocías conocía conocíamos conocíais conocían	conocí conociste conoció conocimos conocisteis conocieron	conoceré conocerás conocerá conoceremos conoceréis conocerán	conocería conocerías conocería conoceríamos conoceríais conocerían	conozca conozcas conozca conozcamos conozcáis conozcan	conociera conocieras conociera conociéramos conocierais conocieran	conoce (no conozcas) conozca conoced (no conozcáis) conozcan
construir to build; i → y; y inserted before a, e, o; construyendo; construido	construyo construyes construye construimos construís construyen	construía construías construía construíamos construíais construían	construí construiste construyó construimos construisteis construyeron	construiré construirás construirá construiremos construiréis construirán	construiría construirías construiría construiríamos construiríais construirían	construya construyas construya construyamos construyáis construyan	construyera construyeras construyera construyéramos construyerais construyeran	construye (no construyas) construya construid (no construyáis) construyan
leer to read; i → y; stressed i → í; leyendo; leído	leo lees lee leemos leéis leen	leía leías leía leíamos leíais leían	leí leíste leyó leímos leísteis leyeron	leeré leerás leerá leeremos leeréis leerán	leería leerías leería leeríamos leeríais leerían	lea leas lea leamos leáis lean	leyera leyeras leyera leyéramos leyerais leyeran	lee (no leas) lea leed (no leáis) lean

Appendix C   Change of Spelling Verbs (continued)

Infinitive Present Participle Past Participle	Present Indicative	Imperfect	Preterite	Future	Conditional	Present Subjunctive	Past Subjunctive	Commands
pagar *to pay* **g → gu before e** pagando pagado	pago pagas paga pagamos pagáis pagan	pagaba pagabas pagaba pagábamos pagabais pagaban	**pagué** pagaste pagó pagamos pagasteis pagaron	pagaré pagarás pagará pagaremos pagaréis pagarán	pagaría pagarías pagaría pagaríamos pagaríais pagarían	**pague** **pagues** **pague** **paguemos** **paguéis** **paguen**	pagara pagaras pagara pagáramos pagarais pagaran	paga (**no pagues**) **pague** pagad (**no paguéis**) **paguen**
seguir **(e → i, i)** *to follow* **gu → g before a, o** siguiendo seguido	**sigo** sigues sigue seguimos seguís siguen	seguía seguías seguía seguíamos seguíais seguían	seguí seguiste siguió seguimos seguisteis siguieron	seguiré seguirás seguirá seguiremos seguiréis seguirán	seguiría seguirías seguiría seguiríamos seguiríais seguirían	**siga** **sigas** **siga** **sigamos** **sigáis** **sigan**	siguiera siguieras siguiera siguiéramos siguierais siguieran	sigue (**no sigas**) **siga** seguid (**no sigáis**) **sigan**
tocar *to play, touch* **c → qu before e** tocando tocado	toco tocas toca tocamos tocáis tocan	tocaba tocabas tocaba tocábamos tocabais tocaban	**toqué** tocaste tocó tocamos tocasteis tocaron	tocaré tocarás tocará tocaremos tocaréis tocarán	tocaría tocarías tocaría tocaríamos tocaríais tocarían	**toque** **toques** **toque** **toquemos** **toquéis** **toquen**	tocara tocaras tocara tocáramos tocarais tocaran	toca (**no toques**) **toque** tocad (**no toquéis**) **toquen**

Infinitive Present Participle Past Participle	Present Indicative	Imperfect	Preterite	Future	Conditional	Present Subjunctive	Past Subjunctive	Commands
andar to walk andando andado	ando andas anda andamos andáis andan	andaba andabas andaba andábamos andabais andaban	anduve anduviste anduvo anduvimos anduvisteis anduvieron	andaré andarás andará andaremos andaréis andarán	andaría andarías andaría andaríamos andaríais andarían	ande andes ande andemos andéis anden	anduviera anduvieras anduviera anduviéramos anduvierais anduvieran	anda (no andes) ande andad (no andéis) anden
*caer to fall cayendo caído	caigo caes cae caemos caéis caen	caía caías caía caíamos caíais caían	caí caíste cayó caímos caísteis cayeron	caeré caerás caerá caeremos caeréis caerán	caería caerías caería caeríamos caeríais caerían	caiga caigas caiga caigamos caigáis caigan	cayera cayeras cayera cayéramos cayerais cayeran	cae (no caigas) caiga caed (no caigáis) caigan
*dar to give dando dado	doy das da damos dais dan	daba dabas daba dábamos dabais daban	di diste dio dimos disteis dieron	daré darás dará daremos daréis darán	daría darías daría daríamos daríais darían	dé des dé demos deis den	diera dieras diera diéramos dierais dieran	da (no des) dé dad (no deis) den
*decir to say, tell diciendo dicho	digo dices dice decimos decís dicen	decía decías decía decíamos decíais decían	dije dijiste dijo dijimos dijisteis dijeron	diré dirás dirá diremos diréis dirán	diría dirías diría diríamos diríais dirían	diga digas diga digamos digáis digan	dijera dijeras dijera dijéramos dijerais dijeran	di (no digas) diga decid (no digáis) digan
*estar to be estando estado	estoy estás está estamos estáis están	estaba estabas estaba estábamos estabais estaban	estuve estuviste estuvo estuvimos estuvisteis estuvieron	estaré estarás estará estaremos estaréis estarán	estaría estarías estaría estaríamos estaríais estarían	esté estés esté estemos estéis estén	estuviera estuvieras estuviera estuviéramos estuvierais estuvieran	está (no estés) esté estad (no estéis) estén

*Verbs with irregular **yo** forms in the present indicative

Appendix D Irregular Verbs (continued)

Infinitive / Present Participle / Past Participle	Present Indicative	Imperfect	Preterite	Future	Conditional	Present Subjunctive	Past Subjunctive	Commands
haber *to have* habiendo habido	he has ha [hay] hemos habéis han	había habías había habíamos habíais habían	hube hubiste hubo hubimos hubisteis hubieron	habré habrás habrá habremos habréis habrán	habría habrías habría habríamos habríais habrían	haya hayas haya hayamos hayáis hayan	hubiera hubieras hubiera hubiéramos hubierais hubieran	
*hacer *to make, do* haciendo hecho	hago haces hace hacemos hacéis hacen	hacía hacías hacía hacíamos hacíais hacían	hice hiciste hizo hicimos hicisteis hicieron	haré harás hará haremos haréis harán	haría harías haría haríamos haríais harían	haga hagas haga hagamos hagáis hagan	hiciera hicieras hiciera hiciéramos hicierais hicieran	haz (no hagas) haga haced (no hagáis) hagan
ir *to go* yendo ido	voy vas va vamos vais van	iba ibas iba íbamos ibais iban	fui fuiste fue fuimos fuisteis fueron	iré irás irá iremos iréis irán	iría irías iría iríamos iríais irían	vaya vayas vaya vayamos vayáis vayan	fuera fueras fuera fuéramos fuerais fueran	ve (no vayas) vaya id (no vayáis) vayan
*oír *to hear* oyendo oído	oigo oyes oye oímos oís oyen	oía oías oía oíamos oíais oían	oí oíste oyó oímos oísteis oyeron	oiré oirás oirá oiremos oiréis oirán	oiría oirías oiría oiríamos oiríais oirían	oiga oigas oiga oigamos oigáis oigan	oyera oyeras oyera oyéramos oyerais oyeran	oye (no oigas) oiga oíd (no oigáis) oigan
poder (o → ue) *can, to be able* pudiendo podido	puedo puedes puede podemos podéis pueden	podía podías podía podíamos podíais podían	pude pudiste pudo pudimos pudisteis pudieron	podré podrás podrá podremos podréis podrán	podría podrías podría podríamos podríais podrían	pueda puedas pueda podamos podáis puedan	pudiera pudieras pudiera pudiéramos pudierais pudieran	

*Verbs with irregular yo forms in the present indicative

Infinitive Present Participle Past Participle	Present Indicative	Imperfect	Preterite	Future	Conditional	Present Subjunctive	Past Subjunctive	Commands
*poner to place, put poniendo **puesto**	**pongo** pones pone ponemos ponéis ponen	ponía ponías ponía poníamos poníais ponían	**puse** **pusiste** **puso** **pusimos** **pusisteis** **pusieron**	**pondré** **pondrás** **pondrá** **pondremos** **pondréis** **pondrán**	**pondría** **pondrías** **pondría** **pondríamos** **pondríais** **pondrían**	**ponga** **pongas** **ponga** **pongamos** **pongáis** **pongan**	**pusiera** **pusieras** **pusiera** **pusiéramos** **pusierais** **pusieran**	**pon (no pongas)** **ponga** poned (no **pongáis**) **pongan**
querer (e → ie) to want, wish queriendo querido	quiero quieres quiere queremos queréis quieren	quería querías quería queríamos queríais querían	quise quisiste quiso quisimos quisisteis quisieron	querré querrás querrá querremos querréis querrán	querría querrías querría querríamos querríais querrían	quiera quieras quiera queramos queráis quieran	quisiera quisieras quisiera quisiéramos quisierais quisieran	quiere (no quieras) quiera quered (no queráis) quieran
reír to laugh **riendo** **reído**	**río** **ríes** **ríe** **reímos** reís **ríen**	reía reías reía reíamos reíais reían	reí **reíste** rio **reímos** **reísteis** rieron	reiré reirás reirá reiremos reiréis reirán	reiría reirías reiría reiríamos reiríais reirían	ría rías ría riamos riáis rían	riera rieras riera riéramos rierais rieran	ríe (no rías) ría reíd (no riáis) rían
*saber to know sabiendo sabido	**sé** sabes sabe sabemos sabéis saben	sabía sabías sabía sabíamos sabíais sabían	**supe** **supiste** **supo** **supimos** **supisteis** **supieron**	**sabré** **sabrás** **sabrá** **sabremos** **sabréis** **sabrán**	**sabría** **sabrías** **sabría** **sabríamos** **sabríais** **sabrían**	**sepa** **sepas** **sepa** **sepamos** **sepáis** **sepan**	**supiera** **supieras** **supiera** **supiéramos** **supierais** **supieran**	sabe (no **sepas**) **sepa** sabed (no **sepáis**) **sepan**
*salir to go out saliendo salido	**salgo** sales sale salimos salís salen	salía salías salía salíamos salíais salían	salí saliste salió salimos salisteis salieron	**saldré** **saldrás** **saldrá** **saldremos** **saldréis** **saldrán**	**saldría** **saldrías** **saldría** **saldríamos** **saldríais** **saldrían**	**salga** **salgas** **salga** **salgamos** **salgáis** **salgan**	saliera salieras saliera saliéramos salierais salieran	**sal (no salgas)** **salga** salid (no **salgáis**) **salgan**

*Verbs with irregular **yo** forms in the present indicative

Appendix D Irregular Verbs (continued)

Infinitive Present Participle Past Participle	Present Indicative	Imperfect	Preterite	Future	Conditional	Present Subjunctive	Past Subjunctive	Commands
ser *to be* siendo sido	soy eres es somos sois son	era eras era éramos erais eran	fui fuiste fue fuimos fuisteis fueron	seré serás será seremos seréis serán	sería serías sería seríamos seríais serían	sea seas sea seamos seáis sean	fuera fueras fuera fuéramos fuerais fueran	sé (no seas) sea sed (no seáis) sean
*tener *to have* teniendo tenido	tengo tienes tiene tenemos tenéis tienen	tenía tenías tenía teníamos teníais tenían	tuve tuviste tuvo tuvimos tuvisteis tuvieron	tendré tendrás tendrá tendremos tendréis tendrán	tendría tendrías tendría tendríamos tendríais tendrían	tenga tengas tenga tengamos tengáis tengan	tuviera tuvieras tuviera tuviéramos tuvierais tuvieran	ten (no tengas) tenga tened (no tengáis) tengan
traer *to bring* trayendo traído	traigo traes trae traemos traéis traen	traía traías traía traíamos traíais traían	traje trajiste trajo trajimos trajisteis trajeron	traeré traerás traerá traeremos traeréis traerán	traería traerías traería traeríamos traeríais traerían	traiga traigas traiga traigamos traigáis traigan	trajera trajeras trajera trajéramos trajerais trajeran	trae (no traigas) traiga traed (no traigáis) traigan
*venir *to come* viniendo venido	vengo vienes viene venimos venís vienen	venía venías venía veníamos veníais venían	vine viniste vino vinimos vinisteis vinieron	vendré vendrás vendrá vendremos vendréis vendrán	vendría vendrías vendría vendríamos vendríais vendrían	venga vengas venga vengamos vengáis vengan	viniera vinieras viniera viniéramos vinierais vinieran	ven (no vengas) venga venid (no vengáis) vengan
ver *to see* viendo visto	veo ves ve vemos veis ven	veía veías veía veíamos veíais veían	vi viste vio vimos visteis vieron	veré verás verá veremos veréis verán	vería verías vería veríamos veríais verían	vea veas vea veamos veáis vean	viera vieras viera viéramos vierais vieran	ve (no veas) vea ved (no veáis) vean

*Verbs with irregular **yo** forms in the present indicative

A-8

Appendix E Thematic Functional Vocabulary

Paso preliminar

En la sala de clase

¿Qué hay en la sala de clase?	What is there in the classroom?
Hay...	There is/are . . .
La sala	The room
un reloj	a clock
la pizarra	the chalkboard
un borrador	an eraser
una tiza	a piece of chalk
un diccionario	a dictionary
un libro	a book
un bolígrafo	a pen
una mesa	a table, desk
una silla	a chair
la profesora	(female) teacher
un estudiante	a (male) student
una estudiante	a (female) student
una puerta	a door
un calendario	a calendar
una computadora	a computer
una impresora	a printer
una mochila	a bookbag/backpack
un disco compacto	a CD (compact disc)
un cartel	a poster
un mapa	a map
una ventana	a window
una grabadora	a tape recorder
un casete	a cassette
un cuaderno	a notebook
una hoja de papel	a sheet of paper
un pupitre	a student desk
un lápiz	a pencil

Expresiones para la clase de español

Abran los libros.	Open your books.
Cierren los libros.	Close your books.
Repitan.	Repeat.
Contesten en español.	Answer in Spanish.
Escuchen.	Listen.
Lean.	Read.
Escriban.	Write.
¿Comprenden?	Do you understand?
¿Hay preguntas?	Are there any questions?
Vayan a la pizarra.	Go to the chalkboard.
Pregúntenle a su compañero(a)...	Ask your partner . . .
Trabajen con sus compañeros.	Work with your partners.

Cómo hablar con tu profesor/profesora

Más despacio, por favor.	(Speak) More slowly, please.
Tengo una pregunta.	I have a question.
Repita, por favor.	Repeat, please.

¿En qué página estamos?	What page are we on?
¿Qué dijo Ud.?	What did you say?
No comprendo.	I don't understand.
No sé.	I don't know.
¿Cómo se dice...?	How do you say . . . ?
¿Qué quiere decir...?	What does . . . mean?
Sí.	Yes.
No.	No.
Gracias.	Thank you./Thanks.
De nada.	You're welcome.
Perdón.	Pardon me.
Con permiso.	Excuse me.

Cómo hablar con tus compañeros de clase

¿Tienes compañero(a)?	Do you have a partner?
Todavía no.	Not yet.
Sí, ya tengo. Gracias de todas formas.	Yes, I do. Thanks anyway.
¿Quieres trabajar conmigo?	Do you want to work with me?
con nosotros?	with us?
¡Sí, cómo no!	Sure, of course.
¿Quién empieza?	Who is going to start?
Empieza tú.	You start.
Empiezo yo.	I'll start.
¿A quién le toca?	Who's turn is it?
Te toca a ti.	It's your turn.
Me toca a mí.	It's my turn.

Capítulo 1

Paso 1

Para conocer a los compañeros de clase y a los profesores

Para conocer a los compañeros de clase

Hola. Soy Francisco Martín. ¿Cómo te llamas?	Hi. I'm Francisco Martín. What's your name?
Me llamo Elena Suárez Lagos.	My name is Elena Suárez Lagos.
Mucho gusto.	Nice to meet you./It's a pleasure to meet you.
Igualmente.	Same here./Likewise.

Para continuar la conversación con tus compañeros de clase

¿De dónde eres?	Where are you from?
Soy de Acapulco.	I'm from Acapulco.
Nací en México.	I was born in Mexico.
¿Dónde vives?	Where do you live?
Vivo en Springfield, Illinois desde hace cinco años.	I've been living in Springfield, Illinois for five years.
Vivo en la calle Azalea	I live on Azalea Street.
los apartamentos Greenbriar	the Greenbriar Apartment Complex
la residencia Capstone	the Capstone Building

Eres estudiante aquí, ¿verdad?	*You're a student here, right?*
Sí, estoy en mi primer año de estudios.	*Yes, I'm in my first year/a freshman.*
segundo	*in my second year/a sophomore*
tercer	*in my third year/a junior*
cuarto	*in my fourth year/a senior*

Para conocer a los profesores

Me llamo Carmen Acosta.	*My name is Carmen Acosta.*
¿Cómo se llama usted?	*What's your name?*
Soy Rafael Díaz.	*I'm Rafael Díaz.*
Encantado(a).	*Enchanté(e). Pleased to meet you.*
Mucho gusto.	*Pleased to meet you./It's a pleasure.*

Para continuar la conversación con tu profesor

¿De dónde es usted?	*Where are you from?*
Soy de España.	*I'm from Spain.*
Nací en Cuba.	*I was born in Cuba.*
¿Cuánto tiempo hace que vive aquí?	*How long have you been living here?*
trabaja	*. . . been working here?*
Muchos años.	*Many years.*
Solamente unos meses.	*Only a few months.*

Cómo saludar a los compañeros

Hola. ¿Cómo estás?	*Hi. How are you?*
¿Qué tal?	*How are you doing?/ What's up?*
Muy bien, gracias. ¿Y tú?	*Great/Very well, thanks. And you?*
Estupendo.	*Terrific.*
Así, Así.	*So, so.*
Chao.	*Bye.*
Nos vemos.	*See you around.*
Hasta luego.	*See you later.*

Cómo saludar a los profesores

Buenos días, profesor(a). ¿Cómo está Ud. (usted)?	*Good morning, professor. How are you?*
Buenas tardes.	*Good afternoon*
Buenas noches.	*Good evening*
Estoy bastante bien. ¿Y Ud.?	*I'm quite well. And you?*
Un poco cansado/cansada.	*A little tired.*
Adiós. Hasta mañana.	*Good-bye. See you tomorrow.*
Hasta pronto.	*See you soon.*

Cómo expresar algunos estados físicos y emocionales

¿Cómo estás? *(informal)* ¿Cómo está Ud.? *(formal)*	*How are you?*
Estoy enfermo/ enferma.	*I'm sick/ill.*
contento/contenta	*happy*
ocupado/ocupada	*busy*
preocupado/preocupada	*worried*
enojado/enojada	*angry*
nervioso/nerviosa	*nervous*
cansado/cansada	*tired*
triste	*sad*
de buen humor	*in a good mood*
de mal humor	*in a bad mood*

Más datos personales

¿Cuál es tu nombre completo?	*What is your full name?*
Me llamo Katya Rosati Soto.	*My name is Katya Rosati Soto.*
¿Cómo se escribe tu nombre de pila?	*How do you spell your first name?*
apellido	*last name*
Se escribe Ka-a-te-i griega.	*It's spelled K-a-t-y-a.*
¿Cuál es tu dirección?	*What is your address?*
Vivo en la calle Azalea, número 358.	*I live in/at 358 Azalea Street.*
los apartmentos Greenbriar, número 6-B	*Greenbriar Apartments, number 6-B*
la residencia Capstone, número 162	*Capstone Residence/ Hall/Dormitory, number 162*
¿Cúal es tu número de teléfono?	*What is your telephone number?*
Es el 7-54-26-08 (siete, cincuenta y cuatro, veintiséis, cero, ocho)	*It's 754-2608.*

Paso 2

¿Cuántos son ustedes?

Tengo una familia grande.	*I have a big family.*
mediana	*average sized*
pequeña	*small*
Somos cinco en mi familia.	*There are five of us in my family.*
Tengo dos hermanos	*I have two brothers/siblings.*
muchos amigos	*many friends*
Mi tía Felicia vive con nosotros también.	*My aunt Felicia lives with us too.*
Ésta soy yo. Tengo diecisiete años.	*This is me. I'm seventeen years old.*
Éste es mi hermano mayor, Carlos. Tiene veinte años.	*This is my older brother, Carlos. He's twenty years old.*
Éste es my papá. Se llama Arturo.	*This is my father. His name is Arturo.*
Ésta es mi mamá. Se llama Beatriz.	*This is my mother. Her name is Beatriz.*
Éstos son mis buenos amigos Marcos y Sara.	*These are my good friends Marcos and Sara.*
Ésta es mi hermana menor, Elisa. Tiene diez años.	*This is my little sister, Elisa. She's ten.*
Ésta es mi tía Felicia, la hermana de mi papá.	*This is my aunt Felicia, my father's sister.*

Otros familiares: | **Other relatives:**

los abuelos — grandparents
el abuelo — grandfather
la abuela — grandmother
los padres — parents
el padre — father
la madre — mother
los esposos — husband and wife
el esposo — husband
la esposa — wife
los hijos — children/sons and daughters
el hijo — son
la hija — daughter

Otros amigos

el novio — boyfriend
la novia — girlfriend
un (buen) amigo — a (good) (male) friend
una (buena) amiga — a (good) (female) friend
el (la) vecino(a) — the neighbor
mi compañero(a) de clase — my classmate

Cómo hablar de un(a) amigo(a)

¿Cómo se llama tu amiga? — What is your friend's name?
Mi amiga se llama Concha. — My friend's name is Concha.
¿De dónde es? — Where is she from?
Es de Puerto Rico. — She's from Puerto Rico.
Nació en San Juan. — She was born in San Juan.
¿Dónde vive? — Where does she live?
Vive en Nueva York. — She lives in New York.
¿Cuál es su dirección? — What is her address?
Vive en la calle Hampton, número 178. — She lives at 178 Hampton Street.

¿Cuántos años tiene? — How old is she?
Tiene 23 años. — She's 23 years old.
¿Está casada? — Is she married?
Sí, está casada. — Yes, she's married.
No, es soltera. — No, she's single.
¿A qué se dedica? — What does she (he) do?
Es artista. — She (he) is an artist.
   dentista — dentist
   traductora — translator
¿Cuál es su teléfono? — What's her phone number?

Su teléfono es el 375-2367. — Her phone number is 375-2367.

Paso 3

El tiempo libre

practicar — to practice/play
Me gusta practicar el fútbol americano. — I like to play football.
   el básquetbol — basketball
   el tenis — tennis
mirar — to watch/look at
Me gusta mirar la televisión. — I like to watch television.

partidos de fútbol — soccer games
películas — movies
escuchar — to listen to
Me gusta escuchar la radio. — I like to listen to the radio.
   la música clásica — classical music
   mis discos compactos — my compact discs
Me gusta leer — I like to read
navegar el Internet y leer novelas (revistas, periódicos) — "surf" the internet and read novels (magazines, newspapers)

Otros pasatiempos

correr en el parque (por el vecindario, por el campus) — run in the park (around my neighborhood, around campus)
ir al cine (a fiestas, de compras) — go to the movies (to parties, shopping)
pasar tiempo con los amigos (con la familia, con mi novio/novia) — hang out (spend time) with my friends (my family, my boyfriend/girlfriend)

Los estudios

tomar — to take
Tomo cuatro asignaturas este semestre. — I'm taking four courses this semester.
comprender — to understand
Comprendo un poco. — I understand a little
bien — well
mal — poorly
aisitir — to attend
Asisto a clase por la mañana. — I attend classes in the morning.
por la tarde — in the afternoon
por la noche — in the evening
estudiar — to study
Estudio en la biblioteca. — I study in the library.
en mi cuarto — in my room
aprender — to learn
Aprendo muchas cosas nuevas en clase. — I'm learning many new things in class.
mucho — a lot
poco — a little
escribir — to write
Escribo muchas composiciones. — I write a lot of essays.
muchas cartas — many letters

La vida diaria

vivir — to live
Vivo en el campus. — I live on campus.
cerca de la universidad — close to the university
lejos de la universidad — far from the university
trabajar — to work
Trabajo en una tienda. — I work in a store.
en un supermercado — in a supermarket
en un hospital — in a hospital
en una oficina — in an office
comer — to eat
Como en la cafetería. — I eat in the cafeteria.
en casa — at home

en restaurantes de comida rápida	in fast-food restaurants
regresar	to return
Regreso a casa tarde.	I return home late.
temprano	early
hablar	to speak
Hablo con mis amigos antes de clase.	I talk with my friends before class.
después de clase	after class

Capítulo 2

Paso 1

Cómo decir la hora

¿Qué hora es?	What time is it?
Perdón, ¿podría decirme la hora?	Excuse me, could you tell me what time it is?
Es mediodía.	It's noon/midday.
Es la una.	It's one o'clock.
Es la una y media.	It's half past one.
Son las dos.	It's two o'clock.
Son las dos y cuarto.	It's a quarter past two.
Son las cinco.	It's five o'clock.
Son las ocho menos veinte.	It's twenty to eight.
Es medianoche.	It's midnight.

Cómo hablar de horarios

¿A qué hora llega el tren?	What time does the train arrive?
el vuelo	the flight
Llega a la una y diez.	It arrives at ten past one.
¿A qué hora sale el tour?	What time does the tour leave?
la excursión	the excursion
Sale a las tres.	It leaves at three.
¿A qué hora se abre el banco?	What time does the bank open?
el museo	the museum
Se abre a las nueve y media.	It opens at nine thirty.
¿A qué hora se cierra el restaurante?	What time does the restaurant close?
el café	the café
Se cierra a las once y media.	It closes at eleven thirty.

Los días de la semana

¿Qué día es hoy?	What day is today?
mañana	tomorrow
Hoy es lunes.	Today is Monday.
Mañana es martes.	Tomorrow is Tuesday.
lunes	Monday
martes	Tuesday
miércoles	Wednesday
jueves	Thursday
viernes	Friday
sábado	Saturday
domingo	Sunday

Los meses del año

enero	January
febrero	February
marzo	March
abril	April
mayo	May
junio	June
julio	July
agosto	August
septiembre	September
octubre	October
noviembre	November
diciembre	December
¿Cuál es la fecha?	What is the date?
Es el primero de noviembre de 2003.	It is November first, 2003.
diez / octubre	October tenth
¿Cuándo salimos para Chile?	When are we leaving for Chile?
Salimos el lunes, 15 de junio.	We're leaving Monday, June 15.
¿Cuándo regresamos?	When are we coming back?
Regresamos el viernes, 19 de junio.	We're coming back Friday, June 19th.

En la agencia de viajes

¿En qué puedo servirle?	May I help you?
Quisiera ir a Lima.	I would like to go to Lima.
hacer un viaje a Montevideo	to take a trip to Montevideo
¿Cómo prefiere viajar?	How do you prefer to travel?
Prefiero viajar por avión.	I prefer to travel by airplane.
en tren	by train
¿Qué días hay vuelos?	What days are there flights?
excursiones	excursions/tours
Hay vuelos todos los días.	There are flights every day.
los lunes y miércoles	on Mondays and Wednesdays
¿Qué día piensa salir?	What day do you plan to leave?
Pienso salir el dos de abril.	I plan to leave the second of April.
regresar	to return
¿Prefiere un billete de ida o de ida y vuelta?	Do you prefer a one-way or round trip ticket?
Quiero un billete de ida.	I want a one-way ticket.
un billete de ida y vuelta	a round trip ticket
¿Cuánto es?	How much is it?
cuesta	does it cost
¿Cómo prefiere pagar?	How do you prefer to pay?
¿Aceptan tarjetas de crédito?	Do you accept credit cards?
cheques de viajero	traveler's checks
cheques personales	personal checks
Sí. También aceptamos dinero en efectivo, por supuesto.	Yes, we also take cash of course.

Paso 2

Los números de 100 a 10.000.000

¿Cuánto cuesta la excursión?	How much does the excursion cost?

el tour — *the tour*
una habitación doble — *a double room*
Quince mil (15.000) pesetas. — *Fifteen thousand pesetas.*

En el hotel

¿En qué puedo servirle? — *May I help you?*

Quiero hacer una reservación. — *I want to make a reservation.*

Quisiera una habitación sencilla. — *I would like a single room.*

doble — *room with a double bed*

con dos camas — *room with two beds*

¿Para cuántas personas? — *For how many people?*

Para dos. — *For two.*

¿Por cuántos días? — *For how many nights (days)?*

Por tres días. — *For three nights (days).*

¿Tiene baño privado? — *Does it (the room) have a private bath?*

baño completo — *full bath*

agua caliente — *hot water*

ducha — *a shower*

¿A qué hora podemos ocupar el cuarto? — *What time can we check in?*

tenemos que salir — *do we have to check out (leave)*

¿En qué piso está mi habitación? — *What floor is my room on?*

la piscina — *the swimming pool*

Está en el primer piso. — *It's on the first floor.*

segundo — *second*

tercer — *third*

cuarto — *fourth*

quinto — *fifth*

La llave, por favor. — *The key, please.*

La cuenta — *The bill/check*

Aquí la tiene. — *Here it is. ("Here you have it.")*

Capítulo 3

Paso 1

Mis parientes

Yo soy Arturo Martínez, y ésta es mi familia. — *I'm Arturo Martínez and this is my family.*

Mi esposa se llama Beatriz. — *My wife's name is Beatriz.*

Tenemos tres hijos: Carlos es el mayor, Elisa es la menor y Dulce es la de en medio. — *We have three children; Carlos is the oldest, Elisa is the youngest, and Dulce is the one in the middle.*

Mi hermana Felicia es soltera. — *My sister, Felicia, is single.*

Mi hermano Enrique está casado y tiene dos hijos, Claudia y Felipe. — *My brother Enrique is married and has two children, Claudia and Felipe.*

Mi cuñada se llama Ginette. — *My sister-in-law's name is Ginette.*

Mi sobrina Claudia ya está casada y tiene una hija. — *My niece, Claudia, is already married and has a daughter.*

Otros familiares:

el abuelo/la abuela — *grandfather/grandmother*
el nieto/la nieta — *grandson/grandaughter*
el tío/la tía — *unlce/aunt*
el primo/la prima — *cousin*
el sobrino/la sobrina — *nephew/niece*
el padrastro/la madrastra — *stepfather/stepmother*
el hermanastro/la hermanastra — *stepbrother/stepsister*
el medio hermano/la media hermana — *half brother/half sister*
el padrino/la madrina — *godfather/godmother*
el suegro/la suegra — *father-in-law/mother-in-law*
el cuñado/la cuñada — *brother-in-law/sister-in-law*

Los animales domésticos

Tenemos varios animales domésticos. — *We have several pets.*
unos pájaros — *some birds*
un hámster — *a hamster*
un perro — *a dog*
un gato — *a cat*
unos peces tropicales — *some tropical fish*

¿Cómo es Gregorio?

Gregorio es alto y delgado. — *Gregorio is tall and thin.*
Tiene el pelo corto y castaño. — *He has short brown hair.*
Tiene los ojos verdes. — *He has green eyes.*
Es simpático e inteligente. — *He is nice and smart.*
Es más atlético que la tía Felicia. — *He's more athletic than Aunt Felicia.*

¿Cómo es la tía Felicia?

La tía Felicia es de estatura mediana. Es gordita. — *Aunt Felicia is medium height. She's plump.*
Tiene el pelo canoso y los ojos castaños. — *She has gray hair and brown eyes.*
Lleva anteojos. — *She wears glasses.*
Es muy extrovertida. — *She's very outgoing.*
Es la más generosa de su familia. — *She's the most generous person in her family.*

Rasgos físicos

Es alto/alta. — *He (She) is tall.*
bajo/baja — *short*
de estatura mediana — *medium height*
delgado/delgada — *thin; slender*
gordo/gorda — *fat*
joven — *young*
viejo/vieja; mayor — *old; elderly*
guapo/guapa — *good-looking*
feo/fea — *ugly*
calvo/calva — *bald*
Tiene el pelo negro. — *He (She) has black hair.*
rubio — *blond*

castaño	*brown*
rojo	*red*
canoso	*gray*
largo	*long*
corto	*short*
Tiene los ojos verdes.	*He (She) has green eyes.*
azules	*blue*
negros	*black; very dark*
castaños	*gray*
color miel	*brown*
Tiene barba.	*He has a beard.*
bigotes	*moustache*
Lleva gafas/anteojos.	*He (She) wears glasses.*

La personalidad y el carácter

Es simpático/simpática.	*He (She)'s nice.*
antipático/antipática	*disagreeable; unpleasant*
tímido/tímida	*shy*
extrovertido/extrovertida	*outgoing*
amable	*kind*
educado/educada	*well-mannered*
maleducado/maleducada	*ill-mannered*
cariñoso/cariñosa	*warm; affectionate*
agradable	*pleasant; good-natured*
pesado/pesada	*tiresome; annoying*
serio/seria	*serious*
divertido/divertida	*fun (to be with); funny*
bueno/buena	*good*
malo/mala	*bad*
perezoso/perezosa	*lazy*
trabajador/trabajadora	*hardworking*
optimista	*optimistic*
pesimista	*pesimistic*

Paso 2

Los cuartos y los muebles

Acabo de mudarme a una nueva casa.	*I just moved to a new house.*
comprar	*to buy*
alquilar	*to rent*
Tiene dos pisos	*It has two floors.*
cinco cuartos	*five rooms*
En la planta baja tiene una cocina.	*On the first floor it has a kitchen.*
En el primer piso, hay un dormitorio grande.	*On the second floor, there's a big bedroom.*
un baño	*bathroom*
una sala	*living room*
una cocina	*kitchen*
un comedor	*dining room*
una nevera/un refrigerador	*an ice box/a refrigerator*
una estufa/cocina	*a stove*
un fregadero/un lavaplatos	*a sink*
un sofá	*a sofa*
una mesita	*a coffee table*
una alfombra	*a rug*
un estante	*a shelf*
un televisor	*a T.V. set*
un cuadro	*a painting/picture*
una mesa	*a table*
unas sillas	*chairs*

una cama	*a bed*
una lámpara	*a lamp*
una cómoda	*a chest of drawers*
una mesita de noche	*a night stand*
un lavabo	*a sink*
un inodoro	*a toilet*
una bañadera/tina	*a tub*
una ducha	*a shower*

Cómo describir algunos detalles de una casa

Mi casa es nueva.	*My house is new.*
vieja	*old*
cara	*expensive*
barata	*inexpensive/cheap*
grande	*big*
de tamaño mediano	*medium-sized*
pequeña	*small*
moderna	*modern*
tradicional	*traditional*

Cómo describir algunas condiciones de una casa

Mi casa está amueblada.	*My house is furnished.*
en buenas condiciones	*in good condition*
en malas condiciones	*in poor condition*
El baño está ordenado.	*The bathroom is neat.*
desordenado	*messy*
limpio	*clean*
sucio	*dirty*
La mesita está rota.	*The coffee table is broken.*
El refrigerador está descompuesto.	*The refrigerator is out of order.*

Para indicar relaciones espaciales

¿Dónde está el gato?	*Where is the cat?*
En el medio de la cama, sobre la cama	*in the middle of the bed, on the bed*
en la gaveta de la cómoda	*in the dresser drawer*
delante del clóset	*in front of the closet*
entre los libros	*between the books*
en la lámpara	*on the lamp*
detrás del teléfono	*behind the telephone*
a la izquierda del estante	*to the left of the bookshelf*
a la derecha del estante	*to the right of the bookshelf*
al lado de la computadora	*beside the computer*
en la mochila	*in the backpack*
en las cortinas	*on the curtains*
encima de la mesita	*on the coffee table*
debajo de la cama	*under the bed*

Paso 3

Los quehaceres domésticos

Normalmente papá cocina y sirve el almuerzo.	*Usually Dad cooks and serves lunch.*
la cena	*supper*
Mi hermanita siempre lava los platos.	*My sister always washes the dishes.*
lava la ropa	*washes the clothes*

Mi hermanito nunca quiere poner la mesa.	*My younger brother never wants to set the table.*
hacer la cama	*make the bed*
A veces mamá tiene que limpiar el garaje.	*Sometimes mom has to clean the garage.*
cortar el césped	*cut the grass*
Yo limpio el polvo de los muebles.	*I dust the furniture.*
También, doy de comer a los perros.	*I also feed the dogs.*

Nuestra rutina

Durante la semana, todos salimos de casa temprano.	*During the week, we all leave the house early.*
tarde	*late*
Pasamos el día en clase.	*We spend the day in class.*
en el trabajo	*at work*
en la oficina	*at the office*
Mis hermanos siguen sus estudios en el colegio.	*My brothers and sisters are pursuing their high school/ middle school studies.*
en la primaria	*elementary school*
escuela superior	*high school*
Mis hermanos y yo regresamos a casa antes que mis padres.	*My brothers and sisters and I get home before my parents.*
después	*after*
Los fines de semana, mis hermanos y yo dormimos hasta tarde.	*On weekends, my brothers and sisters and I sleep late.*
Los sábados, papá trae trabajo a casa y mamá limpia la casa.	*On Saturdays, Dad brings work home and Mom cleans the house.*

Capítulo 4

Paso 1

El desayuno

¿Qué te gusta desayunar?	*What do you like to eat for breakfast*
Me gusta(n)...	*I like . . .*
el jugo de naranja.	*orange juice*
el pan tostado	*toast*
la mantequilla/ la margarina	*butter/margarine*
los huevos revueltos	*scrambled eggs*
el cereal	*cereal*
la mermelada	*marmalade/jam*
un vaso de leche	*a glass of milk*
una taza de café con leche y azúcar	*a cup of coffee with cream and sugar*

El almuerzo

¿Qué almuerzas?	*What do you eat for lunch?*
Como/Bebo...	*I eat/drink . . .*
el pollo asado	*baked chicken*
una papa/una patata al horno	*potato in the oven*
una copa de vino	*a glass of wine*

una cerveza	*a beer*
el maíz	*corn*
el bróculi	*broccoli*
las chuletas de cerdo	*pork chops*
los mariscos	*seafood*
los camarones	*shrimp*
la torta	*cake*

La merienda

¿Qué meriendas?	*What do you eat for a snack?*
Prefiero...	*I prefer . . .*
un sándwich de jamón y queso.	*a ham and cheese sandwich.*
una taza de chocolate	*a cup of hot chocolate*
una taza de té	*a cup of tea*
unas galletas	*crackers/cookies*
unos churros	*fritters*
un helado	*ice cream*
una tortilla	*an omelet*
un vaso de té frío	*a glass of iced tea*

La cena

¿Qué comes en la cena?	*What do you eat for dinner?*
Me gusta(n)...	*I like . . .*
la ensalada de lechuga y tomate con aderezo	*a lettuce and tomato salad with dressing*
el pescado a la parrilla	*grilled fish*
el arroz con frijoles	*rice and beans*
el flan	*caramel egg custard*
el biftec	*a steak*
el panecillo	*a roll*
las papas fritas	*French fries*

En el restaurante

¡Camarero(a)!	*Waiter/Waitress!*
Necesito un menú, por favor.	*I need a menu, please.*
Aquí lo tiene.	*Here it is.*
¿Cuál es el plato del día?	*What is the special of the day?*
Hoy tenemos paella.	*Today we have paella.*
¿Qué ingredientes tiene la paella?	*What ingredients are in the paella?*
Tiene pollo, mariscos y arroz.	*It has chicken, seafood, and rice.*
¿Qué me recomienda?	*What (dish) do you recommend?*
Le recomiendo el pollo asado.	*I recommend baked chicken.*
¿Qué desea pedir?	*What do you wish to order?*
De primer plato, quiero sopa de tomate.	*For the first course, I want tomato soup.*
De segundo, deseo biftec.	*For the second course, I want steak.*
Voy a probar el pescado frito.	*I am going to try fried fish.*
¿Y de postre?	*And for desert?*

De postre prefiero helado de chocolate.	For dessert, I prefer chocolate ice cream.
¿Qué desea para beber?	What would you like to drink?
Para beber, quisiera una copa de vino.	To drink, I would like a glass of wine.
¿Necesita algo mas?	Something else?
Por favor, ¿podría traerme...	Would you please bring me . . .
un tenedor?	a fork?
un cuchillo	a knife
una cuchara	a spoon
una servilleta	a napkin
la sal	the salt
la pimienta	the pepper
Por favor, tráigame la cuenta.	Please bring me the bill.
unos cubitos de hielo	some ice
¿Está incluida la propina en la cuenta?	Is the tip included in the bill?

Paso 2

En el mercado

¿Qué desea Ud.?	What would you like?/ How may I help you?
Necesito un kilo de manzanas.	I need a kilo of apples.
bananas/plátanos	bananas/plantains
peras	pears
fresas	strawberries
meloctones/duraznos	peaches
una piña	pineapple
un melón	melon
una sandía	watermelon
¿Quiere Ud. algo más?	Would you like (Do you want) anything else?
¿Me puede dar una botella de agua mineral?	Could you (Can you) give me a bottle of mineral water?
un paquete de azúcar	a package of sugar
una bolsa de arroz	a bag of rice
un litro de leche	a liter of milk
un frasco de mayonesa	a jar of mayonnaise
una barra de pan	a loaf of bread
una docena de huevos	a dozen of eggs
¿Algo más?	Anything else?
No, gracias, eso es todo.	No thanks, that's every-thing/that's all.
¿Cuánto le debo?	How much do I owe you?/How much is it?

Cómo expresar algunos estados físicos y emocionales

Tengo...	I am . . .
(mucha) hambre.	(very) hungry.
(mucha) sed	thirsty
(mucho) frío	cold
(mucho) calor	hot
(mucha) prisa	(really) in a hurry
(mucho) miedo	afraid
(mucho) sueño	sleepy
(mucho) cuidado	careful
(mucha) razón	right

Tengo (muchas) ganas de salir.	I (really) feel like going out.

Capítulo 5

Paso 1

La vida de los estudiantes

Me despierto a las ocho.	I wake up at eight o'clock.
bastante temprano	quite early
Me levanto a las ocho y cuarto.	I get up at a quarter past eight.
Me ducho y me visto rápidamente.	I take a shower and get dressed quickly.
Salgo de casa a las nueve menos cuarto.	I leave home at a quarter to nine.

Durante el día

Por la mañana asisto a tres clases.	In the morning I have three classes.
Mi primera clase empieza a las nueve.	My first class begins at nine.
Por la tarde, voy a un laboratorio de química, biología, física de dos a cuatro.	In the afternoon, I go to chemistry, biology, physics lab from two to four.
Mi última clase termina a las cinco y media.	My last class ends at five thirty.

Por la noche

Tengo que estudiar por dos o tres horas todas las noches.	I have to study two to three hours every night.
No tengo mucho tiempo para divertirme con mis amigos.	I don't have much time to spend with my friends.
Me acuesto bastante tarde.	I go to bed quite late.
después de la medianoche	after midnight
a las dos de la madrugada	at two in the morning.

Cómo expresar una serie

Primero, tengo mi clase de cálculo.	First, I have my calculus class.
Luego, tengo la clase de historia.	Then I have my history class.
Después, asisto a la clase de antropología.	Afterwards, I attend anthropology class.
Más tarde, tengo un laboratorio de geología.	Later on, I have a geology lab.

Cómo expresar la hora

Por la mañana, debo ir a clases.	In the morning, I have to go to classes.
Por la tarde, necesito trabajar.	In the afternoon, I have to work.
Por la noche, tengo que estudiar.	At night, I have to study.

| Empiezo a trabajar a las dos. | I start working at two o'clock. |
| Trabajo de dos a cuatro. | I work from two to four. |

Cómo expresar el orden

Antes de trabajar, debo ir a clases.	Before working, I have to go to classes.
Después de trabajar, tengo que estudiar.	After working, I have to study.
Mientras trabajo, escucho música.	While I work, I listen to music.

Paso 2

Las asignaturas

¿Qué clases tomas este semestre?	What courses do you take this semester?
Este semestre tomo estadística, educación, física, español e inglés.	This semester I'm taking statistics, physical education, physics, Spanish, and English
¿Cuál es tu carrera?	What is your major?
Todavía no lo sé.	I don't know yet.
Estudio pedagogía.	I am majoring in/studying education.
periodismo	journalism
negocios/comercio	business
derecho	law
¿En qué año de estudios estás?	What year (of study) are you in?
Estoy en mi primer año.	I am a freshman.
segundo año	sophomore
tercer año	junior
cuarto año	senior
¿Qué notas sacas?	What (kind of) grades do you get?
Saco buenas notas.	I get good grades.
malas notas	poor grades
notas regulares	average grades
¿Cómo son tus clases?	What are your classes like?
Mi clase de informática es fácil.	My computer science class is easy.
económica/difícil	economics/difficult
psicología/aburrida/interesante	psychology/boring/interesting

Otras asignaturas

arte	art
cinematografía	film, filmmaking
literatura	literature
música	music
teatro	theater
antropología	anthropology
ciencias políticas	political science
geografía	geography
historia	history
psicología	psychology
sociología	sociology
biología	biology
física	physics
geología	geology
química	chemistry
álgebra	algebra
cálculo	calculus

criminología	criminology, criminal justice
ingeniería	engineering
turismo y hotelería	hotel management
medicina	medicine

Cómo pedir y dar opiniones

¿Qué piensas de tus clases este semestre?	What do you think of your classes this semester?
tus profesores	your instructors
Me gusta mucho mi clase de ciencias marinas.	I really like my marine science class.
Me encanta mi clase de historia del arte.	I love my art history class.
Me interesa mucho la clase de teoría de la música.	I'm really interested in the music theory class.
Mi profesora de literatura europea es muy dinámica.	My European history professor is very dynamic.
organizada	organized
Las conferencias de historia medieval son fascinantes.	The medieval hisotry lectures are fascinating.
maravillosas	marvelous
Los exámenes de bioquímica son muy largos.	The biochemistry exams are very long.
difíciles	difficult
Mi profesor de microbiología es desorganizado.	My nmicrobiology professor is disorganized.
demasiado exigente	too demanding
quisquilloso	picky
pésimo	terrible

Las profesiones, los oficios y los planes para el futuro

¿En qué trabaja tu papá?	What does your father do?
¿A qué se dedica tu madre?	What does your mother do?
Es médico(a)	He/She is a doctor.
dueño(a) de un pequeño negocio	owner of a small business
ama de casa	housewife

Los planes para el futuro

¿Qué planes tienes para el futuro?	What are your plans for the future?
No estoy seguro(a) todavía.	I'm not sure yet.
Voy a graduarme el año que viene.	I am going to graduate next year.
en dos años	in two years
el próximo mes	next month
Pienso ser enfermero(a).	I plan to be a nurse.
abogado(a)	an attorney
ingeniero(a)	engineer
Me gustaría estudiar medicina.	I'd like to study medicine.
estudiar derecho	to study law
hacer estudios de post-grado	to go to graduate school

Espero trabajar
  para el gobierno.
  con una compañía
    multinacional
  independientemente

I hope to work for the
  government.
  with a multinational
    company
  myself

Otras profesiones y ocupaciones

agricultor(a)	*farmer*
consejero(a)	*counselor*
consultor(a)	*consultant*
contador(a)	*accountant*
corredor(a) de bolsa	*stock broker*
dentista	*dentist*
gerente	*manager*
ingeniero(a)	*engineer*
maestro(a)	*teacher*
obrero(a)	*laborer*
periodista	*journalist*
programador(a)	*programmer*
psicólogo(a)	*psychologist*
vendedor(a)	*sales person*

Paso 3

Cómo hablar del pasado: expresiones temporales

¿Cuándo te graduaste de
  la escuela secundaria?
Me gradué hace tres
  meses.
hace dos años
en el 2001
¿Cuándo entraste a la
  universidad?
Entré en septiembre.
el mes pasado
el año pasado
¿Cuándo conociste a tu
  nuevo(a) compañero(a)
  de cuarto?
Lo (La) conocí la semana
  pasada.
ayer
anoche
anteayer
el fin de semana pasado

When did you graduate
  from secondary school?
I graduated three months
  ago.
two years ago
in 2001
When did you start college?

I started in september.
last month
last year
When did you meet your
  roommate?

I met him/her last week.

yesterday
last night
the day before yesterday
last weekend.

Capítulo 6

Paso 1

Unas diligencias

Perdone, ¿dónde
  se puede comprar
  sellos?
  cambiar dinero
  comprar aspirina
En el correo.
  el banco
  la farmacia
¿Se puede ir a pie?

Excuse me, where can
  I/one buy postage
  stamps?
  change money
  buy some aspirin
At the post office.
  the bank
  the drugstore/pharmacy
Can you walk there? /
  Is it within walking
  distance?

Sí, está bastante cerca.
No, está lejos de aquí.
  Hay que tomar
  el metro.
  el autobús no 16
  un taxi

Yes, it's quite close by.
No, it's far from here.
  You have to take the
  subway.
  bus number 16
  a taxi

Unas instrucciones

Oiga, ¿dónde está la
  parada de autobuses?
  el correo
  el Museo de
    Arqueología
    la Iglesia de San Juan
    Bautista
Está en la esquina.
  enfrente del
    restaurante "Luigi"
  a tres cuadras de aquí
  en la segunda calle
  a la derecha
Por favor, ¿cómo se va
  al centro comercial?

  a la Clínica de la Merced
  a la oficina de turismo

Vaya a la esquina.
Tome la Avenida de
  la Independencia.
Siga derecho por cuatro
  cuadras.
Doble a la izquierda en
  la calle República.
Está allí mismo, a mano
  izquierda.

Excuse me, where is the
  bus stop?
  the post office
  the Museum of
    Archaeology
    the Church of St. John
    the Baptist
It's on the corner.
  across from/opposite
    Luigi's Restaurant
  three blocks from here
  on the second street
  on the right
Excuse me, how do "you"/
  I get to the business
  district/the shopping
  center?
  Merced Hospital
  the tourist information
    office
Go to the corner.
Take Independencia
  Avenue.
Continue straight ahead
  for four blocks.
Turn left on República
  Street.
It's right there, on the
  left-hand side.

Paso 2

Las partes del cuerpo

la cabeza	*head*
los ojos	*eyes*
la nariz	*nose*
la boca	*mouth*
los dientes	*teeth*
la garganta	*throat*
el cuello	*neck*
el oído	*inner ear*
la oreja	*ear*
el brazo	*arm*
el codo	*elbow*
la mano	*hand*
los dedos	*fingers*
la pierna	*leg*
la rodilla	*knee*
el pie	*foot*
el pecho	*chest*
los pulmones	*lungs*
el corazón	*heart*
la espalda	*back*
el tobillo	*ankle*

Para indicar lo que te duele

¿Qué le pasa? (formal)	What's wrong?/What is the matter?
¿Qué te pasa? (informal)/	
¿Qué tienes?	What do you have?
Me siento mal.	I feel bad/poorly.
mejor	better
peor	worse
Me duele el pecho.	My chest hurts.
Me duelen los pies.	My feet hurt.
Tengo dolor de cabeza.	I have a headache.
garganta	sore throat
estómago	stomachache
Me lastimé la espalda.	I hurt my back
Me torcí el tobillo.	I twisted my ankle.

Los síntomas y los análisis

¿Qué tiene?	What's wrong?
Tengo tos.	I have a cough.
fiebre	fever
diarrhea	diarrhea
náusea	nausea
Estoy resfriado(a).	I have a cold.
mareado(a)	I'm dizzy/nauseated.
Me corté el pie.	I cut my foot.
Me quemé la espalda en el sol.	I burned my back in the sun.
Tengo que sacarle unas radiografías.	I have to take an X-ray.
hacerle unos análisis de sangre	give you a blood test
Ud. tiene la gripe.	You have the flu.
un virus	a virus
una fractura	a fracture
una quemadura muy grave	a very serious burn
una infección	an infection
Voy a recetarle estos antibióticos.	I am going to prescribe some antibiotics (for you).
este jarabe para la tos	this cough syrup
una crema	a lotion
Le recomiendo que tome una pastilla cada cuatro horas.	I am going to recommend that you take one pill every four hours.
dos aspirinas cuatro veces al día	two aspirins four times a day
Voy a darle unos puntos	I am going to take some stitches.
ponerle un yeso.	to put on a cast.

Capítulo 7

Paso 1

¡A disfrutar del tiempo libre!
Las invitaciones

¿Qué piensas hacer el sábado?	What are you thinking of doing on Saturday?
No sé. ¿Quieres ir al cine?	I don't know. Do you want to go to the movies?
al teatro	to the theater
al Museo de Arte	to the Museum of

Moderno	Modern Art
a un concierto	to a concert
¡Qué buena idea!	What a good idea!
¡Cómo no!	Sure! Why not!
¿Qué película dan?	What movie are they showing?
Dan la película Casablanca.	They're showing the film Casablanca.
¿Qué van a presentar?	What (play) are they presenting?
Van a presentar una obra de García Lorca.	They are going to present a play by García Lorca.
¿Qué exhiben?	What is on exhibit?
Tienen una exhibición de Miró.	They have an exhibition of Miró.
¿Quiénes van a tocar?	Who is going to play?
Va a tocar el conjunto Cusco.	The group Cusco is going to play.
¿A qué hora vamos?	What time shall we go?
empieza	does it start
Vamos a las siete.	Let's go at seven o'clock.
La primera función es a las ocho.	The first showing is at eight o'clock.
¿Dónde nos encontramos?	Where shall we meet?
Paso por tu casa a las siete y media.	I'll pick you up/come by your house at 7:30.
Te espero en el cine.	I'll see you/wait for you at the movie theater.
el teatro	at the theater
¿Por qué no jugamos a las cartas esta tarde?	Why don't we play cards this afternoon?
vamos de "picnic"	we go on a picnic
damos un paseo	we take a walk
Lo siento pero tengo que estudiar.	I'm sorry but I have to study.
No puedo porque estoy cansado(a).	I can't because I'm tired.
no sé jugar a eso	I don't know how to play that
tengo otro compromiso	I have another engagement
Bueno, entonces a lo mejor la próxima vez.	Well, maybe next time.

Un fin de semana divertido

¿Qué tal tu fin de semana?	How was your weekend?
Me divertí mucho.	I had a lot of fun.
Lo pasé bien.	I enjoyed it.
¿Adónde fuiste?	Where did you go?
Fui al campo con un amigo.	I went to the country with a friend.
a un concierto	to a concert
al gimnasio	to the gym
a un festival	to a fair
¿Qué hiciste?	What did you do?
Mi amigo y yo montamos a caballo y pescamos.	My friend and I went horseback riding and fishing.
escuchamos un conjunto fabuloso	we listened to a great band
corrimos cinco kilómetros y levantamos pesas	we ran five kilometers and lifted weights
vimos muchas artesanías	we saw a lot of handicrafts
¡Qué bien!	How nice! (Cool!)

Un fin de semana regular

¿Cómo pasaste el fin de semana?	*How did you spend the weekend?*
No hice nada de particular	*I didn't do anything special.*
Lo pasé así así.	*It was okay.*
mal	*bad*
fatal	*awful*
¿Qué pasó?	*What happened?*
Me enfermé y no pude salir.	*I got sick and couldn't go out.*
Tuve que quedarme en casa y terminar un trabajo.	*I had to stay home and finish a job.*
¡Qué lástima!	*What a shame!*

Paso 2

Las estaciones y el tiempo

¿Cuál es tu estación favorita?	*What's your favorite season?*
Me encanta la primavera porque hace buen tiempo.	*I love spring because the weather is nice.*
el verano... mucho sol	*the summer... it's sunny*
No me gusta mucho el invierno porque nieva constantemente.	*I don't like winter because it snows constantly.*
otoño... llueve	*autum... it rains*
¿Qué tiempo hace?	*What's the weather like?*
Hace fresco.	*It is cool.*
(mucho) calor	*(very) hot*
(mucho) frío	*cold*
(mucho) viento	*windy*
(muy) buen tiempo	*nice weather*
(muy) mal tiempo	*bad weather*
Está lloviendo.	*It is raining.*
nevando	*snowing*
despejado	*clear*
nublado	*cloudy*
El día está pésimo.	*It's bad (weather) out.*
fatal	*terrible*
¿Cuál es la temperatura?	*What is the temperature?*
Está a 20 grados.	*It is 20 degrees.*
¿Cuál es el pronóstico para mañana?	*What is the weather going to be like tomorrow?*
Va a llover.	*It is going to rain.*
hacer buen tiempo	*to be nice (weather)*
nevar	*to snow*
hacer una tormenta	*to be a storm*

Los días festivos y celebraciones

¿Cómo celebras el Día de la Independencia?	*How do you celebrate Independence Day?*
el Día de Acción de Gracias	*Thanksgiving Day*
tu cumpleaños	*your birthday*
Para el Día de la Independencia, vamos a ver un desfile en mi pueblo.	*On Independence Day, we are going to watch a parade in my hometown*
De niño(a), me	*As a child, I used to like*
gustaba ver los fuegos artificiales.	*to watch fireworks.*
Para el Día de Acción de Gracias, toda la familia se reúne en mi casa y comemos pavo.	*On Thanksgiving Day, the entire family gets together at my house and we eat turkey.*
De niño(a), me gustaba jugar al fútbol americano con mis primos.	*As a child, I used to enjoy playing football with my cousins.*
Para mi cumpleaños, salgo a comer con mi familia.	*For my birthday, I go out to eat with my family.*
De niño(a), me gustaba apagar las velas en mi pastel de cumpleaños.	*As a child I used to like to blow out the candles on my birthday cake.*

Otros días festivos y las celebraciones

Para la Navidad, acostumbramos decorar un árbol y cantar villancicos.	*For Christmas, we usually decorate a tree and sing carols.*
la Nochebuena	*Christmas Eve*
dar y recibir regalos	*give and receive presents*
Jánuca	*Hannukah*
encender las velas del candelabro	*light the candles on the Menorah*
la Noche Vieja	*New Year's Eve*
brindar con champaña	*make a toast with champagne*
la Pascua Florida	*Easter*
ir a la iglesia	*go to church*
Pésaj	*Passover*
ir a la sinagoga	*go to synagogue*
el Día de las Brujas	*Halloween*
llevar disfraz	*wear a costume*
el Día de los Enamorados	*Valentine's Day*
regalar flores o chocolates	*give flowers or chocolates*

Paso 3

Cómo contar un cuento

¿Qué me cuentas?	*What's new?*
¿Sabes lo que pasó?	*Do you know what happened?*
Déjame contarte lo que paso.	*Let me tell you what happened.*
Dime, ¿qué pasó?	*Tell me, what happened?*
A Carlos se le rompió la pierna.	*Carlos broke his leg!*
¡No me digas!	*You're kidding!/You don't say!*
¿Cuándo ocurrió?	*When did it happen?*
Esta mañana.	*This morning.*
¿Dónde estaba?	*Where was he?*
Estaba en el campo de fútbol.	*He was at the soccer field.*
¿Cómo fue?	*How did it happen?*
(la hora) Eran las diez.	*(time) It was 10 o'clock.*
(el tiempo) Llovía muchísimo.	*(weather) It was raining really hard.*
(los acontecimientos) Carlos jugaba con	*(the events) Carlos was playing with*

sus amigos, y cuando iba a marcar un gol, chocó con un jugador del otro equipo.

his friends, and when he was getting ready to score a goal, he ran into a player from the other team.

Ay, pobrecito. ¡Qué lástima!

Oh, the poor thing. What a shame!

Capítulo 8
Paso 1
En un gran almacén

Cliente

Customer

Por favor, ¿dónde se encuentran los pantalones para hombres?

Excuse me, where can I find men's trousers?

las blusas para niñas

girls' blouses

los zapatos para mujeres

women's shoes

Dependiente

Clerk

Están en el sótano.

They are in the basement.

la planta baja — *on the main floor*
el primer piso — *the first floor*
segundo — *second*
tercer — *third*
cuarto — *fourth*
quinto — *fifth*
sexto — *sixth*
séptimo — *seventh*
octavo — *eighth*
noveno — *ninth*
décimo — *tenth*

La ropa

un traje — *suit*
una camisa — *shirt*
una corbata — *necktie*
unos calcetines — *socks*
una falda — *skirt*
un vestido — *dress*
unas pantimedias — *pantyhose*
unos vaqueros — *jeans*
unos pantalones cortos — *shorts*
una sudadera — *sweatshirt*
un suéter — *sweater*
un cinturón — *belt*
un traje de baño — *swimsuit*
unas sandalias — *sandals*
un abrigo — *coat*
un impermeable — *a raincoat*
una chaqueta — *jacket*
unas botas — *boots*
unos guantes — *gloves*
una camiseta — *T-shirt*

Los colores y otros detalles

rojo — *red*
rosado — *pink*
anaranjado — *orange*
amarillo — *yellow*
verde — *green*
azul — *blue*
azul marino — *navy blue*
morado — *purple*
blanco — *white*
negro — *black*
gris — *gray*
marrón — *brown*
beige — *beige*
(color) crema — *off white*
de cuadros — *plaid*
con lunares — *with polka dots*
de rayas — *striped*
estampado — *printed*

De compras

¿Lo/La atienden? — *Is anyone helping you?*
Gracias, sólo estoy mirando. — *Thanks, I'm only looking.*
Poidría mostrarme el suéter que está en el escaparate? — *Could you show me the sweater in the window?*
¿Qué desea? — *May I help you?/What would you like?*
Estoy buscando un suéter de lana. — *I'm looking for a wool sweater.*
de algodón — *cotton*
de seda — *silk*
¿De qué color? — *What color?*
Prefiero un suéter verde. — *I prefer a green sweater.*
¿Que talla lleva Ud.? — *What size do you wear?*
Llevo la talla mediana. — *I wear a size medium.*
pequeña — *small*
grande — *large*
extra grande — *extra large*
¿Qué le parece éste? — *What do you think about this one?*
Me parece un poco caro. — *It seems a little expensive to me.*
demasiado formal — *too dressy*
¿Tiene otro más barato? — *Do you have something cheaper/less expensive?*
más sencillo — *a little plainer/more simple*
¿Quiere probarse éste? — *Do you want to try this one on?*
Sí, ¿dónde está el probador? — *Yes, where is the dressing room?*
¿Cómo le queda (el suéter)? — *How does it (the sweater) fit?*
Me queda bien. — *It fits well.*
mal — *poorly*
¿Tiene una talla más grande? — *Do you have a bigger/larger size?*
pequeña — *smaller*
¿Cuánto cuesta? — *How much does it cost?*
Está rebajado. — *It's on sale.*
Cuesta $40.00. — *It costs $40.00.*
Voy a llevármelo. — *I'll take it.*
¿Podría envolvérmelo en papel de regalo?

Paso 2

En un mercado

En un mercado se puede comprar:	*In a market, you can buy:*
unas gafas de sol	*some sunglasses*
un paraguas	*an umbrella*
una gorra	*a baseball cap*
un plato de cerámica	*a ceramic plate*
una piñata	*a piñata*
unas maracas	*some maracas*
un sarape	*a sarape/poncho*
un sombrero	*a hat*
un bolso de cuero	*a leather pocketbook/ handbag*
una billetera de piel	*a leather wallet*
una guayabera	*a guayabera*
un collar	*a necklace*
unos aretes	*some earrings*
una cadena de oro	*a gold chain*
un brazalete de plata	*a silver bracelet*

¡A regatear! / *Let's bargain!*

Cliente:	*Customer:*
¿Podría mostrarme esos aretes?	*Would you show me those earrings?*
esas maracas	*those maracas*
Aquí los/las tiene.	*Here they are.(Here you have them.)*
¿Cuánto cuestan?	*How much do they cost?*
Valen/Cuestan cien pesos.	*They cost one hundred pesos.*
¡Qué horror! ¡Qué caros/caras!	*How awful! How expensive!*
¿Me puede hacer un descuento?	*Would you give me a discount?*
Le doy un descuento de veinte pesos. Solamente me tiene que pagar ochenta pesos.	*I'll give you a discount of twenty pesos. You only have to pay (me) eighty pesos.*
¡Eso es mucho dinero! No le pago más de sesenta pesos.	*That is too much money! I refuse to pay more than sixty pesos.*
¡Es muy poco! No puedo aceptar menos de setenta pesos.	*That is not enough! I can't accept less than seventy pesos.*
Está bien.	*That is fine!*
Me los/las llevo.	*I'll take them.*

Capítulo 9

Paso 1

Cómo hablar de pequeños malestares y dar consejos

¿Qué te pasa? Tienes mala cara.	*What's wrong? You don't look well.*
No es nada grave. Es que estoy agotado(a) de tanto trabajar.	*It's nothing serious. It's just that I'm exhausted from so much work.*
padezco de insomnio porque tengo mucho estrés	*I can't sleep (I have insomnia) because I have so much stress*
no me estoy alimentando bien y no tengo energía para nada	*I'm not eating right and I don't have any energy*
Bueno, ¿por qué no tomas unos días libres?	*Well, why don't you take a few days off?*
tratas de descansar más	*try to rest more*
comes comidas más balanceadas	*eat better balanced meals*
dejas de fumar	*stop smoking*
Deberías tomar vitaminas.	*You should take vitamins.*
cuidarte mejor	*take better care of yourself*
ir al médico	*go to the doctor*
Te aconsejo que duermas una siesta.	*I advise you to take a nap.*
no trabajes tanto	*not work so much*
Tienes razón.	*You're right.*
Es buena idea.	*It's a good idea.*
Bueno, no sé. No estoy seguro(a).	*Well, I don't know. I'm not sure.*

Paso 2

Cómo expresar las buenas noticias

¿Cómo te va?	*How is it going?*
Estoy (muy) orgulloso(a).	*I am (very) proud.*
emocionado(a)	*excited*
alegre	*happy*
encantado(a)	*delighted*
contentísimo(a)	*extremely happy*
Acabo de enterarme de que mi hermanita va a tener su primera cita para la fiesta de sus quince.	*I have just found out that my youngest sister is going to have her first date for her fifteenth birthday party.*
mi mejor amiga se comprometió hace poco y va a casarse	*my best friend recently became engaged and is going to get married*
mi primo está enamorado y va a comprometerse con su novia	*my cousin is in love and is going to become engaged*
mi hermana mayor está embarazada y voy a ser tío	*my oldest sister is going to have a baby and I am going to be an uncle*
¡Ay! ¡Qué buena noticia!	*Oh! What good news!*
¡Cuánto me alegro!	*I am so happy!*
¡Qué sorpresa!	*What a surprise!*
¿Quién va a ser su compañero(a)?	*Who is going to be her date?*
¿Cuándo le dio su novio el anillo de compromiso?	*When did her fiancé give her the engagement ring?*
¿Cuándo es la boda?	*When is the wedding?*
¿Cuándo va a nacer el bebé?	*When is the baby going to be born?*

Malas noticias

¿Qué hay de nuevo?	*What's up?*
Estoy un poco	*I'm a little*

| | | Es posible, pero lo dudo. | *It's possible, but I doubt it.* |

preocupado(a). — *worried.*
triste — *sad*
deprimido(a) — *depressed*
desanimado(a) — *discouraged*

Acabo de recibir malas noticias. — *I have just received some bad news.*

Mi hermano y su novia rompieron su compromiso ayer. — *My brother and his girl-friend broke their engagement yesterday.*

Mis tíos están separados. — *My aunt and uncle are separated.*

Mi vecina de al lado se murió anoche. — *My next-door neighbor died last night.*

¡Qué pena! — *What a shame!*
¡Cuánto lo siento! — *I am so sorry!*
¡Qué lástima! — *What a pity!*
¡Ojalá que todo salga bien! — *I hope everything turns out well!*

¿Es algo permanente o temporal? — *Is it something permanent or temporary?*

¿Van a divorciarse? — *Are they going to get divorced?*

¿Cuándo es el velorio? — *When is the wake/vigil?*

Paso 3

Buenas noticias

¿Qué me cuentas? — *What's new?*

Acabo de tener una entrevista para un buen puesto. — *I've just had an interview for a good job.*

una beca — *a scholarship*
un internado — *an internship*

Bueno. ¿Cómo te fue? ¿Te lo/la van a dar? — *Well. How did it go? Are they going to give it to you?*

Creo que sí. — *I think so.*
¡Ojalá que sí! — *I hope so!*
Es casi seguro. — *It's almost certain.*

Malas noticias

¿Qué hay de tu vida? — *What's new with you?*

Nada bueno. No salí bien en la prueba de biología. — *Nothing good. I didn't do well on my biology quiz.*

Mi compañero(a) de cuarto y yo no nos llevamos bien. — *My roommate and I don't get along well.*

No tengo suficiente dinero para pagar mis cuentas. — *I don't have enough money to pay my bills.*

La policía me dio otra multa. — *The police gave me another ticket/fine.*

Y ¿no puedes pedirle ayuda a tu profesor? — *Well, can't you ask your professor for help?*

cambiar de compañero(a) de cuarto — *change roommates*

pedirles un préstamo a tus padres — *ask your parents for a loan*

Quizás. — *Perhaps/Maybe.*
Creo que no. — *I don't think so.*

Subject pronouns

- Subject pronouns identify the topic of the sentence, and often indicate who or what is performing an action.
- Subject pronouns are generally used in Spanish only for clarification or for emphasis.
- The subject pronouns **Ud.** and **Uds.** are often used as a sign of courtesy.
- There is no Spanish equivalent for *it* as the subject of a sentence.

I	**yo**	*we*	**nosotros / nosotras**
you	**tú** / **Usted (Ud.)**	*you (plural)*	**vosotros / vosotras** / **Ustedes (Uds.)**
he	**él**	*they*	**ellos / ellas**
she	**ella**		
it	**Ø**		

Reflexive pronouns

- Reflexive pronouns are used with reflexive verbs such as **despertarse, bañarse** and **divertirse.**
- Reflexive pronouns are often translated into English as *myself, yourself, himself,* etc.
- Sometimes the reflexive meaning is simply understood, or is expressed in other ways.
- The plural reflexive pronouns **nos, os** and **se** may also be used reciprocally, to mean *each other* or *one another*. (Elena y Marta **se** escriben. *Elena and Marta write to each other.*)

(yo)	**me** lavo	*I wash myself*	(nosotros)	**nos** lavamos	*we wash ourselves*
(tú)	**te** lavas	*you wash yourself*	(vosotros)	**os** laváis	*you wash yourselves*
(Ud.)	**se** lava	*you wash yourself*	(Uds.)	**se** lavan	*you wash yourselves*
(él/ella)	**se** lava	*he/she washes him/herself*	(ellos/ellas)	**se** lavan	*they wash themselves*

Indirect object pronouns

- Indirect object pronouns indicate *to whom* or *for whom* something is done. Occasionally, they express the notions *from whom* or *of whom.*
- Indirect object pronouns are placed before a conjugated verb, or attached to an infinitive.
- Indirect object pronouns are used with the verb **gustar** and with similar verbs such as **encantar, importar, interesar, parecer.**
- **Le** and **les** are often used together with proper nouns or equivalent noun phrases. (**Le** escribí una carta **a mi padre**.)
- When used with direct object pronouns, **le** and **les** are replaced by **se.** (**Le** escribí una carta **a mi padre**. → **Se** la escribí ayer.)

to me	**me**	to us	**nos**
to you	**te** / **le**	to you (plural)	**os** / **les**
to him/her/it	**le**	to/for them	**les**

Direct object pronouns

- Direct object pronouns answer the questions *whom* or *what* with respect to the verb. They receive the action of the verb.

- Direct object pronouns are placed before a conjugated verb, or attached to an infinitive.

- Direct object pronouns are placed **after** any other indirect object pronoun or reflexive pronoun. (¿La falda? Mamá me **la** regaló para mi cumpleañós.)

me	**me**	*us*	**nos**
you	**te** **lo** (masc.) **la** (fem.)	*you* (plural)	**os** **los** (masc.) **las** (fem.)
him, *it* *her*, *it*	**lo** **la**	*them*	**los** (masc.) **las** (fem.)

Prepositional pronouns

- Prepositional pronouns are used after prepositions such as **de, para, por, con, sin, cerca de,** etc.

- After the preposition **con,** you must use certain special forms to express *with me* (**conmigo**) and *with you* (familiar) (**contigo**).

- Subject pronouns, rather than prepositional pronouns, are used after the propositions **entre** *(between),* and **según** *(according to).*

mí	**nosotros / nosotras**
ti	**vosotros / vosotras**
Usted (Ud.)	**Ustedes (Uds.)**
él / ella	**ellos / ellas**

Possesive adjectives

- The forms of possessive adjectives look very much like the forms of various kinds of pronouns. These words, however, are always used together with a noun in order to indicate ownership.

- Since these words are adjectives, you must make them agree in number (singular / plural) and gender (masculine / feminine) with the nouns that follow them (For example, **nuestras casas**).

my	**mi(s)**	*our*	**nuestro(a) / nuestros(as)**
your	**tu(s)** **su(s)**	*your*	**vuestro(a) / vuestros(as)** **su(s)**
his/ her	**su(s)**	*their*	**su(s)**

Written accent marks

In both English and Spanish, a *stressed syllable* is the part of the word that is spoken most loudly and with the greatest force, such as <u>stu</u> - *dent* or *u* - *ni* - <u>ver</u> - *si* - *ty*.

In Spanish, stress generally falls on an easily predictable syllable of the word. Words that *do not* follow these patterns must carry a *written accent mark,* known as **un acento ortográfico** or **un tilde**.

1. Words that end in a consonant other than **-n** or **-s** are stressed on the last syllable. Words that follow this rule do not need a written accent mark:

   co - **mer**
   re - **loj**
   ge - ne - **ral**
   Ba - da - **joz**
   ciu - **dad**

   Words that *do not* follow this rule need a written accent mark on the stressed syllable:

   ár - bol
   Rod - **rí** - guez

2. Words that end in a vowel or in the consonants **-n** or **-s** are stressed on the second-to-last syllable. Most words follow this rule, and therefore do not need a written accent mark:

   ca - sa
   tra - **ba** - jo
   e - le - **fan** - tes
   vi - ven

   Words that *do not* follow this pattern carry a written accent mark on the stressed syllable:

   me - **nú**
   Á - fri - ca
   Ni - co - **lás**
   al - **bón** - di - gas *(meatballs)*
   na - **ción**

3. In order to apply the previous rule correctly, keep in mind these special vowel combinations:

- In general, one syllable is formed when the "weak" vowels **i** or **u** are next to the "strong" vowels **a, e,** or **o**. In this case, the stress falls on the second-to-last syllable and no written accent mark is needed.

   gra - cias
   bue - no

   A written accent mark is used, however, when the stress falls on the **i** or **u** and the vowels are divided into two syllables:

   dí - a
   ra - **íz** *(root)*
   grú - a *(crane)*

- The combination of two "strong" vowels — **a, e, o**— is generally divided into two syllables. The stress falls naturally on the second-to-last syllable, and no written accent mark is needed:

   mu - **se** - o
   ma - **es** - tro

4. Written accent marks are occasionally used to distinguish two words that are spelled exactly alike but have different meanings:

Without the written accent		With the written accent	
te	*to you*	**té**	*tea*
mi	*my*	**mí**	*me* (prepositional pronoun)
el	*the*	**él**	*he*
tu	*your*	**tú**	*you*

Vocabulario

The vocabulary found in both the Spanish-English and English-Spanish sections contains all words from the end-of-chapter vocabularies (except certain expressions from the **Expresiones útiles**) and some terms from the cultural readings. The meanings provided in this glossary, however, are limited to those used in the contexts of this textbook. Genders of nouns are given only if they are an exception to the **-o** and **-a** endings. The number of the chapter where the vocabulary word or expression first appears is indicated in parentheses after the definition. Spelling changes in stem-changing verbs are indicated in parentheses after the verb given, where appropriate.

The following abbreviations are used in this glossary:

adj.	adjective	**m.**	masculine
conj.	conjunction	**n.**	noun
f.	feminine	**PP**	paso preliminar
form.	formal	**pl.**	plural
inf.	infinitive	**sing.**	singular
inform.	informal	**v.**	verb

A

a *at, to;*
  a la derecha de *to the right of (3);*
  a la izquierda de *to the left of (3);*
  a veces *sometimes (7)*
abecedario *alphabet (1)*
abierto(a) *open (6)*
abogado(a) *lawyer, attorney (5)*
abrigo *coat (8)*
abrir *to open (2)*
abuelo(a) *grandfather/grandmother (3)*
abundante *abundant (7)*
aburrido(a) *boring (5)*
acabar de (+ inf.) *to have just* (done something) *(3)*
acampar *to go camping (7)*
aceite (m.) de oliva *olive oil (4)*
aceituna *olive (4)*
aceptar *to accept (2)*
aconsejar *to advise (9)*
acontecimiento *event (9)*
acostarse (ue) *to go to bed (5)*
acostumbrar *to be in the habit of, to be used to (4)*
actividad (f.) *activity (1)*
actuar *to act (3)*
acuerdo: estar de acuerdo *to agree (5)*
además *in addition, what's more (5)*
aderezo *dressing (4)*
adiós *good-bye (1)*
¿adónde? *where? (7)*
afeitarse *to shave (5)*
agencia de viajes *travel agency (2)*
agotado(a) *exhausted (9)*
agradable *pleasant, good-natured (3)*
agregar *to add (7)*
agricultor(a) *farmer (5)*
agua *water (1)*
ahora *now (5)*
ahorrar *to save (9)*

ajo *garlic (4)*
al lado *next to, beside (3)*
albergue (m.) juvenil *youth hostel (2)*
alegrar *to make happy (9)*
alegre *happy (9)*
alemán (m.) *German (1)*
alfombra *rug (3)*
álgebra (f.) *algebra (5)*
algo *anything, something (4)*
algodón *cotton (8)*
alimentarse *to eat, to nourish oneself (9)*
allí mismo *right there (6)*
alma (f.) *soul (6)*
almacén (m.) *department store (8); warehouse;*
  gran almacén *department store (8)*
almorzar (ue) *to eat lunch (4)*
almuerzo *lunch* (n.) *(3)*
alojamiento *lodging (2)*
alojarse *to be lodged (2)*
alquilar *to rent (3)*
alrededor de *about, around (2)*
alta costura *haute couture (8)*
altitud (f.) *height (6)*
alto(a) *tall (3)*
ama (f.) de casa *housewife (5)*
amable *friendly (3)*
amarillo(a) *yellow (8)*
amenidad (f.) *amenity (2)*
amigo(a) *friend (3);*
  amigo íntimo *close friend (3)*
amplio(a) *extensive, wide (3)*
amueblado(a) *furnished (3)*
anaranjado(a) *orange (8)*
anfitrión/anfitriona *host/hostess (3)*
anillo *ring (9)*
anoche *last night (5)*
anteojos *eyeglasses (3)*
antes de *before (5)*

antibiótico *antibiotic (6)*
antiguo(a) *ancient, old (3)*
antipático(a) *disagreeable, unpleasant (3)*
añadir *to add on (3)*
año *year (1)*
aparentar *to seem; to pretend (5)*
apariencia *appearance (8)*
apartamento *apartment (1)*
aparte de *aside from, in addition to (4)*
apellido *surname, last name (1)*
aprender *to learn (1)*
aprobado *passing grade (5)*
apropiado(a) *appropriate (8)*
árbol (m.) *tree (3)*
aretes (m.) *earrings (8)*
arquitectura *architecture (6)*
arroz (m.) *rice (4)*
arte (m.) *art (5)*
artesanía *arts and crafts (8)*
artículo *article (6)*
asado(a) *baked (4)*
así *so, thus, this way;*
  así, así *so-so, okay (1)*
asiento *seat (3)*
asistencia *attendance (5)*
asistir a *to attend* (classes, etc.) *(1)*
atender (ie) *to help (8)*
atún (m.) *tuna (6)*
aunque *although (1)*
autobús (m.) *bus (2);*
  parada de autobuses *bus stop (6)*
avenida *avenue (6)*
avión (m.) *airplane (2)*
ayer *yesterday (5)*
ayuda *help* (n.) *(9)*
ayuntamiento *town hall (6)*
azúcar (m.) *sugar (4)*
azul *blue (3);*
  azul marino *navy blue (8)*

B

bachillerato *high school college-prep studies (5)*
bailar *to dance (7)*
bajo(a) *short* (in height), *low (3);*
  planta baja *ground floor (8)*
balanceado(a) *balanced (9)*
banana *banana (4)*
banco *bank (2); park bench (6)*
bañadera *bathtub (3)*

bañarse *to bathe, to take a bath (5)*
baño *bath(room) (2);*
  traje de baño *bathing suit (8)*
barato(a) *inexpensive (3)*
barba *beard (3)*
barra *bar (1); loaf (of bread) (4)*
barrio *district, neighborhood (4)*
basarse *to be based (1)*
básquetbol (m.) *basketball (1)*

bastante *quite, enough (5)*
bautizo *baptism (3)*
bebé (m., f.) *baby (9)*
beber *to drink (4)*
beca *scholarship (9)*
beige *beige (8)*
béisbol (m.) *baseball (7)*
biblioteca *library (1)*
bien (adv.) *well, fine (1)*

biftec (m.) *steak, beef (4)*
bigotes *moustache (3)*
billete (m.) *ticket (2)*
billetera *wallet (8)*
biología *biology (5)*
blanco(a) *white (8)*
blusa *blouse (8)*
boca *mouth (6)*

boda *wedding (9)*
bodega *wine shop (6)*
bolígrafo *pen (PC)*
bolsa *bag, purse (4)*
bolso *pocketbook, handbag (8)*
borrador (m.) *eraser (PC)*
bota *boot (8)*
botánica *botany (3)*

botella *bottle (4)*
boutique (f.) *shop (8)*
brazalete (m.) *bracelet (8)*
brazo *arm (6)*
bróculi (m.) *broccoli (4)*
buen(o)(a) *good (3)*
bulto *bulge (8)*
buscar *to look for (9)*

C

caballo *horse;*
  montar a caballo *to go horseback riding (7)*
cabeza *head (6)*
cada *each, every (7)*
cadena *chain (8)*
café (m.) *coffee (1)*
caimán (m.) *alligator (7)*
calcetín (m.) *sock (8)*
cálculo *calculus (5)*
calendario *calendar (PC)*
calidad (f.) *quality (8)*
cálido(a) *warm/hot* **(climate)** *(8)*
caliente *hot (2)*
calle (f.) *street (1)*
calor: hacer calor *to be hot/warm* (weather) *(7);*
  tener calor *to be hot/warm* (person) *(4)*
calvo(a) *bald (3)*
calzar *to wear, take* (shoe size) *(8)*
cama *bed (2);*
  hacer la cama *to make the bed (3)*
camarero(a) *waiter/waitress (4)*
camarón (m.) *shrimp (4)*
cambiar *to change, to exchange (6)*
cambio *change* (n.) *(7); exchange rate (6)*
caminata: hacer caminatas *to go hiking (7)*
camisa *shirt (8)*
camiseta *T-shirt (8)*
campo *country(side) (7)*
canción (f.) *song (7)*
candelabro *Menorah, candelabra (7)*
canoso(a) *gray* (hair) *(3)*
cansado(a) *tired (1)*
cara *face (5)*
carácter (m.) *character, personality (3)*
cariñoso(a) *warm, affectionate (3)*
carne (f.) de res *beef (4)*
carnicería *butcher shop (4)*
caro(a) *expensive (3)*
carrera *major* (field of study) *(5); race*
carta *letter (1);*
  cartas *(playing) cards (7)*
cartel (m.) *poster (8)*
casa *house (1)*
casado(a) *married (1)*
casarse *to get married (3)*
casete (m.) *cassette (PP)*
casi *almost;*
  casi nunca *almost never (7)*
castaño(a) *brown* (hair, eyes) *(3)*
castillo *castle (2)*
catarata (f.) *waterfall (5)*
catarro *cold* (illness) *(6)*
catedral (f.) *cathedral (6)*
católico(a) *Catholic* (adj.) *(3)*
cebolla *onion (4)*
celebración (f.) *celebration (3)*
celebrar *to celebrate (7)*
cena *supper, dinner (3)*
cenar *to eat dinner (3)*
centro *center (2);*

centro comercial *business district, shopping center (6)*
cerámica *ceramics (8)*
cerca de *near (3)*
cerdo *pork, pig (4)*
cereal (m.) *cereal (4)*
ceremonia *ceremony (9)*
cerrar (ie) *to close (2)*
cerveza *beer (4)*
césped (m.) *lawn (3)*
champú (m.) *shampoo (6)*
chao *(good)bye (1)*
charla *lecture; talk, chat* (n.) *(5)*
cheque (m.) de viajero *traveler's check (2)*
chico(a) *boy/girl (3)*
chocar con *to run into (7)*
chuleta *chop, cutlet (4)*
churro *fritter, fried dough (4)*
ciencia *science;*
  ciencia política *political science (5)*
científico(a) *scientific (4)*
cierto(a) *true, certain (9)*
cine (m.) *cinema, movie theater (7)*
cinturón (m.) *belt (8)*
cita *date* (appointment) *(9)*
ciudad (f.) *city (4)*
civil *lay, secular (9)*
civilización (f.) *civilization (1)*
clase (f.) *class (PP);*
  clase alta *upper class (5);*
  clase baja *lower class (5);*
  clase media *middle class (5);*
  clase social *social class (5)*
clasificar *classify (8)*
cliente (m., f.) *customer, client (3)*
clima (m.) *climate, weather (3)*
clínica *(medical) clinic (6)*
clóset (m.) *closet (3)*
cocina *kitchen, kitchen stove; cuisine (3)*
codo *elbow (8)*
cocinado(a) *cooked (6)*
cocinar *to cook (3)*
coleccionar *to collect (1)*
colegio *elementary or secondary school (5)*
color (m.) *color (8)*
color crema *off-white (8)*
collar (m.) *necklace (8)*
comedor (m.) *dining room (3)*
comer *to eat (1)*
comerciar *to do business (6)*
comercio *business (5)*
comestibles (m.) *groceries;*
  tienda de comestibles *grocery store (4)*
cometer *to make, commit (3)*
comida *food (4)*
¿cómo? *how? (1)*
¡cómo no! *of course! (4)*
cómoda *chest of drawers (3)*
cómodo(a) *comfortable (8)*
compañero(a) *classmate (1); date, escort (9)*

compañía *company (5)*
compartir *to share (2)*
complementos de moda *fashion accessories (8)*
completo(a) *complete; full (2)*
complicado(a) *complicated, complex (2)*
composición (f.) *composition (1)*
compositor(a) *composer (7)*
compra *purchase* (n.);
  ir de compras *to go shopping (7)*
comprar *to buy (3)*
comprender *to understand (1)*
comprometerse *to get engaged; to commit oneself (9)*
compromiso *commitment; engagement* (to be married) *(9)*
computadora *computer (1)*
común *common (2)*
con *with*
concepto *concept (1)*
concierto *concert (1)*
concluir *to conclude, end (5)*
condimento *condiment (4)*
condominio *condominium (1)*
conferencia *lecture (5)*
conjunto *(musical) group (7)*
conocer *to be introduced to, to meet, to know (3)*
consejero(a) *counselor (9)*
consistir (de/en) *to consist (of) (2)*
construir *to build (6)*
contar *to count (2); to relate/tell* (a story) *(7)*
contento(a) *happy (1)*
contestar *to answer (1)*
conveniente *convenient (3)*
conversar *to converse, to talk (4)*
convertir *to convert (2)*
copa *goblet, wine glass (4)*
copla *folksong (5)*
corazón (m.) *heart (6)*
corbata *(neck)tie (8)*
correo *post office (6)*
cortar *to cut (3)*
corto(a) *short* (in length) *(3);*
  pantalones (m.) cortos *shorts (8)*
costar (ue) *to cost (2)*
costumbre (f.) *custom (4)*
cotidiano(a) *daily, everyday (9)*
crecer *to grow (4)*
creer *to believe (9)*
crema *cream (4);*
  color crema *off-white (8)*
cruzada *crusade (5)*
cuaderno *notebook (PP)*
cuadra *(street) block (6)*
cuadro *painting (3)*
  de cuadros *plaid (8)*
¿cuál(es)? *which (one/s)? (1)*
cuando *when (7);*
  ¿cuándo? *when? (1);*
  de vez en cuando *from time to time (7)*

¿cuánto? *how much? (1);*
  ¿cuántos(as)? *how many? (1)*
cuarto *room (3); quart* (measurement), *quarter*
  (one-fourth) *(4)*
cuarto(a) *fourth (8);*
  cuarto año *senior year (1)*

cubito de hielo *ice cube (4)*
cuchara *spoon (4)*
cuchillo *knife (4)*
cuello *neck (6)*
cuenta *bill, check (2)*
cuero *leather (8)*

cuerpo *body (6)*
cuidar *to take care of;*
  cuidarse *to take care of oneself (9)*
culantro *coriander (4)*

D

dar *to give (3);*
  dar un paseo *to take a walk (7)*
dato *fact, information (1)*
de *of , from;*
  de algodón *cotton (8);*
  de cerámica *ceramic (8);*
  de cuadros *plaid (8);*
  de estatura mediana *medium height (3);*
  de ida *one-way (2);*
  de ida y vuelta *round-trip (2);*
  de la mañana *A.M. (2);*
  de la noche *P.M.* (night) *(2);*
  de la tarde *P.M.* (afternoon) *(2);*
  de lana *wool (8);*
  de lujo *luxurious, deluxe (2);*
  de nada *you're welcome (1);*
  de rayas *striped (8);*
  de seda *silk (8);*
  ¿de veras? *really? (7);*
  de vez en cuando *from time to time (7)*
debajo de *under (3)*
deber *to owe (4);*
  deber (+ inf.) *ought to, should* (do something) *(3)*
debido a *due to (8)*
décimo(a) *tenth (8)*
decir *to say, to tell (3);*
  querer decir *to mean (1)*
decorar *to decorate (7)*
dedo *finger (6)*
deficiente *deficient (5)*
dejar *to leave, let (7);*
  dejar de (+ inf.) *to stop* (doing something) *(9)*
delante de *in front of (3)*
deletrearse *to be spelled (1)*
delgado(a) *thin (3)*
demasiado(a) *too, too much (8)*
departamento *apartment* (Mexico) *(3)*

depender (de + noun) *to depend* (on + noun) *(4)*
dependiente (m., f.) *clerk (5)*
deporte (m.) *sport (7)*
depresión (f.) *depression (7)*
deprimido(a) *depressed (9)*
derecha (adj.) *right (3);*
  derecho (adv.) *straight ahead (6);*
  a la derecha *to the right of (3)*
derecho (n.) *law (5)*
desanimado(a) *discouraged (9)*
desarrollar *to develop (2)*
desayunar *to eat breakfast (4)*
desayuno *breakfast* (n.) *(3)*
descansar *to rest (3)*
descompuesto(a) *out of order (3)*
descubrir *to discover (5)*
descuento *discount* (n.) *(8)*
desear *to want, to wish for (4)*
desfile (m.) *parade (7)*
desordenado(a) *messy (3)*
desorganizado(a) *disorganized (5)*
despacio *slowly (PP)*
despedirse (i, i) (de) *to say good-bye (to) (5)*
despejado(a) *clear* (weather) *(7)*
despertarse (ie) *to wake up (5)*
después *afterwards (5);*
  después de *after (5)*
destacar *to emphasize, to highlight (6)*
destacarse *to stand out (8)*
detrás de *behind (3)*
día (m.) *day (2);*
  Día de Acción de Gracias *Thanksgiving (7);*
  Día de la Independencia *Independence Day (7);*
  Día de la Raza *Columbus Day (7);*
  Día de los Reyes Magos *Epiphany (7);*
  día festivo *holiday (7);*

  todos los días *every day, daily (1)*
diarrea *diarrhea (6)*
diccionario *dictionary (PP)*
dicho *saying (9)*
diente (m.) *tooth (5)*
difícil *difficult (5)*
dinámico(a) *dynamic (5)*
dinero *money (2);*
  dinero (en efectivo) *cash* (n.) *(2)*
dirección (f.) *address (1)*
disco *record;*
  disco compacto *compact disk (CD) (PP)*
diseñador(a) *designer (8)*
disfrutar (de) *to enjoy (7)*
distinto(a) *different (4)*
diversión (f.) *entertainment, amusement (1)*
divertido(a) *fun (to be with), funny (3)*
divertirse (ie, i) *to have a good time (5)*
dividir *to divide (7)*
divorciarse *to get divorced (9)*
doblar *to turn (6)*
doble *double (2);*
  habitación (f.) doble *double room (2)*
docena *dozen (4)*
doctor(a) *doctor (5)*
dólar (m.) *dollar (6)*
doler (ue) *to hurt (6)*
dolor (m.) *ache, pain (6)*
domingo *Sunday (2)*
¿dónde? *where? (1)*
dormir (ue, u) *to sleep (3);*
  dormirse (ue, u) *to fall asleep (5)*
dormitorio *bedroom (3)*
ducha *shower* (n.) *(2)*
ducharse *to take a shower (5)*
dudar *to doubt (8)*
dueño(a) *owner (5)*
durar *to last (9)*

E

economía *economics (5)*
ecuador (m.) *ecuator (7)*
edad (f.) media *middle ages (3)*
efectivo: dinero en efectivo *cash* (n.) *(2)*
ejemplo *example (3)*
ejercicio *exercise (1);*
  hacer ejercicio *to do* (physical) *exercise (7)*
electivo(a) *elective* (adj.) *(5)*
embarazada *pregnant (9)*
emocionado(a) *excited (9)*
empanada *turnover (4)*
empezar (ie) (a + inf.) *to begin (to) (5)*
en *in, on, at (3);*
  en buenas (malas) condiciones *in good* (bad) *condition (3);*
  en seguida *right away (4)*
encantado(a) *delighted (9)*
encantar *to like a lot, to love (5)*
encender (ie) *to light (7)*

encima de *on top of (3)*
encontrarse (ue) *to be situated (1); to meet*
energía *energy (9)*
enfadarse *to get angry (9)*
enfermarse *to get sick (7)*
enfermedad (f.) *sickness/illness (6)*
enfermero(a) *nurse (5)*
enfermo(a) *sick (1)*
enfrentar *to face (9)*
enfrente de *opposite (6)*
enojado(a) *angry (1)*
ensalada *salad (4)*
enterarse *to find out (9)*
entre *between, among (3)*
entrevista *interview (9)*
época *period* (of time)*, season (6)*
equipo *team (5)*
escaparate (m.) *store window (8)*
escolar *school* (adj.) *(5)*
escribir *to write (1)*

escritor(a) *writer (5)*
escuchar *to listen to (1)*
escuela *school*
ese/esa *that (3)*
esos/esas *those (3)*
espacio *space* (n.) *(6)*
espalda *back* (a part of the body) *(6)*
español (m.) *Spanish (PP)*
especializarse en *to major, specialize in (5)*
esposo(a) *husband/wife (1)*
esquiar *to ski (7)*
esquina (street) *corner (6)*
estación (f.) *season* (of the year) *(7); station (2)*
estampilla *stamp, postage (6)*
estante (m.) (book)*shelf (3)*
estar *to be (1);*
  estar de acuerdo *to agree (5);*
  estar resfriado(a) *to have a cold (6)*
estatura *height;*
  de estatura mediana *medium height (3)*

este/esta *this (3)*
estilo *style (n.) (3)*
estómago *stomach (6)*
estos/estas *these (3)*
estrella *star (n.) (2)*
estrés (m.) *stress (9)*
estudiante (m., f.) *student (PC)*
estudiar *to study (1)*

estudios *studies;*
   hacer estudios de post-grado *to go to grad-*
     uate school (5)
estufa *stove (3)*
estupendo *great, terrific (1)*
etiqueta *etiquette (4)*
exacto(a) *exact (2)*
examen (m.) *exam, test (5)*

excursión (f.) *trip, tour (2)*
exhibir *to be on exhibit (7)*
exigente *demanding (5)*
exposición (f.) *exhibition (7)*
extender (ie) *to extend, stretch (8)*
extranjero *abroad; (n.) foreigner (6)*
extrovertido(a) *outgoing (3)*

F

fácil *easy (5)*
falda *skirt (8)*
fama *fame, renown (8)*
familia *family (1)*
farmacéutico(a) *pharmacist (6)*
farmacia *pharmacy, drugstore (6)*
fascinante *fascinating (5)*
¡fatal! *a disaster!, terrible! (7)*
fecha *(calendar) date (2)*
feo(a) *ugly (3)*
festival (m.) *festival (7)*
festivo(a): día festivo *holiday (7)*
fiebre (f.) *fever (6)*

fiesta *party (1)*
filosofía *philosophy (3)*
fin (m.) *end;*
   fin de semana *weekend (5);*
   por fin *finally (5)*
flan (m.) *custard (4)*
flor (f.) *flower (3)*
fomentar *to encourage, to foster (4)*
formal *dressy, fancy; formal (8)*
foto(grafía) *photograph (5)*
fractura *fracture (6)*
francés (m.) *French (1)*
fregadero *kitchen sink (3)*

fresco(a) *fresh (4); cool (weather) (7)*
frijoles (m.) *beans (4)*
frío: tener frío *to be cold (4)*
frito(a) *fried (4)*
fruta *fruit (4)*
fuego *fire;*
   fuegos artificiales *fireworks (7)*
fuente (f.) *fountain (6)*
función (f.) *function (2); show (7)*
fútbol (m.): fútbol (europeo) *soccer (1);*
   fútbol americano *football (1)*
futuro *future (n.) (5)*

G

gafas *eyeglasses (3);*
   gafas de sol *sunglasses (8)*
galleta *cookie, cracker (4)*
galón (m.) *gallon (4)*
gama *range, scale (8)*
ganas: tener ganas de (+ inf.) *to feel like*
   (doing something) (4)
ganga *bargain (n.) (8)*
garaje (m.) *garage (3)*
garganta *throat (6)*
gazpacho *cold soup made with vegetables (4)*
gemelo(a) *twin (1)*
genealógico(a) *genealogical (3)*

gente (f.) *people (6)*
geografía *geography (7)*
gerente (m., f.) *manager (5)*
gimnasio *gym (7)*
gobierno *government (1)*
golf (m.) *golf (7)*
gordo(a) *fat (3)*
gorra *cap (8)*
grabadora *tape recorder (PP)*
gracias *thank you, thanks (1)*
graduarse *to graduate (5)*
gramática *grammar (1)*
gramo *gram (4)*

grande (gran) *big (3);*
   gran almacén (m.) *department store (8)*
grave *serious (illness/symptom) (6)*
gripe (f.) *flu (6)*
gris *gray, hazel (eyes) (3)*
guante (m.) *glove (8)*
guapo(a) *good-looking (3)*
guayabera *lightweight shirt with large pockets*
   (8)
gustar *to like (to be pleasing) (4)*
gusto *pleasure; taste (n.) (1)*

H

habitación (f.) *room;*
   habitación doble *double room (2);*
   habitación sencilla *single room (2)*
habitante *inhabitant (6)*
hablar *to talk, to speak (1)*
hacer *to do, to make (3);*
   hacer caminatas *to go hiking (7);*
   hacer ejercicios (aeróbicos) *to exercise, to*
     do (aerobic) exercises (3);
   hacer estudios de post-grado *to go to grad-*
     uate school (5);
   hacer la cama *to make the bed (3);*
   hacer un pedido *to place an order/request (4);*
   hacer un viaje *to take a trip (2)*
hambre (f.): tener hambre *to be hungry (4)*

hamburguesa *hamburger (1)*
hasta *until (3)*
hay (haber) *there is/there are (PP);*
   hay que (+ inf.) *one must, it is necessary to*
     (3)
helado *ice cream (4)*
herencia *heritage, inheritance (3)*
hermanastro(a) *stepbrother/stepsister (3)*
hermano(a) *brother/sister (1);*
   medio(a) hermano(a) *half brother/sister (3)*
hermoso(a) *beautiful (6)*
hijo(a) *son/daughter;*
   hijos *sons/children (1)*
historia *history (5)*
hoja *piece (of paper) (PP); leaf*

hola *hello, hi (1)*
hombre *man;*
   hombre de negocios *businessman (5)*
horario *schedule (2)*
horrible *horrible (5)*
hotel (m.) *hotel (2)*
hoy *today (2);*
   hoy día *nowadays (5)*
huevo *egg (3)*
humor (m.) *mood;*
   de buen humor *in a good mood (1);*
   de mal humor *in a bad mood (1)*
huracán (m.) *hurricane (7)*

I

ida: de ida *one-way (2);*
   de ida y vuelta *round-trip (2)*
iglesia *church (6)*
igualmente *likewise, same here (1)*
impedir (i, i) *to prevent (8)*
imposible *impossible (9)*
impresionante *impressive (6)*
incluido(a) *included (4)*
incluir *to include (2)*

independencia: Día de la Independencia *Inde-*
   pendence Day (7)
indicar *to indicate (2)*
indígena *indigenous/native (adj.) (1)*
influir *to influence (7)*
informática *computer science (5)*
informe (m.) *report (7)*
ingeniería *engineering (5)*
ingeniero(a) *engineer (5)*

inglés (m.) *English (1)*
ingrediente (m.) *ingredient (4)*
inodoro *toilet (3)*
insomnio *insomnia (9)*
insultar *to insult (8)*
integrar *to integrate; to make up, compose (1)*
interesante *interesting (5)*
interesar *to interest, arouse interest in (5)*
internado *internship (9)*

íntimo: amigo(a) íntimo(a)   *close friend (3)*
inundación (f.)   *flood (6)*
investigación (f.)   *research (7)*
invierno   *winter (7)*
ir   *to go (2);*

ir a pie   *to go on foot (6);*
ir de compras   *to go shopping (7);*
ir de escaparates   *to go window shopping (7);*
ir de picnic   *to go on a picnic (7)*

isla   *island (6)*
izquierdo(a)   *left (3);*
ir a la izquierda   *to go to the left (3)*

J

jamón (m.)   *ham (4)*
Jánuca   *Hanukkah (7)*
jarabe (m.) (para la tos)   *(cough) syrup (6)*

joven   *young (3)*
joyería   *jewelry shop/department (8)*
jueves (m.)   *Thursday (2)*

jugador(a)   *player (7)*
jugar (ue)   *to play* (sport, game) *(3)*
jugo   *juice (4)*

K

kilo   *kilo* (metric pound) *(4)*

L

laboral   *work* (adj.) *(1)*
laboratorio   *laboratory (5)*
lado: al lado de   *next to (3)*
lago   *lake (6)*
lámpara   *lamp (3)*
lana   *wool (8)*
lápiz (m.)   *pencil (PP)*
largo(a)   *long (3)*
lástima   *shame, pity (7)*
lavabo   *bathroom sink (3)*
lavar   *to wash (3);*
lavarse   *to wash (oneself) (5)*
lazo   *tie* (n.)*, bow (3)*
leche (f.)   *milk (4)*
lechería   *dairy (4)*
lechuga   *lettuce (4)*

lectura   *reading* (n.) *(5)*
leer   *to read (1)*
lejos   *far (6)*
levantar   *to lift, raise;*
levantar pesas   *to lift weights (7);*
levantarse   *to get up (5)*
libra   *pound* (weight) *(4)*
libre   *free, unoccupied (1);*
tiempo libre   *free time (1)*
libro   *book (PP)*
limpiar   *to clean (3)*
limpio(a)   *clean* (adj.) *(3)*
línea   *line (9)*
literatura   *literature (5)*
litro   *liter (4)*
llamar   *to call;*

llamarse   *to be called (1)*
llave (f.)   *key (2)*
llegada   *arrival (1)*
llegar   *to arrive (2)*
llevar   *to wear (3); to take;*
llevarse bien (mal)   *to get along well (poorly) with someone (9)*
llover (ue)   *to rain (7)*
lluvia   *rain* (n.) *(7)*
lucir   *to show off (6)*
luego   *then, next, later (5)*
lugar (m.)   *place (9)*
lujoso(a)   *luxurious (8)*
lunar: con lunares   *polka-dotted (8)*
lunes (m.)   *Monday (2)*

M

madrastra   *stepmother (3)*
madre (f.)   *mother (1)*
madrina   *godmother (3)*
madrugada   *dawn, early morning (5)*
maestro(a)   *teacher (5)*
maíz (m.)   *corn (4)*
majestuoso(a)   *majestic (7)*
mal(o)(a)   *bad, poorly (1)*
mamá   *mom (1)*
mamífero(a)   *mammal (6)*
mañana   *tomorrow; morning (2);*
de la mañana   *A.M. (2);*
esta mañana   *this morning (5);*
por la mañana   *in the morning (5)*
mandado   *errand (3)*
manera   *way, manner (1)*
mano (f.)   *hand (5)*
mantener   *to maintain (3)*
mantequilla   *butter (4)*
manzana   *apple (4)*
mapa (m.)   *map (PP)*
maquillarse   *to put on make-up (5)*
maracas   *maracas (8)*
mareado(a)   *dizzy, nauseated (6)*
margarina   *margarine (4)*
marino: azul marino   *navy blue (8)*
mariscos   *shellfish, seafood (4)*
marrón   *brown (8)*
martes (m.)   *Tuesday (2)*
más… que   *more . . . than (3)*
matemáticas   *mathematics (5)*
materno(a)   *maternal (3)*

matrimonio   *marriage (3)*
mayonesa   *mayonnaise (4)*
mayor   *older, elderly (3)*
mayoría   *majority (1)*
mediano(a)   *medium, average (3)*
medianoche (f.)   *midnight (2)*
medicina   *medicine (5)*
médico   *doctor, physician (5)*
medio(a)   *half;*
medio(a) hermano(a)   *half brother/half sister (3)*
mediodía (m.)   *noon, midday (2)*
mejor   *better (3);*
a lo mejor   *maybe (7)*
mencionar   *to mention (4)*
menor   *younger (3)*
menos… que   *less . . . than (3)*
menú (m.)   *menu (4)*
mercado   *market (4)*
merendar (ie)   *to have a snack (4)*
merienda   *snack, snack time (4)*
mermelada   *marmalade (4)*
mes (m.)   *month (2)*
mesa   *table; teacher's desk (PP)*
mesita   *coffee table, end table (3);*
mesita de noche   *night table (3)*
metro   *subway (6)*
mi(s)   *my (1)*
mí   *me;*
mí mismo(a)   *myself (5)*
miedo: tener miedo   *to be afraid/scared (4)*
miembro   *member (3)*

mientras   *while (4)*
miércoles (m.)   *Wednesday (2)*
ministro(a)   *minister (9)*
minoría   *minority (9)*
mirar   *to watch, to look (1)*
mismo(a)   *same/self;*
allí mismo   *right there (6);*
mí mismo(a)   *myself (5)*
mochila   *book bag, backpack (PP)*
moda   *fashion (8)*
moderno(a)   *modern (3)*
molestar   *to bother, to irritate (9)*
molido(a)   *ground, crushed (4)*
monasterio   *monastery (2)*
monja   *nun (7)*
montaña   *mountain (7)*
montar   *to climb (7); to set up (9);*
montar a caballo   *to go horseback riding (7)*
morado(a)   *purple (8)*
morirse (ue, u)   *to die (9)*
mostrar (ue)   *to show (8)*
mucho(a)   *much, a lot, many (1);*
muchas veces   *frequently (7)*
muebles (m.)   *furniture (3)*
mujer (f.)   *woman (5);*
mujer de negocios   *businesswoman (5)*
multinacional   *multinational (5)*
multiplicar   *to multiply (7)*
mundo   *world (1)*
museo   *museum (2)*
música   *music (1)*

N

nacer   *to be born (1)*
nacimiento   *birth (3)*
nada   *nothing, (not) anything (7);*
  de nada   *you're welcome (1)*
nadar   *to swim (7)*
nadie   *nobody, no one (7)*
naranja   *orange (n.) (4)*
nariz (f.)   *nose (6)*
náusea   *nausea (6)*
Navidad (f.)   *Christmas (7)*
necesario(a)   *necessary (9)*
necesitar   *to need (4)*
negocios   *business (5)*

negro(a)   *black (3)*
nervioso(a)   *nervous (1)*
nevar (ie)   *to snow (7)*
nevera   *refrigerator (3)*
nieto(a)   *grandson/granddaughter (3)*
nieve (f.)   *snow* (n.) *(7)*
ningún (ninguno/ninguna)   *none, not any, not a single one (7)*
nivel (m.)   *level (5)*
noche (f.)   *night (1);*
  de la noche   *P.M. (2);*
  por la noche   *at night (5)*
nombre (m.)   *name (1);*

nombre de pila   *first name (1)*
nota   *grade (5)*
notable   *very good* (grade) *(5)*
noticias   *news (3)*
novela   *novel (1)*
noveno(a)   *ninth (8)*
novio(a)   *boyfriend/girlfriend (3)*
nublado(a)   *cloudy (7)*
nuestro(a)(s)   *our (1)*
nuevo(a)   *new (3)*
número   *number (1); size* (shoes) *(8)*
nunca   *never;*
  casi nunca   *almost never (7)*

O

o   *or (1)*
obra   *work (2)*
obra (de teatro)   *play, drama (7)*
obtenible   *obtainable (3)*
octavo(a)   *eighth (8)*
ocupado(a)   *busy (1)*
ocupar   *to check in* (at a hotel); *to occupy (2)*
ocurrir   *to happen, to occur (7)*
oficial   *official (3)*
oficina   *office (1);*

oficina de turismo   *tourism information office (6)*
oficio   *occupation, trade (5)*
ofrecer   *to offer (4)*
oído   *inner ear (6)*
oiga   *excuse me* (to get someone's attention) *(6)*
oír   *to hear (4)*
¡ojalá!   *I hope!, I wish! (9)*
ojo   *eye (3)*
onza   *ounce (4)*

oportunidad (f.)   *opportunity (5)*
optimista   *optimistic (3)*
opuesto(a)   *opposite (7)*
ordenado(a)   *neat (3)*
oreja   *ear (6)*
organizado(a)   *organized (5)*
orgulloso(a)   *proud (9)*
origen (m.)   *origin (6)*
oro   *gold (8)*
otoño   *fall, autumn (7)*

P

paciente (m., f.)   *patient (6)*
padecer   *to suffer* (from illness) *(9)*
padrastro   *stepfather (3)*
padre (m.)   *father (1);*
  padres (m.)   *parents (1)*
padrino   *godfather/godparent (3)*
paella   *rice dish with saffron, seafood, chicken (4)*
pagar   *to pay (for) (2)*
página   *page* (n.) *(PP)*
país (m.)   *country* (nation) *(3)*
pan (m.)   *bread (4);*
  pan tostado   *toast (4)*
panadería   *bakery (4)*
panecillo   *roll (4)*
pantalones (m.)   *pants, trousers;*
  pantalones cortos   *shorts (8)*
papa   *potato* (Latin America) *(4)*
papá (m.)   *dad (1)*
papel (m.)   *paper (PP); role (5)*
paquete (m.)   *package (4)*
para   *for, in order to (2)*
parada de autobuses   *bus stop (6)*
parador (m.)   *state hotel, inn (2)*
paraguas (m.)   *umbrella (8)*
parecer   *to seem, to think about (8)*
pareja   *couple* (n.) *(9)*
pariente (m.)   *relative (3)*
partida   *certificate* (of birth, marriage, etc.) *(3)*
partido   *game (1)*
pasa   *raisin (4)*
pasado(a)   *last (5)*
pasar   *to spend time (3); to happen (6);*
  pasarlo bien   *to have a good time (7)*
pasatiempo   *pastime, hobby (1)*
pasear   *to stroll (6)*
paseo: dar un paseo   *to take a walk (7)*
paso   *step (1)*

pasta dentífrica   *toothpaste (6)*
pastelería   *pastry shop (4)*
pastilla   *pill, tablet (6)*
patata   *potato* (Spain) *(4)*
paterno(a)   *paternal (3)*
patio   *courtyard (3)*
patriótico(a)   *patriotic (7)*
pecho   *chest (6)*
pedagogía   *education (5)*
pedido   *order, request* (n.) *(4);*
  hacer un pedido   *to place an order/request (4)*
pedir (i, i)   *to ask for, to order (3)*
peinarse   *to comb one's hair (5)*
película   *movie (1)*
pelo   *hair (3)*
pensar (ie)   *to plan; to think (2)*
pensión (f.)   *boardinghouse (2)*
peor   *worse (3)*
pequeño(a)   *small, little (3)*
perdón   *excuse me (2)*
perdone   *excuse me (6)*
perfume (m.)   *perfume (8)*
perfumería   *perfume shop/department (8)*
periódico   *newspaper (1)*
periodismo   *journalism (5)*
período   *period* (of time) *(2)*
permanente   *permanent (9)*
permiso   *permission (3)*
pero   *but* (conj.) *(1)*
personalidad (f.)   *personality (3)*
pesa: levantar pesas   *to lift weights (7)*
pesado(a)   *tiresome, annoying (3); heavy*
pescadería   *fish shop (4)*
pescado   *fish* (caught) *(4)*
pescar   *to fish (7)*
pésimo(a)   *terrible, awful (7)*
picadillo   *ground beef dish with olives and raisins (4)*

picante   *spicy, hot (4)*
picnic: ir de picnic   *to go on a picnic (7)*
pie (m.)   *foot (6);*
  ir a pie   *to go on foot (6)*
piel (f.)   *fur, leather, skin (8)*
pierna   *leg (6)*
pimienta   *black pepper (4)*
piña   *pineapple (4)*
piñata   *piñata (8)*
piscina   *swimming pool (2)*
piso   *floor* (level) *(2); apartment* (Spain) *(3)*
pizarra   *chalkboard (PP)*
pizza   *pizza (1)*
placer (m.)   *pleasure (1)*
plan (m.)   *plan (5)*
planta   *floor (8); plant* (n.) *(3);*
  planta baja   *ground floor (8)*
plata   *silver (8)*
plátano   *banana, plantain (4)*
plato   *dish, plate (3);*
  primer plato   *first course (4);*
  segundo plato   *second course (4)*
playa   *beach (7)*
plaza   *plaza, square (6)*
¡pobrecito(a)!   *poor thing! (7)*
población (f.)   *population (2)*
poco(a)   *(a) little, not much, few (1)*
poder (ue)   *to be able, can (2)*
poeta/poetisa   *poet (7)*
político(a)   *political;*
  ciencia política   *political science (5)*
pollo   *chicken (4)*
poner   *to put; to turn on; to set* (the table) *(3);*
  ponerse   *to put on (5)*
por   *for, by, through (1);*
  por costumbre   *customarily (6)*
  por favor   *please (PP);*
  por fin   *finally (5);*

por la mañana   *in the morning (5);*
por la noche   *at night (5);*
por la tarde   *in the afternoon (5);*
¿por qué?   *why? (1)*
porque   *because (1)*
posible   *possible (9)*
postre (m.)   *dessert (3)*
practicar   *to practice; to play (a sport) (5)*
precio   *price* (n.) *(2)*
preferible   *preferable (9)*
preferido(a)   *favorite (4)*
preferir (ie, i)   *to prefer (3)*
pregunta   *question* (n.) *(1)*
preguntar   *to ask (PP)*
prenda (de vestir)   *article of clothing (8)*
preocupado(a)   *worried, concerned (1)*

preocuparse   *to worry (9)*
preparar   *to prepare (3)*
presentar   *to present, to introduce (7)*
préstamo   *loan* (n.) *(9)*
primavera   *spring* (season) *(7)*
primero(a)   *first (2);*
   primer plato   *first course (4)*
primo(a)   *cousin (3)*
prisa: tener prisa   *to be in a hurry (4)*
privado(a)   *private (2)*
probador (m.)   *dressing room (8)*
probar (ue)   *to taste, to try (4);*
   probarse (ue)   *to try on (8)*
productos lácteos   *dairy products (4)*
profesión (f.)   *profession (5)*
profesor(a)   *professor/teacher (PP)*

programa (m.)   *program, show (1)*
prohibir   *to forbid, to prohibit (9)*
promover   *to promote (7)*
pronto   *soon (1)*
propina   *tip (4)*
propio(a)   *own, one's own (7)*
próximo(a)   *next (7)*
prueba   *quiz* (n.) *(9)*
pueblo   *(group of) people (1); town (6)*
puerta   *door (1)*
puesto   *booth (4); job, position (9)*
pulguero   *flea market (8)*
pulmón (m.)   *lung (6)*
punto   *point, dot (1); stitch (6)*
pupitre (m.)   *student desk (PP)*

Q

¿qué?   *what? (1)*
quedar   *to fit (8);*
   quedarse   *to stay, to remain (7)*
quehaceres (m.)   *household chores (3)*
quemadura del sol   *sunburn (6)*

quemarse   *to get burned (6)*
querer (ie)   *to want (2);*
   querer decir   *to mean (PP)*
queso   *cheese (4)*
¿quién(es)?   *who? (1)*

quinto(a)   *fifth (2)*
quitarse   *to take off (5)*
quizás   *perhaps, maybe (5)*

R

rabino   *rabbi (9)*
radio (f.)   *radio (1)*
radiografía   *x-ray (6)*
rato   *a while (4)*
rayas: de rayas   *striped (8)*
razonable   *reasonable (2)*
rebajado(a)   *on sale, reduced (8)*
receta   *recipe (1); prescription (6)*
recetar   *to prescribe (6)*
recibir   *to receive (7)*
recinto universitario   *university campus (5)*
recomendar (ie)   *to recommend (4)*
recursos   *resources (3)*
refrán (m.)   *saying, proverb (9)*

refresco   *(soft) drink (1)*
refrigerador (m.)   *refrigerator (3)*
regalo   *present, gift (7)*
regatear   *to bargain, to haggle* (over a price) *(8)*
regla   *rule (3); ruler*
regresar   *to return (2)*
regular   *average, so-so (5)*
religioso(a)   *religious (7)*
reloj (m.)   *clock (PP); wristwatch (8)*
relojería   *watch shop, department (8)*
repetir   *to repeat (PP)*
reservación (f.)   *reservation (2)*
resfriado: estar resfriado(a)   *to have a cold (6)*
residencia   *residence, dormitory (1)*

respuesta   *response, answer* (n.) *(1)*
restar   *to subtract (7)*
restaurante (m.)   *restaurant (1)*
reunirse   *to get together; to reunite (7)*
revista   *magazine (1)*
revuelto(a)   *scrambled (4)*
rodilla   *knee (6)*
rojo(a)   *red (3)*
romper   *to break (9)*
ropa   *clothes (3)*
rosado(a)   *pink (8)*
roto(a)   *broken (3)*
rubio(a)   *blond(e) (3)*

S

sábado   *Saturday (2)*
saber   *to know* (information) *(3)*
sabiduría   *wisdom (9)*
sabroso(a)   *delicious (7)*
sacar   *to get a grade; to take out (5);*
   sacarle   *to take (6)*
saco   *jacket, sports coat (8)*
sal (f.)   *salt (4)*
sala   *room; living room (3);*
   sala de clase   *classroom (PP)*
salida   *departure (2); exit*
salir   *to leave, to go out* (on a social occasion) *(2);*
salir bien (mal)   *to do well (poorly) (9)*
Salón (m.) de la Fama   *Hall of Fame (7)*
salsa   *sauce (4)*
saludar   *to greet (4)*
saludo   *greeting (1)*
sandalia   *sandal (8)*
sarape (m.)   *poncho (8)*
sazonar   *to season (4)*
seco(a)   *dry (9)*
sed: tener sed   *to be thirsty (4)*
seda   *silk (8)*
seguir (i, i)   *to follow, to continue (3)*

según   *according to (3)*
segundo(a)   *second (2);*
   segundo plato   *second course (4)*
seguro(a)   *safe (1); sure (5)*
sello   *(postage) stamp (6)*
semana   *week (2);*
   fin (m.) de semana   *weekend (5)*
semana laboral   *work week (1)*
sencillo(a)   *simple;*
   habitación (f.) sencilla   *single room (2)*
sentir (ie, i)   *to feel (6); to regret, to be sorry (9)*
señor (Sr.) (m.)   *Mr. (1)*
señora (Sra.)   *Mrs. (1)*
señorita (Srta.)   *Miss (1)*
separado(a)   *separated (9)*
séptimo(a)   *seventh (8)*
ser   *to be (1)*
serio(a)   *serious (3)*
servicial   *attentive, helpful (6)*
servilleta   *napkin (4)*
servir (i, i)   *to serve (3)*
sexto(a)   *sixth (8)*
sicología   *psychology (5)*
sicólogo(a)   *psychologist (5)*
siesta   *nap* (n.) *(9)*

siglo   *century (2)*
significado   *meaning (5)*
silla   *chair (PP)*
sillón (m.)   *easy chair (3)*
simpático(a)   *nice (3)*
sin embargo   *however, nevertheless (1)*
sino   *but* (conj.) *(5)*
sistema (m.)   *system (1)*
sobremesa   *after-dinner conversation (4)*
sobrenatural   *supernatural (9)*
sobresaliente   *outstanding (5)*
sobretodo   *above all (5)*
sobrino(a)   *nephew/niece (3)*
sofá (m.)   *sofa (3)*
sol (m.)   *sun (6)*
solamente (sólo)   *only (2)*
soltero(a)   *single* (unmarried) *(1)*
sopa   *soup (4)*
sorprendente   *surprising (5)*
sorprender   *to surprise (9)*
sospechoso(a)   *suspicious (8)*
sótano   *basement (8)*
su(s)   *his, her, their, your (1)*
sucio(a)   *dirty (3)*
sudadera   *sweatshirt (8)*

sueño: tener sueño   *to be sleepy (4)*
suerte (f.)   *luck (7)*

T

taciturno(a)   *taciturn (5)*
taco   *taco (1)*
talla   *size* (clothing) *(8)*
tamaño   *size (8)*
tampoco   *neither (5)*
tan... como   *as . . . as (3)*
tanto(a)(s)... como   *as much (many) . . . as (3)*
tarde (f.)   *afternoon;*
   de la tarde   P.M. *(2);*
   esta tarde   *this afternoon (5);*
   por la tarde   *in the afternoon (5)*
tarjeta   *card (2);*
   tarjeta de crédito   *credit card (2);*
   tarjeta postal   *postcard (6)*
taxi (m.)   *taxi (6)*
taza   *cup (4)*
té (m.)   *tea (1)*
teatro   *theater (7)*
técnico(a)   *technical (4)*
teléfono   *telephone (1)*
televisión (f.)   *television (1)*
televisor (m.)   *T.V. set (3)*
tema (m.)   *topic, subject (1)*
temperatura   *temperature (7)*
temporal   *temporary (9)*
temprano   *early (3)*
tenedor (m.)   *fork (4)*

tener   *to have (1);*
   tener calor   *to be hot/warm (4);*
   tener cuidado   *to be careful (6);*
   tener frío   *to be cold (4);*
   tener ganas de (+ inf.)   *to feel like* (doing something) *(4);*
   tener hambre   *to be hungry (4);*
   tener miedo   *to be afraid/scared (4);*
   tener prisa   *to be in a hurry (4);*
   tener (ie) que (+ inf.)   *to have to* (do something) *(3);*
   tener razón   *to be right (9);*
   tener sed   *to be thirsty (4);*
   tener sueño   *to be sleepy (4)*
tenis (m.)   *tennis (1)*
tercer(o)(a)   *third (2)*
terminar   *to end, to finish, to be over (5)*
tiempo   *time, weather (1);*
   tiempo libre   *free time (1)*
tienda   *store* (n.) *(8);*
   tienda de comestibles   *grocery store (4)*
tierra   *land* (n.) *(7)*
tímido(a)   *shy (3)*
tina   *bathtub (3)*
tío(a)   *uncle/aunt (3)*
tiza   *chalk (PP)*
tobillo   *ankle (6)*

suéter (m.)   *sweater (8)*
suficiente   *enough (9)*

universidad (f.)   *university (1)*
útil   *useful (4)*
uva   *grape (4)*

verano   *summer (7)*
verdad (f.)   *truth (9)*
verde   *green (3)*
verdura   *vegetable (4)*
vestido   *dress* (n.) *(8)*
vestirse (i, i)   *to get dressed (5)*
vez (f.)   *time (7);*
   a veces   *sometimes (7);*
   de vez en cuando   *from time to time (7)*
viajar   *to travel (2)*
viaje (m.)   *trip (2)*
viejo(a)   *old (3)*
viento   *wind (7)*
viernes (m.)   *Friday (2)*

supermercado   *supermarket (4)*
suspendido   *failing grade (5)*

tocar   *to play* (a musical instrument); *to touch (5)*
todo   *all, everything (4);*
   todos los días   *every day (1)*
tomar   *to take; to drink (1);*
   tomar el sol   *to sunbathe (7);*
   tomar lugar   *to take place (4)*
tomate (m.)   *tomato (4)*
torcer   *to twist (6)*
torta   *cake (4)*
tortilla   *omelet* (Spain/Cuba) *(3); flour tortilla* (Central America/Mexico) *(4)*
tos (f.)   *cough (6)*
tostado(a)   *toasted;*
   pan tostado   *toast (6)*
tour (m.)   *tour (2)*
trabajar   *to work (1)*
trabajo   *work* (n.) *(5)*
tradicional   *traditional (3)*
traer   *to bring (3)*
traje (m.)   *suit; dress (8);*
   traje de baño   *bathing suit (8)*
transición   *transition (5)*
tratar de   *to try to (9)*
tren (m.)   *train (2)*
triste   *sad (1)*
tropical   *tropical (7)*
tu(s)   *your (1)*

U

u   *or (3)*
último(a)   *last (5)*
un poco de   *a little of (1)*

V

vacaciones (f.)   *vacation (7)*
valer   *to be worth (2)*
vaqueros   *jeans (8)*
variado(a)   *varied (4)*
variar   *to vary (5)*
variedad (f.)   *variety (3)*
vaso   *(drinking) glass (4)*
vecino(a)   *neighbor (1)*
vela   *candle (7)*
velorio   *wake, vigil (9)*
vendedor(a)   *salesman (woman) (5)*
venir (ie)   *to come (3)*
ventana   *window (PP)*
ver   *to see (3)*

villancico   *Christmas carol (7)*
vino   *wine (4)*
virus (m.)   *virus (6)*
visitar   *to visit (3)*
vitamina   *vitamin (9)*
viudo(a)   *widower/widow (3)*
vivir   *to live (1)*
vóleibol (m.)   *volleyball (7)*
volver (ue)   *to return (3)*
vuelo   *airplane flight (2)*
vuelta: de ida y vuelta   *round-trip (2)*
vuestro(a)(s)   *your (1)*

Y

y   *and (1)*
ya que   *given that, since (4)*

yeso   *cast (6)*
yogur (m.)   *yogurt (4)*

Z

zapato   *shoe (8)*

zona   *zone (7)*

Vocabulario

The vocabulary found in both the Spanish-English and English-Spanish sections contains all words from the end-of-chapter vocabularies (except certain expressions from the **Expresiones útiles**) and some terms from the cultural readings. The meanings provided in this glossary, however, are limited to those used in the contexts of this textbook. Genders of nouns are given only if they are an exception to the **-o** and **-a** endings. The number of the chapter where the vocabulary word or expression first appears is indicated in parentheses after the definition. Spelling changes in stem-changing verbs are indicated in parentheses after the verb given, where appropriate.

The following abbreviations are used in this glossary:

adj.	adjective	**m.**	masculine
conj.	conjunction	**n.**	noun
f.	feminine	**PP**	paso preliminar
form.	formal	**pl.**	plural
inf.	infinitive	**sing.**	singular
inform.	informal	**v.**	verb

A

A.M. *de la mañana (2)*
about (around) *alrededor de (2)*
above: above all *sobretodo (5)*
abroad *extranjero (6)*
abundant *abundante (7)*
accept *aceptar (2)*
according to *según (3)*
ache *(n.) dolor* (m.) *(6)*
act *(v.) actuar (3)*
activity *actividad* (f.) *(1)*
add *agregar (7);*
  to add on *añadir (3)*
addition: in addition *además (5);*
  in addition to *aparte de (4)*
address *(n.) dirección* (f.) *(1)*
advise *aconsejar (9)*
affectionate *cariñoso(a) (3)*
afraid: to be afraid *tener miedo (4)*
after *después de (5);*
  after-dinner conversation *sobremesa (4)*
afternoon *tarde* (f.);
  in the afternoon *por la tarde (5);*
  this afternoon *esta tarde (5)*
afterwards *después (5)*
agree *estar de acuerdo (5)*
ahead: straight ahead *derecho (3)*

airplane *avión* (m.) *(2)*
algebra *álgebra* (m.) *(5)*
all *todo (4)*
alligator *caimán* (m.) *(7)*
almost *casi;*
  almost never *casi nunca (7)*
alphabet *abecedario (1)*
although *aunque (1)*
amenity *amenidad* (f.) *(2)*
among *entre (3)*
ancient *antiguo(a) (3)*
and *y (1)*
anger *(v.) enfadar (9)*
angry *enojado(a) (1)*
ankle *tobillo (6)*
annoying *pesado(a) (3)*
answer *(n.) respuesta (1)*
answer *(v.) contestar (1)*
antibiotic *antibiótico (6)*
anything *algo (4)*
apartment *apartamento (1); departamento* (Mexico) *(3); piso* (Spain) *(3)*
appearance *apariencia (8)*
apple *manzana (4)*
appropriate *apropiado(a) (8)*
architecture *arquitectura (6)*

arm *(n.) brazo (6)*
around *alrededor de (2)*
arrival *llegada (1)*
arrive *llegar (2)*
art *arte* (m.) *(5);*
  arts and crafts *artesanía (8)*
article *artículo (6);*
  article of clothing *prenda (de vestir) (8)*
as much (many) . . . as *tanto(a)(s)... como (3)*
aside from *aparte de (4)*
ask *preguntar (PP);*
  ask for *pedir (i, i) (3)*
asleep: to fall asleep *dormirse (ue, u) (5)*
aspirin *aspirina (6)*
at *a*
attend *(classes, etc.) asistir a (1)*
attendance *asistencia (5)*
attentive, helpful *servicial (6)*
attorney *abogado(a) (5)*
aunt *tía (3)*
autumn *fall* (season) *(7)*
avenue *avenida (6)*
average *(adj.) regular (5)*
awful *pésimo(a) (7)*

B

baby *(n.) bebé* (m., f.) *(9)*
back *(a part of the body) espalda (6)*
bad *mal(o)(a) (1)*
bag *(n.) bolsa (4)*
baked *asado(a) (4)*
bakery *panadería (4)*
balanced *balanceado(a) (9)*
bald *calvo(a) (3)*
banana *plátano, banana (4)*
bank *banco (2)*
baptism *bautizo (3)*
bar *barra (1)*
bargain *(n.) ganga (8)*
bargain *(v.) regatear (8)*
baseball *béisbol* (m.) *(7)*
based: to be based *basarse (1)*
basement *sótano (8)*
basketball *básquetbol* (m.) *(1)*
bath(room) *baño (2)*
bath: to take a bath *bañarse (5)*
bathe *bañarse (5)*
bathing suit *traje* (m.) *de baño (8)*

bathroom sink *lavabo (3)*
bathtub *bañadera, tina (3)*
be *estar, ser (1)*
be able *poder* (ue) *(2)*
beach *(n.) playa (7)*
beans *frijoles* (m.) *(4)*
beard *barba (3)*
beautiful *hermoso(a) (6)*
because *porque (1)*
bed *cama (2);*
  to go to bed *acostarse* (ue) *(5);*
  to make the bed *hacer la cama (3)*
bedroom *dormitorio (3)*
beef *carne* (f.) *de res (4)*
beer *cerveza (4)*
before *antes de (5)*
begin (to) *empezar* (ie) *(a + inf.) (5)*
behind *detrás de (3)*
beige *beige (8)*
believe *creer (9)*
belt *(n.) cinturón* (m.) *(8)*
bench *(park) banco (6)*

better *mejor (3)*
between *entre (3)*
big *gran(de) (3)*
bill *(n.) cuenta (2)*
biology *biología (5)*
birth *nacimiento (3)*
black *negro(a) (3);*
  black pepper *pimienta (4)*
block *(street) cuadra (6)*
blond(e) *rubio(a) (3)*
blouse *blusa (8)*
blue *azul (3);*
  navy blue *azul marino (8)*
boardinghouse *pensión* (f.) *(2)*
body *cuerpo (6)*
book *libro (PP);*
  book bag *mochila (PP)*
boot *(n.) bota (8)*
booth *puesto (4)*
boring *aburrido(a) (5)*
born: to be born *nacer (1)*
botany *botánica (3)*

bother *(v.)* *molestar (9)*
bottle *(n.)* *botella (4)*
boy *chico (3)*
boyfriend *novio (3)*
bracelet *brazalete* (m.) *(8)*
bread *pan* (m.) *(4)*
break *(v.)* *romper (9)*
breakfast *(n.)* *desayuno (3);*
   to eat breakfast *desayunar (5)*
bring *traer (3)*
broccoli *bróculi* (m.) *(4)*

broken *roto(a) (3)*
brother *hermano (1);*
   half brother *medio hermano (3)*
brown *marrón (8);*
   brown *(hair, eyes)* *castaño(a) (3)*
build *(v.)* *construir (6)*
bulge *bulto (8)*
bus *(n.)* *autobús* (m.) *(2);*
   bus stop *parada de autobuses (6)*
business *comercio, negocios (5);*
   business district *centro comercial (6);*

businessman *hombre de negocios (5);*
businesswoman *mujer de negocios (5);*
   to do business *comerciar (6)*
busy *ocupado(a) (1)*
but *(conj.)* *pero (1); sino (5)*
butcher shop *carnicería (4)*
butter *mantequilla (4)*
buy *comprar (3)*
by *por (1)*

C

cake *torta (4)*
calculus *cálculo (5)*
calendar *calendario (PP)*
call *llamar;*
   to be called *llamarse (1)*
camping: to go camping *acampar (7)*
can *(v.)* *poder (ue) (2)*
candle *vela (7)*
cap *gorra (8)*
card *tarjeta (2);*
   credit card *tarjeta de crédito (2);*
   playing cards *cartas (7);*
   postcard *tarjeta postal (6)*
care: to take care of *cuidar;*
   to take care of oneself *cuidarse (9)*
careful: to be careful *tener cuidado (6)*
cash *(dinero) en efectivo (2)*
cassette (tape) *casete* (m.) *(PP)*
cast *yeso (6)*
castle *castillo (2)*
cathedral *catedral* (f.) *(6)*
Catholic *(adj.)* *católico(a) (3)*
celebrate *celebrar (7)*
celebration *celebración* (f.) *(3)*
center *(n.)* *centro (2);*
   shopping center *centro comercial (6)*
century *siglo (2)*
ceramics *cerámica (8)*
cereal *cereal* (m.) *(4)*
ceremony *ceremonia (9)*
certificate *certificado (3);*
   certificate *(of birth, marriage, etc.)*
     partida (3)
chain *(n.)* *cadena (8)*
chair *silla (PP);*
   easy chair *sillón* (m.) *(3)*
chalk *tiza (PP)*
chalkboard *pizarra (PC)*
change *(n.)* *cambio (6)*
character *carácter* (m.) *(3)*
check *cheque* (m.);
   check *(in restaurant)* *(n.)* *cuenta (2);*
   to check in *(at a hotel)* *ocupar (2);*
   traveler's check *cheque de viajero(a) (2)*
cheese *queso (4)*
chest *pecho (6);*
   chest of drawers *cómoda (3)*
chicken *pollo (4)*

children *hijos (1)*
chop *(pork, etc.)* *chuleta (4)*
chores *(household)* *quehaceres* (m.) *(3)*
Christmas *Navidad* (f.) *(7);*
   Christmas carol *villancico (7)*
church *iglesia (6)*
cinema *cine* (m.) *(7)*
city *ciudad* (f.) *(4)*
civilization *civilización* (f.) *(1)*
class *clase* (f.) *(PP);*
   lower class *clase baja (1);*
   middle class *clase media (1);*
   upper class *clase alta (1)*
classify *clasificar (8)*
classmate *compañero(a) (de clase) (1)*
classroom *sala de clase (PP)*
clean *(adj.)* *limpio(a) (3)*
clean *(v.)* *limpiar (3)*
clear *(weather)* *despejado(a) (7)*
clerk *dependiente* (m., f.) *(5)*
client *cliente* (m., f.) *(3)*
climate *clima* (m.) *(3)*
climb *montar (7)*
clinic *(medical)* *clínica (6)*
clock *reloj* (m.) *(PP)*
close *(adj.)*: **close friend** *amigo(a) íntimo(a) (3)*
close *(v.)* *cerrar (ie) (2)*
closet *clóset* (m.) *(3)*
clothes *ropa (3)*
clothing: article of clothing *prenda (de vestir) (8)*
cloudy *nublado(a) (7)*
coat *(n.)* *abrigo (8)*
coffee *café* (m.) *(1);*
   coffee table *mesita (3)*
cold *frío(a) (7);*
   to be cold *tener frío (4);*
   to have a cold *estar resfriado (6)*
cold *(illness)* *(n.)* *catarro (6)*
collect *coleccionar (1)*
color *(n.)* *color* (m.) *(8)*
Columbus Day *Día de la Raza (7)*
comb: to comb one's hair *peinarse (5)*
come *venir (ie) (3)*
comfortable *cómodo(a) (8)*
commitment *compromiso (9)*
common *común (2)*
compact disk (CD) *disco compacto (PP)*

company *compañía (5)*
complete *completo(a) (2)*
complicated *complicado(a) (2)*
composer *compositor(a) (7)*
composition *composición* (f.) *(1)*
computer *computadora (1);*
   computer science *informática (5)*
concept *concepto (1)*
concerned *preocupado(a) (1)*
concert *concierto (1)*
conclude *concluir (5)*
condiment *condimento (4)*
condominium *condominio (1)*
consist (of) *consistir (de/en) (2)*
convenient *conveniente (3)*
convert *(v.)* *convertir (2)*
cook *(v.)* *cocinar (3)*
cooked *cocinado(a) (6)*
cookie *galleta (4)*
cool *(weather)* *fresco(a) (7)*
coriander *culantro (4)*
corn *maíz* (m.) *(4)*
corner *(street)* *esquina (6)*
cost *(v.)* *costar (ue) (2)*
cotton *algodón* (m.) *(8)*
cough *tos* (f.) *(6);*
   (cough) syrup *jarabe* (m.) *(para la tos) (6)*
counselor *consejero(a) (9)*
count *(v.)* *contar (2)*
country (nation) *país* (m.) *(3)*
country(side) *campo (7)*
couple *(n.)* *pareja (9)*
course: first course *primer plato (4);*
   second course *segundo plato (4)*
courtyard *patio (3)*
cousin *primo(a) (3)*
cracker *galleta (4)*
crafts: arts and crafts *artesanía (8)*
cream *crema (4)*
credit card *tarjeta de crédito (2)*
crusade *cruzada (5)*
cup *taza (4)*
custard *flan* (m.) *(4)*
custom *costumbre* (f.) *(4)*
customarily *por costumbre (6)*
customer *cliente* (m., f.) *(3)*
cut *(v.)* *cortar (3)*
cutlet *chuleta (4)*

D

dad *papá* (m.) *(1)*
daily *cotidiano(a) (9)*
dairy *lechería (4);*
   dairy products *productos lácteos (4)*

dance *(v.)* *bailar (7)*
date *(appointment)* *cita (9);*
   date *(calendar)* *fecha (2);*
   date *(person)* *(n.)* *compañero(a) (9)*

daughter *hija (1)*
dawn *madrugada (5)*
day *día* (m.) *(2);*
   Columbus Day *Día de la Raza (7);*

every day   *todos los días (1);*
   Independence Day   *Día de la Independencia (7)*
decorate   *decorar (7)*
deficient   *deficiente (5)*
degree   *grado (7)*
delicious   *sabroso(a) (7)*
delighted   *encantado(a) (9)*
demanding   *exigente (5)*
department: department store   *gran almacén (m.) (8);*
  jewelry department   *joyería (8);*
  perfume department   *perfumería (8);*
  watch department   *relojería (8)*
departure   *salida (2)*
depend (on + *noun*)   *depender (de + noun) (4)*
depressed   *deprimido(a) (9)*
depression   *depresión (f.) (7)*
designer   *diseñador(a) (8)*
desk: student's desk   *pupitre (m.) (PP);*
  teacher's desk   *mesa (PP)*
dessert   *postre* (m.) *(3)*
develop   *desarrollar (2)*

E

each   *cada (7)*
ear   *oreja (6);*
  inner ear   *oído (6)*
early   *temprano (3);*
  early morning   *madrugada (5)*
earrings   *aretes (m.) (8)*
easy   *fácil (5);*
  easy chair   *sillón (m.) (3)*
eat   *comer (1), alimentarse (9);*
  to eat breakfast   *desayunar (4);*
  to eat dinner   *cenar (3);*
  to eat lunch   *almorzar (ue) (4)*
economics   *economía (5)*
education   *pedagogía (5)*
egg   *huevo (4)*
eighth   *octavo(a) (8)*
elbow   *codo (6)*
elderly   *mayor (3)*
elective *(adj.)*   *electivo(a) (5)*
elementary (or secondary) school   *colegio (5)*

F

face (n.)   *cara (5)*
face (v.)   *enfrentar (9)*
fact (information)   *dato (1)*
failing grade   *suspendido (5)*
fall (season)   *otoño (7)*
fall asleep   *dormirse (ue, u) (5)*
fame   *fama (8);*
  Hall of Fame   *Salón (m.) de la Fama (7)*
family   *familia (1)*
far   *lejos (6)*
farmer   *agricultor(a) (5)*
fascinating   *fascinante (5)*
fashion   *moda (8);*
  fashion accessories   *complementos de moda (8)*
fat   *gordo(a) (3)*
father   *padre (m.) (1)*
favorite   *preferido(a) (4)*
feel (v.)   *sentirse (ie, i) (9);*
  to feel like (doing something)   *tener ganas de (+ inf.) (4)*

diarrhea   *diarrea (6)*
dictionary   *diccionario (PP)*
die   *morirse (ue, u) (9)*
different   *distinto(a) (4)*
difficult   *difícil (5)*
dining room   *comedor (m.) (3)*
dinner   *cena (3)*
dirty   *sucio(a) (3)*
disagreeable   *antipático(a) (3)*
disaster   *desastre (m.);*
  a disaster!   *¡fatal! (7)*
discount (n.)   *descuento (8)*
discouraged   *desanimado(a) (9)*
discover   *descubrir (5)*
dish (n.)   *plato (3)*
disorganized   *desorganizado(a) (5)*
district   *barrio (4);*
  business district   *centro comercial (6)*
divide   *dividir (7)*
divorced: to get divorced   *divorciarse (9)*
dizzy   *mareado(a) (6)*
do   *hacer (3);*
  to do business   *comerciar (6);*

end (n.)   *fin (m.);*
  weekend   *fin de semana (5);*
  end table   *mesita (3)*
end (v.)   *concluir, terminar (5)*
energy   *energía (9)*
engagement   *compromiso (9)*
engineer   *ingeniero(a) (5)*
engineering   *ingeniería (5)*
English   *inglés (m.) (1)*
enjoy   *disfrutar (de) (7)*
enough   *suficiente (9)*
entertainment, amusement   *diversión (f.) (1)*
Epiphany   *Día de los Reyes Magos (7)*
equator   *ecuador (7)*
eraser   *borrador (m.) (PP)*
errand   *mandado (3)*
etiquette   *etiqueta (4)*
event   *acontecimiento (9)*
every   *cada (7);*
  every day   *todos los días (1)*

festival   *festival (m.) (7)*
fever   *fiebre (f.) (6)*
few: a few   *poco(a) (1)*
fifth   *quinto(a) (2)*
finally   *por fin (5)*
find out   *enterarse (9)*
finger   *dedo (6)*
finish (v.)   *terminar (5)*
fire   *fuego (7)*
fireworks   *fuegos artificiales (7)*
first   *primer(o)(a) (2);*
  first course   *primer plato (4);*
  first name   *nombre de pila (1)*
fish (caught)   *pescado (4);*
  fish shop/department   *pescadería (4)*
fish (v.)   *pescar (7)*
fit (v.)   *quedar (8)*
flea market   *pulguero (8)*
flight (airplane)   *vuelo (2)*
flood   *inundación (f.) (6)*
floor (level)   *piso (2); planta (8);*

to do (physical) exercise   *hacer ejercicio (3);*
to do (something) for a living   *dedicarse a (1);*
to do well (poorly)   *salir bien (mal) (9)*
doctor (n.)   *doctor(a), médico (m.) (5)*
dollar   *dólar (m.) (6)*
door   *puerta (1)*
dormitory   *residencia (1)*
double   *doble (2);*
  double room (in hotel)   *habitación (f.) doble (2)*
doubt (v.)   *dudar (8)*
dozen   *docena (4)*
dress (n.)   *vestido (8);*
  to get dressed   *vestirse (i, i) (5)*
dressing (for salads)   *aderezo (4);*
  dressing room   *probador (m.) (8)*
dressy   *formal (8)*
drink (v.)   *tomar (1), beber (4)*
dry   *Seco(a) (9)*
due to   *debido a (8)*
dynamic   *dinámico(a) (5)*

everything   *todo (4)*
exact   *exacto(a) (2)*
exam   *examen (m.) (5)*
example   *ejemplo (3)*
exchange (v.)   *cambiar (6)*
exchange rate   *cambio (6)*
excited   *emocionado(a) (9)*
excuse me   *perdón (2), perdone (6); (to get someone's attention) oiga (6)*
exercise (n.)   *ejercicio (1);*
  to do (physical) exercise   *hacer ejercicio (3)*
exhausted   *agotado(a) (9)*
exhibit: to be on exhibit   *exhibir (7)*
exhibition   *exposición (f.) (7)*
expensive   *caro(a) (3)*
extend   *extender (ie) (8)*
extensive   *amplio(a) (3)*
eye   *ojo (3)*

ground floor   *planta baja (8)*
flower (n.)   *flor (f.) (3)*
flu   *gripe (f.) (6)*
folksong   *copla (5)*
follow   *seguir (i, i) (3)*
food   *comida (4)*
food, groceries   *comestibles (m.) (4)*
foot   *pie (m.) (6);*
  to go on foot   *ir a pie (6)*
football   *fútbol (m.) americano (1)*
for   *por/para (1)*
forbid   *prohibir (9)*
foreign   *extranjero(a) (5)*
fork   *tenedor (m.) (4)*
fountain   *fuente (f.) (6)*
fourth   *cuarto(a) (8)*
fracture   *fractura (6)*
free (unoccupied)   *libre (1);*
  free time   *tiempo libre (1)*
French (person) (n.)   *francés (m.) (1)*
frequently   *muchas veces (7)*

fresh   *fresco(a) (4)*
Friday   *viernes* (m.) *(2)*
fried   *frito(a) (4)*
friend   *amigo(a);*
   close friend   *amigo(a) íntimo(a) (3)*
friendly   *amable (3)*

fritter (fried dough)   *churro (4)*
from time to time   *de vez en cuando (7)*
fruit   *fruta (4)*
fun (to be with)   *divertido(a) (3)*
function   *función* (f.) *(2)*
funny   *divertido(a) (3)*

fur   *piel* (f.) *(8)*
furnished   *amueblado(a) (3)*
furniture   *muebles* (m.) *(3)*
future (n.)   *futuro (5)*

G

gallon   *galón* (m.) *(4)*
game   *partido (1)*
garage   *garaje* (m.) *(3)*
garlic   *ajo (4)*
genealogical   *genealógico(a) (3)*
geography   *geografía (7)*
German   *alemán* (m.) *(1)*
get: to get along well (poorly) with someone
   llevarse bien (mal) (9);
   to get burned   *quemarse (6);*
   to get divorced   *divorciarse (9);*
   to get dressed   *vestirse (i, i) (5);*
   to get engaged   *comprometerse (9);*
   to get married   *casarse (3);*
   to get sick   *enfermarse (7);*
   to get together   *reunirse (7);*
   to get up   *levantarse (5)*
gift   *regalo (7)*
girl   *chica (3)*
girlfriend   *novia (3)*
give   *dar (3)*
given that   *ya que (4)*
glass: drinking glass   *vaso;*
   wine glass   *copa (4)*
glove   *guante* (m.) *(8)*

go   *ir (2);*
   to go camping   *acampar (7);*
   to go hiking   *hacer caminatas (7);*
   to go horseback riding   *montar a caballo (7);*
   to go on a picnic   *ir de picnic (7);*
   to go on foot   *ir a pie (6);*
   to go shopping   *ir de compras (7);*
   to go to bed   *acostarse (ue) (5);*
   to go to graduate school   *hacer estudios de post-grado (5);*
   to go to the left of   *ir a la izquierda (de) (3);*
   to go window shopping   *ir de escaparates (7)*
godfather   *padrino (3)*
godmother   *madrina (3)*
godparents   *padrinos (3)*
gold   *oro (8)*
golf   *golf* (m.) *(7)*
good   *buen(o)(a) (3)*
good-bye   *adiós (1);*
   to say good-bye   *despedirse (i, i) (5)*
good-looking   *guapo(a) (3)*
government   *gobierno (1)*
grade (school letter grade)   *nota (5);*
   failing grade   *suspendido (5);*
   passing grade   *aprobado (5);*

   to get a grade (in school)   *sacar (5)*
graduate (v.)   *graduarse (5)*
gram   *gramo (4)*
grammar   *gramática (1)*
granddaughter   *nieta (3)*
grandfather   *abuelo (3)*
grandmother   *abuela (3)*
grandson   *nieto (3)*
grape   *uva (4)*
gray   *gris (3);*
   gray (hair)   *canoso(a) (3)*
great!   *¡estupendo! (1)*
green   *verde (3)*
greet   *saludar (4)*
greeting   *saludo (1)*
groceries   *comestibles* (m.) *(4)*
grocery store   *tienda de comestibles, bodega (4)*
ground (crushed) (adj.)   *molido(a) (4);*
   ground floor   *planta baja (8)*
group: musical group   *conjunto (7)*
grow   *crecer (4)*
gymnasium   *gimnasio (7)*

H

habit: to be in the habit of   *acostumbrar (4)*
haggle (over a price)   *regatear (8)*
hair   *pelo (3)*
half   *medio(a) (3);*
   half brother   *medio hermano (3);*
   half sister   *media hermana (3)*
Hall of Fame   *Salón* (m.) *de la Fama (7)*
ham   *jamón* (m.) *(4)*
hamburger   *hamburguesa (1)*
hand (n.)   *mano* (f.) *(5)*
handbag   *bolso (8)*
Hanukkah   *Jánuca (7)*
happen   *pasar (6); ocurrir (7)*
happy   *contento (1), alegre (9);*
   extremely happy   *contentísimo(a) (9);*
   to make happy   *alegrar (9)*
haute couture   *alta costura (8)*
have   *tener (1);*
   to have a cold   *estar resfriado(a) (6);*
   to have a good time   *divertirse (ie, i) (5), pasarlo bien (7);*
   to have a snack   *merendar (ie) (4);*

   to have just (done something)   *acabar de (+ inf.) (3);*
   to have to   *tener (ie) que (+ inf.) (3)*
head (n.)   *cabeza (6)*
hear   *oír (4)*
heart   *corazón* (m.) *(6)*
height   *altitud* (f.) *(6);*
   medium height   *de estatura mediana (3)*
hello   *hola (1)*
help (n.)   *ayuda (9)*
help (v.)   *atender (ie) (8), ayudar*
her   *su(s) (1)*
heritage   *herencia (3)*
hi   *hola (1)*
high school college-prep studies   *bachillerato (5)*
hiking: to go hiking   *hacer caminatas (7)*
his   *su(s) (1)*
history   *historia (5)*
hobby   *pasatiempo (1)*
holiday   *día festivo (7)*
horrible   *horrible (5)*

horse   *caballo;*
   to go horseback riding   *montar a caballo (7)*
host/hostess   *anfitrión/anfitriona (3)*
hostel, youth   *albergue* (m.) *juvenil (2)*
hot   *cálido(a)* (climate) *(8); caliente* (object) *(2); picante* (spicy) *(4);*
   to be hot (person)   *tener calor (4);*
   to be hot (weather)   *hacer calor (7)*
hotel   *hotel* (m.) *(2)*
house   *casa (3);*
   boardinghouse   *pensión* (f.) *(2)*
household chores   *quehaceres* (m.) *(3)*
housewife   *ama* (m.) *de casa (5)*
how?   *¿cómo? (1);*
   how many?   *¿cuántos(as)? (1);*
   how much?   *¿cuánto? (1)*
however   *sin embargo (1)*
hungry: to be hungry   *tener hambre (4)*
hurricane   *huracán* (m.) *(7)*
hurry: to be in a hurry   *tener prisa (4)*
hurt (v.)   *doler (ue) (6)*
husband   *esposo (1)*

I

I hope!   *¡ojalá! (9)*
ice cream   *helado (4)*
ice cube   *cubito de hielo (4)*
impossible   *imposible (9)*
impressive   *impresionante (6)*
in   *en (3);*
   in addition   *además (5);*

   in front of   *delante de (3);*
   in good (bad) condition   *en buenas (malas) condiciones (3);*
   in order to   *para (2);*
   in the afternoon   *por la tarde (5);*
   in the morning   *por la mañana (5)*
include   *incluir (2)*

included   *incluido(a) (4)*
independence: Independence Day   *Día de la Independencia (7)*
indicate   *indicar (2)*
indigenous   *indígena (1)*
inexpensive   *barato(a) (3)*
influence (v.)   *influir (7)*

ingredient *ingrediente* (m.) *(4)*
inhabitant *habitante (6)*
inheritance *herencia (3)*
inner ear *oído (6)*
insomnia *insomnio (9)*

insult *(v.) insultar (8)*
integrate *integrar (1)*
interest *(v.) interesar (5)*
interesting *interesante (5)*
internship *internado (9)*

interview *entrevista (9)*
introduced: to be introduced *conocer (3)*
irritate *molestar (9)*
island *isla (6)*

J

jacket *chaqueta (8);* (sports coat) *saco (8)*
jeans *vaqueros (8)*

jewelry shop/department *joyería (8)*
journalism *periodismo (5)*

juice *jugo (4)*

K

key *(n.) llave* (f.) *(2)*
kilo *(metric pound) kilo (4)*
kitchen *cocina (3);*

kitchen sink *fregadero (3)*
knee *rodilla (6)*
knife *(n.) cuchillo (4)*

know *(information) saber (6);*
to know *(someone) conocer (3)*

L

laboratory *laboratorio (5)*
lake *lago (6)*
lamp *lámpara (3)*
land *(n.) tierra (7)*
last *(adj.)* (past) *pasado(a) (5);* (final)
    último(a) (5);
    last night *anoche (5)*
last *(v.) durar (9)*
later *luego (5)*
law *(study of) derecho* (n.) *(5)*
lawn *césped* (m.) *(3)*
lawyer *abogado(a) (5)*
learn *aprender (1)*
leather *cuero, piel (8)*
leave *(go out) salir (2)*
lecture *(n.) conferencia (5)*
left *(adj.) izquierdo(a) (3);*
    to the left of *a la izquierda de (3)*

leg *pierna (6)*
less . . . than *menos… que (3)*
let *(allow) dejar (7)*
letter *carta (1)*
lettuce *lechuga (4)*
level *nivel* (m.) *(5)*
library *biblioteca (1)*
lift *(v.) levantar;*
    lift weights *levantar pesas (7)*
light *(v.) encender (ie) (7)*
like *(to be pleasing) (v.) gustar (4);*
    to like *(a lot) encantar (5)*
likewise *igualmente (1)*
line *línea (9)*
listen to *escuchar (1)*
liter *litro (4)*
literature *literatura (5)*
little *pequeño(a) (3);*

a little *un poco (1)*
live *(v.) vivir (1)*
living room *sala (3)*
loaf *(of bread) barra (4)*
loan *(n.) préstamo (9)*
lodge: to be lodged *alojarse (2)*
lodging *alojamiento (2)*
long *(adj.) largo(a) (3)*
look for *buscar (9)*
love *(v.) encantar, querer (ie) (8)*
low *(height) bajo(a) (3)*
lower class *clase baja (5)*
luck *suerte* (f.) *(7)*
lunch *(n.) almuerzo (3);*
    to eat lunch *almorzar (ue) (3)*
lung *pulmón* (m.) *(6)*
luxurious *de lujo (2), lujoso(a) (8)*

M

magazine *revista (1)*
majestic *Majestuoso(a) (7)*
major *(field of study)* (n.) *carrera (5)*
major *(in) (v.) especializarse (en) (5)*
majority *mayoría (1)*
make *hacer (2);*
    to make happy *alegrar (9);*
    to make the bed *hacer la cama (3)*
mammal *mamífero(a) (6)*
manager *gerente* (m., f.) *(5)*
man *hombre* (m.) *(5);*
    businessman *hombre de negocios (5)*
many *mucho(a) (1)*
map *(n.) mapa* (m.) *(PP)*
maracas *maracas (8)*
margarine *margarina (4)*
market *(n.) mercado (4)*
marmalade *mermelada (4)*
marriage *matrimonio (3)*
married *casado(a) (1);*
    to get married *casarse (3)*
maternal *materno(a) (3)*
mathematics *matemáticas (5)*
maybe *a lo mejor (7); quizás (9)*
mayonnaise *mayonesa (4)*

mean *(v.) querer decir (PP)*
meaning *significado (5)*
medicine *medicina (5)*
medium *mediano(a) (3);*
    medium height *de estatura mediana (3)*
meet *(someone) conocer (3)*
member *miembro (3)*
Menorah *candelabro (7)*
mention *mencionar (4)*
menu *menú* (m.) *(4)*
messy *desordenado(a) (3)*
middle: middle ages *edad media (3);*
    middle class *clase media (5)*
midnight *medianoche* (f.) *(2)*
milk *(n.) leche* (f.) *(4)*
minister *ministro(a) (9)*
minority *minoría (9)*
Miss *señorita (Srta.) (1)*
modern *moderno(a) (3)*
mom *mamá (1)*
monastery *monasterio (2)*
Monday *lunes* (m.) *(2)*
money *dinero (2)*
month *mes* (m.) *(2)*
mood *humor* (m.);

in a bad mood *de mal humor (1);*
in a good mood *de buen humor (1)*
more *más;*
    more . . . than *más… que (3);*
    what's more *además (5)*
morning *mañana (2);*
    in the morning *por la mañana (5);*
    this morning *esta mañana (5)*
mother *madre* (f.) *(1)*
mountain *montaña (7)*
moustache *bigotes (3)*
mouth *boca (6)*
movie *película (1);*
    movie theater *cine* (m.) *(7)*
Mr. *señor (Sr.)* (m.) *(1)*
Mrs. *señora (Sra.) (1)*
much *mucho(a) (1)*
multinational *multinacional (5)*
multiply *multiplicar (7)*
museum *museo (2)*
music *música (1)*
musical group *conjunto (7)*
my *mi(s) (1)*
myself *mí mismo(a) (5)*

N

name *nombre* (m.) *(1)*;
    last name *apellido (1)*
nap *(n.)* *siesta (9)*
napkin *servilleta (4)*
native *(adj.)* *indígena (1)*
nausea *náusea (6)*
nauseated *mareado(a) (6)*
navy blue *azul marino (8)*
near(by) *cerca de (3)*
neat *ordenado(a) (3)*
necessary *necesario(a) (9)*;
    it is necessary *(to do something)* *hay que (+ inf.) (3)*
neck *cuello (6)*
necklace *collar* (m.) *(8)*
necktie *corbata (8)*
need *(v.)* *necesitar (4)*
neighbor *vecino(a) (1)*

neighborhood *barrio (4)*
neither *tampoco (5)*
nephew *sobrino (3)*
nervous *nervioso(a) (1)*
never *nunca;*
    almost never *casi nunca (7)*
nevertheless *sin embargo (1)*
new *nuevo(a) (3)*
news *noticias (3)*
newspaper *periódico (1)*
next *luego (5); próximo(a) (7)*;
    next to *al lado de (3)*
nice *simpático(a) (3)*
niece *sobrina (3)*
night *noche* (f.) *(1)*;
    at night *por la noche (3)*;
    last night *anoche (5)*;
    night table *mesita de noche (3)*

ninth *noveno(a) (8)*
no one *nadie (7)*
nobody *nadie (7)*
none *ningún (ninguno/ninguna) (7)*
noon *mediodía* (m.) *(2)*
nose *nariz* (f.) *(6)*
not any *ningún (ninguno/ninguna) (7)*
not much *poco(a) (1)*
notebook *cuaderno (PP)*
nothing *nada (7)*
novel *novela (1)*
now *ahora (5)*
nowadays *hoy día (5)*
number *número (8)*
nun *monja (7)*
nurse *enfermero(a) (5)*

O

O.K. *Está bien. (8)*
obtainable *obtenible (3)*
occupation *oficio (5)*
of *de;*
    of course! *¡cómo no! (4)*
offer *(v.)* *ofrecer (4)*
office *oficina (1)*
official *oficial (3)*
off-white *color crema (8)*
old *antiguo(a) (2); viejo(a) (3)*
older *mayor (3)*
olive *aceituna (4)*;
    olive oil *aceite* (m.) *de oliva (4)*
omelet *(Spain/Cuba)* *tortilla (3)*
on *en (3)*;

on sale *rebajado(a) (8)*;
on top of *encima de (3)*
one-way *de ida (2)*
onion *cebolla (4)*
only *solamente (sólo) (2)*
open *(adj.)* *abierto(a) (6)*
open *(v.)* *abrir (2)*
opportunity *oportunidad* (f.) *(5)*
opposite *(adj.)* *enfrente de (6); opuesto(a) a (7)*
optimistic *optimista (3)*
or *o (1); u (3)*
orange *(adj.)* *anaranjado(a) (8)*
orange *(n.)* *naranja (4)*
order *(n.)* *pedido (4)*;
    in order to *para (2)*;

out of order *descompuesto(a) (3)*;
    to place an order *hacer un pedido (4)*
order *(v.)* *pedir (i, i) (4)*
organized *organizado(a) (5)*
origin *origen* (m.) *(6)*
ought *(to do something)* *deber (+ inf.) (3)*
ounce *onza (4)*
our *nuestro(a)(s) (1)*
out of order *descompuesto(a) (3)*
outgoing *extrovertido(a) (3)*
outstanding *sobresaliente (5)*
owe *deber (3)*
owner *dueño(a) (5)*

P

P.M. (afternoon) *de la tarde (2)*; (night) *de la noche (2)*
package *paquete* (m.) *(4)*
page *(n.)* *página (PP)*
pain *(n.)* *dolor* (m.) *(6)*
painting *cuadro (3)*
pants *pantalones* (m.)
paper *papel* (m.) *(PP)*;
    piece of paper *hoja (PP)*
parade *desfile* (m.) *(7)*
parents *padres* (m.) *(1)*
party *(n.)* *fiesta (1)*
passing grade *aprobado (5)*
pastime *pasatiempo (1)*
pastry shop *pastelería (4)*
paternal *paterno(a) (3)*
patient *paciente* (m., f.) *(6)*
patriotic *patriótico(a) (7)*
pay (for) *pagar (2)*
pen *bolígrafo (PP)*
pencil *lápiz* (m.) *(PP)*
people *(group of)* *gente* (f.) *(6)*
pepper *(black)* *pimienta (4)*
perfume *perfume* (m.) *(8)*;
    perfume shop/department *perfumería (8)*
perhaps *quizás (5)*
period *período (2)*;
    period *(of time)* *época (6)*
permanent *permanente (9)*

permission *permiso (3)*
personality *personalidad* (f.) *(3), carácter (3)*
pharmacist *farmacéutico(a) (6)*
pharmacy *farmacia (6)*
philosophy *filosofía (3)*
photograph *foto(grafía) (5)*
physician *médico, doctor(a) (5)*
piece (of paper) *hoja (PC)*
pill *pastilla (6)*
piñata *piñata (8)*
pineapple *piña (4)*
pink *rosado(a) (8)*
pizza *pizza (1)*
place *(n.)* *lugar* (m.) *(9)*
place *(v.)*: **to place an order/request** *hacer un pedido (4)*
plaid *de cuadros (8)*
plan *(n.)* *plan* (m.) *(5)*
plan *(v.)* *pensar (ie) (2)*
plantain *plátano (4)*
plate *dish (3)*
play *(drama) (n.)* *obra (de teatro) (7)*
play *(v.)*: **to play (a musical instrument)** *tocar (5);* **to play (sport, game)** *practicar (1), jugar (ue) (3)*
player *jugador(a) (7)*
pleasant *agradable (3)*
please *por favor (PP)*
pleasure *placer* (m.); (taste) *gusto (1)*

pocketbook *bolsa (4), bolso (8)*
poet *poeta/poetisa (7)*
point *(n.)* *punto (1)*
political *político(a);*
    political science *ciencia política (5)*
polka-dotted *con lunares (8)*
poncho *sarape* (m.) *(8)*
pool *(swimming)* *piscina (2)*
poor thing! *¡pobrecito(a)! (7)*
poorly: to do poorly *salir mal (9)*
pork *cerdo (4)*
population *población* (f.) *(2)*
position *(job)* *puesto (9)*
possible *posible (9)*
post office *correo (6)*
postcard *tarjeta postal (6)*
poster *cartel* (m.) *(8)*
potato (Latin America) *papa (4)*; (Spain) *patata (4)*
pound *(weight)* *libra (4)*
practice *(v.)* *practicar (5)*
prefer *preferir (ie, i) (3)*
preferable *preferible (9)*
preferred *Preferido(a) (4)*
pregnant *embarazada (9)*
prepare *preparar (3)*
prescribe *recetar (6)*
prescription *receta (6)*
present *(n.)* *regalo (7)*

present *(v.)* *presentar (7)*
prevent *impedir (i, i) (8)*
price *(n.)* *precio (2)*
private *privado(a) (2)*
profession *profesión* (f.) *(5)*
professor *profesor(a) (PP)*

program *(n.)* *programa* (m.) *(1)*
proud *orgulloso(a) (9)*
psychologist *sicólogo(a) (5)*
psychology *sicología (5)*
purchase *(n.)* *compra*
purple *morado(a) (8)*

purse *bolso (4), bolsa (8)*
put *poner (3);*
  to put on *ponerse (5);*
  to put on make-up *maquillarse (5)*

Q

quality *calidad* (f.) *(8)*
quart *(measurement)* *cuarto (4)*

quarter *(one-fourth)* *cuarto (4)*
question *(n.)* *pregunta (1)*

quite *bastante (5)*
quiz *(n.)* *prueba (9)*

R

rabbi *rabino (9)*
race *(n.)* *carrera (1)*
radio *radio* (f.) *(1)*
rain *(n.)* *lluvia (7)*
rain *(v.)* *llover (ue) (7)*
raise *levantar (7)*
raisin *pasa (4)*
range *(n.)* *gama (8)*
rate (exchange) *cambio (6)*
read *leer (1)*
reading *(n.)* *lectura (5)*
really? *¿de veras? (7)*
reasonable *razonable (2)*
receive *recibir (7)*
recipe *receta (1)*
recommend *recomendar (ie) (4)*
record *(n.)* *disco*
red *rojo(a) (3)*
refrigerator *refrigerador* (m.)*, nevera (3)*

regret *(v.)* *sentir (ie, i) (9)*
relative *(n.)* *pariente* (m.) *(3)*
religious *religioso(a) (7)*
remain *quedarse (4)*
rent *(v.)* *alquilar (3)*
repeat *repetir (PP)*
report *(n.)* *informe* (m.) *(7)*
request *(n.)* *pedido (4)*
research *(n.)* *investigación* (f.) *(7)*
reservation *reservación* (f.) *(2)*
residence *residencia (1)*
resources *recursos (3)*
response *respuesta (1)*
rest *(v.)* *descansar (3)*
restaurant *restaurante* (m.) *(1)*
return *(v.)* *regresar (2), volver (ue) (3)*
rice *arroz* (m.) *(4);*
right *derecha* (adj.) *(3);*
  right away *en seguida (4);*

  right there *allí mismo (6);*
  to be right *tener razón (9)*
ring *(n.)* *anillo (9)*
role *papel* (m.) *(5)*
roll *(n.)* *panecillo (4)*
room *habitación* (f.) *(2); cuarto (3); sala (3);*
  classroom *sala de clase (PP);*
  dining room *comedor* (m.) *(3);*
  double room *(in a hotel) habitación doble (2);*
  dressing room *probador* (m.) *(8);*
  roommate *compañero(a) de cuarto (1);*
  single room *(in a hotel) habitación sencilla (2)*
round-trip *de ida y vuelta (2)*
rug *alfombra (3)*
rule *regla (3)*
run into *chocar con (7)*

S

sad *triste (1)*
safe *seguro(a) (1)*
salad *ensalada (4)*
salesclerk *vendedor(a) (5)*
salt *(n.)* *sal* (f.) *(4)*
same *mismo(a);*
  at the same time *al mismo tiempo (9);*
  same here *igualmente (PP)*
sandal *sandalia (8)*
Saturday *sábado (2)*
sauce *salsa (4)*
save *ahorrar (9)*
say *decir (3);*
  to say good-bye (to) *despedirse (i, i) (de) (5)*
saying *refrán* (m.)*, dicho (9)*
scared: to be scared *tener miedo (4)*
schedule *(n.)* *horario (2)*
scholarship *beca (9)*
school (n.) *escuela;* (adj.) *escolar (5);*
  to go to graduate school *hacer estudios de post-grado (5)*
science *ciencia*
scientific *científico(a) (4)*
scrambled *revuelto(a) (4)*
seafood *mariscos (4)*
season *(of the year)* *estación* (f.) *(7)*
season *(v.)* *sazonar (4)*
seat *asiento (3)*
second *segundo(a) (2);*
  second course *segundo plato (4)*
secular *civil (9)*
see *ver (3)*
seem *parecer (8)*

senior year *cuarto año (1)*
separated *separado(a) (9)*
serious *serio(a) (3);* (illness) *grave (6)*
serve *servir (i, i) (3)*
set: to set *(the table) poner (3);*
  to set up *montar (9)*
seventh *séptimo(a) (8)*
shame *lástima (7)*
shampoo *champú* (m.) *(6)*
share *(v.)* *compartir (2)*
shave *(v.)* *afeitarse (5)*
shelf *(for books) estante* (m.) *(3)*
shellfish *mariscos (4)*
shirt *camisa (8);*
  loose shirt with large pockets *guayabera (8)*
shoe *zapato (8)*
shop *boutique* (f.) *(8);*
  butcher shop *carnicería (4);*
  fish shop *pescadería (4);*
  jewelry shop *joyería (8);*
  pastry shop *pastelería (4);*
  perfume shop *perfumería (8);*
  watch shop *relojería (8)*
shopping: shopping center *centro comercial (6);*
  to go shopping *ir de compras (7)*
short *bajo(a)* (in height) *(3); corto(a)* (in length) *(3)*
shorts *pantalones* (m.) *cortos (8)*
show *(n.)* *función* (f.) *(7)*
show *(v.)* *mostrar (ue) (8);*
  to show off *lucir (6)*
shower *(n.)* *ducha (2);*

  to take a shower *ducharse (5)*
shrimp *camarón* (m.) *(4)*
shy *tímido(a) (3)*
sick *enfermo(a) (1);*
  to get sick *enfermarse (6)*
sickness *enfermedad* (f.) *(6)*
silk *seda (8)*
silver *(n.)* *plata (8)*
simple *sencillo(a)*
single (unmarried) *soltero(a) (1);*
  single room (in a hotel) *habitación* (f.) *sencilla (2)*
sink: bathroom sink *lavabo (3);*
  kitchen sink *fregadero (3)*
sister *hermana (1);*
  half sister *media hermana (3)*
situated: to be situated *encontrarse (ue)*
sixth *sexto(a) (8)*
size *(n.)* *tamaño/talla (8);*
size *(of shoes) número (8)*
ski *(v.)* *esquiar (7)*
skin *(n.)* *piel* (f.) *(8)*
skirt *falda (8)*
sleep *(v.)* *dormir (ue, u) (3)*
sleepy: to be sleepy *tener sueño (4)*
slow *despacio (PP)*
small *pequeño(a) (3)*
snack (time) *merienda (4)*
snow *(n.)* *nieve* (f.) *(7)*
snow *(v.)* *nevar (ie) (7)*
so *así;*
  so-so *regular (5)*
soccer *fútbol (europeo) (1)*

social class   clase social (5)
sock (n.)   calcetín (m.) (8)
sofa   sofá (m.) (3)
soft drink   refresco (1)
some (adj.)   algún (alguno/alguna) (4)
something   algo (4)
sometimes   a veces (7)
son   hijo (1)
song   canción (f.) (7)
soon   pronto (1)
sorry: to be sorry   sentir (ie, i) (9)
soul   alma (m.) (6)
soup   sopa (4)
space (n.)   espacio (6)
Spanish   español (m.) (PP)
speak   hablar (1)
specialize (in)   especializarse (en) (5)
spelled: to be spelled   deletrearse (1)
spend (time)   pasar (3)
spicy   picante (4)
spoon   cuchara (4)
sport   deporte (m.) (7)
spring (season)   primavera (7)
square (plaza)   plaza (6)
stamp (postage)   estampilla, sello (6)
star (n.)   estrella (2)
station   estación (f.) (2)

stay (v.)   quedarse (7)
steak   biftec (m.) (4)
step   paso
stepbrother   hermanastro (3)
stepfather   padrastro (3)
stepmother   madrastra (3)
stepsister   hermanastra (3)
stitch   punto (6)
stomach (n.)   estómago (6)
stop (doing something)   dejar de (+ inf.) (9)
store (n.)   tienda (8);
    department store   gran almacén (m.) (8);
    grocery store   bodega (4);
    store window   escaparate (m.) (8)
stove   estufa, cocina (3)
straight ahead   derecho (adv.) (6)
street   calle (f.) (1)
stress   estrés (m.) (9)
striped   de rayas (8)
stroll (v.)   pasear (6)
student   estudiante (m., f.) (PP);
    student desk   pupitre (m.) (PP)
studies   estudios
study (v.)   estudiar (1)
style (n.)   estilo (3)
subject   tema (m.) (1)
subtract   restar (7)

subway   metro (6)
suffer (from illness)   padecer (9)
sugar   azúcar (m.) (4)
suit (n.)   traje (m.) (8)
summer   verano (7)
sun   sol (m.) (6)
sunbathe   tomar el sol (7)
sunburn   quemadura del sol (6)
Sunday   domingo (2)
sunglasses   gafas de sol (8)
supermarket   supermercado (4)
supernatural   sobrenatural (9)
supper   cena (3)
sure   seguro(a) (5)
surname   apellido (1)
surprise (v.)   sorprender (9)
surprising   sorprendente (5)
suspicious   sospechoso(a) (8)
sweater   suéter (m.) (8)
sweatshirt   sudadera (8)
swim (v.)   nadar (7)
swimming pool   piscina (2)
swimsuit   traje (m.) de baño (8)
syrup (cough)   jarabe (m.) (para la tos) (6)
system   sistema (m.) (1)

T

T-shirt   camiseta (8)
T.V. set   televisor (m.) (3)
table   mesa (PP);
    coffee table/end table/night table/small table   mesita (3);
    to set the table   poner la mesa (3)
tablet   pastilla (6)
taciturn   taciturno(a) (5)
taco   taco (1)
take   tomar (1);
    to maintain   mantener (3)
    to encourage, to foster   fomentar (4)
    to go for a walk   pasear (6)
    to maintain   mantener (3)
    to promote   promover (7)
    to take a shower   ducharse (5);
    to take a trip   hacer un viaje (2);
    to take a walk   dar un paseo (7);
    to take care of oneself   cuidarse (9);
    to take off   quitarse (5);
    to take out   sacar (5);
    to take place   tomar lugar (4)
    to stand out   destacarse (8)
talk (n.)   charla (5)
talk (v.)   hablar (1); conversar (4)
tall   alto(a) (3)
tape: cassette tape   casete (m.) (PP);
    tape recorder   grabadora (PP)
taste (n.)   gusto (3)
taste (v.)   probar (ue) (4)
taxi (n.)   taxi (m.) (6)
tea   té (m.) (1)
teacher   maestro(a) (5); profesor(a) (1)
team (n.)   equipo (5)
technical   técnico(a) (4)
telephone   teléfono (1)
television   televisión (f.) (1)
tell   decir (3); (a story) contar (7)
temperature   temperatura (7)
temporary   temporal (9)
tennis   tenis (m.) (1)

tenth   décimo(a) (8)
terrible   pésimo(a) (7);
    terrible!   ¡fatal! (7)
terrific!   ¡estupendo! (1)
test   examen (m.) (5)
thank you/thanks   gracias (1)
Thanksgiving   Día (m.) de Acción de Gracias (7)
that   ese/esa (3)
theater   teatro (7);
    movie theater   cine (m.) (7)
then   luego (5)
their   su(s) (1)
there is/are   hay (haber) (PP)
these   estos/estas (3)
thin   delgado(a) (3)
third   tercer(o)(a) (2)
thirsty: to be thirsty   tener sed (4)
this   este/esta (3);
    this afternoon   esta tarde (5);
    this morning   esta mañana (5)
those   esos/esas (3)
throat   garganta (6)
through   por (1)
Thursday   jueves (m.) (2)
ticket   billete (m.) (2)
tie (n.)   lazo (3);
    (neck)tie   corbata (8)
time   tiempo (1);
    at the same time   al mismo tiempo (9);
    free time   tiempo libre (1);
    from time to time   de vez en cuando (7);
    sometimes   a veces (7);
    (1st, 2nd, 3rd, ...) time   vez (f.) (7);
    to have a good time   divertirse (ie, i) (5) /
        pasarlo bien (7)
tip (n.)   propina (4)
tired   cansado(a) (1)
tiresome   pesado(a) (3)
toast (n.)   pan tostado (4)
today   hoy (2)
toilet   inodoro (3)

tomato   tomate (m.) (4)
tomorrow   mañana (2)
too (much)   demasiado(a) (8)
tooth   diente (m.) (5)
toothpaste   pasta dentrífica (6)
top: on top of   encima de (3)
topic   tema (m.) (1)
tortilla (flour)   tortilla (Central America/Mexico) (4)
touch (v.)   tocar (5)
tour (n.)   tour (m.) (2); excursión (2)
tourist information office   oficina de turismo (6)
town   pueblo (1);
    town hall   ayuntamiento (6)
trade (occupation)   oficio (5)
traditional   tradicional (3)
train (n.)   tren (m.) (2)
transition   transición (5)
travel   viajar (2);
    travel agency   agencia de viajes (2)
traveler   viajero(a);
    traveler's check   cheque (m.) de viajero (2)
tree   árbol (m.) (3)
trip (n.)   viaje (m.) (2); excursión (f.) (2);
    to take a trip   hacer un viaje (2)
tropical   tropical (7)
trousers   pantalones (m.) (8)
true   cierto(a) (9)
truth   verdad (f.) (9)
try (v.)   tratar (9); probar (4);
    to try on   probarse (ue) (8);
    to try to   tratar de (9)
Tuesday   martes (m.) (2)
turn (v.)   doblar (6)
turn on   poner (3)
turnover   empanada (4)
tuna   atún (m.) (6)
twin   gemelo(a) (1)
twist (v.)   torcer (6)

U

ugly *feo(a) (3)*
umbrella *paraguas* (m.) *(8)*
uncle *tío (3)*
under *debajo de (3)*
understand *comprender (1)*

university *universidad* (f.) *(1);*
   university campus *recinto universitario (5)*
unoccupied (free) *libre (1)*
unpleasant *antipático(a) (3)*
until *hasta (3)*

upper class *clase alta (5)*
useful *útil (4)*

V

vacation *vacaciones* (f.) *(7)*
varied *variado(a) (4)*
variety *variedad* (f.) *(3)*
vary *variar (5)*

vegetable *verdura (4)*
very good *(grade) notable (5)*
vigil *(n.) velorio (9)*
virus *virus* (m.) *(6)*

visit *(v.) visitar (3)*
vitamin *vitamina (9)*
volleyball *vóleibol* (m.) *(7)*

W

waiter/waitress *camarero(a) (4)*
wake *(n.) velorio (9)*
wake up *despertarse (ie) (5)*
walk *(n.) caminata;*
   to take a walk *dar un paseo (7)*
wallet *billetera (8)*
want *(v.) desear (4); querer (ie) (2)*
warehouse *almacén* (m.) *(8)*
warm *(adj.) cálido(a)* (climate) *(8);*
   to be warm *(person) tener calor (4);*
   to be warm *(weather) hacer calor (7)*
wash *(v.) lavar (3);*
   to wash (oneself) *lavarse (5)*
watch *(n.) reloj* (m.) *(8)*
watch *(v.) mirar (1)*
watch shop/department *relojería (8)*
water *agua (1)*
waterfall *catarata (5)*
way *manera (1)*
wear *llevar (3);*
   to wear *(shoe size) calzar (8)*
weather *(n.) clima* (m.) *(3)*
wedding *boda (9)*
Wednesday *miércoles* (m.) *(2)*

week *semana (2);*
weekend *fin* (m.) *de semana (5)*
welcome: you're welcome *de nada (1)*
well *bien* (adv.) *(1);*
   to do well *salir bien (9)*
what? *¿qué? (1)*
what's more *además (5)*
when *cuando* (conj.) *(7);*
   when? *¿cuándo? (1)*
where? *¿dónde? (1); ¿adónde? (7) (1)*
which (one/s)? *¿cuál(es)? (1)*
while *mientras (4);*
   a while *un rato (5)*
white *blanco(a) (8)*
who? *¿quién(es)? (1)*
why? *¿por qué? (1)*
wide *amplio(a) (3)*
widow *viuda (3)*
widower *viudo (3)*
wine shop *bodega (4)*
wife *esposa (1)*
wind *viento (7)*
window *ventana (PP);*
   to go window shopping *ir de escaparates (8)*

wine *vino (4);*
   wine glass *copa (4)*
winter *invierno (7)*
wisdom *sabiduría (9)*
wish: I wish! *¡Ojalá! (9);*
   to wish for *desear (4)*
with *con*
woman *mujer* (f.) *(5);*
   businesswoman *mujer de negocios (5)*
wool *lana (8)*
work *(adj.) laboral (1)*
work *(n.) trabajo (5);* (of art) *obra (2)*
work *(v.) trabajar (1)*
work week *semana laboral (1)*
world *mundo (1)*
worried *preocupado(a) (1)*
worry *(v.) preocuparse (9)*
worse *peor (3)*
worth: to be worth *valer (2)*
wristwatch *reloj* (m.) *(8)*
write *escribir (1)*
writer *escritor(a) (5)*

X

x-ray *radiografía (6)*

Y

year *año (2)*
yellow *amarillo(a) (8)*
yesterday *ayer (5)*

yogurt *yogur* (m.) *(4)*
you're welcome *de nada (1)*
young *joven (3)*

younger *menor (3)*
your *tu(s), su(s), vuestro(a)(s) (1)*
youth hostel *albergue* (m.) *juvenil (2)*

Z

zone *zona (7)*

Index

Text Credits

Photo Credits

Unless specified below, all photos in this text were selected from the Heinle & Heinle Image Resource Bank. The Image Resource Bank is Heinle & Heinle's proprietary collection of tens of thousands of photographs related to the study of foreign language and culture.

Photos provided by the authors:
pp. 37, 60, 93, 143, 177, 226, 264, 315, 351

Photos from Corbis Images:
p. 3 KV005105 Dorm roommates at Brown University © Catherine Karnow/CORBIS; **p. 7** © Fernando Botero, courtesy, Marlborough Gallery, NY; **p. 23** (top) ZEJ12159570 Gloria Estefan dancing at concert © Mitchell Gerber/CORBIS, (middle left) FT0024019 US Space Shuttle Discovery-Chang-Díaz © AFP/CORBIS, (bottom) UP956982 Sammy Sosa at bat © Duomo/CORBIS; **p. 26** UT0062316 Spain's Princess Cristina holds her second son Pablo during his baptism © Reuters NewMedia Inc./CORBIS; **p. 43** (left) King Ferdinand and Queen Isabella © CORBIS, (middle) SF9477 Bartolomé de las Casas busy at work © Bettmann/CORBIS; **p. 75** (top left) PG8863 Cuautémoc brought captive before Cortés © Bettmann/CORBIS, (top middle) SF38912 Mexican Painter Diego Rivera © Bettmann/CORBIS, (bottom) Day of the Dead Decorations © Liba Taylor/CORBIS; **p. 125** (left) E419 Portrait of Simon Bolívar © Bettmann/CORBIS, (middle) BE070011 Rómulo Gallegos Freire gives a speech © Bettmann/CORBIS, (right) FT0001748 Venezuelan presidential candidate Irene Sáez © AFP/CORBIS, (bottom) YA010639 Aerial view of Maracaibo slums © Yann Arthus-Bertrand/CORBIS; **p. 159** (left) BE031235 Atahualpa, Derby being strangled © Bettmann/CORBIS, (middle) IZ001011 Mario Vargas Llosa © Colita/CORBIS, (right) JQ001455 Bushes laughing with Pérez de Cuéllar © Jaques M. Chenet/CORBIS, (bottom) BV005261 Ruins of Machu Picchu © Bryan Vikander/CORBIS; **p. 188** (left) NX001739 Gisele Ben-Dor conducting an orchestra © Nubar Alexanien/CORBIS; **p. 207** (middle) U2056924 Jorge Luis Borges © Bettmann/CORBIS, (right) IH014744 Argentine First Lady Eva Perón © CORBIS; **p. 216** JH002245 Inde-pendence Plaza and Metropolitan Cathedral © Jan Butchofsky-Houser/CORBIS; **p. 247** (right) U1o93915 Pancho Segura giving tennis lesson to Ann Baker © Bettmann/CORBIS, (bottom) SP015051 Quito City, Ecuador © Bryan Knox; Papilio/CORBIS; **p. 289** (second from left) Frida Kahlo © Bettmann/CORBIS, (right) Gabriela Mistral © Bettmann/CORBIS; **p. 295** (left) TU001463 Costa Rican President Óscar Arias Sánchez and his wife, Margarita © Bill Gentile/CORBIS, (right) FT0024019 US Space Shuttle Discovery-Chang-Díaz © AFP/CORBIS; **p. 333** (left) SG001176 Jamie Escalante © Shelly Gazin/CORBIS, (bottom) AF001469 Boating through Lake Titicaca © Kevin Schafer/CORBIS; **p. 379** (left) Gabriela Mistral © Bettmann/CORBIS, (middle) IH014775 Bernando O'Higgins © CORBIS

Photos from other sources:
p. 23 (middle right) Kimberly White/Reuters-Getty Images; **p. 43** (right) Organization of American States (OAS); **p. 49** Braulio Salazar, courtesy of Fundación Galería de Arte Nacional, Caracas, Venezuela; **p. 75** Héctor García/Reuters-Getty Images; **p. 81** Scala/Art Resource, NY; **p. 131** Alte Pinakothek, Munich, Germany/A.K.G., Berlin/Superstock; **p. 165** Aquiles Ralli, courtesy of La Pinacoteca Municipalidad de Lima, Peru; **p. 188** (middle) Ron Sachs/Corbis Sygma, (right) Steve Alan/Gamma Liaison; **p. 213** Museo de Bellas Artes/Kactus Foto/Superstock; **p. 225** Acapulco courtesy of Dr. César A. Alayola Rodríguez; **p. 247** (left) Reuters/Archive Photos, (middle) courtesy of United States District Court Central District of California; **p. 253** Wolfgang Dietze, Collection of Paula Maciel Benecke and Norbert Benecke, Aptos, CA; **p. 289** (left) Desi Arnaz Image Works, (second from right) Roberto Clemente AP/Wide World; **p. 295** Photo courtesy of Quince Duncan; **p. 301** Giraudon/Art Resource, NY; **p. 313** (left) Oscar de la Renta AP/Wide World, (right) Paloma Picasso AP/Wide World; **p. 333** (middle) Pix, Inc./TimePix, (right) courtesy of Fundación Simón L. Patiño **p. 339** Salvador Dalí Museum, St. Petersberg, FL/Superstock; **p. 379** (right) Martha Swope/TimePix, (bottom) Sophie Bassouls/Corbis Sygma.